Police Law

警察法讲义

（第三版）

余凌云 著

清華大學出版社
北 京

图书在版编目(CIP)数据

警察法讲义/余凌云著. —3版. —北京：清华大学出版社，2024.4
(行政法教材三部曲)
ISBN 978-7-302-65926-6

Ⅰ. ①警… Ⅱ. ①余… Ⅲ. ①警察法—中国—教材 Ⅳ. ①D922.14

中国国家版本馆CIP数据核字(2024)第060088号

责任编辑：朱玉霞
封面设计：徐　超
责任校对：王荣静
责任印制：杨　艳

出版发行：清华大学出版社
网　　址：https://www.tup.com.cn，https://www.wqxuetang.com
地　　址：北京清华大学学研大厦A座　　**邮　　编**：100084
社 总 机：010-83470000　　**邮　　购**：010-62786544
投稿与读者服务：010-62776969，c-service@tup.tsinghua.edu.cn
质量反馈：010-62772015，zhiliang@tup.tsinghua.edu.cn
印 装 者：三河市东方印刷有限公司
经　　销：全国新华书店
开　　本：170mm×240mm　　**印　　张**：33　　**字　　数**：545千字
版　　次：2014年10月第1版　2024年4月第3版　　**印　　次**：2024年4月第1次印刷
定　　价：129.00元

产品编号：102277-01

作者

余凌云　清华大学法学院教授、博士生导师，公法研究中心主任。研究领域为行政法学、行政诉讼法学、警察法学、数字法治政府。兼任中国法学会行政法学研究会副会长。个人著有《行政法讲义》《行政法案例分析和研究方法》《警察法讲义》《行政契约论》《行政自由裁量论》《行政法上合法预期之保护》《行政法入门》等13部著作，在《中国社会科学》《法学研究》《中国法学》等刊物发表论文百余篇。主持教育部哲学社会科学研究重大课题攻关项目、国家社科基金重大项目、教育部人文社会科学重点研究基地重大项目等多项课题。获得第六届高等学校科学研究优秀成果奖(人文社会科学)二等奖、第五届“钱端升法学研究成果奖”一等奖、首届“中国青年法律学术奖(法鼎奖)”银鼎奖等奖项。

三版序

之所以再版，我的考虑主要有三。

一是近期完成了三个专题，《交警非现场执法的规范构建》《数字公安的法治化建构》《无人驾驶的道交法规范构建》，都是我主持的国家社科基金重大项目的阶段性成果，其中的主要内容分别发表在《法学研究》2021 年第 3 期、《中国社会科学院大学学报》2022 年第 1 期(创刊号)、《荆楚法学》2023 年第 5 期。

二是删除了二版收入的比较单薄的三个专题。本次再版都是发表过的长文，但不是发表版，而是原文。因为刊物版面有限，每次发表都得删减，读起来可能意犹未尽。原作品未经删节，不受字数限制，研究较为深入细腻，相对厚重，更能体现作者的写作风格。

三是研究警察法已有年头，希望能够有一本能够真正反映自己研究水准的代表作。可以说，再版选入的这些专题都是我比较满意的作品。

我原先总想追求一部体系化的警察法著作，但近来总觉得，作为部门行政法，警察行政法，或者更宽泛地说，警察法，一定要以问题为导向，侧重研究特定行政领域的个性问题，或许，就不应该，也不必追求成体系、成建制，而应该是以点及面，突出重点，勾勒出基本轮廓。一味强求体系化，不免貌似行政法总论，重复行政法总论内容。

郑晓军帮助整理主要参考文献、注释，在此致谢。

余凌云

2023 年夏于禧园

二版序

当初，法学院为庆祝建院二十周年出版了一个专著系列，每位老师都可以申报一本，我出版了本书的第一版。因为成书仓促，只收入了五个自己比较满意，也已经发表的专题，略显单薄。

后来，因主持教育部重大课题，对警察权作了较为深入的研究，形成了一些成果，又在今年同时修订出版《行政法讲义》（第三版）、《行政法案例分析和研究方法》（第二版），于是，便想增加一些专题，顺手也刊印本书的二版，形成我自己的教科书系列。

新收入的五个专题，有三个是上述重大课题的阶段性成果，都已分别发表在《法学研究》《中外法学》和《法学评论》。另外两个专题是以前完成的，也发表过，觉得不错，也一并收进来。我也对过去写就的几个专题做了比较大的修改，尤其是增补了有关法规范的分梳，以及有关案例的研判，也参阅了一些近期的文献。

可以说，这十个专题都是警察法上特有的，具有很浓烈的个性，也极重要。有浓郁的警察法特色的讲义轮廓也越来越清晰了。当然，我还会不懈努力，去追逐我心目中理想的警察法理论体系。

余凌云

2019年“五一节”于凯原法律图书馆研究室

一版序

每次到台湾，见到李震山教授，他都送我警察法的书，也会向别人介绍，我们俩的背景极像，都是警察出身，他在台湾警官大学念过书，我在公安大学教过书，都穿过警服，都痴迷警察法。我相信他的警衔，如果有的话，一定没我高，我是升到三级警监，穿上白衬衫，才来到清华园。

警察法学是我的最爱，就像烟斗和紫砂壶，把玩之中，我的研究接了地气，我的讲座也易与实践对话，我对行政法的一些成规通说也挑剔起来。掐指一算，我沉醉其间，不知不觉已有十七个年头了。

2010 年，我忽然冒出一个念头，要招警察法学方向的博士生。这个提议在院学位委员会上也过得十分顺畅。只是因为我自己的缘故，一直拖到今年才算在门下正式招入了一名弟子。

但是，开设部门行政法（警察法学）课程却已许久，想来是到清华的第二年就提议开设了。之后，每年必和思源博士一道讲授，面向行政法的硕士生和博士生。每次总是我先登场，漫谈部门行政法原理，并有选择地介绍几个警察法学专题。没有固定的教材，只是指定学生参阅一些文献，多半是我的作品。

编辑本书，也是思虑再三，其实，最主要的动机还是充当教材。翻捡出一些旧作，润色删改，着实花了一番功夫。所以，本书只是一本略带新意的旧作。我打算以此为脚本，陆续添补进来一些新作，使之成为一本完整的、专题性质的教材。

日内瓦的清凉让我染上了风寒，咳嗽喷嚏袭扰着我，但我还是乐意涂抹上几笔，留下一丝回忆。半百之人，愈发恋旧了。

余凌云

2014 年初秋于日内瓦湖畔酒店

目录

第一讲　部门行政法的发展与建构*

——以警察(行政)法学为个案的分析

---

* 本文是我主持的中国人民公安大学 2005 年校级教改项目“警察法学在公安学科建设中的地位与发展战略研究”的最终研究成果。本文的主要内容发表在《法学家》2006 年第 5 期。本书出版之前又作了删改。

一、引　言

20世纪80年代,我国行政法重新起步之际,有不少行政法学教科书与部门行政法又一次"亲密接触"。[1]比如,第一部高等院校法学试用教材《行政法概要》(王珉灿主编,北京,法律出版社,1983)由绪论、总论、分论三个部分组成,分论占了全书篇幅的三分之一。[2]由皮纯协教授主编的《中国行政法教程》(北京,中国政法大学出版社,1988)也专门设有"部门行政法综论"一编。司法部教材编辑部还曾于90年代审定、组织编写过一个"中国部门行政法系列教材",至1994年8月已有7册出版。[3]按照计划,分三批出版,共计16册。这是中华人民共和国成立40多年来首次成规模的行政法各论的系列著作。这种"跑马圈地"或许是受到我国清朝末年以来的行政法结构,特别是民国时期和我国台湾地区的

---

〔1〕 清末民初,我国行政法学起步之时,就不乏行政法各论的著作,有译著,也有一般各论,还有特定领域的行政法。至1936年,一般各论的作品居然有11本之多。因为年代较远,我们已很难查阅到这些著作,何海波教授也多是在其他一些文献中间接发现了这些作品。这些作品的结构深受日本影响,"多存在接近与相似的地方"。沈岿:《1949年以前行政法学研究梗概》,http://vip.chinalawinfo.com/newlaw2002/SLC/slc.asp?gid=335572215&db=art,2009年3月9日最后访问。

〔2〕 宋华琳、邵蓉:《部门行政法研究初探》,载《浙江省政法干部管理学院学报》,2000(2)。

〔3〕 已出版的七册包括:胡保林、湛中乐主编的《环境行政法》(北京,中国人事出版社,1993);江波、湛中乐主编的《公安行政法》(北京,中国人事出版社,1993);王学政、袁曙宏主编的《工商行政法》(北京,中国人事出版社,1993);袁建国主编的《海关行政法》(北京,中国人事出版社,1993);张晓华主编的《土地行政法》(北京,中国人事出版社,1994);魏礼江主编的《审计行政法》(北京,中国人事出版社,1994);胡建森主编的《民政行政法》(北京,中国人事出版社,1994)。湛中乐:《新中国行政法学的历史与现状概要》,特别是其中注释12、13。http://article.chinalawinfo.com/article/user/article_display.asp? ArticleID=27217,2009年3月12日最后访问。

行政法著作以及当时苏联行政法的影响(?)。[1]

但是,到了20世纪90年代后期,对部门行政法的研究却逐渐式微,“以致现在一提到行政法学,大家自然想到的是行政法学总论部分的内容,部门行政法无论在教学还是在研究上都被严重地忽视了。”[2]

对于分论为什么会淡出行政法教科书,销声匿迹,姜明安教授做了如下解释:“之所以不设分论,首先是因为分论内容过多,行政法学作为一门课程,学生学习的课时有限,其容量不宜太大;其次,除苏联、东欧国家外,世界大多数国家的行政法学教科书均只含总论,而不设分论,如设分论,也是另外单设课程,分别编写教材;此外,作为一般法律院校的大学生,学习行政法学,掌握总论即可,至于作为分论的公安行政法、工商行政法、民政行政法、军事行政法、经济行政法等可在各专业院系分别开设。”[3]当然,纯粹从课程容量的角度,上述解释是可以接受的,但它没有从学科角度告诉我们,部门行政法的研究为何式微。

另有学者分析,主要是“部门行政法不适当地将重点放在对具体行政制度的描述上……部门行政管理规则受特定时期的行政任务、政策和具体情势的制约,不仅内容繁复而且多变,这就使得部门行政法的研究成果很难确定下来,常常是成果发表不久就因具体规则的改变而过时,甚至成果尚未发表就已经过时了”[4]。的确,从当时的部门行政法体例和内容看,这样的评论还算是比较中肯的。但这只是问题的一个方面。

在我看来,部门行政法不发达乃至中断的原因,更可能是因为在当时行政法总论部分的研究本身尚处于百废俱兴、荒芜待垦的状态,而我国行政法治又发展迅猛,有诸多的实践与立法“急场”亟待行政法理论研究“落子”。围绕着总则方

---

〔1〕 据沈岿考证,早期的行政法学者赵琛和范扬就十分重视部门行政法。沈岿:《1949年以前行政法学研究梗概》,http://vip.chinalawinfo.com/newlaw2002/SLC/slc.asp?gid=335572215&db=art,2009年3月9日最后访问。在1985年由姜明安、武树臣翻译的一本不算厚的苏联行政法总论中,也谈到行政法有总则与分则之说。[苏]П.Т.瓦西林科夫主编:《苏维埃行政法总论》,姜明安、武树臣译,8～10页,北京,北京大学出版社,1985。联想到我国行政法起步之初,总体上都受到苏联、我国早期和台湾地区行政法的影响,所以,我有上述直觉。

〔2〕 张正钊、李元起主编:《部门行政法研究》,33页,北京,中国人民大学出版社,2000。

〔3〕 姜明安主编:《行政法与行政诉讼法》(第三版),34页,北京,北京大学出版社、高等教育出版社,2007。

〔4〕 张正钊、李元起主编:《部门行政法研究》,33～34页,北京,中国人民大学出版社,2000。

面的立法活动(如行政复议法、行政诉讼法、国家赔偿法、行政处罚法、行政许可法等)牵扯了行政法学者相当大的精力。另外,受到当时的历史局限,我们对部门行政法本质特征的认识也不够充分,特别是难以与部门行政管理学做有效的、有建设性的划分,在实际发展与演进过程中,容易纠葛难辨,甚至“遁入部门行政管理学”。我们甚至可以大胆地说,我们当时的部门行政法研究,正在重复着法、德、奥三国“由 19 世纪中叶至末叶所经历的行政学与行政法学尚在未分化时代”的故事。[1]

只是到了近些年来,对部门行政法的研究兴趣才又被重新拾起。这种再次勃兴或许与我们对行政法总论的研究已经取得较为宏观、全面的成果有着密切的关系。行政法理论的进一步深化,必然要触及部门行政法领域,惟有如此,行政法才有可能在更广阔的行政领域中驰骋,在更深的层面上发挥作用。而且,随着学术的积累和行政法总体板块逐一被学者攻克,学术拓荒者也必然会把目光进一步延伸到尚未开发的、充满学术诱惑的特定行政领域。可以预计,部门行政法的研究肯定会成为今后行政法理论研究关注的热点和新的理论增长点。

尽管现在已经有不少的学者都认识到这一点,[2]“破冰之旅”也已启程并取得了一定的成果,比如,一些法学院确立了部门行政法的学科发展规划、[3]

[1] [日]铃木义男等:《行政法学方法论之变迁》,陈汝德等译,10 页,北京,中国政法大学出版社,2004。

[2] 在中国政法大学法学院召开的“中国政法大学宪法行政法学科建设研讨会”上,学者达成共识:“传统宪法学与行政法学的视野较为狭窄,行政法学要想发展,必须实现从仅仅研究行政法总论(或称为一般理论)到行政法总论与部门行政法相结合的转变,经济行政法、环境法、财税法、体育法、教育法、卫生法、科技法等领域应当纳入行政法的研究范畴。” http://news.cupl.edu.cn/news/2852_20050113153853.htm? homepage,2009 年 3 月 12 日最后访问。

[3] 不少高等院校法学院(法律系)在学科建设上都认识和突出了部门行政法建设的重要性,并加强了这方面的建设。比如,南京大学在宪法与行政法专业硕士点开设三个研究方向,即“01 宪法、行政法;02 部门行政法;03 环境行政法”。又如,苏州大学在行政法学学科建设的教学科研计划中写道:“到本世纪末,拟在经济、公共、军事行政法三大门类的体系研究方面有突破性进展,并完成经济、司法、涉外、人事、教育等部门行政法重点课题研究,完成《经济行政法研究》《司法行政法研究》《涉外行政法研究》《人事行政法研究》《教育行政法研究》《新闻出版行政法研究》《监察行政法研究》等专著,力争改变目前我国部门行政法学研究的空白状况,为中国行政法学的发展作出显著贡献。” http://www.hongen.com.cn/proedu/flxy/flss/fxyxl/xl090418.htm,2009 年 3 月 12 日最后访问。

开设了"部门行政法"课程。[1]尤其是隶属于特定行政领域的教学科研单位(或者管理部门)的学者(学者型领导)也变得异常活跃,但是,不无遗憾的是,迄今为止,对部门行政法进行总体研究的著述只有三部。[2]面对如此现状,追思早期学者"关于行政法之著述坊间经售者颇少,而行政法各论尤不多观"的感叹,[3]相比早期的各论成果数量,实在让我们汗颜。我们还没有见到过一本比较成熟的、为方方面面所公认和接受的成熟样本。我们不得不去思考:为何如此?总论与分论的关系究竟是怎样的?成熟的部门行政法著述应当具备什么样的标准和条件?

另一方面,部门领域的行政实践却没有因为理论的滞后而驻足不前,相反,却是以一种前所未有的高速度向前推进着,实践部门为解决具体问题而推出的各种改革举措,层出不穷、姿态万千,部门行政法的立法活动也极其频繁,且成果丰硕。当然,缺少与理论相得益彰的实践,其中也必然会存在不少的问题。[4]这种理论现状与实践预期的极度反差(落差),更加加剧了理论研究快速跟进的迫切性。

在本文的研究中,我会借助一些文献研究的方法,更多的却是个案分析的、历史的、比较的批判与思考。为了使本研究不会过于宽泛、抽象,让人感到不着边际,我将以警察(行政)法为研究的个案,尽管由此得出的研究结论或许会冒"过度概化"(overgeneralization)的危险,但是,我还是希望通过它建立起来一个部门行政法研究的基本范式,用来作为指导观察和理解特定行政领域法律问题的模型和思考进路。并且我还相信,这对其他部门行政法的发展与建构也肯定会有启迪意义。

---

〔1〕 比如,清华大学法学院也在2010年春季学期为宪法与行政法专业博士和硕士研究生开出了"部门行政法"课程,采取一般原理与例举讲解方式,由我讲授部门行政法一般原理和警察行政法,田思源博士讲授国防与军事行政法、体育法。宋华琳博士在南开大学法学院开出"部门行政法研究专题",讲授范围包括部门行政法研究与行政法总论改革、政府规制与行政法新发展、政府规制的形式选择、技术标准行政法研究、风险行政法原理、药品行政法研究、给付行政法研究、公用事业行政法研究。

〔2〕 张正钊、李元起主编:《部门行政法研究》(北京,中国人民大学出版社,2000);杨解君、孟红主编:《特别行政法问题研究》(北京,北京大学出版社,2005);章志远:《部门行政法专论》,(北京,法律出版社,2017)。

〔3〕 管欧:《行政法各论》,自序部分,上海,商务印书馆,1939。

〔4〕 比如,《道路交通安全法》(2003年)第73条对事故认定的立法变革是否妥当,能否就此摆脱法院的司法审查,是很值得怀疑的。其中的问题及其批判,参见余凌云:《对〈道路交通安全法〉第73条的评论与落实》,载《道路交通管理》,2004(6)。

首先,我将阐述什么是普通行政法和部门行政法,以及部门行政法的划分方法。其次,我将分析普通行政法与部门行政法之间应当是怎样的关系,通过以警察法学(police law)为实例分析,挑战当前学术界在这个问题上已经形成的一种通说,也就是部门行政法是对普通行政法的细致化、具体化,是总论与分论的关系。再次,我会思考部门行政法为何不发达,到底在研究上存在着什么样的问题和困难,极具鲜明个性的部门行政法应当具有什么样的品质。同样,为了解释清楚这些问题,我也会更多地借助对警察法学的分析进路与方法来尽力展现我的观点。最后,更为重要的,也是本文研究的核心问题,我将通过阐述警察法学的基本理论结构应当是怎样的,努力为公安学科体系构筑之中可能被忽略的警察法赢得一席之地,而且是基础性的、根本的地位;与此同时,提出一些发展构想,为整合公安大学各系部、各公安学科之间都可能涉及的警察法问题搭建一个共同的理论平台,以及促进学术共同体的形成。

二、普通行政法与部门行政法的分野

(一)什么是普通行政法、部门行政法

普通行政法,也称一般行政法、行政法总论,是研究各个行政领域(如警察、市场监管、税务、海关等)的共性问题,是对存在于各个行政领域的一般现象的高度抽象与概括,为分析行政法现象提供了基本技术与规范路径,为各个行政法领域建构了具有普适性的原理、原则、理念与价值。普通行政法的任务不在于第一线解决行政法的个别问题,而是提供一个秩序的理念与架构,其任务未必能够精确回答个别行政领域的个别问题,[1]它只是对各个行政领域重复率极高的共同问题给出了答案。而所有个别问题必须有待于部门行政法来回答。

部门行政法,也称行政法各论、分论(则)或者特别行政法(particular administrative law),是特定行政领域的法规范总和,注重研究个性问题,是在总论的框架与指导下展开研究,并进一步衍生,它不是总论的简单翻版,而是更加关注特定行政领域的个性问题,并且不断验证、校正和发展总论的一般性认识。但不管分论的个性如何张扬,也不能逃逸总论的基本精神、价值框架。

---

〔1〕 高秦伟:《行政法学教学的现状与课题》,载《行政法学研究》,2008(4)。

部门行政法这个概念似乎只存在于大陆法国家的行政法之中，这很可能跟德国的公法发展历程有着密切关系。“二战”之前的日本，行政法以德国为摹本，必谈总论与分论。而清末民初从日本负笈归来的我国学者也带进了类似的行政法结构。

普通法国家的行政法由于是以实用主义为基点，完全建立在法院的判例基础之上，用法院判例确定的规则（如正当程序要求）来调整各个部门行政领域的具体法律问题，所以，在行政法的教科书中一般没有类似大陆法的部门行政法概念，比如，在一些很权威的行政法教科书中，像英国大学流行的两本教材——H.W.R.Wade & C.F.Forsyth 的 *Administrative Law*（Oxford University Press，2004）和 P.P.Craig 的 *Administrative Law*（Sweet & Maxwell，2003），还有另一本堪称上乘却未引起我们注意的教材——Carl Emery 的 *Administrative Law: Legal Challenges to Official Action*（London. Sweet & Maxwell，1999），以及澳大利亚 Peter Cane 的 *An Introduction to Administrative Law*（Oxford. Clarendon Press，1996），都没有出现类似的概念。

但这不意味着普通法学者不关心这类问题。如果我们细心观察，会发现，有些行政法著述中，实际上在组织机构、行政法范围等角度上涉猎了这方面问题，[1]尽管众多部门行政法知识掺杂其中，让我们在阅读时总有一种零碎、散漫、阐述不透的感觉。此外，还不乏集中研究某个特定行政领域法律问题的著作，比如环保法、警察法、经济与金融规制、电信管制等。最为权威的《行政法学评论》（*Administrative Law Review*）季刊发表的论文中，部门行政法论文的比例已高达近30％。[2]不少著名的行政法学者不仅精修总论，也擅长某些特定领域的行政法，比如，布雷耶大法官专长风险和能源规制，皮尔斯教授专长电力和天然气市场规制，夏皮罗教授以职业安全和卫生规制见长。[3]

---

〔1〕 比如，韦德和福赛在《行政法》第二部分“行政机关与职能”（authorities and functions）中设一章谈了警察问题，但也是从组织机构意义上的介绍。Cf. H. W. R. Wade & C. F. *Forsyth*, *Administrative Law*, Oxford University Press, 2004, pp.148-160；斯特劳斯在《美国行政法导论》中是在行政法的范围（the scope of administrative law）上介绍了部门法律问题，包括经济规制（economic regulation）、健康与安全规制（health and safety regulation）、土地（lands）、移民、驱逐（immigration, deportation）、税收（taxes and excises）等。Cf. Peter L. Strauss, *An Introduction to Administrative Justice in the United States*, Carolina Academic Press, 1989, pp.103-133.

〔2〕 宋华琳、邵蓉：《部门行政法研究初探》，载《浙江省政法干部管理学院学报》，2000(2)。

〔3〕 朱新力、宋华琳：《现代行政法学的建构与政府规制研究的兴起》，载《法律科学》，2005(5)。

(二)部门行政法的划分

普通行政法(general administrative law)与部门行政法的划分部分出于历史因素,部分出于偶然因素。[1]部门行政法应该如何划分?也会因不同学者对部门行政法的认识和"取景"角度而有所不同。

1. 德法的经验

据我国台湾地区学者黄少游的考察,德国与法国对行政法各论的划分趣味不一:[2]

(1) 在德国,很多学者,比如Gerogemeger, Laband, Seydel等,都偏好"就国家之行政事务,不问其法律关系之性质若何,专依行政作用之目的为标准而分为较多部分,然后就关于各部分之法规分别汇集,以资编列之基础"。按照这种方法,可以将行政法各论划分为五种,即内务行政、外务行政、财物行政、军事行政以及司法行政,然后再做分叉,比如,Gerogemeger在其著《德意志行政法》中将内务行政进一步分为绪论、人事关系之法、保安警察、卫生行政、教育行政、风俗警察和经济行政。其中,又将经济行政分为土地制度、水利、原始产业、农业、工业、徒弟制度、度量衡及货币、信用、交通、保险等。这种划分方法对日本和我国台湾学者也产生了一定影响。

(2) 在法国,行政法各论的划分,"系就国家之行政事务,不问其目的若何,专以'法律关系之性质'为标准而资编列之基础"。法国多数学者采取这种方法。比如,Berthlemy将行政作用分为国家之必要事务、国家之随意事务以及财政。其中,国家之必要事务又分为警察、军政、公产;国家之随意事务分为交通、矿业、商业、农业、教育、美术、保险和救恤。

2. 我国学者的认识

早在民国时期,赵琛教授就曾触及过这个问题。他总结道,在行政法各论研究中,学术界采用了两种方法:一是不问法律关系之性质如何,惟视国家事务之目的及实质而分类研究之。二是按照国家事务的法律关系别其性质之异同,而分类研究之。依此种方法一般将行政法各论分类为法人法、公法上之物权法、公

---

〔1〕[德]汉斯·J.沃尔夫、奥托·巴霍夫、罗尔夫·施托贝夫:《行政法》,高家伟译,195页,北京,商务印书馆,2002。

〔2〕黄少游:《行政法各论研究发凡》,收入刁荣华主编:《现代行政法基本论》,47~49页,台北,汉林出版社,1985。

法上之对人权等加以解释。这种总结实际上就是以上述德法经验为依据，或许是转述“取法东瀛”的心得(?)。

对上述两种划分方法，赵琛教授和黄少游教授的评价惊人得一致。黄少游教授说：“以上两种方法中，学问上之研究，自以第二之方法(即法国的划分——作者注)为适当，盖法律学之研究，其足以为编列之基础者，要不可不以法律上之性质为依据。惟不问何国之行政法规，类多不免繁杂，未有统一之系统，以具有同一性质之法律关系而散见于各类之法规者，其例甚多，于此所欲为秩序研究，颇非易事，故吾人于此从多数学者之研究方法，以行政作用之目的或权力为标准。”〔1〕赵琛教授也认为，初看似乎第二种方法比较合理，但现行法规庞杂无系统，法律关系相同者颇多，断片散见于各种法规之中，将其抽象、提炼、综合困难甚多。而现行制度中央行政机关多采用分职制职务权限各有规定，故依第一种方法虽在法理上有缺陷，但比较容易解析各种行政机关的性质和功能。〔2〕管欧教授则旗帜鲜明地反对“以法律关系的性质为标准”，认为“惟行政法规多庞杂，一种法规而注及各种事务之性质者有之，同一事务之性质，而散见于各种法规者亦有之，故此研究方法，未见适当”，他对“以行政作用的目的为标准”的方法倍加赞赏，“系统井然，是其特点”〔3〕。

其实，之所以放弃以法律关系性质为标准的划分方法，还有经验依据。德国行政法学发展的经验显示，F.F.Mayer、V.Sarwey、G.Meyer之所以能够在行政法总论上取得突破，恰好是“放弃以各种行政目的为标准，说明其领域内法规之方法，而以法律关系之异同性质为标准”〔4〕。这种走向总论的经验，能否引导我们充分发掘分论的个性，不无疑问。正如铃木义男教授指出的，“行政法学各论为个别的行政法规之说明，倘与总论采用同样的解释之立场，是否能适应实际(Praxis)之需要，确属疑问”〔5〕。这恐怕是学者多放弃该标准的真实

〔1〕黄少游：《行政法各论研究发凡》，载入刁荣华主编：《现代行政法基本论》，49页，台北，汉林出版社，1985。

〔2〕何勤华：《中国近代行政法学的诞生与成长》，载《政治与法律》，2004(2)。

〔3〕管欧：《行政法各论》，5～6页，上海，商务印书馆，1939。

〔4〕[日]铃木义男等：《行政法学方法论之变迁》，陈汝德等译，14～15页，北京，中国政法大学出版社，2004。

〔5〕[日]铃木义男等：《行政法学方法论之变迁》，陈汝德等译，41页，北京，中国政法大学出版社，2004。

原因。

所以,多数学者采用后一种方法。比如,赵琛教授在其著作《行政法各论》中从之,参照五权制度分为纯粹行政、立法行政、司法行政、考试行政、监察行政五部,将纯粹行政又分内政、外交、实业、财政、教育、军事、交通七编。[1]管欧教授在《行政法各论》中亦从之,略加变化,分为内务、财务、外交、军事四种,其中,内务又分为警察、保育,保育又细分为国籍、国势调查、交通、农业、公水、林垦、渔牧、矿业、工业、商业、度量衡、文化等。[2]可以说,此种风尚流传至今,甚至成为惟一法门。

在1983年第一部高等院校法学试用教材《行政法概要》(王岷灿主编,北京,法律出版社)中,分论划分为军事、外交、民政、公安、司法行政、国民经济、教科文卫的管理等章节。其实质仍然是按照行政作用的目的来划分,多以国务院管辖的行政部门为划分依据。这种划分方法为我国多数学者所认同,成为主流学说。比如,应松年、朱维究两位教授在1985年出版的《行政法学总论》(北京,工人出版社)在论及分论时也基本延续了上述划分。皮纯协教授主编的《中国行政法教程》(北京,中国政法大学出版社,1988)也采取了大致的路数。

到了21世纪初,我国学者试图有所突破与创新。张正钊教授和李元起副教授在其主编的著作中深感学者过分沉溺于上述传统模式,主张另辟蹊径,"把部门行政法作为一个整体进行综合性、概括性研究,探讨部门行政法的共同特点和主要制度",把我国部门行政法总结为组织与人员管理、宏观调控法、专业经济管理法、政务管理法和公共事务管理法五大类。[3] 杨解君和孟红两位教授在其主编的著作中引入法理学上的一般法与特别法的划分理论,认为"我们可以根据行政法的效力范围(空间效力、对人的效力、对事的效力),将全部行政法规范体系划分为一般行政法和特别行政法。凡是效力范围较大者为一般行政法,效力范围较小者为特别行政法",因此,特别行政法就具有实质和形式两种层面上的意义。"若不论行政法的具体表现形式,仅仅依据某一标准将全部行政法规范体系分为若干部分,那么,每一部分相对全体而言都是实质意义的特别行政法,如

---

[1] 何勤华:《中国近代行政法学的诞生与成长》,载《政治与法律》,2004(2)。
[2] 管欧:《行政法各论》,6页,上海,商务印书馆,1939。
[3] 张正钊、李元起主编:《部门行政法》,前言,北京,中国人民大学出版社,2000。

秩序行政法、服务行政法、计划行政法等都是实质意义的特别行政法；若以行政法的具体表现形式为基础，将两个以上主要由行政法规范构成的法律、行政法规、规章等法律文件进行比较，那么，效力范围较广泛者为一般行政法，效力范围较狭窄者为特别行政法，如《行政处罚法》和《治安管理处罚条例》相比，前者为一般行政法，后者为特别行政法。”〔1〕

但是，在我看来，张正钊和李元起教授力倡的划分，实际上只不过是法国划分方法的另一种摹本，是将各行政领域中具有共同性质的法律关系统筹起来，集中观察。而杨解君和孟红教授所阐释的一般行政法与特别行政法，游走而非固着在特定行政领域之中(间)，在增加总论和分论的结构不确定性同时，也让总论与其组成部分之间、总论与分论之间的界限更加模糊不清。因此，我的总体评价是，上述学者的创新努力，形式意义大于实质意义。这样的编排无助于张扬部门行政法的个性研究、解决部门行政法关注的特殊问题。相反，却在横跨各个行政领域之间，不断提炼共性过程之中，逐渐丧失了部门行政法应有的个性品格。随着跨度的递增，个性的流失也越多。

以行政作用的目的为参照，具体做法也会出现流变。比如，有的学者偏好以职能权限而非职能部门作为划分依据，〔2〕这在一定程度上可以增加部门行政法的结构稳定性。因为我国行政机构体系中的职能行政部门处在经常的变化之中，自中华人民共和国成立以来国务院的行政机构改革有过三十余次，而且每次改革以后行政机构体系的组合方式都要发生很大变化。〔3〕

但是，在我看来，即便因上述职能部门调整而给部门行政法的体系结构带来连锁反应，这也是可以接受和忍受的。无论如何，部门行政法都必须始终以职能部门为界，以部门行政管理为依托，而不是行政权流程中的一个或几个环

---

〔1〕 杨解君、孟红主编：《特别行政法问题研究》，22页，北京，北京大学出版社，2005。

〔2〕 孟鸿志教授提出依行政权范畴来构架部门行政法，在我看来，这无非是行政作用的目的标准的一种变形。孟鸿志：《论部门行政法的规范和调整对象》，载《中国法学》，2001(5)。

〔3〕 孟鸿志：《论部门行政法的规范和调整对象》，载《中国法学》，2001(5)。

节,[1]更不能是政府某一宏观职能下分解的若干行政管理部门的统合,比如,把公安、司法行政、安全等部门统统放到"治安行政法"之中,把科技、教育放到"科教行政法"中,否则就会泛化,抹杀个性,变成与总论一样的范式。所以,我主张以特定具体行政部门为划分标准,比如警察行政法、医药卫生行政法,好处是,能够更加关注特定行政领域的行政机关职能、作用方式与规制政策,彰显个性,更有针对性地回应实践需求。

当然,我也不想全盘否定上述学者的努力。不管上述学者认识与选择方法有怎样的差异,这都不影响部门行政法本身的成立,以及研究价值,反而说明了多层面、多视角研究的重要性和必要性。或许,从这个意义上讲,给部门行政法下一个普适的定义,做固定的划分,是没有多少意义的。因为每个学者关注的行政领域以及对这些领域的划定很可能是不同的。可是,至少有一点是非常明确的,部门行政法与行政法之间是种属的关系,是一般与特殊的关系,是各论(或特论 Besondes Teil)与总论(Allgemeines Teil)、分则与总则的关系,[2]从某种程度上讲,也是抽象与具体的关系。

三、普通行政法与部门行政法的关系

人们通常认为,总论是研究共性问题,分论是研究个性问题。它们之间是种属的关系,或者一般与特殊的关系。这样的论断大体不错,但是,如果仅仅停留在这样的认识上,显然不够细腻,不够精细,也不够准确。

在我看来,普通行政法与部门行政法之间的关系应该是多层次的、多元化的,比如,以警察法学与行政法的关系作为一个个案分析,我们就不难发现,单从历史分析的观点看,它们之间的关系也绝不是简单的细致化、专门化的单向作用问题,而是双向交流、彼此影响、相互激荡。而且,部门行政法在很多特殊领域、

---

[1] 孟鸿志对以行政法典为划分标准的批判。参见孟鸿志:《论部门行政法的规范和调整对象》,载《中国法学》,2001(5)。在我看来,按照行政权的运行流程或者行政法教科书各个组成部分梳理出来的诸如行政组织法、行政编制法、公务员法、行政监察法、行政复议法等,不能算是部门行政法。行政法专题的研究不等于部门行政法,行政法教学课程的设置也不能成为部门行政法的划分依据。至少在本文中我不把它们当成部门行政法。

[2] 吴庚:《行政法之理论与实用》,26~27页,台北,三民书局,2004。

很多特定问题上都具有原创性，[1]并且渐渐形成了自给自足的法规范体系，与各自的管理学联系日趋紧密，但研究的视角和关心的范畴又有所不同。更值得关注的是，部门行政法（如警察法学），很可能、或许也很有必要在研究之中进行多学科的融合与整合，进而很有可能发展成为一个边缘性的、崭新的学科。

（一）从单向到双向

从历史发展观看，行政法的发展很大程度上是源自部门行政法，尤其是警察法，是从部门行政法的发展之中汲取了养分。陈新民教授在研究德国公法的发展时也指出："正如同任何法学学科发展的轨迹一样，行政法也是先由分散零落的个别行政法律，也就是所谓的各论发展，尔后，才形成总论的体系，而竟其功。"[2]范扬教授也说："行政法之研究，初期只依各种行政作用，分别各种法规，而论述各该范围之法理。其分类既非出于法律上之方法，而归类尤嫌困难，其法至不完善。学者乃觉有另设总论（Allgemeine Teil）之必要。于是将行政法学分为二大部分，以研究行政法全体共通之法理者，为行政法总论，研究行政法各特殊区域之法理者，为行政法各论（Besondere Teil）。"[3]

在德国，公法（public law）滥觞于警察法（police law）。从 17 世纪开始，德国出版了许多关于警察法的书籍，可以说，警察法的研究就代表了当时的公法成就，警察法与公法为同义词。只是后来，警察权进一步分解，行政学渐渐兴起，行政法学亦逐步形成。在这个过程中，才出现了行政学与行政法学之间的学科划分，以及行政法学中的总论与分论之说。[4]这也很容易理解。因为国家职能最初主要限于维护社会秩序，主要体现在警察权，所以，很自然地会对警

---

〔1〕 辛格（Mahendra P. Singh）指出："特别行政法已多少法典化了，而且是由那些与每个个别的行为相联的法律来调整。从某种程度上说，如果这些法律没有特别的、相反的规定，那么普通行政法也同样能够适用于这些行为。"（Particular administrative law, on the other hand, is more or less codified and is governed by the statutes relating to each individual activity. To the extent these statutes do not provide to the contrary the general administrative law applies to these activities also.） Cf. Mahendra P. Singh, *German Administrative Law: in Common Law Perspective*, Springer-Verlag Berlin Heidelberg, 1985, p.2. 这句话换一个角度去理解，可以认为，有特别、相反规定的，就是特别行政法的原创性之所在。

〔2〕 陈新民：《德国公法学基础理论》（上册），123 页，济南，山东人民出版社，2001。

〔3〕 范扬：《行政法总论》，21 页，上海，商务印书馆，1937。

〔4〕 陈新民：《德国公法学基础理论》（上册），118 页以下，济南，山东人民出版社，2001。

察权的行使与控制予以特别的关注,警察法的发展也就比较早些,其中很多的原理、原则也就很可能先在警察法中萌发、生成,然后顺理成章地沿用到行政法当中。

奥托·迈耶的杰出贡献,就在于他自觉远离了以行政法各论为对象来撰写行政法教科书的时尚,引入概念法学,仿效民法研究,从纷繁复杂的行政现象中归纳出了行政法的一般原理、原则和概念群,并组合成一个逻辑一致、相对自治的行政法总论体系。[1]行政法学此后逐渐将视野限定在法律解释、法律的技术分析、法律体系和合法性上,建立起用以统合各种终极价值、法原理原则、基本法律命题、法律制度、法律概念,乃至一般法律秩序的判定标准。[2]

由各论到总论,是行政法的一个粗略的历史发展进路,也是行政法研究方法的一个质的飞跃。正是由于理论结构的自我完结性进一步提高,以及研究范畴与方法的进一步明确,尽管与刑法、民法相比缺少了一部实在法意义上的法典,仍然催生了作为独立学科的行政法学。

在随后的发展演进过程中,随着行政法自身理论的完善和自足,也对部门行政法施加了越来越大的影响力,两者的关系逐渐变为相互作用、相互影响、相互激荡。

一方面,部门行政法对实践的变化与需求感觉最为敏锐,很多推陈出新的改革举措都是在这些领域起步与腾飞的。从行政实践中提炼出来的实证性研究成果,会为行政法学总论的存在方式进行检查、反思和重构提供难得的契机。[3]其对总论的贡献将会是惊人的,宋华琳教授详细描绘道:"通过部门行政法研究,可以对行政法上的利益分布加以重新考量,可以抽象出某些'中度抽象水准'的结论作为行政法总论和部门行政法之间的桥梁,可以在行政任务变迁的背景下,对中国行政组织法的类型化研究有所贡献,可以反思和发展行政行为法律形式理论,拓宽行政法学的疆域,去探讨确保义务履行的诸种实效性手段。"[4]

---

〔1〕 高秦伟:《反思行政法学的教义立场与方法论学说——阅读〈德国公法史(1800—1914):国家法学说和行政学〉之后》,载《政法论坛》,2008(2)。

〔2〕 赖恒盈:《行政法律关系论之研究》,50页,台北,元照出版有限公司,2003。转自宋华琳:《部门行政法与行政法总论的改革——以药品领域为例证》,载《当代法学》,2010(2)。

〔3〕 宋华琳、邵蓉:《部门行政法研究初探》,载《浙江省政法干部管理学院学报》,2000(2)。

〔4〕 宋华琳:《部门行政法与行政法总论的改革——以药品领域为例证》,载《当代法学》,2010(2)。

另一方面,受部门利益驱动,以及视野狭隘,部门行政法在发展之中或许会发生这样或那样的偏差,需要行政法从宏观政策上导引与制约。宋华琳教授指出,总论具有"储存器"功能,能够向部门行政法提供法解释技术、批发人权保障理念,"有助于形成更为明澈、更切中事物本质的法律思维,有助于把握个别中的一般,它不为个别领域中的个别问题给出答案,却给出通向答案的方向","作为沟通宪法和部门行政法的桥梁,所提供的秩序理念和架构,构成了对部门行政法的体系建构、政策选择、实体内容设计的约束"。〔1〕

必须解释的是,上述从单向到双向的发展脉络,是对学科历史发展的高度理论抽象与提炼,是从宏观角度对主流运动趋势的简约概括。我决不否认,在每一个历史演进的过程中、具体环节上,都可能会存在微观的双向交流式的互动、互进。但这并不影响上述认识的基本"真实性"与基本价值。

(二)微观层面的自成体系

但是,部门行政法的研究绝不是行政法原理和原则的简单翻版与再现,不仅仅是具体应用,更多的是创造性的工作。正如德国学者平特纳所指出的,"普通行政法如同民法典的总则部分是从行政法各个领域中抽象出的一般学说。特别行政法中某些领域与普通行政法联系甚微,而自成一体"。〔2〕换句话说,就是在部门行政法的特殊领域、具体层面上,很可能会出现若干个颇具独立品格、自我完结的微观体系,与部门行政法之间又构成上下阶位、种属关系。

这在警察法研究中尤为显著。道路交通安全法、安全技术防范法、信息安全法、出入境法、治安秩序法等都已经形成了各自特有的规范体系与理论结构,形成了一个个相对独立的、体系完善的微观法规范子集合;已经紧紧地与它们各自的行政领域知识贴在一起,凝结为"血与肉"的关系。当然,它们关注的仍然是法律问题,而不是其他。

---

〔1〕 宋华琳:《部门行政法与行政法总论的改革——以药品领域为例证》,载《当代法学》,2010(2)。

〔2〕 [德]平特纳:《德国普通行政法》,朱林译,3~4页,北京,中国政法大学出版社,1999。我国台湾地区学者陈敏也认为:"通常各种特别行政法之领域,皆有为数颇多之成文法典作周密之规范。在法学讨论上,亦成为独立之学科。"陈敏:《行政法总论》,28页,台北,三民书局1998。但是,在我看来,后一种表述似乎过于粗糙,到底是指微观层面的,还是指一个部门行政法,似乎不很清晰。

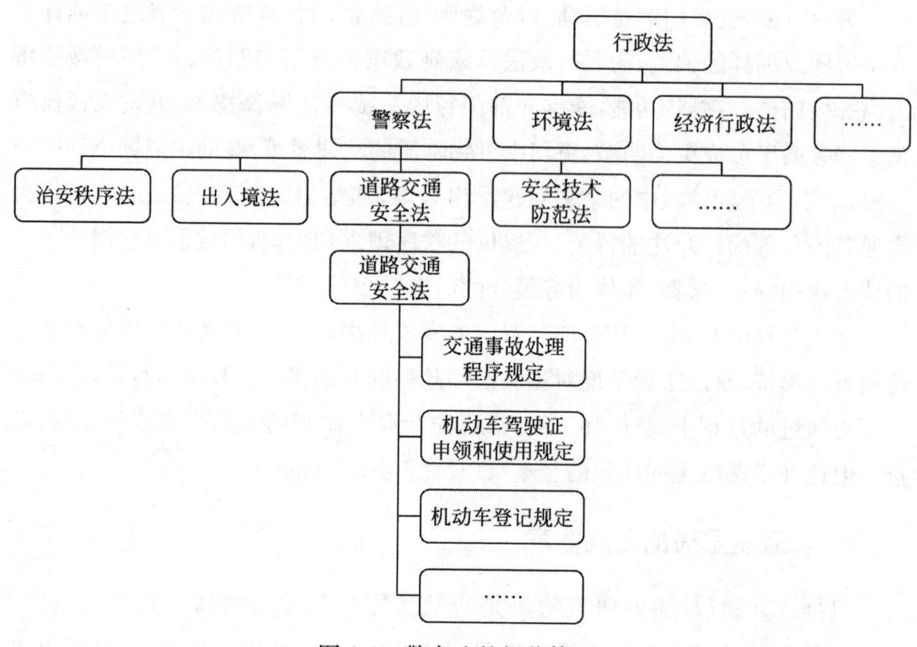

图 1-1　警察法的规范体系

以安全技术防范法为例,经过初步的论证,我们确定《安防政策与法律》教材的结构如下:[1]

表 1-1　《安防政策与法律》教材体系

目次
第一章　概述
第一节　基本概念与特征
第二节　法源
第三节　我国安防法制建设的历史发展与现状
第四节　西方国家安防法的基本概况
第二章　安防法的基本原则
第一节　依法行政原则
第二节　公开原则
第三节　便民原则

〔1〕关于其中各章节的详细内容,可以参见余凌云、靳秀凤、李明甫、李彤主编:《安全技术防范报警服务业立法研究》,25 页,北京,中国人民公安大学出版社,2005。

续表

第四节　自愿与强制相结合原则
第五节　民营化原则
第六节　将安全技术防范纳入社会治安综合防控体系的工作原则
第三章　安防执法机构
第一节　各级人民政府的职责
第二节　公安机关
第三节　其他国家机关
第四章　从业规定
第一节　禁止从业情形
第二节　安防企业资格证制度
第三节　安防产品管理制度
第四节　安防工程管理制度
第五节　安防报警服务管理制度
第五章　行业组织与中介机构
第一节　公安技防工作与行业协会、中介机构的相互关系
第二节　我国行业协会、中介机构概况
第三节　行业组织的作用
第四节　中介机构的作用
第六章　执法监督
第一节　公安机关技防执法概述
第二节　执法基本要求
第三节　监督检查内容
第四节　检查程序
第五节　宣传指导
第七章　法律责任与救济
第一节　安防违法行为及其处罚
第二节　处罚与执行程序
第三节　强制措施
第四节　法律救济

上述体例肯定不尽完善，但却相对成熟，大致能够反映公安机关技防工作的现状与改革趋势。当我们着手“丰满”、勾勒各个章节的内容的时候，就会霍然发觉，尽管有些问题的阐述必然会援用到行政法的基本原理和原则，更多的却是需要对技防执法的深切体认，安全技术防范法已经开始与行政法“轻轻地挥手”道别，迈向一个自给自足的体系。

（三）学科的移动：多视角的融合与整合

我更想说的是，在部门行政法的研究过程中，很可能会发生某种意想不到的、却又概然性很大的学科移动,我们先以警察法为个案进行分析。

1. 一个事例的解析:警察法

谈到警察法,也不是什么新奇的学问(科)。在公安大学教学史上最早就为本科生开设了一门课叫作"公安法规",后来在全国人大常委会通过《人民警察法》(1995年)之后,相应改为"警察法"。时下在公安大学开设与研究的"警察法",是以人民警察法为依托而进行的注释或阐释,或者更进一步,把与公安执法有关的刑事法与行政法(就差刑事诉讼法)内容综合起来加以介绍,其实质是有关警察的法学概论。

在我看来,上述对警察法的认识是有问题的,尽管这么坦率的直白或许会让有的教师感到不舒服。因为:第一,注释意义上的研究,似乎可以归类到警察法的组织法范畴,不是警察法的全部。第二,"公安法规"[1],单从名称看,就很成问题。可能这种称法是从我国台湾地区借鉴过来的(?),但是不要忘了,在台湾,法规是泛指法律,而在大陆,法规却是有特定涵义的,那么,是不是要按照我们通常的理解,把"公安法规"仅限于有关公安的行政法规和地方性法规呢?

警察法,更多时候是等同于警察行政法(police administrative law),是后者的一种简称,与行政法之间的关系是总论与分论的关系,属部门行政法范畴。这似乎是一种通说。比如,在德国,警察法就属特别行政法之范围,与地方法规(Kommunalrecht)同为行政法理论与实务之核心。[2]再比如,日本学者田上穰治在《警察法》一书中也主要是从行政法的视角与理论来研究警察问题。[3]我国台湾地区学者邱华君也认为,实质或广义的警察法,系指各种警察法规。警察法规乃行政法之一部分。[4]不过,在我看来,下这样的论断似乎还为时尚早。

其实,当我们深入到具体的警察法著述进行分析时,却会发现,在围绕警察权或者警察作用问题的具体展开过程中,都会出现研究向其他学科(如刑法、刑事诉讼法)的些微移动。这种自觉或不自觉的移动本身是很耐人寻味的。为了

---

[1] 这很可能也是想要与公安部的提法保持一致,公安部法制司在1997年5月12日曾发布一个规范性文件,即《公安部法制司关于建立和完善公安法规体系的意见》。

[2] [德]Heinrich Scholler:《西德警察与秩序法原理》,李震山译,125页以下,高雄,登文书局,1986。

[3] [日]田上穰治:《警察法》,东京,有斐阁,1983。

[4] 邱华君:《警察法》,8页,台北,千华出版公司,1997。

更好地、更直观地说明这个现象，我从英国、日本、德国和我国台湾地区的警察法著作中遴选了四部有代表性的作品，将它们的体例列示如下：

表 1-2　警察法著作体系比较

《警察法论》（李震山，正典出版文化有限公司 2002 年版）	*Butterworth Police Law* by Jack English & Richard Card, Butterworths, 1994	《警察法》（[日]田上穰治，有斐阁 1983 年版）	《警察法》（*Poplizeirecht*，2000 年，Christoph Gusy 著）〔1〕
目次 第一章　绪论 第二章　行政权中危害防止任务之分配 第三章　警察职务协助之任务 第四章　警察保护私权之任务 第五章　警察法之概括条款与警察任务 第六章　警察协助检察官侦查犯罪之任务 第七章　警察危害防止与犯行追缉任务之竞合 第八章　警察依特定法律应执行之任务 第九章　私人参与警察任务之执行 第十章　结论	*Contents* Chapter 1 General principles Chapter 2 Elements of criminal procedure Chapter 3 Police powers Chapter 4 Police questioning and the rights of suspects Chapter 5 Identification methods Chapter 6 The law of evidence Chapter 7 The police Chapter 8 Traffic: general provisions Chapter 9 Use of vehicles Chapter 10 Control of vehicles Chapter 11 Public service vehicles Chapter 12 Goods vehicles Chapter 13 Lights and vehicles Chapter 14 Traffic accidents Chapter 15 Driving offences Chapter 16 Drinking and driving Chapter 17 Children and young persons Chapter 18 Intoxicating Liquor laws Chapter 19 Betting and gaming Chapter 20 Aliens Chapter 21 Animals, Birds and plants Chapter 22 Game laws Chapter 23 Firearms	目次 第一篇　警察法序论 第一章　警察与警察法的沿革 第二章　警察的实质意义 第三章　警察的种类 第二篇　警察作用法 第一章　警察作用的基础原则 第二章　警察命令 第三章　警察许可 第四章　警察强制 第五章　违反警察管理的处罚 第六章　警察官执行职务法 第七章　各种警察取缔法规 第三篇　警察组织法 第一章　总则 第二章　国家公安委员会 第三章　警察厅 第四章　都道府县警察 第五章　警察职员 第六章　紧急状态的特别措施	目次 第一章　警察与秩序法 第二章　警察与秩序机关组织 第三章　警察任务 第四章　警察职权 第五章　警察法上之责任 第六章　警察之任务执行 第七章　秩序法 第八章　强制法及费用法 第九章　赔偿请求权 第十章　针对警察措施之权利救济

〔1〕 引自李震山：《警察法论——警察任务法编》，36 页，台北，正典出版文化有限公司，2002。

续表

《警察法论》（李震山，正典出版文化有限公司 2002 年版）	*Butterworth Police Law* by Jack English & Richard Card, Butterworths, 1994	《警察法》（[日]田上穰治，有斐阁 1983 年版）	《警察法》（*Poplizeirecht* 2000 年，Christoph Gusy 著）
	Chapter 24 Explosives Chapter 25 Railways Chapter 26 Pedlars, vagrancy and dealers Chapter 27 Non-fatal offences against the person Chapter 28 Disputes Chapter 29 Homicide and abortion Chapter 30 Public order Chapter 31 indecent assault, rape, procurement and abduction Chapter 32 Other offences of indecency Chapter 33 Drugs Chapter 34 Theft, robbery and blackmail Chapter 35 Criminal damage Chapter 36 Burglary Chapter 37 Offences of fraud Chapter 38 Handling stolen goods Chapter 39 Forgery and counterfeiting Chapter 40 Preventive justice		

上述四本书，除了德国的警察法著述是纯粹他引的，只见目录、不见内容之外，其他三本都大致能够看到其中的每个章节的主要内容，因此，以下的归纳与论证主要依据后三本书。从体例上看，有几点是共同的：

第一，警察权或者警察作用无疑是研究的核心问题。尤其显著的是 *Butterworth Police Law*，可以说是对警察领域的主要警察职权的“总盘点”。这也是与行政法的控制与规范行政权的思路一脉相承、互相契合的。

第二，特定领域的警察法问题，尤其是那些很重要的、经常适用的或者极其具有强制性的法律，都是书中不容忽视的、必须泼以笔墨的地方。比较有代表性的是日本警察法中的“各种警察取缔法规”。或许这是比较能够体现警察法特性的地方?

第三,对警察组织法都给予了足够的关注。显然,在组织机构的设置、领导体制与职责分配上,不同领域的行政机关肯定是有差别的。这是比较能反映部门行政法特色的地方,也是必须进一步廓清的部分。

第四,更为重要的,是在行政法的基础上发生了一定的、必要的移动与延展,出现了一种与其他学科的适当的、有机的融合倾向。英国不存在行政法的总论与各论之说,在警察法的研究上很自然的是采取了实用主义的态度,围绕警察权进行总括的研究,而且,警察权多是在刑事诉讼法上规定的,在效果上也就必然呈现我们所说的多学科的整合。即便在有普通行政法与部门行政法之分的德国、日本和我国台湾地区,警察法的著述中也会出现上述移动,比如,在李震山教授的《警察法论》中专门论述了“警察协助检察官侦查犯罪之任务”,这实际上相当于我们大陆地区刑事侦查学研究的范畴。

所以,由警察行政法向警察法的整合不是不可能发生的,但是,实施的路径绝对不是说将行政法、刑事诉讼法等学科的简单相加。[1]我们的研究应该是针对警察法的实际问题(无论宏观或者微观),采取多维研究视角的自然整合。

2. 为什么会发生移动

尽管归纳式的推理很可能会犯过于泛化的臆断的错误,但是,我仍然觉得,部门行政法的深入研究,很可能会突破行政法研究的本身范畴,变成为对特殊行政法领域法律现象的多个法学学科视角的整合性、立体性研究。

日本学者兼子仁教授在其特殊法论之理论构建中,有些观点很值得注意。他指出,不得以“行政法万能主义”观点,将“个别的行政各部法”予以纳入行政法,而妨害对各相关法制之正确解释或其立法发展。[2]我国台湾地区学者刘宗德教授在介绍兼子仁上述学说时进一步阐释道:“换言之,于各行政类型或行政领域,分别定位各个个别行政有关之独特之法,以掌握行政法各论时,应注意不使有关国家作用或公益、公共性等观念,被‘不当地一般化’与发生‘行政本位主义’,而影响依特殊条理解释所为特殊法之生成发展。因此,特殊法并不该当于

〔1〕 这也是现在很多警察法著述容易犯的通病,也自然成为学者否定警察法为一门学科的诟病之所在。

〔2〕 转引自刘宗德:《行政法基本原理》,62页,台北,学林文化事业有限公司,1998。

一般的或类型的行政法或行政法各论之一部,且无将之作为'行政法'而予以一般掌握之理由。此外,于现代各种'特殊法'已有相当研究之阶段,将各种'特殊法'之整体,予以综合掌握之现代法学作业,亦相当重要。而此一作业,可作为'特殊法总论',依据现代人权之体系或社会生活之构造为之。"〔1〕

沃尔夫、巴霍夫和施托贝尔在他们的著作中也指出:"政治目标需要根据迅速变化的经济和社会关系、预测未来发展以及合目的性和效率之间的权衡做必要的调整,这在行政法中具有重要的作用,导致部分行政法领域特别是'部门'行政法迅速变化,产生了新的法律部门(环境法、多媒体法)。"〔2〕因此,部门行政法更进一步地发展,甚至很可能会出现一种多角度、多学科的融合,进而产生出一个独立的边缘性的学科。比如,用警察法取代警察行政法,而成为一个多学科交叉的边缘性学科,从更加宏观的角度研究警察领域的法律问题。〔3〕为什么呢?

首先,部门行政法的研究多以问题为导向,更贴近实践中的具体问题,而要想参透和解决一个法律现象或问题,就可能会调动多学科,比如,交通肇事问题,其中事故认定以及对机动车管理等涉及行政法问题,如果构成交通肇始罪,则变为刑法问题,而有关赔偿问题又属于民法调整的范围,立体地、多学科、多视角地去研究、分析,更加有助于问题的全方位解决。如果仅从单一学科的角度去研究,可能会显得过分单薄。因此,微观层面上的实践发展,或许内在地就需求多学科、多视角的整合性研究。当然,是与要解决的具体问题有着内在关联的学科之间的合作。

其次,因为特定行政领域的法现象已经非常微观、具体,进行整合性的研究,这在单一领域内、在具体问题上做起来也相对容易一些。事实上,当前很多部门行政法的研究早已"遁入"交叉、边缘性学科的研究之中,典范性地在做着立体研究,比如,环境法、卫生法、军事法。尤其是环境与资源保护法、军事法学已列为法学二级学科。

---

〔1〕 刘宗德:《行政法基本原理》,62页,台北,学林文化事业有限公司,1998。

〔2〕 [德]沃尔夫、巴霍夫和施托贝尔:《行政法》,高家伟译,3页,北京,商务印书馆,2002。

〔3〕 我始终坚信,警察法学是当前公安学科中最有活力、最具开发潜力的学科之一。加速发展这门学科是当前公安法制建设的迫切需要,能够为公安立法、执法提供强有力的理论支撑。这就是为什么这些年来我在这方面的学术努力历尽艰难、却矢志不移;这也是为什么我申报了这个课题并进行专门研究的初衷。

最后，部门行政法的研究更侧重综合研究方法。“行政法学各论，在科学处理之限度内，得单独成为一种学科。今日市上出版之单行法之单纯的技术解说乃至注释，虽得为官公吏之处务提要，然不足当科学之名。现时之行政法学各论，虽以官公吏执务上之典据而出现，然关于法规及其社会背景之关联，则于精神科学的社会学的基础上以解明之。此对于行政法各论学者之世界观人世观以及法规之解释适用者，实足贡献相当之见解。关于此种意义，从来甚不重视；殊不知行政法学各论实为无限之沃野；而使其日臻丰饶者，殆即综合的研究方法。”〔1〕

四、当前部门行政法研究中容易出现的两个偏向

我们还是以警察法为观察对象。迄今为止，书坊可觅的警察法著述，大致有以下两种类型。

一是对《人民警察法》的注释，运用的主要是对法规范的注释学，重点在于阐释法条的涵义。比如，罗峰主编《中华人民共和国人民警察法释义》(北京，群众出版社，1995)、李忠信著《人民警察法若干问题研究》(北京，群众出版社，1998)、聂福茂主编《人民警察法教程》(北京，中国人民公安大学出版社，1995)、徐秀义主编《人民警察法讲话》(北京，警官教育出版社，1995)等。我决不否认阐释学的价值，尤其是对理解与把握法规范具有积极的意义，但是，法条主义的阐释无助于理论框架的建构。

二是较为注重理论研究的著作，也就是超越了法规范的范畴，从更加宏观、更加理性的层面去思考警察法的范畴与构架问题。这方面的作品以教材居多。比如，惠生武著《警察法论纲》(北京，中国政法大学出版社，2000)，聂福茂、余凌云主编《警察行政法学》(北京，中国人民公安大学出版社，2005)，江波、湛中乐主编《公安行政法》(北京，中国人事出版社，1994)，姚伟章主编《公安行政法》(北京，中国政法大学出版社，1989)等。

翻阅之后，我们发现，主要存在着以下两种研究倾向与趣味：

一是对行政法的简单翻版。无论研究体例与结构上，还是研究内容上基本

---

〔1〕 [日]铃木义男等：《行政法学方法论之变迁》，陈汝德等译，55～56页，北京，中国政法大学出版社，2004。

上与行政法学雷同,只是将“行政机关”更改为“公安机关”,或者在很多普通行政法制度之前增加“公安”两字,比如“公安行政诉讼”“公安行政复议”。[1]在局部领域增加了警察法特有的一些制度。但是,这样的研究实际上使部门行政法的价值大打折扣,使后者似乎可有可无。

二是与治安管理学趋于雷同,而多少有些混淆不清的感觉。德国学者Scholler和Schloer曾写下一段很耐人寻味的文字:“警察法与警察学属特别行政法学,其在学术研究上,与地方法(Konmmunalrecht)同为行政法理论与实务之核心。”[2]阅后很可能让人起疑的是:“警察学”能算是特别行政法学的研究范畴吗?在我看来,这恐怕不是笔误,也不是“信手拈来”的随意,的的确确是因为部门行政法与部门管理学之间的关系实在太密切了。但是,我们仍然要努力区分两个学科不同的研究对象、范畴与角度,进而在研究结构与内容上有所侧重、有所区别。在学科发展的初期,两者可能很难有比较清晰的划分,这种状况实际上也反映了两个学科同样的不成熟。

出现上述问题(尤其是在学科发展的起步阶段)其实不奇怪。部门行政法本来就是游离在部门行政管理学与行政法学之间的东西,其中把握、拿捏的分寸,以及研究范畴和角度的选定实际上也反映了这门学科发展的成熟度。

五、部门行政法缘何难以研究

可以说,迄今为止,对部门行政法的研究都是不够深入、不够成功的。如前所述,迄今我们还没有见到一本相对成熟、实而不空且较为别致的有关具体行政领域的部门行政法学著作。那么,何以如此?

第一,对部门行政法的研究,必须要有部门行政管理的背景知识,必须对部门行政管理中存在的主要问题、现实对策以及发展改革趋势,还有西方国家相应的法律制度和管理模式,了然于胸。比如,要是不了解警务改革的现状和发展趋势,就不能很好地理解和把握警察权、警察任务和目的;不了解安全技术防范的

---

[1] 比如,公安部就曾组织编写一个自考教材《公安行政诉讼》。在我看来,行政诉讼是各个部门行政法中都通用的救济方式,只有在极个别的问题上,可能在具体化过程中需要进一步明确,比如,管辖与被告的确定问题。而且,行政诉讼等共性的救济问题,在部门行政法的研究当中可以适度弱化,不需要详细描述,只需要总体的罗列和个别问题的阐述。

[2] [德]Scholler、Schloer:《德国警察与秩序法原理》,李震山译,21页,高雄,登文书局,1995。

基本管理模式、技术进路、技术标准以及法制建设等，就不可能对安全技术防范法有一个完整的把握。在民国时期惟一写出比较有影响的《行政法各论》的管欧教授，曾任行政院法规委员会委员、司法院大法官、大学及研究所法学教授，他在自序中也提及“治斯学多年，复以所任职务，涉及法制事项颇多……”。[1]

第二，部门行政法研究之难，首先在于必须实现一种质的转变，由纯粹法学研究范畴向管理学、法学等多种学科有机交融之中突出法律问题的处理路径的转变。这对于只注重，或者过分关注行政法一般原理和问题、缺少特定行政领域管理知识的学者来说，是比较困难的。

第三，在具体研究之中，可能会遇到部门行政法与部门行政管理学之间如何划定各自的研究范畴与角度的问题。因为在法治社会中，任何行政管理无疑都必须依法进行。但是，从现有的研究状况看，的确混淆不清、盘根错节。[2]这也是部门行政法与部门行政管理学之间普遍存在的一个棘手问题。在这方面，很有力的学科示范是现今的行政法与行政管理学，两者无论在学科结构还是研究内容和方法上都非常不同，显现了不同学科研究与关注的范畴与问题的不同，以及学科之间的别样魅力。我们大体上可以这么说，行政管理学关注的是行政效率、成本与效益之间的关系，行政法学关注的是对行政权力的控制与规范问题。

第四，对结构体例的摸索，是颇具开创性的挑战。很有意思的是，在普通法国家的文献之中，专门以警察法（police law）为书名的研究著作是很少的，我只检索到一本，即 *Butterworth Police Law*（Jack English & Richard Card, Butterworths, 1994）。德国和日本的文献中，有一些这方面的著作，[3]但是，因为语言的问题，借鉴的程度非常有限，因此，直接借助国外（海外）研究资源的可能性就不是很大。况且我们更加关注的是中国（大陆地区）警察法所面临的实际问题。开拓性，必然意味着艰巨性。

第五，行政法的不稳定性根源于其调整的行政关系的增繁多涉、变化万千，随着由共性问题向个性问题、抽象问题到具体问题的延展，这种现象也必然会越

---

〔1〕 管欧：《行政法各论》，自序，上海，商务印书馆，1936。

〔2〕 比如，李健和主编的《新编治安行政管理学总论》（北京，中国人民公安大学出版社，1998）中专门设立第七章“治安行政法”。

〔3〕 我只是在 Scholler 和 Schloer 合著的《德国警察与秩序法原理》中发现这方面的著作名，但是是德文的，没有翻译过来，也无法接触到著作的具体内容。参见该书，10～11 页。

发明显。尤其是我们还正处在社会转型期,经济体制和行政管理模式都在不断发展与变动,在很多行政领域、行政关系和行政方法上还没有基本定型,所有这些都决定了部门行政法研究肯定具有很大的难度。

第六,由于目前行政资讯还不够公开、透明,研究者一般不太容易获得这些行政领域的有关案例、数据以及实践问题,甚至是关于改革措施和实施经验等材料,这也会制约对部门行政法的研究参与程度。尽管这种现象在整个行政法的研究中都或多或少地存在,但是,在总则问题的研究上,研究者可以做到"东方不亮西方亮",采取多种途径去收集实证材料。而在特定行政领域的研究中,这种选择自由相对就极其狭窄。"巧妇尚且难为无米之炊",缺乏材料的研究更是难以为继!

第七,如前所述,在部门行政法之下还可能形成若干个自我完结的小群体,与部门行政法之间又构成了类似于总论和分论、一般与特殊的关系,那么,怎么在体例结构、研究范畴和具体内容上处理这些关系呢?这就像"法律上的箭猪"(legal porcupine),十分棘手。

六、努力体现特性的研究进路

部门行政法是否成熟,很大程度上取决于其结构体例与研究内容是否具有强烈的特色,是否足以"自立门户"。当然,这可能只是形式判断标准,实质标准无疑应当是能够贴切地、能动地反映部门行政领域的发展,能够与时俱进。

对部门行政法的研究过程,实际上就是对其特性的探索、挖掘和拓展的学术努力,是努力勾画、表现与张扬其个性的过程。惟有如此,部门行政法才能够尽力与普通行政法拉开距离,在若即若离之中实现自我的价值。

那么,警察法呢?自1997年分配到公安大学工作之后,因为学校性质与关注问题的缘故,我自觉地调整了研究的关注点,进入警察(行政)法领域。正像我在一本专著的前言中说的[1],尽管我一直想完成一部警察法学原理的专著,然而,却发现警察(行政)法中的很多制度迄今还没有得到很好的研究,所以,我的学术努力与研究进路改为由"点"到"面"。经过多年的苦心经营,终于

[1] 余凌云:《公安机关办理行政案件程序规定若干问题研究》,前言,北京,中国人民公安大学出版社,2004。

形成了一个大致的规模和板块，也逐渐形成了一个对警察法体例结构的初步设想：

表 1-3　警察法讲义体系

目次
第 1 章　警察权的变迁
第 2 章　警察权的央地划分
第 3 章　警察组织法
第 4 章　警械与枪支的使用
第 5 章　行政传唤
第 6 章　警察盘查
第 7 章　行政管束
第 8 章　治安秩序与处罚
第 9 章　警察许可
第 10 章　公安机关办理行政案件程序
第 11 章　公安行政裁量基准
第 12 章　对警察滥用权力的控告与救济制度

上述体例尽管还很不完善、不很成熟，但似乎已经与普通行政法有了很大的距离，似乎也有了那么一点警察法所应有的韵味，在这个意义上，我们可以说它是“警察法化”了。这样的研究是以警察权为中心的研究范式，近似于英国警察法 *Butterworth Police Law* 以警察权限以及日常处理的法律事务为主线的体例结构。但是，在特定领域的警察法问题、警察权等问题的研究上，肯定会出现一定的移动与延展。比如，在处罚问题上，会特别关注各种治安违法行为的具体形态、构成要件以及处罚的考量等问题；在对警察滥用权力的控告与救济制度问题上，可以虚化缺少警察特性的行政复议、行政诉讼等制度的描述，突出警务督察、110 设置的救济功能等特色制度的研究。

更加吸引我的是，我寄希望于特定领域的警察法问题的研究上，能够实现向多学科融合的真正意义上的警察法学过渡与飞跃。这是充满青春力量、生机勃勃的一跃，但同时也是充满艰辛、步履蹒跚的行进。我们怎么去处理内容纷繁、姿态万千的具体领域规范呢？应该用什么样的条理与线索来梳理这些庞杂的内容和问题呢？在研究中怎么去有机地融合而不使人们感到拼凑或生硬？如何处理警察的刑事侦查职能呢？是在警察权和警察任务之中有所涉猎,还是要单独设计一个部分呢?一谈到具体的微观问题,就会让我们再一次感到部门行政法的研究就好像“还是开春后河面上的薄冰”(刘震云语)。

七、结　　论

可以预计,在未来的若干年中,部门行政法势必会成为强烈吸引行政法学者的新的理论增长点。然而,其与部门行政管理之间的内在亲和性,以及后者的高度技术性与专业性,还有迄今为止仍然存在的资讯不够透明,又很可能会使得行政法学者多少有些“望而却步”。

我的上述研究不是想为那些与某些部委有着天然联系、因而似乎有着得天独厚的研究条件的学者谋求“独占”或者“自治领地”,而是意在提醒我们更加关注部门行政法研究中的特殊环境、因素与个性,是为了更好地打破“垄断”、跨越“沟壑”而吹响的进军号角。我们可以满怀希望地说,经过我们大家的共同努力,我们肯定会“迎来又一个春天”。

当然,要发展部门行政法,首先我们就必须对部门行政法与普通行政法之间的关系、其应当具有的独立品质等等根本性问题有个基本的把握。在以上论述中,我试图通过对警察(行政)法的个案分析,对普通行政法与部门行政法之间的关系做更进一步的揭示,尽管,或许其中有的结论在其他部门行政法的研究中不具有普适性,但我坚信,一定会有启发或者参考价值的。

在发展警察(行政)法方面,公安院校与公安部、地方公安机关之间的长期天然的联系,使其具有了得天独厚的发展条件。谁能够抢占先机,谁就有可能将其打造成一个极具特色的学术品牌。但这决不意味着警察法研究的领军人物只能是公安院校之间的“兄弟之争”,普通高等院校的学者也极有可能成为这方面研究的旗帜性人物。

第二讲　警察权的变迁*

* 本文是我主持的 2015 年度教育部哲学社会科学研究重大课题攻关项目“法治中国建设背景下警察权研究”(15JZD010)和 2016 年度清华大学自主科研计划文科专项项目“警察法学理论体系之重构”(2016THZWYX01)的阶段性成果。主要内容均已发表，包括：《警察权的“脱警察化”规律分析》，载《中外法学》，2018(2)，被中国人民大学书报资料中心复印报刊资料《宪法学、行政法学》2018 年第 9 期全文转载；《源自父权制的西方警察权理论》，载《中国刑警学院学报》，2017(5)。

一、引　　言

我国现代警察制度自清末起步,类似意义的捕快、保甲、差役、捕役、巡捕等渐渐弃而不用,改制为警察。“警察”一词是近代从日本引进的外来语,在古汉语中没有对应的词汇。[1]警察制度的引入,受日本影响之深,亦可以想见。

新中国成立之后,“警察”一词一度“被视为旧法术语而被弃用”,援用革命根据地时期就偶有运用的“公安”术语,20 世纪 80 年代以后才又逐渐恢复使用。[2]“警察”一词,受西文 police 的影响,[3]也同样是多义的,在学术上有时也指警察作用、警察行为。[4]但在官方文件中,多指称“人民警察”(简称“民警”),[5]间或也采用“人民公安”“公安干警”“公安(执法)人员”等,机关一般称为“公安机关”,但也有称“人民警察机关”。[6]可以说,迄今我们是在同一意义上混用着“公安”与“警察”。[7]

---

〔1〕 韩延龙主编:《中国近代警察制度》,3 页,北京,中国人民公安大学出版社,1993。还有一种说法认为,“警察”一词,“是来自日语的回归借词”。[意]马西尼:《现代汉语词汇的形成——十九世纪汉语外来词研究》,黄河清译,115 页,上海,汉语大词典出版社,1997。

〔2〕 陈兴良:《限权与分权:刑事法治视野中的警察权》,载《法律科学》,2002(1)。

〔3〕 Ernst Freund 认为,Police 一词,意味着政府的一种权力与功能,也指一个规则体系,以及一个行政机关(It means at the same time a power and function of government, a system of rules, and an administrative organization and foree.)。Cf. Ernst Freund, The Police Power: Public Policy and Constitutional Rights, Chicago Callaghan & Company, 1904, p.2.

〔4〕 戴文殿主编:《公安学基础理论研究》,2 页,北京,中国人民公安大学出版社,1991。编写组:《公安学基础理论教程》,11 页,北京,中国人民公安大学出版社,1995。

〔5〕 在“警察”之前冠以“人民”,也具有很强的政治意味。最早见于 1957 年的《人民警察条例》。“它既区别于国民党的旧警察,也区别于国外警察,体现了人民警察来自人民、属于人民、服务于人民”。杨屹泰:《公安部部长助理、〈人民警察法〉起草小组组长罗锋谈〈人民警察法〉的基本特点》,载《人民公安》,1995(6)。

〔6〕 在北大法宝“法律法规”栏目中,以“警察”一词进行全文检索,得到法律 140 篇、行政法规 182 篇、司法解释 184 篇。通过浏览发现,都是在机关及人员意义上使用的。

〔7〕 张兆端认为,“公安”一词只有与“人员”“队伍”“机关”“工作”等构成相应的词组时,才可以指代“警察”。张兆端:《“警察”“公安”与“治安”概念辨析》,载《政法学刊》,2001(4)。

在我国,警察权还不是法律术语,在警察立法中基本不用,更谈不上立法解释。[1]或许,在立法上描述清楚了警察职责权限,比抽象地规定警察权来得更加直观、具体,功能上也能取而代之。在司法判决上不乏援用,[2]但缺乏必要的阐释,即便解释,也多蜻蜓点水,语焉不详。学术研究中多用"警察权"一词。[3]作为一个学术术语,警察权广为人知,好像是"已经约定俗成的使用了"。[4]

但是,在当下中国,面对"什么是警察权"的追问,我们还是不免挠头,如同威斯康星大学 Walter Wheeler Cook 教授早在 20 世纪初发出感慨一般,"没有一个词组(phrase)如此频繁使用(more frequently used),而又让人费解(less understood)"。[5]从已有文献看,对警察权的认识,歧见纷纭,有从目的入手的,可称为"目的说",[6]也有从内容去阐释的"内容说"[7]"职能说",[8]还有从国

---

〔1〕 在北大法宝法律法规数据库上,以"警察权"为关键词,全文检索,截至 2017 年 3 月 13 日,没有发现一部法律、法规、规章上使用了该术语。只有在 2004 年 10 月 22 日在第十届全国人民代表大会常务委员会第十二次会议上,时任公安部副部长的田期玉所做的《关于〈中华人民共和国治安管理处罚法(草案)〉的说明》中,谈到"规范警察权的行使"。

〔2〕 在北大法宝司法案例数据库上,以"警察权"为关键词,全文检索,截止 2017 年 3 月 13 日,发现 4 个案例,包括:(1)浙江省杭州市萧山区(市)人民法院(2015)杭萧行初字第 28 号行政判决书;(2)浙江省杭州市江干区人民法院(2015)杭江行初字第 32 号行政判决书;(3)浙江省杭州市江干区人民法院(2015)杭江行初字第 24 号行政判决书;(4)河南省开封市鼓楼区人民法院(2014)鼓行初字第 14 号行政判决书。

〔3〕 杨玉生:《警察权的法律解读——兼谈警察职权的法治意义》,载《湖北警官学院学报》,2013(10)。

〔4〕 程华:《警察权注疏:从古典到当代》,载《中国人民公安大学学报》(社会科学版),2010(6)。

〔5〕 Cf. Walter Wheeler Cook,"What is the Police Power"(1907)7 Columbia Law Review 322.

〔6〕 比如,张强认为,警察权仅以直接防止社会公共危害为主要目的。张强:《法治视野下的警察权》,吉林大学法学院博士学位论文(2005 年),17 页。王明泉认为,警察权"是指由国家宪法和法律赋予警察机关和人民警察维护国家安全和主权、维护社会治安和公共安全,进行治安管理和惩治犯罪的一种国家权力"。参见王明泉:《警察学教程》,67 页,北京,中国人民公安大学出版社,1996。梁晶蕊、卢建军认为,"警察权的活动范围仅限于维护国家安全和社会治安秩序,一切活动围绕着预防、制止和制裁违法犯罪而展开"。参见梁晶蕊、卢建军:《论法治社会中的警察权》,载《甘肃政法学院学报》,2003(1)。

〔7〕 属于这类的比较多,只是归纳的内容、侧重点不同而已。比如,"警察权是国家机关有关警察行为的决策和实施的权力"。戴文殿主编:《公安学基础理论研究》,178 页,北京,中国人民公安大学出版社,1992。

〔8〕 陈实认为,从国家职能上看,警察权包括国家关于警察职能的立法权、司法权和行政管理权。从机关职能看,警察权指国家依法授予警察机关及人民警察为履行国家安全和公共秩序的职能所必需的各种权力总称。陈实:《警察·警察权·警察法——警察法概念的逻辑分析》,载《湖北公安高等专科学校学报》,1998(4)。

家权力的构成去界定的“最广义说”,[1]以及从归属主体去界定的,又有“机关说”、[2]“机关与人员双重说”之分,[3]再有就是从国家法、组织法和职权法意义上区分警察权。[4]但是,阅读起来,总觉得说理不透。也有的干脆直接跳过警察权不论,[5]这是因为警察概念的变迁,也折射了警察权的变化,彼此如影随形,交集甚多,可以在警察概念之中一并论及?还是因为警察制度应以义务为本位,突出警察任务,淡化警察权?不得而知。但是,这个问题又至关重要。在警察法学理论之中,警察权是一个基础性概念,与警察任务互为表里,外化为警察职责权限,与警察协助义务、警察权的分解与外包等都有着极其密切的关系。

在我看来,之所以不甚了了,是因为,西方警察权经过漫长的变迁,先后形成了,且迄今并存着实质与形式两种意义的警察权概念,分梳不易。从历史渊源看,我国古代虽有警察之实,却无警察之名。发端于清末的现代警察制度是西学东渐的产物,却也继受了传统的衙役、兵丁、保甲、巡丁、练勇、捕役等职能。对警察权的认识,直接嫁接了西方晚近的形式概念。新中国成立之后,逐渐形成“多元分散”的警察制度,实际上是将实质概念杂糅在形式概念之内,不免牵丝扳藤。在学术上,民国之前的警察法著述对西方警察权的变迁过程稍有涉猎,谈不上透彻。新中国成立之后,学术传承中断,我们对实质概念几乎一无所知,不能有效

---

[1] 但重新、杜军认为,“警察权是指国家有关警察活动的一切权力,它属于国家基本权力的组成部分,包括国家关于警察工作的立法权、执行权和行政司法权”。转自高文英:《警察法学语境下的警察权研究》,载《净月学刊》,2017(3)。

[2] 惠生武认为,“警察权是指由国家宪法、法律赋予警察机关执行警察法规范、实施警务活动的权力”。惠生武:《警察法论纲》,3页,北京,中国政法大学出版社,2000。高文英也认为,警察权就是法律赋予警察机关的职权。高文英:《警察法学语境下的警察权研究》,载《净月学刊》,2017(3)。

[3] 有学者认为,警察权力既指警察机关的权力,也指执行警务活动的人员的权力。比如,王泽河:《论警察权力》,载《中国人民公安大学学报》,1989(2)。李建和:《我国警察权力配置的现状、问题与原因》,载《中国人民公安大学学报》(社会科学版),2007(5)。

[4] 杨玉生认为,国家法意义上的警察权涉及在国家机关之中的横向与纵向分配,组织法意义上的警察权是指在警察机关内部管理体制之中的警察权分配,职权法意义上的警察权就是警察职权。杨玉生:《警察权的法律解读——兼谈警察职权的法治意义》,载《湖北警官学院学报》,2013(10)。

[5] 比如,在李震山的《警察法论——警察任务编》(台北,正典出版文化有限公司,2002)、蔡震荣主编的《警察法总论》(第三版,台北,一品文化出版社,2015)中,警察概念之后,直接跳到警察任务,都没有专门讨论警察权。而且,从李震山介绍的德国、日本警察法教科书看,也都没有专章介绍警察权,反而,警察任务是必不可少的。李震山:《警察法论——警察任务编》,30-38页,台北,正典出版文化有限公司,2002。

运用实质与形式之界分理论来容纳实践的发展。

所以，在本文中，首先，我分析一个长期被忽略的理论问题，也就是警察权的本源，不了解父权制这一源流，便不能透彻理解欧美警察权的正当性来源。其次，我将梳理警察权在西方的变迁，发现从分权到分工的基本规律，以及通过不断限缩警察权目的之发展路径，从实质走向形式，最终完成警察权从内务行政的等同物之中脱离而出。最后，我将梳理清末以来形成的对警察权的认识，指出从“机关说”入手界定警察权的合理性，通过职责权限二个维度，勾勒新中国成立之后警察权内涵之变化，并发现其分权、分工之不彻底，指出变革之方向。

二、警察权的正当性来源

在西方，谈到警察权的来源，都不会不延伸自“父权制”(Patriarchy)。以国家类比家庭，对于警察权的本质，西方学者多视为或者类比为源自家长对家庭的统治权。[1]这种观念可以追溯到柏拉图(Plato)，他断言，城邦(polis)与家庭(family)的差别，只是规模大小不同而已(*multitudine et paucitate*)。[2]

父权理论在西方源远流长。德国的家长与家庭(householder and household)的关系理论，源自罗马的 pater 及其 familia 之关系，又对英国法产生了影响。[3]在英国，父权理论是通过 Sir Robert Filmer 的著作形成的，他在 1680 年出版了《父权制——抑或国王的自然权力》(*Patriarcha: or the Natural Power of Kings*)。[4]警察权的发展源流，都不免要与父权交织在一起，并从中获取正当

---

〔1〕 比如，Roscoe Pound 就认为，“州的惩治权，至少部分源自家长制家庭的家长的权力”(the authority of the State to punish is derived, at least in part, from the authority of the head of a patriarchal household.)，另一部分来自准家庭的“治安纪律”(the quasi-familial “magisterial discipline”)，罗马的治安官就有权命令公民，以便在和平时期维护秩序，在战争时期遵守纪律(The Roman magistrate had imperium, i.e., power to command the citizen to the end of preserving order in time of peace and discipline in time of war.)。Cf. Markus Dirk Dubber, *Police Power: Patriarchy and the Foundations of American Government*, Columbia University Press, 2005, pp.126-127.

〔2〕 Cf. Santiago Legarre, “*The Historical Background of the Police Power*” (2006—2007) 9 *University of Pennsylvania Journal of Constitutional Law* 768.

〔3〕 Cf. Markus Dirk Dubber, *Police Power: Patriarchy and the Foundations of American Government*, Columbia University Press, 2005, p.14.

〔4〕 Cf. Santiago Legarre, “*The Historical Background of the Police Power*” (2006—2007) 9 *University of Pennsylvania Journal of Constitutional Law* 768.

性。这方面的文献也不少,不必缕举。

在我国,父权制以往多为社会学,尤其是女权主义者关心的话题。对于父权制与警察权的关系脉络,在警察法上关注不够,找不到有关文献。当我们研究欧美的警察权时,乍一接触这方面的理论,不免陌生隔阂。但是,不了解这一源流,便不能透彻理解欧美学者所说的实质意义上的警察概念,以及警察权的正当性来源。因此,必须补足这方面的研究。

1. 父权制与警察权

父权制,也称男权制,在女性主义者看来,是体现了两性的不平等,是对女性的压迫。从警察学、法学上看,却是权力形态与运行方式。父亲是一家之主,享有“在家庭、社会中的支配性特权”,[1]据说,父权的正当性可以追溯到《圣经》。

基于这种父权制理论,对于家庭(familia),家长(paterfamilias)实际上,且在理论上有着不受限制的权力(mund)。一方面,家长享有对外的权力,保护其家庭不受外来的威胁(the householder enjoys external authority to protect his household, his mund, against outside threats.)。另一方面,他也拥有对内的权力,惩戒家庭中桀骜不驯的成员(he has internal authority to discipline recalcitrant members of his household.)。但是,这种惩戒权必须基于其对家庭福祉最大化的责任。(the power to discipline arose from his duty to maximize the welfare of the household)。[2]

所以,家长有权排除对其安宁造成的外在威胁,特别是当破坏其安宁的当事人被当场捉住,这种权力立刻显现。根据安格鲁撒克逊法(Anglo-Saxon law),家长有权杀死正在盗窃的歹人。一旦破坏了安宁,罪犯的命运就完全掌握在他人,尤其是安宁被破坏的当事人的手里。正因为他破坏了安宁,任何人都可以施以他所希望的伤害,只要不干扰第三人的安宁。简约的处置程序,以及施加惩处的羞辱,都是因这种极端的破坏安宁而获得正当性的(Once peaceless, the offender was entirely at the mercy of others, and in particular of the man whose peace he violated. Since the offender was peaceless, anyone could inflict whatever harm he

〔1〕《男权制》,http://baike.baidu.com/link?url=phMjYuho9ntp27jchYSVWiqArdHoA-4guKSI1ew9QhcWSKuXUkA5hds-MR_GaRguB5clIYFs8PNvZaPhLfIsLvFQwq4BNTa2SGkPgfXkS_O3DTtnzueyRzWvKxqeNXdU,2017年6月23日最后访问。

〔2〕Cf. Markus Dirk Dubber, *Police Power: Patriarchy and the Foundations of American Government*, Columbia University Press, 2005, p.6, 11.

wished without interfering with another's peace. This utter peacelessness justified the summary disposal procedure as well as the indignity of the punishment inflicted.)。[1]

在 Brunner 看来，家长以父权加以惩戒，只体现在违法者以自己的行为将自己变为非法状态（According to, the punishment in these cases of interference with the householder's mund merely manifested the outlaw status the offender had assigned himself through his act.）。非法状况呈现的一些值得我们关注的特征是，首先，非法（outlawry）是加诸自身的（self-inflicted），它的制裁也是非法创设的，通过其行为认可的一种状态（Its punishment merely recognizes a state of affairs created by the outlaw, through his act.）。其次，如同制裁一样，非法也是一种状态。非法就是被排斥在法外，因为他已经自己表现出或者变为非法（outlawry is a status as much as it is a punishment. The outlaw is outlawed because he already has revealed himself as or transformed himself into, an outlaw.）。最后，非法（outlawry）是排他的（exclusion）。尽管非法本身不排斥违法者，因为他自己已经把自己剔出来了，让自己成为外来者的状态（Although outlawry does not by itself exclude the offender—since he already has excluded himself—it cements his status as an outsider.）。他不属于任何地方、任何人（He belongs nowhere and to no one.），具有持续的威胁（poses a continuous threat）。[2]总之，非法状态是依据父权施加惩处的前提与基础，也是父权行使的正当化理由。

Sir Robert Filmer 将父亲之于家庭，与国王之于国家，做了类比，认为几乎一模一样，只有范围（latitude）和程度（extent）的不同。国王的所有责任，归结起来，就是对其臣民的普世的慈父般的关爱（all the duties of a king are summed up in an Universal Fatherly Care of his people）。[3]通过如此的类比与推演，国王行使类似于父权的上述权力，似乎便天经地义，有着无比的正当性。

---

〔1〕 Cf. Markus Dirk Dubber, *Police Power: Patriarchy and the Foundations of American Government*, Columbia University Press, 2005, p.14.

〔2〕 Cf. Markus Dirk Dubber, *Police Power: Patriarchy and the Foundations of American Government*, Columbia University Press, 2005, pp.14-15.

〔3〕 Cf. Santiago Legarre, "*The Historical Background of the Police Power*" (2006—2007) 9 *University of Pennsylvania Journal of Constitutional Law* 769.

法学家以此为框架,来阐述国王或国家权力理论(theories of kingly or state power)。在君主制下,国王,如同家长,拥有监护权(mund),有权保护受其监护的一切,排除外来的侵害(external attacks)。按照 Brunner 的观点,犯罪史,就是冒犯国王监护权的历史,也就是对于这种冒犯,国王有权宣布违法,并给予制裁的历史(The history of crime, in's view, is the history of violations of the king's mund, and the history of punishment that of the king's power of imposing outlawry as a sanction for such violations.)。[1]也就是说,类比于父权,国王对臣民的统治权力同样具有了正当性来源。这种权力在当时就被称为"警察权"。这种极其宽泛意义上的警察权,显然是和国家行政、至少是和内务行政同构化。

正如 Markus Dirk Dubber 所指出的,从法国、德国到苏格兰、英格兰,再到美国,各种形态的警察权(police power)都有着共同的内核(the common core of all varieties of police),就是根源于家长对家庭的统治(its foundation in the householder's governance of the household.),这也恰是政府的基础,甚至可以看作是与政府本身的同义词(synonymous)。[2]

在欧美,警察权理论的变迁经历了一个漫长的过程,大致可以分为三个阶段,每个发展阶段犬牙交错,没有明显的时间界限,我们只能笼统地说,早期与国家行政同构化,是为第一阶段,大约是 17 世纪之前;第二阶段是演变为内务行政的同义词,估计是在 17、18 世纪;第三阶段是与内务行政进一步分离,发展为组织法意义上的警察权,这应该是在 18、19 世纪之后。在警察法理论上,第一、二阶段的警察概念、警察权,应该都是实质意义上的。这是以往我们不太熟悉的宽泛的概念形态,但在欧美的警察权变迁史上,却是在相当长的时期内广泛存在,并被普遍接受的概念。第三阶段形成的组织法意义上的警察概念、警察权,属于形式意义上的,[3]与我们当下对警察。警察权的理解大致相同。

因此,在我看来,以父权制来分析警察权,这样的解释论应当是流行于 18、19 世纪之前,仅存在于上述第一、二阶段。父权制理论对警察权的影响,应当存在于警察权理论发展的早期。因为,警察权理论进化到第三阶段,警察仅指形式

---

〔1〕 Cf. Markus Dirk Dubber, *Police Power: Patriarchy and the Foundations of American Government*, Columbia University Press, 2005, p.15.

〔2〕 Cf. Markus Dirk Dubber, *Police Power: Patriarchy and the Foundations of American Government*, Columbia University Press, 2005, p.14, 82.

〔3〕 陈鹏:《公法上警察概念的变迁》,载《法学研究》,2017(2)。

意义上的警察，警察权仅限于组织法意义上的警察权，警察机关就只是政府之中的一个职能部门，也就不可能与政府同构化了。

父权制理论作为警察权的分析框架，流行了相当长的时间，不可能不对警察权理论产生影响。Markus Dirk Dubber 进一步分析了父权制对美国警察权的某些特征的影响，包括：(1)警察权的不可界定性(its defining undefinability)，从根本上体现为裁量性质(exposing its radically discretionary nature)。这源自父亲实际上不受限制的裁量权，他不仅可以惩罚，还可以做有利于家庭福祉的任何事(Its undefinability derives from the father's virtually unlimited discretion not merely to discipline, but to do what was required for the welfare of the household.)。(2)警察权对象的无人格化(the ahumanity of its objects)。这源自家庭的所有组成，包括有生命的和无生命的，都是家长手中的工具(The ahumanity of its object derives from the essential sameness of all components of the household, animate and inanimate, as tools in the householder's hands.)。(3)警察权的等级制(the hierarchical aspect of American police power)，反映了家长与家庭之间的绝对的区别(echoing the categorical distinction between householder and household)。(4)警察权寻求效率而非正当(The power to police seeks efficiency, not legitimacy)，反映了古希腊的视角，是用效率而非正当来衡量家庭管理(reflecting the ancient insight of Greek economics that household governance was measured by efficiency, not justice)。[1]但是，随着民主与法治的进步，这些影响也几乎被涤荡干净，在现代意义的警察权上没有留下多少痕迹。

2. 由王权转向主权

随着历史发展，君主制的衰落，主权(Sovereign)国家取代了国王个人。在1758年出版的《国家法》(*the Law of Nations*, *Le Droit des Gens*)中，Emmerich de Vattel 认为，主权就是应当将国家视为一位温柔、睿智的父亲，一个忠实的管理者(Sovereign ought to watch over the nation as a tender and wise father, and as a faithful administrator)。睿智的规制就应当规定出所有那些最有助于实现公共安全、实用和便捷的东西(wise regulations ought to prescribe whatever will

〔1〕 Cf. Markus Dirk Dubber, *Police Power: Patriarchy and the Foundations of American Government*, Columbia University Press, 2005, xv.

best contribute to the public safety, utility and convenience),主权就是要让人民习惯于秩序与遵守,在公民之中维持和平、安宁与和谐(the sovereign accustoms the people to order and obedience, and preserves peace, tranquility and concord among the citizens)。[1]

Vattel的著述,实际上是对上述历史的存续性叙述,但却有着不小的进步意义,将警察权的正当性来源从父权转为主权,进一步夯实了警察权的民主性基础,变得不再虚幻缥缈。他的理论对当时的社会心理,尤其是美国人的心理产生了深远的影响。[2]比如,Chief Justice Taney在许可案中(in the License Cases)指出,警察权"就是主权权力,是在其统治范围内管理人和物的权力"(the power of sovereignty, the power to govern men and things within the limits of its dominion.)。这句话还至今回响。[3]

在美国,脱离英王统治之后,国王的特权就简单地转到新的主权,也就是州的人民(Now that the king was gone, his prerogative was simply transferred onto the new sovereign: "the people of this State.")。联邦的形成,也被比拟为是由一个个像家庭一样小的自治体融合为而成(the integration of smaller communities of governance into a larger one),各州也像每个家长一样保留有自卫权(the retention of the householder's power of self-preservation)。这成为了早期美国共和国的一个核心争议(one of the central struggles of the early American Republic),也一直延续迄今,成为联邦主义的一个议题(the discourse of federalism)。[4]

人们普遍认为,没有警察权,州便不成其为独立的自治体(separate institutions of governance)。除了将一部分委托给联邦政府之外,其余仍然保留在各州。主权为人所知的,就是立法的制定。州作为一个主权,就是政府监护([W]hen this country achieved its independence, the prerogatives of the crown

---

[1] Cf. Santiago Legarre, "*The Historical Background of the Police Power*" (2006—2007) 9 *University of Pennsylvania Journal of Constitutional Law* 753-754.

[2] Cf. Santiago Legarre, "*The Historical Background of the Police Power*" (2006—2007) 9 *University of Pennsylvania Journal of Constitutional Law* 753-754.

[3] Cf. Markus Dirk Dubber, *Police Power: Patriarchy and the Foundations of American Government*, Columbia University Press, 2005, p.122.

[4] Cf. Markus Dirk Dubber, *Police Power: Patriarchy and the Foundations of American Government*, Columbia University Press, 2005, p.44,85.

devolved upon the people of the states. And this power still remains with them, except so far as they have delegated a portion of it to the federal government. The sovereign will is made known to us by legislative en- actment. The state, as a sovereign, is the parens patriae.)。[1]

所以,对于"美国的国王在哪里"的发问,Thomas Paine 的著名回答就是,"在美国,法律就是国王"。这意味着国王的警察特权现在属于人民,[2]实际上归属州政府,成为州政府的原始权力。州的地位相当于独立的家庭(independent households)。而州政府又是由法律统治的。Shaw 却有另一种说法,他认为,警察权是赋予了立法机关(the police power vested in the legislature.)。但是,这两个说法不是彼此排斥的,只是进一步说明警察权到底归属到政府的哪一个部门,也就是归到了刚独立的州的立法机关。[3]

这种思想估计来自洛克(Locke)。在他看来,最高权力(The supreme power)就是立法权(the power to make law),这个权力只能来自被统治者的同意(this power could derive only from the consent of the governed.)。但是,执行法律,以及保护社会,抵御外来威胁,比如,维持内外秩序,则分别类同于家长为了家庭福祉最大化而享有的对内和对外的权力(analogous to the internal and external aspects of the householder authority to maximize the welfare of his family.)。[4]

3. 小结

通过上述梳理,不难发现,第一,在欧美,将父权制作为警察权的本源,是因为家庭与国家、户主与国王、父权与王权有着高度的近似性。第二,从家庭、父权到国家、王权,再从王权到主权,不断夯实了警察权的正当性基础。这也反映了君主制的衰败,以及民主制的产生的历史进程。第三,国家比之家庭,王权比之父权,以此来探幽警察权之由来,论证警察权的正当性,这是警察权理论发展的

---

〔1〕 Cf. Markus Dirk Dubber, *Police Power: Patriarchy and the Foundations of American Government*, Columbia University Press, 2005, p.44,85,108.

〔2〕 Cf. Markus Dirk Dubber, *Police Power: Patriarchy and the Foundations of American Government*, Columbia University Press, 2005, p.85.

〔3〕 Cf. Markus Dirk Dubber, *Police Power: Patriarchy and the Foundations of American Government*, Columbia University Press, 2005, pp.105-106.

〔4〕 Cf. Markus Dirk Dubber, *Police Power: Patriarchy and the Foundations of American Government*, Columbia University Press, 2005, p.46.

早期才有的一种理论。彼时,警察权无所不在,与国家行政同构化。后来,通过分权与分工,警察权等同内务行政,也依然宽泛。在这样形态下的警察权,父权制理论对警察权的存在以及正当性有着相当大的解释力。但是,随着脱警察化的不断深化,警察权变为完全是组织法意义上的警察权力,与内务行政分道扬镳,以及随着民主化的进程,父权制理论的解释力便不大了。因此,在我看来,父权制理论与警察权的关系,只是在特定的历史阶段上有意义。

在我国,从清末警政理论的传播与有关实践看,开初便在执行、组织意义之上探讨警察、警察权、警察任务,基本不讨论警察权的来源、本质等抽象问题。对警察权理论的研究就着力不多。也就是说,清末起步的现代警政,是直接从组织法意义上的警察概念切入,不存在西方历史上的国家行政、内务行政同构化的经历,也缺少西方的历史情境与理论延续渊源。对于警察权的来源,西方的父权制理论几乎没有影响,〔1〕比较能够接受的观点,就是直截了当地认为,警察权来源于国家的统治权,也就是主权。〔2〕主权之中,一个重要内涵就是排除社会危害、维护公共秩序。〔3〕

三、西方警察权的变迁

在欧美,警察权的发展,历经沧海桑田、岸谷之变。在用词上,大致也有着police,police polity,internal police,police power的渐次替换,词义逐步收缩的过程。一些学者也下了很大力气,铺陈有关材料,分梳有关脉络。这些变迁,尤其是从国家行政向内务行政的演变,看似对我们影响不大,是我们不曾有过的。但是,我国自清末起步的现代警察制度毕竟嫁接于西方,西风东渐,异途同归。19世纪之后,西方警察权的变迁,对我国有着不小的影响。探究欧美警察权的总体变迁,其中折射出的发展规律,对我们理解警察权及其变革还是颇有益处。

---

〔1〕 民国时期几部介绍各国警察制度的著述,基本不引介父权制。比如,阮光铭、赵益谦编著:《现代各国警察制度》(青岛,青岛醒民印刷局,1934),胡承禄:《各国警察概要》(出版地不详,1931)。

〔2〕 比如,钟赓言认为,"此权力(警察权)乃国家以统治权之主体之资格当然享有之物"。钟赓言:《钟赓言行政法讲义》,王贵松、徐强、罗潇点校,282页,北京,法律出版社,2015。

〔3〕 张强:《法治视野下的警察权》,吉林大学法学院博士学位论文(2005年),17页。

1. 变迁过程

从词源上看，police 源自拉丁文 Politia，还可追溯至希腊文 politeia、polis，最初的意思是政府的政策（the policy of civil government），与执法没有什么关系（the term police originally means something other than law enforcement）。Police 一词，“在中世纪与封建领主的统治权相联系，是为了公共秩序和福利而被承认的一种特别统治权”。〔1〕

英文的 police 是从法文借用而来。16 世纪之后，英文里的 police 与 policy 同义，表示英联邦或有组织的国家（commonwealth or organized state），也指民间组织和文明社会（civil organization and civilization）。〔2〕德国大约也是在 16 世纪初开始广泛应用 policey、poletzey、policey 等描绘警察的语词，它们都是在“共同体的良好秩序”这一意义上作为国内秩序的一个集合性概念加以使用，意指国家的活动或行政。〔3〕“随着民族国家的兴起，警察一词被用来表示一切国家行政”，“由公共权力维持一般社会秩序的事项都统称警察事务”。〔4〕当时的社会状态是，“警察成为专制政体下全能且大权在握的人，归其原因，在当时并无权力分立，警察行为不受宪法或法律约束，一切依行政命令及一般规定为张本，纵然在具体个案亦同，此外，亦无有效控制警察举措之机构存在”。〔5〕到 19 世纪，这种用法渐被淘汰。〔6〕

18 世纪早期，police 一词开始用来描述对社会的规制、约束与控制（the regulation, discipline, and control of a community），内务行政（civil administration）以及维持公共秩序（maintenance of public order）。在欧洲大陆，尤其是法国和西班牙，出现这种用法更早些。〔7〕在德国，从 17 世纪开始，军事、财政、外交、司法等事务便逐渐从警察事务中分离出来，有关权力也不再称作警察权，警察、警察权的外延渐次收缩，至 18 世纪，警察概念便几乎与内务行政相

〔1〕 卢建平：《警察相关词源考证》，载《法治研究》，2016(6)。

〔2〕 Cf. Santiago Legarre, “*The Historical Background of the Police Power*” (2006—2007) 9 *University of Pennsylvania Journal of Constitutional Law* 748-749.

〔3〕 陈鹏：《公法上警察概念的变迁》，载《法学研究》，2017(2)。

〔4〕 卢建平：《警察相关词源考证》，载《法治研究》，2016(6)。

〔5〕 李震山：《警察行政法论——自由与秩序之折衡》，4 页，台北，元照出版社，2007。

〔6〕 Cf. Santiago Legarre, “*The Historical Background of the Police Power*” (2006—2007) 9 *University of Pennsylvania Journal of Constitutional Law* 748-749.

〔7〕 Cf. Santiago Legarre, “*The Historical Background of the Police Power*” (2006—2007) 9 *University of Pennsylvania Journal of Constitutional Law* 749-750.

对应,出现了"第一次脱警察化"。[1]亦即不是一切国家行政皆为警察,警察仅指国家行政之中的内务行政。彼时,洛克、孟德斯鸠等先哲的分权思想正席卷欧洲,对政治哲学的发展产生了巨大影响。国家权力不断分化,"警察只意味着与社会公共福利及维持秩序有直接联系的内务行政(internal affairs)"。[2]

在17、18世纪,一些学者(比如,Pufendorf, Vattel, Smith, Blackstone)所援用的police,其含义也迥异于今日,一般都是在内务行政层面上交互使用,police与civil administration、domestic administration同义。比如,在1762年至1764年间,Adam Smith在格拉斯哥大学所做的法理学系列讲座(lectures on jurisprudence)中指出,任何政府制度的首要目标是确保国内安宁(internal peace),然后才是促进国家富裕(the opulence of the state)。这就产生了我们所说的"police"。只要与这个国家的贸易、商业、农业和制造业有关的规制,都可以看作属于"police"范畴。[3]同样,在Blackstone的论述里,oeconomy和police也是同义的。他谈到国王特权(royal prerogative)就包括国王作为国内商贸仲裁者(arbiter of domestic commerce)而具有的权力。[4]这也就不难理解,police传入美国之后,很长时期都与州商业权交织不清。这种词义,在美国宪法的词汇中,尤其是在"police power"的语境下,还延续至今。

police一词,只是到了晚近,才开始用于司职于维持秩序和查究犯罪的警察群体。比如,在西班牙语中,直到19世纪初才有此用法。在苏格兰,用police指称有关执法和维持公共秩序,可以查到的首次记载大约出现在1730年。[5]德国在"二战"之后,经美军占领区发布的限制警察概念范围的命令第235号,[6]警察之概念才真正蜕变为现代意义的警察。历史学者公认的第一个现代警察机关

---

〔1〕 陈鹏:《公法上警察概念的变迁》,载《法学研究》,2017(2)。

〔2〕 卢建平:《警察相关词源考证》,载《法治研究》,2016(6)。

〔3〕 Cf. Santiago Legarre, "*The Historical Background of the Police Power*" (2006—2007) 9 *University of Pennsylvania Journal of Constitutional Law* 752.

〔4〕 Cf. Santiago Legarre, "*The Historical Background of the Police Power*" (2006—2007) 9 *University of Pennsylvania Journal of Constitutional Law* 757-758.

〔5〕 Cf. Santiago Legarre, "*The Historical Background of the Police Power*" (2006—2007) 9 *University of Pennsylvania Journal of Constitutional Law* 748,761,and footnote 94.

〔6〕 命令第235号要求"有所早期德国警察所执行之任务,其没有直接与生命、财产、维护公共秩序犯行之追缉等有关,排除于警察活动范围外。这些义务之执行得由其他适当之机关实施之,然而,对此种功能或执行之机关与人员不得再使用'警察'之称呼"。蔡震荣主编:《警察法总论》(第三版),31页,台北,一品文化出版社,2015。

是,1829年在Sir Robert Peel的倡导下建立的伦敦大都市警察(the London Metropolitan Police)。[1] Sir Robert Peel利用他在爱尔兰服役的经验,创设了一个介于军队和民间力量(a civil force)之间的社会控制的组织。[2]

这是在内务行政之上,不断限缩警察权目的的结果,也和制服警察的出现,以及警察组织的专业化有关。在欧洲,人们开始反对绝对主义的国家政权以及由此衍生而来的君主的"父权式监护",转而认为只有在不可避免地需要维护集体安全及自由时,国家方能限制个人自由,这就催生了从目的角度对警察概念进行约束与重构的努力。[3]这是"第二次脱警察化",通过不断深化内务行政之中的分工,完善行政机关系统,将一些警察事务逐渐分解、转移给其他行政机关,比如营业、建筑、外国人等事务,这些行政机关也不再行使专由警察行使的权力,而是一般性质的行政权。警察专指警察机关,警察权力也由警察机关行使。这也促进了警察机构的体系完善,专业(职)程度的提升,"终至以执行为主之执行警察是为今日之民主警察"。[4]

自Sir Robert Peel倡导建立现代警察机关,欧美各国竞相仿效,无论是实践还是学术上所指的警察权,便多是指形式意义上的警察权。之后的历次警务革命,无论是以美国为代表的专业化运动,以社区警务为标志的欧美警察现代化运动,还是服务导向警务改革,以及信息时代下倡导的情报警务模式,都没有改变对警察、警察权、警察权之目的以及警察任务的认识,只是对实现警察任务的具体方式和技术手段有所调整创新。在警察权的规范与扩张之间引发些许波动的是"9・11"之后引入的反恐警务模式,扩大了警察的检查权力和自由裁量权。

2. 两次质的飞越

"脱警察化"是德日描述上述警察概念演变、权力分化的专门术语,是指从警察概念分化出来的其他机构和人员"不得再使用'警察'名称"。[5]上述警察权的变迁,其实经历了两次质的飞越,出现了二次脱警察化或警察除权化的趋向,从而实现了从国家行政到内务行政再到组织法意义的警察权的渐次发展。第一次与分权有关,通过与军事权、财政权、司法权等的分离,警察权逐渐限定在内务行

[1] Cf.Carol A. Archbold, *Policing: A Text/Reader*, SAGE Publications, 2012, p.3.

[2] Cf. Eric H. Monkkonen, "*History of Urban Police*"(1992)15 *Crime & Just*.549.

[3] 陈鹏:《公法上警察概念的变迁》,载《法学研究》,2017(2)。

[4] 李震山:《警察行政法论——自由与秩序之折衡》,4页,台北,元照出版社,2007。

[5] 蔡震荣:《行政法强制执行之困境与职务协助》,载《行政法学研究》,2015(2)。

政领域。第二次与政府组织体系分化、职能进一步分工有关。通过不断明晰警察权目的,将政府的一些职能从警察权之中剥离出去,警察权也便与内务行政有了一定区分。

分权与分工,是以分化的场域为标准。我们大概可以说,发生在国家权力层面上的分化是分权,出现在政府层面上的分化是行政分工。或者更进一步说,以内务行政为标准,在该范畴之内的分化视为分工,比如卫生防疫、整饬街道、建设管理从警察事务之中的剥离,该范畴之外的分化称为分权,比如军事、司法与警察的分离。但是,从文献上看,上述两次变迁不都是严格在这个界限之内发生的,彼此也有交集,犬齿交错,却的确有着递进关系。从时间界线看,也比较模糊,大致 17、18 世纪以分权为主,19 世纪前后为分工。

第一次脱警察化与分权理论的兴起有关。警察概念从国家行政演变为内务行政。一方面,通过权力的分立与制衡,实现对公民权利的保障,比如,警察权与司法权的分立。另一方面,彼时国家任务,不外乎"外御强辱,内维治安",前者仰赖军人,后者交付警察。〔1〕但是,正如西塞罗说的,"对待人民的方式,其中第一位的、最重要的是不得使用暴力"。〔2〕通过警察权与军事权的分立,实现内外有别、差别对待,进一步科学而准确地校正了警察任务的定位。

第二次脱警察化主要是发生在内务行政的分工上,具体方法是"限缩警察概念的目的要素",将卫生、建筑、环保、劳动、税务等以往属于警察行政事务的权限划归一般行政机关。〔3〕这是因为"危害防止任务大都集中在行政权","应在不失其时间与经济效能上,以及避免导致不必要之行政空转与摩擦下,加以分散"。这种在"行政权内部危害防止任务之水平分配","可以避免权力集中与专断",〔4〕也能够促进专业化,提高效率。这些机关也从事危害防止,属于实质意义上的警察,但在任务与权力上与警察机关仍有区别。于是,开始出现形式与实质警察概念的分野。

至于分工的标准,没有精细的尺度,只有大致的原则,比如,按照"绝对法益"与"相对法益"之分,前者归警察机关,后者由一般行政机关负责。又如,只有同

---

〔1〕 马岭:《军事权与警察权之区别》,载《云南大学学报》,2011(5)。

〔2〕 [古罗马]西塞罗:《论共和国,论法律》,王焕生译,277 页,北京,中国政法大学出版社,1997。

〔3〕 张强:《法治视野下的警察权》,吉林大学法学院博士学位论文(2005 年),89 页。

〔4〕 李震山:《警察行政法论——自由与秩序之折衡》,32、39-40 页,台北,元照出版社,2007。

时符合“危害防止不可迟延性”与“强制力经常使用之必要性”，才由警察机关负责。[1]其实，在内务行政之中进一步分化的程度与范围，深受各国历史传统、社会诉求、立法选择等因素的影响。所以，在欧美，警察权目的相差无几，呈现出来的警察职责与权限在不同国家可能不完全一样，[2]没有逻辑可言，也无法强求一致。

脱警察化，也就是去暴力性。随着与警察权同构化的政府权力不断分解、分化出去，转移到一般行政机关之中，不适用传统的警察强制力，伴随着的是去强制化。一般行政机关在执行公务中为排除妨碍，确有需要警察手段，可以请求警察协助。这构成了一般行政机关运行的基本权力结构模式，也突显了警察协助义务的重要性。

但是，其中最重要、最根本的任务，也是经常需要使用警察手段来完成的任务，始终附着在警察权之中，必须通过警察权来完成。所以，保留在警察机关的权力仍然是最具有强制性的。可以说，除军事权之外，国家权力之中，警察权最具有暴力性、强制力。[3]

也因此，警察权必须受到法的严格拘束，比如，必须符合比例原则，十分注重对公民权利的保障。公民权和法的基本原则构成了警察权的边际。在“警察权”这个术语之中便隐喻着一种限制，只有适当行使，个人权利才受到影响(Implicit in the term “police power” is a limitation upon power, since private rights can only be affected by its proper exercise.)。[4]随着权利观念的变迁，以及人权保障意识的日益高涨，警察权的行使也越来越受到限制。构成权利观念的整个哲学基础，也是警察权不能触碰的权利观念，已经发生变化(The entire philosophy which underlay the concept of the rights which the police power could not touch had changed.)。从这个意义上看，警察权的内涵不是静止不变的(The content of

---

[1] 李震山：《警察行政法论——自由与秩序之折衡》，52-54页，台北，元照出版社，2007。

[2] 阮光铭、赵益谦编著：《现代各国警察制度》，27-29页，青岛，醒民印刷局，1934。

[3] 警察权力具有特殊强制性，是“合法化的有组织暴力”，也具有强限制性，是对公民权利限制性最强的权力。文华：《我国警察权力的法律规制研究》，武汉大学法学院博士学位论文(2010年)，13、16页。

[4] Cf. P. E. Nygh, “*The Police Power of the States in the United States and Australia*” (1966—1967)2 *Federal Law Review* 186.

the police power then was not static.)。[1]

在这样的格局里,保持国内安宁、维护治安秩序、防止一切危害的警察任务,并非完全交给警察机关,而是分散到其他一些行政机关。相应的,在理论上,便出现了“实质的警察概念与形式的警察概念”,以及实质意义上的警察权与组织法意义上的警察权。实质的警察概念与实质的警察权,是从功能角度出发,即便是一般行政机关,只要从事维护安宁秩序、防止危害之警察任务,便属于警察范畴。而形式的警察概念与组织法意义上的警察权,是从组织机构角度出发,仅指警察机关维护秩序、排除危害的角色、作用或者权力。[2]

3. 目的和手段的界定方法

在欧美,内务行政的进一步分化,对警察权的限缩,之所以都不约而同地诉诸警察权目的,主要是为了将警察的强制作用收缩到最小领域,压缩到最低限度,以回应日益高涨的保障公民权利之诉求。或者说,“因自然法学说勃兴,主张尊重个人之自由,限制国家之权力,于是警察权之观念亦次第狭隘”。[3]因为警察作用在于维护社会治安秩序、防止公共危害,是国家最原始、最根本、最基础的功能,警察手段也最具有暴力性,需要有所控制与节制。

很自然,对警察权的阐释,便出现了从目的入手的界定方法。比如,Otto Mayer 认为,臣民对共同体以及对代表共同体利益的行政负有天然的义务,不能干扰共同体的良好秩序,且应当避免并防止自己的生活中出现这样的干扰,这种臣民的“一般义务”也是“警察义务”,而警察权便是为了实现这种义务而发动的公权力。[4]

但是,从美国的经验看,不论如何提炼警察权目的,还是很难与内务行政完全区分开来。或者说,从实质意义上去描述警察权,那将很大程度上与政府权力难解难分。Justice Wannamaker 就说,“政府警察权的维度,与政府保护和促进公共福祉的职责是一致的。警察权的措施,必须以公共必要为限度。公共诉求是制定、解释和适用法律的北极星。”(The dimensions of the government's police

---

〔1〕 Cf. P. E. Nygh, “*The Police Power of the States in the United States and Australia*” (1966—1967)2 *Federal Law Review* 194.

〔2〕 李震山:《警察行政法论——自由与秩序之折衡》,5~8 页,台北,元照出版社,2007。陈鹏:《公法上警察概念的变迁》,载《法学研究》,2017(2)。

〔3〕 钟赓言:《钟赓言行政法讲义》,王贵松、徐强、罗潇点校,283 页,北京,法律出版社,2015。

〔4〕 陈鹏:《公法上警察概念的变迁》,载《法学研究》,2017(2)。

power are identical with the dimensions of the government's duty to protect and promote the public welfare. The measure of police power must square with the measure of public necessity. The public need is the pole-star for the enactment, interpretation, and application of the law.)。[1]这到底是在描述形式意义上的警察权还是实质意义上的警察权，不甚了了，似乎更像是在阐释后者而非前者。日德的有关理论纷争也说明，"不能借助行政目的的消极或积极区分警察与保育"，因为"当代的秩序行政已经超越了消极目的，而有了积极目的的面向"。"采取强制命令手段的警察措施亦同时包含了积极目的和消极目的"。[2]

于是，兼有"目的说"和"手段说"的界定方法脱颖而出。比如，Ernst Freund 从法院大量的判例中发现，至少有两个主要属性或特征(two main attributes or characteristics)，能让警察权突显出来，有别于其他权力，也就是，警察权直接意在确保与推进公共福祉，它是通过抑制与强制实施的(it aims directly to secure and promote the public welfare, and it does so by restraint and compulsion)。[3]又如，L.Dee Mallonee 考虑到"警察权"的最初使用，以及适宜性和逻辑，还有法院的实践，主张警察权应当是狭义的，首先，规制目的是为了"主要社会利益"(the primary social interests)，包括公共健康、道德、安全和经济福利。其次，方法上具有强制性，可以限制私人权利，强迫其放弃全部或部分权利，限制其享有相应的权利。[4]

我国民国时期，一些学者对西方警察制度的引介，也采用了这种方法。比如，阮光铭、赵益谦指出，"警察实总于内务行政中，以命令权预防危害，而干涉个人之自由。若强制或以命令权不应用时，则不得谓为警察。所谓警察者，以消极的防制危害为目的；若以积极的增进公共利益为目的，而行强制权者，是亦不属警察之范围"。[5]当然，从文献上看，这种界定方式很大层面上仍然是在内务行政之中分梳实质意义的警察、警察权，判断哪些干预活动属于警察作用，实施这

---

[1] Cf. Thos J. Pitts, "*The Nature and Implications of the Police Power*" (1937-1938)6 *Kansas City Law Review* 145.

[2] 陈鹏：《公法上警察概念的变迁》，载《法学研究》，2017(2)。

[3] Cf. Ernst Freund, *The Police Power: Public Policy and Constitutional Rights*, Chicago Callaghan & Company, 1904, xi.

[4] Cf. L.Dee Mallonee, "*Police Power: Proper and Improper Meanings*"(1916)50 *American Law Review* 862,870.

[5] 阮光铭、赵益谦编著：《现代各国警察制度》，14页，青岛，醒民印刷局，1934。

些活动的机构也不限于警察机关。

四、清末以来形成的认识

清末出现的警察制度是“西学东渐的产物”,既反映了开明之士“变法图新”“师夷长技”“中体西用”之期许,也有洋人“须目睹中国竭力设法保护外国人及铁路诸物方能退去”之威逼,[1]是主动与被动交互作用的结果。

一般认为,光绪二十四年(1898 年)湖南巡抚陈宝箴、按察使黄遵宪等人所创办的湖南保卫局,是我国近代警察之滥觞。[2]经北洋、民国,甚至到新中国成立之后,警察制度基本没有大的变化,警察的业务范围、管辖分工与管理体制等基本一脉相承。[3]

对警察、警察权、警察任务、警察组织与管理等理论问题的思考,大概也始于清末,认识上总体比较平稳,虽有分歧、争执,却没有大起大落、天壤之别。当然,政权性质发生变化,政治意识形态对警察制度产生了较大的影响,警察的阶级属性与专政功能被突显出来。民国之后,尤其明显。

1. 直接嫁接欧美晚近概念

清末迈向警察制度现代化之初,对警察权的认识,直接嫁接了欧美晚近的概念,已实现了一定意义上的分权,也设立了专业化的警察机构与制服警察。清末“采借西法、推行新政”,一项重要举措就是设置了海军、外务、商务、巡警四部。[4]无论从组织上还是权力上,作为最高警政机构,巡警部显然都与军事、外交、商务等有着明确的权力切割。所以,我们从没有过像美国那样的警察权与商业权(commercial power)之纠结与困惑。我们对警察权的理解,也始终附着在组织法意义上,就是指警察机关的权力。

---

[1] 康大民:《中国警察——公安的百年回顾》,载《辽宁警专学报》,2001(4)。

[2] 王先明、张海荣:《论清末警察与直隶、京师等地的社会文化变迁》,载《河北师范大学学报》(哲学社会科学版),2005(1)。也有认为,19 世纪中叶,外国人在上海租界之内设立的巡捕与巡捕房等,是“我国之有现代警察的嚆矢”。陈水适主编:《清末民初我国警察制度现代化的历程(1901—1928)》,19 页,台北,台湾商务印书馆,1984。

[3] 李健和:《我国警察权力配置的现状、问题与原因》,载《中国人民公安大学学报》(社会科学版),2007(5)。

[4] 陈水适主编:《清末民初我国警察制度现代化的历程(1901—1928)》,36 页,台北,台湾商务印书馆,1984。

彼时内务行政已然分化，“警察者，内政（内务行政）之一部。内政之范围，以学理的分类则为警察行政与福利行政之二种”。[1]“警察实为内务行政中与助长行政对立之一分科”。[2]警察机关从隶属内务行政，逐渐发展到从内务行政之中与其他行政彼此剥离出来。组织机构始终相对独立，自成体系，名称几经变化，也渐趋固定。大致脉络为，清末的巡警部与巡警道、北洋的警政司和警察厅（局、所）、民国的内务部（内政部）和警察厅（处、局）、新中国的公安部与公安（厅、局、分局）。

清末有关行政分工已见雏形，但还不彻底。清末警察除缉盗治安外，还有“卫民生”之责，管着公共卫生、防疫，负责整饬街道。北洋政府时期，警察机关的职责之中，尤其是治安、营业、建筑、卫生等项，不少在今天看来已成历史遗迹，比如，卫生之中的负责道路清洁、保健防疫，治安之中的社会救恤和“贫民教养”，建筑之中的官私建筑的审查和准驳、公共建筑的保护，营业之中的店铺营业的准驳、开业歇业的登记、度量衡的检查等。[3]清末民初，警察甚至还有部分的司法裁判功能。从清末到民国，警察事务不断增增减减，多是时势政策使然，但都发生在警察机关内部。对警察、警察权的理解也基本没有越出组织法意义。

新中国成立之后，《人民警察条例》（1957 年）规范的还是严格组织法意义上的警察。[4]然而，随着政法体制不断改革，逐渐形成“既统一又分散”的警察体制，正如《人民警察法》（1995 年）第 2 条第 2 款所确认的那样，“人民警察包括公安机关、国家安全机关、监狱、劳动教养管理机关的人民警察和人民法院、人民检察院的司法警察”，而这些机关之间彼此独立，互不隶属。警察权的意义才越出组织法，走向实质意义。也就是，警察权不再为警察机关所独有，为其他机关所分享，但也是涵射在“人民警察”概念之下。

这便形成了新中国建立之后很独特的现象，实际上已生成了实质的警察概念，却又在实践上不接受实质与形式意义的概念划分，而是人为地圈定在名义的警察概念之中。这既有对历史承续的缘故，也有这些机构的职责权限具有近似

[1] 何维道、谭传恺撰写的《警察学、警察实务》（长沙，府正街集成书社，1913）是我国最早的警察学著作之一。引自师维：《我国实定法上的警察含义——兼议我国〈人民警察法〉的修改》，载《河南公安高等专科学校学报》，2008(3)。

[2] 郑宗楷：《警察法总论》，5 页，北京，商务印书馆，1946。

[3] 韩延龙、苏亦工：《中国近代警察史》，336、342、374-375 页，北京，社会科学文献出版社，2000。

[4] 《人民警察条例》（1957 年）第 4 条明确规定，“人民警察受中华人民共和国公安部和地方各级公安机关的领导”。

性的现实考虑。无论如何,我们都可以视之为一种分工不彻底或者拒绝进一步分工的表现。

所以,无论是对警察还是警察权的理解,我们既没有欧美早期混沌未开之经历,也不存在欧美的曲折含义。警察、警察权从没有与国家行政同构化,与内务行政已有分离,又有些交集,仅是分工不细所致。这与当时欧美的状况大致相同。但是,在欧美的那种实质意义上的警察,也就是由一般行政机关承担防止危害的任务,也视为警察,这种宽泛的认识,在我国,只存在于学术,是对西学的继受,是学问上的知识,在实践上根本没有这样的理解,也没有成为法律上的基本概念。"警察概念在我国从未真正形成类似当代德国法上的实质概念与形式概念、当代日本法上的'学问上的概念'与实定法上的概念的二元格局"。[1]

2. 以"机关说"入手

从后续的制度变迁看,我们对警察权的困惑还是有别于西方,不是纠缠在实质意义,也没有德国法上"形式的警察概念"与"实质的警察概念"并存问题,而是需要从组织意义上去进一步澄清。因此,对于警察权业已形成的"目的说""内容说""职能说""机关说"等诸多观点中,在我看来,以"机关说"入手来界定警察权,最为贴切妥当,更符合业已形成的公众认知。

新中国成立之后,历经改革,警察制度形成了"多元分散"体制,出现了普通警察、司法警察、国家安全警察、狱警和武装警察等五种类型。从组织结构上看,这些机关已完成形式上的分权,各自的警察职责又大相径庭,权限也出入较大。

因此,以"机关说"入手,警察权应当有广狭两种,狭义仅指公安机关的权力,是形式的、组织法意义上的警察权。广义则应反映"多元分散"体制。广义的警察权实际上已脱逸出组织法意义,变得异常纷繁复杂,多维难定,难以阐释。在这个意义上,警察权还是可以涵盖在原本就宽泛的警察权目的之中,依然不脱离警察、警察权之窠臼,从而形成了实质与形式警察权概念相杂糅的一个矛盾体。

我们同意采纳"机关说"的同时,不得不对另外一种近似观点展开批判。"机关与人员双重说"认为,警察权力既指警察机关的权力,也指执行警务活动的人员的权力。在我看来,这显然是误读了公安机关及其工作人员之关系。警察权的归属主体应当是、也只能是公安机关,而不是公安机关之中具体行使权力的警察。后者只是前者的化身,任何组织的活动都必须通过人来实现,警察的执法活

---

〔1〕 陈鹏:《公法上警察概念的变迁》,载《法学研究》,2017(2)。

动是代表公安机关，行为结果和责任也由公安机关承担。长期以来，我们没有认真鉴别。无论是《人民警察条例》(1957 年)还是《人民警察法》(1995 年)，都没有处理好这对关系，都表述为“人民警察的职责”“公安机关的人民警察按照职责分工，依法履行下列职责”“人民警察的权限如下”等等。〔1〕

3. 结合警察任务的诠释

随着社会的发展，政府职能分工的变迁，以及内务行政的分化，警察权的大小范围、管辖事项，很大程度上取决于各国的历史传统、社会诉求以及立法政策，是立法选择的结果，是长期历史发展的累积，没有统一的范式，也没有固定的理论模型。所以，即便从“机关说”入手，也很难描述清楚警察权是什么。

曾流行于欧美的“目的说”，以目的来界定警察权，在我国却发生了变异。因为，自清末初创现代警察制度之始，我们便很少纠缠于警察权目的之讨论，即便有为数不多的讨论，也多抄自日本。在学术上，更多探讨的是警察任务。从功能上看，警察任务可以替代警察权目的。对警察任务的讨论，又结合着警察职责，彼此构成抽象与具体、总括与阐释的关系。只是警察任务在不同历史阶段还是略有不同的。

可以说，从清末开始，我们一直关注的都是警察的功用，在探讨警察任务的同时，一般解决警察的职责与权限。从这个意义上去认识警察权，更简洁明了，既有对历史的承接，也反映现实需要。我们愿望之中的警察权便由此勾勒出来了。这个进路其实是以警察任务为底色，体现了义务本位的思想，又暗合了欧美的目的(任务)与手段的界定方法。只不过，这种界定方法，在欧美是适用于实质意义上的警察、警察权，在我国主要是运用在形式意义上，所以，流露出的趣味就不很一样。

警察权毫无疑问是一个集合概念，是由一个个具体的警察权力构成的，或者说，可以分解为一个个具体的警察权力形态。正如警察任务是由所有的警察职责组合而成，可以高度凝练，也可以用具体的警察职责逐一详细描述。但是，单凭一个个具体的警察权力形态，警察权只能给人一个碎片状的印象。要想描叙

---

〔1〕《人民警察法》(2016 年，修订草案征求意见稿)或许意识到这个问题，转而表述为“公安机关依法履行下列职责”，但是，仍不能一以贯之，具体权限的行使主体还是采用“人民警察”而不是公安机关。《公安部关于〈中华人民共和国人民警察法〉(修订草案稿)公开征求意见的公告》，http://www.mps.gov.cn/n2254536/n4904355/c5561673/content.html，2017 年 5 月 1 日最后访问。

清楚警察权的真切内涵,还离不开警察任务。警察任务决定警察权力,警察权力是为了完成警察任务,彼此互为表里、相互依存。对于什么是警察权的追问,我们大致可以说,警察权就是法律赋予的实现警察任务的权力,其具体内涵是通过职责与权限来表达的。

4. 对警察任务的认识

从有关文献看,从清末民初开启的现代警察制度,承继了传统上保甲、巡丁、练勇、捕役等职责,重在革除传统上衙役、兵丁、保甲、巡丁、练勇、捕役等弊端,虽然“职能更加广泛,并呈现出专业化趋向”,[1]诸如发挥消防、卫生、维护交通等积极功能,但是,主流还是延续、替代了传统的“侦奸、缉私、捕盗之类”的治安体系与职能。[2]

从早期何启、郑观应等传播的警政思想,以及维新派康有为、黄遵宪等力推的警政实践看,在有关动议、章程以及制度上,对警察任务、职责权限有明确界定。比如,湖南保卫局就是“去民害、卫民生、检非违、索罪犯”,具体而言,“掌清查户籍,清理街道,抓捕盗贼,扑救火灾,查禁赌博,解民危困,禁拐妇女等事”。[3]光绪三十年(1904年)以后,人们对警察作用的认识更接近现代的观点,“保全国之治安,定人民之秩序”。[4]

北洋、民国之后,也延续了类似看法,只是政治色彩渐趋浓厚。比如,1914年,袁世凯在《治安警察法草案》立法说明中指出,“警察以保护公共之治安为天职”。蒋介石也认为,“警察的任务,既在维持治安,改良社会,则势必时时与危害社会以及有损社会健康的烟赌娼匪等弊害相搏斗”。[5]

可以说,从清末到民国,一直没有出现像德日早期发生的关于警察权目的之激烈争论,也没有通过区分福利目的与保安目的、积极目的与消极目的,进一步促进内务行政的分化,澄清警察权的边际。[6]这是因为,从清末警政运动开始,

---

〔1〕 王先明、张海荣:《论清末警察与直隶、京师等地的社会文化变迁——以〈大公报〉为中心的探讨》,载《河北师范大学学报》(哲学社会科学版),2005(1)。

〔2〕 陈水适主编:《清末民初我国警察制度现代化的历程(1901—1928)》,14页,台北,台湾商务印书馆,1984。

〔3〕 王先明、张海荣:《论清末警察与直隶、京师等地的社会文化变迁——以〈大公报〉为中心的探讨》,载《河北师范大学学报》(哲学社会科学版),2005(28)。

〔4〕 韩延龙、苏亦工:《中国近代警察史》,55页,北京,社会科学文献出版社,2000。

〔5〕 万川主编:《中国警政史》,381、414页,北京,中华书局,2006。

〔6〕 有关德日的争论,参见陈鹏:《公法上警察概念的变迁》,载《法学研究》,2017(2)。

内务行政便有较高程度的分化，警察权与防止社会危害的其他行政作用之间的分工已基本完成。

民国以往的警察法理论，深受日本影响，也介绍日德有关警察权目的之理论争议，在学理上，也有学者对警察权作实质意义的阐释，但是，在我国，许多学者还是把警察“认做维护公共治安的消极行政”，〔1〕比如，何维道、谭传恺认为，“警察者，内政之一部，为防止危害，直接保持社会安宁之秩序，而限制人之自由之行政”。〔2〕维持秩序，必以限制人民自由为代价。但是，正如李士珍所警觉，不易将警察行政定位在“限制人民自由”，否则，一方面，“容易引起人民对警察之不良观念”，另一方面，也容易对人民之合法自由滥加干预。〔3〕因此，警察作用的价值取向必然是多元的，其中，也充斥着诸如健康(health)、道德(morals)、安全(safety)以及一般福祉(the general welfare)等价值目标。〔4〕实现的手段也是限制与助成并举、消极与积极兼用。

新中国成立后，从 1957 年的《人民警察条例》到 1995 年的《人民警察法》，警察任务基本不变，只是逐渐淡化政治色彩，文字表述略有增删，均体现在第 2 条关于“人民警察的任务”之中，包括：(1)维护国家安全；(2)维持社会治安秩序；(3)保护公私财产，以及公民人身自由与安全；(4)预防、制止和惩治违法犯罪活动。

对上述警察任务可以做进一步解读，第一，其中，(1)(2)(4)无疑是警察的基本任务，由这一基点散发出的效果是实现了(3)项任务，而“保障公私财产”、“公民人身自由安全”，又为上述基本任务注入了价值观与目标。第二，单从上述任务描述，“依靠纯粹的文义解释对于厘定警察任务范围尚有难度”，〔5〕还很难与其他行政机关区分开来，如前所述，后者也可能发挥着实质上的警察作用。所以，还必须通过具体胪列公安机关的职责，才能阐释清楚警察任务的基本内涵。第三，建国之后推出的一系列警务改革，比如社区警务、情报主导警务、从管理到

〔1〕 郑宗楷：《警察法总论》，21 页，北京，商务印书馆，1946。

〔2〕 师维：《我国实定法上的警察含义——兼议我国〈人民警察法〉的修改》，载《河南公安高等专科学校学报》，2008(3)。

〔3〕 李士珍：《警察行政之理论与实际》，南京，中华警察学术研究会，2 页，1948。

〔4〕 我国台湾地区警察法第 2 条对警察任务的规定，除了继续明确“依法维持公共秩序，保护社会安全，防止一切危害”为警察的主要任务外，还增加了“促进人民福利”的警察辅助任务。李震山：《警察法论——警察任务编》，39 页，台北，正典出版文化有限公司，2002。

〔5〕 余湘青：《警察任务构造研究》，载《中国人民公安大学学报》(社会科学版)，2012(1)。

服务等，都没有逾越上述警察任务，只是微观地、局部地调整、增删公安机关职责，重新分配、创新运用公安机关权限而已。

五、两个维度的阐释

从1957年《人民警察条例》、1995年《人民警察法》的立法技术看，对警察权的描述，都是在警察任务之下，通过职责与权限两个维度来进一步解析的。这实际上是采用了目的（任务）与手段的界定方法。建国之后，警察权之流变，都是折射在这个基本框架之内，表现为警察职责之增删，警察职权之繁简，以及法律理念、警务思想之变化。因此，在稳定的警察任务之下容纳着流动的内涵。

但是，由于新中国成立之后，尤其是1983年全国政法体制改革之后，逐渐形成了“多元分散”的警察体制，警察的外延与内涵变得复杂而多义，甚至难以界定。比如，国家安全机关以及监狱、劳教机关最初都隶属于公安部，后来，前者独立出去，后者移交司法部。延续着传统，《人民警察法》（1995年）第2条第2款对人民警察的界定变得相当宽泛，“包括公安机关、国家安全机关、监狱、劳动教养管理机关的人民警察和人民法院、人民检察院的司法警察”。这也给立法技术上如何规定警察职责权限、组织管理等带来了相当大的难度。因此，《人民警察法》（1995年）在内容上充满了一般与特殊、共性与个性等多方面的矛盾与冲突。[1]立法上只能采取在表面上归纳共性，实质上以公安机关为主线的策略。

1. 公安机关的职责

《人民警察法》（1995年）将公安、安全、监狱、劳教、司法五个部门的警察职责之中的“共同的、基本的、主要的职责”加以规定，大致分为五类：（1）预防、制止、惩治违法犯罪活动；（2）公安行政管理职能；（3）执行刑罚的职能；（4）指导

[1] 《人民警察法》（2016年，修订草案征求意见稿）回归到了严格狭义的、组织法意义上的警察范畴，明确“本法所称公安机关是指县级以上人民政府主管公安工作及其人民警察的行政机关”，“本法所称人民警察，是指公安机关中依法履行治安行政执法和刑事司法职能且被授予人民警察警衔的工作人员”。参见《公安部关于〈中华人民共和国人民警察法〉（修订草案稿）公开征求意见的公告》，http://www.mps.gov.cn/n2254536/n4904355/c5561673/content.html，2017年5月1日最后访问。规范对象更加明确，立法内容更加自洽。对于国家安全机关、监狱以及人民法院、人民检察院中授予警衔的工作人员，准予适用，但法律另有规定除外。从立法技术上讲，这样处理无疑是最干净妥帖的。

治安保卫工作、指导治安防范工作；(5)其他职责。[1]细读第 6 条，不难发现，还是以公安机关为规范对象，而且，公安机关职责规定是对长期实践的总结与体认，基本范式是逐一胪列立法与政策赋予的各项职责，好处是一目了然、不生歧义。

与《人民警察条例》(1957 年)有关职责规定相对比，我们不难发现以下几点变化：

第一，追随法律理念的变化。比如，《人民警察法》(1995 年)第 6 条第(一)项删除了《人民警察条例》(1957 年)第 5 条第(一)项"反革命分子和其他犯罪分子的破坏活动"，改为"违法犯罪活动"。至于理由，李忠信只简单地陈述为"三十多年来，我国政治、经济、社会等情况都有了很大变化，根据当前形势"，这一修改"涵盖了所有的应当由人民警察管辖的违法犯罪案件"。[2]其实，不容忽视的是，早在 20 世纪 80 年代刑法学界就已展开取消反革命罪的热烈讨论，[3] 1997 年《刑法》修订，取消反革命罪，易名为危害国家安全罪。这股思潮不可能不对其间酝酿修改的《人民警察法》产生一定影响。而《人民警察法》又先于《刑法》修订，能启变革之先声，实在了不起。又比如，《人民警察法》(1995 年)第 6 条第(十三)项删除了《人民警察条例》(1957 年)第 5 条第(三)项"领导群众进行防特、防匪、防盗、防火工作"，改为"指导和监督国家机关、社会团体、企业事业组织和重点建设工程的治安保卫工作"。

第二，政治意识的强烈影响。比如，《人民警察条例》(1957 年)第 5 条第(十五)项规定了警察的救助义务，"查找迷失的儿童和下落不明的人，救护被害人和突然患病处于孤立无援状态的人"，《人民警察法》(1995 年)第 21 条进一步拓展了这种基于人道主义的警察义务，要求人民警察遇到公民人身、财产安全受到侵犯或者处于其他危难情形，应当立即救助。同时，还应积极参与抢险救灾和社会公益工作。这"充分表明了人民警察热爱人民、保护人民的宗旨"。[4]这无疑是对警察的辅助任务做了积极的政治表达。

---

〔1〕 李忠信：《人民警察法若干问题研究》，62、65-66 页，北京，群众出版社，1998。

〔2〕 李忠信：《人民警察法若干问题研究》，71-72 页，北京，群众出版社，1998。

〔3〕 有关文献很多，比如，黄艾禾：《1980：取消反革命罪的第一声》，载《中国新闻周刊》，2012(30)。曹子丹、侯国云：《论将"反革命罪"易名为"危害国家安全罪"》，载《中国法学》，1991(2)。梁华仁、周荣生：《论反革命类罪名的修改》，载《政法论坛》，1990(4)。

〔4〕 杨屹泰：《公安部部长助理、〈人民警察法〉起草小组组长罗锋谈〈人民警察法〉的基本特点》，载《人民公安》，1995(6)。

第三,警察职责的扩张几乎都是在行政领域。比如,《人民警察法》(1995年)多出的几项职责,第6条第(八)项“管理集会、游行、示威活动”,第(十)项“维护国(边)境地区的治安秩序”,第(十二)项“监督管理计算机信息系统的安全保护工作”,第(十四)项“负责大型群众性活动的安全管理工作”,第(十五)项“监督管理保安服务活动”,第(十六)项“负责警用航空的运行、安全和管理工作”,第(二十二)项“开展国际执法合作,参加联合国警察维和行动”。还有“为了增强人民警察的责任感,同时也为了人民警察在非执行职务的时候履行职责受到法律保护”,[1]第19条规定,“人民警察在非工作时间,遇有其职责范围内的紧急情况,应当履行职责”。

第四,进一步深化行政分工,完全删除了《人民警察条例》(1957年)第5条第(十三)项的“监督公共卫生和市容的整洁”。[2]

从上述变化看,警察的基本任务就是打击和预防违法犯罪、维持治安秩序,并由“打击”延伸到“预防”,再延至“维持治安秩序”,[3]工作重心不断向前延展,突出表现为上述第三点警察职责向行政领域的扩张。警务工作也由消极转为积极,一切以迅速回应和满足公众对警务服务的需求为要务。而且,进一步清除了清末民初以来的警察基本任务之外的一些职责,比如监督公共卫生与市容整洁。但是,对当前反恐与网络管制的警察职责扩张反映不够。

---

〔1〕 1994年12月21日,在第八届全国人民代表大会常务委员会第十一次会议上,公安部部长陶驷驹所做的“关于《中华人民共和国人民警察法(草案)》的说明”。参见《关于〈中华人民共和国人民警察法(草案)〉的说明》,http://www.npc.gov.cn/wxzl/gongbao/2000-12/07/content_5003300.htm,2017年4月7日最后访问。

〔2〕 《人民警察法》(2016年,修订草案征求意见稿)又进一步删除了关于抢险救灾和社会公益工作。参见《公安部关于〈中华人民共和国人民警察法〉(修订草案稿)公开征求意见的公告》,http://www.mps.gov.cn/n2254536/n4904355/c5561673/content.html,2017年5月1日最后访问。

〔3〕 在美国,20世纪60、70年代,市民恐惧感上升,让警察和研究者困惑的是,恐惧程度与犯罪并不总是对应的。在一些犯罪率低的地方,市民的恐惧反而高,而在犯罪率高的一些地方,市民的恐惧却不高。直到80年代,研究者才发现,相对于犯罪,市民的恐惧感,与秩序不好有更密切的关系(What puzzled police and researchers was that levels of fear and crime did not always correspond: crime levels were low in some areas, but fear high. Conversely, in other areas levels of crime were high, but fear low. Not until the early 1980's did researchers discover that fear is more closely correlated with disorder than with crime)。Cf. Carol A. Archbold, Policing: A Text/Reader, SAGE Publications, 2012, p.38.

表 2-1　公安机关职责比对

《中华人民共和国人民警察条例》(1957 年)	《中华人民共和国人民警察法》(1995 年)
第五条　人民警察的职责如下： (一) 预防、制止、侦查反革命分子和其他犯罪分子的破坏活动，侦缉逃避侦查、审判和执行判决的人犯； (二) 依照法律管制反革命分子和其他犯罪分子； (三) 指导治安保卫委员会的工作，领导群众进行防特、防匪、防盗、防火工作； (四) 警卫法庭，押解人犯，警戒监狱、看守所和劳动改造场所； (五) 依照法律管理爆炸物品、剧毒物品、枪支弹药、无线电器材、印铸行业、刻字行业； (六) 管理户口； (七) 依照法律管理外国人和无国籍人的居留、旅行等事项； (八) 管理城市交通秩序、车辆和驾驶人员； (九) 维护公共场所、群众集会的秩序和安全； (十) 维护车站、码头、机场、火车上和船舶上的秩序，保护旅客和运输的安全； (十一) 保护各国驻华使领馆的安全； (十二) 警卫重要的机关、厂矿企业等部门的安全； (十三) 监督公共卫生和市容的整洁； (十四) 进行消防工作； (十五) 追查被抢劫、偷盗的财物，查找迷失的儿童和下落不明的人，救护被害人和突然患病处于孤立无援状态的人； (十六) 向居民传达自然灾害的预报，积极协助有关部门动员群众采取预防和消灭灾害的措施； (十七) 积极参加和协助进行其他有关群众福利的工作； (十八) 向群众进行提高革命警惕、爱护公共财产、遵守法律、遵守公共秩序和尊重社会公德的宣传工作； (十九) 其他属于人民警察职责范围内的事项。	第六条　公安机关的人民警察按照职责分工，依法履行下列职责： (一) 预防、制止和侦查违法犯罪活动； (二) 维护社会治安秩序，制止危害社会治安秩序的行为； (三) 维护交通安全和交通秩序，处理交通事故； (四) 组织、实施消防工作，实行消防监督； (五) 管理枪支弹药、管制刀具和易燃易爆、剧毒、放射性等危险物品； (六) 对法律、法规规定的特种行业进行管理； (七) 警卫国家规定的特定人员，守卫重要的场所和设施； (八) 管理集会、游行、示威活动； (九) 管理户政、国籍、入境出境事务和外国人在中国境内居留、旅行的有关事务； (十) 维护国(边) 境地区的治安秩序； (十一) 对被判处管制、拘役、剥夺政治权利的罪犯和监外执行的罪犯执行刑罚，对被宣告缓刑、假释的罪犯实行监督、考察； (十二) 监督管理计算机信息系统的安全保护工作； (十三) 指导和监督国家机关、社会团体、企业事业组织和重点建设工程的治安保卫工作，指导治安保卫委员会等群众性组织的治安防范工作； (十四) 法律、法规规定的其他职责。

2. 公安机关的权限

在学理上是可以将公安机关管辖的事项归类,分为刑侦、治安、户籍、消防、交通、网监等,然后,笼统地概称为刑事侦查权、治安管理权、户籍管理权、消防监管权等等,这些仍然是一个个集合概念,内涵不清,在立法上胪列意义不大。

首先,要在人民警察法上胪列的,一定是警察法上重要的、需要特别授予的权力。因为人民警察法不可能成为一份完整的权力清单,揽括一切,一览无余,那样篇幅过长,在立法技术上也极难处理。其次,根据公安机关职责,也就是"任务指派规范",公安机关可以直接采取一些措施,从事一些不实质影响公民权利义务的非侵害性活动,任务指派规范可以"为非侵害性的执法活动提供了充足的法律基础",不需要法律上的特别授权。比如,警察防止危害由消极变为积极,警察手段也多采用指导、协调、协商等方式,不可谓不重要,却因对公民权利干预力度不大,不在法律保留(重要事项保留)之内,所以,可以不用规定在人民警察法之中。但是,如果公安机关需要采取侵害公民权利的措施时,必须要有法律的特别授权。[1]

需要规定在人民警察法上的权力大致分为两类:一是重要的集合性权力,有关适用条件、程序过于繁多琐碎,需要具体法律另行规定,包括:(1)行政处罚权;(2)行政强制权;(3)刑事侦查权。这一类可以概括规定。二是较为单一的重要权力,须由法律来规定的,且能详定行使条件与程序的具体权力形态,包括:(1)使用武器与警械;(2)盘查;(3)行政管束;(4)身份证件查验;(5)传唤;(6)现场处置;(7)检查搜查;(8)履行职责中的优先权;(9)交通、现场管制,等等。这一类必须逐一详细规范。

与《人民警察条例》(1957年)相比,《人民警察法》(1995年)主要增加了盘查、采取行政强制措施、行政管束、使用警械、交通管制及现场管制、技术侦查措施等。权限之所以扩张,是因为,"在进一步深化改革、扩大改革开放和建设社会主义市场经济体制的新形势下,人民警察的职责增多了,任务加重了"。[2]比如,盘查就是在宪法规定的迁徙自由的情境下产生的一种警察应对措施,是为了有

[1] 杨玉生:《警察权的法律解读——兼谈警察职权的法治意义》,载《湖北警官学院学报》,2013(10)。

[2] 李忠信:《人民警察法若干问题研究》,75页,北京,群众出版社,1998。

效打击市场经济下日益攀升的流动人口违法犯罪。[1]

其实,从有关立法文献看,上述新增不是创设,只是对既有权限的重申,其中,既有以往法律、法规增设的权限,也有规章、规范性文件规定的权限。[2]从中,我们至少可以读出,第一,警察权限与警察任务如影随形,随之变化而发展。第二,《人民警察法》规定的警察权限仅是枚举,不是完结性的,还可以通过法律、法规进一步发展。这是由《人民警察法》的组织法性质决定的,偏重总结,而非前瞻。警察权限的拓展,一般是通过单行法完成,是为完成新的警察职责而创设的。第三,基本上都是涉及人身自由的警察权力,较为严厉,也不宜扩散到一般行政机关,比如,使用武器与警械、盘查、行政管束、身份证件查验、传唤、现场处置、检查搜查、交通、现场管制等。

当下,《人民警察法》正处大修,对警察权限的规定,尤其要注意捕捉警察法上已经发生的新变化,第一,随着反恐、缉毒等态势的日益紧迫,警察通过秘密手段,尤其是高科技方式获取情报的权限也随之扩大和加强,比如,"漫游"监视,手机定位,查询往来邮件、微信、短信,采集生物信息等。第二,随着互联网的普及,警察也不断参与网络治理,警察职责也由实体社会进入虚拟社会,应当明确相应的网络管制权限,划清警察权与言论自由、财产权的边际,以及警察权的"二元"结构在网络管制上的对应权限、具体适用条件和程序。[3]第三,互联网、大数据也不断推动警务模式的变革,使数字化精细管理成为现实,需要不断强化信息的收集、整合、利用与管理,也应增加有关的警察权限,比如,生物信息强制采集、信息收集查阅和调取、各类图像监控系统的接驳。第四,随着法治公安建设的不断深入,对于《人民警察法》上的每一项权力,应该进一步加强法治化构造,尽量细化适用条件与程序,这不仅能够实现对权力行使过程的有效控制,也有助于提升司法审查的成效。

---

〔1〕 余凌云:《警察盘查论》,1-7页,北京,中国人民公安大学出版社,2011。

〔2〕 李忠信:《人民警察法若干问题研究》,75页,北京,群众出版社,1998。

〔3〕 蒋勇担忧,"从技术角度看,网络安全部门是执行网络领域技术侦查的技术行动机构,如追踪IP,网上通信的拦截与监控等;从行政权角度看,网络安全部门负责日常网络事务的治安行政管理;而从侦查权角度看,网络安全部门又承担着网络安全领域内的犯罪侦查任务。这种两权甚至三权共享机构的出现,消弭了本来就很模糊不清的权力界限,导致了现实中警察行为性质识别的不能。更令人担心的是,网监部门是否会滥用自身所具备的技术侦查能力而实施日常的行政管理?由于相关的公开资料很少,这一点不得而知"。蒋勇:《警察权"强"、"弱"之辩:结构失衡与有效治理》,载《法制与社会发展》,2017(3)。

表 2-2　公安机关权限比对

《中华人民共和国人民警察条例》(1957 年)	《中华人民共和国人民警察法》(1995 年)
第六条　人民警察的权限如下： (一) 对反革命分子和其他犯罪分子,可以依照法律执行逮捕、拘留和搜查; (二) 在侦查刑事案件的时候,可以依照法律传问犯罪嫌疑人和证人; (三) 对公民危害公共秩序和社会治安而尚未构成犯罪的行为,可以依照法律取缔或者予以治安行政处罚; (四) 人民警察执行职务遇有拒捕、暴乱、袭击、抢夺枪支或者其他以暴力破坏社会治安不听制止的紧急情况,在必须使用武器的时候,可以使用武器; (五) 人民警察为了紧急追捕人犯、抢救公民的生命危险,可以借用机关、团体、企业和公民个人的交通工具和通信工具; (六) 法律规定的人民警察的其他权限。	第七条　公安机关的人民警察对违反治安管理或者其他公安行政管理法律、法规的个人或者组织,依法可以实施行政强制措施、行政处罚。 第八条　公安机关的人民警察对严重危害社会治安秩序或者威胁公共安全的人员,可以强行带离现场、依法予以拘留或者采取法律规定的其他措施。 第九条　为维护社会治安秩序,公安机关的人民警察对有违法犯罪嫌疑的人员,经出示相应证件,可以当场盘问、检查;经盘问、检查,有下列情形之一的,可以将其带至公安机关,经该公安机关批准,对其继续盘问: (一) 被指控有犯罪行为的; (二) 有现场作案嫌疑的; (三) 有作案嫌疑身份不明的; (四) 携带的物品有可能是赃物的。 对被盘问人的留置时间自带至公安机关之时起不超过二十四小时,在特殊情况下,经县级以上公安机关批准,可以延长至四十八小时,并应当留有盘问记录。对于批准继续盘问的,应当立即通知其家属或者其所在单位。对于不批准继续盘问的,应当立即释放被盘问人。 经继续盘问,公安机关认为对被盘问人需要依法采取拘留或者其他强制措施的,应当在前款规定的期间作出决定;在前款规定的期间不能作出上述决定的,应当立即释放被盘问人。 第十条　遇有拒捕、暴乱、越狱、抢夺枪支或者其他暴力行为的紧急情况,公安机关的人民警察依照国家有关规定可以使用武器。 第十一条　为制止严重违法犯罪活动的需要,公安机关的人民警察依照国家有关规定可以使用警械。 第十二条　为侦查犯罪活动的需要,公安机关的人民警察可以依法执行拘留、搜查、逮捕或者其他强制措施。 第十三条　公安机关的人民警察因履行职责的紧急需要,经出示相应证件,可以优先乘坐公共交通工具,遇交通阻碍时,优先通行。 公安机关因侦查犯罪的需要,必要时,按照国家有关规定,可以优先使用机关、团体、企业事业组织和个人的交通工具、通信工具、场地和建筑物,用后应当及时归还,并支付适当费用;造成损失的,应当赔偿。 第十四条　公安机关的人民警察对严重危害公共安全或者他人人身安全的精神病人,可以采取保护性约束措施。需要送往指定的单位、场所加以监护的,应当报请县级以上人民政府公安机关批准,并及时通知其监护人。

续表

《中华人民共和国人民警察条例》(1957 年)	《中华人民共和国人民警察法》(1995 年)
	第十五条　县级以上人民政府公安机关,为预防和制止严重危害社会治安秩序的行为,可以在一定的区域和时间,限制人员、车辆的通行或者停留,必要时可以实行交通管制。 公安机关的人民警察依照前款规定,可以采取相应的交通管制措施。 第十六条　公安机关因侦查犯罪的需要,根据国家有关规定,经过严格的批准手续,可以采取技术侦察措施。 第十七条　县级以上人民政府公安机关,经上级公安机关和同级人民政府批准,对严重危害社会治安秩序的突发事件,可以根据情况实行现场管制。 公安机关的人民警察依照前款规定,可以采取必要手段强行驱散,并对拒不服从的人员强行带离现场或者立即予以拘留。

3. 几点判断

从上述梳理,我们大致可以做出以下判断:

第一,从公安机关职责与权限两个维度的发展变化看,1995 年修订的《人民警察法》大量拓展了公安机关的职责与权限,这恰是在市场经济体制下完成的,没有显现出与计划经济体制有多少关联。一些学者所说的,警察权似乎过大,"高度垄断和庞杂","权力触及社会的各个方面",〔1〕是"由以往建立在计划经济之上的国家体制决定的"。〔2〕恐怕缺乏证据。

第二,从 1957 年的《人民警察条例》到 1995 年的《人民警察法》,警察权的目的始终未变,所以,公安机关职责权限的拓展只是与社会诉求、立法选择有关,没有发生质变。当然,随着法治的发展,社会的进步,对警察权的控制也出现了新的样式,比如,正当程序的引入,控权观念的深入。

还要注意的是,公安机关的职责权限不仅由警察法规定,普通法律之中也可能规定。大概又分两种类型:一是对公安机关已有管辖事项的进一步细化。比如,《环境保护法》(2014 年)第 63 条规定,"建设项目未依法进行环境影响评价,被责令停止建设,拒不执行的",移送公安机关处罚。这是对《治安管理处罚法》

〔1〕 许韬:《建构我国警察权的若干思考》,载《公安学刊》,2003(6)。

〔2〕 陈兴良:《限权与分权:刑事法治视野中的警察权》,载《法律科学》,2002(1)。

(2005年)第50条第(三)项“阻碍国家机关工作人员依法执行职务”的注脚,但是,拘留期限却从十日提高到十五日。又如,《突发事件应对法》(2007年)第50条进一步明确规定,由公安机关针对事件的性质和特点,可以采取的应急处置措施。[1]二是规定新的管辖事项。比如,《教育法》(2015年)第80条规定,组织作弊、代替他人参加考试、泄露、传播考试试题或者答案等扰乱考试秩序的行为,由公安机关处罚。这是《治安管理处罚法》(2005年)第三章第一节“扰乱公共秩序的行为和处罚”中不曾有的。但是,这仍然属于扰乱公共秩序,没有逃逸出警察权的目的。

六、进一步变革之建议

警察权是一种国家权力,却很特殊,不同于一般行政权力,它不纯粹,有着混杂的特质。而且,也处于不断发展变化之中。那么,反思我国的警察权,是否还有着进一步分化改革的空间?对此也有不少讨论与建议。[2]

从上述西方警察权的变迁看,有着两个共同的规律,一是随着国家层面的分权以及政府内部的职能分工,实现警察权向组织法意义上的迈进。二是在政府层面的进一步分工与格局,是由历史传统、社会诉求、警务理念等决定的,没有整齐划一的模式,因此,尽管对警察任务、警察权目的的认识没有出入,但不同国家,甚至一国之内不同地方,警察权的表现形态却很不一样。

我国警察权的现代化发展,也没有逃逸出同样的轨迹。但是,第一,分权和分工却不彻底,比如,军事权与警察权交织不清。第二,没有借鉴西方的形式与实质警察概念,进而无法推动警察范畴的进一步分化。所以,在我看来,也可以依据上述规律,作为分析的准绳,对警察权的进一步变革展开批判性思考。

1. 解决“多元分散”体制

新中国成立之后的改革,逐渐形成了警察制度的“多元分散”体系,警察权也就越出了公安机关的组织意义,具有了实质意义。“多元分散”体制让警察权变

---

〔1〕关于以往警察法上的制度缺失,参见余凌云:《紧急状态下的警察预警与应急机制》,载《法学》,2004(8)。

〔2〕比如,陈兴良教授建议,“由一个机关垄断行使的警察权改变为由多个机关分散行使的警察权,个别权力也可以非警察化”。陈兴良:《限权与分权:刑事法治视野中的警察权》,载《法律科学》,2002(1)。

得多义，难以界定，突出表现在《人民警察法》的立法上，不得不采取“共同的、基本的、主要的”立法模式，警察职责的描述无法呈现全貌，警察权限的规定也不具有普适性。而且，已然完成行政分工的组织机构，依然涵射在人民警察范畴，也无法进一步发挥其特有的功能。

之所以会有这些问题，在我看来，是因为分权与分工不够彻底所致，是试图将实质与形式的警察概念在“多元分散”体制上进行统合，这种努力注定难以实现。所以，我们应当着手解决的恰好是“多元分散”体制。只要是组织机构、领导体制已经基本独立于公安机关之外的，都可以划分出去，从而使警察制度真正实现形式的警察概念以及组织法意义上的警察权。《人民警察法》要规范的对象变得纯粹单一，就是公安机关。

第一，将武装警察从警察概念中彻底分化出去。从历史上看，军警不分久已有之。清末有过动议，亦有实践，将绿营改为巡警，这是将负责地方治安的经制之兵经淘汰筛选之后，“移作”警察。[1]在认识上还存在军警不分、职责不明。[2]民国时期才有武装警察队，这与时局混乱、军警不分有关。[3]新中国成立后，组建武警总部，先归公安部，后划归中央军委领导。[4]目前的领导体制是，“由国务院、中央军事委员会领导，实行统一领导与分级指挥相结合的体制”。[5]武装警察是“国家武装力量的组成部分”，“担负国家赋予的安全保卫任务以及防卫作战、抢险救灾、参加国家经济建设等任务”，[6]尽管也涉及国内秩序维护，却应当属于军事权范畴。在 2016 年新一轮的国防与军队改革中，也要求“加强中央军委对武装力量的集中统一领导，调整武警部队指挥管理体制，优化力量结构

〔1〕 陈水适主编：《清末民初我国警察制度现代化的历程(1901—1928)》，44-45 页，台北，台湾商务印书馆，1984。

〔2〕 何洪涛：《清末警察制度研究(1894—1911)——以警察立法为视角》，西南政法大学博士学位论文(2011 年)，26 页。

〔3〕 1928 年，国民政府内政部为了“剿共”需要，决定在各省编练武装警察队，除“保卫城防”“绥靖地方”外，直接配合国民党军队进攻中央苏区。韩延龙主编：《中国近代警察制度》，524 页，北京，中国人民公安大学出版社，1993。

〔4〕 1982 年，人民解放军担负内卫执勤任务的部队，加上公安机关实行兵役制的武装、边防、消防民警，组建武警总部，归公安部领导。1995 年武警总部划归中央军委，公安边防部队、消防部队、警卫部队仍归公安部领导。赵炜：《公安改革的历史回顾与前景展望》，载《中国人民公安大学学报》，2005(6)。

〔5〕 《人民武装警察法》(2009 年)第 3 条。

〔6〕 《人民武装警察法》(2009 年)第 2 条。

和部队编成”。[1]在2018年中共中央印发的《深化党和国家机构改革方案》中,提出“按照军是军、警是警、民是民的原则”改革武装警察部队。如果不将武装警察分离出去,就无法解决警察权与军事权交叉问题,[2]“警察权分为刑事侦查权和治安管理权”之通说也将无法成立。在上述剥离过程中,有些职责,比如公安边防、消防、警卫等不属于军事权范畴,消防划归应急管理部门,从现役转变为行政编制,边防、警卫划归公安机关,从现役转变为职业警察。[3]

第二,国家安全机关的执法人员不再归入人民警察序列。《国家安全法》(1993年)意在“反间谍”,公安机关与国家安全机关“按照国家规定的职权划分,各司其职,密切配合,维护国家安全”,[4]已完成了政府职能的分工。该法后被《反间谍法》(2014年)取代,在这部新法之中,也没有规定适用《人民警察法》相应条款,而是详细胪列了国家安全机关的各项职权,其中不少与《人民警察法》(2015年)中的规定相同,比如,“侦查、预审、拘留、执行逮捕”,“优先使用或者依法征用交通工具、通信工具、场地和建筑物”等权力。对国家安全机关的执法人员也指称“工作人员”,而非“警察”。立法上已明显渐行渐远。这是其一。其二,近年来,由于认识到“国家安全内涵和外延比历史上任何时候都要丰富,时空领域比历史上任何时候都要宽广,内外因素比历史上任何时候都要复杂”,《国家安全法》(2015年)采取了“总体国家安全观”,涉及“政治安全、国土安全、军事安全、经济安全、文化安全、社会安全、科技安全、信息安全、生态安全、资源安全和核安全等各项具体任务”,维护国家安全的任务也需要国家安全机关、公安机关等各级国家机关、中央与地方各部门贯彻落实。[5]如果继续坚持广义的警察概念,将造成认识上的巨大混乱。

第三,将司法警察彻底脱离出去,不称之为“警察”,而称为“法警”或者“司法

---

[1] 《中央军委关于深化国防和军队改革的意见》,http://news.xinhuanet.com/mil/2016-01/01/c_128588503.htm,2017年8月3日最后访问。

[2] 比如,李健和教授就认为,警察权具有军事性,其中一个重要体现就是,“作为国家武装(军事)力量组成部分的武装警察,平时主要承担国内安全保卫任务”。李健和:《论我国警察权力的属性和类别》,载《中国人民公安大学学报》(社会科学版),2007(3)。

[3] 2018年3月19日,中共中央发布的《深化党和国家机构改革方案》。

[4] 《国家安全法》(2009年修订,已失效)第2条。

[5] 2014年12月22日,在第十二届全国人民代表大会常务委员会第十二次会议上,全国人大常委会法制工作委员会主任李适时做的“关于《中华人民共和国国家安全法(草案)》的说明”。参见《关于〈中华人民共和国国家安全法(草案)〉的说明》,http://www.npc.gov.cn/wxzl/gongbao/2015-08/27/content_1945964.htm,2017年4月22日最后访问。

警察"。人民检察院和人民法院的"司法警察",[1]与清末以后学理上的行政警察与司法警察之分中的"司法警察"不是一个概念,后者近似刑事警察,只是涵义略窄。[2]根据最高人民法院、最高人民检察院分别发布的《人民法院司法警察暂行条例》(1997 年)、《人民检察院司法警察暂行条例》(1996 年),司法警察实行"双重领导,编队管理"的原则,[3]与公安机关实现了完全的分工,可以划出人民警察序列。

第四,监狱、看守所人民警察可另称为"狱警"或者"监管人员"。目前监狱的管理人员是人民警察,从事"管理监狱、执行刑罚、对罪犯进行教育改造等活动",[4]归司法行政部门领导。有关管理自成体系,已与公安机关完全分离。[5]看守所目前隶属公安机关,[6]但是,"看守所性质上本就属司法行政,非公安职能",[7]"将看守所由公安机关划归司法行政机关管理的意见,已被视为彻底革除看守所多年累积弊端的唯一出路,是解决侦押分离与看守所体制变革的主流方向"。[8]随着机构的分离,所属执法人员也可以脱离人民警察系列。

---

[1] 1979 年的《人民法院组织法》《人民检察院组织法》规定,"各级人民法院和人民检察院可以设立司法警察",但是,没有明确司法警察的性质、职权。《人民警察法》(1995 年)明确了"司法警察属于人民警察序列"。

[2] 阮光铭、赵益谦编著:《现代各国警察制度》,30 页,青岛,醒民印刷局,1934。

[3] "人民法院司法警察受所在人民法院院长的领导,接受所在人民法院和上级人民法院法警部门的管理;人民检察院司法警察接受所在人民检察院检察长的领导,接受所在人民检察院和上级人民检察院司法警察部门的管理"。张永进:《中国司法警察制度建设三十年:发展、不足及完善》,载《河北公安警察职业学院学报》,2011(1)。

[4] 《监狱法》(2012 年)第 5 条、第 12 条。

[5] 比如,司法部曾通过发布一系列意见,"健全了监狱人民警察考录制度、辞退制度、执法质量考评和责任追究制度","制定了监狱人民警察职业道德准则和职业行为规范,并与各级监狱管理机关对执法履职行为开展经常性督察,有效促进了队伍纪律作风和职业道德建设"。参见 2012 年 4 月 25 日,在第十一届全国人民代表大会常务委员会第二十六次会议上,司法部部长吴爱英所做的"国务院关于监狱法实施和监狱工作情况的报告"。《国务院关于监狱法实施和监狱工作情况的报告》,http://www.pkulaw.cn/fulltext_form.aspx?Db=chl&Gid=177358&keyword=监狱&EncodingName=&Search_Mode=accurate,2017 年 5 月 4 日最后访问。

[6] 《看守所条例》(1990 年)第 5 条。《看守所条例实施办法》(1991 年)第 2 条。

[7] 石启飞:《浅议公安机关中央事权与地方事权划分、警种、部门设置》,载《政法学刊》,2015(6)。

[8] 樊崇义:《看守所:处在十字路口的改革观察》,载《中国法律评论》,2017(3)。高一飞、陈琳:《我国看守所的中立化改革》,载《中国刑事法杂志》,2012(9)。

当然,除了军警分离之外,做上述改革,需要我们突破一个理论上的桎梏,就是接受实质意义的警察和警察权观念,为了有效防止和消除对公共秩序和安全造成的危害,必要时,警察强制作用也是可以适度分散的,允许由上述机关分享。[1]但是,这些机关在组织机构、领导体制、管辖事项上都相对独立,执法人员都不称为"警察",行使的权力也不属于"警察权"范畴,而是相当于欧美所说的实质上的警察、警察权概念。

2. 政府层面的进一步分工

其实,随着行政体制改革的不断深入,根据管理效率、职能合并和成本效益等政策取向,微观上的分工一直在变动之中。警察事务的移入转出,从未停止过。一方面,公安机关的一些职责逐渐转移给其他行政机关或者社会组织、企事业单位,脱警察化的趋势愈发明显,比如,道路之外的车辆乱停乱放划归城管管辖。可以说,在现代法治国家,为了保障公民基本权利,脱警察化是必然的趋势。警察事务移交出去之后,一般危害防止任务由一般行政机关来完成。一般行政机关遇到执行困难,警察可以提供职务协助。这已成为行政机关权力运行的基本结构。我们姑且称之为"警察协助"模式。另一方面,随着政府职能的不断扩张,也会新增一些警察事务,必须移入公安机关。比如,在食药安全、环境保护等领域,但凡需要涉及行政拘留、使用警械这类手段,便统统交给公安机关,公安机关的职责也随之扩张到这些领域之中。[2]这是为了防止警察泛化,坠入警察国家,无法有效保障公民权利。所以主张,"维护公共安全任务中涉及使用射击武器、器械时,宜由组织意义上的警察负责"。[3]这种认识被立法者不断强化,形成

---

〔1〕 根据2018年中共中央发布的《深化党和国家机构改革方案》,海警将属于武警部队。在我看来,未来海上执法的改革,应当建立统一的执法机关,负责水上安全、遇难船只及飞机的救助、污染控制、制止非法捕鱼、打击水上违法犯罪等,也可以配备武器警械,行使类似警察的强制力。

〔2〕 全国人大法工委刑法室统计,目前,共计24个法律规定了行政拘留处罚。其中,(1)主管部门是公安机关的有11部,包括集会游行示威法、人民警察法、枪支管理法、消防法、居民身份证法、道路交通安全法、护照法、禁毒法、出境入境管理法、反恐怖主义法、境外非政府组织境内活动管理法等。(2)主管部门是国家安全机关的有1部,如反间谍法。(3)主管部门是其他行政机关,但该机关内设有公安机关的有2部,如铁路法、森林法。(4)主管部门是其他行政机关,内部也未设有公安机关,但行政拘留由公安机关决定和执行的有10部。如环境保护法、劳动法、教育法、安全生产法、中国人民银行法、食品安全法、网络安全法、中医药法等法律,以及关于惩治破坏金融秩序犯罪的决定、关于惩治虚开、伪造和非法出售增值税专用发票犯罪的决定。

〔3〕 张强:《法治视野下的警察权》,吉林大学法学院博士学位论文(2005年),90页。

了根深蒂固的一种观念。

在警察法理论上也逐渐形成一种认识，主张警察事务的转入移交，也不是随意而行。判断是否可以转移职能的两个标准是：第一，执行上是否具有不可迟延性，或者危害是否具有急迫性。第二，是否经常使用警察手段，或者警察强制作用。[1]如果同时符合上述两个标准，就属于警察职责，不得移转。其他不具有上述特征的危害防止，可以移交一般行政机关。

因为对公共安全的危害如果具有不可预见性，防止也具有不可迟延性，"凭借警察的机动性及全天候执勤"，才足以及时有效制止。立法上之所以多授予警察强制手段，也是为了能够有效率地迅速排除危害。[2]当然，危害不见得必须是现实发生的。也就是说，危急的可能性，而不是危急本身，才是采取警察权行为的理由（the possibility of an exigency became the justification for police power actions, rather than the exigency itself.）。[3]与其他行政手段相比，警察手段也就具有突出的强制力，对公民权利会产生巨大破坏力的力量，具体表现为，一是原则上只有警察才配备枪械，二是行政强制上的即时强制几乎都集中在警察法上，三是行政拘留一般都交由公安机关来决定与执行。

当然，也有一些学者希望大刀阔斧，打破现有格局，对于公安机关已有的职责，包括治安、刑侦、交通管理、出入境、户籍、消防、网监等，彻底拆并，进一步向一般行政机关转移职能。比如，"目前已具有相对独立性的消防局、交通管理局、出入境管理局、看守所都可以独立"，户籍管理划入民政局。[4]

的确，如果按照上述职能转移的两个标准衡量，可以做一些大幅度的格局调整。比如，完全可以将户籍和出入境管理划给民政部门。但是，对此，我持审慎态度。第一，从上述研究可知，警察职责的形成是历史的累积，立法选择的结果，不是纯理论的遐想、逻辑上的分析。第二，是否需要进一步分工和分化，取决于这些职能在运行中是否存在不融洽，是否需要剥离出公安机关，转移给其他行政机关或者另建一个行政机关。而户籍和出入境恰好是公安工作的基础和手段，能够与预防、打击违法犯罪工作形成合力。行政机构改革不是分分合合、拆拆并

---

〔1〕 李震山：《警察行政法论——自由与秩序之折衡》，52-54页，台北，元照出版社，2007。

〔2〕 张强：《法治视野下的警察权》，吉林大学法学院博士学位论文（2005年），89-90页。

〔3〕 Cf. Markus Dirk Dubber, Police Power: Patriarchy and the Foundations of American Government, Columbia University Press, 2005, p.118.

〔4〕 陈兴良：《限权与分权：刑事法治视野中的警察权》，载《法律科学》，2002(1)。

并,而是要形成良好的机制和更高的效率。在我看来,如果还没有迹象表明,有进一步分化的必要,可以基本维持现状不变。

3. 二元结构的改革

清末警察制度的出现,是在西学东渐的影响下,从传统体制之中脱胎而来。清政府改革了中央刑部、大理寺、督察院和地方各级行政长官掌管司法审判权的司法与行政合一体制,〔1〕与之相应,警察也分为司法警察与行政警察,很自然地形成了警察权的二元体系。从某种意义上看,我国警察权的二元论是历史传统的余绪,是因为在司法体制改革过程中没有从组织结构上分离警察机关的结果。

这种二元结构也并非全无道理。尽管我们可以从目的上将警察作用区分为司法行为与行政行为,前者"警察发动干预行为之目的在于追缉犯行或镇压犯罪",后者"在于预防犯罪或实力排除行政不法行为",但是,"在实际面临操作时","常常很难仔细区别"。〔2〕这是其一。其二,从实现防止危害、追缉犯行的警察任务看,也需要司法手段与行政手段的配合使用。二元之间便于转换,能够更好地预防与打击违法犯罪,提高办案效率,比如,刑事证据与行政证据之间互通共用,案件性质可以及时变更。所以,要及时防止危害、查缉违法犯罪,就需要司法手段与行政手段之间转换的一定灵活度。在欧美,警察权也都具有同样特征。所以,清末形成的二元结构迄今也没有改变。警察权一定是"警察行政职权和警察刑事职权的统一"。〔3〕

然而,警察机关从隶属关系上是行政机关,但又行使着对犯罪的侦查权力,因此,刑事侦查权、刑事侦查程序的属性难免不发生争议,〔4〕出现了行政权力

〔1〕 韩延龙、苏亦工:《中国近代警察史》,456页,北京,社会科学文献出版社,2000。
〔2〕 林明锵:《警察法学研究》,8-9页,台北,新学林出版股份有限公司,2011。
〔3〕 陈兴良:《限权与分权:刑事法治视野中的警察权》,载《法律科学》,2002(1)。
〔4〕 李健和甚至认为,"我国警察权具有四种属性:即政治性、行政性、司法性和军事性"。李健和:《论我国警察权力的属性与类别》,载《中国人民公安大学学报》(社会科学版),2007(3)。

说、[1]司法与行政双重特征说、[2]司法权力说[3]以及不确定说。[4]在我看来，不是说，只有建立审判中心主义，"只有在法官参与下的侦查活动才具有司法性"。刑事侦查职能、权限与程序本身就具有司法性，是司法过程的一个重要组成部分。

刑事警察和治安警察、刑事侦查权与治安管理权之间的区分，不是形式意义上的分权，而是警察机关内部的分权，体现为不同的警种分别行使着完全不同性质的权力。警察权的二元结构是掌握在一个组织机构之手。

在英美，警察机关也负责治安管理和查缉犯罪。犯罪分为轻罪与重罪，都由法院裁判，警察负责调查取证。警察职责清澈单纯。二元结构在此不会被滥用。只是欧陆与英美不同。欧陆却有违警罪之说。法、德等国是"以刑之重轻而为违警之分类"，奥、匈等国是"以罪之性质而为违警之分类"。[5]在法国，违警罪是违反了"社会纪律的规则"，在"罪分三类"之末端，在重罪、轻罪之下。其理论根据是"违警与犯罪性质无异说"。[6]违警罪早期是由市镇官员、治安法官主持的法庭审判，现在是由治安法庭、违警罪法庭、社区法庭审判。[7]但是，德国却采纳了

---

[1] 比如，王银梅认为，"从司法权与行政权的特性来分析，警察权应该是或主要是行政权"。王银梅：《论警察权的法理属性与设置改革》，载《政治与法律》，2007(2)。彭贵才也认为，"刑事犯罪的侦查权在本质上仍属于行政权的范畴，并且是一种特殊的行政权"，"即便在警察刑事职能方面的刑事司法性仍然不能改变其行政权本质"。彭贵才：《论我国警察权行使的法律规制》，载《当代法学》，2009(4)。许韬认为，"从设立警察权的目的及权力体系的划分来看，警察权本质上应属于行政权力，不应具有司法属性"。许韬：《建构我国警察权的若干思考》，载《公安学刊》，2003(6)。

[2] 陈兴良：《限权与分权：刑事法治视野中的警察权》，载《法律科学》，2002(1)。

[3] 陈卫东、郝银钟：《实然与应然——关于侦检权是否属于司法权的随想》，载《法学》，1999(6)。

[4] 夏菲认为，在我国，"国家权力构建的理论基础并不是三权分立，权力归属只有模糊的原则，没有严格的界限"，"因此，有关警察侦查权性质的争论是很难得出分晓的"。夏菲：《论英国警察权的变迁》，12页，北京，法律出版社，2011。

[5] 陈水适主编：《清末民初我国警察制度现代化的历程(1901—1928)》，50页，台北，台湾商务印书馆，1984。

[6] 该理论认为，违警与犯罪只有程度或危害性上的不同，没有性质上的差别。李秀清：《〈大清违警律〉移植外国法评析》，载《犯罪研究》，2002(3)。沈岚：《中国近代治安处罚法规的演变——以违警罚法的去刑法化为视角》，载《政法论坛》，2011(4)。

[7] 卢建平：《法国违警罪制度对我国劳动教养改革的借鉴意义》，载《清华法学》，2013(3)。

“违警与犯罪性质全异说”,[1]通过《秩序违反法》(1952年),尤其是1975年的刑法改革,将违警罪从刑法体系里剔除,“违警罪的刑事犯罪性质被排除,违警罪仅被视为对法律的一般违反,只处行政罚款,而不处刑事罚金”,[2]交由警察裁处,“不必遵照刑事诉讼法之成规”。日本“效法德国各邦立法成例”,也从刑法典中剔除违警罪,1908年颁布了《警察犯处罚令》,也交给警察管辖。[3]

我国深受德日影响,早期也制定违警律,后来逐渐演变为治安管理处罚,也是由警察负责调查与裁决。“将违警罪的管辖权赋予警察,有利于运用简单便捷的方法处理违警行为,其目的是谋求实际运用的便利”。之所以不交给普通法院裁判,一是诉讼程序繁琐,“会延搁案件的审理”;二是“违警行为连续不断”,法院难以招架。[4]

但是,因为同一个机构却掌握着两套不同性质的调查程序和手段,而且,更糟糕的是,其中一套调查系统是在该机构之内运转,并由该机构做出裁决,这实际上违背了正当程序的要求。在实际运作过程中,该机构就很可能会避重就轻,变换易手,互换荫掩。比如,用刑事侦查手段查处治安违法,对证据不足的刑事案件采取治安处罚,规避行政诉讼与信息公开,等等。行政法建立的控权机制只适用于警察权的行政一端,司法一端还必须由刑事诉讼法来控制。这已是当下

---

[1] 该理论认为,违警与犯罪之区别,不在程度之大小,而在性质之不同。根据具体区别的标准,又主要分为三派观点。一是以行为人之心理立论。普通犯罪行为人一般是知其为恶,故意实施;而违警行为人则只需有违背法令之行为,无须考察其心理状态。二是以行为之性质立论。认为普通犯罪行为本身含有反道义性及反社会性,是得到人们共识的“自然犯”;而违警则是“法定犯”,只因违反法规之命令或禁止而明定处罚。三是以结果之所及立论。认为对于法益(有保护之价值而以法律确保之者,如生命、身体、名誉、自由及财产权等)有毁损、直接侵害者或有现实之危险者为犯罪;于法益仅有损害或危险的可能者为违警。沈岚:《中国近代治安处罚法规的演变——以违警罚法的去刑法化为视角》,载《政法论坛》,2011(4)。

[2] 卢建平:《法国违警罪制度对我国劳动教养改革的借鉴意义》,载《清华法学》,2013(3)。

[3] 李秀清:《〈大清违警律〉移植外国法评析》,载《犯罪研究》,2002(3)。

[4] 李秀清:《〈大清违警律〉移植外国法评析》,载《犯罪研究》,2002(3)。

实践的通例。[1]但是，由于司法控制不力、救济途径不畅，实践中屡屡发生争议。

那么，能否从组织意义上进一步区隔司法与行政，做进一步的分权呢？反对意见认为，“原因在于行为认定程序和要件具有同一性，作为区分的社会危害性并不影响行为是否应受处罚的认定，同时也是为避免同一行为双重处罚的恶果”。所以，不主张做组织机构上的改革，而应通过立法“明确警察治安处罚与刑事侦查的清晰界限”。[2]即便主张做组织机构上的变革的，也是建议在“警察机关内部的适当分权，以加强相互之间的制约”。[3]

在我看来，警察权的二元结构几乎是基本模式。在英美法之所以没有太大问题，是因为警察职责限于调查取证，惩处原则上必须交由法院决断。德国也于1987年公布《违反社会秩序法》，将裁决权收归法院，与英美殊途同归。在这些国家，也就不太可能存在像我国那样的腾挪转换空间，比如，因为证据不足，将刑事案件转回行政案件，由警察自己来惩处。

因此，我认为，在公安机关系统内，仿效复议委员会模式，[4]建立相对独立的治安裁判所，行政处罚必须由治安裁判所来裁决，可以有效地治理二元结构可能发生的弊端。首先，实现了调查与裁决职能的彻底分离。其次，建立了治安裁判所的监控机制。实践上时有发生的那种在刑事程序与行政程序之间随意跳动，混杂使用刑事与行政手段等问题，都能受到治安裁判所的有效监督与制约。最后，对治安裁判所的裁决不服，依然可以按照现行的行政复议、行政诉讼途径解决争议。治安裁判所的设计，是不动现有框架下的温和改革。从行政复议委员会的实践成效看，这一改良应该能够提升决定的中立性与公正性。近期修改之中的《人民警察法》、《治安管理处罚法》对此应有所回应。

---

〔1〕比如，《最高人民法院关于执行〈中华人民共和国行政诉讼法〉若干问题的解释》(2000年)第1条第2款规定，“公民、法人或者其他组织对下列行为不服提起诉讼的，不属于人民法院行政诉讼的受案范围：(二)公安、国家安全等机关依照刑事诉讼法的明确授权实施的行为。”《公安部关于印发〈公安机关办理政府信息公开行政复议案件若干问题的规定〉的通知》(公通字〔2016〕2号)第3条规定，“被申请人以申请公开的信息不属于政府信息为由不予提供的，应当重点审查该信息是否为被申请人履行行政职责过程中制作或者获取。公安机关履行刑事司法职能过程中制作或者获取的信息、党务信息，以及申请人以政府信息公开名义进行法律政策咨询，或者要求确认相关行为、文件的合法性的，不属于政府信息。”

〔2〕刘茂林：《警察权的现代功能与宪法构造难题》，载《法学评论》，2017(1)。

〔3〕陈兴良：《限权与分权：刑事法治视野中的警察权》，载《法律科学》，2002(1)。

〔4〕复议委员会是如何建构与运行的，参见余凌云：《论行政复议法的修改》，载《清华法学》，2013(4)。

4. 警察协助义务

在行政权的结构之中,警察权是其他行政权力的担保。早在民国时期,就有学者指出,“国家诸般行政,如交通、卫生、文化、经济、救济、建筑等的推进,无一项不与警察行政息息相关,而赖其协助”,“凡有关其他行政的法令,亦以警察为最终的实力保障”。[1]这里的“协助”、“保障”究指何意?没有释明。

李震山教授认为,“职务协助,并非警察机关独有之行为形态,其普遍存在于国家及地方机关之行为中,特别是行政机关之间”。[2]这属于一般意义上的警察协助义务,我们多称之为“行政机关之间的配合协调”。其实,在我看来,还有一种特殊意义上的警察协助义务。李震山教授在书中虽也提及,却没有特别胪列出来,反而荫掩在一般职务协助之中。他只是例举道,“有些机关由法律赋予任务之同时,并未赋予其强有力之执行权,但警察机关却因工作性质,拥有广泛多元之执行权力,在一定要件下,警察就可透过职务协助管道,行使其职权,而完成他机关之任务,以维系其他机关执行力之不坠”。他又说,“各该机关紧急性下令或禁止色彩不宜太浓,更不宜使用武器,因此,依法定程序请求警察协助之管道必须畅通,以资平衡”。[3]

在我看来,特殊意义上的警察协助义务,才是在警察法上要特别规定的,而不是混同在一般职务协助,泛泛规定在行政程序法之中。这种警察协助义务是建立在一般行政权力运行的“警察协助”模式上,主要借助警察的暴力性、强制力,作为一般行政权力运行的担保。这是脱警察化、警察除权化之后的必然结果,是通过分工将某些警察事务转移到一般行政机关之后必然产生的一种协助义务。

具体而言,其他行政机关在履行公务过程中遇到相对人阻碍,尤其是暴力抗拒,一般不具有法定职责和强制手段直接处置,而应通过警察协助予以排除。为其他行政权力的行使排除事实上的阻碍或抗拒,便成为警察的一项重要职责。这种意义上的警察协助义务更重要、更有意义,它为一般行政权的顺利运行提供

---

〔1〕 孟庆超:《中国警制近代化研究——以法文化为视角》,中国政法大学博士学位论文(2004年),3页。

〔2〕 李震山:《警察法论——警察任务编》,111页,台北,正典出版文化有限公司,2002。

〔3〕 李震山:《警察法论——警察任务编》,113、131页,台北,正典出版文化有限公司,2002。

了基本保障。抗拒、妨碍警察执法，便具有更大的社会危害性，应当从重处罚。[1]

但是，这样的权力结构与协作机制，有可能使得警察权“大量地承载从其他类型权力所转嫁过来的矛盾”，警察协助义务不能“放纵其他权力的专断”。[2]而且，公安机关“又被频繁的‘非警务活动’所困扰”。[3]如何解决这样的张力呢？《人民警察法》应尽早写入这一基础性义务，增加一条，“其他行政机关或者人民法院需要公安机关协助的，可以请求公安机关提供职务协助。除紧急情况外，请求协助的机关应当提出书面申请。公安机关没有及时提供协助的，应当说明理由”。

七、结　　论

在欧美，警察权的发展经历了一个漫长的演变过程，通过分权和行政分工，也就是脱警察化的过程，逐渐明晰目的，从内务行政的同义词渐渐走向组织法意义。在内务行政之中发生的行政分工，意味着传统的警察任务不再由警察独自承担，而为一般行政机关所分担，一些警察事务也转移给了一般行政机关。因历史传统、社会诉求、警务观念以及立法选择等不同，决定了在不同国家，内务行政应如何分工，警察事务哪些可以转移，哪些要保留在警察机关，理解与选择是不同的。所以，从组织法意义上去考察警察权，便不难发现，在欧美，警察权目的与任务大致一样，组织结构、职责权限却不尽相同，也就是，警察权的外延与内涵会有一些差异。

在我国，自清末起步的现代警察制度，通过组织体系的重构，延续了传统上衙役、兵丁、保甲、巡丁、练勇、捕役等职责，对警察权的认识直接取自欧美晚近的警察概念。之后的发展，虽不像西方那样大起大落，也经历了分权与分工，也出现了“脱警察化”的趋向。但不彻底，尤其是新中国成立之后形成的“分散多元”

---

〔1〕《治安管理处罚法》(2012年)第50条规定，“阻碍国家机关工作人员依法执行职务的”，由公安机关处以罚款或拘留，“阻碍人民警察依法执行职务的，从重处罚”。《刑法修正案(九)》(2015年)在刑法第277条中增加一款作为第5款，“暴力袭击正在依法执行职务的人民警察的，依照第一款的规定从重处罚。”

〔2〕刘茂林：《警察权的现代功能与宪法构造难题》，载《法学评论》，2017(1)。

〔3〕师维：《我国实定法上的警察含义——兼议我国〈人民警察法〉的修改》，载《河南公安高等专科学校学报》，2008(3)。

体制,是一种反向而动。在这一点上,还存在着进一步改革的空间。

新中国成立之后,在先后两个警察基本法的制定中,无一例外地采取了职责与权限的规定方式,实际上暗合了目的与手段的界定方法,是表达与阐释警察权的最有效的公式,与学术上的见解也保持了一致。从文本上看,警察权限多以人身自由为处置对象,而警察职责多为传统的累积,是立法选择的结果,也是警察强制作用较多发生的地方。但也不尽然,所以,也就有着进一步分化的空间,可以统筹考虑,将一些不常使用警察强制作用的事务逐渐转移给一般行政机关。

第三讲　警察权的央地划分*

* 本文是我主持的2015年度教育部哲学社会科学研究重大课题攻关项目“法治中国建设背景下警察权研究”(15JZD010)和2016年度清华大学自主科研计划文科专项项目“警察法学理论体系之重构”(2016THZWYX01)的阶段性成果。赵丽君、张咏、郑琳帮助整理有关法规范，在此致谢。本文的主要内容均已发表，包括：《警察权的央地划分》，载《法学评论》，2019(4)；《警察权划分对条块体制的影响》，载《中国法律评论》，2018(3)；《地方立法能力的适度释放——兼论“行政三法”的相关修改》，载《清华法学》，2019(2)，被中国人民大学书报资料中心复印报刊资料《宪法学、行政法学》2019年第8期全文转载。

一、引　　言

在任何一个国家,不论是采取联邦制还是单一制,是崇尚地方自治抑或中央集权,都面临一个共同的问题,就是为了卓有成效地提供警务服务,警察权(police power)必须在中央与地方之间进行划分。这个话题又是中央与地方关系的一个缩影,也必须放在这个总体框架内探讨。毫无疑问,这也是一种纵向分权,本质上也是“在不同层级的政府之间配置不同的治理权力”。〔1〕

但是,从以往的文献看,从这样的视角切入的研究不多,更多的是和公安事权划分、公安机关管理体制等讨论交织在一起。一方面,这可能是有关警察权的理论研究储备不足,而事权划分的讨论却铺天盖地,积厚流广;另一方面,也是想转化为警察法上的一个特殊话题,从警察关注的视角、关联性更广的范围来展开探讨。

公安事权划分,在以往的研究当中,有指中央与地方公安机关的管辖事项,或者公安机关内部的警种划分,也有等同于公安管理体制。其实,公安事权是指组织法意义上的警察权所管辖的事务。从理论上,可以做纵向与横向划分,“纵向事权是公安部、省(市)、自治区、设区市、县各级公安机关的事权划分;横向事权则是指公安机关与政府其他部门之间事权划分”。〔2〕其中,纵向事权划分,也就不是危害防止任务在分工或者分权意义上的分散化,而是指在中央和地方如何分配为完成警察任务上的事权。这个研究视角最接近本文要探讨的问题。

事权的划分是以彼此相斥、承认各自利益为前提的,进而会形成机构设置、执行方式、财政支出以及立法授权来源的不同关系和结构。当然,因实行的是联邦制还是单一制、中央集权还是地方自治,在上述关系与结构上会有些不同。我

〔1〕 苏力:《当代中国的中央与地方分权——重读毛泽东〈论十大关系〉第五节》,载《中国社会科学》,2004(2)。

〔2〕 程小白:《公安事权划分——全面深化公安改革的“扭结”》,载《江西警察学院学报》,2015(2)。

国单一制与中央集权的特征决定了权力来源方式不同，也必然会形成我国在事权划分上的一些特点。

以往，对公安事权的研究，多关注人、财、物保障。认为，“公安事权的划分涉及公安机关的责任、与责任相适应的权力、应履行的义务及相应的人、财、物保障体系等”。[1]“是财政保障与理顺支出责任的前提”，“也是各级公安机关机构设置的基础”。[2]当前遇到的主要问题，就是地方公安机关大量承接了中央事务或者中央委托事项，而中央又没有配套落实有关经费，造成地方不堪重负。因此，解决上述问题的根本出路，也就是如何落实《人民警察法》(1995 年)第 27 条规定，主张“划定中央事权、中央委托事权、中央和地方共同事权、地方事权的要求。合理划分公安部与地方公安机关事权是划分好各级计委、建委、财政分级负担的公安经费项目的重要基础”。[3]

但是，答案会是这么简单吗？在我看来，这一研究进路恐怕是受到中央与地方事权划分的研究影响。长期以来，中央与地方事权划分的研究都是“寄寓在财政分配的背景下进行的”，“体现出浓厚的‘财政色彩’”。[4]然而，在世纪之交，由于市场经济获得了合法性，中国政府将自己定位为市场的规制者和公共服务的提供者。如今，有关中央与地方关系的讨论转向了各级政府在公共服务提供方面的责任划分。[5]从近年来社会学、经济学一些研究成果看，中央与地方之间的良性互动，不仅仅是财政分配的合理化，关键还是如何发挥“两个积极性”，找到一个平衡点，既保证中央的上令下行、政令畅通，又能够充分发挥地方的积极性，实现地方的良好治理。因此，公安机关的条块体制运行过程中遇到的诸多问题，恐怕也不是财政分配不合理那么简单，还有更加复杂的原因。对于这些成因，近期社会学、经济学对央地关系的研究成果，比如行政发包制、一统体制与有效治理的矛盾分析等，都能够提供很有说服力的分析工具。

本文要探讨的问题不是警察权要不要在中央与地方之间进行划分，这已为立法实践和理论研究所逾越，当下我们需要解决的是应该怎么划分，也就是在中

[1] 洪巨平：《关于公安事权划分的思考》，载《浙江公安高等专科学校学报》，2003(8)。

[2] 程小白：《公安事权划分：全面深化公安改革的“扭结”》，载《江西警察学院学报》，2015(3)。

[3] 陈达元：《对公安机关事权划分及经费保障探讨》，载《中国人民公安大学学报(社会科学版)》，1996(2)。

[4] 郑毅：《中央与地方事权划分基础三题——内涵、理论与原则》，载《云南大学学报》，2011(4)。

[5] 李芝兰：《当代中国的中央和地方关系：趋势、过程及其对政策执行的影响》，刘承礼译，载《国外理论动态》，2013(4)。

央与地方的警察权划分上,究其根本,现在是没有划清,还是不易划清?为什么?怎么解决?隐匿在这些追问之下的一个基本问题就是,在警察权划分上,在继续推进统一警察制度建设的同时,如何充分发挥地方公安机关的治理能力?也就是,在警察法领域怎么寻求一统体制与有效治理之间的平衡?

为此,在本文中,首先,通过法规范的梳理,我们发现,从《人民警察法》到《公安机关组织管理条例》,跨度十年之久,然而,中央与地方的事权划分没有根本改进,依然是粗略的、宣示性的,法治化程度不高。其次,我将借助社会学、经济学已有的成果,对当下由于公安事权划分不清,对条块体制运行产生的问题做更为深入的分析,阐明解决事权划分的必要。再次,我将结合已有研究,从理论上分梳出公安事权的划分标准,发现在很多警察法领域、很大程度上中央与地方事权是胶合在一起的,人民警察法规定的十四项职责仅能解构出中央事权、中央与地方共同事权,地方事权却荫掩其中。因此,提出事权的明晰必须通过立法。要解决地方治理的能力,就必须尽力廓清地方立法权的空间,并进一步探讨在法治统一的目标下,应当采取哪些基本的立法技术。

还必须说明的是,在以往的研究中,事权有着不同涵义,在财税学上,一般是指"职责、任务或职能",或者说,"政府的财政支出责任"。〔1〕在政治学上,是指"公共事务及相应权力"。〔2〕在法学上,多关注权力,有的指"职权",〔3〕或者"行

〔1〕 事权一般指的是一级政府在公共事务或服务中应承担的任务和职责,或者简单地说,就是政府的财政支出责任。黄韬:《中央与地方事权分配机制——历史、现状及法治化路径》,6页,上海,格致出版社、上海人民出版社,2015。政府事权是指政府的职责或职能,政府提供的公共服务,换一个角度讲指政府的支出责任。张震华:《关于中央与地方事权划分的几点思考》,载《海南人大》,2008(7)。

〔2〕 事权是指"特定层级政府承担公共事务的职能、责任和权力"。王浦劬:《中央与地方事权划分的国别经验及其启示——基于六个国家经验的分析》,载《政治学研究》,2016(5)。

〔3〕 事权即职权,是处理事情的权力,包括国家事权、政府事权和财政事权三个部分。谭建立编著:《中央与地方财权事权关系研究》,6页,武汉,中国财政经济出版社,2010。转自郑毅:《中央与地方事权划分基础三题——内涵、理论与原则》,载《云南大学学报》,2011(4)。

政管理权”,[1]“通过公共服务的责任”,[2]以及广狭意义上的事权。[3]

在我看来,第一,我比较赞成,对事权的讨论,应当解构为立法事权、行政事权和司法事权三个维度,对此,经济和财税学者可能没有法律学者那么敏感。但在单一制和中央集权下,司法事权应当统归中央,反对司法的地方化,所以,司法事权可以姑且不论。第二,事权的核心是有自主决断的权力,而不是泛泛而论的负责实施或者管辖的事项。在行政发包制下,地方政府一般都负责具体实施,却有着自己决断并实施和受中央委托而实施两种情形。所谓“决断”,在立法上,体现为创制立法;在行政上,表现为能够决定政策走向、权衡并组织实施,具有和行使相应的公共权力,并受上级的指导和监督。

本文探讨的警察权是指形式意义上的或者组织法意义上的公安机关的权力,其涵义包括职责与权限两个维度,所以,在中央与地方的划分不仅包括公安机关职责或事项,也涉及相应的权限。事权划分的关键是解决职责的分工,在此基础上,通过立法固定下来并赋予相应的权限。因此,这些讨论也必然会延伸到立法上的分权,尤其是地方立法的空间。

二、对法规范的梳理

在单一制和中央集权之下,警察权在中央与地方之间的划分原则应当通过中央立法规定,主要体现在法律、行政法规之中。《人民警察法》(2012 年修订)是有关警察的基本法,《公安机关组织管理条例》(2006 年)是一般组织法,不可能不涉及有关划分规定,而且应该是能够描述出全景式面相的根本性规定。[4]

---

〔1〕 事权是对公共事务的行政管理权,即政府依法管辖某一领域公共事务并负责组织、实施的权力。朱丘祥:《从行政分权到法律分权——转型时期调整垂直管理机关与地方政府关系的法治对策研究》,42 页,北京,中国政法大学出版社,2013。

〔2〕 刘剑文、侯卓也持广义的见解,认为“事权具有鲜明的公权力属性,理论上包括立法事权、行政事权和司法事权三维”。其中,“行政事权在国家权力谱系中占比最大、与公众联系最紧”。刘剑文、侯卓:《事权划分法治化的中国路径》,载《中国社会科学》,2017(2)。

〔3〕 广义上的事权包括立法事权、行政事权和司法事权,狭义的事权仅指政府事权。郑毅:《中央与地方事权划分基础三题——内涵、理论与原则》,载《云南大学学报》,2011(4)。

〔4〕 当然,在《消防法》(2008 年)、《道路交通安全法》(2011 年)等法律之中,也应该有具体的规定,属于在基本法与组织法之下的繁衍。此外,上述中央立法也必须遵循《立法法》(2015 年)、《行政处罚法》(1996 年)、《行政许可法》(2004 年)、《行政强制法》(2011 年)等法律对中央专属立法权的规定。

然而,一俟着手梳理,便会发现有关规定的归属定性不很清晰,明示与暗示间杂。所以,我们化繁为简,提要钩玄,采用特定的表述方式与关键词汇为标准,从中耙剔出比较明显的中央事权、地方事权和央地共同事权。第一,条款之中有"国家统一规定""国务院另行规定""公安部统一监制""由中央国家机关审核批准"等表述的,或者从内容上看,属于必须全国统一的基本制度的,属于中央事权。第二,明确规定为地方政府、地方公安机关权力的,或者由地方政府负责,属于地方事权。第三,按照"国家规定"或者经过上级批准,分级实施的,属于共同事权。这种分梳,尽管一鳞一爪,也不免争执,我想还是能够大致分梳出具体的事权划分,并作为分析的起点。

1.《人民警察法》

《人民警察法》(1995 年)之中明确要求分工实施的事项有两条,一个是第 6 条,对于十四项警察职责,要"按照职责分工"履行,但是,没有对十四项职责的归属做进一步区分。另一个是第 37 条,"国家保障人民警察的经费。人民警察的经费,按照事权划分的原则,分别列入中央和地方的财政预算"。至于原则如何,留待阐释。因此,上述两条规定仍然是宣示性的。

按照条文表述的内容,特别是特定的表述方法和关键词,可以鉴别并归类如下:

(1) 属于中央事权的规定,大致有以下几种,第一,"由公安部统一监制",比如,"人民警察的警用标志、制式服装和警械"(第 36 条)。第二,"国家统一规定",比如,第 24 条(组织机构设置和职务序列)、第 29 条(教育培训)、第 30 条(服务年限)规定的主体都是国家。第三,尽管没有采用上述表述,但是,从内容上看,属于警察的基本制度,必须遐迩一体、率宾归王,比如,警衔(第 25 条)、担任警察条件(第 26 条)、录用原则(第 27 条)、领导职务的任职条件(第 28 条)、督察(第 47 条)等。

(2) 属于地方事权的规定,一般明确规定"县级以上人民政府公安机关""各级人民政府"负责实施。比如,第 15 条规定的交通管制,以及第 38 条规定的基础设施建设。

(3) 属于中央与地方分享的事项,在中央统一规定下,地方可以做一定的补充,比如,奖励(第 31 条)、工资待遇(第 40 条)、抚恤(第 41 条)都属于给付行政,中央宜规定最低标准与事项,允许地方根据财政实际情况提高标准、增添事项。又比如,警察的权限(第 7 条至第 14 条、第 16 条),根据《公安机关办理行政案件程序规定》(2012年)、《公安机关办理刑事案件程序规定》(2012年)关于管辖的规定,除了一般管辖和特殊管辖之外,上级公安机关"认为有必要的",可以直接办理下级公安机关管辖的案件。因此,在办理行政或者刑事案件时,允许各级公安机关依法使用有关的警察权限。

2.《公安机关组织管理条例》

按照同样的识别方法,可以选剔和归类如下:

(1)《公安机关组织管理条例》(2006年)通过以下几种表述进一步明确中央事权,一是"按照符合国家规定""符合国家规定",有关规定的内容应当属于中央事权,包括:警务技术职务的设置(第13条)、任职资格条件(第16条)、工资待遇(第35条)、保险(第36条)、抚恤和优待(第37条)、工时制度和休假制度(第38条)、退休(第39条、第40条)。二是"由国务院另行规定",比如,职务与级别的对应关系(第15条)。三是国家行政编制,包括第19条、第20条、第21条。四是国家荣誉,比如,"拟以国务院名义授予荣誉称号的"(第34条)。五是需要全国统一的制度,比如,考试录用(第24条)、处分(第33条)、申诉(第34条)。

(2)属于地方事权的,通常规定为地方公安机关的权限,比如,警官职务的设置(第11条)、任免(第18条)。

(3)按照"国家规定"或者经过上级批准,分级实施,属于共同事权,比如,公安分局、派出所、内设机构的设立、撤销(第6条、第8条);经上级批准,对技术性、辅助性岗位的聘任(第22条);警察录用工作(第25条)。

3. 初步评价

从上述或许不算精确的梳理中,我们发现,第一,上述有比较清晰的事权划分多集中在公安机关组织管理方面。这与上述两法偏重组织法有关。组织管理属于内部关系,职责分工关涉外部关系。相较而言,在事权划分上,公安机关职责的分工更为举足轻重,组织法更应对此有所回应,然而,上述两法却语焉不详。因此,在接下来的讨论中,我将聚焦在职责分工上。

第二,上述划分中,立法事权与行政事权繁杂其中,有些可以鉴别出来,比如,由"国家统一规定""国务院另行规定"的事项,明显是指立法事权。比如,由地方"负责实施"的事项,显然是指行政事权,却没有明确是纯粹的执行还是在执行之中也有决策。除上述胪列之外,也不乏一些事项,不好枝分缕解。

第三,原则上是存在着中央事权、地方事权和共同事权的划分,但又晦而不彰。比如,《人民警察法》(2012 年)第 6 条胪列了人民警察的各项职责,其中的“职责分工”究竟是指公安机关内部的警种划分,还是中央与地方公安机关的事权划分,不甚明了。《公安机关组织管理条例》(2006 年)却又完全避而不答。对于上述第 6 条第(三)项“维护交通安全和交通秩序,处理交通事故”,《道路交通安全法》(2011 年修订)第 5 条第 1 款明确为交警职责,但在中央与地方如何“职责分工”,却语焉不详。对于《道路交通安全法》(2011 年)第五章“交通事故处理”第 70 条至第 77 条,究竟规定的是中央事权还是地方事权?其实不很清楚。

因此,我们可以对当下做出一个基本判断,迄今,《人民警察法》(1995 年)和《公安机关组织管理条例》(2006 年)上的事权划分依然不够清晰,尤其是对公安机关职责的分工仍停留在宣示层面。这与中央与地方的一般事权划分状况一样,基本上处于“发挥两个积极性”的政治表达,法治化建构的程度不高。

那么,为什么在长达十年的实践之后,《公安机关组织管理条例》(2006 年)还对事权划分无可置喙呢?在我看来,这种不清晰是有意为之。第一,在警察法之畛域,为适应改革开放,中央与地方关系一直处于摸索与试错之中,体制、机制也处于不断调整之中,主要依靠政策与红头文件,对法治化的要求并不迫切。历史地看,与之相应的“两个积极性”足以容纳各自试错,不清晰显然有助于不断的动态调整。这保证了公安系统的上下统一,能够紧紧围绕党和国家重大方针政策的发展而随时调整公安工作的重心,迅速构建与之相适应的公安工作运行机制、队伍管理体制和警务保障机制。第二,契合当下层层发包的行政运作模式。公安部对地方公安机关、上级公安机关对下级公安机关有着主导权,只要上级愿意,就可以主导和管理这些地带。借助公安机关上下级的“职责同构化”,上级能够并根据实际需要,随时随地下放或者上收权力。

从上述法规范的梳理中,还不难发现,中央事权、中央与地方共同事权比重大,且较为明确,地方事权十分有限。为什么呢?第一,自清末警政革新以来,尤其是新中国建立之后,警察作为一个纪律部队,统一的警政制度建设一直是我国孜孜不倦的追求目标。尽管社会秩序的维护、危害的防止基本上依赖地方公安机关去实施执行,但是,在基本制度上却需要全国整齐划一,统筹设计。上述法规范也基本反映出这种趣味,具有浓厚的中央集权色彩。因此,“全国统一”就成为中央事权最为简捷的诉求表达和判断标准。第二,我国不实行普遍的地方自治。除港澳之外,即便是民族区域自治的地方,警察作为具有武装性质的纪律部队,也不能地方化。这与美国各州的警察、英国的地方警察明显不同。与之相比,在我国,地方事权不与地方自治相匹配,因此,明显偏少,仅是局部、个别且有限的。由地方事权折射出的警察职责也必须采取可控的授权模式。这也是防止地方化的一种对策。

但是,随着当下法治进程的加快,以及问责力度的加强,灵活有余而规范不足的"两个积极性"渐渐乏善可陈,不断受到批判。首先,这导致了实践运行趋向权力上收,极大削弱了地方对治安、道路交通等实施有效治理的能力,不符合当前不断强化地方治理的发展趋势。[1]其次,随着信息化建设的长足进步,以网络和通信技术为平台,"使得警务行动的点对点指挥已经成为现实,警务指挥扁平化的趋势十分明显"。[2]这为中央集权提供了更好的物质基础。如果不尽快明晰事权,信息化很可能会进一步加剧权力上收。最后,实际运行呈现出的过于随意的权力上收趋势,在极大削弱了地方治理能力之余,还把公众不满、社会压力以及责任追究留给了地方。事权不清,意味着责任不明。因此,必须对事权划分进行法治化作业了。

三、对条块体制的影响

可以肯定的是,这种法治化程度不高的构造之所以能够维系迄今,从历史的角度看,一定有着内在的合理性。但是,我们需要追问的是,它对公安的条块体制产生了怎样的影响?利弊如何?特别是随着法治建设的不断深入,以及国家治理不断趋向增强地方的治理能力,这种状况是否还能应时达变吗?

从已有研究看,公安管理体制,也简称公安体制,涉及公安机关机构设置、组织领导制度和工作运行机制、管理权限划分等内容,[3]基本内涵是警察权"在公安组织之间的制度化配置而形成的稳定关系",包括公安机关上下级之间的

---

〔1〕 余凌云:《警察权划分对条块体制的影响》,载《中国法律评论》,2018(3)。

〔2〕 赵炜:《公安改革 40 年:历程、经验、趋势》,载《中国人民公安大学学报(社会科学版)》,2018(2)。

〔3〕 张明:《新中国公安管理体制变迁研究综述》,载《湖北警官学院学报》,2015(3)。

“指挥隶属关系”,以及公安机关之间因分工而形成的“协作配合关系”。[1]公安管理体制就是在事权的基础上进一步明确领导关系,是由事权划分以及对应领导关系组合而成的制度构造。通常将这种关系高度浓缩地表述为,“统一领导、分级管理、条块结合、以块为主”。

但是,这个提纲挈领的表述中,“统一领导”“以块为主”是描述领导关系,彼此又有冲突。“分级管理”在阐述上多与“以块为主”趋同,指领导归属,对于公安机关,同级“党委政府都有业务决策权、人事管理权和经费分配权”。[2]但是,在我看来,第一,“分级管理”“条块结合、以块为主”应当暗含着分工,却没有说清楚中央与地方、上级与下级存在着怎样的事权划分。第二,公安管理体制也把中央与地方“两个积极性”都包容进去了,但却充满矛盾,当“统一领导”与“以块为主”发生冲突时,以谁优先,并不清楚。

从法律上看,《人民警察法》(1995 年)没有采用警察权概念,对于学术上广泛使用的警察权,是从公安机关职责和权限两个维度去解构的。其中第 6 条,胪列了十四项警察职责,并提出要“按照职责分工”,但是,在《人民警察法》(1995 年)、《公安机关组织管理条例》(2006 年)等法律、法规和规章之中,都没有对上述职责的归属做进一步区分。《人民警察法》(1995 年)第 7 条至第 17 条规定的公安机关权限,也没有区分行使主体,不存在中央或地方公安机关的专属权力。倒像是在公安部、公安厅、市县公安局以及公安分局之间,不区分警察职责权限、管辖事项,只不过是像“行政发包制”理论所阐述的那样,是统一事项、统一任务层层外包而已。[3]

这与当前中央与地方国家机构职权划分如出一辙,简直就是一个缩影。现行宪法第 3 条第 1 款、第 4 款规定也是宣示性的,“中华人民共和国的国家机构实行民主集中制的原则”,“中央和地方的国家机构职权的划分,遵循在中央的统

[1] 赵炜:《公安机关体制改革论纲》,载《中国人民公安大学学报(社会科学版)》,2014(6)。对公安体制的表述略有不同,熊一新认为,“公安体制是指公安机关在机构设置、领导隶属关系和管理权限划分等方面的体系、制度、方法。形式等的总称”。熊一新:《关于全面深化公安改革若干问题的思考》,载《中国人民公安大学学报(社会科学版)》,2015(6)。王基锋认为,“公安管理体制指的是公安机关内部各层次、各部门之间责权关系的制度化,具体包括领导体制、内部组织结构以及权责划分三大方面”。王基锋:《公安管理体制改革的若干探讨》,载《公安研究》,2009(1)。

[2] 赵炜:《公安机关体制改革论纲》,载《中国人民公安大学学报(社会科学版)》,2014(6)。

[3] 周黎安:《行政发包制》,载《社会》,2014(6)。

一领导下，充分发挥地方的主动性、积极性的原则”。从已有的研究看，对上述第3条第1款、第4款规定的解读，一般认为，中央与地方国家机构的职权划分仍然处于非制度化状态，需要双方在实际运作中具体博弈平衡。

同样，从组织法上看，《地方各级人民代表大会和地方各级人民政府组织法》(2015年)等有关法律尽管对中央政府与地方政府之间职责权限做出了划分，但是，仍然被批评为“不科学、不合理”。“没有对中央政府和地方政府各自的职责范围作出有明确区分的规定”。“职权的划分不是以分工式为主，而是以总量分割式为主”。“除外交、国防等少数专属中央的权限外，法律赋予中央政府与地方政府的权限几乎是一致的、对等的，地方政府拥有的权限可以说是中央政府的翻版”。〔1〕“使得中央政府与地方政府的关系缺乏稳定性和连续性，对它的调整带有较大的随意性和不规范的行为，造成中央政府与地方政府互相掣肘、互相侵权现象较为普遍”。〔2〕

这里讨论的前提就是建立在上述基本判断之上，也就是当下，警察权在中央与地方之间的划分不甚清晰，仍处于在互动过程之中随机调整的非制度化状态。笔者在勾勒公安管理体制的历史沿革之后，分别从“统一领导”和“以块为主”两个方面去观察、分析实践运行的基本方式与表现，发现实际运转是杂乱的，无论条块，都并存着干预过度与能力不足。而且，总体的运转方向会趋向中央集权，尤其是对地方乱象的治理，解决问题的基本思路往往是权力上收。但是，在这个过程中，一方面，地方治理的能力被忽略了，另一方面，加强“条”上的领导，也有着不少问题。因此，必须明确警察权在中央与地方之间的划分，对条块体制做法治化构造。只有在事权划分的格局上，才能实现公安机关上下级之间的良性互动。

1. 历史沿革

新中国成立之后逐渐形成的“统一领导、分级管理、条块结合、以块为主”的公安机关管理体制，源自战争年代，是对根据地公安工作经验的总结，“定型于计划经济时代”。〔3〕延续迄今。

---

〔1〕 潘小娟：《中央与地方关系的若干思考》，载《政治学研究》，1997(3)。

〔2〕 金太军：《当代中国中央政府与地方政府关系现状及对策》，载《中国行政管理》，1999(7)。

〔3〕 程小白、章剑：《事权划分——公安改革的关键点》，载《中国人民公安大学学报(社会科学版)》，2015(5)。还有一种观点认为，新中国成立前，“警察(公安)体制主要是学习借鉴了苏联‘契卡’(肃反委员会)的经验，实行‘垂直领导’”。之后，经过“中国化的改造和改革”，开始实行“条块结合、以块为主”的管理体制。赵炜：《公安机关体制改革论纲》，载《中国人民公安大学学报(社会科学版)》，2014(6)。

在革命战争时期,根据地之间、根据地与中央之间联系不便,多是各自为战,地方上的治安、司法事务亦当便宜从事、当机立断,在财政上也是自力更生、自给自足,强调"以块为主",这也十分自然而合理。中央、上级的"统一领导"多体现在思想、政策与组织上,对具体事项干预不多。根据地的经验对后来公安管理体制的形成产生了深刻的影响。

新中国建立之后,在计划经济体制下,由于严格的户籍制度和独特的单位制度,限制了人口在城乡之间、地区之间、单位之间的随意流动,而且,强调阶级斗争和思想改造的政治运动,以及群众路线上形成的群防群治,构建起来一个以单位治理为重点的颇为有效的治安模式。所以,秩序的维护、危害的防止、违法犯罪的打击,很大程度上都可以依靠单位、地方解决,"以块为主"基本上还是适用当时的社会需要。"以块为主、条块结合"之中的笼统矛盾,也没有引发太大的问题。"这种公安管理体制适应计划经济时期高度集中、静态封闭、低犯罪率的社会治安状况"。〔1〕

但是,改革开放之后,特别是随着市场经济的发展、人口流动的频繁,以及由此引发的跨地区流动作案的加剧,上述体制之中的事权不清,也就是在中央与地方之间,权力和责任的划分变动不居,可以随时随地上收或下放,甚至权力上收、责任下放,这种状态便暴露出了诸多不适应。对于上述体制在运行中表现出的问题,一些研究公安管理体制的文献中都做了大致相同的现象描述,〔2〕但是,对产生原因,却缺乏深入的理论分析。近年来,一些经济学、管理学和社会学的学者也加入了对中央与地方关系的深入研究。其中,周黎安的"行政发包制"、周雪光的"威权体制与有效治理"最值得关注,为我们提供了深层次的理论分析工具。〔3〕

2. "以块为主"

地方公安机关在人事、资源与工作上高度依赖地方政府,公安工作绝大多数

〔1〕 王基锋:《公安管理体制改革的若干探讨》,载《公安研究》,2009(1)。

〔2〕 比如,万长松:《现行公安体制存在的几个问题》,载《公安大学学报》,1999(2)。

〔3〕 周黎安:《行政发包制》,载《社会》,2014(6)。周黎安:《再论行政发包制——对评论人的回应》,载《社会》,2014(6)。周雪光:《行政发包制与帝国逻辑——周黎安〈行政发包制〉读后感》,载《社会》,2014(6)。周雪光:《威权体制与有效治理——当代中国国家治理的制度逻辑》,载《开放时代》,2011(10)。周雪光:《运动型治理机制——中国国家治理的制度逻辑思考》,载《开放时代》,2012(9)。周雪光:《从"黄宗羲定律"到帝国的逻辑——中国国家治理的历史线索》,载《开放时代》,2014(10)。

属于中央与地方的共同事权或者地方事权，需要由地方政府和党委统筹领导，各工作部门协调配合，“以块为主”是很明显的，也与权力一元化、[1]公安事权的基本属性相契合。比如，疏导城市交通拥堵，需要合理规划、建管结合，在地方政府的统筹下实行综合治理。但是，“以块为主”在实际运行中又存在着过度干预与能力不足的问题。

首先，权力一元化和“以块为主”又进一步强化了公安机关对地方政府和党委的依附，不得违拗地方党委和政府的指示命令。近年来，公安机关大量卷入拆迁征地、维稳等工作，从事非警务活动比较突出，为保护地方利益，不当干预经济活动等问题也时有发生。“个别地方党政领导出于本地区、本部门利益得失的考虑干扰公安执法工作，致使办人情案、关系案现象时有发生”。[2]出现这些乱象也就很好理解了。一旦地方政府要求警察机关协助开展某些不利于群众利益并且超越警察权限的工作时，警察机关就处于要么违反法律规定、要么违抗地方政府指示的两难境地。

为避免地方对公安工作的不当干预，就需要引入上级政府对下级政府的纵向控制。[3]公安机关局长的任命，必须征得上一级公安机关的同意，就是加强对地方主义控制的一个重要手段，[4]也是公安工作强化“纵向问责机制”、趋向“委托——代理”模式的一种表征。因为“如果中央能够有效地控制地方官员的晋升的话，中央政府不会持续地抱怨地方官员不遵从中央的命令，地方主义也不会具有威胁性”。[5]而且，“正如‘分权化威权主义’所指出的那样，垄断的人事权赋予了高层政府在地方层面落实自身意愿的强控制力，高层政府的介入能够更快、更有效地纠正地方政府行为”。[6]

---

[1] 曹正汉、薛斌锋、周杰观察到，地方存在着权力一元化的现象，这是“中央集权所派生的结果”，“是通过地方党委统一领导来实现的”。“地方政府在实际的权力运作过程中，有意消解权力的分立和制衡排斥横向制约，强化了地区权力的一元化”。曹正汉、薛斌锋、周杰：《中国地方分权的政治约束——基于地铁项目审批制度的论证》，载《社会学研究》，2014(3)。

[2] 王基锋：《公安管理体制改革的若干探讨》，载《公安研究》，2009(1)。

[3] 转自，曹正汉、薛斌锋、周杰：《中国地方分权的政治约束——基于地铁项目审批制度的论证》，载《社会学研究》，2014(3)。

[4] 赵炜建议，“领导班子的人员都必须跨区域或跨部门交流”。赵炜：《公安机关体制改革论纲》，载《中国人民公安大学学报（社会科学版）》，2014(6)。

[5] 李芝兰：《当代中国的中央和地方关系：趋势、过程及其对政策执行的影响》，刘承礼译，载《国外理论动态》，2013(4)。

[6] 郁建兴、高翔：《地方发展型政府的行为逻辑与制度基础》，载《中国社会科学》，2012(5)。

其次,随着市场经济的发展,人员流动加剧,“交通、通讯的大发展以及互联网的普及”,公安工作面临的一些新形势对“以块为主”的体制提出了挑战。比如,“犯罪呈现一种全国化乃至全球化的态势,网络指挥、远程犯罪、长途奔袭、高速移动的特点明显”,需要通过全国统一的调度指挥,加强跨区域的公安机关之间协作。又比如,地方发生恐怖事件、群体性事件等紧急突发事件,“当地公安机关在第一时间首先要上报当地党委政府,是否在第一时间向上级公安机关报告取决于当地党委政府的意愿。等到上级公安机关基本掌握情况后,往往错失良机”。[1]在这些问题的处置上,“以块为主”的体制显然捉襟见肘、弊端丛生,造成了“警令不畅”“警力难以形成整体合力”。[2]在国家治理的逻辑上,这种态势又很自然地趋向于一体政策、权力上收。

最后,地方政府承担了主要的行政事务和行政责任。[3]《人民警察法》(1995年)第6条规定的人民警察十四项职责,由于没有进一步明确“职责分工”的方式,在执法下沉的趋势下,一般都需要地方公安机关具体执行。因此,地方政府,包括地方公安机关,是政府职能的实际履行者。然而,与此同时,决策权、监督权以及立法权又趋向中央集权。比如,《行政处罚法》(1996年)、《行政许可法》(2003年)、《行政强制法》(2011年)对地方性法规设定权做了严格的限制,毫无疑问,这是采取了传统的中央集权的解决思路,通过权力上收治理地方滥设问题。但是,随之而来的是,地方性法规的创制性规定也缺少相应的有效执法手段,地方政府和公安机关“并未获得充分的地区治理权”。[4]

从社会学、政治学的研究看,在以往中央与地方的互动过程中,解决一统体制与地方治理能力之间的矛盾主要是通过地方的变通等非正式方式,也称为“地方的共谋现象”。比如,在城市交通拥堵的治理中,地方性法规不时要求突破《道路交通安全法》(2003年)、《行政处罚法》(1996年)、《行政许可法》(2003年)和

---

[1] 赵炜:《公安机关体制改革论纲》,载《中国人民公安大学学报(社会科学版)》,2014(6)。

[2] 尤小文:《直面公安体制改革四大问题》,载《人民公安》,2003(21)。彭贵才:《论我国警察权行使的法律规制》,载《当代法学》,2009(4)。

[3] 从国家财政支出结构来看,中央财政支出主要集中在外交、国防两个项目,地方财政成为履行政府对内职能的主要支出者,2010年地方政府在农林水事务、环境保护、医疗卫生、城乡社区事务,以及社会保障和就业等方面的支出比重甚至超过95%。郁建兴、高翔:《地方发展型政府的行为逻辑与制度基础》,载《中国社会科学》,2012(5)。

[4] 曹正汉、薛斌锋、周杰:《中国地方分权的政治约束——基于地铁项目审批制度的论证》,载《社会学研究》,2014(3)。

《行政强制法》(2011年)等限制。以往,对于地方立法的诉求,全国人大法工委和省级人大常委会有时采取默许方式。但是,随着法治建设的不断完善,这种非正式方式的运作空间受到了极大的挤压。比如,对上海车牌号拍卖的合法性争议,不绝于耳。[1]对深圳交通治理的新规,也质疑不断。[2]

周雪光生动地描绘出了这样的窘境,"随着信息技术、公民权利意识的发展,政府的非正式行为——落实政策中的粗暴行为、妥协让步、私下交易、共谋掩盖——难以隐蔽实施。这些非正式行为一旦通过社会媒介公布于众,就会形成巨大社会压力,迫使上级政府做出反应,使得正式与非正式在治理过程中互为调节转换的空间大为压缩。社会发展的大趋势推动着政府行为走向正式化、标准化。但在相应的制度安排缺失的条件下,官僚体制的正式化、标准化又与各地情况的多样化产生了更大张力,使得一统体制与有效治理间的矛盾难以在官僚层级间微妙隐蔽的非正式过程中得到缓和消解,迫使中央政府自上而下的卷入和干涉,对整个体制产生大的震荡,诱发新的危机"。[3]

正如经济学、社会学、政治学学者发现的那样,地方的非正式方式有些是合理的,有些是不合理的。法律学者应当关心的是,为什么那些合理的、行之有效的非正式方式不能法治化?沿着这样的思考路径,我们不难发现,地方立法的空间一直是狭窄的,即便是《立法法》(2015年)第72条普遍授予了设区的市的地方立法权,"可以对城乡建设与管理、环境保护、历史文化保护等方面的事项制定地方性法规",[4]但是,一旦从事具体立法,便会发现中央立法无处不在,那么,如何把握"不同宪法、法律、行政法规和本省、自治区的地方性法规相抵触"呢?比如,在《道路交通安全法》规范体系之中,为地方立法找寻电动自行车、老年代步车、残疾人车辆的治理空间,便会顿感困惑与局促。

从上述分析看,在以往的经验中,一旦地方治理出现乱象,中央往往倾向权力上收,随之而来的是,地方治理的能力被进一步削弱了,使得地方性法规越来

〔1〕《上海拍卖车牌是否合法再起争议》,http://www.mzyfz.com/index.php/cms/item-view-id-34961?verified=1,2017年12月10日最后访问。

〔2〕《律师与交警交锋,深圳交通处罚是否合理》,http://www.360che.com/law/151104/47349.html,2017年12月10日最后访问。

〔3〕周雪光:《从"黄宗羲定律"到帝国的逻辑:中国国家治理逻辑的历史线索》,载《开放时代》,2014(4)。

〔4〕《立法法》(2023年)调整为第81条,修改为"可以对城乡建设与管理、生态文明建设、历史文化保护、基层治理等方面的事项制定地方性法规"。

越无法有效回应地方事务的治理。退一步说,我们把弱化地方治理能力视为一种必须付出的代价,那么,加强中央集权,实行更强有力的"统一领导",能够解决地方面临的治理乱象吗?加强自上而下的"统一领导"本身又会有着怎样的问题呢?

3."统一领导"

毫无疑问,"条块结合、以块为主"是嵌生在中央集权的框架之内。当代社会的中央集权是与自秦汉以来形成的中央集权主义一脉相承的。清末开启的警政现代化建设,致力于统一的警察制度,北洋、民国却因连连战争未能如愿,新中国建立之后,"只用了约一年的时间,就在全国建立起统一的人民公安体制"。[1]从中央到地方,从省、自治区、直辖市到市县,建立了上下严格隶属领导关系的各级公安机关,基本上职责同构。

从根本上讲,"统一领导"是为了保证中央的权威,做到政令通畅,步调一致。具体而言,"公安工作的主要法律法规由中央制定,公安工作的方针政策由中央确立,公安机关的管理制度由中央制定,公安工作的重大行动由中央决策部署"。[2]从已有研究,以及我对实践的观察看,"统一领导"在公安工作中是一个基本趋向。警察队伍具有准纪律部队性质,拥有其他行政机关不具有的强制、技术手段,甚至武力。加强"统一领导",下级服从上级,地方服从中央,对于维护国内安宁、打击违法犯罪、防止国家分裂,意义重大。公安系统浓厚的"政治教化的仪式化",[3]通过不断的政治学习和思想统一,又使得"统一领导"易于实现。但是,不区分中央与地方事权的"统一领导",在实际运行中又产生了一些问题。

首先,中央集权和威权体制的影响,不像周雪光表述的那样笼统,是通过"一个严密有序的科层制组织制度贯彻自上而下的行政命令和政策意图,从而确保不同属地与中央政府的步调一致",[4]而是更进一步,从公安部、公安厅到公安局,在内部机构的安排上,往往采取对口设置。一种解释认为,这"是与公安机关相当部分事权属于央地共同事权之故"。[5]这种解释失之单薄。还有一种解释

---

〔1〕 朱旭东、于子建:《新中国警察制度现代化进程述评》,载《中国人民公安大学学报(社会科学版)》,2011(4)。

〔2〕 赵炜:《公安机关体制改革论纲》,载《中国人民公安大学学报(社会科学版)》,2014(6)。

〔3〕 关于"政治教化的仪式化",参见周雪光:《中国国家治理的制度逻辑——一个组织学研究》,34-37页,北京,生活·读书·新知三联书店,2017。

〔4〕 周雪光:《威权体制与有效治理:当代中国国家治理的制度逻辑》,载《开放时代》,2010(10)。

〔5〕 石启飞:《浅议公安机关中央事权与地方事权划分、警种、部门设置》,载《政法学刊》,2015(6)。

认为，这是“职责同构”，“在政府间关系中，不同层级的政府在纵向职能、职责和机构设置上的高度统一、一致”。〔1〕在我看来，这更是为了适应中央集权的要求。中央集权注重一统体制的推行，并通过激励机制、考核、检查与问责等方式督促地方不折不扣的落实。这需要组织机构的对口衔接，保持上令下达的畅通管道。

对口设置往往会被上级认为是对相应工作重视的姿态。“点对点”的回应如果在地方断了，就会被视为不重视相应的上级工作，在检查考评中就可能被“亮黄牌”。但是，第一，对口设置越到基层，越容易导致机构泛滥、人浮于事、互相推诿。〔2〕第二，也束缚住地方公安机关在机构改革上的灵活性。第三，上级部门的每一个机构为了彰显自己的重要性，也热衷于不断布置各项任务，经常要求检查落实、上报执行情况。这也成为政出多门、基层不堪重负的源头。

2006年县级公安机关机构改革，开始解决与上级公安机关“上下一般粗”的机构设置模式，但只是为了契合县级公安机关的“实战特点和人员规模有限的实际情况”。〔3〕迄今，省市与公安部的机构设置还没有根本触动。但是，正如王建学指出的，“地方政府在职能上具有双重性，兼具地方自主机关和中央派驻机关的身份”。以往“人们在规范上将两种角色混淆在一起”，“实为中央委托职能吞并地方自主职能”。〔4〕在我看来，公安机关的机构改革可以考虑依据中央事权、地方事权和央地共同事权的标准，承担中央事权的机构由公安部设置，负责地方事权的机构由地方公安机关决定，央地共同事权的可以对口设置。

其次，在中央集权的观念下，理论上讲，权力均是属于中央的，地方的权力不是来自传统的地方自治，从根本上来自中央的授权、放权与认可。实际运行的模式可以简单地概括为“中央出政策，地方对口执行”。“政策出台后，目标向下由各级政府逐级分解，由基层政府落实执行，形成了事权下移的局面”。〔5〕中央与地方更像是“委托—代理”关系，或者说，是一种行政外包制。这构成了中央与地

---

〔1〕黄韬：《中央与地方事权分配机制——历史、现状及法治化路径》，17页，上海，格致出版社、上海人民出版社，2015。

〔2〕比如，吉林省县级公安机关除派出所外平均内设20多个部门，地市一级公安局内设机构有30多个，有的甚至更多一些。陈占旭：《关于深化公安管理体制的思考》，载《公安研究》，2003(7)。

〔3〕赵炜：《公安机关体制改革论纲》，载《中国人民公安大学学报(社会科学版)》，2014(6)。

〔4〕王建学：《论地方政府事权的法理基础和宪法结构》，载《中国法学》，2017(4)。

〔5〕黄韬：《中央与地方事权分配机制——历史、现状及法治化路径》，总序16页，上海，格致出版社、上海人民出版社，2015。

方一般意义上的权力关系,以及运行的基本范式。

威权体制的核心是"一统的政策部署","一刀切"是"其制度逻辑所致"。但是,"统辖的内容越多越实,或治理的范围越大,资源和决策权越向上集中,那么,治理的负荷就会越沉重","其政策制定过程就越可能与各地具体情况相去甚远","其有效治理的程度就会越低"。[1]而且,不论一体控制制度在理论上有多少优点,它缺乏来自当地批判的激励,也不能很好地回应由其保护的人群的诉求(Whatever may be the theoretic advantages of such a system of unified control, it lacks the stimulus of local criticism and does not respond readily to the needs of the population it protects.)。[2]

公安部越是积极推动统一整治,越容易趋于治理目标的单一性、临时性,采取运动式的集中整治,表现为"一人生病、全家吃药"。同理,从省到市,上级公安机关越是加强统一领导,过多地布置各项任务,下级公安机关越疲于奔命、应接不暇,又不能不摆出认真对待、积极落实的姿态,有时却不免流于形式、应付了事。正如基础反映的,"集中统一的专项行动过多过滥,一竿子到底,一个标准考核排名,基层公安机关常年疲于应付,很少有自主空间"。[3]由于集中整治的问题不见得是地方上亟待解决的,在资源有限、警力不足的情况下,地方公安机关对当地急需解决的问题,无暇顾及,治理能力无疑就削弱了。

再次,从理论上讲,政府享有某一领域的事权,就同时应该配备相应的财权和财力,以财权、财力保证事权的实施。[4]经过 1994 年的分税制改革,中央与地方的财政关系发生重大变化,客观上形成了财力上收中央。但是,与此同时,并没有"对中央与地方之间的事权分配关系进行制度性安排",依然保持原来的弹性灵活、相机授权的格局。然而,从中央到部委部署下达的"运动式治理"活动此起彼伏,各项指标、任务、项目都必须由基层来具体落实,事务向下转移的同时,经费却没有随之下拨落实,实际上变成了地方出钱出力,所以,"财力逐级上收和支出责任逐级下放导致的事权与财力不匹配的问题始终困扰着各级地方政府"。[5]

---

[1] 周雪光:《威权体制与有效治理:当代中国国家治理的制度逻辑》,载《开放时代》,2010(10)。

[2] Cf. Edward Troup, "*Police Administration, Local and National*" (1928) 1 *Police Journal* 6.

[3] 金伯中:《进一步明晰公安机关中央事权和地方事权》,载《人民公安》,2013(5)。

[4] 朱丘祥:《从行政分权到法律分权——转型时期调整垂直管理机关与地方政府关系的法治对策研究》,43 页,北京,中国政法大学出版社,2013。

[5] 黄韬:《中央与地方事权分配机制》,2 页,上海,格致出版社、上海人民出版社,2015。

公安机关也不例外。2003 年 11 月全国第二十次公安会议("二十公")以来,中央对公安保障体制也做了部分调整,包括:(1)建立中央公安转移支付制度,对地方公安机关的办案费和装备费进行必要的补助。(2)由国家发展和改革委员会立项建设公安业务用房。但是,仍然"没有建立在合理划分公安事权的基础上,没有使支出责任与公安事权直接挂钩"。〔1〕没有实现中央事权由中央财政负担,地方事权由地方财政承担,中央与地方共同事权按照各自比例分担或者由中央公安转移支付。

现行公安经费、装备保障主要取决于地方经济发展水平、财政状况和领导的重视程度。地区间经济发展差异导致公安财物保障水平差异甚大。〔2〕而且,"地方政府支出责任的上升",也意味着"公安领导权和事权过度集中于地方政府",〔3〕由此产生的流弊很多,比如,"容易形成地方保护主义下的执法壁垒,损害国家利益和法制统一"。《行政处罚法》(1996 年)规定的"收支两条线""禁止罚没款返还"难以落实。在一些经济不发达地区容易引发"三乱"、以罚代刑、以罚代处等现象,等等。〔4〕

最后,在警察法领域,还有一个很突出的问题,就是警察编制。新中国成立之后,公安编制就由中央政府直接管理,〔5〕并延续至今。根据《公安机关组织管理条例》(2006 年)第 19 条、第 21 条规定,"公安机关人民警察使用的国家行政编制,实行专项管理",警察编制属于中央事权。因此,地方公安机关需要扩容,必须由国务院机构编制管理机关"征求公安部意见后进行审核,按照规定的权限和程序审批"。

但是,地方公安机关的警察规模实际上取决于当地治安状况、经济发展水平、公众对安全感的诉求程度等因素,在一定程度上也属于地方事权,不宜完全由中央垄断。否则,在地方治安压力之下,为快速解决警务人员不足,只能在正式制度之外采取非正式的方式,也就是是警察之外引入辅警。这也是当前各地协警数量急剧增长,并不断从事警察执法活动,与公众发生激烈冲突的根源。

〔1〕 赵炜:《公安机关体制改革论纲》,载《中国人民公安大学学报(社会科学版)》,2014(6)。

〔2〕 陈占旭:《关于深化公安管理体制的思考》,载《公安研究》,2003(7)。

〔3〕 程小白、章剑:《事权划分——公安改革的关键点》,载《中国人民公安大学学报(社会科学版)》,2015(5)。

〔4〕 王基锋:《公安管理体制改革的若干探讨》,载《公安研究》,2009(1)。

〔5〕 赵炜:《公安机关体制改革论纲》,载《中国人民公安大学学报(社会科学版)》,2014(6)。

因此,必须引入中央编制与地方编制。对于地方公安机关承接的中央事权,有关警力和财政开支也应当由中央负担,这决定了地方公安机关的部分警察编制可以采用国家行政编制,“实行专项管理”。但是,对于地方治安事务的处理,这部分的警察编制应该由地方人大决定,并主要由地方财政负担。

4. 初步的结论

当前警察权在中央与地方之间的划分还处于非制度化,或者说,法治化程度较低,一个重要表征就是上下级公安机关之间的职责分工不明确,游移变动,还处于根据上级意愿与实际需要随时调整、不断试错之中。可以说,当前公安体制的实际运行与上述社会学对央地关系的总体判断基本一致,只不过是中央与地方事权划分现状及问题的一个影像。

在中央集权的体制下,在建设统一警察制度的驱动之下,公安机关作为维护社会秩序、保障国内安宁的准纪律部队,在实际运作中有着纵向上不断统一行动、加强领导的趋向,“条”的关系变得愈发重要和清晰,“块”的关系即便重要,也退居其次。比如,尤小文根据当前犯罪的流动性、跨区域性不断增大的趋势,以及“以块为主”应对上的捉襟见肘,推导出刑事执法权,尤其是经济犯罪侦查权应当属于中央事权,[1]但是,他却忽视了打击刑事犯罪首先必须依靠地方治理,包括预防和惩治,应当是中央与地方共同事权。赵炜甚至建议,“中央条管的力度正在不断加大”,“不宜再使用‘条块结合、以块为主’的提法,只提‘统一领导、分级管理’比较适宜”。[2]

这种趋势也可以从行政发包制理论获得解释。当统治风险增大(如政治危机、社会危机、地方政府行为偏离失控等情形),执政者的选择倾向于集权,即扩大、强化自上而下的正式权威,以便压缩、限制地方政府的剩余控制权。[3]按照这种解释,如果在地方政府的干预下,公安机关提供的公共服务发生了偏离,比如,过多地涉足非警务活动,或者因为分权而频发腐败,比如,近年来,车管所易发腐败窝案,公安部、省公安厅便倾向于收权,降低统治风险。

这种互动的内在逻辑关系,正如周雪光描述的,是在中央与地方关系之中,长期存在着威权体制与有效治理之间的矛盾,集中表现在中央管辖权与地方治理权之间的紧张和不兼容。前者体现在中央政府自上而下推行其政策指令意

[1] 尤小文:《直面公安体制改革四大问题》,载《人民公安》,2003(21)。

[2] 赵炜:《公安机关体制改革论纲》,载《中国人民公安大学学报(社会科学版)》,2014(6)。

[3] 周雪光:《行政发包制与帝国逻辑——周黎安〈行政发包制〉读后感》,载《社会》,2014(6)。

图、在资源和人事安排上统辖各地的权力。后者是指政府在不同领域或属地管理中处理解决具体问题的可行性、有效性，尤其体现在基层政府解决实际问题的能力。这两者之间的深刻矛盾是，权威体制的集中程度越高，越刚性，必然以削弱地方治理权为代价，其有效治理的能力就会相应减弱。而地方政府治理权的增强，又常常表现为各行其是，偏离失控，对威权体制的中央核心产生威胁。〔1〕这意味着在中央与地方的博弈互动过程中，地方的特殊性、治理的地方需求容易被弱化、忽视。但是，中央不可能总览地方一切事务，权力上收也不是解决问题的根本出路。

周雪光进一步指出，在上述逻辑矛盾中，因应中央一体政策和地方特殊需要、中央权威体制和地方治理能力之间矛盾的主要对策，表现为运动式治理、地方“共谋”等“非正式制度”方式，以暂时实现中央与地方互动关系的平衡，在“名”与“实”之间各得其所、各安其分。然而，近年来不断加强的法治建设，“意味着压缩非正式制度的运行空间”。〔2〕在他看来，法治建设似乎打破了已形成的均衡状态，让以往的因应手段不再有效。

这些研究，让我们深刻感觉到公安管理体制的问题只不过是央地关系的一个简版，上述社会学、政治学等学者提出的一些理论观点恰好能够用来解释公安事权划分以及条块关系上存在的问题。因此，在我看来，当前，条块体制运行中产生的问题，从很大程度上看，是源自警察权在中央与地方之间划分不清。我们迫切需要着手解决的问题，就是在这种不断趋向集权的走向之中，如何为地方治理留有足够的空间，赋予法律上的解决能力，能够积极调动和发挥地方积极性。因此，科学划分中央与地方公安机关的事权，理顺领导关系，并进行法治化建构，使得上下级公安机关在各自的职责范围内分工合作、良好互动，变得尤为重要。这又是另外一个很重要的研究课题。

四、事权的划分

从清末至民国，社会动荡，战乱连绵，国家没有实现实质统一，在警察权划分

〔1〕 周雪光：《威权体制与有效治理：当代中国国家治理的制度逻辑》，载《开放时代》，2010(10)。

〔2〕 周雪光：《从“黄宗羲定律”到帝国的逻辑：中国国家治理逻辑的历史线索》，载《开放时代》，2014(4)。

的制度经验上也乏善足陈,但问题却是现实存在的。[1]在理论上,多引介西方,论述也不够深入。比如,胡承禄在介绍各国警察制度中,胪列了国家警察主义、自治警察主义和折中主义,认为,之所以"有中央集权、地方分权之别",取决于国民性、国情和其他如山川气氛、风俗习惯等因素。[2]但是,也不乏真知灼见。黄遵宪认识到、并主张要权衡警察与地方自治之关系,"警察一局,为万政万事之根本。诚使官民合力,听民之筹费,许民之襄办,则地方自治之规模,隐喻于其中。而明智从此而开,民权以从此而伸。"[3]孙中山先生提出的均权理论触及了分权的标准,"权之分配,不当以中央或地方为对象,而当以权的性质为对象。权之宜归于中央者,属之中央者也;权之宜归于地方者,属之地方可也"。"事之非举国一致不可者,以其权属于中央;事之应因地制宜者,以其权属于地方"。[4]

新中国成立之后,有关理论研究也处于上下求索之中。但是,可以肯定的是,在划分标准上,与中央和地方一般事权的划分标准应当一致。事权划分的难点不在标准,而是具体事项的归属。所以,我们重点思考的方向应当是中央与地方公安机关的职责分工、不同事项的"条"上关系,以及立法事权和行政事权之间的内在关联性等。

1. 一般理论的认识

新中国成立后,一直在摸索中央与地方的分权经验,认识到"中国是大国,人

---

〔1〕 清末警政实践之初,由湖南地方保卫局试水,自下而上,欲影响清廷,清政府的态度也是从反对、疑虑到首肯。1901年清廷决定将警政作为一项新政推行,在中央设立巡警部,各省虽也"先后创行",但"编制各殊,章程互异"。陈水适主编:《清末民初我国警察制度现代化的历程(1901—1928)》,台湾商务印书馆1984年版,34～35页。警政的推陈出新,很快引发了中央与地方关系的紧张。正如王先明、张海荣指出的,警察制度的推行本身就透露出国家权力向地方基层渗透的信息。警察制度一方面与原有的行政势力存在密切关联,另一方面又有一套自成一体的巡警运作系统,对于地方势力有一定的牵制力。它剥夺了地方精英的若干发言权,威胁到旧有乡绅在政治、经济和文化方面所拥有的某些特权,所以往往会激起他们的仇视和抵制。保定地区全省警务处为了便于管理曾在邱县重新划分区域,然而该县绅董不明权限,竟因此屡起争端,给警政推行制造阻力。王先明、张海荣:《论清末警察与直隶、京师等地的社会文化变迁——以〈大公报〉为中心的探讨》,载《河北师范大学学报(哲学社会科学版)》,2005(28)。

〔2〕 胡承禄:《各国警察概要》,2-4页,出版地不详,1931。

〔3〕 黄遵宪:《人境庐诗草笺注》,1110页,上海,上海古籍出版社,1981。

〔4〕 转自管欧:《地方自治新论》,261页,台北,五南出版社,1989。

口众多,情况复杂。因此,分权管理比集权管理更好”。[1]要充分发挥中央与地方的“两个积极性”。这个经验高度地凝练在现行《宪法》第 3 条第 1 款、第 4 款规定之中。该条款在阐释上具有极大的灵活性,或者说,不确定性。“民主集中制原则下形成的中央政府与地方政府关系,并非是一种完全制度化和法律化的关系,而主要是一种靠权力和信仰来维系的政治关系”。[2]所以,与其说它是职权划分的基本原则,不如说是一个政治号召。法律的不确定也给理论带来了自由的遐想空间,如何划分事权便成为学者讨论的一个热点问题。

在理论上,最早是由经济学家在 20 世纪 50 年代开始探讨地方分权,逐渐蔓延至政治学、法学,形成了理论分析的“财政进路”“宪制进路”和“政治进路”,分别“侧重于政府实际财政支出的财政学框架、以国家宪制组织体系为对象的国家结构形式分析和围绕着央地关系的动态演变而展开的政治互动探讨”,[3]可谓成果丰硕。[4]

在经济学的语境中,中央与地方分权,是“通过权力合理的纵向配置,提高公共部门履行职责的质量和效率,从而最大限度地促进社会福利的增长”。[5]比较有影响的观点是能力与效率标准,也称公共产品层次性理论、公共产品分层理论。具体衡量因素包括外部性、信息复杂性和激励相容。“为使公共产品的提供更有效率,需要将外部性大、信息处理简单、各行其是对整体利益损害较大的事权,适当集中在中央,相应将外部性小、信息偏在、各行其是对整体利益有增益效应的事权,配予地方。”[6]或者说,“需要由中央政府决策,只有中央政府才有能力承办的事务”,“由中央政府处理能达到行政效率最高的事务”,属于中央事权,

---

〔1〕 苏力:《当代中国的中央与地方分权——重读毛泽东〈论十大关系〉第五节》,载《中国社会科学》,2004(2)。

〔2〕 金太军:《当代中国中央政府与地方政府关系现状及对策》,载《中国行政管理》,1999(7)。

〔3〕 王浦劬:《中央与地方事权划分的国别经验及其启示——基于六个国家经验的分析》,载《政治学研究》,2016(5)。

〔4〕 有关事权划分的理论极多,有“委托—代理”理论、公共产品层次性理论、博弈理论、市场经济理论、公共需要理论、制度变迁与体制创新理论、公平与效率理论、依法理财理论、政体——国体——国家结构理论、公共财政理论、民主集中制理论、功能最适理论、程序保障理论、特定机制和方法理论等十多种。郑毅:《中央与地方事权划分基础三题——内涵、理论与原则》,载《云南大学学报》,2011(4)。朱丘祥:《从行政分权到法律分权——转型时期调整垂直管理机关与地方政府关系的法治对策研究》,46-54 页,北京,中国政法大学出版社,2013。

〔5〕 冯洋:《论地方立法权的范围——地方分权理论与比较分析的双重视角》,载《行政法学研究》,2017(2)。

〔6〕 刘剑文、侯卓:《事权划分法治化的中国路径》,载《中国社会科学》,2017(2)。

反之,则属于地方事权。[1]这个观点实际上是对奥茨(Oates)分权定理的延伸阐述。奥茨(Oates)主张从效率原则出发,为了提高公共产品的供给效率,地方性公共产品只要不存在规模经济效应,也就是由中央政府集中供给不能降低成本,其决策权和供给权都应归属地方政府。[2]公共产品的划分有"二分法"、"三分法"之说,"二分法"就是分为全国性和地方性,"三分法"包括全国性、准全国性和地方性。[3]

对于上述经济学的研究,刘剑文、侯卓的评价是,"经济标准效率导向的宗旨同现代治理语境不尽兼容","实践中,有时决定事权划分的并非纯粹理性,而是路径依赖、政治现实、利益博弈"。因此,他们认为,"经济标准更基础,常态下法律标准起到形式确认的功用;惟法律标准亦有自身独具之价值,且可能基于公平正义等法价值对经济标准导出之划分格局加以调整,故可谓法律标准的效力位阶相对更高"。[4]在法学上,一般比较重视以下几种划分标准。

(1)"以事务性质为划分标准"。"一般都以事务的性质为标准。凡属全国性的事务,即涉及国家整体利益的事务由中央国家机关决定。凡属地方的事务,即涉及本行政区域利益的事务由地方国家机关决定"。[5]其实,追根溯源,《中国人民政治协商会议共同纲领》(1949年)就已有之。[6]这是主流观点,[7]对公安事权的划分影响极大。

---

[1] 谢旭人:《关于中央与地方事权划分若干问题的思考》,载《财政研究》,1995(1)。

[2] 转自曹正汉、薛斌锋、周杰:《中国地方分权的政治约束——基于地铁项目审批制度的论证》,载《社会学研究》,2014(3)。

[3] 郑毅:《中央与地方事权划分基础三题——内涵、理论与原则》,载《云南大学学报》,2011(4)。

[4] 刘剑文、侯卓:《事权划分法治化的中国路径》,载《中国社会科学》,2017(2)。

[5] 潘小娟主张改进上述通说,应当"确定核心任务、职权整体划分"。"依据行政管理科学的基本原理,在划分中央政府与地方政府以及地方各级政府的权限时,首先应界定中央及地方各级政府在国家行政体系中的地位和作用,依此确定各自的核心任务领域,进而配备相应的职权。在配备职权时应遵循业务同类和职责权相称原则,尽可能将职权作整体划分,即中央政府与地方政府以及地方各级政府之间的权限,应尽可能地整体加以区分,改变以往那种对等分配、总量分割的划分方式,使它们各自有相对专门的管辖领域,并在各自的管辖范围内拥有全部的权力"。潘小娟:《中央与地方关系的若干思考》,载《政治学研究》,1997(3)。但是,这个方案在警察法上估计不适用,因为警察制度更偏向中央集权的特征。

[6] 《中国人民政治协商会议共同纲领》(1949年)第16条规定:"中央人民政府与地方人民政府间职权的划分,应按照各项事务的性质,由中央人民政府委员会以法令加以规定,使之既利于国家统一,又利于因地制宜。"

[7] 潘小娟:《中央与地方关系的若干思考》,载《政治学研究》,1997(3)。

(2)“重要程度”和“影响范围”标准。《立法法》(2015 年)第 8 条、第 9 条是按照“重要程度”将一些事项划为法律保留事项,属于中央立法权限。[1] 第 64 条和第 73 条第 2 款对地方立法权的规定,显然采取了“影响范围”标准。[2]上述条款实际上是规范立法事权,上述标准也是对“以事务性质为划分标准”的进一步解构。

(3)“全国统一”还是“因地制宜”标准。这是接续孙中山先生的均权理论发展而来的事务本质理论。该理论进一步提出了具体判断标准,“一是依利益所及之范围,如果兴办某事务所产生的利益及于全国则属于中央事务,如仅及于一区域的人民,则归地方事务;二是事务所延及的地域范围大小,如涉及全国范围则属于中央事务,如仅限于某一地方区域,则属于地方事务;三是依事务的整齐一律性,如事务在性质上须在全国范围整齐一致者,则属于中央事务,如允许依特性自由发展者,则归之于地方;四是依完成某事务所需之能力,如事务之兴办须集合巨大的人力、财力及高度的技术者。则归之于中央事务,如在人力、财力、技术等方面没有特殊要求者,则归之于地方事务”。[3]

在我看来,第一,可以说,迄今,划分标准的讨论空间已近枯竭,再探索下去,恐怕也不会有多少新意,遑论颠覆性发现。第二,尽管“重要程度”标准已为《立法法》采用,不少法学学者受经济学影响,还青睐“影响范围”标准,[4]但是,在上述诸多标准中,事务本质理论最简洁明了,片言折之,也为实践采用,[5]尽管它还存在上述四个具体判断标准之间“是否能够排序和如何定序”的致命难题,其中的“整齐一致性”“在很大程度上带有主观性,属于一种政治性决断,取决于占

[1] 《立法法》(2023 年)调整为第 12 条、第 13 条,内容基本不变。

[2] 孙波:《论地方专属立法权》,载《当代法学》,2008(2)。

[3] 朱丘祥:《从行政分权到法律分权——转型时期调整垂直管理机关与地方政府关系的法治对策研究》,50 页,北京,中国政法大学出版社,2013。

[4] 张千帆:《流浪乞讨与管制——从贫困救助看中央与地方权限的界定》,载《法学研究》,2003(4)。封丽霞:《中央与地方立法权限的划分标准:“重要程度”还是“影响范围”?》,载《法制与社会发展》,2008(5)。

[5] 2003 年,十六届三中全会通过的《中共中央关于完善社会主义市场经济体制若干问题的决定》规定,“属于全国性和跨省(自治区、直辖市)的事务,由中央管理,以保证国家法制统一、政令统一和市场统一。属于面向本行政区域的地方性事务,由地方管理,以提高工作效率、降低管理成本、增强行政活力。属于中央和地方共同管理的事务,要区别不同情况,明确各自的管理范围,分清主次责任”。

主导地位的政治价值观”。[1]因此,可以考虑以事务本质理论作为划分标准,“事务性质”“重要程度”和“影响范围”作为具体内涵的解释性构建。第三,划分标准一般不区分行政事权还是立法事权,具有普适性,且都是原则性的、抽象意义上的,只是有助于指导对具体事项的归类。

从有关文献和文件看,无论是立法还是行政,具体事项究竟应当如何贯彻上述标准,目别汇分,却远不成熟,只有粗略的大致划分。无论是学者的论述还是中央文件,大多如此。其中,也会涉及警察事务,但多是将社会治安、道路交通等囫囵地塞入地方事权,也差不多只是很初步的计划设想,缺少精细的分析。比如,《国务院关于推进中央与地方财政事权和支出责任划分改革的指导意见》(国发〔2016〕49 号)中规定,“要逐步将社会治安、市政交通、农村公路、城乡社区事务等受益范围地域性强、信息较为复杂且主要与当地居民密切相关的基本公共服务确定为地方的财政事权”。“对地方事权范围的具体确定”,还必须结合国务院文件和有关解释来进一步廓清。[2]因此,可以说,这项工作远远还没有完成。

2. 来自公安系统的研究建议

从公安系统从事实践与理论研究的同志发表的论文看,其实都是围绕着《人民警察法》(2012 年)第 6 条胪列的各项职责,从行政事权意义上阐述在中央与地方之间的划分,大致有“二分法”与“三分法”,但是,他们都没有阐述划分的依据,也没有对中央与地方事权划分的一般理论进行梳理,可能多是凭借对实践的感知。

(1)“二分法”

所谓“二分法”,就是将公安机关的职责划分为中央事权与地方事权。

比如,金伯中建议,对事关国家安全、党的执政地位巩固、政治稳定的,如国内安全保卫、边境保卫、出入境管理、反恐怖工作、对党和国家领导人以及重要外宾的安全警卫、国际警务合作等,确定为中央事权,由公安部承担。对事关地方社会稳定、公共安全、人民安居乐业、经济社会发展的,如打击刑事犯罪、维护社会治安、安全防范、治安行政管理等,确定为地方事权,由地方各级公安机关分级分区承担。[3]

---

〔1〕 罗秉成:《“中央”与“地方”权限划分之探讨——兼论“宪法”第十章之修废问题》,载《新竹律师会刊》,1997(1)。转自朱丘祥:《从行政分权到法律分权——转型时期调整垂直管理机关与地方政府关系的法治对策研究》,50 页,北京,中国政法大学出版社,2013。

〔2〕 叶必丰:《论地方事务》,载《行政法学研究》,2018(1)。

〔3〕 金伯中:《进一步明晰公安机关中央事权和地方事权》,载《人民公安》,2013(5)。

尤小文认为，比较容易达成共识的是，国内安全保卫工作、出入境工作和边防工作属于中央事权，治安管理属于地方事权。争议较大的是刑事执法权，到底属于中央还是地方。但是，他认为，当前，犯罪的流动性、跳跃性、复杂性日益增大，为有效处置突发事件、打击流动作案、侦破经济犯罪，需要跨地区警力资源协同运作，“以块为主”难以形成合力，因此，刑事执法权，尤其是经济犯罪侦查权，应当属于中央事权。〔1〕

他们进一步指出，对于地方事权，应当要强调指导性，以块为主，自主履职。中央“不干预地方事权警务的机构设置和人事安排”。〔2〕地方公安机关在当地党委、政府的领导下，以人民群众安全感和满意度为根本标准，以民意为导向开展工作，这样也有利于整合地方各种资源来维护社会治安。〔3〕

(2)“三分法”

所谓“三分法”，就是将公安机关的职责划分为中央事权、中央与地方共同事权以及地方事权。

比如，韩冬建议，可将边防、出入境等划属中央事权，刑事司法为央地共同事权，大部分行政管理应属地方事权，其他工作根据需要确定；公安民警行政编制，由国家统管向省市依据需要定编转移，给公安机关配置警力更多的自主权。〔4〕

又比如，石启飞在同意金伯中的二分法基础上，进一步提出，执法办案、社会面治安维护和为社会提供救助救援为央地共同事权，由公安部和地方公安机关共同承担。对于公安部事权和央地共同事权范围的业务，虽然具体职责是由基层公安机关承担，但上下级公安机关的关系为领导指挥关系；对于地方事权范围的业务，上下级公安机关的关系应为指导关系。〔5〕

再比如，赵炜还提出了渐进发展的路径，“从实际工作看，先区分出中央公安事权和中央与地方共有事权两个方面，在时机成熟时再明确析分出地方公安事权”。他的初步划分是，“中央公安事权可包括国家政治安全、出入境管理、边防管理和要人警卫等内容，中央与地方共有事权可包括反恐怖、治安、刑侦、经侦、禁毒、监管和网络安全、技术侦察等事权。探索试行把交通、消防作为地方公安

〔1〕尤小文：《直面公安体制改革四大问题》，载《人民公安》，2003(21)。

〔2〕尤小文：《直面公安体制改革四大问题》，载《人民公安》，2003(21)。

〔3〕金伯中：《进一步明晰公安机关中央事权和地方事权》，载《人民公安》，2013(5)。

〔4〕韩冬：《公安机关事权划分与警种设置初探》，载《江西警察学院学报》，2016(5)。

〔5〕石启飞：《浅议公安机关中央事权与地方事权划分、警种、部门设置》，载《政法学刊》，2015(6)。

事权的制度,与之相适应,把相关的编制管理权和支付责任交给地方”。并且,他进一步提出,“在划分公安事权的基础上,把警察划分为中央警察和地方警察两大部分”。[1]

在我看来,第一,“二分法”显然与法规范梳理的结果不一致。而且,这也很难解释,对于那些被归为“中央事权”的事项,为什么地方还有改革创新的权力?对有些“地方事权”,中央却有实质的干预权?这恐怕只有通过共同事权,才可彻底澄清。第二,从有关的划分中,特别是不多的理由阐述之中,隐晦地运用了“重要程度”“影响范围”等标准,但是,事务本质理论运用得并不充分。第三,正因如此,从有关论述看,似乎片面扩大了地方事务,将需要地方公安机关具体负责落实的事项也简单地等同于地方事务,混淆了事权属性与事权实施。比如,将社会治安、交通等事项完全视为地方事权显然不符合实际,恰当地说,应该是中央与地方共同事权,但也不排除其中一些具体事项属于地方事权。

3. 本文观点

《人民警察法》(1995 年)第 6 条规定的十四项职责中,除第 6 条第(四)项规定的消防已转归应急部门,以及第 6 条第(十四)项“其他”尚待补白之外,剩余十二项大致可以归为七类,一是刑事执法,包括打击违法犯罪(第 6 条第(一)项)、执行刑罚(第 6 条第(十一)项);二是治安,包括治安秩序(第 6 条第(二)项)、危险物品管制(第 6 条第(五)项)、特种行业管理(第 6 条第(六)项)、游行示威(第 6 条第(八)项);三是道路交通管理(第 6 条第(三)项);四是安全保卫(第 6 条第(七)项);五是出入境管理(第 6 条第(九)项);六是边防(第 6 条第(十)项);七是计算机网络(第 6 条第(十三)项)。其中,第 6 条第(一)项打击违法、第 6 条第(九)项户政也属于治安。

上述十二项职责显然不是按照事权划分的排列,而是对长期实践的总结与体认,逐一胪列、汇总了立法与政策已经赋予公安机关的各项职责。那么,应该如何分工呢?我们还必须以“全国统一”和“因地制宜”为衡量标准,观察其中自主决断的归属与比重之不同,大致做以下胪列:

(1) 必须“全国统一”的,属于中央事权,由中央决策,层层发包实施。比如,出入境管理、边防、安全保卫、计算机网络。这些事项都与国家主权有关,符合“重要程度”标准。其中,计算机网络或许最初表现为地方事权,或者地方与中央

---

[1] 赵炜:《公安机关体制改革论纲》,载《中国人民公安大学学报(社会科学版)》,2014(6)。

的共同事权，但是，随着信息化建设的迅速发展，网络安全、信息管理也会基于互联网技术特点而跨越成为中央事权。

（2）“全国统一”和“因地制宜”兼而有之的，属于中央与地方共同事权，由中央决策并宏观管理，允许地方在执行中适度决策，〔1〕层层发包实施。比如，刑事执法、道路交通管理、治安等。〔2〕

（3）只能“因地制宜”的，属于地方事权，由地方决策并实施。允许地方自主决断的事权，往往是相对独立、各地横向联系不多的事务。这些事项的地域属性强，必须由地方因地制宜，根据实际情况裁断。即便出现了各地的不同规定，也不会对中央的统一政策造成不可容忍的分歧。比如，基础设施建设、施划停车泊位、交通管制等。

在我的划分里，上述十二项职责在形式上被解构为中央事权、中央与地方共同事权，没有一项职责完全归为地方事权。首先，这是由单一制和中央集权决定的。我国长期坚持的建警目标就是统一，并小心翼翼避免这支准武装力量地方化。其次，随着互联网、通讯、交通的迅速发展，人员流动常态化，上述十二项公安机关职责都具有跨区域的外溢效果。最后，涉及地区之间的合作与共治，由公安部、省级公安机关制定统一的规范与要求，比起地区之间的双边或者多边协商，效率要更高，也节约了很多商谈成本。因此，我不把其中任何一项职责纯粹归为地方事权。也就是说，在基本制度、措施和方法上，不允许完全因地制宜，不由地方完全自主决断。

在我看来，中央事权、中央与地方共同事权之间的差别也不像想象的那么

〔1〕在共同事权上，地方事实上有着很多决策空间，以便能够进行改革探索。比如，公安部总结石家庄桥东分局等地的刑侦改革经验，在全国公安机关推行以侦审合一和责任区刑警队为主要内容的刑侦改革。又比如，1996年漳州市公安局芗城分局巡警大队率先探索，把110报警台改为110报警服务台，并实行“有警必接、有难必帮、有险必救、有求必应”（简称“四有四必”），公安部1997年6月在全国推广这一经验。赵炜：《公安改革40年：历程、经验、趋势》，载《中国人民公安大学学报（社会科学版）》，2018(2)。

〔2〕“央地共同事务大多数为跨区域事务，受益对象是跨越行政区划的若干行政区域的居民；共同事务中也有些事务的受益对象是全体国民，这些事务原则上应由中央政府承办，但是，其若干实施环节需要地方政府协办，由此成为央地共同事务”。“共同事务的承办方式分为中央决策、中央与地方共同执行和中央决策、地方执行两类”。王浦劬：《中央与地方事权划分的国别经验及其启示——基于六个国家经验的分析》，载《政治学研究》，2016(5)。我同意央地事权多为跨区域、需要国家统一的事务，但是，不赞成共同事务都由国家决策、地方执行的说法，这与中央事权便会混淆不清，中央事权有时也委托地方实施。

大。首先,从长期的实践看,上述十二项公安机关职责都是以“层层发包”的形式落实到地方公安机关去实施。公安部也没有必要就其中管控比较多的一些职责,比如出入境、边防、安全保卫,在公安系统内设立垂直领导的专门机构去执行,而是在有关的“条”上实行垂直管理。〔1〕这也符合“警力下沉”“执法重心下移”的趋势。因此,在警察法上,中央事权不是由公安部设立垂直领导的专门机构去执行,中央事权、央地事权之间的区别,也无法用西方的机构设置或者执行方式等标准来识别。其次,在实现“全国统一”的基础上,都允许“因地制宜”,只是程度不同。属于中央事权的,也允许地方公安机关有些微的执行方式创新。〔2〕对于共同事权,在统一的基调下,地方有着一定的制度创新空间。最后,在大多数情形下,中央与地方的事权经常夹杂在一起,共同事权居多。共同事权更容易统合“全国统一”和“因地制宜”之间的张力。

但是,这绝对不是说没有地方事权,第一,各地的社会人口结构、地理环境以及公众关注诉求等可能不尽相同,对刑事执法、治安管理、道路交通的治理也会呈现出重点差异。第二,社会秩序的好坏,关系到当地公众的安全感,道路畅通与否,影响当地的出行效率和经济发展。当地公众是上述公共服务的主要消费群体。服务品质会直接影响公众对地方政府与公安机关的感受和评价。因此,需要在中央无暇顾及、关注不够之处,充分发挥地方信息优势、管理便利,提供适合当地需求的公共产品。在我看来,刑事执法中的预防、惩治,治安中的危险物品管制、特种行业管理、游行示威,道路交通的疏通等,就更偏向地方事权。但是,它们却不具有“独占”“排他”的属性。因此,地方事权往往粘合在一些职责之中,夹杂其中。以道路交通管理为例,城市交通拥堵的治理属于地方事权,通行规则属于中央事权。

因此,对于中央事权、中央与地方共同事权、地方事权的划分,必然呈现出两

〔1〕 比如,2001年3月30日,中组部、中政委、公安部根据中央决定,联合发文将公安边防管理体制由“分级管理、分级指挥”调整为“统一领导与分级指挥相结合”,加大了边防部队垂直管理的力度。赵炜:《公安改革40年:历程、经验、趋势》,载《中国人民公安大学学报(社会科学版)》,2018(2)。

〔2〕 比如,出入境改革是在公安部的统一领导下,通过授权方式推进,也允许地方在实施中积极探索。2015年,根据中共中央办公厅、国务院办公厅印发的《关于加强外国人永久居留服务管理的意见》,在北京、上海、广东、福建等地探索实施更加灵活便利的人才永久居留制度,主要包括建立人才申请市场化渠道、外籍华人优惠政策、身份转换制度、积分评估制等。《“公安改革两年间”:出入境新政有力服务国家发展大局》,http://www.gov.cn/xinwen/2017-02/06/content_5165696.htm,2018年8月4日最后访问。

头小、中间大的特征。而且，彼此的粘合度比较高。针对这种格局，在原则划分的基础上，采取更加灵活的授权模式，或许更契合我国的实际。

正如众多的研究所揭示的规律，在单一制国家下，如英国、法国、日本等，“地方政府的权力由中央政府的立法机关以普通法律的形式授予，宪法并未明确划分中央与地方的权力，而是原则性地规定主权属于全体人民，权力需要进行政府层级性合理划分”。“地方政府的权力来自中央政府的授予”，“普通法律和专门法律对于地方权力往往规定较为详细”。[1]在我国，地方的权力也不是来自传统的地方自治，从根本上来自中央的授权、放权与认可。

因此，对地方事权、中央与地方共同事权的规定，特别是其中决断的具体事项、归属主体，必须明确具体，才能稳定运行，一方面，不至于上下随意滑动，或者权力不时上收；另一方面，也能够真正充分发挥地方治理能力。其中，由地方决断的事项越广、权限越大，地方治理能力越强，反之，越弱。

可以考虑采用的策略是，第一，在《人民警察法》《公安机关组织管理条例》之中做出上述大致划分之后，一方面，要引入“全国统一”和“因地制宜”判断标准，并胪列出允许地方因地制宜的事项范围，包括治安、道路交通管理、刑事执法等中的具体事务，比如，违法犯罪的预防、落户条件、城市交通拥堵治理、社会矛盾化解等。这可以为实践继续留出中央与地方之间试错和博弈的适度空间。另一方面，要明确不同事权中的上下级关系。第二，在单行法，比如，《道路交通安全法》中，尽量明确可以由地方决断的具体事项，以及决断的程度和范围。包括：对于中央与地方共同事权，应当明确规定允许地方立法在不与中央立法冲突的前提下，可以创设与执法上位法有关的必要且适当的制度。对于地方事权，应当尽量明确具体事项。

五、行政事权与领导关系

上述来自实践的建议，在我看来，最有价值的就是对公安机关上下级关系的批判性反思，都不约而同地认识到行政事权划分与领导关系之间的内在关联性，提出了应当根据事权的不同属性来确定相应的行政隶属关系，并且，通过领导关

〔1〕 王浦劬：《中央与地方事权划分的国别经验及其启示——基于六个国家经验的分析》，载《政治学研究》，2016(5)。

系进一步强化上级机关的领导职责,通过指导关系进一步抑制上级机关的不当干预。这种出自对实践的自觉感悟,促使我们必须对有关立法进行批评性反思。

根据《地方各级人民代表大会和地方各级人民政府组织法》(2015 年)第 66 条规定,“人民政府的各工作部门受人民政府统一领导,并且依照法律或者行政法规的规定受上级人民政府主管部门的业务指导或者领导”。公安机关作为人民政府的工作部门,实行双重领导关系。

《公安机关组织管理条例》(2007 年)“第一次通过国家立法形式,具体规范了上下级公安机关的领导指挥关系”,指出“公安部在国务院领导下,主管全国的公安工作,是全国公安工作的领导、指挥机关。”(第 3 条)。“公安工作,既包括公安业务工作,也包括公安队伍建设,充分体现了责权一致原则”。[1]

公安工作涉及政府有关工作部门的通力合作与积极协力,无论是治安秩序、安全防范还是交通管理,都必须从规划、建设等源头抓起,都离不开地方政府的统一领导。因此,在“块”上建立领导关系是必要的。但是,在纵向关系上,不区分行政事权的属性,一味强化统一领导,却不足取。上级公安机关为追求政绩、彰显存在,不断发号施令、监督检查、考核问责,这会使得“条”的关系变得越来越清晰,从而抑制并损害下级公安机关回应地方事务的能力。

因此,在“条”的关系上要区分行政事权的不同属性,建立相适应的上下级关系。第一,对于中央事务,公安部应当统一领导,可以直管、直接办理,也可以授权委托省市公安机关办理,采取“条”上的垂直管理。当然,也可以考虑由公安部设立直属机构负责实施,使管理体制更加清晰。第二,对于地方事务,应当由地方公安机关自主决断与实施。公安部可以统一指导、监督,省级公安机关主要从事具体事项上的协调、指导、监督与规划。第三,对于中央与地方共同事务,基本依靠市县公安机关实施,上级应当以指导为主、领导为辅,绩效考评适度合理。

六、行政与立法上事权之对应

上述从事公安实践的同志的一个共同感触,就是希望扩大地方事权。划清并扩张地方事权,能够解决地方公安机关有权做什么,包括决策与实施,可以积

[1] 《公安部人事、法制部门负责人解读〈公安机关组织管理条例〉》,http://www.mps.gov.cn/n2254314/n2254409/n2254456/c3932743/content.html,2017 年 11 月 30 日最后访问。

极防御上级公安机关的过度干预。但是,事权是由法律明确授予的。警察职责的来源与建构必须通过立法,通过立法权的分配来落实,也就离不开立法事权的划分。因此,对事权划分的研究,很自然地从行政事权转换到了立法事权的划分,特别是它们之间的对应关系。

地方事权的建构、规范与实现,一是通过中央立法明确规定,二是由地方立法详细构造。如果地方事务纯一不杂,完全由中央立法授予,尚可应付。但是,如果复杂多样,单靠中央立法就短针攻疽了,很大程度上还必须依赖地方立法。

地方立法包括地方性法规和地方政府规章。根据《立法法》(2015 年)第 82 条第 5、6 款规定,[1]地方政府规章几乎没有创制能力,或者仅具有短暂期限的创制效力。所以,本文讨论的地方立法主要指地方性法规。上述"扩大地方事权"的诉求,更准确地说,是希望不仅能够明确公安系统上下级、公安部与地方公安机关之间的职责权限,而且,也必须同时清晰地划出地方自主决断的法律空间。

1. 对应关系

那么,行政事权与立法事权是什么对应关系呢?张千帆教授认为,"对于纯属于地方性质的事项,应该由地方立法加以规制,中央立法不应干预。反之,对于纯属于全国性质的事项,应该由中央立法加以规制,地方立法不应阻挠。在第一种情况下,地方具有专有立法权。在第二种情况下,中央具有专有立法权。然而,绝大多数问题都比上述两种纯粹类型更为复杂,而同时具有全国性和地方性,因而中央和地方同时具有立法权,中央和地方具有所谓的共有立法权"。[2]

我基本赞成上述观点。第一,中央与地方的行政事权划分,从立法意义上讲,就是原则上划定了中央与地方立法的权限。第二,各自行政事权的具体构建,依赖相应的立法来源。但是,在我看来,上述划分过于简单,真实的面貌应当是(见表 3-1),(1)对于中央行政事权,应当由中央立法规范,排除地方立法染指。(2)中央与地方共同行政事权,又可以按照各自发挥作用的大小,决定了中央与地方各自立法的比重。偏重由中央来规范的成分大些,地方规范的余地便小些,

---

[1] 《立法法》(2015 年)第 82 条第 5、6 款规定,"应当制定地方性法规但条件尚不成熟的,因行政管理迫切需要,可以先制定地方政府规章。规章实施满两年需要继续实施规章所规定的行政措施的,应当提请本级人民代表大会或者其常务委员会制定地方性法规"。"没有法律、行政法规、地方性法规的依据,地方政府规章不得设定减损公民、法人和其他组织权利或者增加其义务的规范"。《立法法》(2023 年)调整为第 93 条,内容基本不变。

[2] 张千帆:《流浪乞讨与管制——从贫困救助看中央与地方权限的界定》,载《法学研究》,2004(3)。

反之,亦然。(3)对于地方行政事权,比较复杂。在我国,地方行政事权一般与地方自治无关,而是指中央允许地方自主决断的事项,理论上不排除中央基于法制统一的干预。经过长期的法制建设,中央立法无处不在、无处不有,因此,属于纯粹由地方立法来规范的事项有限,除非先行立法。绝大多数情况是中央立法与地方立法交相作用,共同规范。

表 3-1　行政事权与立法事权之对应关系

<table>
<tr><th>事　权</th><th>立 法 权</th><th>原　则</th></tr>
<tr><td>中央行政事权</td><td>中央立法权</td><td>全国统一</td></tr>
<tr><td>中央与地方共同行政事权</td><td>中央与地方共享立法权</td><td>全国统一与因地制宜</td></tr>
<tr><td rowspan="2">地方行政事权</td><td>地方立法权</td><td>因地制宜</td></tr>
<tr><td>中央与地方共享立法权</td><td>全国统一与因地制宜</td></tr>
</table>

地方公安机关所行使的权力,来自中央和地方立法的授权。对于适当扩大地方行政事权的要求,可以进一步解构为二,一是扩大纯粹的地方行政事权,这需要明确地方立法权来落实。二是在中央与地方共同行政事权之中,对于主要依靠地方来落实的行政事项,中央应当保持克制,扩大地方决策的行政事项范围。这需要在中央立法通过授权进一步明确和下放权力,下放行政事权又必须与明确地方立法权相结合。

2. 对十四项职责的立法事权划分

在我国,统一的警察制度是与单一制、中央集权相吻合的。《人民警察法》(1995 年)第 6 条规定的十四项职责之内涵与基本制度,都应该由中央统一规定,基本上都属于中央的立法事权,以实现一统体制。这并不绝对排除地方的立法事权,地方还需要充分发挥治理作用,裨补阙漏。又依据公安机关职责的类型,地方立法的成分也有着高低多少的不同。分为三类情形:

(1) 中央事权由中央立法。从上述来自实践部门同志的建议看,对于公安机关职责的分工,比较统一的认识是,出入境管理、边防、安全保卫属于中央事权。其实,在我看来,这实际上首先是指立法事权,在这些领域基本上或者完全由中央立法来统一制度、政策与措施,地方立法染指不多。

(2) 中央与地方共同事权由中央和地方分别立法。如前所述,我不同意实践部门同志主张刑事执法、道路交通管理、治安是地方事权的观点,我以为应该是中央与地方的共同事权。因此,其中,适用统一制度的,属于中央立法事权,比如，交通通行规则、消防标准等，在执行过程中适宜“因地制宜”的，属于地方立法事权，也称执行性立法，比如，停车场管理。

(3) 地方事权由地方立法。上述十四项警察职责中哪些属于地方事权，比较复杂，必须从两个方面去抽丝剥茧，一是需要“因地制宜”且属于创制性立法的，归入地方性事务立法，比如，对城市交通拥堵的治理。二是对于一些新兴的领域，比如电动自行车治理、无人驾驶规制、低空飞行管制、快递闪送管理等，允许并鼓励有条件的地方先行先试，先行立法，不急于做全国性的统一规定，等到经验成熟之后，再制定统一政策和立法。

因此，地方事权的扩大，地方治理成效的提高便与地方立法能力呈现出正比关系。地方立法能力越强，地方治理的能力也越强。反之，越弱。进一步检讨当前立法体制中制约地方立法的因素，让地方立法能力能够适度释放出来，就变得尤为重要了。

七、地方立法能力的适度释放

当下，有关中央与地方之间的立法权划分、地方立法、立法权等的研究文献，不知凡几。学者们对地方立法的发展也做了大量而详尽的分梳。至少形成了以下共识，第一，20世纪90年代之前关注的、也颇受质疑的“地方立法权”，随着2000年《立法法》的制定以及2015年的修订，已普遍为人接受。单一制、中央集权，还有对规则不统一、地方割据、交易费用过高等担忧，都不再成为阻碍乃至否定地方立法的理由。第二，关于中央与地方立法权划分的标准，形成了“重要程度”“影响程度”等学说。[1]并坚信，在我国单一制与中央集权之下，地方事权和地方立法权都来自中央的“委托、授权和安排”，[2]不是地方所固有的，中央有权

〔1〕 封丽霞认为，《立法法》主要是按照立法事项的“重要程度”而非“影响程度”，作为划分中央与地方立法权限的标准。并对“重要程度”标准进行批判，提出应当采用“影响程度”。在她看来，“影响程度”是指“立法事项是事关全局意义的全国性事务还是仅具有局部意义的地方性事务作为划分标准”。这似乎与上述“以事务性质为划分标准”趋同，而且，地方立法的效力所及当然仅限于本地区范围。但是，她在阐释“影响程度”的优点时指出，“对一些影响范围仅限于特定地方的立法事务而言，地方立法有着中央立法所不可比拟的信息优势和因地制宜条件”。可见，“影响程度”的根本目的是为了因地制宜。封丽霞：《中央与地方立法权限的划分标准：“重要程度”还是“影响范围”?》，载《法制与社会发展》，2008(5)。

〔2〕 葛洪义：《关于我国地方立法的若干认识问题》，载《地方立法研究》，2017(1)。秦前红、李少文：《地方立法权扩张的因应之策》，载《法学》，2015(7)。

随时下放或是上收这些权力。

在以往的国家治理逻辑上,遇到地方乱象,往往倾向上收权力、运动型治理作为对策,"这种'纠偏'努力常常矫枉过正,导致始料未及的后果"。比如,一管就死,"削弱了地方政府解决实际问题的能力"。一统体制与有效治理之间的矛盾随之积累起来。"中央政府不得不调整政策,通过权力、资源下放来调动地方政府的积极性,增强基层政府有效治理的能力"。[1]由于法治建设的快速推进,以往通过政策、红头文件或地方"共谋"等非正式方式受到极大挤压,地方治理很大程度上便依赖地方立法,因此,地方立法的能力也随之引人注目,成为继财政资源分配体制之后的又一个矛盾焦点。

这是因为,在单一制和中央集权下,地方事权一般是立法授予的,仅限于法律上明确列举的事项。除此之外,皆归中央。地方事权有多大,地方能够就哪些地方性事项立法,都取决于中央的意愿,以及地方与中央的博弈。地方立法"不得排斥中央立法权,也不得与中央立法的原则性规定相抵触。在中央制定了上位法之后,与之相抵触的地方立法必须加以修改"。[2]借用社会学的研究成果,我们可以称这种模式是立法上的"行政发包制"。

学者们也倾注了很大精力去思考如何在中央与地方之间划分立法权,怎样界定地方性事务,以及地方是否有专属立法权等问题。但是,整个学术努力都徘徊在苏力描述的层次,"中国的立法体制应当在统一性和多样性这两个同样值得追求的极端之间保持一种必要的张力,寻找黄金分割点。至少在社会生活的某些方面,应当允许地方立法的发展,给地方更大的灵活性"。[3]这类研究基本上是宏大叙述,要么是理念上的期许,要么是原则性的阐述,没有继续讨论可以采取的立法技术与策略。

本文的学术努力就是解决具体的立法技术与策略,建立可控的适度授权框架。我们讨论问题的前提是,在单一制和中央集权下,地方立法权来自中央的委托、授予与安排。本文要论证的基本观点是,由《立法法》(2015年)以及《行政处

---

〔1〕 周雪光:《中国国家治理的制度逻辑——一种组织学研究》,40页,北京,生活·读书·新知三联书店,2017。

〔2〕 封丽霞:《中央与地方立法事权划分的理念、标准与中国实践——兼析我国央地立法事权法治化的基本思路》,载《政治与法律》,2017(6)。

〔3〕 苏力:《当代中国的中央与地方分权——重读毛泽东〈论十大关系〉第五节》,载《中国社会科学》,2004(2)。

罚法》(1996 年)、《行政许可法》(2003 年)和《行政强制法》(2011 年)(以下统称"行政三法")形成了具有浓厚中央集权色彩的立法格局。地方立法权虽然有一定的相对明确的领域,但是,有关概念(比如,地方性事务)却是不确定的,不具有抵抗中央立法干预的属性。在"不抵触"原则下,地方立法的能力很容易受到挤压,因地制宜的规定常常遭到质疑。因此,要释放出地方立法的能力,提升地方治理的成效,还必须通过中央立法的进一步明确授权,澄清地方立法的权限,就有无上位法之两种情形,分别有针对性地解决地方立法的空间。

地方立法包括地方性法规和地方人民政府规章。经过几轮的立法制度改革,实质的立法权逐渐又收回到人大及其常委会,强调发挥人大在立法上的主导作用,这实际上是回归了主权在民、人民主权原则。只有地方性法规才可能在"不抵触"前提下增设公民义务、限制公民权利。地方人民政府规章几乎没有创制能力,或者仅具有短暂期限的创制效力。可以说,地方性法规代表了地方立法的创制能力。因此,本文就以地方性法规为分析对象,探讨其立法能力及进一步释放。

1.《立法法》与"行政三法"上的构造

从行政法角度观察,地方性法规回应地方治理诉求的能力主要是由《立法法》(2015 年)、《行政处罚法》(1996 年)、《行政许可法》(2003 年)和《行政强制法》(2011 年)勾勒出来的。它们都对中央与地方的立法权限做出了基本划分,《立法法》(2015 年)是一般性、总体性的划分规范,"行政三法"是关于具体执法手段的设定规范。

《立法法》(2015 年)是"立法的法""诸法之法",划定了中央与地方立法各自畛域,是对"多年来的实际立法经验总结"。在维系中央专属立法权的同时,前所未有地大幅度"下放了地方立法权",目的是为了"完善基层社会治理体系,提高基层社会治理能力,推进地方政府社会治理的民主化、法治化、科学化"。[1]

从《立法法》(2015 年)的结构看,中央与地方之间的立法权划分主要是由以下几点搭建起来的。第一,第 8 条的"法律保留"和第 9 条的"绝对保留"只是明确了中央立法事权不得转授的核心事项,具有"独占性""排他性"。但是,从第 73 条第 2 款规定看,"除第 8 条规定的事项外,其他事项国家尚未制定法律或者行政法规的",也允许地方立法。这意味着对于第 8 条规定之外的事项,中央与

---

〔1〕 辜胜阻、庄芹、方浪:《新立法法是法治中国升级版的基石》,载《法制日报》2015 年 3 月 23 日。

地方在立法事权上没有绝对的划分,是根据实际需要处于变动之中的。第二,第72条、第73条胪列了地方性法规的事权,主要包括(1)执行性立法,[1](2)地方性事务立法,[2](3)先行立法。[3]第74条还规定了授权特区立法。[4]其中,没有解释"地方性事务"的具体范围,而是采取"与上位法不抵触标准"为一般原则。对于设区的市,倒是列举了"城乡建设与管理、环境保护、历史文化保护等方面的事项"为地方性事务,但是,必须报送省、自治区的人民代表大会常务委员会进行合法性审查,"同宪法、法律、行政法规和本省、自治区的地方性法规不抵触的",才能批准生效。第三,《立法法》(2015年)第72条、第87条、第96条建立了"下位法不得与上位法相抵触"原则。[5]

《行政处罚法》(1996年)、《行政许可法》(2003年)和《行政强制法》(2011年)都是规范"行政机关依法行政的手段"。从"行政三法"制定的时代背景看,对于当时公众普遍诟病的地方立法滥设许可、处罚和强制的乱象,治理的基本思路是"应当符合立法法确定的立法体制和依法行政的要求,做到相对集中",将重要的许可、处罚和强制之设定权都收归中央。这不失为一剂猛药,体现了浓厚的中

[1] 《立法法》(2015年)第73条第1款第(一)项规定,"为执行法律、行政法规的规定,需要根据本行政区域的实际情况作具体规定的事项"。《立法法》(2023年)调整为第82条第1款第(一)项,内容不变。

[2] 《立法法》(2015年)第73条第1款第(二)项规定,"属于地方性事务需要制定地方性法规的事项",第72条第2款规定,"设区的市的人民代表大会及其常务委员会根据本市的具体情况和实际需要,在不同宪法、法律、行政法规和本省、自治区的地方性法规相抵触的前提下,可以对城乡建设与管理、环境保护、历史文化保护等方面的事项制定地方性法规"。《立法法》(2023年)分别调整为第82条第1款第(二)项、第81条第1款,内容基本不变。

[3] 《立法法》(2015年)第73条第2款规定,"除第8条规定的事项外,其他事项国家尚未制定法律或者行政法规的,省、自治区、直辖市和设区的市、自治州根据本地方的具体情况和实际需要,可以先制定地方性法规"。《立法法》(2023年)调整为第82条第2款,内容不变。

[4] 《立法法》(2015年)第74条规定,"经济特区所在地的省、市的人民代表大会及其常务委员会根据全国人民代表大会的授权决定,制定法规,在经济特区范围内实施"。《立法法》(2023年)调整为第84条第1款,内容不变。

[5] 《立法法》(2023年)第80条,第98条,第107条。

央集权,也反映了"根据宪法,我国法制体系是统一的,又是分层次的"。[1]从历史上看,这也是中央以往常用的基本策略,以收权方式来应对"一放就乱"。

在"行政三法"之中,就中央和地方各自的立法权限而言,可以说是泾渭清渭。第一,处罚的种类只允许法律、行政法规创设,[2]地方性法规不得染指。第二,根据法规范效力等级,采取阶梯式递减的方式,不断限缩处罚、许可、强制措施的设定权,仅留给地方性法规极其有限的处罚和行政强制措施种类的设定权。地方性法规只能"设定除限制人身自由、吊销企业营业执照以外的行政处罚",[3]"尚未制定法律、行政法规的",地方性法规才"可以设定行政许可",[4]"尚未制定法律、行政法规,且属于地方性事务的",地方性法规才允许设定查封、扣押的行政强制措施。[5]第三,对于法律、行政法规已经规定行政处罚、行政许可、行政强制措施的,地方性法规必须在法律、行政法规规定的行为、种类、幅度和条件范围内做出解释性、执行性的规定。[6]"不得增设行政许可,对行政许可条件作出的具体规定,不得增设违反上位法的其他条件"。[7]"法律对行政强制措施的对象、条件、种类作了规定的,行政法规、地方性法规不得作出扩大规定","法律中未设定行政强制措施的,行政法规、地方性法规不得设定行政强制措施"。[8]

从上述规定可以发现,第一,"行政三法"对设定权的规定,以及《立法法》原

---

[1] 1996年3月12日在第八届全国人民代表大会第四次会议上,全国人民代表大会常务委员会秘书长曹志"关于《中华人民共和国行政处罚法(草案)》的说明"。http://www.npc.gov.cn/wxzl/gongbao/2000-12/06/content_5003515.htm,2018年9月16日最后访问。2002年8月23日在第九届全国人民代表大会常务委员会第二十九次会议上,国务院法制办公室主任杨景宇"关于《中华人民共和国行政许可法(草案)》的说明"。http://www.npc.gov.cn/wxzl/gongbao/2003-10/30/content_5323224.htm,2018年9月16日最后访问。2005年12月24日在第十届全国人民代表大会常务委员会第十九次会议上,全国人大常委会法制工作委员会副主任信春鹰"关于《中华人民共和国行政强制法(草案)》的说明"。http://www.npc.gov.cn/npc/zt/2011-09/15/content_1865603.htm,2018年9月16日最后访问。

[2] 《行政处罚法》(1996年)第8条第(七)项规定。《行政处罚法》(2021年)调整为第9条第(六)项。

[3] 《行政处罚法》(1996年)第9条、第10条、第11条第1款。《行政处罚法》(2021年)调整为第10条、第11条、第12条第1款。

[4] 《行政许可法》(2003年)第15条第1款。

[5] 《行政强制法》(2011年)第10条第3款。

[6] 《行政处罚法》(1996年)第11条第2款。《行政处罚法》(2021年)调整为第12条第2款。

[7] 《行政许可法》(2003年)第16条第4款。

[8] 《行政强制法》(2011年)第11条。

则划定中央立法专属事项、采取“不抵触”原则和批准生效制度,都是为了实现“法制统一”。第二,规定和罗列“地方性事务”是为了因地制宜。但是,无论是中央立法专属事项还是地方性事务,都是采用不确定法律概念来表述。然而,无论是地方性事务还是“城乡建设与管理、环境保护、历史文化保护等方面的事项”,都不具有“排他性”“独占性”,也就不能有效划清与中央立法事权的边际。因此,中央与地方的立法权划分仅具有形式和象征意义,在立法与制度上并没有解决“法制统一”和因地制宜之间的逻辑矛盾,这也为地方立法窒碍难行埋下了伏笔。

2. 地方立法窒碍难行

其实,近些年来,地方立法权也呈现不断扩大的发展趋势,立法权力过于集中中央的格局逐渐得到改变。[1]“地方除了执行性立法之外,也有一些‘非专属’的自主性立法权,但其行使必须符合严格的条件限制”。[2]一方面,地方立法迎来了一个繁荣发展时期,与此同时,抄袭立法、重复立法也如影随形、俯首皆是。另一方面,从以往的实践看,地方立法要有所作为,就必须敢于突破、变通中央立法。中央为地方发展之计,也会不时表示出容忍、退让甚至鼓励。这种讨价还价、相互博弈的过程,往往表现为社会学所称的非正式活动,是容忍法律规定上相互抵触之下的实际默认,或者是有意不纠正。但是,随着法治的逐渐完善,这种非正式活动的空间越来越受到挤压。总体上看,地方立法长期以来还是池鱼笼鸟,地方依法治理的能力没有大幅增长。

在我看来,地方性法规受制于两点,一是可以立什么?比如,对于电动自行车乱象,能否制定地方性法规来治理?二是能够怎么立?比如,在治理电动自行车的地方性法规中,可以规定什么具体制度、执法手段?前者指事项,后者是权能。我们可以从这两个维度进一步分析,地方立法究竟遇到了怎样的困境?为什么?

(1) 立法事项

以往的有关理论研究主要集中在是否应当承认地方性事务及其判断标准。有学者从“缩短与民众距离”“积极准确回应地方诉求”“信息优势”“工作负担合理分配”等多个维度论证承认地方性事务的必要,并提出事务涉及的利益、地域

---

〔1〕 从1982年宪法规定省、自治区、直辖市才有权制定地方性法规,到《立法法》修改之前,49个较大的市也享有地方立法权,再到《立法法》修改之后,其余235个设区的市也获得地方立法权。武增:《2015年〈立法法〉修改背景和主要内容解读》,载《中国法律评论》,2015(3)。

〔2〕 封丽霞:《中央与地方立法事权划分的理念、标准与中国实践——兼析我国央地立法事权法治化的基本思路》,载《政治与法律》,2017(6)。

范围、事务性质等三个判断标准。[1]《立法法》(2015 年)第 72 条、第 73 条对上述论争做了一个了结。

允许地方就地方性事务立法,依通说,是为了“因地制宜”。“对于刚行使立法权的设区的市来说,从赋予立法权的目的看,应注重体现地方特色,着力解决当地面临的实际问题,主要是那些不能通过全国、全省统一立法解决的问题,如对于具有本地特殊性的自然环境保护、特色文化传承保护等”。[2]或者说,“地方性事务是和全国性的事务相对应的”,“不需要或者在可预见的时期内不需要由全国制定法律、行政法规来做出统一规定”。[3]这“是充分发挥地方熟悉了解本地情况,便于因地制宜,制定针对性强、有地方特色的地方性法规、地方政府规章,从而体现《宪法》关于发挥中央与地方两个积极性原则的精神”。[4]但是,“因地制宜”标准只能解决地方立法的正当性,却无法有效划分地方立法的边际与内涵,也不能作为不抵触的抗辩理由。

可以说,《立法法》(2015 年)第 73 条规定的“地方性事务”是很宽泛的。全国人大法律委员会也言之凿凿,“城乡建设与管理、环境保护、历史文化保护等方面的事项”足以容纳地方立法所需。但是,在立法上,“地方性事务”一直晦而不彰。泛泛而论的“地方分权”,或者中央与地方的形式分权,是没有什么意义的,它们之间不是非此即彼的排斥关系,只是指向了地方立法可能有所作为的畛域。因此,不少学者也竭力想要阐释清楚“地方性事务”的内涵与边际,试图为独占的、排他的地方专属立法权划出一片天空,却难以形成共识。

在我看来,地方性事务是可以识别的,因为只要地方立法不涉足中央专属立法的事项,即使该领域已早有中央立法,只要其没有明确表示完全“优占”,就不排斥地方制定“补充性的法规和规章”。[5]但是,在我国的立法体制下,地方性事务不具有独占性、排他性。即便是《立法法》(2015 年)第 73 条规定的城市管理

---

〔1〕 孙波:《论地方性事务——我国中央与地方关系法治化的新进展》,载《法制与社会发展》,2008(5)。

〔2〕 李适时:《全面贯彻实施修改后的立法法——在第二十一次全国地方立法研讨会上的总结》,http://www.npc.gov.cn/npc/zgrdzz/2015-11/30/content_1953050.htm,2018 年 1 月 23 日最后访问。

〔3〕 张春生主编:《中华人民共和国立法法释义》,195 页,北京,法律出版社,2000。

〔4〕 王正斌:《〈立法法〉对设区的市一级地方立法制度的重大修改》,载《中国法律评论》,2015(2)。

〔5〕 张千帆:《流浪乞讨与管制——从贫困救助看中央与地方权限的界定》,载《法学研究》,2004(3)。

与建设、环境保护、历史文化保护等事项,地方也无法抵制中央立法的介入。因此,从阐释地方性事务入手,不能有效划定与中央立法的各自边际,进而定分止争。实际运行的机制便只能是通过中央与地方的博弈竞争,“在确保中央权威和法制统一的前提下,动态调整地方在自主立法过程中‘地方性事务’的具体内涵”。[1]

(2) 立法权能

分梳出来地方性事务的内涵、范围以及判断标准,只是解决了在哪些领域或事项上可以制定地方立法,但是,因为“地方性事务”不具有独占性、排他性,就依然会笼罩在中央立法之下,始终存在着是否与上位法相抵触的问题。因此,与之相关的第二个维度就显得格外重要,就是要进一步解决立法的权力边际、能力,明确地方立法的创制性空间在哪里?怎么理解因地制宜,比如,能否在上位法规定之外增设相关制度,还有处罚、强制或者其他措施?否则,地方立法会受到“不抵触”原则的阻击,“扩大地方立法权”“立法权下放”只是表面文章,“口惠而实不至”。

以往对于“抵触”“不一致”的研究,基本上都是从维护法制统一的角度出发,具体阐释《立法法》的原则精神,形成了“效力说”“纵横说”等理论观点,[2]司法上的认识集中体现在最高人民法院《关于审理行政案件适用法律规范问题的座谈会纪要》(法[2004] 96 号)之中。这些成果都不是从中央与地方事权划分角度去思考的,而是为了实现形式上的法制统一。实践上尽管有着从“依据说”“直接抵触说”到“间接抵触说”的渐进宽松之理解,[3]但总体是趋于严格、保守。即便是最宽松的尺度“间接抵触说”,给予地方的立法自由度也是极其有限的。结果是,“法制是统一了”,地方治理能力却受到极大限制。

道理也很浅显。在单一制和中央集权下,更加重视法制的统一,力图实现全国上下整齐划一,中央立法无处不有、无处不在。地方性法规如果是执行性立法,必定有着上位法依据。即便就地方性事务立法或者先行立法,也多半会发现

---

〔1〕 周尚君、郭晓雨:《制度竞争视角下的地方立法权扩容》,载《法学》,2015(11)。

〔2〕 胡建淼:《法律规范之间抵触标准研究》,载《中国法学》,2016(3)。

〔3〕 “依据说”,就是“必须以上位法对某一事项已有的相关规定为依据”。“直接抵触说”,要求“地方性法规不得作出与上位法已有的明文规定相抵触的规定”。“间接抵触说”,是指“不与上位法的精神和基本原则相抵触”。姚明伟:《结合地方立法实际对不抵触问题的思考》,载《人大研究》,2007(2)。孙波:《地方立法“不抵触”原则探析——兼论日本“法律先占”理论》,载《政治与法律》,2013(6)。

中央立法已然有之,有时可能涉及中央立法权限,[1]而且,规制手段也受到中央立法的很大约束。[2]可以说,在当下的立法格局中,法律的调整对象、实施手段基本上由中央立法规范和设计。在很多学者解释、法院审判以及立法审查上都主张,地方对此不得逾越。

但是,这种中央立法垄断至少是与地方性事务立法内在冲突,“这种限制执法手段的规定可能会使地方政府在处理地方问题过程中束手无策”。[3]地方性法规的创制只要与上位法“不一致”,无论是形式上还是实质上,都会引发立法上的激烈争议,社会公众的强烈质疑,以及中央立法机关的警觉。比如,上位法做了禁止性规定,却没有规定相应的法律责任,地方能否补充规定?在执行上位法时,能否扩大规范适用的范围?增加禁止性规定?在我们参加地方立法的论证工作中,诸如此类问题扑面而来。向立力通过大量的实例证实了“地方人大及其常委会行使的‘有限立法权’恰好受到了来自于调整对象和调整手段的双重限制”。[4]《立法法》(2015 年)在程序上对地方立法还采取了批准、备案与说明义务等措施,[5]在严格的“不抵触”尺度下,地方性法规要想进一步增设制度、增加实施手段,几乎“未敢翻身已碰头”。

于是,地方执行法律的能力,便依托于中央立法,与中央立法的质量成正比。中央立法愈能统筹兼顾各地发展不均衡的需求,地方治理能力愈强。反之,愈弱。但是,中央立法要想做到全面妥善回应各个地方的不同需求,几近神话。在这一点上,学者的批判观点差不多。大多强调“我国各地的情况千差万别,在某些领域,中央很难找到一个适当的比照参数来制定适合全国各地发展水平的统

---

[1] 比如,无人自动驾驶发生交通事故,归责主体为谁,这是否属于《立法法》(2015 年)第 8 条、第 9 条规定的法律保留事项之中的“民事基本制度”?

[2] 比如,为了有效治理城市交通问题,在规制手段上可能需要突破《行政处罚法》(1996 年)第 11 条规定、设立“限制人身自由、吊销企业营业执照”处罚的,突破《行政强制法》(2011 年)第 10 条第 3 款、欲设立“限制公民人身自由、冻结存款、汇款”等强制措施的,或者突破《行政许可法》(2003 年)第 15 条第 2 款,等等,那么,是否允许呢?

[3] 张千帆:《流浪乞讨与管制——从贫困救助看中央与地方权限的界定》,载《法学研究》,2004(3)。

[4] 向立力:《地方立法发展的权限困境与出路试探》,载《政治与法律》,2015(1)。

[5] 《立法法》(2015 年)第 72 条第 2 款规定,“设区的市的地方性法规须报省、自治区的人民代表大会常务委员会批准后施行”,并“对其合法性进行审查”。第 98 条第(二)项规定了地方性法规的备案要求,第(五)项规定了“经济特区法规报送备案时,应当说明对法律、行政法规、地方性法规作出变通的情况”。《立法法》(2023 年)调整为第 80 条第 1 款,第 109 条。

一法律”。[1]“在某些必须考虑到千差万别的各地实际情况的领域,中央的统一立法要么流于形式,要么是作出一些无法具体操作的‘粗线条’的原则性规定,要么干脆就是无所作为。这时,如果中央立法供给不足,在各种复杂的现实问题面前精疲力竭和穷于应付,而地方立法却又不敢贸然行事,无法施展拳脚,则必然会导致社会管理法治化水平的低下。而且,甚至会因为中央立法的不当而加剧中央与地方、地方与地方之间的矛盾与裂痕”。[2]还有以西学关于地方分权之合理性以论之,“不同地方的人民有着不同的偏好”,“对公共产品的需求存在差异”,不可能由一个“全能的中央政府”提供。因为“中央政府很难收集到足够的信息从而为存在差异的地方做出不同的安排”,而且,“在实践上总是存在着各种各样的政治和法律上的限制,使得中央政府很难为某些地方做出不同于其他地方的安排”。[3]

地方立法要想创新,积极回应地方治理的需要,有时便利用“不抵触”原则缺少客观的、具体的、法定的评判标准,寻求上级通融。地方立法机关以地方的特殊性、实际需要或者符合立法权限等理由说服中央立法机关。从实践上看,后者有时也会考虑地方实际需要,立法权限存在一些“灰色地带”,或者鼓励地方“先行先试”“大胆创新”,“局部实践不至于影响全局”,默认、不干预地方性法规与上位法“不一致”的创制。即使要去纠偏,一般也不启动法律监督程序、“改变撤销机制”,多是“用非正式的方式与对方沟通,加以修正”。[4]

但是,为了通融,与上一级人大常委会和政府的沟通就变成了“攻关”。部门之间、领导之间的依存关系、“人际关系”变得十分重要。这也让地方立法机关与省级人大常委会、全国人大常委会之间的博弈成本无形之中加大,甚或足以让其放弃立法创制突破的尝试。比如,从我们对深圳市行政审批改革的调研看,《行

---

〔1〕 李亚虹:《对转型时期中央与地方立法关系的思考》,载《中国法学》,1996(1)。

〔2〕 封丽霞:《中央与地方立法权限的划分标准:“重要程度”还是“影响范围”?》,载《法制与社会发展》,2008(5)。

〔3〕 冯洋:《论地方立法权的范围——地方分权理论与比较分析的双重视角》,载《行政法学研究》,2017(2)。

〔4〕 朱景文:《关于完善我国立法机制的思考》,载《社会科学战线》,2013(10)。

政许可法》(2003 年)第 20 条、第 21 条规定了行政许可实施之后的修改或废止程序，[1]实践上却因沟通成本过大而很少适用。这些都极大地影响了地方与中央的博弈，也消减了地方立法的实际成效，增加了地方立法释放出治理成效的难度。

因此，与当下中央与地方关系存在着“一统体制”与“地方治理”的逻辑张力一样，在立法上也存在着“法制统一”与因地制宜的逻辑矛盾，两个积极性的发挥仍然是非制度化的，法治化建构的程度依然不高。地方立法要发挥出地方治理的成效，必须与中央立法机关来回博弈，诉诸非正式的讨价还价、协商妥协。但是，随着法治建设的不断深入，上述非正式运作的空间逐渐受到挤压，变得越来越小，因此，必须在立法上为地方治理腾挪出足够的空间。

3. 地方立法的授权框架

鉴于上述立法控制模式对地方立法能力的过度抑制，张千帆教授开出的药方是改用宪法控制模式，“让司法机构在界定中央和地方立法权限以及保障个人权利的过程中发挥更大的作用”。[2]但是，对此提议，我们从制度走向上还看不到一丝曙光，司法机关似乎也没有表示出强烈的意愿去承担这项任务。因此，更为务实的路径还是从改造立法控制模式着手。

在我国单一制以及央地分权的模式下，地方事权虽然是由中央通过立法授予的，但其具体内涵、执行方式以及相关制度很大程度上必须通过地方立法进一步廓清和落实。面对上述地方立法面临的困境，学者提出的一种观点是，进一步描述并胪列出一项项地方性事务，对中央与地方的立法权限做形式上的原则划分，甚至不惜提出“地方专属立法权”概念。[3]另外一种观点是，在中央与地方立

---

〔1〕《行政许可法》(2003 年)第 20 条规定，“行政许可的设定机关应当定期对其设定的行政许可进行评价；对已设定的行政许可，认为通过本法第十三条所列方式能够解决的，应当对设定该行政许可的规定及时予以修改或者废止。行政许可的实施机关可以对已设定的行政许可的实施情况及存在的必要性适时进行评价，并将意见报告该行政许可的设定机关。公民、法人或者其他组织可以向行政许可的设定机关和实施机关就行政许可的设定和实施提出意见和建议。”第 21 条规定，“省、自治区、直辖市人民政府对行政法规设定的有关经济事务的行政许可，根据本行政区域经济和社会发展情况，认为通过本法第十三条所列方式能够解决的，报国务院批准后，可以在本行政区域内停止实施该行政许可。”

〔2〕张千帆：《流浪乞讨与管制——从贫困救助看中央与地方权限的界定》，载《法学研究》，2004(3)。

〔3〕孙波：《论地方专属立法权》，载《当代法学》，2008(2)。

法权划分的模糊地带,通过程序与审查来具体调控地方立法的尺度与边际。[1]

但是,在我看来,所有这些努力仍然是不够的,不能根本解决立法权限问题。可以说,一俟着手,便会发现很多已有上位法。因为我国当下实行的仍然还是集权的分权立法模式,在地方人大无所不包的职权中,"地方性事务是一个空洞的概念",[2]我们几乎找不出何为"地方性事务"。[3]中央事权与地方事权存在大量交叉重叠,即便是像"口岸管理这样的'典型'的中央立法事项,却在许多方面蕴含着地方性的特征"。[4]立法权限的"职责同构化",意味着不存在只能由地方立法而不能由中央立法的情形。[5]因此,单从立法事项上,很难真正抽象地阐释清楚立法权限。

其实,在我看来,从地方治理意义上说,有关事项的立法权是归属中央还是地方变得不再重要,关键是"中央与地方如何协调,以一种适宜的方式共同对它们进行立法"。[6]莫不如在中央立法中明确廓清地方立法权的边际,特别是地方性法规能够做什么,做到什么程度。也就是说,我们重点要去解决的应当是立法权能。一方面,这可以让地方立法有能力将以往中央与地方互动过程中地方采取的一些合理的非正式方式转化为合法的应对方式。另一方面,也可控,收放有度,能够在不断增强地方治理能力的同时,防止地方立法越权。对于立法权能应当怎样构建,一些学者也在"不抵触""法律优占"之下做过近似讨论,[7]但是,总体来说,有关研究却太仓一粟。

(1) 地方性法规与上位法

在我看来,要解决地方性法规的立法权能,最重要的是妥善处理其与上位法的不抵触关系。如前所述,从《立法法》(2015年)第72条、第73条规定看,地方性法规主要分为先行立法、执行性立法与地方性事务立法。先行立法是因为"国

[1] 李林:《关于立法权限划分的理论与实践》,载《法学研究》,1998(5)。

[2] 杨利敏:《我国〈立法法〉关于权限规定的缺陷分析》,载《法学》,2000(6)。

[3] 孙波:《我国中央与地方立法分权研究》,吉林大学2008年博士学位论文,161页。

[4] 杨寅:《论中央与地方立法权的分配与协调——以上海口岸综合管理地方立法为例》,载《法学》,2009(2)。

[5] 程庆栋:《论设区的市的立法权——权限范围与权力行使》,载《政治与法律》,2015(8)。

[6] 冯洋:《论地方立法权的范围——地方分权理论与比较分析的双重视角》,载《行政法学研究》,2017(2)。

[7] 姚明伟:《结合地方立法实际对不抵触问题的思考》,载《人大研究》,2007(2)。孙波:《地方立法"不抵触"原则探析——兼论日本"法律先占"理论》,载《政治与法律》,2013(6)。

家尚未制定法律或者行政法规的”，因此，不存在上位法。执行性立法一定存在着上位法，是“为执行法律、行政法规的规定”。

地方性事务立法相对比较复杂，从实践看，又分为纯粹地方性事务和非纯粹地方性事务两种。对于前者，中央没有统一规范必要，完全由地方性法规调整。也就是不存在上位法。对于后者，一般是各个地方都存在同样问题，但又需要根据本地实际因地制宜的，中央为了法制统一，将各地法制差异最小化，也会制定有关立法做原则性规范，建立基本制度，地方可以在基本制度内做进一步补充性立法。制度内的填充，属于执行性立法，对于制度外需要因地制宜的，可以制定地方性事务立法，这种地方性法规夹杂着执行性与创制性的混合属性。

表 3-2　地方性法规与上位法

<table>
<tr><th colspan="2">地方性法规</th><th>上位法</th></tr>
<tr><td colspan="2">执行性立法</td><td>有</td></tr>
<tr><td colspan="2">先行立法</td><td>无</td></tr>
<tr><td rowspan="2">地方性事务立法</td><td>非纯粹的地方性事务立法（包含执行性立法与创制性立法的综合性立法）</td><td>有</td></tr>
<tr><td>纯粹的地方性事务立法</td><td>无</td></tr>
</table>

（2）立法授权方式

那么，地方性法规的立法权能在哪儿？或者说，地方性法规能够有哪些创制能力呢？我们可以按照是否已有上位法作为核心标准，将地方性法规做如下解析，并提出相应授权原则。一方面，中央立法也可以通过如下审慎而明确的授权，为地方治理拓展出充分的法律空间，从而实现总体上的统一、细节上的多元。即使出现授权不当，影响也是局部单个的，也易于纠正。另一方面，在此基础上可以不断积累经验，为未来《立法法》修改提出一个系统的“一揽子”解决方案。

一是先行立法以及针对纯粹地方性事务的立法，都不存在上位法，都是创制性立法，应当具有完整的立法权限。一般除去必须由中央立法规定的事项（比如，涉及人身自由的处罚与强制）之外，上述两类地方性法规应当具有充分的创制空间。

但是，严格地讲，纯粹的情形不多。多数是，立法事项上没有上位法，但是，一俟着手立法，便会在某些具体内容上碰到上位法。比如，对于无人自动驾驶，法律、行政法规没有规定，地方可以先行立法，但是，有关规定必须与《道路交通安全法》、《刑法》、《侵权责任法》等不抵触。[1]因此,属于地方的专属立法权是极罕见的。

二是执行性立法都存在着上位法,既必须贯彻执行上位法的规定,又需要因地制宜、对症下药。从理论上讲,一个国家的内部差异性越大,分配给中央立法权越小,地方的立法权越广泛。[2]这意味着,地方差异性越大,地方对公共产品的偏好越多样化,"法制统一"的内容越少,因地制宜的规定越多,地方立法越有、也越能作为。

不论哪一种情形,都可以归入中央与地方共同事权,需要中央与地方共享立法权。这与中央与地方共同事权居多是相吻合的。对于共享立法权,地方立法"只要不与中央立法发生冲突,地方立法权不应轻易受到否定"。[3]立法权的分配原则应当是,在中央立法的统一规范下,应当在以下几个方面放权,允许地方有因地制宜的机变,由地方性法规来权衡具体的度与量。

第一,在能够实现上位法的规制目的的前提下,允许地方立法放松规制,更充分地实现公民权利与自由。比如,《道路交通安全法实施条例》(2004 年)第 72 条规定,"在道路上驾驶自行车","必须年满 12 周岁"。地方立法可以规定,"在父母陪同下,未满 12 周岁的儿童可以在边道上驾驶自行车",这有利于从小培养交通安全规则与意识。也允许地方立法为有效实现上位法的目的而加强规制。比如,地方立法可以规定,"成年人驾驶自行车可以在固定座椅内载一名儿童","儿童必须戴安全头盔"。这完全符合并能促进实现《道路交通安全法》(2011 年)第 1 条规定的"保护人身安全"目的。

第二,法律规范的实施,需要行之有效的执法手段。由中央立法垄断规定,很难适应各地不均衡发展的需要,也不能确保法律实施的成效。从杭州、上海和深圳道路交通立法看,试图突破的也多是处罚、强制等手段。因此,应当允许地

---

〔1〕 比如,北京市交通委、北京市公安交管局、北京市经济信息委等部门,制定发布了《北京市关于加快推进自动驾驶车辆道路测试有关工作的指导意见(试行)》和《北京市自动驾驶车辆道路测试管理实施细则(试行)》两个指导性文件,规范推动自动驾驶汽车的实际道路测试,以鼓励、支持、规范自动驾驶汽车相关研发,加快商业化落地进程。《自动驾驶汽车北京上路实测》,http://news.163.com/17/1222/14/D691DVG600014AED.html,《北京出炉国内首部自动驾驶上路指导意见》,http://www.sohu.com/a/211731046_171087,2017 年 12 月 31 日最后访问。

〔2〕 冯洋:《论地方立法权的范围——地方分权理论与比较分析的双重视角》,载《行政法学研究》,2017(2)。

〔3〕 张千帆:《流浪乞讨与管制——从贫困救助看中央与地方权限的界定》,载《法学研究》,2004(3)。

方性法规增删许可、处罚与强制措施，调整处罚幅度，补充其他手段。[1]

第三，为了落实中央立法的目标，对于上位法做出禁止性规定，却未设定法律责任的，地方性法规认为有必要，可以规定相应的法律责任。对于上位法规定了管理制度，却未设定违法行为及处罚的，地方性法规也可以补充规定。

第四，在上位法规定的基本制度之外，地方性法规可以根据实际需要，补充规定必要的，且有助于实现上位法目的的相关具体制度和要求，包括规定相应的违法行为及处理。比如，《衢州市市区电动自行车管理规定》(2016 年)第 23 条突破了道交法的规定，要求"电动自行车驾驶人和乘坐人员应当佩戴安全头盔"，这是为了更好地保护骑行者的安全。[2]

第五，对于给付行政、授益行政以及服务行政，上位法规定的只是最低标准，是各地必须严格执行的下限或底线，允许地方性法规根据实际可以上调标准，并为公众提供更便捷、经济的获取方式。其正当性在于，这些领域是趋向授益性、辅助性、促进性的，很大程度取决于地方财政状况，比如，义务教育年限是否由九年提高到十二年，应当允许地方有更大的决定权。对于秩序行政或者侵害行政，也可以考虑针对环保、食品等领域的监管适时地采纳类似的原则。[3]

---

[1] 向立力建议，第一，可以将法律设定的罚款数额作为最低限度或者最低幅度，地方性法规可以适度调高。第二，对于法律作出义务性规定但是没有设定处罚的，允许地方性法规增设相关处罚。第三，允许地方性法规设立"冻结存款、汇款"。第四，允许地方性法规设定部分行政强制执行方式。向立力：《地方立法发展的权限困境与出路试探》，载《政治与法律》，2015(1)。

[2] 一项关于苏州张家港市道路交通伤害情况的研究表明，在所有因电动自行车引起的事故伤害住院病例中，受到伤害频次最高的身体部位是脑部，其比例高达 46.4%；超过三分之一(35.9%)的伤害病例受到了外伤性脑损伤(包括颅骨骨折、脑震荡等)。Cf. Wei Du, Jie Yang, Brent Powis, et al., *Epidemiological Profile of Hospitalised Injuries among Electric Bicycle Riders Admitted to a Rural Hospital in Suzhou: A Cross-sectional Study*, Injury Prevention, Vol.20, 2014, p.130.

[3] 在日本已经出现了这种趋势，体现在"上乘条例"原理，合法性在于，"基于公害对居民之生 存环境之侵害，从而企业自由便应受到制约，基于公害现象之地域性，积极行政之要求，国家法令所规范者系为全国地域，全民之规范，应为管制的'最低基准'，地方公共团体为 各地域之公害特性，自可制定较国家法令更高之基准，以维护地方居民之权益"。孙波：《地方立法"不抵触"原则探析——兼论日本"法律先占"理论》，载《政治与法律》，2013(6)。在我国，也有同志主张，"为了保护公民的人身健康和生命财产安全，地方有关食品卫生方面的地方性法规，在食品卫生管理、食品卫生监督等方面，作出严于国家食品卫生法的禁止性规定的；地方有关药品管理方面的地方性法规，在药品生产企业管理、医疗机构的药剂管理和药品管理等方面，作出严于国家药品管理法的禁止性规定的；可以视为不抵触"。姚明伟：《结合地方立法实际对不抵触问题的思考》，载《人大研究》，2007(2)。

上述第一、第五属于放松规制,结果有利于公众,且由地方财政支付,不会对法秩序造成多大破坏。第二、三、四是为了更有效地执法上位法,给予上述授权的原因是,一方面,地方负责上位法的实施,中央对执行好坏与治理成效的问责也趋于严厉,地方必然会要求更多的立法空间。另一方面,地方具有信息优势,能够更精准地补强有关制度、措施。当然,对于上述第二、三、四,必须符合比例原则、正当程序等要求,并且有助于上位法有关立法目的在地方的充分实现。因此,地方立法机关必须广泛征求公众意见,组织专家论证,加强备案审查。当然,涉及中央立法的保留事项,必须说明理由,并报全国人大常委会审批。

三是非纯粹地方性事务立法,常常是地方上关注的事项,比如,对滩涂湿地水源的综合性保护,有着诸多上位法的依据与束缚,也必须执行上位法,但毕竟还是可以就其中地方特有的或者突出的问题做创制性立法,比单纯的执行性立法具有更大的创制空间。比如,电动自行车的治理属于地方性事务,由地方立法决定是"禁"还是"限",以及限行的区域与时段。允许使用的,在通行规则、载人等规定上必须符合上位法规定,也可以在一些地方问题上因地制宜。因此,在实践上,一般要认真鉴别出哪些事项属于执行性立法,特别是哪些事项属于地方性事务立法,采取上述不同的立法策略与技术。

4. "行政三法"的修改建议

"行政三法"的立法与实施就很说明问题。《行政处罚法》(1996年)第11条第2款、[1]《行政强制法》(2011年)第11条,[2]就突出地体现了中央立法对处罚、强制手段的高度垄断,一方面,是为了防止滥设,保护公民基本权利,另一方面,也预设了中央立法能够对地方需求的完全了如指掌,中央立法规定的制度、措施与法律手段,以及留给地方立法规定的法律手段,足以满足地方治理的诉求。

但这个假设是不成立的。因此,地方立法为了提高治理成效,便屡屡提出挑战。其中,上海、深圳和杭州三个城市,交通秩序井然,很大程度上都得益于地方

[1] 《行政处罚法》(1996年)第11条第2款规定,"法律、行政法规对违法行为已经作出行政处罚规定,地方性法规需要作出具体规定的,必须在法律、行政法规规定的给予行政处罚的行为、种类和幅度的范围内规定"。《行政处罚法》(2021年)调整为第12条第2款。

[2] 《行政强制法》(2011年)第11条规定,"法律对行政强制措施的对象、条件、种类作了规定的,行政法规、地方性法规不得作出扩大规定。法律中未设定行政强制措施的,行政法规、地方性法规不得设定行政强制措施"。

性法规的突破。比如，对违反非机动车辆和驾驶人管理规定的处罚，《上海市道路交通管理条例》第 69 条第一款规定了“处五十元以上二百元以下罚款”，超过了《道路交通安全法》第 89 条“处五元以上五十元以下罚款”的罚款幅度。又比如，《道路交通安全法》(2011 年)第 89 条规定，“非机动车驾驶人拒绝接受罚款处罚的，可以扣留其非机动车”。第 92 条第 3 款、第 95 条、第 96 条、第 98 条明确规定了可以扣留机动车的范围。但是，《上海市道路交通管理条例》(2016 年)第 81 条增加了扣留车辆和通行工具的情形。[1]

因此，未来修改《行政处罚法》、《行政强制法》和《行政许可法》时，应当妥善处理中央与地方事权划分，祛除中央立法垄断，让地方性法规真正有能力满足地方治理诉求。依据上述授权框架，可以提出以下具体修改建议：

第一，《行政处罚法》(1996 年)第 8 条第(七)项修改为“法律、法规规定的其他行政处罚”[2]，给地方性法规留出创设处罚的空间。比如，当前地方性法规正在试水的信用惩治、信息披露等具有制裁效果的措施，就再不会引发质疑。但是，针对当前各地滥设信用惩戒、“黑名单”等现象，《行政处罚法》应当规定一个基本要求，包括符合比例、动态适时调整等。

第二，不再按照法规范等级次序，采取阶梯式递减的设定权分配方式。一个方案是，如果不考虑同时修改《立法法》(2015 年)第 8 条、第 9 条规定的限制人

---

〔1〕《上海市道路交通管理条例》(2016 年)第 81 条规定，“执行职务的公安民警发现有下列情形之一的，可以先予扣留车辆或者通行工具，并通知当事人及时接受处理：

(一)违反本条例第十九条第一款规定，未按规定注册登记的非机动车以及其他通行工具上道路行驶的；

(二)违反本条例第二十三条第三款规定，拼装、加装、改装的非机动车上道路行驶，使用伪造、变造的非机动车号牌、行车执照或者使用其他非机动车的号牌、行车执照的；

(三)违反本条例第三十条第二款规定，未遵守以交通标志、标线或者通知、决定等方式明示的交通管理措施，采取其他措施无法避免危害发生或者无法控制危险扩大的；

(四)违反本条例第三十五条第一款第(六)项规定，非下肢残疾的人驾驶残疾人机动(电动)轮椅车的；

(五)道路交通安全法律、法规规定可以扣留车辆或者通行工具的其他情形。

当事人接受处理后，应当立即发还车辆或者通行工具，但未按规定注册登记的非机动车以及其他通行工具，其领取人应当采取托运措施。

对拼装、加装、改装的非机动车，由公安机关依法予以恢复原状；对伪造、变造的非机动车号牌、行车执照或者使用其他非机动车的号牌、行车执照，由公安机关予以收缴。

当事人逾期未接受处理，并经公告三个月仍未接受处理的，由公安机关将拼装、加装、改装的非机动车送交有资质的企业拆解，将其他车辆和通行工具依法处理。”

〔2〕《行政处罚法》(2023 年)未做相应改动。

身自由的处罚与强制措施必须由法律规定,那么,可以调整《行政处罚法》(1996年)第10条第1款、第11条第1款为“行政法规、地方性法规可以设定除限制人身自由以外的行政处罚”[1],《行政强制法》(2011年)第10条第3款修改为“尚未制定法律、行政法规,且属于地方性事务的,地方性法规可以设定除限制公民人身自由以外的行政强制措施”。另一个方案是,如果删除《立法法》(2015年)第8条、第9条上述规定,那么,地方性法规在规定法律手段上具有与法律同样的权能。但是,在地方性法规上设定限制人身自由的处罚与强制,必须特别说明理由,并报送全国人大常委会批准。我更倾向第二个方案。[2]

第三,《行政处罚法》(1996年)第11条第2款修改为“法律、行政法规对违法行为已经作出行政处罚规定,地方性法规需要作出具体规定的,应当在法律、行政法规规定的给予行政处罚的行为、种类和幅度的范围内规定。如果确需增设违法行为、除限制人身自由的处罚以外的其他处罚种类或者调整处罚幅度的,应当说明理由,报送省级人大常委会审批”。[3]《行政许可法》(2004年)第16条第4款修改为“法规、规章对实施上位法设定的行政许可作出的具体规定,原则上不得增设行政许可,如果确需增设行政许可,应当说明理由,报送省级人大常委会审批。对行政许可条件作出的具体规定,不得增设违反上位法的其他条件。在实现上位法管理目的的前提下,可以取消不必要的行政许可”。《行政强制法》(2011年)第11条第2款修改为“法律中未设定行政强制措施的,行政法规、地方性法规原则上不得设定行政强制措施。但是,法律规定特定事项由行政法规规定具体管理措施的或者属于地方性事务的,行政法规、地方性法规可以设定除限制公民人身自由以外的其他行政强制措施”。

5. 对内在张力的解释

单一制和中央集权内在地倾向“法制统一”。允许地方立法因地制宜,又进

---

[1] 《行政处罚法》(2023年)未做相应改动。

[2] 否则,比如,对禁止乞讨区域的规定,就缺少有效的执法手段。张千帆:《流浪乞讨与管制——从贫困救助看中央与地方权限的界定》,载《法学研究》,2004(3)。

[3] 《行政处罚法》(2023年)第12条第2款、第3款规定:“法律、行政法规对违法行为已经作出行政处罚规定,地方性法规需要作出具体规定的,必须在法律、行政法规规定的给予行政处罚的行为、种类和幅度的范围内规定。”“法律、行政法规对违法行为未作出行政处罚规定,地方性法规为实施法律、行政法规,可以补充设定行政处罚。拟补充设定行政处罚的,应当通过听证会、论证会等形式广泛听取意见,并向制定机关作出书面说明。地方性法规报送备案时,应当说明补充设定行政处罚的情况。”

一步释放了地方性法规的立法能力，就必然会加剧各地法律制度上的微观差异，看上去“乱如麻”。那么，怎么消除众人对“法制不统一”的疑虑？如何统合“法制统一”与因地制宜之间的矛盾呢？以往的文献中，除了大量集中在法律监督、备案审查、违宪审查等程序与技术上的研究之外，比较有价值的解释大概有以下几种：

一种来自官方的解释是，“明确其地方立法权限和范围”，可以“避免重复立法，维护国家法制统一”。〔1〕蕴含其中的深层次逻辑关系可能是，地方立法解决地方性事务越有针对性，地方特色越突出，就越具有地域局限性、不可复制性，也不可能对“法制统一”造成威胁。另一种解释是，法制本来就不可能完全统一，扩大地方立法权，不仅可以增加法规的可执行性，也不会威胁中央权威、导致“地方割据”。因为“中央对各地立法机关的控制还是非常有效的。除了法律上的规定，如省级立法要向全国人大及其常委会备案，还有组织、人事等传统方法的牵制”。〔2〕还有一种解释是，“统一不是单一，统一的逻辑前提即多元”。地方性法规能够填补统一立法的空白，可以补充、实施统一立法。归根结底，能够建立“一个适合本国实际情况，切实可行的健全的法制”。〔3〕

上述解释都承认，法制在宏观上的统一与微观上的差异是并存不悖的。但是，仅仅停留在理念上的认可是远远不够的。如果不能从法律技术上进一步解决如何统合客观上存在的“法治碎片化”，地方性法规仍然会遭遇“不抵触”原则的阻击而寸步难行。

在我看来，依据我国单一制理论，以及中央集权的政治现实，地方立法权来自中央授权，那么，就可以通过中央立法，明确授权、并逐一列明允许地方立法因地制宜的范围、程度与具体方法，从而收放有度，将因地制宜统合到法制统一上来。与其让各地不同的实践游离在法律之外，不如采取可控的授权模式，让地方的法制差异与“不抵触”原则协调起来。

6. 小结

我国单一制特征，正如周黎安观察和提炼的，“中央政府具有剩余控制权和

---

〔1〕 2015年3月8日在第十二届全国人民代表大会第三次会议上，全国人民代表大会常务委员会副委员长李建国所做的《关于〈中华人民共和国立法法修正案（草案）〉的说明》，https://baike.baidu.com/item/关于《中华人民共和国立法法修正案（草案）》的说明/16947920，2018年2月8日最后访问。

〔2〕 李亚虹：《对转型时期中央与地方立法关系的思考》，载《中国法学》，1996(1)。

〔3〕 彦法日晶：《既要统一立法也要地方立法》，载《中国法学》，1994(2)。

无上的权威,立法权高度集中于全国人大,地方政府不享有地方自治的权力,中央对地方政府决策的否决权和干预权是不受任何制度约束的”。[1]我们是在这样的基本格局下讨论地方立法的拓展与划定,并形成以下基本看法。

第一,当下,正是立法上浓厚的集权主义,以及对地方立法的授权不足,造成了地方立法和有效治理窒碍难行。要有效地实施地方治理,地方立法的空间大小与创制能力变得至关重要。因此,影响地方治理能力,不是因为法治的进程挤压了“非正式”的运作方式,而是没有在立法上划清中央与地方的事权,没有为地方治理留下足够的法律空间与手段。

第二,在解决问题的进路上,还是应当从当下的集权的分权立法模式出发。由于地方事权和地方立法权都来自中央的“委托、授权和安排”,为了妥善调和在立法之中全国统一与因地制宜之间的内在张力,中央立法应通过授权方式,具体罗列地方事权,以及地方立法的具体事项、创制限度。除此之外,剩余的归于中央。只要采取恰当的立法技术,便能够为地方在立法权限上释放出更大的空间,有助于更好地回应地方诉求,促进地方治理的成效,进而提升公众的满意度。

八、结　论

在我国,单一制成为国家组成的基本结构形式。在不断强化的中央集权过程中,警察作为维护国家内部安宁与社会秩序的主要武装力量,更是需要加强对警察队伍的统一领导。为此,必须通过中央立法建立统一的警察制度,中央事权、中央与地方共同事权中由中央负责的部分更多的是体现在统一领导与统一建制上。另外,警察任务又必须依赖地方公安机关来完成,这又更多地体现在地方事权上,以及中央与地方共同事权中由地方承担的部分,这都需要赋予地方立法更多的建构责任。这两个方面共同形成了中央与地方的事权划分,以及立法权分配的基本特征。

通过上述研究与分析,我们大致可以得出以下结论:

第一,与中央和地方的分权一样,警察权的划分也必须符合事务本质理论,

---

〔1〕 周黎安:《行政发包制》,载《社会》,2014(6)。

考量“事务的性质”“重要程度”和“影响范围”等因素。[1]《人民警察法》(1995年)第6条规定的十四项职责基本上可以解构为中央事权、中央与地方共同事权,但是,其中并不排斥存在着一定的地方事权。也就是说,在很多场域中,地方事权是交织在十四职责之中的,很难抽象地条分缕析,必须通过立法明确宣示。中央与地方共同事权中地方公安机关的决断边际也需要法律明确规定。因此,地方公安机关在处理地方事务以及中央与地方共同事务方面的能力,不仅受到支出责任分配的影响,更取决于立法授权。

第二,当下,立法对地方公安机关的授权不足,是使得有效治理窒碍难行的重要原因。要有效地实施地方治理,地方立法的空间大小与创制能力变得至关重要。因此,影响地方治理能力,不是因为法治的进程挤压了“非正式”的运作方式,而是没有在立法上划清中央与地方的事权,没有为地方治理留下足够的法律空间与手段。

第三,只要明确地方公安事权,采取恰当的立法技术,便能够在立法权限上释放出更大的空间,有助于更好地回应地方诉求,提升公众对公安机关的满意度,进而促进法治公安的建设。具体而言,为了妥善调和在立法之中全国统一与因地制宜之间的内在张力,在基本策略上,可以考虑通过《道路交通安全法》《治安管理处罚法》《公安机关组织管理条例》和《人民警察法》等法律、行政法规明确授权地方公安机关及所属政府具体事权,明确地方性法规的立法事项、权力边际,增强地方治理能力与执法成效。这种解决问题的进路,比较吻合当下的集权的分权立法模式,也就是,地方事权和地方立法权都来自中央的“委托、授权和安排”。

---

[1] 潘小娟主张,“依据行政管理科学的基本原理,在划分中央政府与地方政府以及地方各级政府的权限时,首先应界定中央及地方各级政府在国家行政体系中的地位和作用,依此确定各自的核心任务领域,进而配备相应的职权。在配备职权时应遵循业务同类和职责权相称原则,尽可能将职权作整体划分,即中央政府与地方政府以及地方各级政府之间的权限,应尽可能地整体加以区分,改变以往那种对等分配、总量分割的划分方式,使它们各自有相对专门的管辖领域,并在各自的管辖范围内拥有全部的权力”。潘小娟:《中央与地方关系的若干思考》,载《政治学研究》,1997(3)。但是,这个方案在警察法上估计不适用,因为警察制度更偏向中央集权的特征。

第四讲 道交法上的地方事权*

* *本文是我主持的2015年度教育部哲学社会科学研究重大课题攻关项目“法治中国建设背景下警察权研究”(15JZD010)、2016年度清华大学自主科研计划文科专项项目“警察法学理论体系之重构”(2016THZWYX01)的阶段性成果。发表在《行政法学研究》2019年第2期,张咏、郑琳帮助整理有关法规范,在此致谢。

一、引　言

《道路交通安全法》(2003年,以下简称“道交法”)更加偏向中央集权,注重在全国范围内统一通行规则、加强对车辆与驾驶员管理,对地方事权、中央与地方共同事权有所规定,却更在意执行意义上的贯彻落实,对地方性法规的自主决断内容授权明显不足,远不能满足地方治理的需要,也极大地影响了公安机关执法成效。

正因如此,也就不难理解,近年来,一些地方为了道路交通的治理,积极回应当地居民对出行的诉求,采取了不少与中央立法不一致的做法,比如,上海车牌拍卖、深圳高额处罚,引发了立法冲突,成为公众关注的焦点。

道交法经过了2007年、2011年两次修订,却是为了回应公众对第76条的质疑,以及与《刑法修正案(八)》(2011年)相配套,都没有触及这个重要问题。理论上也尚无回应,我没有查阅到一个专门讨论这个话题的文献。近期,《道路交通安全法》列入了十三届全国人大常委会立法规划中的第二类项目,[1]面临第三次修改。这为上述问题的解决迎来了一次难得的契机。

在本文中,首先,我将通过对道交法文本的分梳,指出其中规定的地方事权极其有限,束缚了地方治理,地方立法的积极作为也不免与道交法发生或多或少的抵牾。其次,重点探讨在事权划分上,如何剥离出地方性事务,特别是,为了充分释放地方治理能力,应当在哪些领域与事项上放权,采取什么样的立法处理技术,从而通过道交法的再度修改,妥善协调全国统一与因地制宜之间的张力。

本文对地方事权的观察,不仅要思考在行政上哪些事项归地方负责管理,更是明确哪些事项由地方自主决断,进而体现在立法上哪些事项应当归地方性法规来创制建构。这主要是考虑,第一,在单一制和中央集权下,地方没有固有的

---

〔1〕 百度百科:《十三届全国人大常委会立法规划》,https://baike.baidu.com/item/十三届全国人大常委会立法规划/22861126?fr=aladdin. 2018年9月23日最后访问。

权力，其权力均来自中央授予和认可。中央与地方事权划分的关隘，便是明晰地方权力的边际，尤其是地方性法规的事项与权能。第二，从立法法的发展趋势看，已经将立法的实质权力收归人大，地方立法的创制能力体现在地方性法规上，道交法的上述授权、放权也是为了进一步提升地方性法规的创制能力。

在具体方法上，我们可以通过观察近年来一些地方规定与道交法发生的冲突，思考如何进一步解决交通管理权在中央与地方的划分。地方立法或政策之所以会做出不一致的规定，至少在地方立法机关或地方政府看来，这对于地方道路交通的治理是更好的选择。这种研究进路，可以将地方的一些行之有效的立法实践，且具有正当性的诉求，“但在法律上尚不明确或者仍有争议的立法事项确认下来并使之合法化”。〔1〕

需要说明的是，事权划分有行政与立法之分。〔2〕本文关注的是后者。事权本质是自主决断。在立法上，体现为创制立法。《立法法》(2015 年)第 73 条将立法上的地方事权称为“地方性事务”。〔3〕因此，在立法事权上，地方事权与地方性事务可以在同一意义上混用。

二、文本的分梳

在道交法的文本上分梳出中央与地方事权，不太容易，因为有些条款规定很难鉴别，也极易产生争执。所以，我们大致是挑选了一些容易识别、也较能够被认同的法律表述和关键词作为标准，将中央与地方事权划分做初步整理。

(1) 道交法中一些条款，凡是明确主体为“国家”，或者要“符合国家标准(规定)”，以及授权国务院、公安部的，属于中央事权定当无疑。具体而言，第一，明确由国家统一规定，包括：机动车登记制度(第 8 条、第 9 条、第 12 条)、国家安全技术标准(第 10 条)、机动车强制报废制度(第 14 条)、道路交通信号(第 25 条)、盲道设置标准(第 34 条)、收取工本费标准(第 81 条)、入境的境外机动车(第 122 条)等。第二，明确由国务院规定，包括：对机动车的安全技术检验实行社会化

〔1〕 李林：《关于立法权限划分的理论与实践》，载《法学研究》，1998(5)。

〔2〕 事权具有鲜明的公权力属性，理论上包括立法事权、行政事权和司法事权三维。刘剑文、侯卓：《事权划分法治化的中国路径》，载《中国社会科学》，2017(2)。郑毅：《中央与地方事权划分基础三题——内涵、理论与原则》，载《云南大学学报》，2011(4)。

〔3〕 《立法法》(2023 年)调整为第 82 条。

(第13条)、机动车第三者责任强制保险制度(第17条)、道路通行(第41条)等。第三,要求符合国务院公安部门规定,包括:驾驶许可条件(第19条)、延长机动车驾驶证的审验期(第24条)等。

(2) 授权地方政府,或者由公安机关交通管理部门决定实施的,属于地方事权。具体而言,第一,授权地方政府,比如,决定应当登记的非机动车的种类(第18条)、其他禁止拖拉机通行的道路(第55条)、罚款标准(第123条)。第二,规定地方政府的职责,比如,负责路段设施的交通安全隐患处理(第29条)、施划停车泊位(第33条)。第三,应由地方公安机关根据需要采取的措施,比如,限制交通的措施(第39条)、交通管制(第40条)。第四,规定地方政府部门的职责,比如,由省级财政部门统一制发罚款收据(第108条)。

(3) 授权各级人民政府,或者不明确制定主体的,属于共同事权。具体而言,第一,明确为各级政府的职责,比如、管理规划(第4条)、教育(第6条)。第二,法律表述是"按照规定",没有明确"规定"的制定主体与级别,可以视为共同事权,比如,特种车(第15条)、安全带(第51条)。

显然,上述标准不是周全之道,遴选出来的事项总计也不超过25条,只占道交法124条中的20%,不免百密一疏,比如,道交法对于行政处罚和强制的规定,因为有着《行政处罚法》(1996年)第10条第2款、第11条[1]第2款和《行政强制法》(2011年)第11条的约束,事实上也为中央立法所垄断,似乎成为了中央事权。

但是,从中,我们还是可以得出一些初步的判断,首先,总体上看,在道交法中,中央事权居多,地方事权较少,而且,从法律表述上看,交给地方政府和公安机关实施的多是执行性的,很难看出留给地方立法有多大可以创制的空间。其次,也不难看出,道交法上规定的中央与地方事项比较含混不清,比如,对于上述归入中央事权的事项,只能肯定的是,应当由中央制定标准或者基本制度,很多实施工作可能还必须依靠地方。那么,由中央规定的,是否就完全排除地方在执行上的自主决定空间?中央没有规定的,地方能否因地制宜地自主创设呢?似乎也不无疑问。正因如此,地方为治理城市交通拥堵等问题而创设出的一些措施、制度,便屡屡受到合法性的拷问。

[1] 《行政处罚法》(2021年)调整为第11条第2款、第12条第2款。

三、地方治理引发的争议

交通秩序的维护、道路拥堵的疏通、违法行为的制裁，都主要由地方公安机关实施。而有关工作的展开又是综合性的，与城市规划、道路设施建设等密切相关，涉及与规划、土地管理、建设、交通运输、工商、质检等其他政府职能部门的密切合作，需要由地方政府统筹领导。

尽管全国人大常委会法律委员会《关于立法法修正案(草案)审议结果的报告》中对“城乡建设与管理”的简略阐述，[1]以及有关地方性事务的理论研究之中，都不曾提及城市道路交通，[2]但是，从上述分析看，道路交通领域的很多治理工作首先应该表现为地方性事务，至少也应当属于中央与地方共同事权。

然而，如前所述，道交法体现了强烈的中央集权色彩，从车辆与驾驶人管理、通行条件与规则、事故处理到法律责任，基本上都由道交法统一规范，对地方事权规定较窄，对地方立法的授权也有限，而且，还存在着诸多不清晰之划分。因此，地方在道路交通治理上空间狭隘，无法腾挪施展，凡有举措，也容易与道交法的统一规定发生抵牾。从媒体公众的关注热点，以及我对道路交通管理的长期观察，争议主要集中在三个方面，一是交通拥堵治理，二是车辆使用和发展政策，三是执法手段。从中，我们大致可以了解因事权不清所产生的诸多合法性争议，也可以体察到地方治理可能期望获得哪些权力。

1. 交通拥堵的治理

随着城市化进程的加快，机动车数量的急剧增长，城市道路交通日益拥堵，汽车尾气污染空气，通行耗时变长，造成巨大经济损失，这成了地方政府必须认真对待的“灾难性”问题。面对公众日益高涨的对交通状况的不满诉求，地方政府必定会使出浑身解数，调动一切允许使用的措施，甚至不惜打法律的擦边球。

以“交通拥堵”为关键词在北大法宝标题搜索，共搜索到地方规范性文件12个，地方工作文件13个。其中，由地方人民政府发布的专门治理交通拥堵的文件共9个(见表4-1)，包括北京、石家庄、金华、深圳、珠海、宁波、舟山、晋城、贵阳。

---

〔1〕 武增：《2015年〈立法法〉修改背景和主要内容解读》，载《中国法律评论》，2015(5)。

〔2〕 这方面的文献很多，比如，易有禄：《设区市立法权行使的实证分析——以立法权限的遵循为中心》，载《政治与法律》，2017(6)。

表 4-1　九个城市治理交通拥堵文件要点

《北京市人民政府办公厅关于印发〈2017 年北京市缓解交通拥堵行动计划〉的通知》(京政办发〔2017〕12 号)
《深圳市人民政府关于印发近期解决交通拥堵问题工作方案的通知》(深府〔2003〕216 号)
《珠海市人民政府关于印发加快建设东西交通通道和治理中心城区交通拥堵议案办理方案的通知》(珠府函〔2016〕143 号)
《石家庄市人民政府办公厅关于印发石家庄市主城区 2017 年度治理交通拥堵工作实施方案的通知》(石政办函〔2017〕54 号)
《金华市人民政府办公室关于印发金华市 2016 年治理城市交通拥堵工作方案的通知》(金政办发〔2016〕51 号)
《宁波市人民政府办公厅关于缓解宁波市中心城区交通拥堵工作任务责任分解的通知》(甬政办发〔2010〕20 号)
《舟山市人民政府关于缓解城区交通拥堵和停车难问题的实施意见》(舟政发〔2010〕45 号)
《贵阳市人民政府办公厅关于缓解交通拥堵的意见》(筑府办发〔2016〕22 号)
《晋城市人民政府办公厅关于进一步缓解城市交通拥堵工作的实施意见》(晋市政办〔2013〕79 号)

通过归纳上述文本中规定的各项措施,我们基本上可以分梳出地方政府期望获得以下权力:(1)与道路交通有关的公共设施的规划、建设与维护,包括:“道路的规划、建设,公交站台、接驳平台、停车场等基础设施建设”;“城市交通信号系统、管理系统等实现智能化,积极引入高科技,实现升级改造”。(2)采取收费等经济杠杆抑制机动车在城区行驶,比如,停车费。(3)对外地车辆实行管控,比如,收取道路资源占用费,禁止外地出租车在本地长期从事运营。(4)大力优先发展公共交通。(5)更多治理措施,比如,增加审批条件,包括:“道路交通严重违法行为与居住证办理‘一票否决’机制”,“不具备停车条件的建筑物不得改作商业用途”,“工商部门对吸引车辆影响交通店铺的审批,要征求规划和公安交警部门的意见”,“将交通影响评价制度纳入城市规划建设管理体系,作为新建或改扩建项目规划阶段的前置条件和强制要求,使建设项目与道路条件相协调”,等等。

除了规划、建设和维护等在道交法上已有规定之外,上述很多措施都会遭遇合法性拷问，除了增加审批条件可能抵牾其他相关法律之外，与道交法对照，我们还发现，第一，道交法上，对外地车辆的管理，付之阙如。那么，地方能否增设减损公民权利或者禁止性措施呢？是否有不平等对待之嫌？第二，道交法也没有规定或者授权地方收费，有关规定仅见于地方立法。〔1〕但是，收费如果没有法律授权，是否涉嫌僭越《立法法》（2015年）第8条第（七）项“对非国有财产的征收、征用”的法律保留事项〔2〕，又不无疑问。

2. 车辆使用与发展政策

机动车保有量、种类控制与限购、限行等措施，其实都与交通拥堵的治理有关，但不见于上述专门文件之中，而是另外发文，比如，《北京市人民政府关于实施工作日高峰时段区域限行交通管理措施的通告》，或者通过地方立法规定，比如，《北京市小客车数量调控暂行规定》（2017年）、《深圳经济特区道路交通安全管理条例》（2015年）第78条、《苏州市道路交通安全条例》（2012年）第6条。

（1）禁止使用的车辆种类。优先发展、或者禁止使用哪些类型的车辆，取决于当地自然地理条件、城市发展定位、经济发展水平、道路交通设施状况、社会诉求等诸多因素。因此，发布禁（限）摩令、禁止使用电动自行车等，都应该属于地方事权，也有着降低交通事故率和打击非法运营等实践诉求。〔3〕但是，道交法没有对此明确授权，有关措施也“面临违背《物权法》和损害公民出行选择权的质疑”。〔4〕

不少城市先后发布了“禁摩令”（见表4-2）。比如，《杭州市道路交通安全管理条例》（2017年）第8条第2款规定，“除国家机关用于执行公务的以外，在本市上城区、下城区、江干区、拱墅区、西湖区、滨江区行政区域内，摩托车不予登

---

〔1〕比如，《深圳经济特区道路交通安全管理条例》（2015年）第78条第（四）、（五）项，允许合理提高机动车驾驶人的道路交通使用成本，征收路外停车场停车调节费。北京市人民政府办公厅《关于印发〈2017年北京市缓解交通拥堵行动计划〉的通知》（京政办发〔2017〕12号）提出了“完善差别化停车收费政策”。根据《苏州市道路交通安全条例》（2012年）第6条第（三）项规定的“合理提高机动车驾驶人的道路交通使用成本”，苏州市政府办公室《关于转发苏州市区2017年道路交通排堵促畅工作计划的通知》（苏府办〔2017〕125号）提出了要“研究征收古城区道路交通拥堵费”。

〔2〕《立法法》（2023年）调整为第11条第（七）项。

〔3〕据统计，2015年深圳市涉摩涉电交通事故死亡人数为114人，占死亡总人数431人的26.45%。全市接到涉及摩托车、电动车乱象的投诉高达1500多宗。孔凡义、段桃秀：《深圳“禁摩限电”风暴》，载《决策》，2016(5)。

〔4〕孙峰、魏淑艳：《政府治理现代化视域下专项治理的悖论与消解——以深圳市“禁摩限电”为例》，载《东南学术》，2018(3)。

记”。但是,《道路交通安全法》(2011 年)第 8 条、第 9 条规定的机动车注册登记条件中,没有限定登记的车辆种类,也没有排除摩托车登记。而车辆登记又具有物权登记和使用许可双重性质。上述规定似乎涉嫌违反《行政许可法》(2003 年)第 16 条第 4 款规定。[1]杭州便引用《大气污染防治法》(2015 年)第 50 条第 1 款规定,“国家倡导低碳、环保出行,根据城市规划合理控制燃油机动车保有量,大力发展城市公共交通,提高公共交通出行比例”,阐释其正当性,绕开上述法律障碍。

表 4-2 禁止使用摩托车的部分城市

《南宁市人民政府办公厅批转市公安局等 6 个部门关于调减南宁市摩托车总量,停止摩托车注册登记和营运的意见的通知》(南府办〔2002〕2 号) 《南宁市人民政府办公厅关于调减南宁市摩托车总量,停止摩托车注册登记和营运的补充通知》(南府办〔2002〕5 号)
《屏边苗族自治县人民政府关于禁止正三轮摩托车(港田)在县城区行驶的公告》(2005 年 11 月 1 日)
《六盘水市人民政府关于禁止摩托车在市区道路通行的通告》(市府发〔2006〕12 号)
《南京市人民政府关于外牌摩托车禁行区域的通告》(2007 年 3 月 7 日)
《鄂州市公安局、市交通局、市城市管理局、市工商行政管理局关于禁止正三轮载客摩托车在城区内通行的通告》(2007 年 3 月 23 日)
《沈阳市公安局关于加强摩托车道路通行管理的通告》(2009 年 4 月 1 日)
《长沙市公安局交通警察支队关于市区部分区域道路禁止摩托车通行的通告》(长公交发〔2009〕53 号)
《北京市公安局关于加强三轮摩托车和残疾人机动轮椅车管理的通告》(2010 年 9 月 25 日)
《上海市公安局关于印发〈关于禁止外省市号牌三轮摩托车通行的通告〉的通知》(2010 年 12 月 18 日)
《遵义市中心城区部分道路禁止摩托车通行的管理规定》(遵义市人民政府令(第 55 号))
《本溪市人民政府关于在城市部分道路禁止摩托车和电动自行车通行的通告》(本政告字〔2011〕第 2 号)
《珠海保税区管委会党政办公室关于严禁摩托车、电动自行车(含三轮车)在保税区内行驶的通知》(珠保办〔2013〕27 号)

[1] 邱新:《城市“禁摩”的法律思考——从政府规制分析的角度》,载《公法研究》,2009(00)。

续表

《武汉市人民政府关于进一步加强摩托车管理的通告》(武政规〔2014〕17号)
《深圳市公安局关于继续禁止摩托车在福田、罗湖、南山、盐田区内道路行驶的通告》(深公通〔2016〕1号) 《深圳市公安局关于继续在宝安、龙岗区和光明、坪山、龙华、大鹏新区部分区域道路禁止摩托车行驶的通告》(深公通〔2016〕2号)
《杭州市人民政府关于杭州市区道路各类摩托车、人力三轮车禁止通行的通知》(杭政函〔2017〕98号)

北京、福州、海口、珠海、广州、东莞等城市,对电动自行车采取了禁止通行政策(见表4-3),也受到一些学者的质疑,其中的一个核心论点,就是认为地方没有禁止电动自行车通行的立法权。[1]支持论者认为,电动自行车的治理属于地方性事务,属于"城乡建设与管理"事项,不存在与道交法相抵触问题。

表4-3 禁止电动自行车使用的部分城市

北京市公安局发布《关于加强电动自行车管理的通告》(2002年)
福州市人民政府发布《关于加强电动自行车管理的通告》(2003年)
《温州市公安局关于禁止电动自行车在市区行驶的通告》(温公通〔2003〕180号)
《珠海经济特区道路交通安全管理条例》(2005年施行,2011年修订)第10条
《广州市公安局关于对电动自行车和其他安装有动力装置的非机动车不予登记、不准上道路行驶的通告》(穗公〔2006〕343号)
《东莞市人民政府关于对电动自行车和其他安装有动力装置的非机动车不予登记、不准上路行驶的通告》(东府〔2007〕86号)

(2) 机动车限购。针对机动车增长过快,必须实行机动车保有量增量调控,上海、北京和广州等地推出了机动车限购政策(见表4-4)。机动车车牌号码的获取方式,包括车牌拍卖、以摇号方式无偿分配、"无偿摇号+有偿竞拍"指标分配模式。

早在2003年,上海市就正式推行机动车车牌拍卖政策,该政策的雏形甚至可以上溯至1994年。这一措施"将上海的私车增长趋势后推了约20年"。北京市直到2010年才以摇号方式控制机动车的快速增长,七年时间差的后果是,"北

[1] 万静、马怀德、姜明安、毛寿龙:《珠海禁止电动自行车上路是否违法》,载《法制日报》,2005-07-26,第10版。

京的百人拥有机动车辆从 2001 年的 4.5 辆/百人增加到 2011 年的 19.3 辆/百人,而上海 2001 年为 0.5 辆/百人,2011 年为 5.1 辆/百人”。[1]

表 4-4 对机动车实行限购的城市

有关规范性文件	实施方式
《北京市小客车数量调控暂行规定》(北京市人民政府令(第 227 号),2010 年 12 月 23 日,2017 年 12 月 5 日修订)	摇号方式
《贵阳市小客车号牌管理暂行规定》(市政府令(第 5 号),2011 年 7 月 11 日,2014 年 6 月 25 日修订)	摇号方式
《广州市人民政府办公厅关于印发广州市中小客车总量调控管理办法的通知》(穗府〔2013〕28 号)	摇号和竞价方式
《天津市人民政府关于实行小客车总量调控管理的通告》(津政发〔2013〕41 号)	摇号或竞价方式
《上海市人民政府关于印发〈上海市非营业性客车额度拍卖管理规定〉的通知》((沪府发〔2016〕37 号),2016 年 6 月 16 日。(沪府发〔2013〕92 号),2013 年 12 月 24 日失效,)	拍卖
《杭州市人民政府办公厅关于印发杭州市小客车总量调控管理规定的通知》(杭政办〔2017〕1 号,2017 年 1 月 6 日修订)	摇号或竞价方式

但是,限购规定的合法性几乎从一开始就受到拷问,因为《道路交通安全法》(2003 年)第二章第一节关于“机动车、非机动车”中仅规定了“国家对机动车实行登记制度”,地方能否有权补充规定机动车车牌获得的具体方式,在法律上是不清晰的。

(3) 机动车限行。不少城市也陆续出台限行措施(见表 4-5)。限行的法律依据主要是《道路交通安全法》(2011 年)第 39 条、[2]《大气污染防治法》(2000 年)第 17 条第 3 款,[3]引发争议的是,上述第 39 条规定的是“临时性还是长期

---

〔1〕 王梅:《上海机动车拍牌制度的过去、现在与未来》,载《城市公共事业》,2013(5)。

〔2〕《道路交通安全法》(2011 年)第 39 条规定:“公安机关交通管理部门根据道路和交通流量的具体情况,可以对机动车、非机动车、行人采取疏导、限制通行、禁止通行等措施。遇有大型群众性活动、大范围施工等情况,需要采取限制交通的措施,或者作出与公众的道路交通活动直接有关的决定,应当提前向社会公告。”

〔3〕《大气污染防治法》(2000 年)第 17 条第 3 款规定:“未达到大气环境质量标准的大气污染防治重点城市,应当按照国务院或者国务院环境保护行政主管部门规定的期限,达到大气环境质量标准。该城市人民政府应当制定限期达标规划,并可以根据国务院的授权或者规定,采取更加严格的措施,按期实现达标规划。”

性措施”？第 17 条第 3 款允许“采取更加严格的措施”，是否包括尾号限行？针对上述法律规定不明确，在 2015 年对《大气污染防治法》的修改过程中，曾在二审稿中动议，普遍授权省、自治区、直辖市人民政府制定限行措施，表决时被删除，但是，全国人大法律委员会仍然不否认这是地方事权。〔1〕

表 4-5　实行机动车限行的部分城市

城市	有关依据
合肥	《合肥市道路交通安全条例》(2013 年)第 31 条
天津	《天津市人民政府关于实施机动车限行交通管理措施的通告》(津政发〔2013〕42 号)
西安	《西安市道路交通安全条例》(2014 年)第 16 条
杭州	《杭州市人民政府关于调整工作日高峰时段区域“错峰限行”交通管理措施的通告》(杭政函〔2014〕54 号)
深圳	《深圳经济特区道路交通安全管理条例》(2015 年)第 78 条
上海	《上海市道路交通管理条例》(2016 年)第 30 条
北京	《北京市人民政府关于实施工作日高峰时段区域限行交通管理措施的通告》(京政发〔2017〕12 号)
渭南	渭南市公安局交警支队发布《关于渭南城区空气重污染期间实施机动车禁限行交通管理的通告》(2017 年 11 月 15 日)
兰州	《兰州市公安局关于解除外地号牌机动车高峰限行限制执行尾号限行措施的通告》(2018 年 1 月 15 日)

〔1〕《大气污染防治法》二审稿中曾规定：“省、自治区、直辖市人民政府根据本行政区域大气污染防治的需要和机动车排放污染状况，可以规定限制机动车通行的类型、区域和时间，并向社会公告。限制机动车通行的类型、区域和时间应当征求有关行业协会、企业事业单位、专家和公众等方面的意见。”有些常委会委员、部门和社会公众提出，限制机动车通行涉及公民财产权的行使，应当慎重；解决机动车大气污染问题，宜通过提高燃油质量、提高用车成本等方式解决；目前虽有一些地方限制机动车通行，但范围限于城市区域，授权省、自治区、直辖市人民政府规定限制机动车通行，范围太大，会影响流通，分割统一市场。法律委员会经研究，考虑到限制机动车通行的社会成本高，群众反响大，可以不在本法中普遍授权实施，由地方根据具体情况在地方性法规中规定。《大气污染防治法表决通过 机动车限行授权条款被删》，http://npc.people.com.cn/n/2015/0829/c14576-27531236.html，2018 年 1 月 19 日最后访问。

3. 处罚、许可与强制等执法手段

道交法在违法与处罚的规定上采取了特别与一般规定,一是针对历年来频发道路交通事故的主要违法行为,比如,酒后驾车、超载超速、驾驶拼装或报废车辆等,以及其他一些特别关注的违法行为,由第 91 条至第 106 条逐一特别规定相应处罚。二是针对违反通行规定,且不在上述特别规定之内的,分别由第 88 条、第 89 条统一规定处罚。第 88 条是针对行人和非机动车驾驶人的处罚,第 89 条是针对机动车驾驶人的处罚。这是因为,违反通行规定的情形林林总总,很难罗列齐全,只能留给行政法规、规章和地方性法规去填空。但是,对于处罚,仅是授权省、自治区、直辖市人大常委会可以"在本法规定的罚款幅度内,规定具体的执行标准"(第 123 条)。

根据《行政处罚法》(1996 年)第 10 条第 2 款、第 11 条第 2 款之规定,地方性法规只能在上述规定的处罚种类、幅度内规定,根据《行政强制法》(2011 年)第 11 条规定,地方性法规不得新设或者扩大规定。这也就意味着道交法高度垄断了惩处等措施。这显然不能满足各地交通治理的不同需要。

深圳市为了加强对交通违法行为的惩治,《深圳经济特区道路交通安全管理条例》(2015 年)、《深圳经济特区道路交通安全违法行为处罚条例》(2014 年)大幅度增加了处罚的力度,并主张之所以能够全面突破《行政处罚法》(1996 年)第 11 条第 2 款、《道路交通安全法》的有关规定,是源自特权立法权。特权立法"只需遵循宪法的规定和法律、行政法规的基本原则","与具体规定相抵触是合法的",特区立法与统一立法发生冲突,在特区应当优先适用前者。[1]但有意思的是,在行政审批改革中,却又不敢祭起特区立法权。[2]

《杭州市道路交通安全管理条例》(2007 年)第 70 条规定,"违反本条例第三十二条规定,驾驶燃油助力车、正三轮摩托车、营运人力三轮车和市和区、县(市)人民政府规定的其他车辆在禁止通行的道路上行驶的,公安机关交通管理部门除可以扣留车辆,依照第二款规定处理外,对驾驶人处二十元以上五十元以下罚

---

〔1〕 彦法、日晶:《既要统一立法也要地方立法》,载《中国法学》,1994(2)。

〔2〕 比如,对于机动车维修经营,深圳市的行业发育已比较成熟,且《机动车维修管理规定》(部门规章)、《汽车维修业开业条件》(国家标准)等也有详细的规定和技术指标,完全可以取消行政许可,通过实行承诺备案、强化事中事后监管等方式实现对该行业的有效管理。但是,机动车维修经营许可的设定依据是《中华人民共和国道路运输条例》,属于国务院制定的行政法规,地方政府无权擅自取消或调整。梁雨晴、李芝兰:《依法治国与改革:如何并行不悖?——以〈行政许可法〉对地方政府审批创新的影响》,载《公共行政评论》,2017(4)。

款。依照前款规定被扣留的车辆，由市和区、县(市)人民政府托运回原籍，托运的相关费用由车辆所有人承担”。可能是考虑与道交法规定不一致，杭州市人大在 2017 年该条例的修订中又主动删除了这一条扣车规定。

4. 引发的思考

当然，上述的胪列不是为了说明地方上的治理都是合理的、必要的、无可挑剔的，比如，“禁摩限电”就引出了是是非非，有待我们去辨别。也不是说，有了地方治理难处，就应该将上述涉及的有关立法权力都毫无保留地授予地方。但是，至少通过这样的梳理，证实了地方立法权力欠缺与地方治理能力不足之间是形影相伴、因果相连的，能够让我们在道交法的修改中找准解决地方需求的方向，也能够更清楚地看到地方治理面临的两个重要问题：一是道交法没有规定的，地方能否规定，比如，征收拥堵费。二是道交法已经规定的，地方能否增设、补充或者调整，比如，车牌拍卖。

从中央与地方事权划分看，与地方治理能力相对应的，就是要明确哪些属于地方性事务，哪些属于央与地方共同事权中由地方决断的事项。不论哪种情形，最终都有赖于道交法的明确规定，并通过地方立法，主要是地方性法规来具体构建和充实。那么，道交法应当如何妥善回应地方实践的诉求呢？

四、基本判断与立法策略

作为讨论问题的出发点，在我看来，应当有以下两个方面的基本判断。

一方面，道路交通，四通八达，勾连城乡、纵横阡陌。道路畅通，关系货通天下、经济发展，因此，通行规定、交通信号、标志标线、车辆管理、驾驶资格、驾照考领以及强制保险等等，都应当全国统一，属于中央事权，宜由中央立法统一规范。这符合交通具有跨地域性流动的特征。因此，在道路交通秩序上，规则的整齐划一应当是普遍性的要求，是制度构建的基本取向。

另一方面，道路交通又必须依赖地方来管理，治理成效也必须由地方来承受，并纳入地方政府、公安交通管理部门的考评体系。而且，治理交通拥堵、推行车辆发展政策、基础设施建设等等，又具有明显的地方性事务属性，需要因地制宜、对症下药，因此，也应当充分发挥地方立法的作用。道交法允许地方有自主决断的事项，较有意义的只是“施划停车泊位”、增设一些禁止拖拉机通行的道路种类。而对这些事项的进一步规范，又必然会与全国统一规定发生关联，不太可能是完全纯粹的地方性事务。比如,对于上述事项的管理,只能在遵守法律规定的处罚种类和幅度前提下,细化罚款的"执行标准"。

因此,在道路交通管理上,没有纯粹的中央事权,也极少专属地方的事权,更多的应当是央地共同权力。折射到立法上,也多是中央与地方共享立法权。彼此分工大致是,中央立法解决全国统一的制度与规则,地方立法进一步补充与细化,因地制宜,满足地方对公共产品的不同偏好,从而整体上呈现出"你中有我、我中有你",兼具了原则和例外、统一与变通。当然,也不是说完全没有地方性事务。对于地方性事务,立法不具有外溢性,只能通过地方立法有针对性地提供特定的公共产品。比如,停车场的规划、建设与管理。但是,稍一延伸,对于乱停乱放的治理,以及停车场的规划,又必须符合道交法、规划法的有关规定。所以,地方性事务很多不是纯粹的、排他的、独占的。

从单一制理论上讲,不论是地方专属事权,还是地方与中央共享的事权,地方到底享有多大权力,本质上都源自中央授权,剩余权力归于中央。在道交法上,如果不能勾勒清晰地方事权的具体事项以及与之相应的立法权的边际,权力就会流向中央。因此,在中央与地方的分权上,我们要认真去构筑的应当是地方性事务的范围以及地方立法的权限。这又直接关系到地方治理的能力与成效,必须慎重其事、察察而明。地方立法究竟有多大的自主决断空间,必须在道交法上逐一胪列,定分止争。

从以往的立法经验和理论研究看,基本上都主张从两条路径去解决,一条是在形式上尽量清晰划分中央与地方的立法权限,另一条是引入地方性事务等不确定法律概念,并尽量阐释廓清。在我看来,在一般抽象的意义上,比如,在立法法或者组织法当中,这些方法都不足以彻底划清地方立法权的实体权限内容。因为在我国,一方面,中央与地方立法权限呈现"职责同构化",地方立法的边际取决于中央立法的放权与容忍,不论法律如何界定地方立法的事项或者地方性事务,都不能成为地方立法的专属权,也无法抵制中央立法的介入与干预。另一方面,在单一制和中央集权之下,追求法制统一,中央立法几乎无处不在,地方性事务呈碎片状,从一般意义上去抽象提炼,不是完全不可能,但却比较困难。但是,在单行法当中,比如道交法,由于面对的领域和事项是具体的、有限的,对实践问题的意识是清晰的,因此,在单行法上完全可能、也可以剥离出地方性事务的范围,也能够判断出在中央与地方共同事权中应当发挥地方积极性的自主决断事项,并采用针对具体事项、个别授权方式,廓清地方立法权的边际与大小。

这是一种可控的适度分权模式，既能够积极回应地方对道路交通治理的迫切需求，又能够在"不抵触原则"之下统合各地的不同立法实践，解决地方立法在制度创新上的顾虑，减少在立法上与省人大常委会、全国人大常委会之间的磋商成本，是具有较强操作性的务实策略。

五、立法上的处理技术

1. 执法主体

道交法上地方事权的立法主体主要是地方人大及其常委会，那么，实施主体（或者执法主体）主要是地方公安机关还是公安机关交通管理部门呢？《道路交通安全法》（2011 年）第 5 条划分了中央与地方公安机关的道路交通管理权力，"国务院公安部门负责全国道路交通安全管理工作。县级以上地方各级人民政府公安机关交通管理部门负责本行政区域内的道路交通安全管理工作"。"公安机关交通管理部门"是公安机关的一个内设机构，因上述直接授权而成为"法律、法规、规章授权组织"，是具有对外执法权的行政主体。

从理论上看，公安机关作为政府的职能部门，应当是执法主体。但是，由于上述授权规定，事实上形成了双重的执法主体，也就是公安机关是一般意义上的刑事与治安执法主体，而在道交法上，执法主体却变成了公安机关交管局。这种绕开政府职能部门，直接向其内设机构授权的方式在警察法领域颇为常见。[1]

然而，这种授权模式很难完全适应"道路交通安全管理工作"交错复杂的需要。依据第 119 条第（一）项对"道路"的立法解释，"'道路'，是指公路、城市道路和虽在单位管辖范围但允许社会机动车通行的地方，包括广场、公共停车场等用于公众通行的场所"。其中的"单位"，在改革开放与实行市场经济之前，一直"是我国各种社会组织所普遍采取的一种特殊的组织形式，是我国政治、经济和社会体制的基础"，"是国家对社会进行直接行政管理的组织手段和基本环节"。[2]今天，单位对社会和个人虽然已没有那么重要，这个概念却沿用至今，而且，"单位"仍然扮演着与社会相对隔离的、具有一定行政管理权的功能组织，对单位内部的治安、消防、交通"承担了或多或少的责任"，但却远不如前。而交警作为一支专

〔1〕 比如，《治安管理处罚法》（2012 年）第 91 条授予派出所处罚权、《消防法》（2008 年）第 4 条规定"由人民政府公安机关消防机构负责实施"。

〔2〕 路风：《单位：一种特殊的社会组织形式》，载《中国社会科学》，1989（1）。

业化的队伍,其管辖范围变退缩到社会意义上的公共道路,经常深入单位的往往不是交警而是社区民警,为加强日常管理、提高行政效率,社区民警就应该对单位内发生的一般交通事故、交通违法进行处置。然而,道交法上述立法模式,却挤压了地方公安机关做微观局部权力调配的自主空间。

从理论上讲,公安机关内部的警种划分以及相应机构设置,是为了分工协作,促进专业化,更好地完成警察任务,高效履行法律职责。因此,如何分工协作,公安机关应当具有一定的自主权。法律授予权力、赋予职责的对象应当是公安机关,而非特定警种或者内设机构。当下,公安机关是行政主体,其内设机构因法律、法规授权也成为一个行政主体,这种双重执法主体的格局是不妥当的。既不当拘束了公安机关根据警察任务对警力做有效的调配,也妨碍了"一警多能"的目标实现。

有意思的是,双重执法主体的设计,当然,不排除在一定程度上有着部门本位主义作祟,期望通过立法承认并固化特定警种。但是,很大程度上恰是为了提高执法效率,克服以往实践的缺陷。根据我对公安实践的长期观察,发现影响办案效率的主要因素包括,第一,特定警种是法律实施的执行主体,如果每一项决定都必须以公安机关名义作为,在公安机关错综复杂的内部科层制下,就必须层层呈报,件件审批,繁杂的内部程序将严重影响行政效率,使办案单位无法严格遵守外部的法定程序与期限。第二,在行政问责和错案追究的高压下,公安机关负责人又不愿意下放审批权,害怕办案单位欺上瞒下、滥用权力。第三,内部程序在实践中产生了异化。下级希望通过请示、获得上级批准,转移个人执法风险。这造成了内部审批的泛滥,机关内部文牍主义盛行,内部程序比外部程序还要复杂。之所以采取双重执法主体设计,通过授权,将内设机构变为有权直接办案的执法主体,就可以将公安机关内部的大循环变为警种内的小循环,以缩小办案的流程,提高运转的速度。

其实,在我看来,对于上述问题,有些是科层制运转所固有的,是制度内在的代价,有些是可以克服或减缓的。不见得要诉诸双重执法体制的设计。可以考虑,第一,执法责任制的目的是定岗、定责、明确执法要求,通过考核、评估、检查等方式,督促依法行政、恪尽职守。岗位上赋予的责任实际上是无法通过层层审批转移出去的。可以进一步通过指南、手册等方式明确岗位职责、规则要求、操作规程。第二,下放权力,简化内部程序,完善内部协作的运转机制。比如,法制审核前移至一线执法单位,简化内部报批手续,删减、合并法律文书,逐步建立统一的电子政务平台。因此,在道交法修改中,应当将道路交通管理权直接授予县级以上公安机关。

2. 授权地方治理交通拥堵

城市交通拥堵的治理，是“城乡建设与管理”的一项重要内容，无疑属于地方性事务。第一，城市规模、车辆保有量与增长速度、道路设施建设状况、人口数量等等因素不同，都会影响一个城市对交通拥堵的不同感受，以及治理的迫切性与相应措施。由此产生的压力是由当地政府承受的。第二，治理措施需要因地制宜，受地域性差别影响，这些公共产品具有相对独立，外溢性不强，与其他地方横向联系较少，可复制性不大。

如上所述，交通拥堵的治理是在道交法等上位法的框架下展开，是在全国统一之下的因地制宜。但是，因地制宜就意味着与上位法规定的些许不同，包括具体制度、措施以及方法。在这方面如果没有一定生长的空间，那么，地方性法规大量的“抄袭”“重复”上位法规定是不可避免的。而且，也不可能期望地方性法规能够对症下药、量体裁衣。

因地制宜的程度与范围依照立法属性而不同，执行性立法要局促些，创制性立法要更舒展些。在道路交通上，地方性法规都是在道交法之下的繁衍，具有执行性立法的特征，但是，停车场管理、电动自行车治理等又是纯粹的地方性事务，有关立法允许有所创制，以适应本地实际。与此同时，这些立法又会与道交法、物权法、消费者权益保障法等法律发生关联，且不得抵触。因此，可以说，有关道路交通的地方性法规是执行性与创制性兼而有之，具有混合属性。

但是，从上述对地方立法的梳理看，对道交法冲突较多的也是在这些领域，一是执法手段，包括许可、强制措施和处罚等。二是能否创制或者增设其他制度、措施。我参加了北京、苏州、南京、衢州等地方道路交通立法论证，这也是每一个地方性法规在草拟过程中讨论最多、争议最大的地方。因此，在我看来，这也是道交法必须明确回应的，具体建议如下：

（1）适度改变中央立法垄断处罚、许可、强制等执法手段的格局

《行政处罚法》(2017 年)第 9 条至第 14 条[1]、《行政许可法》(2003 年)第 15 条和第 16 条、《行政强制法》(2011 年)第 10 条、第 13 条都严格规定了设定权，地方性法规的设定权十分有限。“为了法制统一”，《行政强制法》(2011 年)第 11 条、《行政处罚法》(2017 年)第 11 条第 2 款[2]、《行政许可法》(2003 年)第 16 条还做出了类似的规定，对于法律、行政法规已规定的，“地方性法规不得作出扩大

〔1〕《行政处罚法》(2021 年)调整为第 10 条至第 16 条。

〔2〕《行政处罚法》(2021 年)调整为第 12 条第 2 款。

规定”。从道交法的文本上看,有关强制措施与许可由道交法统一规定。在违法与处罚的规定上采取了特别与一般规定。在这个基本体系之中,必然会形成权力的高度集中垄断。

之所以要实行中央立法垄断执法手段的立法模式,有关草案说明给出的理由是,“必须符合我国的立法体制。根据宪法,我国法制体系是统一的,又是分层次的。同时要考虑各类行政处罚的不同情况,区别对待。既要对现行某些不规范的做法适当改变,又要考虑我国法制建设的实际情况”。〔1〕“设定行政许可属于立法行为,应当符合立法法确定的立法体制和依法行政的要求,做到相对集中。从权限讲,原则上只有全国人大及其常委会、国务院可以设定行政许可,省、自治区、直辖市和较大的市的人大及其常委会、人民政府可以依据法定条件设定行政许可”。〔2〕“根据依法行政的要求,应当对行政强制的设定权作出明确的规定”。〔3〕

这里其实包括了三个理由,一是这种权力分配符合立法体制,也就是契合中央与地方的权限划分。二是能够更好地保障公民合法权益。三是这种权力分配足以为执法需求提供充分的支持,“最有效率地执行法律”,又能保证法制统一。

因此,对于地方性法规而言,无论是执行性还是创制性,在执法手段的选择上选择余地极小,几乎没有腾挪施展的空间。从这个意义上讲,地方性法规不享有完全的立法权,仅“是由国家立法权所派生的、附属的立法权”。〔4〕

在我看来,第一,这种设计从深层次上透出对地方立法机关的某种不完全信任,实际上暗喻了中央立法的代表构成与制定程序优于地方立法,代表性和正当性也胜于地方立法,由此产出的立法质量也高过地方立法。第二,由中央立法基本垄断执法手段,是假设中央立法机关能够洞察地方执法的方方面面,并能够充

〔1〕 1996年3月12日,在第八届全国人民代表大会第四次会议上,全国人民代表大会常务委员会秘书长曹志所做的《关于〈中华人民共和国行政处罚法(草案)〉的说明》。http://www.npc.gov.cn/wxzl/gongbao/2000-12/06/content_5003515.htm,2018年3月2日最后访问。

〔2〕 2002年8月23日,在第九届全国人民代表大会常务委员会第二十九次会议上,国务院法制办公室主任杨景宇所做的《关于〈中华人民共和国行政许可法(草案)〉的说明》。http://www.npc.gov.cn/wxzl/gongbao/2003-10/30/content_5323224.htm,2018年3月2日最后访问。

〔3〕 2005年12月24日,在第十届全国人民代表大会常务委员会第十九次会议上,全国人大常委会法制工作委员会副主任信春鹰所做的《关于〈中华人民共和国行政强制法(草案)〉的说明》。http://www.npc.gov.cn/npc/zt/2011-09/15/content_1865603.htm,2018年3月2日最后访问。

〔4〕 郭道晖:《论国家立法权》,载《中外法学》,1994(4)。

分满足地方执法的一切需求。但是,我国地域广袤,天南海北,各地发展极不均衡,对公共产品的需求也不完全一致,这种理论预设其实并不成立。第三,制度的落实有赖于行之有效的手段,如果手段是统一尺度、统一样式,那么,由于各地需求不同,制度成效便会大打折扣。因此,不难理解,地方为了治理成效,便会或多或少地挑战这种权力配置。

我们选择深圳市人大常委会通过的《深圳经济特区道路交通安全管理条例》(2015 年)、《深圳经济特区道路交通安全违法行为处罚条例》(2014 年)作为样本,与《道路交通安全法》(2011 年),《道路交通安全法实施条例》(2004 年)进行比对,发现深圳立法,(1)提高了 25 个违法行为的处罚幅度,减轻了 3 个违法行为的处罚幅度。(2)新增了 25 个违法行为,并细化了 5 个既有违法行为的具体处罚情形。(3)新增了 14 个限制行政许可类行为。(4)新增 8 个强制措施,包括 1 个扣押拍卖,1 个拘留,6 个扣留。

之所以挑选深圳,首先,是因为深圳市在治理道路交通上取得了显著成效。其次,深圳市依托特区立法权,在地方性法规的草拟上不会束手束脚、规行矩步,能够充分表达本地实际诉求。深圳市的立法实践至少说明,由中央立法垄断执法手段的模式不可行。

因此,在立法上可以考虑通过授权,转为程序控制,也就是,第一,道交法对处罚、强制、许可等手段的规定只是一个基准,允许地方性法规适当调整、增减,但必须充分说明理由,设区的市的地方性法规应当报省、自治区的人民代表大会常务委员会批准后施行。第二,涉及突破《行政处罚法》(1996 年)第 11 条第 1 款规定,[1]需要规定"限制人身自由、吊销企业营业执照",突破《行政许可法》(2003 年)第 16 条第 2 款规定,需要"在法律、行政法规设定的行政许可事项范围"之外增设许可的,以及突破《行政强制法》(2011 年)第 10 条第 2 款、第 11 条规定,需要增设强制措施或者规定"限制人身自由、冻结存款汇款"的,都必须详细陈述理由,报送全国人大常委会审查批准。

(2) 明确地方性法规延展制度的具体路径

如前所述,我更倾向于认为道路交通拥堵的治理应当属于地方事权,通过地方性事务立法来规定。但是,根据我多年参加地方立法论证工作的经验看,一般没有纯粹的地方性事务立法,往往存在与之相关的上位法,立法多为执行性与创

---

〔1〕《行政处罚法》(2021 年)调整为第 12 条第 1 款。

制性并存的混合形态。退一步说,即便我们不认可这个事项完全属于地方事权,而是中央与地方共同事权,地方仍然可以在执行道交法过程中因地制宜,允许地方立法有一定的创制空间。

无论是哪一种,我们在论证中都必须从两个路径上小心翼翼地拓展制度,一个是为了进一步落实上位法已规定的基本制度,并能够有效解决本地实际问题,构筑一些必要的具体制度与措施。另一个是极力探寻地方性事项,属于允许创制的领域,设计相关的制度和措施。但是,这样的论证路径是很复杂的,也多争议。

以电动自行车治理为例,这当然属于地方事权。我们参与了《衢州市市内电动自行车管理规定》(2017 年)的制定工作,这是衢州市获得立法权之后制定的第一部实体性立法,也是浙江省第一部电动自行车地方性法规。这应当是地方性事务立法,但是,在治理的具体制度、措施与方法上又不得与道交法等上位法相抵触。那么,怎样才能解释清楚"不抵触"呢?

比如,在讨论佩戴安全头盔的合法性上,就出现了解释路径的争议。道交法第 51 条对摩托车驾驶人和乘坐人规定了"应当按规定戴安全头盔",对非机动车驾驶人却没有要求。考虑到骑行电动自行车发生的交通事故中头部受伤概率比较大的风险因素,我们主张要求戴安全头盔。但是,对合法性的解释却有两种不同路径。一种解释是,在坊间使用的电动自行车绝大多数属于超标车,道交法对车辆管理采取"二分法",也就是机动车与非机动车,符合国家标准的电动自行车属于非机动车,超标车从性能指标看不符合国家标准,不属于非机动车,但是,机动车不仅要符合国家标准,还必须纳入机动车目录,而超标车并没有列入机动车目录,所以,超标车是道交法"二分法"之外的第三种类型车辆,道交法没有规定,根据《立法法》(2015 年)第 73 条第 2 款规定[1],这属于"尚未制定法律或者行政法规的",地方性法规可以规范,不存在与道交法相抵触问题。但是,这种解释与道交法仍有抵牾,要求骑行电动自行车人必须佩带安全头盔,其中包括骑行符合国家标准的电动自行车,而道交法并不要求非机动车骑行人佩戴安全头盔。另一种解释是,不论超标车属性,即便合标车属于非机动车,也一律要求所有骑行人佩戴安全头盔。这尽管与道交法不一致,且从表象上看减损了公民权利、课加了义务,但却有助于实现道交法"保护人身安全,保护公民、法人和其他组织的财产安全及其他合法权益"的立法目的。

---

〔1〕《立法法》(2023 年)调整为第 82 条第 2 款。

在我看来，第一种解释是近似先行立法的思考路径，第二种解释是对“不抵触”做了目的性阐释，认为只要符合道交法立法目的，且为执行道交法所必要，地方性法规就可以做这种适度的制度扩展。我们就是基于后一种解释，主张地方性法规完全有权增设这一制度。

但是，不论怎样解释，只要地方立法做出与上位法不一致的规定，就会引发激烈争议。比如，车牌号拍卖与道交法上的机动车登记制度不一致，反对者认为，道交法对机动车登记没有规定任何的前置程序或者附带条件，如果容许地方增设拍卖程序，那么，就可能在其他一些制度上也如法炮制，公民合法权益得不到保障。支持者认为，车牌号拍卖是抑制机动车保有量快速增长的必要且有效措施。同样，机动车限行也遭批评，是一种“懒政”表现，〔1〕不符合比例原则。

因此，在我看来，首先，与其争议不断，不如在未来的道交法修改中增设一个条款，针对道路交通拥堵的治理，详细胪列地方性事务，包括：(1)摩托车、电动自行车、三轮摩托车等车型是否准许登记使用；(2)征收拥堵费、停车费等事项；(3)外地车辆在本地的运营、运输等管理规定，但不得阻碍正常的地区之间交通与贸易；〔2〕(4)其他治理道路交通拥堵、保障交通安全的必要措施。对于上述事项，授权地方性法规具有完全的制度创制能力，可以规定具体制度、措施，设定违法行为及处理，等等。其次，对于道交法已经规定的基本制度，在执行性立法中，允许地方性法规根据实际需要增设具体执行制度和管理措施，可以在保证实现

---

〔1〕自北京市“每周停驶一天”的分号限行措施以来，“全市日均停驶机动车约达70万辆，约占机动车保有总量的16%”。在限行期间，“早晚高峰路网速度均提高15%，快速路达到20%，拥堵时间缩短1小时”。天津市在2013年12月实行限行政策后，根据出租车GPS数据分析，全年干路网高峰小时平均行程车速达到25.3公里/小时，同比增长14.9%。中心城区常发性拥堵路段占总里程的比例为9.2%，同比下降19.3%，其中快速路拥堵比例为4.2%，同比下降10.6%；主干路拥堵比例为11.9%，同比下降27.0%。但是，从北京的限行发展经验看，随着机动车数量的持续上升，“尾号限行效果的‘抹平’时限只用了2年”。据统计，到2011年，北京市的路网日高峰拥堵指数已从2008年10月的5.08增加到6.05，增幅19.1%，部分工作日高峰拥堵时段延长已接近限行前水平。同样，对天津市限行、限购政策的研究也表明，“随着机动车保有量的增长，机动车‘限购、限行’政策的调控作用将越来越小，甚至失效”。因此，为了实现城市交通的可持续发展，应从城市道路、地铁、地面公交、停车、智慧交通等方面入手，综合治理。俞佳飞：《从机动车限行实践看效果和风险》，载《交通与运输》，2011(7)。邹哲、朱海明：《天津市机动车“限购、限行”政策交通影响评估》，收入2016年中国城市交通规划年会论文集。

〔2〕当然，地方治理也不免会对外地车辆在本地区的使用、通行产生影响。考虑到本地区的道路设施建设主要由地方财政承担，在公共资源稀缺之下，也应该优先满足本地居民需求，规制政策给外地车辆带来不便，只要在合理限度内，也具有正当性。但是，地方立法不得阻碍三省通衢、货通天下。

道交法目的的前提下放松规制,适当调整、增删上位法关于违法行为及处罚、强制措施和许可等规定。最后,设区的市的地方性法规规定的治理交通拥堵的措施必须经过专家论证、广泛征求公众意见,并出具详细的理由说明,报省、自治区的人民代表大会常务委员会批准后施行。

在我看来,在像道交法这样的单行法中,认真研究,逐一划定地方事权,明确中央与地方共同事权中地方可以自主决断的事项与尺度,并非不可能,任务也不繁重。然后,通过道交法明确授权地方性法规的立法事项、内容、范围与限度,并通过说明理由、审批等程序控制,能够妥善处理中央与地方之间的立法关系,恰当调和全国统一和因地制宜之间的平衡。

这是一个审慎的适度放权策略,第一,比较契合我国集权的分权立法模式,也就是地方立法权均来自中央授权。第二,能够为地方有效治理留出充足的法律空间。第三,能够通过省、自治区的人民代表大会常务委员会的审批机制,将各地的制度差异保持在可控且必要范围,基本维护了法制统一。第四,通过广泛征求意见等民主协商程序,能够加强与公众的沟通交流,消弭公众质疑与不满,进而解决具体措施的正当性问题。

3. 因条件不成熟,授权地方探索的事项

尽管我国已经迈进汽车时代,但是,人们对于使用安全带、佩戴安全头盔和安装儿童座椅的认同普遍不高,而这又与安全意识、经济发展、富裕程度以及出行习惯等密切相关。如果不能在道交法中径直规范,需要通过教育宣传,潜移默化,慢慢养成,无法一蹴而就,那么,目前安全带的立法规定,以及深圳市的成功治理,为我们提供了一种立法选择模式。

《道路交通安全法》(2011 年)第 51 条规定,“机动车行驶时,驾驶人、乘坐人员应当按规定使用安全带”。至于什么“规定”,交由地方视情而定。显然,道交法是把使用安全带的范围当做地方事权,由地方因地制宜。深圳市进一步明确,“配备了安全带的机动车座椅,驾驶员和车内所有乘客在车辆行驶时,应按要求使用安全带”。

2016 年 6 月 26 日,深圳交警发布了开展“不系安全带”专项整治的相关措施,并于 7 月 4 日起,在全市范围大规模开展“不系安全带”专项整治行动(行动代号“生命线”),收效十分明显(见表 4-6)。我们到深圳市调研,无论是乘坐何种类型车辆,司机都会在上车时提醒前后排乘客系安全带。我们从深圳市公安局交警支队获悉,从电子警察采集的数据分析可以看到,每周车辆“不按规定使用安全带”的平均违法率不断下降，从行动开始第一周的0.42%，下降至目前的不足0.15%，社会效果显著。

表4-6　深圳市查处量统计(2016年6月27日—2017年2月20日)

	违法行为	现场处罚	非现场处罚
1	在高速公路或城市快速路以外的道路上行驶时，驾驶人未按规定使用安全带的	38386	19483
2	乘坐校车的学生不按规定系安全带的，对校车驾驶人	41	
3	驾驶机动车在高速公路、城市快速干道行驶，机动车驾驶人未按规定使用安全带的	589	7437
4	机动车驾驶人在乘坐人员未按规定使用安全带的情况下驾驶机动车的	59124	872
	合计	98140	27792
	总计	125932	

同样，对于家庭乘用车是否应当配备儿童座椅，道交法付之阙如，地方在先行先试中形成了强制性义务和鼓励性义务两种规范模式。比如，《深圳经济特区道路交通安全违法行为处罚条例》(2014年)第11条第(六)项、《南宁市道路交通安全条例》(2018年)第26条、第56条都将安装儿童座椅规定为强制性义务，设有罚则。《苏州市道路交通安全条例》(2013年)规定为鼓励性义务，不设罚则。从实施看，也多以教育为主。比如，深圳市从2015年8月1日至2018年6月30日，儿童安全座椅案件查获量仅约840余宗。对于路面执法中遇到的轻微违法行为，多采取“首违免罚”的制度。[1]因此，道交法也可以考虑采用授权方式，容纳上述两种实践，继续摸索经验，待条件成熟后，统一规定为强制性义务模式。

六、结　　论

综上，笔者的基本观点是，为了有效提升地方对道路交通的治理能力，应当在未来的道交法修改中认真梳理地方事权、地方性事务，并通过明确授权方式，

〔1〕 清华大学法学院“2018年学生暑期社会实践”中，胡怀宇小组撰写的《赴上海、深圳两地儿童安全座椅立法问题调研报告》。

允许地方性法规在道交法之下有更大的自决空间。这种可控的适度分权模式，比较契合我国立法上实行的集权下的分权模式。主要建议包括：

第一，交通管理权应当授予县级以上公安机关，不必直接授予公安机关的内设机构，为地方公安机关根据实际需要调配交通管理权限留下足够空间。

第二，进一步明确地方立法的自主决断空间，针对城市建设与管理中面临的主要难题，也必须依靠地方来治理的事项，包括疏导道路交通、地方车辆发展政策等，应当授予地方性法规更大的立法权限。具体包括：(1)详细胪列属于地方事权、地方性事务的具体事项，通过明确授权，将有关具体规范、执行方式都交给地方性法规决断。(2)对于执行性立法的，允许地方性法规在实现道交法有关目的的前提下，根据实际需要增设必要的具体制度、措施，适当调整、增删上位法关于违法行为及处罚、强制措施和许可等规定。

第五讲　警械与枪支的使用*

* 本文是我主持的公安部 2000 年部级课题“对警察警械与枪支使用的法律控制”的最终成果。其中的主要内容已经发表，包括：《论行政法上的比例原则》，载《法学家》，2002(2)；《警察使用枪支与警械的两个基本理论问题》，载《中国武警学院学报》，2002(3)；《简论警察开枪的合法情形》，载《中国人民公安大学学报》，2002(5)；《警察使用枪支之程序研究》，载《公安学刊》，2002(2)。因有关法律制度迄今几乎未变，收入本书时也只是做了些微修改。

一、引　　言

1. 立法史的简短回顾

从中国的历史上看,现代意义上的警察对警械的使用,滥觞于满清末年引进现代警察制度之实践。据考证,最早的一部关于警械的单独立法是民国三年(1914 年)袁世凯统治下的北京政府时期公布施行的《警械使用条例》。〔1〕因为袁世凯“多少倾向晚清末年所建立的法统”,该法的制定实际上是“清末颁行之各个警察法规之延续”。〔2〕因此,有关研究对该法的基本评价是:“《警械使用条例》于民国初年之公布,是一清末以来对于警察人员各个使用警械规范之汇集,其主要的意旨仍在于对警察人员使用警械之规范,非全然出于法治国家理念下对于人权之限制予以法律明示。”〔3〕

至国民政府成立之后,于民国二十二年(1933 年)对该法进行了修正。“整体而观,其大抵仍以民国三年(1914 年)北京政府颁行之《警械使用条例》为基础,民国二十二年(1933 年)之修正公布主要为政治局势于北伐完成后,为使各省有一致之使用规范,所为之宣示,故其立法意旨并未因此而有影响。”〔4〕1949

〔1〕 陈孟樵:《〈警械使用条例〉法制史之研究》,载《警学丛刊》,2000,30(6)。关于《警械使用条例》之法制沿革,说法不一。多数学者认为最早是在民国二十二年(1933 年)由国民政府颁布的。我国台湾地区“中央警察学校”编:《六十年来的中国警察》,38～44 页,1971。我国台湾地区学者蒋基萍的看法是,民国十九年(1930 年)制颁的《警长警士服务规程》是最早规范警察使用警械的法律。蒋基萍:《警械使用条例之理论与实际》,57 页,1993。以上两个说法均转引自陈孟樵文。本研究中采用的是陈孟樵的考证结论。

〔2〕 陈孟樵:《〈警械使用条例〉法制史之研究》,载《警学丛刊》,2000,30(6)。

〔3〕 同上。

〔4〕 陈孟樵:《〈警械使用条例〉法制史之研究》,载《警学丛刊》,2000,30(6)。这个评价实际上出自时任立法院院长的孙科之口,他在呈请国民政府公布《警械使用条例》一文中指出:“至国民政府成立后,对于该法(指民国三年之法——本书作者按)既未明令废止,亦未另行修订,因之全国各级警察机关或则援用旧法,或则随意更动,以至情形复杂,极不一致。盖警械关警容甚大,值此国难尚未敉平,社会情形日趋复杂之秋,若无一定法规俾资遵守,微特有碍观瞻,抑且无以应付社会之环境。本部详核原法内容,大致尚妥,惟今昔管制不同,社会情势亦异,为因时制宜,适应环境起见,该法似有另行修订之必要。”转引自陈孟樵:《〈警械使用条例〉法制史之研究》,载《警学丛刊》,2000,30(6)。

年国民党败逃台湾之后，又在上述立法的基础上进行了几次修正。

新中国成立之初，在有关警察立法当中就有关于警械使用的规定，全国人大常委会于1957年6月25日公布施行的《人民警察条例》第6条第（四）项规定："人民警察执行职务遇有拒捕、暴乱、袭击、抢夺枪支或者其他以暴力破坏社会治安不听制止的紧急情况，在必须使用武器的时候，可以使用武器。"1979年2月23日公布实施的《逮捕拘留条例》第9条规定："执行逮捕、拘留任务的人员对抗拒逮捕、拘留的人犯，可以采取适当的强制方法，在必要的时候可以使用武器。"但是，仅此寥寥数条，不便操作。

1980年7月5日，经国务院批准，公安部公布实施了《人民警察使用武器和警械的规定》。1983年9月14日，最高人民法院、最高人民检察院、公安部、国家安全部、司法部联合制定了《关于人民警察执行职务中实行正当防卫的具体规定》。上述两个规定"对于保障人民警察依法履行职责，正确使用武器和警械，及时有效地制止违法犯罪行为，保护公民的合法权益，发挥了重要作用。"〔1〕

但是之后，特别是改革开放以来，"社会治安和违法犯罪出现了许多新的复杂情况：一是严重暴力犯罪突出，呈明显上升趋势。二是涉枪犯罪严重，大量的非法枪支、弹药流散社会，目前，社会上仍有相当数量的非法枪支、弹药尚未缴获。持枪杀人、抢劫、武装走私、武装贩毒等几类持枪案件也在上升。三是近几年骚乱、暴乱、聚众打砸抢、群众性械斗、非法集会游行示威等治安突发事件也有上升趋势。四是暴力抗拒人民警察履行职责、袭击人民警察的事件严重。"〔2〕

上述两个规定已经严重不适应当前打击违法犯罪的需要。其中暴露出来的问题，"一是一些条款比较原则，缺乏操作性，突出表现在可以开枪射击的适用条件，在实际执行时不利于人民警察及时有效地制止违法犯罪活动。二是警械和武器使用范围的规定已不适应人民警察职责的变化，人民警察依照法律规定实施强制传唤、强制执行拘留等措施需要使用警械，却缺乏法律依据。三是人民警察使用警械和武器的法律后果没有规定，使人民警察依法使用警械、武器的职务行为往往受到不应有的追究。"〔3〕

因此，公安部于1988年开始，对警察使用警械和武器问题进行调研，1991

〔1〕 罗锋：《关于人民警察使用警械立法的几个问题》，载《公安法制建设》，1992(9)。

〔2〕 时任公安部部长的陶驷驹所做的《公安部关于〈中华人民共和国人民警察使用警械和武器条例（草案）〉的说明》，载《公安法制建设》，1996(2)。

〔3〕 《〈中华人民共和国人民警察使用警械和武器条例〉宣传提纲》，载《公安法制建设》，1996(6)。

年正式着手起草新的法律,1992 年 10 月形成《中华人民共和国人民警察使用警械条例(草案代拟稿)》,正式上报国务院。此后,又与国务院法制局共同进行深入的调查研究,反复征求实践部门和专家的意见,参考了联合国有关文件以及一些国家和地区的有关立法,最终形成了《人民警察使用警械和武器条例(草案)》,并于 1996 年 1 月 8 日经国务院第 41 次常务会议审议通过。

《人民警察使用警械和武器条例》(以下简称"警械条例")是有关警械和武器使用的一般法,是对《人民警察法》《反恐怖主义法》《逮捕拘留条例》《集会游行示威法》《戒严法》《突发事件应对法》有关规定的具体化、系统化。公安部还制定了《公务用枪配备办法》(2002 年)、《公安机关人民警察现场制止违法犯罪行为操作规程》(2010 年)、《公安机关公务用枪管理规定》(2015 年)、《公安机关人民警察佩带使用枪支规范》(2015 年)等。另外,在一些法律、法规、规章以及其他规范性文件当中,比如《监狱法》《看守所条例》《军事设施保护法》,还有一些有关条条块块使用警械或枪支的特别规定。所有这些法规范构成了本课题研究的法律渊源。

2. 面临的新问题

近些年来,社会治安,尤其是反恐形势日益复杂、严峻,我国犯罪暴力化的倾向也越来越突出,穷凶极恶的犯罪分子持刀、持枪甚至自制炸弹、手雷等作案或者拒捕,造成警察在执行职务中,特别是在执行巡逻盘查、设卡堵截、清查搜查和押解犯罪嫌疑人的任务中面临的危险性与日俱增。据报道,2001 年开展"严打"整治斗争两个月以来,全国公安机关就有 40 名民警牺牲,1639 名民警负伤。在当前开展的治爆缉枪专项斗争中,全国已先后有 7 名民警在检查、治理危爆物品过程中献出了宝贵的生命。[1]因此,尽管我们已经加强了枪支管理(1996 年 7 月 5 日第八届全国人大常委会第 20 次会议通过了《枪支管理法》,并于同年 10 月 1 日施行),严格控制枪源,但是,基层警察要求配备枪械、放宽枪械管理的呼声依然日益高涨。2014 年 4 月,上海市基层巡逻民警已经开始配枪巡逻执勤。[2]

另外,枪一放下去,又屡屡发生个别警察滥用枪械的事件。据统计,2001 年

〔1〕《"严打"整治斗争开展两月以来,全国 40 名公安民警光荣牺牲》,载《北京晚报》,2001-06-26(12)。

〔2〕《上海警察配枪》,http://sh.sina.com.cn/citylink/jk/t_sjbj/2014-04-22/0957571612.html,2014 年 8 月 20 日最后访问。

1—10月，全国发生滥用枪支致人死亡案件25起，致死36人。比如，在迄今为止发生的案件中，其中影响较大的有原河北省霸州市公安局康仙庄派出所副所长杜书贵持枪杀人案，[1]原禹州民警刘德周枪杀三名无辜群众案，[2]极大地败坏了警察在群众心目中的形象。就像杜书贵的案子，只这么一枪就把当地公安机关多年来的辛勤工作和荣誉全都打掉了。更让我们痛心的是，有些警察因为不能够准确地把握用枪条件，致使本来是见义勇为的行为，结果却触犯刑律、身陷牢狱。[3]所有这些，又迫使我们必须加强对枪械的管理。

各级公安机关前一段时间还专门开展了“三项治理”活动，即治理刑讯逼供、滥用枪支警械、滥用强制措施的违法乱纪行为。在“三讲”“三项教育”中也进行了有关这方面违法违纪问题的清查、整顿工作。但是，上述违法违纪问题在一些地方公安机关中仍然没有从根本上得到解决，“违反枪支管理使用规

---

〔1〕 2000年6月4日上午8时，杜书贵与妻子童建华乘坐由其子杜辉驾驶的面包车外出探亲，车子驶入112国道后，与正常行驶的霸州市供电局电力工程车险些刮碰，杜辉遂驱车追赶电力工程车，超车后将其强行拦住。童建华下车对工程车上人员进行辱骂，后杜辉亦加入，双方发生撕打。杜书贵见状掏出随身携带的手枪，向电力工程车司机牛亚军射击，子弹击中牛亚军头部，造成其颅脑损伤死亡。杜书贵驾车与童建华、杜辉逃离现场。案发后，廊坊市中级人民法院作出一审判决：杜书贵因犯故意杀人罪，判处死刑，剥夺政治权利终身；杜辉、童建华犯包庇罪，分别被判处有期徒刑7年和5年。宣判后三人均提出上诉，河北省高级人民法院二审判决维持原判。http://www.people.com.cn/GB/channel1/11/20000705/131155.html，2000年7月6日最后访问。

〔2〕 2000年7月4日晚8时，禹州市交警大队民警刘德周因租房水电问题与房东张保同发生口角，他当即拔出手枪向张及其女儿、女婿3人射击，3人当即仆地，后经抢救无效死亡。前来劝阻的群众郭正发也被击中肩部受伤。刘行凶后先后拦截5辆出租车逃窜，晚9时20分，在鸿畅镇东边公路上，刘又开枪打伤一名司机，抢得一桑塔纳轿车后驾车继续逃窜。事件发生后，河南省公安厅和当地政府十分重视，省公安厅指令立即在全省堵截凶手。禹州市公安局迅速调集200名民警分6个小组抓捕刘德周。5日凌晨1时许，刘德周向公安机关投案自首。许昌市中级人民法院判处刘德周死刑，剥夺政治权利终身。http://news.sina.com.cn/china/2000-07-25/111045.html，2000年7月28日最后访问。

〔3〕 1997年11月24日晚，内江市市中区某酒楼业主曾某与承包其三楼夜总会的黄某因退租问题发生争执，黄的妹夫刘某及其弟刘夕彬、其子刘志刚等人闻讯赶来，殴打劝架者邓某。此时，身着便衣的内江市公安局民警贺勇见有人打架，便冲进人群劝架。刘夕彬不仅不听劝，反而拿刀追赶围观的一劝架者。贺勇见状伸手从腋下掏枪，刘志刚抱住贺勇，刘夕彬则持刀向贺冲来。贺勇奋力挣脱束缚掏出手枪，刘夕彬、刘志刚父子吓得拔腿就逃。贺勇起身追赶，并连续向二人开枪射击至六发子弹打完，致刘夕彬死亡、刘志刚七级伤残。四川省高院以故意伤害罪判处贺勇有期徒刑15年。判决内江市公安局赔偿受害人及亲属共计28万余元。《内江市一民警制止寻衅滋事时违法使用枪支被判赔偿28万元》，载《人民公安报》(电子版)，2002-03-26。

定、携枪饮酒等问题还比较突出。特别是最近一个时期,个别地方因内部管理松懈,接连发生民警违反枪支管理使用规定造成严重后果等重大恶性案件和事故。一些民警因此受到党纪政纪处分,有的还被追究刑事责任。这些问题虽然发生在极少数民警身上,但造成的社会政治影响却非常恶劣,严重诋毁了广大公安民警用鲜血乃至生命换来的荣誉,败坏了公安机关的形象。"所以,公安部又针对"当前公安机关内部管理中存在的最突出的五种问题,制定了以枪、酒、车、赌等四个方面为主要内容的'五条禁令'"。[1]其中前一、二条都与严格控制警察使用枪支有关。要求"一、严禁违反枪支管理使用规定,违者予以纪律处分;造成严重后果的,予以辞退或者开除。二、严禁携带枪支饮酒,违者予以辞退;造成严重后果的,予以开除……"。为督促上述禁令的落实,同时还规定"民警违反上述禁令的,对所在单位直接领导、主要领导予以纪律处分。民警违反规定使用枪支致人死亡,或者持枪犯罪的,对所在单位直接领导、主要领导予以撤职;情节恶劣、后果严重的,上一级单位分管领导、主要领导应引咎辞职或者予以撤职。对违反上述禁令的行为,隐瞒不报、压案不查、包庇袒护的,一经发现,从严追究有关领导责任"。所有这些举措当然都是非常必要的。

但令我们关注的是,很多基层领导怕警察用枪出事,警察也怕吃不透法律规定,手里"提着的火药桶"弄不好要炸自己,纷纷将公务用枪收(交)上来,严加保管,搞枪、弹分别由不同的人员保管,甚至该配枪的,也不让配。真到用枪时,又找不到枪,找到枪,却找不到子弹。更让我们担忧的是,因为制度过于苛严,以及警察吃不准法律规定,使警察不敢大胆使用警械或枪支,该用枪械的,也不敢用,这又走向了另一个极端。

我们在警察的枪械使用与管理上,正是在上述两种现实需求之间,在"爱、恨"纠缠之间,始终左右摇摆不定,借用以前一句描述当时的行政体制改革的话说,就是"一抓就死,一放就乱"。

那么,问题的症结在哪里呢?特别是在现阶段怎么去解决?这是本课题研究中要思考的基本问题。而且,由此问题思考下去,实际上会引出方方面面的问题,可以说是整个警械与枪支制度问题,比如,警察为什么会滥用枪械?是不是

---

[1] 《公安部有关部门负责人就公布实施"五条禁令"答记者问》,载《人民公安报》(电子版),2003-01-23。

警察配枪、配械的资格条件不严格？训练不够？还是与报告和调查制度以及法律救济制度的不完善有关系？或者是因为用枪用械的条件规定得有问题？过于苛严或者不明确？等等。

对于所有这些扑面而来的问题，我更加愿意从制度层面，从立法层面，从理论层面来反思和积极寻求解决办法，因为“警械条例”毕竟也已经实施多年，其中的经验值得及时总结，其中的一些制度与规定值得进一步反思与完善。

3. 研究的材料、进路与方法

早于1998年在香港城市大学法学院工作期间，我就对警察使用枪支与警械的正当性问题产生了浓厚的兴趣，并且开始收集资料。等到公安部课题批准下来之后，更是广泛地收集国外与外文的、港台和大陆的有关资料，为以后运用比较分析的研究方法积累丰富的、可供比较的素材与资料。

但是，在这过程中，我发现真正从本课题这样的视角去研究的材料却是很少的，多半是从社会学、枪支使用技术等角度阐述。而且，在为数不多的材料中，大部分又都是与枪支有关，专门谈警械的著述可以说几乎没有，这是很奇怪的事。对于本课题研究来说，更为雪上加霜的是，其中涉及(大陆)统计数据和内部呈报的文件又是属于机密，不能公开。而且，有些单位对自己警察违法滥用枪械的事件避讳如深，怕揭自己的“伤疤”或“痛处”(sore points)，影响政绩，不愿披露或提供有关材料。所有这些，给正式的调查带来困难，对实证的研究、理论的承继，也带来一定的不利影响。

但足以弥补的是新闻媒介上对警察使用警械与枪支的各类报道，正面的、合法的；反面的、违法的。我们从中可以发现在枪支和警械使用的具体条件以及管理上存在着什么样的问题或经验。另外，我也利用各种机会，特别是给警衔班、各地的公安研究生课程班以及干警培训班等授课机会，进行非正式的，甚至是很随意的访谈，也在考试中专门出过这方面的题目，让他们结合本地情况谈谈自己的看法。通过这样的途径获取的信息，我以为是更加真实可信的。因为他们面对的不是上级领导的检查，也不是新闻媒体的采访，而是一位学者，来为他们授课的教师，实在没有必要和理由粉饰什么，或者隐瞒什么。所有这些，使本课题的研究能够更加贴近现实，关注现实，为实证的研究方法奠定了良好的基础。

在研究的进路上，我将首先解决警察使用枪支与警械这种行为的性质和阻却其违法的事由。因为这个问题与本课题的核心问题，也就是使用枪支、警械的条件与程序,以及法律救济,都有着极其密切的关系,可以说是构成了后者研究的基础与逻辑起点。

接下来,我将讨论比例原则,因为枪支与警械是警察强制力的极端体现,特别是被称为“致命性强制力”(deadly force)的枪支,其使用的结果甚至可能剥夺嫌疑人的生命,因此,应当,而且必须受到比例原则的约束,也突显出比例原则在枪支与警械使用的基本原则中居于极其重要的地位。至于依法行政(使用枪支与警械)的原则,我不打算专门谈,而是放到有关的内容上一并讨论,但这不意味着依法行政原则不重要,恰恰相反,在法治国战略目标实现的进程中,依法行政无疑是我们关注的重点。

之后,我还将关注枪支与警械的配备与管理问题,尽管这似乎更多的是管理学上的意味,缺乏法学的气息,但我依然认为这与解决本课题的基本问题有着重要的关系。当然,我会把更多的笔墨倾泻到对使用枪支与警械的条件、程序;事后的报告与调查以及法律救济的研究上,思考其中的问题,比如,配枪的条件如何进一步科学化?用枪的条件与程序哪些方面还有待改进?我们在有关法律救济上还存在着哪些制度缺失?等等。最后,我更希望通过本课题的研究,能为“警械条例”与相关制度的完善提出一些建议,供立法与实践部门参考。

二、概念、性质及其阻却违法的事由

1. 对概念的说明

在警察法上,将警察在执行公务中于必要时借助的、具有强制效果的械具统称为警械(广义)。枪支或武器原本也属于其中之一种,没有单独成立一个概念的必要。这样的约定俗成可以溯源于清朝末年创建中国现代警察制度之初,据考证,“警械”之定名首出于光绪二十八年直隶总督袁世凯仿照西法所拟订之《保定警务局章程暨警务学堂章程》,当时的巡警携带的警械有棍、刀、枪三种。[1]我国台湾地区至今仍然延续着这一传统。那里的有关规章就叫警械使用条例,其第1条对“警械之意义”的界定是“警察人员执行职务时所用之警械为棍、刀枪及其他经核定之器械”。

但是,在大陆地区这样的概念大约一直维系至1980年之前(?),因为在

〔1〕 陈孟樵:《〈警械使用条例〉法制史之研究》,载《警学丛刊》,2000,30(6)。

1980年7月5日经国务院批准，公安部公布实施了《人民警察使用武器和警械的规定》，从标题和其中第2条规定看，上述清末以来的约定俗成被终止了，武器被人为地从警械的概念中分离出来。其中的道理，因为资料的局限，无从考据。但是，我们从1990年代的立法讨论中大致多少可以揣见一斑。

到了1990年代初期的立法中，开始也是想制定一个叫作《人民警察使用警械条例》的法规（返璞归真?），但是，在1992年1月16日至17日在北京召开的《中华人民共和国人民警察使用警械条例（征求意见稿）》专家论证会上，有专家建议，在条例的名称中应把“武器”明确写进去，理由是：一方面，既好理解，又“约定俗成”；另一方面，（条例）现有内容规定得最多的是武器，实践中出问题最多的也是武器，如果能在条例名称中把“武器”写进去，重点会更突出，内容会更明确。[1] 我估计，很可能是因为在1980年制定的《人民警察使用武器和警械的规定》中已经是这么处理，作为制度的延续，上述意见更加容易，而且事实上也被立法采纳了。所以，我们现在的“警械条例”叫作《人民警察使用警械和武器条例》。

其实，这种破坏警察法上已有的法概念的做法，实不足取，也没有必要，在我看来，在条例的名称中要不要专门突出武器，无关宏旨，关键在于内容的规范上是否充分，不是说条例名称上有“武器”，条例对武器的规定就充分了，没有“武器”的字样，就规定得不充分了，此其一。其二，警械者，警察所使用的具有强制效果的器械，枪支自然属于器械之一，没有理由单独将其划出。

但是，鉴于现已通过的《人民警察使用警械和武器条例》已经采纳了上述主张，因此，在本课题的研究中，我还是将枪支（与武器的意义相同）从警械范畴中划出，单独成立一个概念，进行研究，警械则在狭义上使用（不包括武器），尽管我在内心里是极不乐意、极不赞成的。

2. 行为的性质：是直接强制，还是即时强制

警察使用枪支与警械的行为性质是极其复杂的，在我看来，大致可以分为决定与执行两个阶段。前者应当是法律行为，也就是决定使不使用枪支或警械应该是法律上的决定，是对相对人权利义务作出处分的具有法律效力的行为。而后者更多的可能还是事实行为，比如，手铐怎么去铐，催泪弹向什么方向和地点投掷。这就决定了在不同阶段我们可能实施的法律救济的条件与诉讼种类的不同。或许，在其中我们可能更加关注的是前一阶段的行为，尽管这并不意味着后

[1] 《人民警察使用警械条例专家论证会综述》，载《公安法制建设》，1992(2)。

者是无足轻重或无关紧要的。那么,我们还必须进一步追问,前一阶段的法律行为的具体性质究竟为何?在现有的类型化的行政行为中,它应该划到哪一类中去?

根据当年联邦德国《联邦与各邦统一警察法标准草案》第四章第二节有关直接强制之规定,警察使用枪支与警械原则上应当算是直接强制之一种,其所谓的直接强制是指"藉体力或其帮助物或武器,对人或物所作之干涉"。其中的帮助物是指"铐链、喷水车、阻具、警犬、警马、警车",武器指"职务上允许之打击、刺击、射击武器、刺激物及爆炸物"。但在例外情况下,也允许以即时强制的方式行使之。〔1〕然而,有意思的是,传统上同样是受到德国法影响的日本和我国台湾地区,无论理论还是实务却多认定警察使用警械为即时强制。〔2〕

那么,到底应该是,或者说,更应该接近于哪一种行为?是直接强制,还是即时强制?讨论这个问题,绝不是纯粹的概念游戏,因为其直接关系到适用的条件以及程序的不同,甚至从更广泛的意义上讲,关系到法治主义理想的具体落实。而这个问题以往在我们的相关研究中却被忽视了。

从学术的发展史看,即时强制(Sofortiger Vollzug)的概念是从直接强制中分离出来的。〔3〕现在比较一致的意见是,两者的显著区别在于,即时强制是一种缺乏预先(Vorausgehend)的正式的行政处分(administrative act,又译为行政行为)的特殊强制方法,而且不以具体义务的存在或违反为必要前提。而直接强制是先通过行政处分赋予义务,在义务人拒不履行时,由行政机关直接行使实力,谋求行政目的实现的一种行政强制执行方法。

从迈耶(Otto Mayer)所倡导的"把司法上的被拘束性迁入行政"的思想来评价,直接强制被称为法治社会一种通常的取向,而把即时强制看作不得已而为之的例外。这主要是因为直接强制能够像法院的判决一样,先行存在着具有明确义务内容的行政处分,要求义务人执行,只有在义务人无正当理由拒不执行时,才实施上述手段。颇合古人说的"先礼后兵",能使执法成本降至最低。而且,从维护个人权益上讲,也增加了一层保障。而这些是即时强制所没有的。

---

〔1〕[德]Heinrich Scholler:《西德警察与秩序法原理》,224页,李震山译,高雄,登文书局,1986。吴耀宗:《使用警械之理论基础》,载《警学丛刊》,18(3)。

〔2〕吴耀宗:《使用警械之理论基础》,特别是注17,载《警学丛刊》,18(3)。

〔3〕关于这一发展过程,可参见,余凌云、陈钟华:《韩国行政强制上的诸问题——对中国草拟之中的行政强制法的借鉴意义》,载《环球法律评论》,2003(春季刊)。

德国之所以原则上把警察使用枪支与警械视为直接强制，是因为它把使用枪支与警械之前的警告行为看作一种告诫，一种行政处分。[1]在我理解起来，这里实际上是把赋义务的先行行政处分和直接强制实施程序上的告诫两者“合成”起来，尽量地往直接强制范畴上拉，是顽强地贯彻法治主义思想的一种努力。

但是，这一努力却被有的学者讥讽为有“挂羊头卖狗肉”之嫌，其批判的要点是：“使用警械（尤其是枪械），常于情况紧迫危及之时，行政客体与警察所处之状态是敌对的。行政客体所思及的，往往只是如何摆脱警察人员的拘束，甚至如何攻击警察人员而得以逃逸；警察人员所考虑的，却是如何掌握时机，遏止行政客体的行动，加以拘束或逮捕，以免损及公益。在此时刻，如果认为警察人员于使用警械前的口头告诫为一种行政处分，事先课以行政客体义务，而期望其能自动自发履行此项义务，实为不可能！”[2]

我不否认后面的反驳意见与实践的某种贴近，具有一定的合理性，但是，这样的论证说理却是有问题的。按照这样的逻辑进一步推演下去，我们甚至会得出连警告射击都多余的结论。这样的结论恐怕连实践部门的同志也不会同意，这是问题的一方面。另一方面，反驳意见只看到实践的一个方面情况，但是，在警告威慑之下嫌疑人的确服从警察的告诫，在实践中也不是没有。

我们可以在警告与开枪之间建立一个固定的次序模式，但是，因为在决定与执行之间没有中间救济的可能性。因此，本质上是即时强制。当然，如果情况紧急来不及告诫或警告，或者警告或告诫难以达到行政目的，甚至反生消极效果，比如，人质生命危在旦夕，生死系于一念之间，警告射击或告诫反而会促使罪犯痛下决心杀死人质，也可以直接使用枪支。

警告的内容首先必须明确，不含糊，其次必须清晰地传递给对方，让对方有所适从。然而，成问题的是，德国把警告射击视为射击武器前之告诫。我在下面的有关研究中还会进一步说明，警告射击的意味不见得总是清晰的，有时甚至与威慑射击、吸引注意之射击混淆不清，[3]如果不伴以清晰的言辞告诫，在有的情

---

〔1〕 吴耀宗：《使用警械之理论基础》，载《警学丛刊》，18(3)。

〔2〕 同上。

〔3〕 据说，在英格兰和威尔士，警察开枪的案子极少，有据可查的第一例警察在值勤时使用左轮枪的案子发生在1887年，当时欧文警官向着火的屋子的屋顶开了六枪，想惊醒屋里的主人。Cf. Roy Ingleton, *Arming the British Police*: *The Great Debate*, Frank Cass, 1996, p.65. 这就是吸引注意射击的事例。

况下相对人恐怕很难清楚地了解其真正的内容。因此,我的看法是,在警告射击的之前,最好能够先以言辞告诫,比如,在向混迹于群众中的嫌疑人使用枪支时,要反复告诫无关的人急速离开现场。又比如,鸣枪示警,要求嫌疑犯驻足,或停止犯罪,要同时或者先行喝令"警察,不要动!再动就开枪!"等。

(1) 根据警察权结构提出的质疑

也许有人会质疑上面我纯粹从行政法的直接强制与即时强制概念来给警察使用枪支与警械的行为定性。因为警察权是维护国家安全与社会治安秩序的一种公共权力,这样的权力结构也不可避免地是二元的,既有行政性质的,也有刑事司法性质的,其中都涉及使用枪支或警械问题,可能更多的还是在刑事侦查上使用,怎么可能都归拢到行政法上去研究?凭什么要用行政法上的直接强制或即时强制概念来"是非评说"?

其实,这种警察权的二元结构不单在我国大陆地区,而且在德国和我国台湾地区也都存在,因为在那里警察的任务大致都不外乎维护公共秩序、保护社会安全、防止一切危害。但这都不妨碍从行政法的视角和概念范畴对警察使用枪支与警械行为进行讨论,乃至定性,其间当然不可避免地要涉及刑事司法上的运用问题。[1]这样的理论构建,估计是着重考虑警察机关的行政性(非司法性),而不是警察任务。

(2) 对警察急状权的批判

在理论上有一种说法,认为警察使用枪支与警械是超越警察权界限的一种警察急状权,或"警察之紧急权"(Notstandsrecht),[2]是即时强制的一种特殊形态。一般而言,警察权的发动,一举手一投足都会对公民的权利造成损害,所以必须要有法律上的根据。但是,法律上又不可能事先预见所有发动警察权的情形,因此,在以往的警察法理论上就允许警察在危害急迫(Akute Gefahr)且重大时,亦即警察紧急状况(Polizeilicher Notstand)成就时,超越法定的警察权界限,即便没有法律依据也可以发动警察权。这就是所谓的警察法上的紧急权理论,

〔1〕[德]Heinrich Scholler:《西德警察与秩序法原理》,第1章、第13章,李震山译,高雄,登文书局,1986。邱华君:《警察法》,第1章"警察法规""警察法的基本精神""警察法的性质"诸节,以及第3编"警械使用条例",台北,千华出版公司,1997。

〔2〕我国警察法上则表述为紧急状态处置,但是,从警察法有关的论述上看,又没有完全地、正确地继受西方国家的紧急权理论,甚至连问题之所在也如坠云里雾中,更谈不上恰当的批判与移植。

其内涵实际上相当于民法与刑法上的正当防卫和紧急避险。〔1〕

在我理解起来，紧急权不是给予警察裁量的权限，因为裁量必须有法律的界限和约束，是"戴着镣铐跳舞"。紧急权是给予警察在紧急状态下权宜处分的权力，是超出依法行政所划定的警察权界限之外的一种法外权力。在类似正当防卫或紧急避险的紧急权下，包容了许许多多可能发动警察权的情形，而这些情形都不表述在具体的法律规定之中。它的正当性（如果说是正当的话）不能从依法行政或比例原则上获得，只能从警察一般任务的实现以及对警察权限的概括规定本身去理解，更主要的是从与民法及刑法的正当防卫与紧急避险类似的理论上去理解。

当然，也有这样的理解法，即"紧急状态之思想，在警察之领域所实施之救助的实力行使即所谓'对于个人迫切之不幸亦同为警察官所应保持之善良之秩序之妨害'之特殊观点出发。为保障被侵害者原本之利益而使用实力使所有困难消失，与其认为实力系侵害自由，毋宁认系保护"。〔2〕这句话说起来有些拗口，举个例子就好理解了，比如，像对醉酒人的管束，形式上是对其人身自由的临时性约束，实际上是对其权益的保护措施。既然如此，当然不必苛求法依据问题。

但是，不管怎么去极力辩护紧急权的正当性，在法治社会中，这么重要的警察权的发动居然不需要法律依据，始终是说不过去的。这正是该理论的致命弱点，诟病之所在。

警察紧急权理论，就总体来讲，在法治国理念之下有没有存在的必要，还可以进一步研究，或许还是有必要的，但前提是像德国那样小心翼翼地、尽可能地将其类型化、法制化。〔3〕现在该理论的发展趋向也不承认无法律依据的警察紧急权，而是认为，（在警察法上），纵然有与民法及刑法上的急状权类似的场合，也必须有具体的法律作为依据，并透过法律明确规定其内容与界限，才可以发动警察紧急权。〔4〕

---

〔1〕 陈春林：《使用警械职权的界限》，载《警学丛刊》，20(1)。梁添盛：《论警察使用武器行为之法律性质及要件》，载《警学丛刊》，20(3)。

〔2〕 [日]广冈隆：《行政强制と假の救济》，121页。转引自黄慧娟：《论行政强制之基础理论》，载(我国台湾地区)《中央警察大学学报》，1991(31)。

〔3〕 关于这个问题，参见李震山：《警察任务法论》，258页以下，高雄，登文书局，1998。

〔4〕 [日]广冈隆：《即时执行》，收录于雄川一郎编：《现代行政法大系 2》，298页。转引自黄慧娟：《论行政强制之基础理论》，载(我国台湾地区)《中央警察大学学报》，1997(31)。

在警察使用枪支与警械问题上也是这样。在依法治国、依法行政的理念下,无论是把警察使用枪支与警械的行为看作是即时强制还是直接强制,因为该手段对公民基本权利极具破坏力,因此,必须要有法律上的明确依据才可以使用。从下面的论述中,特别是"警械条例"的规定上可以看到,我们在立法中极力将实质上是,但不完全是正当防卫和紧急避险的情况具体化为一个个允许使用枪支或警械的个别情境和条件,并且使之条文化,明确规定为一个个具体的法律条款,其实更多的也是出于上述法治的考虑,或者更确切地说,是落实有中国特色的法治的需要,是充分考虑当前警察队伍实际情况之后采取的一项举措。其结果是,警察使用枪支与警械已经基本上成文化、规范化了,不存在没有法律依据的问题。

3. 阻却违法的事由:正当防卫、紧急避险还是依法令之行为

使用警械很可能造成当事人的伤亡,尤其是开枪,所以,在普通法上又把使用武器称作致命性强制力的使用(the use of deadly force),而其结果又像美国很多评论家说的那样是"不经审判而执行死刑"(execution without trial)。[1]那么,采取这样极端的手段肯定要有正当性基础的(it is essential that this justification exsits)。换句话说,必须要有阻却违法的事由。否则,警察就会因杀人,甚至谋杀而有罪(without it the police officer may be guilty of manslaughter or even murder)。[2]那么,是什么样的事由阻却该行为的违法,而使其具有足够的正当性呢?特别是我国是怎么解决这个问题的呢?

1980年7月5日经国务院批准,公安部公布实施的《人民警察使用武器和警械的规定》第1条开宗明义地规定:"为了使人民警察依法有效地执行公务,以及时制止犯罪行为,保护人民群众和采取正当防卫,特制定本规定。"1983年9月14日,最高人民法院、最高人民检察院、公安部、国家安全部、司法部还联合制定了《关于人民警察执行职务中实行正当防卫的具体规定》,是在"(旧)刑法第17条关于对不法侵害采取正当防卫的规定应适用于包括警察在内的所有公民"的思想指导下草拟的。如果我们对其中第1条和上述《人民警察使用武器和警械的规定》第3条、第5条进行认真的比对,不是仅限于行文表述上的比对,而是深入到实质内涵的比对,我们会发现正当防卫(self-defence)是警察使用武器与

---

〔1〕 Cf. Roy Ingleton, *op. Cit.*, p.63.

〔2〕 Ibid.

警械惟一一个很重要的理由与情境，是使该行为正当化、合法化的基础，也是判断衡量的标准。

然而，到了 20 世纪 90 年代，全盘否定上述立法思想，批评其在性质上把警察使用警械的职权行为混同于公民的正当防卫。来自实践上的责难是，按照刑法规定的正当防卫的要素去衡量警察使用警械行为，什么是过当？有时不好说清楚，很难达成共识。这容易造成警察的“后顾之忧”，对自己的命运感到“漂浮不定”，像是“提着火药桶走钢丝”。〔1〕因此，在 1996 年《人民警察使用警械和武器条例》制定中，极力在警察使用枪支或警械行为与正当防卫之间划清界限。来自官方的解释是，一是性质不同，人民警察制止违法犯罪是履行法定职责，代表国家履行的一种社会义务，而正当防卫行为则是为了使公共利益、本人或者他人的人身和其他权利免受正在进行的不法侵害而行使的一种公民权利；二是约束力不同，人民警察制止违法犯罪是人民警察的职责所在，也是人民警察的法定义务，体现了国家意志，是不可放弃的，否则就是失职甚至是渎职，而公民的正当防卫则是可以选择的行为。〔2〕20 世纪 90 年代思想的上述蜕变可以总结为，彻底抛弃正当防卫，转向依法令之行为。

那么，怎么来评价上述观念的变迁呢？我不否认，从《警械条例》中的有关使用警械与枪支的规定看，特别是使用警械的条件，很多的确不能够用正当防卫或紧急避险的理论说得通，比如，第 9 条第 1 款第（十一）项所说的在押人犯、罪犯脱逃的，该行为固然是对国家拘禁权的侵害，但是，在押人犯、罪犯本身却构成国家拘禁权的对象，如果为防卫国家拘禁权而将其击毙，那么超出了排除不法侵害，而变为消灭国家拘禁权的对象，使该权力无以附着，这显然不成立正当防卫。〔3〕再比如，第 7 条第 1 款第（一）（二）（三）（四）项规定的对结伙斗殴，聚众扰乱公共场所秩序，非法游行、集会、示威，强行冲越警戒线等情况使用警械，其目的显然是驱散，其正当性也只能从依法令之行为去解释。又比如，“刑法对正当防卫并未附加‘不得已’要件，而警察用枪却受比例原则、必要性原则等诸多限制”。〔4〕

〔1〕 徐发科：《对人民警察使用警械的法律思考》，载《公安法制建设》，1992(5)。

〔2〕 公安部发布的“《中华人民共和国人民警察使用警械和武器条例》宣传提纲”，载《公安法制建设》，1996(6)。

〔3〕 梁添盛：《论警察使用武器行为之法律性质及要件》，载《警学丛刊》，20(3)。

〔4〕 邓君韬：《警察使用武器行为之正当性判断》，载《法学》，2019(3)。

但是,警察使用警械是不是就完全没有正当防卫的因素了呢?我对此有疑问。很多国家或地区的经验都显示出,正当防卫的确是警察使用警械的一个很重要的理由。比如,法国在《使用武器总条件的有关规定的要点》中就明确指出,"警察使用火器是一种重大的、严肃的行为,与一般公民相比,警察在这方面不拥有更大的权力,只能在下述规定的合法防卫的情况下开枪……","很明显,在这方面对警察没有任何特殊规定,而是同所有公民一样要遵守法律规定,也就是说无法在这方面的武器使用上受益。"[1]我国《人民警察使用警械和武器条例》(1996年)规定的有些使用武器的情形,像第9条第1款第(十)项规定的"以暴力方法抗拒或者阻碍人民警察依法履行职责或者暴力袭击人民警察,危及人民警察生命安全的",与我国香港特别行政区《警察通令》(*Police General Orders*)第29章第2条规定的允许警察开枪的三种情形之第一种,即"保护任何人,包括自己免遭死亡或严重身体损伤"(to protect any person, including himself, from death or serious bodily injury),以及新西兰警察《行动规则》(*Rules of Engagement*)规定警察可以使用枪支的情形之一"为保护自己或他人免遭死亡或严重身体伤害,而且使用力度较小的手段将不足以保护自己或他人的"(to defend themselves or others if they fear death or grievous bodily harm to themselves or others, and they cannot reasonably protect themselves, or others, in a less violent manner),[2]含义基本相同,但我国香港和新西兰的上述规定却都明确承认是正当防卫的表现,我们有什么理由拒绝承认这实质上不就是一种正当防卫呢!或许我们只能说,因为警械与枪支的杀伤力比较强,一旦使用,结果有时是无法把握的,因此,在正当防卫的当与不当的衡量上,可能应该比公民的防卫过当要来得宽松一些。

如果我们同意这样的分析是成立的,并按照正当防卫的概念去衡量,我们会发现条例中规定的警察使用警械的大部分情况都属于正当防卫,其情形也基本上和以前最高人民法院、最高人民检察院、公安部、国家安全部、司法部曾联合发布的《关于人民警察执行职务中实行正当防卫的具体规定》中所列举的一样,只

[1] 转引自陆中俊主编:《中华人民共和国人民警察使用警械和武器条例释义与适用指南》,128、132页,北京,中国人民公安大学出版社,1996。

[2] Cited from Roy Ingleton, *op. Cit.*, p.135.

是行文遣词的不同，当然，也有一些是新补充进来的。尽管这样的立法例并不多见，[1]但是，如果从法治主义的要求来体察这样的细化与具体列举，我感到可能更加符合合法依据必须明确的要求。其实，法条的疏密与警察的素质、对法条的领悟力、特别是有没有内部细则以及判例法是否发达等有着内在的联系，这可能是西方规定较疏、我国规定较密的真正原因。在基层警察素质普遍不太高的情况下，规定细腻一些，更加方便其在执法中对各种用枪用械情况的判断与把握。但是，即便如此，仍然有警察向我抱怨法条还不够细致。对此，可能就不是单纯对法条的继续修补问题，归根到底，是提高警察的素质问题。这是一方面。另一方面，当然，我觉得通过"白皮书"的方式进一步明确用枪用械政策，特别是介绍相关的案例，恐怕还是有必要的。这个问题，下面我还会谈。

而且，尽管警察执行职务本身不得主张紧急避险，不得为避免本人因执行职务可能遇到的危险而逃避履行自己应尽的职责，但是，警察有没有基于紧急避险的考虑而使用警械的可能呢？恐怕还是有的，其事例，比如 Blei 所举的，游艇横搁在桥头，危及附近水坝的安全，这时警察可以用枪炮将其击沉。另外，Hartmann 也举出一例，警察在逮捕杀人暴徒之紧急状况下，对可阻挡暴徒去路的第三人以枪械迫使其作为逮捕暴徒必要之工具。[2]但有意思的是，自 1980 年以来的有关立法的说明以及研究中却只字不提紧急避险，好像紧急避险根本不成其为使用警械或枪支的阻却违法事由之一似的。这至少说明我们对警械使用正当性的研究视角过于单一（要么正当防卫，要么依法令之行为）与不够充分。

因此，将警察使用警械或枪支行为的正当性基础全盘归结为正当防卫是不妥当的，但全盘否定正当防卫也是不客观准确的。我的研究结论是，警察使用枪支与警械的正当性基础实际上应当是由依法令之行为、正当防卫、紧急避险共同构成的，其中，紧急避险是极其例外情况下才存在。

按照有关阻却违法责任之理论，依法令之行为，不罚，但只限于合法执行职务行为，如果存在违法情形，依然存在责任问题。正当防卫，必须适度，防卫过当，则不能阻却违法，至多只能减免罪责。紧急避险所损害的法益必须小于所保护的法益，否则也构成违法。这里的防卫之必要程度，法益的衡量，以及行为合

---

〔1〕 详细分析其他国家的使用警械的条件，会发现其他国家的规定都没有这么详尽、细腻。陈仟万：《各国警察人员使用枪支之探讨》，载《警学丛刊》，1985，26(4)。

〔2〕 吕阿福：《警察使用枪械之正当性研究》，载《法律论丛》，22(2)。

法,其实都存在着比例问题,或者说,与比例原则的要求有着异曲同工的效用,因此,我接受有学者提出的用比例原则来替代控制的主张。[1]这不但是对警察紧急权内容含混的批判,更是因为比例性的衡量标准比较客观、具体,司法操作性更强。

三、比例原则

1. 由一个案子提出问题

近日拜读苏力先生的《送法下乡——中国基层司法制度研究》一书,见其中介绍了一个警察使用枪支的案件,大概的案情是:

王某(警察)与派出所其他干警按照上级统一"严打"部署,在午夜上路设卡检查摩托车情况。遇见三位即将毕业的大学生饮酒后驾驶一辆摩托车归来,拒绝停车检查,连闯两道检查线,直冲派出所所长把守的第三道检查线。该所长向天鸣了两枪,对方仍然不停,并冲过了第三道检查线,王某遂"从后面向地面射击",击中摩托车上一人(非驾驶员)的腿部。车仍疾速行驶,至开枪处1里多以外的路口,因躲避不及与一辆带挂汽车相撞,造成一人死亡(非驾驶员,非刚才受伤者)。事后查明,三位大学生没有实施任何的违法行为(当然,闯检查线,不听从警察指令是违法的)。

苏力在文中指出,该警察"开枪应当说是严格依纪律履行职务的行为……任何一个有一定审判经验和常识并且考虑比较周全的人都很难说警察王某的行为构成违法行为,更别说犯罪行为"。但又由于死者家属以死(上吊)来强烈要求"严惩凶手",并引起其家族的集体上访,这个"本来相当普通的刑事案件就此变成了一个疑难案件、一个重大案件,一个不得不判(刑)、而判(刑)又明显对警察王某很不公正的案件"。案件提交到法院审判委员会讨论时,起初几种意见"都不认为被告构成犯罪",但是,后来迫于社会和当地政府的压力,不得不判该警察的刑。据说,"审判时,被告泪流满面……当地全体公安干警多日拒绝值勤"。苏力是想用这个例子来说明在传统农业社会形成的逻辑和对法院的预期,使法官个人无法严守"程序正义",依法办事,进而观察基层法院的审判委员会存在的情

---

〔1〕 梁添盛:《论警察使用武器行为之法律性质及要件》,载《警学丛刊》,20(3)。

景化合理性是如何发生的。[1]

我并不想沿着苏力探询他所关心的问题的思路继续下去，我感兴趣的却是本案中警察王某使用枪支到底是不是合法的，是不是像他们所说的严格"依纪律履行职务的行为"？（我相信，这种看法不是，或不完全是苏力先生自己的判断，更多的应该是转述当地政法机关对该案的实际看法。）

该案让我感到不解的是，如果王某使用枪支像他们所说的那样是合法的，那么，在受害人疾驶而去，即使在派出所所长鸣了两枪也无所顾忌的情况下，王某"从后面向地面射击"的用意何在？是想达到鸣枪示警，要当事人停下检查的目的？显然不是，前面已鸣两枪都没有奏效，难道再鸣一枪就可以了？是想击中对方，使其丧失逃逸能力？那么也不需要向地面射击，因为这样根本达不到目的，他完全可以大大方方地向，比如摩托车的车轮，或驾驶员的手部开枪，或者干脆是摩托车大致方位开枪。在这里，显然目的（制止违法行为、使对方丧失脱逃能力）与手段（开枪）之间的关联性和妥当性上发生了问题。

然而，要求警察使用枪支必须与警察目的之间有着内在的、适当的关联，无论在大陆法还是普通法都是同样存在的，我国也不例外，只不过表述不同。大陆法是集中地把这些要求表述在比例原则（the principle of proportionality, Grundsatz der Verhaltnismassigkeit）当中，违反者将构成违法。英美法则是要求"在当时的情境之中是合理的"（reasonable in the circumstances），是"所必须的最小的强制力"（minimum force necessary）。我国《警械条例》也规定，"不使用武器制止，可能发生严重危害后果的"才可使用武器（第 2 条）。而且"应当以制止违法犯罪行为，尽量减少人员伤亡、财产损失为原则。"（第 4 条）

之所以如此，是因为警察使用枪支，可以说，是警察所有权限中最为极端和严厉的强制手段，是一种"致命性强制力"（deadly force），不到万不得已，不出现公共安全与秩序受到严重威胁、个人生命健康危在旦夕，决不使用的最后手段（ultima ratio）。这是因为警察使用枪支来迫使相对人服从警察的命令，是以损害相对人的身体健康权，甚至生命权为代价的，而且，抛开使用枪支的行为合法与否，开枪本身有时造成的社会后果（societal consequences），甚至远远超出了对受害人（shooting victims）造成的伤害或死亡，甚或一起被广泛报道的用枪事件

---

[1] 苏力：《送法下乡——中国基层司法制度研究》，129 页以下，北京，中国政法大学出版社，2000。

也可能导致警察和社区之间的对立,经久难消(Even a single, well publicized shooting can foster a hostility between police and community which can take years to undo.),[1](本案就是这样,不仅造成一死一伤,而且引起死者家属和家族,甚至当地群众对警察的不满)。

成问题的是,在上述案件中,不但该警察,而且,当地的政法机关都没有意识到上述问题,没能认识到目的与手段之间如果存在着不适当,也同样会构成违法。从中我们至少可以认为,合比例性的思想作为一种具体的法律制度,并没有完全进入执法者的执法经验与知识中,还没有完全变成为摸得见、看得着的活生生的具体制度,并发挥着作用,尽管在有关的立法上已经有了某些合比例性的制度因素。从某种程度上说,这样的现状其实是和理论上作为法概念与原则的比例原则没有得到确立有关。[2]因为从学术的层面上看,直至2000年前后,几乎所有的行政法教科书,特别是警察法教材当中,对理应成为行政法,尤其是警察法上基本原则的比例原则却基本上没有论及,更谈不上深入的研究、分析和批判了。

由本案引发我们必须去解决的一个问题就是,既然比例原则这么重要,那么,什么是比例原则?为此,我们就必须考察一下缘起于大陆法的比例原则(Grundsatz der Verhaltnismassigkeit)的内涵,目的是要弄清楚这些制度或原则到底是用来干什么的?要解决,或者能够解决什么问题?这些问题在我们国家中是不是也同样存在?是不是已经有了解决的办法?如果我们迄今为止仍然缺乏这样的机制的话,那么,引进和建立这项原则也应该是顺理成章、势在必行的事。其次,我将从警察使用枪支与警械的角度对比例原则的具体运用进行个案的分析,这是因为在关于警察使用枪支与警械的立法当中,实际上已经存在着某些合比例性的制度因素,特别是考虑到警察使用枪支必须在瞬息万变、千钧一发的特殊情境之中做出决定,那么,比例原则应该怎么具体体现出来?是不是应该,而且必须有着特殊的处理?有着什么样的处理?

---

[1] Cf. TING Hung-Kay, "*The Use of Firearms in the Royal Hong Kong Police: An Examination of Pattern and Police Attitudes*" (Submitted in partial fulfillment of the requirements for the degree of Master of Social Science in Criminology, Hong Kong University, 1988), p.4.

[2] 记得在1999年,有一次我在公安大学给警衔班(警督晋升警监的实践部门领导都必须参加的培训班)讲课,当谈到警察法上极其重要的"比例原则"时,我从几乎所有在座的高级警官们脸上表现出的困惑以及追问是哪两个字上感觉到,作为法概念的比例原则对于实践也同样是很生疏的。

2. 比例原则

现代行政法面临的一个核心问题是，如何将国家权力（在行政法上为行政权，在警察法上为警察权）的行使保持在适度、必要的限度之内，特别是在法律不得不给执法者留有相当的自由空间之时，如何才能保证裁量是适度的，不会为目的而不择手段，不会采取总成本（overall cost）高于总利益（overall benefit）的行为。在大陆法中，这项任务是通过对手段与目的之间关系的衡量，甚至是对两者各自所代表的、相互冲突的利益之间的权衡来实现的，也就是借助比例原则（the principle of proportionality, Grundsatz der Verhaltnismassigkeit）进行有效的控制。

据考证，这种权力必须合比例的思想，最早可以上溯至1215年英国的"自由大宪章"（Magna Charta Libertatum）中关于犯罪与处罚应具有衡平性之规定，即人民不得因为轻罪而受到重罚。[1]其后，在国家的契约理论，特别是宪政国家（constitutional state）、法治（the rule of law）以及宪法基本权利保障等理念的支持之下，逐渐提炼出具有客观规范性质的行政法上的比例原则（Grundsatz der Verhaltnismassigkeit），并进而扩展到宪法层面，成为具有宪法阶位的规范性要求。[2]

之所以会这样，是因为宪法赋予公民基本权利，其本身就已蕴涵着对抗国家权力对于自由领域的不当侵害与限制的意味，也就是预设了国家权力行使的例外和权力有限的内在思想，当国家行使公权力而与基本权利发生冲突时，就必须凭借某种审查标准来判断上述公权力的行使是否为宪法所允许，国家权力对公

---

〔1〕 蔡宗珍：《公法上之比例原则初论——以德国法的发展为中心》，载《政大法学评论》，1999(62)。陈新民：《宪法基本权利之基本理论》，《论宪法人民基本权利之限制》一文，特别是256页，台北，三民书局，1996。

〔2〕 这是以德国的经验为考察对象的。在瑞士恰好是反向发展，瑞士先是由宪法保障人民的"商业营业权"不受警察的过度侵犯开始，再向下蔓延成为对警察权力及其他行政权力之约束原理。陈新民：《宪法基本权利之基本理论》，273页，及注235，台北，三民书局，1996。但在这里，我将主要关注行政法层面上，特别是警察法上的比例原则，宪法意义上的比例原则不在讨论之列，关于后者的详尽阐述，可以参见蔡宗珍：《公法上之比例原则初论——以德国法的发展为中心》，载《政大法学评论》，1999(62)。相形之下，普通法上的合理性原则（the principle of reasonableness）就没有这么广的适用，因为受到议会至上（sovereignty of Parliament）的约束，合理性原则不可能用来审查议会立法，甚至能不能用来审查从属立法（subordinate legislation）都是有问题的。Cf. Mahendra P. Singh, *German Administrative Law: in Common Law Perspective*, Springer-Verlag Berlin Heidelberg, 1985, p.89.

民权利侵害是否适度、合比例,在其间便要有比例原则(Grundsatz der Verhaltnismassigkeit)来发挥决定性作用,作为保护基本权利而“加诸国家之上的分寸要求”。[1]因此,比例原则不仅具有规范执法的重要意义,更是司法上据以审判的重要工具,其在行政法上的重要性也就不言而喻了。尤其在警察法上更为显然,因为警察法上几乎所有的手段与措施都是以侵害相对人的权益为代价的,而且,在历史上,比例原则(Grundsatz der Verhaltnismassigkeit)最初就是孕育萌芽于警察法之中的,是警察法上最重要的原则之一。[2]但近年来,比例原则有不断泛化的趋向,适用的领域也由侵害行政扩展到授益行政。

德国对比例原则的法释义学(Rechtsdogmatik)上的贡献最大,使该原则不再是抽象的法律原则,而是具有了规范性质,并可能进入司法层面进行操作。对该原则的最著名的、也是最通常的阐述为“三阶理论”(Drei-Stufentheorie),也称三项“构成原则”(Teilgrundsatze),即手段的妥当性(Geeignetheit),必要性(Erforderlichkeit)和法益相称性原则。[3]据说这是在1957年有关职业自由的药局(Apothek)判决中确立的。

(1)“三阶理论”

① 妥当性(principle of suitability, Geeignetheit)。简单地说,就是要求所采取的手段(means)是能够达到所追求的目的(ends)的。在警察法上,目的是由法律设定的,警察可以通过目的取向,在法律许可的前提下,来选择能够达到预期效果的手段,(当然,如果手段也是法定的、惟一的,那么也就无从选择,这时就不是对警察行为是否合比例的评价,而是转变为对立法上有否遵守比例原则的评价了)。在这个过程中,必须结合当时所处的自然或社会环境,运用经验或学识,

---

[1] 蔡宗珍:《公法上之比例原则初论——以德国法的发展为中心》,载《政大法学评论》,1999(62)。

[2] 比例原则最早出现在19世纪的德国警察法上,后来才逐渐发展为行政法原则,并进而成为宪法原则。关于比例原则概念在德国的理论和法律制度上的发展演进过程,参见蔡震荣:《论比例原则与基本人权之保障》,载《警政学报》,1990(17)。陈新民:《宪法基本权利之基本理论》,《论宪法人民基本权利之限制》一文,台北,三民书局,1996。对于其理论与制度背景的研究与介绍,参见蔡宗珍:《公法上之比例原则初论——以德国法的发展为中心》,载《政大法学评论》,1999(62)。

[3] 在大多数我国台湾学者的著述中,都是指称“比例性原则”(principle of proportionality),或“狭义比例原则”,“比率原则”,是从德文直译过来的。但是,根据蔡宗珍博士的见解,译成“法益相称性”,更能体现德文“狭义比例原则”的特征,“收顾名思义之效”。蔡宗珍:《公法上之比例原则初论——以德国法的发展为中心》,载《政大法学评论》,1999(62)。我亦以为然。

对手段运用的效果，甚至是否与相关法律目的相冲突等因素进行判断。[1]比如，选择用枪用械，必须考虑当时的场所复杂情况、光线强弱、目标的能见度、使用枪械警员的训练教育程度及对枪械使用的技巧能力等因素，判断此种手段是否是实现预期目的的最佳手段。[2]这就使得对妥当性的判断具有了相当的客观性基础，而决不纯粹是警察自己的主观判断。

从现有的研究来看，手段对于目的来说是不妥当的情形大致有以下几种。

第一，手段对目的来讲"不足"，上述案件就是一个例子。

第二，手段所追求的目的超出了法定的目的，比如，将违法嫌疑人铐在暖气片上，让其既站不起来，也蹲不下去，该手段则超出了手铐用于限制人身自由的目的，带有惩罚性或刑讯逼供的性质。

第三，对相对人施加的手段，是法律上不可能(legally impossible，rechtliche Unmoglichkeit)或事实上不可能(factually impossible，tatsachliche Unmoglichkeit)，前者如，命令租住在违章建筑内的某人，拆除该违章建筑。后者如，命令不会开车的某人，将其父违章停留的车开走。[3]

第四，违反法律规定，比如，在住宅密集的居民区鸣枪示警，却打到居民的住宅内，违反了他人住宅不受侵犯之规定。又比如，德国有一个案子，警察为减少噪音，命令户主将狗关在一间禁闭的屋子里，这违反了动物保护法。[4]

第五，目的达成后，或者发觉目的无法达成时，应该立即停止行政行为。否则就是不妥当。

② 必要性(principle of necessity，Erforderlichkeit)。是从"经验的因果律"来考虑诸种手段之间的选择问题，也就是要从以往的经验与学识的累积，对所追求的目的和所采取的手段之间的相当比例进行判断，保证所要采取的手段在诸种可供选择的手段中是最温和的(mildest mean，das mildeste Mittel)、侵害最小的。我们俗话说的"杀鸡不用宰牛刀"，讲的就是这个道理。比如，可以用擒拿格斗制服的，就决不使用枪支。又比如，对酒吧营业可能会引起的骚动

---

〔1〕 蔡震荣：《论比例原则与基本人权之保障》，载《警政学报》，1990(17)。蔡宗珍：《公法上之比例原则初论——以德国法的发展为中心》，载《政大法学评论》，1999(62)。

〔2〕 Cf. Buchert Rainer，Zum polizeilichen Schusswaffengebrauch，Lubeck 1975，p.31，32. 转引自吕阿福：《警察使用枪械之正当性研究》，载《法学论丛》，22(2)。

〔3〕 李震山：《西德警察法之比例原则与裁量原则》，载《警政学报》，1986(9)。

〔4〕 Cf. Mahendra P.Singh，*op.Cit.*，p.90.

(disturbance),如果能通过规制其营业时间来解决,就不用处罚的方法。[1]再比如,对怀孕妇女、儿童原则上不使用武器,也是出于必要性的考虑,因为妇女怀孕后行动不便,儿童无论在智力还是体力上都未成熟,行动也较迟缓,一般不会构成严重威胁,行为可非难性低,实在没有必要用枪对付。[2]

但是,如果手段是惟一的,对于执法来讲,也就不存在必要性问题。

③ 法益相称性。目的与手段之间仅符合妥当性、必要性的要求还是不够的,因为行政行为的实施不可避免地会引起双方,甚至多方利益的冲突,比如,警察在街头使用枪支时,就涉及公共利益(排除违法犯罪行为对公共秩序与安全的危害)、警察个人利益(警察人身安全的保障)、第三人利益(行人、住家等的安全)、受违法犯罪侵害的人的利益以及枪械施加对象的利益(生命、健康权)之间的冲突问题,因此,必须在价值层面进行考量和权衡。

具体而言,就是要求以公权力对人权的"干涉分量"来断定该行为的合法与否,要求在宪法的价值秩序(Wertordnung)内,对上述行为的实际利益与人民付出的相应损害之间进行"利益衡量"(Guterabwagung),使人民因此受到的损害,或者说作出的特别牺牲(Opfer)比起公权力由此获得的利益来讲,要小得多,要合算得多,是人民可以合理忍受的程度(Zumutbarkeit),否则,公权力的行使就有违法、违宪之虞。[3]比如,在熙熙攘攘的大街上向逃跑的犯罪嫌疑人开枪,而不顾忌行人的安危、可能对周围商家、住家造成的损害,不考虑对方有没有持枪或对警察射击等,这就违反了法益相称性。又比如,仅仅因为外国人的轻微交通违章,就责令其限期出境,而不考虑其居留的时间长短,经济和社会状况,与其本国的联系(his contacts in his native land),以及总体行为状况(overall behaviour)等因素,也同样违反了法益相称性。[4]

这种思想的出现,要比妥当性、必要性来得晚,大约是在"二战"后发展起来的。但是,在人权保障日渐重要的今天,从上述价值层面要求手段与目的的合乎

---

〔1〕 Cf. Mahendra P.Singh, *op.Cit.*, p.90.

〔2〕 王学林主编:《中华人民共和国人民警察使用警械和武器条例释义》,72页,警官教育出版社,1996。吕阿福:《警察使用枪械之正当性研究》,载《法学论丛》,22(2)。

〔3〕 以上关于比例原则的介绍,以及更加详尽的阐述,可以参阅以下三个文献,即,陈新民:《宪法基本权利之基本理论》,台北,三民书局,1996。蔡宗珍:《公法上之比例原则初论——以德国法的发展为中心》,载《政大法学评论》,1999(62)。蔡震荣:《论比例原则与基本人权之保障》,载《警政学报》,1990(17)。

〔4〕 Cf. Mahendra P.Singh, *op. Cit.*, p.91.

比例，越发显得重要。

④ 简要的评价。首先，我承认，上述三个层次，的确有着学者所批评的在含义上后者包含前者、叠床架屋的问题。[1]但是，作为考虑问题的层次和递进关系，特别是对于法院对个案的判断和思维方法来讲，确实有着合理性，亦即构成U. Zimmerli所说的"层次秩序"(Rangordnung)。当然，在具体个案的适用上不见得都必须按部就班，甚至审查的次序也可以颠倒。[2]

其次，比例原则在对行政自由裁量的审查深度上的确比普通法的合理性原则来得深。这一方面对公民权利的保障大有好处，但是，另一方面，也带来操作层面的技术难题，即审查标准的进一步客观化问题，审查的程度与深浅有待进一步限定的问题，要尽可能地避免出现用法院的"主观价值"取代行政机关的"主观价值"，变成"司法机关凌驾且取代行政机关的实质性角色"。[3]但是，话又说回来，现有研究已经承认，即便存在上述问题，比例原则比起普通法的合理性原则，仍然客观性、操作性要强些。

再次，从德国的经验看，比例原则只是有效控制滥用自由裁量的诸多司法审查标准之一，其他的标准还有像不适当目的(improper purpose)、不相关考虑(irrelevant considerations)、平等对待(equality of treatment)等。[4]因此，我们对比例原则的功效应当有一个正确的估价，不是说，有了比例原则，所有行政自由裁量的问题都解决了。我们只能说，比例原则是控制行政自由裁量滥用的有效的、不可忽视的利器之一。

最后，尽管我国在构建行政法基本原则上，既没有按照普通法的进路，也没有照搬大陆法的模式，而是表现出寻找中国特色的巨大勇气与精神，这是颇值得赞许的，但是，当我们探询宪政国家必不可少的合比例性思想是怎么落实的时候，却发现了行政法基本原则的二元结构(合法性与合理性)其实是很难说得通

---

〔1〕 德国学者Lerche批判道，妥当性为必要性之前提(Vorfrage)，在决定必要手段必以所有适当手段作为考量，因此，妥当性原则已经包含于必要手段考量中，因此，仅须就必要性原则和狭义比例原则之划分即可。也就是所谓的"二分法"。蔡震荣：《论比例原则与基本人权之保障》，载《警政学报》，1990(17)。陈新民博士更进一步指出，在手段与手段之间的选择中，不可能绝对不考虑法益的冲突问题，不进行价值上的权衡，岂能"不心怀人权之理念"而只作"冷漠且客观"的判断。陈新民：《宪法基本权利之基本理论》，特别是第245页以下，北京，三民书局，1996。

〔2〕 陈新民：《宪法基本权利之基本理论》，248页，特别是注161，台北，三民书局，1996。

〔3〕 蔡宗珍：《公法上之比例原则初论——以德国法的发展为中心》，载《政大法学评论》，1999(62)。

〔4〕 Cf. Mahendra P.Singh, *op.Cit.*, pp.92～96.

的,更加引起我们关注的是,在这样的二元结构居然没有比例原则的实际内涵,这在以保障人权为基本任务的法治国家中,就更加变得成问题。因此,无论是从重构行政法基本原则的角度,还是从引进司法审查的技术上讲,引进比例原则应该是可以考虑的一个举措。

3. 合比例性思想在"警械条例"中的体现

合比例性思想其实在"警械条例"中已经有所体现:

(1) 该法第2条规定:"……使用警械不能制止,或者不使用武器制止,可能发生严重危害后果的,可以依照本条例的规定使用武器。"(妥当性,也有认为是补充原则)

(2) 第4条规定:"人民警察使用警械和武器,应当以制止违法犯罪行为,尽量减少人员伤亡、财产损失为原则。"(必要性、法益相称性)

(3) 第7条第2款规定:"人民警察依照前款使用警械,应当以制止违法犯罪行为为限度;当违法犯罪行为得到制止时,应当立即停止使用。"(妥当性、必要性)

(4) 第11条规定:"人民警察遇有下列情形之一的,应当立即停止使用武器:(一)犯罪分子停止实施犯罪,服从人民警察命令的;(二)犯罪分子失去继续实施犯罪能力的。"(妥当性)

4. "致死射击"(shoot to kill)与"致伤射击"(shoot to wound)政策

对于"警械条例"第4条规定的"最小损害原则",很多人理解为,比如,对脱逃的嫌疑人,只能打腿,对暴力反抗的,只能打手。西方警察学上的"致伤射击"(shoot to wound)政策说的也是同样的内容。道理倒是不错,但有些西方学者批评其为不合理的政策,并且认为这种政策实际上不可能得到执行。批判该政策的要点有:[1]

第一,手枪不是内在精确的武器,随着武器与目标之间距离的拉大,准确度也会下降。[2]而且,警察并不是个个都是"神枪手",指那打那。况且犯罪嫌疑人

---

〔1〕 Cf. David L. Carter, *The Police and the Community*, Prentice Hall, 1999, p.333. Also Cf. CHAN Lok-wing, *Police Discretion: Application of Deadly Force* (A dissertation submitted in partial fulfillment for the degree of Master of Social Sciences in Criminology, Hong Kong University, 1996), pp.27~29.

〔2〕 据说,最佳的手枪在25米距离,子弹散布点在5~10厘米之间,加上人的误差,实战中击中手腕几乎不可能。人在移动时,四肢的速度是身体速度的无数倍,就是突击步枪也无法准确打击。《警察为什么要开枪》,http://news.sohu.com/20140603/n400357971.shtml,2014年8月25日最后访问。

是在移动或奔跑之中,要想击中其四肢,谈何容易。如果打不中目标,会产生两个危险:一是子弹会打到无辜行人;二是嫌疑人没被打到,继续实施威胁。

第二,即使嫌疑人被打到,受伤了,也不可能完全、立刻丧失攻击能力,仍然会对警察构成威胁,因此,开枪没达到预期的效果。

佩尔逊(Peirson)还断言,“致伤射击”政策可能被滥用,成为杀人的执照(licence to kill)。他认为,为抓捕(capture)或制服(subdue)嫌疑人而允许警察将其打伤,这样的政策存在着内在的危险,一名警察在有疑问的情境中(in a questionable situation)把人打死了,他只要辩解说,他本意是想打伤,以便抓捕该人,因此,人死了只是意外。[1]

所以,在英国的大都市警察政策中,警察被明确训导道,枪支不应该被用来仅是打伤嫌疑人,以便阻止其脱逃(firearms must not be used to stop a suspect by shooting merely wounding him)。如果当时的情境下,警察没有正当理由将嫌疑人打死,那么,就根本不应使用枪支(If the circumstances would not justify killing the suspect, then firearm should not be used at all)。这就是所谓的“致死射击”政策(a “shoot to kill” policy)。当然,这样的政策也遭到颇多的非议。

在我看来,枪支的使用必须受到比例原则的约束,对嫌疑人用枪,目的只是为了使其丧失脱逃、反抗或继续实施犯罪的能力,不必过分苛求打击的身体部位,只要达到实际效果就行。即便是要求打击的部位,因为上述分析的原因实际上也做不到。下面图示的我国香港1983—1986年警察涉枪案件中警察瞄准的部位(police point of aim)统计就很说明问题。[2]也正因为此,我国香港在1984年将《警察通令》中要求的“应致其伤残,而不能致死”(shall aim to disable not to kill)这一条删除,以免警察误以为法条是禁止射杀而造成心理障碍(psychological obstacle)。[3]

当然,用枪的结果可能会导致嫌疑人死亡,这就必须将警察用枪严格地控制在“警械条例”规定的允许开枪范围内。话又说回来,如果真的出现嫌疑人被打死,那么,只要是根据当时的情境用枪是合理、合法的,仍然不存在用枪违法的问题。明确这一点,那么就应该对我们现在的射击教程与方法进行反思,关于这个问题,我在后面还会谈到,在此不赘述。

---

〔1〕 Cf. Gwynne Peirson, *Police Operations*, Nelson Hall, 1976, p.30.

〔2〕 Cf. TING Hung-kay, *op. Cit.*, p.52.

〔3〕 Cf. CHAN Lok-wing, *op. Cit.*, p.45.

表 5-1　香港 1983—1986 年警察涉枪案件中警察瞄准的部位

目　标	射击的子弹数
疑犯(未提特别的部位)	120
躯干	9
手臂	6
腿	47

5. 两点建议

但是,上述“警械条例”规定中涉及大量的不确定法律概念(undefined legal concepts),像“可能发生严重危害后果的”“犯罪分子失去继续实施犯罪能力的”“以制止违法犯罪行为为限度”。在适用上述概念的过程中,一方面,需要对客观上是否存在具体事实进行认识,比如,犯罪分子到底还有没有继续实施犯罪的能力?另一方面,还必须判断该具体事实是否符合上述不确定法律概念之内涵。在这个过程中,因为缺乏明确的客观统一标准,难免会出现警察与法官之间,甚至不同警察之间的判断差异,也就是我们说的“公说公有理,婆说婆有理”,行政法上把这种现象称为“法律拘束之相对性”(Relativierung der Gesetzgebundenheit)。

认识结果的可能不同,造成警察适用上述规定的顾虑。再加上目前警察与法官的素质不够高,警察涉枪案件可能面临的种种社会压力、当事人及其家属(族)愤懑,更是“雪上加霜”,加剧了警察对上述条款把握的不自信,这也许就是目前警察不敢轻易开枪的根本原因。

那么,怎么解决这个问题呢?我的建议有两点:一是“白皮书”的建议;二是司法审查的客观化、情境化。

(1)“白皮书”的建议

考虑到在特殊情境与氛围下警察的危险感会上升,警察使用枪支或警械的念头往往是在一瞬间就形成了。要他/她一步步走完 U. Zimmerli 所说的“层次秩序”(Rangordnung),最终选择出一个符合比例原则的强制方法,显然是很困难的。另外,尽管上述关于警察使用枪支与警械的法律中已经对合比例性作了要求,但是,对于目前素质普遍不高的干警来说(我只是陈述一种众所周知、连公安机关自己也承认的事实,丝毫不带有贬义),上述规定,比如,什么叫“不使用武器制止,可能发生严重危害后果的”?依然过于笼统、抽象,不太好掌握。

当然,这个问题在很大程度上可以通过平时的情境化、模拟化的训练来解决,就像新东方训练考生对 TEOFL、GRE 的测试应对能力一样,遇到什么样的题(情境),能迅速知道怎么去解它(强制方法)。但是,目前的训练状况又是堪忧的。1992 年 9 月,浙江省举办"四长"(公安局长、刑警队长、治安科长、派出所所长)手枪射击比赛,参赛 40 名同志的成绩是,速射一半子弹脱靶的 9 人,慢射一半子弹脱靶的 13 人,10 名三分之二子弹脱靶,有一名 30 发子弹仅中靶一发(5 环),还有个别的连"五四"式手枪子弹都不会装。〔1〕可以预计,由于牵涉到训练体制与方法的改革,以及财政开支等问题,这种状况在短期内无法解决。

在不忽视继续强化用枪用械技术与法治观念的训练同时,作为应急性措施,我建议将基层警察正确使用枪支和警械的实例收集起来,具体解说用枪用械的具体情境与条件,以及应当注意的事项、更加详细的用枪用械政策,汇编成"白皮书"(不妨借用西方的 white paper,不具有法规性,但起到政策性指导作用),下发各级公安机关,特别是涉枪用械较多的部门参阅,可将抽象的法条规定、合比例性的思想,特别是具体的用枪械情境、条件转换为一个个活生生的案件,变抽象为具体,更加容易理解与把握。

"白皮书"的另一个好处,就是可以为司法审判提供参照系,尽管它对法官没有法律约束力,但是,作为行政机关制定的、对相对人有实质意义的内部规则,会对审判产生一定的影响(这也是一个很大的题目,不是一句两句话能说清楚的,但是,这样的结论却是可以接受的)。〔2〕

但是,"白皮书"对情境与反应的事先预设可能会带来一个问题,那就是,在具体个案中警察可能放弃自己能动地去裁量。按照行政裁量理论,这有可能意味着裁量瑕疵。但我觉得,考虑到目前警察的实际,包括法律意识、基本素质等,让警察"自由发挥",还不如用"白皮书"来约束,也许对公安部推行的"三项治理"更有益处,因此,可以暂时不必拘泥上述理论的束缚,"理论是为实践服务的嘛"。

(2) 司法审查的客观化、情境化

如前所述,对大陆法的比例原则的研究展现出,以及普通法所表现出的对引进该原则的顾虑,都在于,在诉讼上进行妥当性、必要性、法益相称性的判断,容易发生以法官的事后冷眼旁观来苛求当时紧迫情境下的警察反应,用法官的主观裁量替代警察的裁量。即便是还没有在学术上建立起比例原则的术语与观念的我国,在阅读和适用上述实际上蕴含着合比例性思想的法条规定时,也不免会

〔1〕 陈鼎丰、陈侃:《精武强警,路在何方——中国警察实战伤亡忧思录》,载《警方》,2001(3)。

〔2〕 余凌云:《现代行政法上的指南、手册和裁量基准》,载《中国法学》,2012(4)。

有同样的担心。更何况在涉及警察用枪用械案件的处理上,检察院、法院,甚至政府、党委通常会碰到来自方方面面的压力,[1]更容易在司法审查的深浅上发生问题。

正是对司法后果的不可预测,所以在实践中有些警察宁可抓不到犯罪分子,也不愿意轻易开枪,应当开枪也不开枪。甚至开不开枪,不是根据法律怎么规定,而是看犯罪嫌疑人有可能被判处的刑罚。如果可能判处死刑,则开枪坚决、果断。否则尽量不开枪。[2]

消除实践中较普遍存在的“拿起枪来是警察,开了枪就可能成罪犯”的顾虑的办法,就是要在事后的审查中,回到当时特殊的情境之下来分析、判断该行为是否合理、合比例,要结合具体个案发生的场所、对方的人数、是否持有暴力工具、警察的自然状况(身体强壮、擅长擒拿格斗),甚至警察的经验(做动词用,比如,在同样的情境氛围之中,新手与老手的反应可能不同),以及当时的心理状态,或任何第三人(包括法官)设身处地地对当时危险性的感受等因素进行综合的分析(关于影响决定开枪与否的自由裁量的各种因素,后面还会专门谈到)。像这样点点滴滴、细小的差别或因素都应该合理地考虑进去。当然,我不是说要法院竭力为开枪警察开脱,而是想尽可能地将对个案的判断标准客观化、具体化。

这样做,对法院也是有好处的,如果对案件的评判是放在当时特殊情境的平台上剖析的,甚至在这样的案件回放过程中,把自己也虚拟成当时也亲临现场,可以感受周围的危险性的一个角色,就可以避免因为没有身临其境,被被告或其警察同事斥责“你懂个啥”,“站着说话不腰疼”,更重要的是做出的判断容易被方方面面所接受。

四、配备与管理

1. 警察为什么可以配备警械,尤其是枪支

1986 年 3 月,英国一家报纸登出一幅照片,上面是一名在伦敦 Heathrow 机

---

[1] 据报道,山西某地一名警察击毙一名抢劫、袭警的男青年后,家属闹事,死者的父亲率同村百余人冲击市委大会,在主席台上将市委书记一头撞倒。刘威华、衡晓帆:《配不配枪? 用不用枪?》,载《人民公安》,1999(15)。

[2] 刘威华、衡晓帆:《配不配枪? 用不用枪?》,载《人民公安》,1999(15)。

场值勤的警察,胸前挎着一把 Hechler and Koch MP5 全自动冲锋枪。但却引起公众的轩然大波,惊呼:"(英国警察在)国际和国内的形象被彻底改变了。"(The domestic and international image is being altering forever)〔1〕在英国,警务人员配枪之所以受到非议,是因为随着警察使用枪支的案件明显上升,无辜人员因此受伤或死亡的事件也随之增多。〔2〕公众的舆论甚至对警察配枪的必要性和合理性提出质疑。

雅各布(Jacobs)和桑德斯(Sanders)说:"为警察防护自身(self-defence)而让其配枪,但却将受损害的风险从警察身上转嫁到无辜的第三人。""武装歹徒对警察的威胁,可能并不比对像邮电局长(postmasters)和保安(security guards)等其他人群造成的威胁大到哪去,或许差不多。如果警察有权为自身防卫配枪,那么,这些人也有权要求配枪。""如果说国家对那些被要求履行危险职责的人员负有(保护的)责任,(因此,得给他们配枪)的话,对这种辩解理由的反驳就是,国家对其他公民也负有同样的(保护)责任,而且,丝毫不比其对警察的眷顾差。"〔3〕

但是,这样的批评却忽视了警察和公民之间的社会角色的差异,以及社会义务和职责的不同,因而有失偏颇。要知道,尽管刑法上允许每一个公民正当防卫,使用合理的强制力(reasonable force),但是,法律上允许公民在为自卫实施强制力之前主动地从危险状态中撤出来,而对于警察来讲,却必须进入涉险环境之中,必须步入预计要使用强制力的情境之中(to enter threatening situations in anticipation of using force),这是他们的职责所在,无可选择,无法逃避。〔4〕比

〔1〕 Cf. Ian K Mckenzie & G Patrick Gallagher, *Behind the Uniform—Policing in Britain and America*, Harvester Wheatsheaf, St. Martin's Press, 1989, p.143. Cited from CHAN Lok-wing, *op. Cit.*, p.23. 传统的英国警察的形象是,不带枪,只带警棍(truncheon),而且还是藏在特殊设计的裤子的口袋里,不外露,警棍顶端有一拉绳可露在口袋外,遇到需要使用警棍时,只要拉出绳子就可以轻易地取到警棍。江庆兴:《英国警察人员服勤不带枪》,载(台湾地区)《警光》第 459 期。

〔2〕 1983 年 1 月 14 日,Stephen Waldorf 被误认为是正在搜捕的持枪歹徒,被两名警察开枪打成重伤。1985 年 8 月 24 日,警察在室内搜捕嫌疑人时意外走火,将一名 5 岁的孩子打死。Cf. CHAN Lok-wing, *op. Cit.*, p.23, especially note 23.

〔3〕 Cf. P. A. J. Waddington, *The Strong Arm of the Law—Armed and Public Order Policing*, Oxford: Clarendon Press, 1991, p.67.

〔4〕 Cf. P. A. J. Waddington, *Arming An Unarmed Police: Policy and Practice in the Metropoliton*, Mollie Weatheritt, 1991, pp.1~2.

如,在驱散骚动,逮捕有暴力倾向的罪犯,特别是涉枪暴力案件、恐怖主义案件中,都必须使用一定的强制力,借助警械或枪支实施的强制力。英国之所以一改警察服勤不带枪的传统,与近年来持枪犯罪与恐怖组织活动日益猖獗有很大关系。〔1〕

在我国,从接触到的材料和各种媒介报道看,对于上述问题,似乎没有意识到,或者认为是先验的、毋庸质疑的,甚至把警察配带警械与枪支看作警察的权力象征,是天经地义的。比如,小孩子玩警察抓小偷的游戏时,警察自然是要有枪的,否则似乎就不称其为警察,至少从外在形象上是这样。但是,如果我们也像英国人那样较劲地追问一下为什么的话,可能能够更加全面地理解警察使用枪支与警械的正当性之所在。

2. 警用枪支与警械的种类和用途

警察与军人的任务不同。警察使用枪支与警械的目的只在于防卫和制止违法犯罪,完成警察任务,不在于消灭敌人。因此,警用的枪支和警械应当尽量挑选那些安全性能高,可避免对当事人过分伤害的,特别是能够避免对无辜第三人损害的装备,这是决定警用枪械装备时必须遵循的重要原则。

当然,在不同国家或地区,因为社会治安形势、警察具体任务、科技发展水平以及历史传统等不同,具体的警察装备会有所不同。我国警察装备的具体警械与枪支种类是由《警械条例》以及其他有关法规范规定的。〔2〕如,《公安派出所装备标准试行规定》(1991 年 10 月 5 日公安部公发〔1991〕86 号印发),《全国城市

---

〔1〕 英国警察首长协会:《英格兰及威尔斯警察人员使用枪械后之处理程序》,江庆兴译,载《新知译粹》,10(6)。

〔2〕 要注意,警察装备、防护器材与警械是不同的概念。警察装备是最广义的,包括了防护器材与警械,还包括像电脑、警车、警戒带等。警械与防护器材之间各自独立,两者之间的根本区别可能在于强制性的有无,以及用途的不同。在我国有关警察装备的立法中,也都严格地将警械与防护器材区别开来,防护器材包括防暴头盔、盾牌、防刺背心、防弹背心、反光背心、护膝、手套等。韩国的警察装备也是采取广义的,指为了警察上的职务执行,必要的装置和工具。比如武器、警察装具(警械)、催泪剂、催泪剂发射装置、查验工具、海岸监视机械、通信机器、车辆、船舶和飞机等。对有可能危害生命或身体的警察装备,以总统令规定其种类、使用基准、安全教育和安全检查。韩国《有关警察装备使用基准等规定》中规定了四大警察装备:第一,警察装具,如手铐、警绳、护送警绳、警棍、护身轻棍、电子冲击机、盾牌和电子盾牌;第二,武器,如手枪、步枪、机关枪、霰弹枪、流弹发射机、迫击炮、3 英寸炮、舰炮、手榴弹、炸药和刀剑;第三,喷射器,如接近喷射器、瓦斯喷射器、瓦斯枪和催泪弹;第四,其他警察装备,如瓦斯车、洒水车、特殊镇压车、水炮、石弓、多用途发射器和逃跑车辆断绝装备。本课题的研究中所介绍的韩国情况,得益于韩国留学生陈钟华先生的翻译与介绍,在此致谢。

人民警察巡逻队装备标准试行规定》(1994 年 7 月 6 日公安部公通字〔1994〕56 号),《基层公安交通警察队装备标准试行规定》(1992 年 12 月 24 日公安部发布),《公务用枪配备办法》(2002 年),等等。

但要特别指出的是,西方国家在长期的警务实践中,摸索出很多警用武器,安全性能好,比较适合警察任务,很值得我们学习和引进。因此,在本文的研究中,我没有仅仅局限于我国的警察装备规定,而是将能够收集到的国外的警械也一并介绍进来,以供参考。

在我国的《警械条例》中,将武器限定在致命性警用武器,警械按其用途,分为驱逐性、制服性警械和约束性警械两类(第 3 条、第 7 条、第 8 条)。〔1〕在此提醒两点:第一,上述规定,特别是第 3 条规定中的列举不是穷尽性的,在警务实践中还有许多非常有效的警械,如射网,尽管在"警械条例"中并没有罗列出来,但仍然属于警械范围。第二,在实践中还会出现非制式警械的使用问题,也很值得注意。当然,为防止实践中滥造、滥增警械,特别是那些杀伤性很大的警械,建议公安部制定适当的审核批准程序。

(1) 约束性警械〔2〕

① 手铐　用于锁铐违法犯罪嫌疑人、罪犯的手腕(指),以约束、限制其行动

〔1〕 在阅读有关警察装备的具体法规范时发现,有些即便是列入警械之中的器材,能否真正算是警械,值得推敲,而且不同的规定,说法也不同,比如,在《公安派出所装备标准试行规定》(1991 年)中,手电被列在警械目录之中,但在《全国城市人民警察巡逻队装备标准试行规定》(1994 年)中,又不把手电放在警械中,而是放到其他器材之中。又比如,警笛算不算是警械呢? 有些规定中,像《全国城市人民警察巡逻队装备标准试行规定》(1994 年)第 3 条第(四)项、《基层公安交通警察队装备标准试行规定》(1992 年)、《公安派出所装备标准试行规定》(1991 年),认为警笛算是警械,但警笛的用途既不是约束,也不是驱逐或制服,而是用于招呼其他警察聚集围捕,或处理紧急事件。我以为,像普通手电、警笛、电脑(用于追逃比对)、望远镜、枪柜、子弹柜、手持喊话器、警械专用柜等应当属于警察装备之中,但不属于防护器材,也不属于警械。

〔2〕 在我国台湾地区,把监狱部门使用的手铐、脚镣、警绳等约束性的器械称为戒具,对于其使用要件和注意事项有专门的规范予以规制,不纳入"警械使用条例"调整。在我国的一些监管法律规范中,也有戒具的称谓,比如《治安拘留所管理办法(试行)》(1990 年)、《监狱法》(1994 年 12 月 29 日);还有械具的称谓,比如《看守所条例》(1990 年 3 月 17 日国务院令第 52 号),其实其外延同于我国台湾地区,只是由于《条例》的出台和用语的逐步规范,戒具、械具的称谓才逐渐被警械所代替,不再使用了。周云川:《警械使用的法律控制》,中国人民公安大学硕士学位论文,2002。

自由。但是,严禁使用"手脚连拷"、背拷和将人固定在物体上。[1]

② 脚镣　用于锁铐犯罪嫌疑人、罪犯的脚腕,以约束、限制其行动自由。

③ 警绳　用于捆绑违法犯罪嫌疑人、罪犯,有暴力情形的醉酒人、精神病人、意图自杀者等的肢体,约束、限制其行动自由,防止其脱逃、自杀、暴行或其他骚扰秩序行为。

④ 约束带　用于捆绑有暴力情形的醉酒人、精神病人、意图自杀者等的肢体,约束、限制其行动自由,防止其自伤、自杀、暴行或其他骚扰秩序行为。

(2) 驱逐性、制服性警械

在西方文献中也称非致命性武器。[2]主要有:

① 警棍　用于打击或者驱逐,常用的有橡皮警棍和电警棍,前者是通过挥动、敲打等行为产生的机械力达到震慑、驱逐、制服的目的,后者主要是通过瞬间高压电击对人体(动物体)产生的强烈刺激达到目的,当然电警棍也能发挥橡皮警棍的功能。[3]不同警种根据职责任务需要而装备。[4]

其中,要特别注意的是,电棍可能会导致心脏麻痹或衰竭死亡,有一定危险,应严格控制其使用条件。

---

[1] 《劳动教养管理工作执法细则》(1992 年 8 月 10 日司法部第 22 号令)第 51 条有明确的规定。丹麦也禁止警察使用"手脚连拷",也叫"固定铐脚"(the fixed leg-lock)技术。该技术的动作要领是,双手反铐,两腿交叉,位置低的那条腿被挤进手铐链中。那条位置在下面的腿是由警察抓着,可以用手来增加或减少对腿的压力。根据丹麦警察教育训导,这种拷法只适用于特别难控制的被逮捕人,主要是为了能够铐住。但是,自从 Benjamin Shou 案当事人因为这种拷法造成终身残疾之后,国家警察署署长指示,以后警察不许再使用固定铐脚。发布该命令,在一定程度上也是根据医学专家对这种技术的危害性所做的证词。医学专家对一般的铐脚和手铐的通常使用方法也表示了关注。比如,将被逮捕人双手反铐,拖拉其手臂,或者仅仅就是背铐,这些做法也遭到医学专家的严厉批评。丹麦学者、顾问(Consultant)Jorgen Jepsen 向中国社会科学院和丹麦人权中心于 2001 年 5 月共同主办的"司法的人权保障与反酷刑"国际研讨会上提交的论文《丹麦有关虐待被羁押人的申诉控告——案例,理由与救济》,收入,余凌云:《警察行政权力的规范与救济——警察行政法若干前沿性问题研究》,323～324 页,北京,中国人民公安大学出版社,2002。但是,我国公安实践部门却对禁止背拷提出异议,因为实践中曾出现过在押解犯人的途中,犯人利用前拷的手铐为武器袭警的案件。如果允许背拷,就可以避免发生这样的事件。我以为,可以允许背拷。为了防止滥用该技术,可以要求不得拖拉其手臂。

[2] 下面的有关介绍,重点参考了吕阿福:《警察使用枪械之正当性研究》,载《法学论丛》,22(2)。

[3] 周云川:《警械使用的法律控制》,中国人民公安大学硕士学位论文,2002。

[4] 警棍早先还有交通指挥之功用,但现在已没有了。而且,以前还有木质警棍、铜(铁)质伸缩警棍,以及警刀,现在也没有了。陈春林:《使用警械职权的界限》,载《警学丛刊》,20(1)。

② 化学爆裂性武器，如催泪弹，手掷化学弹等 通过散发化学雾剂，对人的呼吸系统和感觉器官产生强度刺激，能够引起身体和精神功能发生短时间障碍。用于驱散聚众闹事、骚乱的人群或游行暴乱，以及缉捕等，可以替代致命性枪炮，是比较符合人道的强制性工具。

在使用时要注意判断投掷的具体场地、风向以及建筑物内外等情况。在1公尺之内，不能向相对方的面部发射瓦斯枪。以催泪弹发射机发射催泪弹时，应当维持30度以上的发射角。以瓦斯车、洒水车和特殊镇压车的催泪弹发射台发射催泪弹时，应当维持15度以上的发射角。

据介绍，目前我国警察主要配备了催泪弹，有枪发式和手投式两种。

枪发式有两种型号：一种是枪发式38毫米爆炸型催泪弹，不产生杀伤性弹片；另一种是枪发式38燃烧型催泪弹。其中长枪发射的射程为130米，短枪发射的射程为70～80米。

手投式催泪弹也有两种型号：一种是手投式爆炸型催泪弹；另一种是手投式燃烧型催泪弹，受投掷者的臂力决定，投掷距离一般在30～40米。

在韩国，为了抑制由不法集会、示威或骚乱所发生对他人或者警察官人身、财产以及公共设备的危险时，在不得已的情况下，根据现场警察指挥者的判断，警察官可使用瓦斯车。但其车辆的使用范围仍然以比例原则为限。另外，为了镇压骚乱状态或打击间谍和恐怖组织，在不得已的情况下，警察官可以使用特殊镇压车。

③ 高压水枪 通过加于水上的高压力形成对人体（物体）的打击，一般用于驱逐群体性违法行为人，如驱散非法游行集会示威，且有骚乱举动的人群。

④ 特种防暴枪 主要用于发射催泪弹。我国目前装备的是38毫米防暴枪，分长、短两种。长枪射程为130米，短枪射程为70米。

⑤ 射网 用于抓捕逃犯。[1]在北京第二十一届大运会期间和杭州市萧山区、大连市等地方已经交付使用。[2]

⑥ 滑膛枪、投弹发射器 用于发射非致命性枪弹，能起到与常规枪械的作

---

〔1〕《杭州公安使用新型警械："射网"捕"逃犯"》，载《北京晚报》，2001-09-08。

〔2〕《大运会安保用上"神枪"一网罩住无处可逃》，http://sports.sina.com.cn/o/2001-08-05/25175391.shtml，2000年1月1日最后访问。《用现代武器 保一方平安 杭州市萧山警方用上先进武器》，http://www.unn.com.cn/GB/channel455/456/1230/200109/13/105062.html，2000年1月1日最后访问。

用,但安全性要比常规枪械好。可用于抑制违法犯罪分子的暴力抗拒,群体性、破坏性、暴力性围攻,在押犯脱逃等。要注意,该武器的杀伤力虽然较小,但如果以人的眼、脸、喉为射击对象,仍会造成重伤甚至死亡。击中背部和胸部,可造成骨折,外伤可引发血肿。因此,要严格限制其使用条件。

用于滑膛枪的非致命性枪弹主要有以下几种。

橡皮弹,比铅心弹头对人的杀伤力要小得多,比较符合警察任务。英国对付爱尔兰骚乱的方法就是发射橡皮弹。但橡皮弹在近距离内发射仍然有致命危险,因此,一般应规定在近距离(20 米)以内不得发射,[1]而且,只能用于对付人群骚扰,或群体哄抢、破坏公共财物,以及警察自身遭受危险等情况,并且是用尽其他温和的手段都无法奏效,或者显然无法奏效的情况。

柔性弹,也叫弹子袋,是在布袋里装上铅或硅石。

木质弹,用于攻击目标的膝部,也叫攻击膝部弹,一般在距离目标 2 米的地方发射。

⑦ 震撼弹　如美国的 Stun Bag,或 distraction grenade,爆炸时伴有强烈的闪光,震耳欲聋,可使人群吓呆,失去行动能力。适用于群体性事件处置,或者解救人质,使用条件与橡皮弹相同。[2]

⑧ 麻醉性发射器　如麻醉枪,使用时可能导致心脏麻痹或衰竭死亡,有一定危险,应严格控制其使用条件。据说,英国将给警察配发类似使用在野生动物身上的麻醉枪,以减少真枪实弹造成的人员死亡。因为在利物浦曾发生过一起事件,一名精神分裂症患者挥舞刀剑,被警察当场击毙。[3]

⑨ 散弹狩猎武器　原本是对付发狂的动物,引用到警用上来对付群体性事件。其安全性能高,正常使用(50 公尺开外)不会有重伤害出现,在 150 公尺开外使用,无杀伤力,可免旁观者受伤,而且具有威吓退却的作用。目前美国很多地区允许使用该武器制服刑事犯从监狱脱逃。

⑩ 警犬　用于搜索住宅、交通工具等,或攻击武装歹徒。特别是在持有武器的嫌疑人被警察包围,但又不服从警察叫其停下的命令,或者不放下武器,这

[1] 瑞士规定,在 20 公尺内不得发射橡皮弹。吕阿福:《警察使用枪械之正当性研究》,载《法学论丛》,22(2)。

[2] Cf. P. A. Waddington, *op. Cit.*, p.25.

[3] 《英国警察将配备麻醉枪》,http://news.china.com/zh_cn/worldsee/1005/20010715/10060563.html,2002 年 1 月 1 日最后访问。

时，警察如果对其开枪，又似乎缺乏正当理由（因为不存在眼前的威胁（immediate thread）），如果走上前去，又有一定危险，在这种情形下，使用警犬，往往是最有效的。[1]

在以下情形，可以对人身出动警犬：[2]一是正当防卫；二是为克制严重违反国（公）权力者；三是为依法强制逮捕、制止脱逃，依法逮捕拘禁之人犯或重大嫌犯或精神病患，被认为足以危害人身或财产之一般危害者。

⑪ 强光手电　可用强烈光线刺激对象的双眼，达到制服目的。

⑫ 拦车破胎器　用于交警执法上拦截嫌疑车辆。在韩国，警察也被允许采用逃跑车辆断绝装备，用于拦截那些无执照驾驶、酒后驾驶、罪犯驾驶的，并且不听从管制的车辆，但与此同时，应当设置该装备正处于使用之中的标志，并且采取必要的安全措置。

⑬ 石弓　韩国警察还可以使用一种叫石弓的装置。其适用于：第一，逮捕携带枪支、爆炸物质和其他危险物品的犯人；第二，秘密地进行有关国家安全的计划，比如，打击间谍或恐怖组织等；第三，枪支使用容易发生火灾和爆炸等情况。上述三种情况下，现场警察责任者可以决定使用石弓，但要遵循比例原则。

⑭ 电子冲击机和电子盾牌　韩国警察使用的装置之一。对未满 14 周岁的孩子和孕产妇，不允许使用电子冲击机和电子盾牌。使用具有电针的电子冲击机时，不允许向对方面部发射电针。

（3）枪支

根据现行有关警察枪支配备的规定，我国警察配备的枪支主要有：手枪、步枪、冲锋枪、机关枪等，也有的警种配有不同口径的火炮等。[3]主要用于镇压非常变故或骚乱行为，制止违法犯罪人脱逃、暴力抗拒执行公务或拒捕，正当防卫等。是警察强制手段中力度最大的，其结果很可能造成当事人死亡或重伤，因此，在西方国家的有关文献中也将其称为致命性武器（deadly force）。

但是，即便如此，我们仍然始终要记住，警察不是军人，警用的致命性武器更

---

〔1〕 Cf. P. A. Waddington, *op. Cit.*, p.28.

〔2〕《奥地利武器使用法》，郑昆山译，载《新知译粹》，1987，3（2）。

〔3〕 枪支部分以及上述有些警械的介绍，主要参考了王学林主编：《中华人民共和国人民警察使用警械和武器条例释义》，22～26 页，北京，警官教育出版社，1996。

多的不是用来杀戮,而是用于警察任务上的驱散或制服。[1]也正因此,有基层民警批评目前警察配备的警用枪支枪口初动能大、弹丸射速高、贯穿能力强、易穿透目标,造成目标物后的人身损伤,影响枪支的正常使用,建议警察应配备枪口初动能小、射程短、近距威力大、声响大的武器。这个意见就颇适合警察任务,值得有关部门考虑。

① 手枪　警察值勤,特别是执行危险性任务时,常携带手枪,因为其轻巧方便又适合近距离防卫压制之用,已成为警察的基本武器。

我国警察目前配备的手枪,主要有:

五四式 7.62 毫米自动手枪,配置五一式 7.62 毫米手枪弹。

六四式 7.62 毫米自动手枪,配置六四式 7.62 毫米手枪弹。

七七式 7.62 毫米自动手枪,配置六四式 7.62 毫米手枪弹。

上述手枪配置使用的子弹为铅心弹头。这些手枪一般在 50 米以内射击效果最佳,杀伤力最强。但五四式手枪弹头飞到 550 米,六四式手枪和七七式手枪弹头飞到 400 米仍具有杀伤力。

② 步枪　从性质上看,也不太适合警察任务,况且,警察已配备手枪。只有在执行特别任务时,才考虑配备步枪。

五六式 7.62 毫米自动步枪。在 400 米内对单个目标有较好的射击效果,集中火力可杀伤 800 米以内的集团目标。弹头在 1500 米内仍有杀伤力。战斗射速为 35～40 发/分钟。

八一式 7.62 毫米自动步枪,配五六式 7.62 毫米普通弹。

八五式 7.62 毫米狙击步枪,配五三式 7.62 毫米机枪弹。装有专用光学瞄准镜,可减少瞄准误差,提高射击精度和首发命中率。有效射程 800 米,战斗射速 35～40 发/分钟。主要用于反恐怖和解救人质。

③ 冲锋枪　因火力较大,不太适合警用目的。只在对付有组织的恐怖活动,近似战争的顽抗状态,非使用该武器,不足以压制罪犯的强大火力的情况下,才有使用的正当理由。

---

〔1〕 我国香港警方在选择配备枪支上考虑得更细,主要考虑:(1)是否适合香港的环境;(2)是否适合一般人员的体形;(3)是否易于训练、控制和使用;(4)是否具有较强的可靠性和较高的准确性;(5)是否易于维修、保养,零部件供应是否充足;(6)是否符合国际上对警械的要求。柯良栋、李文胜:《香港警方怎样管理和使用枪支》,载《人民公安》,2001(1)。这样细致入微的考量值得我们借鉴和学习。

我国警察目前配备的冲锋枪，主要有：

五六式、五六1式、五六2式7.62毫米冲锋枪。配五六式7.62毫米普通弹。对单个目标在300米内实验点射，400米内实施单发射效果最好。弹头在1500米内仍具有杀伤力。战斗射速，单发40发/分钟，连发90～100发/分钟。

七九式7.62毫米轻型冲锋枪。配五一式7.62毫米手枪弹，有效射程200米。战斗射速，单发40发/分钟，连发70～100发/分钟。

八二式9毫米轻型冲锋枪。配五九式9毫米枪弹，有效射程200米。战斗射速，单发40发/分钟，连发75发/分钟。

④ 机关枪　此为军事用枪，不太适合警用目的。因此，警察是否需要配备此种武器，颇有争议。德国警方认为，为对付拥有机枪的恐怖分子(terrorister)，警方也应有此种装备。但是，瑞士却不配备给警方，在理论上，认为处理上述状态，可以借调军队对付，无须由警方单独处理。[1]

我国警察，根据任务的性质，配备有：五六式7.62毫米轻机枪，八一式7.62毫米轻机枪，配五六式7.62毫米普通弹。

⑤ 火炮　海上缉私舰艇可能装备一定的火炮。

(4) 手榴弹等爆炸物　用于对付使用射击武器、手榴弹或相近爆炸物之人，或者使用其他射击武器仍然无效时，目的是使对方丧失攻击力。

(5) 非制式警械

警察在执行职务时，如果没有携带警械或枪支，遇有紧急情况需要使用警械或枪支的，随手操起附近的刀、斧、木棍、锯或私人所有的枪等，能否视为依法使用警械或枪支?

对此，有两种见解。一种见解是从严说，认为警械以外的物体均不是警械，但可以按正当防卫的情形来具体考量。如我国台湾地区。另一种见解是从宽说，认为可以从宽解释为警械，只要符合使用警械的条件，均属合法。如日本、奥地利。[2]

---

〔1〕 吕阿福：《警察使用枪械之正当性研究》，载《法学论丛》，22(2)。

〔2〕 陈春林：《使用警械职权的界限》，载《警学丛刊》，20(1)。奥地利《联邦警察、宪兵机关及地区警卫团体使用武器法》(1969年)第9条规定："若无适当武器可资使用者，得使用非本法所指定之其他武器，或其他具有武器同等效果之器械。"《奥地利武器使用法》，郑昆山译，载《新知译粹》，1987，3(2)。

我以为,不妨认可非制式警械是事实上的警械。《公安机关人民警察现场制止违法犯罪行为操作规程》(2010年)第28条有条件地认可了非制式警械,“符合使用警械条件,但是现场没有警械或者使用警械可能造成更为严重危害后果的,公安民警可以使用除武器以外的其他物品对违法犯罪行为人进行控制”。也就是说,允许使用的非制式警械不包括枪支。

但是,要特别指出的是,这只能是紧急情况下迫不得已使用的,而且不是自行有意制作的。《公安部关于看守所使用戒具问题的通知》(1991年6月7日)中早已明确严厉禁止各地方自制戒具。这样的规定精神可以推及适用于包括治安、边检、缉毒等在内的所有公安执法部门。

3. 配备范围

(1) 枪支

① 影响因素

警察枪支的配备,是与该国(地区)的历史传统、社会治安状况(如恐怖主义活动是否猖獗)、警察思想、对社会枪支的管制政策、财政状况、公众传媒能够接受的程度以及警察本身执行公务的需求等因素息息相关的。

形成比较鲜明对比的类型有以下两个。

一个是只要公务需要,就允许警察佩带、使用枪支,因此,警察配枪较为普遍。如在我国香港地区,每个着装执勤的警察(uniform branch officer on duty)以及刑事组的便衣警察(plain clothes officer in the crime wing)都配有枪支,这主要是因为警察当中对职业危险性的普遍认同以及财力雄厚。[1]又如美国,除与上述和香港同样的情况外,还由于枪支管制政策较为宽松,私人可以较容易申请持枪证、携带枪支,结果是更容易持枪作案,所以,警察也普遍配枪。

另一个是警察服勤原则上不带枪,另外专门建立武装警察,如英国,通过严格的遴选程序,组建AFO(authorised firearms officer,武装警察),其人数平均约占警局总人数的6%。[2]

---

[1] 根据一项有关抽样调查,在200名接受采访的香港警察当中,99.5%认为警察应佩带枪支,其理由不外乎两个:一是手枪和手铐代表着警察的权力;二是在香港警察当中普遍存在着一种观念,认为警察的工作是危险的。Cf. TING Huang-kay, op. Cit., pp.6、8、68.

[2] 关于英国警察不带枪的历史传统以及政策演变的介绍,参见江庆兴:《英国警察人员服勤不带枪》,载《警光》第459期。

据说,新中国成立之后,直至1954年,上海警察都配枪执勤,因为当时社会治安“比较乱”。但是,1954年之后,警察执勤不配枪了,这是“震动世界的大事”。[1]近些年,由于恐怖主义态势日益严峻,上海、广州等地又开始趋向警察普遍配枪。

② 法规范

在我国,根据《枪支管理法》(2015年)第5条以及《公务用枪配备办法》(2002年),允许配备公务用枪的警察为:

第一,各级公安机关以及铁路、民航、港航和林业公安机关的政保、经保、治安、刑侦、警卫、预审、技侦、文保、森保、缉毒、巡警队、乘警队、防暴队、交警公路巡逻队、看守所、拘留所、派出所、治安检查站、出入境边防检查站等部门的警察。

第二,各级国家安全机关的侦查、拘留、逮捕、预审、羁押、看守所、拘留所,以及边境口岸站所等部门的警察。

第三,各级监狱、劳动教养管理机关以及监狱和劳动教养场所的狱政、狱侦、管理教育、和警械保卫等部门的警察。

第四,各级人民法院、人民检察院以及各级专门法院、专门检察院的司法警察。[2]

另外,沿海、沿边地区海关的缉私人员(缉私警察)、武警部队、消防部队也允许配备枪支。但是,武警部队的枪支管理,适用军队武器、装备管理方面的法律、法规(《枪支管理法》(2015年)第2条第2款)。

③ 现阶段的建议

《枪支管理法》(2015年)第5条以及《公务用枪配备办法》(2002年)上明确的配备原则是“在依法履行职责时确有必要使用枪支的,可以配备公务用枪”。《公安机关公务用枪管理使用规定》(公安部1999年10月9日公通字〔1999〕74号通知印发)第3条在重申上述原则之后,还特别强调“非在编在职的人民警察一律严禁佩带、使用公务用枪”。

当然,我不否认,“执行公务需要”的确是决定要不要配枪的很重要的因素之

---

〔1〕《毛时代中国警察不佩枪震动世界》,http://club.china.com/data/thread/12171906/2770/21/06/7_1.html,2014年8月24日最后访问。

〔2〕公安部治安管理局编著:《中华人民共和国枪支管理法释义》,29～30页,群众出版社,2000。

一,但是,在现阶段,我却对那种要求一线民警应普遍配枪的说法持不同看法。[1]

在我看来,通过新的枪支管理法,我们采取了较为严厉的社会枪支管制政策,严格控制枪源。而且,经过一番整治,涉枪案件已经明显减少。据统计,1996年全国共发生持枪犯罪案件3600多起,比1995年下降6.8%,1997年2211起,比1996年下降39.1%。[2] 2001年全国范围开展治爆缉枪专项行动,与上一年同期相比,2001年前九个月全国发生的爆炸、持枪抢劫和持枪杀人案件分别有不同程度的下降。[3]那么,是不是还有必要呼吁连派出所也要增加枪支的配额?甚至是做到"人手一枪"?

其实,我们再采取反向的思维去看这个问题,在目前很多城市中派出所仅配有几支公用枪,而且大多数派出所怕出事,都"刀枪入库,马放南山"的情况下,仍然能够维持基本的运转,极少出问题,这是不是也说明了配枪的需求不是很迫切?这是一个方面的理由。

另一方面,更为重要的是,我们能不能保证民警得到必要的训练,且不说是最充分的?就拿香港来说吧,警察在警察培训学校(the Police Training School)的射击课程中就安排了553发子弹的实弹射击,而且每年还要参加两次射击考核,就是这样,在对200名警察的调查中,仍然有73%的人认为没得到足够的使用枪械训练,47%认为没有得到足够的有关使用枪械方面的理论培训。很多接受调查的警察都承认,在实战对射中他们只是本能地向疑犯的大致方向射击。最后调查的结论是,警察射击的准确度无论如何很难说令人满意(in short, the accuracy of police shooting can hardly say satisfactory in any circumstances)。[4]那么,我们给一线民警配发枪支后,能不能保证给予他们比香港警察更高程度的训练?

问题的关键是,各地方基层单位到底有没有财政能力负担每年定期射击考核、训练?据我了解,现在很多基层单位根本无力开支用枪训练的费用,"打靶的

---

〔1〕 据报道,为在打击犯罪中发挥警种优势,以及针对当前交通管理中"不服管、不认罚,甚至是袭击交警"的现象时有发生,所以,成都交警首次配枪,将200支手枪和微型冲锋枪分发到下属分局交警手中。"决策者希望用增配枪支来帮助交警完成任务,保证安全"。但也有人对此举有无必要提出异议。《我看交警配枪》,载《人民公安报》(电子版),2003-01-10。

〔2〕 数据来自刘威华、衡晓帆:《配不配枪?用不用枪?》,载《人民公安》,1999(15)。

〔3〕 王建良:《全国治爆缉枪专项行动延至年底》,http://www.sina.com.cn 人民公安报,2001年11月8日最后访问。

〔4〕 Cf. TING Hung-kay, *op. Cit.*, pp.53、55、75.

子弹得花钱买”，现在有些单位连办案经费都保证不了，甚至警察的工资都不能按时发放，哪来的钱给警察打靶？当地有驻军的，则依靠关系向其申请赞助些子弹，过过靶瘾。就是财政状况较好的单位，也只是一年内让警察打几次靶，据我了解，好的像防暴队可以打到100多发子弹/每人，刑侦部门每年实弹射击可以有两次，每次10发子弹/每人。几乎谈不上开展像PPC(一种流行于国际的训练警察方法)那样的更加细致、科学和有针对性的训练。

然而，配枪，就必须严格有效地训练使用枪支，就必须考虑财政上的负担可能。而且要知道，这种开支实际上是很大的。据统计，英国大都市警局(the Metropolitan Police)1985—1986年间用于枪支训练的年度预算达到近200万英镑，这迫使警局必须注意控制训练的规模，也就是减少AFO的人数，以便得到更加精良的训练。〔1〕这种解决问题的思路值得我们注意。

目前基层之所以出现警察滥用枪支的情况，恐怕与平时的训练不够，或根本就没经严格训练有关。如果无法保证训练或者训练太少，那么对于公众来说，枪在警察手里可能比在犯罪分子手里也安全不了多少。〔2〕而且，如果警察缺乏严格的专门训练、不善于用枪，却普遍地佩带枪支的话，也未必会对其人身安全带来更大的保障，甚至会因为歹徒抢劫枪支而变得越发不安全。〔3〕

既然如此，那么我们就应当进一步反思上述的配枪范围是否合理？有无更好的替代措施？在我看来，为什么不考虑像英国那样，就只给治安、派出所、防爆、巡警等部门的一线民警中部分警察配枪(刑警例外，可考虑普遍配枪)，建立严格的遴选程序以及持枪警察制度，将有限的财力相对地集中起来，专门训练这些警察。这些警察平时分散在派出所、分局，枪支可以考虑个人保管，也可以集中保管。另外，在巡警中配备武装反应警车(Armed Response Vehicle)，全天24小时在辖区内巡逻。一旦出现需要用枪的紧急警务，就立即通知这些警察出

〔1〕 Cf. P.A.J.Waddington, *op. Cit.*, pp.55～59.

〔2〕 据说，我国台湾地区警察的射击训练也少得可怜，每人平均每年在靶场实弹射击不超过50发子弹，开枪时间半小时左右。射击专家说，以这样小的训练量，能在近距离击中固定目标就不错了，如果在值勤时遇到活动目标和复杂情况，警察手中的枪发挥的作用实在有限。因此，有人就感慨道“警察有枪人心更慌”，其中的道理颇值得我们注意。宗和：《警察有枪人心更慌》，http://news.sina.com.cn/c/282888.html，2001年6月24日最后访问。

〔3〕 据公安部指挥中心接报暴力袭警案件的通报，2000年1月1日至5月20日共发生以抢劫警察枪支为目的的袭警案件9起，黑龙江省2月3日、20日、22日、3月17日和4月3日连续发生5起袭击警察、抢劫枪支案件，3名警察牺牲、2名受伤。4月2日，4名歹徒闯入河南汝州市公安局一民警家中，将其打伤后，抢走手枪一支。

警。我以为,在交通与通信解决得比较好的公安机关完全可以考虑这么处理。至于基层出现的民警在处置一般治安案件中被当事人刺伤、刺死或殴打等情况,只要配备了防护装备以及警械,再加上提高民警的缉拿战术培训以及防范意识,应该能够应付,不需要一定要用枪解决。

当然,在农村或有些地区,因为交通、通信不便或治安差等原因,可以考虑暂时维持现在的配枪原则与状态,甚至在部分治安环境不好、警察工作危险性较大的地区,可以适当扩大配枪的数额。比如,据报道,武安地区由于矿山资源十分丰富,一些个体和联办小矿不计其数,引来了大量外地民工在此务工,因而矿区社会治安相当复杂。民工相互械斗现象时有发生。公安机关处理此类事件难度较大,甚至曾发生过打死、打伤警察的恶性事件。有一些有势力的包工头为了维护自身安全,购置了枪支,制造了炸药包埋在自己居住地,并雇请了"保安",24小时值勤。造成警察晚上根本不敢到矿区去。[1]因此,面对这样的情况,你要警察去履行职务,不给他配枪,行吗?

(2) 警械

① 配备范围

关于警械的配备范围,没有像枪支那样的统一法规范加以规定,只是在有关派出所、巡逻队、交警等装备规定,以及零星的个别法中有所涉及。其中有完整规定的是:

第一,《公安派出所装备标准试行规定》(1991年)第3条第(六)项规定,派出所民警,可以配有警棍、警笛、警绳、手铐、手电、强光手电、望远镜、约束带、手持喊话器、警械专用柜。[2]

第二,《全国城市人民警察巡逻队装备标准试行规定》(1994年)第3条第(四)项规定,城市警察巡逻队,可以配备警棍、手铐、警笛、警绳。[3]

第三,《交通警察执勤规则(试行)》(1988年9月19日公安部[88]公(交管)字84号文印发)和《基层公安交通警察队装备标准试行规定》(1992年)中规定,公

---

〔1〕 刘裕国:《武安血案:矿山社会治安差、干警不敢下矿区》,http://www.people.com.cn/GB/shehui/44/20010823/541748.html,2001年8月24日最后访问。

〔2〕 但其中的警笛、手电、望远镜、手持喊话器、警械专用柜能不能算是警械?我觉得更像是装备,而不是警械。

〔3〕 同样,警笛也不能算。

安交通警察队,可以配备警棍、警笛、警绳、手铐、强光手电、望远镜、拦车破胎器。[1]

第四,《看守所条例》(1990年)第17、21条、《监狱法》(2012年)第45条、《治安拘留所管理办法(试行)》(1990年)第18条第2款、《劳动教养管理工作执法细则》(1992年8月20日司法部发布)第49、50条、公安部《关于预审看守部门可以配备警棍的通知》(1983年10月10日)以及《公安部就看守所使用戒具问题发出通知》(1991年6月7日)等中规定,监狱、看守所、拘留所、劳动教养所、收容教育所、戒毒所等的警察或工作人员,可以配备械具、戒具。这里的戒具是指手铐、脚镣和警绳。

必须指出的是,上述罗列是不周全的。一般来说,可以配备枪支的警察(种)应该都可以配备警械,只是根据各自任务的不同,在警械种类上有所差别而已。因为从比例原则的要求看,枪支是最极端的强制力,不到万不得已,决不使用,而应尽量选择其他的强制手段,这就隐含着配备警械的必要。

另外,有的地方正考虑给辅警也配备基本的警械,授权他们行使一些基本的执法权,如可在街上盘问可疑人员,可以检查其身份证。[2]还有一些地方的保安、治保队、联防队也配有一些警械。我以为,基于上述人员协助执行公务的需要,是可以考虑配发一些警械,但是,应当限定警械的种类(如仅限于警棍),并且要注意去完善有关的管理制度,特别是法律制度。

综上所述,鉴于目前对警械的配备范围缺少统一的规定,很难进行有效的管理,因此,建议公安部尽早制定一个关于公安机关警械配备、使用与管理的统一规定。

② 现阶段存在的问题

第一,现有立法规定的配备范围不合理。比如,监狱部门,根据现有立法并不能配备警棍等驱逐性、制服性警械,然而执法的现实决定了这种需要,监狱部门不仅需要配备警棍,还应该配备催泪弹、高压水枪、特种防暴枪。

第二,配备的标准不明确。为什么这个机关配备这些警械,那个机关配备那些警械,为什么这个警种配备这些警械,那个警种配备那些警械?依据是什么?

---

[1] 同样,警笛、望远镜也属于警察装备,而不是警械。

[2] 《配备基本警械盘查可疑人员、广州将建万人辅警队》,http://news.xinhuanet.com/newscenter/2001-11/25/content_132697.htm,2001年11月26日最后访问。

这些问题都需要明确的答案,然而现有的立法并没有给予回答。

第三,在实践中仍然存在着该配的没有配,该携带的没有携带,从而造成不必要的伤亡。[1]对于警械来说,在某些情况下具有不可替代性,缺少它将直接导致任务的无法完成,甚至造成不应有的伤亡。针对这种情况,1999—2000年公安部召开的预防和减少值勤民警伤亡的电视电话会议上,部领导就要求派出所、巡警队等基层民警执勤时必须携带警棍、警绳、手铐等警械。因此,我们应该认识到佩带警械不仅是一种权力,也是一种义务,是强制性规定,各有关部门应当重视这个问题,并真正贯彻落实。

以上问题均源于立法的不完善。而这种不完善又是与对问题的不够重视和认识不清有根本性的关联。因此,我们要在深入研究的基础上完善相关立法。[2]

表 5-2　警察配枪的条件

《公安机关公务用枪管理使用规定》(1999 年)	《公安机关公务用枪管理规定》(2015 年)
第十七条　佩带、使用枪支的人民警察应当具备下列条件: (一) 符合《中华人民共和国枪支管理法》的规定,政治可靠,工作负责,遵纪守法,身体健康,心理素质好,无酗酒习惯; (二) 经过专门培训,掌握枪支的性能和使用、保养规定,年度射击、保养技能考核合格; (三) 熟悉《中华人民共和国枪支管理法》《中华人民共和国人民警察使用警械和武器条例》等法律法规; (四) 无违反枪支管理规定受处分记录; (五) 参加公安工作一年以上。	第十四条　人民警察符合下列条件的,由所属配枪部门主要负责人提出,经政工部门审核,报所属公安机关主要负责人批准后,按规定程序向省级人民政府公安机关申请核发持枪证: (一) 已授予人民警察警衔; (二) 熟知枪支管理、使用法律法规、规章规定; (三) 熟练掌握所配枪支种类的使用、保养技能; (四) 通过法律政策考试、实弹射击考核。

4. 配备人员的条件

(1) 法规范

《公安机关公务用枪管理使用规定》(1999 年)第 17 条规定了佩带、使用枪

[1] 据统计,2000 年度全国公安民警因公牺牲 428 人,有 62 名民警是在同犯罪分子的斗争中遭暴力袭击英勇牺牲的。在这 62 名民警中,相当一部分是由于民警在执行任务未携带武器警械或未使用武器警械造成的,其中牺牲时未携带武器、警械的就高达 20 人。可见问题的严重性。

[2] 周云川:《警械使用的法律控制》,中国人民公安大学硕士学位论文,2002。

支的人民警察应当具备的条件。《公安机关公务用枪管理规定》(2015年)第14条做了修改。但是,经过比对,发现基本没有太大变化。

(2) 评价

① 立法上存在的问题

第一,上述有些标准,缺少更加细腻的、可操作与衡量的尺度。

比如像"身体健康",就不如英国武装警察的遴选程序(authorised firearms officer selection procedures)来得细。在英国,身体健康和适合用枪(Health and Fitness)大致有三项内容:一是所有申请者必须在身体条件上能够胜任该工作所要求的所有任务,并且保持高水准的适应性;二是对眼睛视力的要求;三是没有长期服用过某些特定的药物。

其实,我们也完全可以用更加细致的内容来具体细化上述标准,以进一步控制行政领导主观随意性与自由裁量权,不是说让谁携枪或不让谁携枪,就是领导的一句话,"嘴巴嗒过来,嗒过去,都是他的理"。另外,可以更好地贯彻配枪的条件。比如,"遵纪守法"一条完全可以进一步明确为"未曾因为违纪被处以警告以上处分的"。[1]

第二,其中什么情况算是"心理素质好"呢?似乎这样的规定太过笼统。

在英国,尽管也有类似的规定,叫"个人记录"(personal records),但是,内容比我们广得多,具体得多,甚至超出心理素质的范畴。也就是,要调查看看:申请者有没有因脾气(temperament)、判断力(power of judgement)、决定能力(decision-making ability)、缺乏领导或原创力(lack of leadership or initiative)、与同事或公众的关系(relations with colleagues or public)、遵纪或缺乏勤勉(acceptance of discipline or lack of diligence)以及形象与穿戴(appearance and bearing)等被批评的记录。为此,还要进行一些心理测试(psychometric test)。[2]

实际上,像这样考虑个人禀性、与亲友、同事之间关系等因素的情况,在我国

---

〔1〕 英国还要求考虑申请者的驾驶记录,如果曾发生由其引起的交通事故的,也要予以考虑。

〔2〕 但英国人后来的研究结果表明,心理测试的效果不理想,因为像其他许多领域的人类行为一样,决定用枪行为的主要因素是(当时的)情境,而不是警官的性格或脾气(It is the situation rather than the character or temperament of an individual officer that is the principal determinant of behaviour in armed operations, as in so many areas of human activity)。Cf. P. A.J. Waddington, *Arming an Unarmed Police: Policy and Practice in the Metropolitan Police*, the Police Foundation, 1988, pp.53~54.

实践中也有。[1]现在,很多公安机关在决定给不给民警配枪时,还要考虑他有没有严重的特权思想、家庭婚姻矛盾是否突出、[2]是否有债务缠身、是否性格粗暴、爱“动手动脚”等因素。[3]上海所有配枪执勤民警都要接受专业的心理测试,以“掌握配枪执勤民警基本的性格特征、近期心理健康状态、在近阶段生活中比较负性的事件,以及这些事件可能对民警心理造成的不良心理影响”。[4]我觉得,用上述这些具体内容来代替抽象的“心理素质好”,似乎更具有操作性。

第三,上述情况,比如,警员家庭矛盾、个人禀性等,一般需要相处较长的时间才能慢慢发现。也正因此,对工作年限的要求长短就显得很重要了。英国要求申请者必须执行警务 3 年以上,相形之下,我国只规定“参加公安工作一年以上”,会不会太短,不便于领导了解下属的脾气禀性、办事风格?在早先的《公安机关和保卫部门枪支管理规定》(1987 年 8 月 22 日公安部[87]公(治)字 76 号印发)中,还对公安、警察院校的毕业生不做年限的要求,更是成问题。

第四,无酗酒习惯之要求,是因为酒精会降低警察的警觉性和执勤能力。其实一般的,或偶尔的饮酒过量也极可能导致上述结果,比如震惊全国的海口

---

〔1〕湖北省在一次枪支管理专项督察活动中,抽查民警 1987 人次,有 1470 名违反枪支佩带、使用规定。这一千多名因“特权思想严重、心理承受能力差、家庭矛盾突出、债务缠身等不适合配枪”的民警被取消配枪资格。陈杰人:《“不适合配枪的警察”适合什么》,载《中国青年报》2000-10-30。襄樊市公安局也有类似的做法。范步、何桂山、冯晓濮:《民警出了事领导要撤职》,http://news.sina.com.cn/c/306636.html,2001 年 7 月 28 日最后访问。

〔2〕某地曾发生一案,某民警与其妻矛盾较深,经常在家吵架或互殴,一日,该民警出差,将手枪放在家中,被其妻发现,遂将手枪偷出,租车赶上民警,将其打死,然后自杀。

〔3〕香港一个实证调查有个很有意思的发现,个性影响人对外在因素的感受(the personality influence a person's perception to outside factors)。在用枪裁量上,不同警察的个性,影响其对不同用枪裁量因素的重要性的感受,而不对其用枪之决定有重要影响(the personality of different officers affect their perception as to the significance of different determinants, not of the ultimate decision to shoot),只是间接影响。Cf. CHAN Lok-wing, *op. Cit.*, p.89. 然而,Kinnane 的研究结论却是相反的,他认为警察的个性与感受是所有因素中最有影响力的(the personality and perception of the officer are the most influential of all determinants)。Cf. CHAN Lok-wing, *op. Cit.*, p.101. 那么,我们的实践(性格粗暴者不配枪)到底有没有道理呢?这还可以再研究。

〔4〕《既能“用兵一时”,又要“万无一失”—— 一线民警讲述配枪感受》,http://wenku.baidu.com/link?url=1HVsiqDfoJI3PT0AxygSCD-eHaUkIFcwfVNApWE5JdjjJHnzqAW0ljyVv01PbXFFrDt66kRs7K5k0NGilB7GPufFV_s7MjfImdx_3si1M4W,2014 年 8 月 24 日最后访问。

“5·30”交警持枪杀人案就是一个例子，[1]不能不防患于未然。

在英国，《警察人员使用枪械须知》中要求，警察人员在携带枪械时，不得饮用酒类。任何警察人员在接受武装勤务或训练射击前二十四小时内均不得饮酒。我觉得，这样的要求可能更好些。

另外，如果警员服用麻醉药剂，也可能影响其警觉性或执勤能力，对此也应该像英国那样有所规定。[2]

第五，从西方国家与我国香港警方的经验看，配枪警察必须学习心理学、犯罪学、人际关系(human relations)的基本知识，这有助于对人的动机以及不同种族的文化差异有敏锐的感觉(sensitize officers to human motivations and to cultural differences among ethnic groups)，化解危险，避免事态严重以及误读危险。尤其是在警匪相遇对抗时，更能显出其价值。[3]因此，建议在上述条件中加入类似这样的条款规定。

② 执行上存在的问题

第一，尽管《公安机关公务用枪管理使用规定》(1999 年)第 16 条明确要求对配备、使用枪支的人民警察必须进行专门培训考核，而且还规定了培训工作要达到的两条要求：一是根据公安部确定的各警种公务用枪培训大纲，制订实施公务用枪年度培训计划；二是每年度应进行一次理论考核和一次以上的实弹射击训练，实弹射击训练应达到公安部规定的年度训练用弹标准。《公安机关公务用枪管理规定》(2015 年)也设专章规定了“训练考核”，要求“各级公安机关应当至少每季度组织配枪民警开展一次实弹射击训练，加大近距离实战对抗射击训

---

〔1〕 2001 年 5 月 30 日晚 7 时许，琼山交警原副中队长吴亚弟邀请 6 位朋友一起在海口市金龙路某海鲜酒店吃饭，席间几人共喝了 4 瓶 52 度的“小糊涂仙”酒。离开酒店后，吴亚弟驾驶摩托车，进入海口市人民公园转悠，主动勾搭江西女子曾四连，后两人在搞色情活动时发生争执，吴掏出“六四”式手枪，正面朝曾四连开了一枪，子弹从胸部进入，从后背出来，致使曾四连当场死亡。吴以故意杀人罪被判处死刑。《酒后公园嫖娼，争执不下开枪》，载《北京晚报》，2001-06-11。《海南交警吴亚弟一审被判死刑》，载《北京晚报》，2001-08-11。

〔2〕 英国《警察人员使用枪械须知》第 24 条规定，警察人员在接受麻醉药剂处理后，应由专科医师提出鉴定报告，对该药剂之副作用有无影响其警觉性或执勤能力，以及能否接受武装勤务或射击训练，做出判断。

〔3〕 吕阿福：《警察使用枪械之正当性研究》，载《法学论丛》，22(2)。香港的有关实证研究也得出应当对警察进行政策、人际关系(human relations)以及使用与不使用武器的战术训练(tactics for the use and non-use of weapons)。Cf. TING Hung-kay, *op. Cit.*, p.59. 这里的人际关系，在我理解起来，实际上是心理学、社会学范畴的东西。

练比重","配枪民警每人年度实弹射击训练用手枪弹数量,不得少于100发"。但是,据我了解,因为基层工作繁忙,上级布置的任务一项接一项,应接不暇,更主要是经费问题得不到落实,实际上能够做到上述规定的不多。有一位资深刑警告诉我,他参加工作十年,一直在刑警部门,单位没组织过一次打靶。

由于警察在实战中真正使用枪支的情况毕竟很少,比如,某地市刑侦处统计,2000年平均每月用枪80次,2001年平均用枪57次,2002年1—2月平均用枪16次;在办案中开枪的,2000年2次,2001年、2002年1—2月一次没有,因此,要想让警察在实战中得到锻炼,实际上是不可能的,也是十分危险的。所以,用枪,特别是射击经验必须在平时训练中积累。这方面的工作还有待于进一步落实到位。

第二,训练方法有待更新。

据我了解,现在的射击训练,一般都只做固定的姿势、距离、靶位的训练,也就是我们常说的"定点打靶"。忽略了像近距离射击(5公尺以内)、移动靶位、防弹衣使用、拔枪、用枪时机等较有实用性的演练,更谈不上战技术的训练,如警员之间的相互掩护配合。考核的标准也主要是看打得准不准。[1]

但这样的训练方法实际上与警察目的和任务有冲突,前面说了,警察不是军人,其任务不是杀戮,不是一定要把对象打死、打残,而更主要的是为了制止、驱逐、排除公共危害。

现在国际上流行的训练警察的方式已经不是这样了,而是采取一种叫作PPC的教学模式,要求警察在各种姿势下都能够迅速拔枪、瞄准、射击,并且击中目标(但不要求打得多准,九环或十环),而且还必须结合警械使用条例,判断用枪时机。这种训练方式更加符合警察目的,因为只要迅速击中目标,使罪犯丧失逃逸、反抗能力,并且符合用枪条件,就已经达到警察目的。

深圳市公安局最早从我国香港警方那里关注到,并积极引进这种训练方式。公安部也于2001年暑期在大连举办了公安系统第一次PPC比赛。有些地方的特警和巡警(如武汉)也开展了该项训练。但要进一步普及到各地公安机关以及警察院校,还有待时日。

第三,对有关法律规定不太熟悉。

---

〔1〕 我国台湾地区也有人对这样的训练方法提出异议。刘嘉发:《警察使用警械问题之探讨》,载《警光》,498。

我国台湾地区有个问卷调查显示，警察人员对使用警械之时机以及注意事项“非常清楚”者，仅占37.8%，而“尚了解，但不很清楚”者，高达53.9%，“完全不了解”者，占8.3%。[1]我国香港地区有位高级警察为撰写硕士学位论文，也在小范围内做过调查，结果是，香港《警察通令》(*the Police General Orders*)中允许开枪的条件有三个，但接受调查的警察当中，没有一个提到为“平息骚动或暴乱”(to quell a riot or insurrection)可以开枪。[2]

尽管因为经费以及其他可以理解的原因，我没有在基层公安机关中做过类似的问卷调查，但是，从个别访谈的情况看，我估计情况也不会太乐观。我还可以举出两个间接证据来证明这一点，一是我曾到公安大学的书店翻看过几本介绍枪支与警械的训练教材，很少有详细介绍“警械条例”的，更谈不上详细的逐条阐述与说教。二是我也在课堂上问过公安大学的学生，上射击课，老师有没有介绍有关的法律规定，有的回答说没有，有的说只是简单地说了一下。

第四，更为主要的是，用枪训练与法条教育之间不能做到有机的结合，不能像血与肉那样融合在训练过程中。

香港地区警署负责枪械训练的教官说得好，要“使警员使用枪支就像驾驶汽车一样熟练”。驾驶员的培训就非常注意结合交通法规与驾驶技术，使驾驶员都知道遇到红灯就刹车。红灯停，是法规规定；踩刹车，是技术动作。[3]言下之意就是在枪支的训练中，也要达到遇到什么情境，就能根据“警械条例”的规定作出相应的、恰当的反映，否则就是“违章”了。

我曾阅读过一篇叫作《给我一支枪吧》的警察札记，以充满自我调侃与幽默的笔调叙述道，在一次围堵犯罪嫌疑人的行动中，“有人急了眼，顾不上行动纪律(不到万不得已不准开枪)朝天鸣了第一枪”，“大伙儿可摸着这机会了，好几年都没枪放了，谁不想借这个机会放两枪过过瘾？一时间枪声大作，感觉就像三十夜放过年大鞭一般”。瘾倒是过了，但等到狼真来了(犯罪嫌疑人逼近了)，子弹却打光了，立马傻了眼。[4]开枪岂是放鞭炮，过家家?!

---

〔1〕 统计数据引自江庆兴：《对保障执勤警察人员安全之建议》，载《警学丛刊》，16(4)。

〔2〕 Cf. CHAN Lok-wing, *op. Cit.*, pp.74～75.

〔3〕 柯良栋、李文胜：《香港警方怎样管理和使用枪支》，载《人民公安》，2001(1)。

〔4〕 曲怡琳：《给我一支枪吧》，载《警苑》，2001(9)。

而且,我收集到很多警察因执行公务牺牲的报道,都多多少少与未经有效训练有关。比如,1999年5月26日晚8时50分,河南省郑州市金水分局刑侦大队大案中队指导员王立新和民警王亚宇在盘查中,发现两名形迹可疑的男青年。当出示警察证之后,那两名青年转身就跑。在追赶中,其中一个青年突然掏出手枪向警察射击,王立新英勇牺牲,王亚宇负重伤。在附近巡逻的河南公安高等专科学校实习学生沈钦睿、叶绿听到枪声后,也赶了过来。持枪的歹徒再次开枪,沈钦睿中弹倒地。正在执行任务的郑州市公安局经八路派出所民警胡春岭循着枪声,向迎面跑过来的歹徒猛扑上去,将其拦腰死死抱住,歹徒将他摔倒,他又抱住歹徒的双腿,不幸被歹徒开枪击中胸部,光荣牺牲。[1]该案中警察恪尽职守、英勇献身的精神当然可歌可泣,但是,从警察的技战术角度讲,是很有问题的。接受严格训练的警察应当能够正确判断形势,在尽可能保证自己人身安全的前提下制止犯罪活动。这在香港警察的训练手册上是最基本的训诫,但大陆的警察却很少接受这样的训导。[2]

③ 佩带警械的条件付之阙如

与上述枪支相比,更成问题的是,直到目前为止,我还没有见到一个法规范明确规定佩带、使用警械的人民警察应当具备的条件。既然你可以用,我也可以用,甚至连临时到派出所帮忙的联防队员(有些地方现在改叫“辅警”)也可以带着手铐去传唤人,也就不难理解为什么实践中滥用警械、耍威风、抖派头的现象始终屡禁不止了。这不仅仅是突破思想的、(职业)道德的栅栏的问题,更主要的是缺乏内在的制度约束机制的结果。既然如此,我们为什么不“亡羊补牢”,从制度的完善做起?仔细想一下,佩带警械的条件大致也应该和佩带枪支的差不多,当然,对于上面提到的一些不足之处,是不是在立法时可以一并考虑进来?

5. 管理

(1) 公务用枪的管理

公务用枪的管理较为制度化,原则上实行集中保管,例外情况下允许个人保管。

---

〔1〕 转引自刘静:《安宁的代价》,载《人民公安》,1999(15)。

〔2〕 柯良栋、李文胜:《香港警方怎样管理和使用枪支》,载《人民公安》,2001(1)。

① 集中保管

《公安机关公务用枪管理使用规定》(1999年)和《公安机关公务用枪管理规定》(2015年)都对集中保管做出具体要求,大同小异。

表5-3　集中保管的规定

《公安机关公务用枪管理使用规定》(1999年)	《公安机关公务用枪管理规定》(2015年)
第二十七条　集中保管公务用枪的形式,由省级人民政府公安机关本着既要保证安全又要方便使用及下列原则确定: (一)城区派出所和省级以下(含省级)公安机关的政保、经侦、治安、刑侦、监所、警卫等一线实战单位可自行集中保管公务用枪,实行上班或执行任务时领用、下班或完成任务后交回的制度; (二)各级公安机关非一线实战单位和省级以上公安机关配备的公务用枪一律实行集中保管,实行执行任务或训练时经本单位主管领导批准后领用,完成任务或训练完毕后交回的制度。	第二十三条　各级公安机关及其所属具备保管条件的配枪部门应当集中储存、保管枪支,落实枪支弹药库(室、柜)24小时值守、枪弹分离、双人双锁管理制度,保障枪支安全存放,保证及时领取、交还枪支。 第二十四条　各级公安机关应当督促所属具备保管条件的配枪部门按照要求设立枪支弹药室,配置枪支弹药专用保险柜,严格落实安全管理制度。 各级公安机关不得擅自将所属配枪部门自行保管的枪支上收统一集中保管,确因工作需要上收的,应当报经上一级公安机关同意。
第二十八条　集中保管公务用枪的单位应由专人负责领退枪支和验证、登记工作,定期清点整理枪支弹药,检查保管设施的可靠性,及时向枪支管理负责人报告枪支弹药保管、领用和弹药消耗情况。	第二十五条　各级公安机关及其所属自行保管枪支的配枪部门,应当选配专(兼)职枪管员,负责枪支储存、保管和领取、交还登记等工作,加强对枪支弹药库(室、柜)及视频监控等安全防范设施的日常检查,发现问题立即报告、整改。

② 个人保管

《公安机关公务用枪管理使用规定》(1999年)和《公安机关公务用枪管理规定》(2015年)都规定了个人保管,也大致相同。

③ 问题

枪支的集中保管要求有专人24小时值守,枪支与弹药必须分开存放。领用手续是,首先向领导报告,经批准,再找枪支保管员打开保险柜取枪。

表 5-4　个人保管的规定

《公安机关公务用枪管理使用规定》(1999 年)	《公安机关公务用枪管理规定》(2015 年)
第二十五条　公务用枪应当集中保管,有下列情形之一的经批准可以由个人保管: (一)地处农村、城镇和城郊接合部等暂不具备集中保管条件的派出所的外勤民警,经县级人民政府公安机关批准的; (二)县级公安机关所属的刑侦、经侦、治安、巡警、公路巡警等暂不具备集中保管条件的一线实战单位的人民警察,经设区的市级人民政府公安机关批准的; (三)具备集中保管条件的县级以上(含县级)公安机关的人民警察在执行必须携带公务用枪的任务完成前,或上级指令必须携带公务用枪备勤时,经单位主管领导批准的。 符合本条第一款第(一)(二)项规定的人民警察必须填写审批表,经本单位领导审查同意后报县级人民政府公安机关审批。 人民警察个人保管公务用枪的,应配有枪套、枪纲、枪锁等安全装置。外出执行任务时必须随身携带枪支,严禁人枪分离。	第二十六条　符合下列情形之一的,可以由配枪部门主要负责人审查同意,报所属公安机关主要负责人批准,指定配枪民警个人保管枪支,并配齐枪套、枪纲、枪锁等安全装置: (一)在重点地区执行反恐防暴任务需要的; (二)执行特定侦查任务需要的; (三)地处偏远农村、山区的派出所不具备自行保管枪支安全值守条件的; (四)所属公安机关依法依规确定的其他情形。 配枪民警个人保管枪支的审批时限,一次不得超过 30 天。 个人保管枪支的配枪民警不需佩带枪支时,应当将枪支存放在枪支弹药室(柜),向枪管员说明情况予以登记,需要时及时领用;或者将枪支上锁后存放在其办公室、住宅保险柜,并随身携带枪锁、保险柜钥匙。
第二十六条　有下列情形之一的个人保管的枪支必须集中保管,本单位暂不具备集中保管条件的交由上一级公安机关集中保管: (一)休假、病假、探亲、旅游等非警务活动期间; (二)脱产学习、培训期间; (三)外出参加会议、长期借调在外和其他无携枪必要的公务活动; (四)其他不宜由个人保管枪支的情形。	第二十七条　对配枪民警个人保管枪支存在下列情形之一的,其所属配枪部门应当立即收回枪支: (一)审批有效期限届满或者不需继续个人保管的; (二)脱产学习或者借调在外的; (三)休病假、事假的; (四)所属公安机关依法依规决定不适宜由配枪民警个人继续保管枪支的其他情形。

然而,基层民警却提出很多很尖锐的意见,说这“是不战斗在第一线的机关

人员坐在办公室里想出来的”。比如，紧急情况急需用枪时，领导却联系不上，或者内勤民警不在，怎么办？[1]比如，在5人以下的派出所中，要想按照规定做到枪、弹分开由两人分别保管，24小时死守死看，是很困难的。[2]

我以为，既然是集中保管，肯定要有规章制度；再加上基层警力普遍不足，人员分工不可能专司一职（管枪），不及其他；在广大的郊县、农村交通、通讯又不十分便利，因此，出现上述问题在所难免。

但是，不要忘记，我们在集中保管制度之下还开了个口子，允许个人保管，而且仔细阅读有关的条款，我们会发现实际上允许个人保管的空间和灵活度是极大的，甚至可以大到将集中保管制度弃而不用（注意《公安机关公务用枪管理使用规定》（1999年）第25条第1款第（三）项之规定，《公安机关公务用枪管理规定》（2015年）第26条第（四）项之规定）。从这个角度讲，上述的问题在很大程度上都可以不成其为问题，都可以迎刃而解。如果确实工作需要，可以减少集中保管，发给个人保管。

所以，在我看来，实际上问题不在保管体制，而是在于，很多基层领导怕枪在民警手里，万一出了事，自己也要担责任。[3]更何况有的民警确实出现枪被盗、被抢、丢失或违法违纪。[4]“一朝被蛇咬，十年怕井绳”。更不敢让个人保管枪支了，该收的、不该收的，全都收上来统一保管。有的单位层层发文件、提要求、签订责任书，并具体将责任落实到基层领导和民警头上，使民警思想压力很大，有的民警本该配枪，也主动要求枪支上交。[5]有的还规定了更加严格的制度，比如，在执行任务佩带枪支时，也要求枪弹分离。[6]一旦发生紧急情况，当然措手不及，难以应付。这才是问题的实质。

---

〔1〕 刘威华、衡晓帆：《配不配枪？用不用枪？》，载《人民公安》，1999(15)。

〔2〕 张升东、周志英、赵敬毅：《从枪案看公务用枪管理》，载《人民公安》，1998(6)。

〔3〕 有些基层公安机关的确有搞领导责任追究制的，举个例子，襄樊市公安局在“三项治理”活动中出台了一些硬性规定，比如，该局在严治直接责任人的同时，还强调领导责任追究制：凡发生民警滥用职权致人死亡案件的，给予直接领导撤职处分，给予县市区公安局政委记过以上处分，责令局长引咎辞职。范步、何桂山、冯晓濮：《民警出了事领导要撤职》，http://news.sina.com.cn/c/306636.html，2001年7月28日最后访问。

〔4〕 据说，1993年至1996年，山西省公、检、法、司及金融等部门共丢失、被盗、被抢公务用枪多支，其中被盗被抢的枪支就占60%。张升东、周志英、赵敬毅：《从枪案看公务用枪管理》，载《人民公安》，1998(6)。

〔5〕 张升东、周志英、赵敬毅：《从枪案看公务用枪管理》，载《人民公安》，1998(6)。

〔6〕 刘威华、衡晓帆：《配不配枪？用不用枪？》，载《人民公安》，1999(15)。

那么,为什么那么怕民警拿枪出事呢?这恐怕跟目前民警普遍缺乏系统训练有很大关系,所以,从某种意义上讲,我们也可以把上述所有问题看作民警普遍缺乏专业训练(包括法律的、政策的、人际关系的[1]、技术技能的训练)的综合征的外在表现。

这又回到上面的话题,在财政资源稀缺的情况下(注意,我十分强调谈问题的特定前提),更好的解决办法,在我看来,可能还是要从制度上去解决,也就是建立持枪警察制度,配备武装反应警车。这样的话,碰到紧急情况,有请示报告、取枪的工夫,还不如挂个电话,而且,在紧急警务需要用枪处置的,用业余的还不如用专业的。当然,不具备条件的,就应当根据实际工作需要,该个人保管的,就个人保管,决不能因为怕担责任,就拒绝配枪或持枪。

④ 其他规章制度

从《公安机关公务用枪管理使用规定》(1999 年)到《公安机关公务用枪管理规定》(2015 年),在以下规章制度的规定上,似乎是前详后略,而从有关内容看,前者详细列举的情形应该没有废止,所以,以下就综合进行胪列。

• 佩带、使用枪支的纪律[2]

佩带、使用枪支的人民警察应当遵守下列规定:

第一,警务活动严禁携带、使用枪支。

第二,携带枪支必须同时携带《中华人民共和国公务用枪持枪证》,所携带枪支的枪型、枪号必须与持枪证上登记的内容相一致。

第三,不得在经设区的市级以上人民政府公安机关确定的禁止携带枪支的区域、场所携带枪支。确因工作需要携带枪支途经上述区域、场所时,应将枪支寄存到当地公安机关治安管理部门或派出所并办理寄存手续。各级公安机关的治安管理部门或派出所要及时受理枪支寄存,不得推诿,确保寄存枪支的安全。

第四,不得携带枪支饮酒。

第五,非工作需要不得携带枪支进入饭店、商场和歌舞厅等公共娱乐场所。

第六,非执行任务需要不得用非制式装具携带枪支。

第七,不得使用所配枪支狩猎。

第八,不得出租、出借、转让、赠送、交换所配枪支。

---

[1] 这里的人际关系是指把握人与人之间的微妙心理与社会关系,属心理学范畴。

[2] 《公安机关公务用枪管理使用规定》(1999 年)第 18 条。《公安机关人民警察佩带使用枪支规范》(2015 年)第 10 条。

第九，不准将枪支交给非人民警察携带或保管。

第十，不得私自修理枪支或更换枪支零部件。

第十一，枪支丢失、被盗、被抢或者发生其他事故，必须立即向当地公安机关和所在单位报告。

第十二，接受枪支主管部门的查验和年度审验。

第十三，其他法律法规的有关规定。[1]

• 特别许可[2]

凡乘坐民航飞机；进入北京市区；执行警卫任务以及其他特别规定的情形，必须经特别许可，才能携带枪支。

• 枪支的收回[3]

有下列情形的，由政工人事部门通知治安管理部门收回其所持有的《中华人民共和国公务用枪持枪证》，个人保管的枪支由所在单位收回：

第一，因退休或工作调动等原因离开配备公务用枪岗位的。

第二，丧失合法使用枪支资格或安全使用枪支行为能力的。

第三，理论和实弹射击考核不合格的。

第四，其他不符合配备公务用枪条件的情形。

第五，因刑事犯罪或违法违纪案件被立案侦查或调查的。

第六，违反规定使用枪支的。

第七，违反枪支保管规定造成枪支丢失、被盗、被抢或者发生其他事故的。

第八，被停止执行职务或者禁闭的。

第九，与他人产生纠纷或者家庭存在重大变故的。

第十，因身体或者心理原因暂时丧失管理枪支行为能力的。

(2) 警械的管理

从法规范的角度看，只有很少的法律规范涉及警械的管理制度，比如：

《公安部关于预审、看守部门可以配备警棍的通知》([83]公发(审)124 号)

---

〔1〕 香港地区还禁止警员在出庭作证(an officer giving evidence in court)、看病(除非紧急情况)(when attending a hospital or clinic for medical treatment, unless unavoidable in an emergency)时带枪。Cf. TING Hung-kay, *op. Cit.*, p.67. 这值得我们借鉴。

〔2〕《公安机关公务用枪管理使用规定》(1999 年)第 19 条。《公安机关人民警察佩带使用枪支规范》(2015 年)第 8 条。

〔3〕《公安机关公务用枪管理使用规定》(1999 年)第 20 条、第 21 条。《公安机关公务用枪管理规定》(2015 年)第 16 条、第 17 条。

中规定:“应严格执行《规定》,由专人负责管理,执行任务时佩带。”

《司法部关于劳改劳教单位恢复使用警棍的通知》([83]司发劳改字第308号)中规定:“劳改厂(场)部配警棍五至十根,由狱政科(股)集中掌握;每个大队、独立中队和各关押点的内看守中队(班、组)分别配二至三根。少年犯管教所配警棍三至五根,由所部集中掌握。劳教单位根据地理环境、所管人员数量和所内秩序等情况,配备适当数量的警棍,由所部集中掌握。”

《关于加强劳动教养场所警戒工作的暂行办法》(1993年7月30日司法部第26号令)第16条规定:“承担警戒工作的干警必须爱护、保管和正确使用好武器、警械。必须建立严格的武器警械领发、保管、保养、携带、使用、检查等管理制度,保持武器警械的安全和良好状态。”

由于没有完善的制度,在实践中,对于警械的管理非常混乱。有些单位把配备的警械集中放置于某处,需要时由民警自由拿取,没有人负责管理,即使名义上由专人管理,也缺少相应的领取、归还、审查制度,以至于警械丢失也不清楚,如某派出所,一年前为巡逻队配备了十根警棍,一年后翻箱倒柜仅找到两根。有些单位干脆把警械分发到民警个人,由民警随意佩带,不管是执行警务活动,还是私人活动,均随身携带。这样的现状成为滋生违法使用警械行为的温床。

对此,已经有些单位认识到管理的重要性,并制定相应的规章制度予以管理。比如,《广东省公安机关禁酒规定》第2条第(三)项就明确禁止携带警械时饮酒。这样的管理制度对于警械使用的控制是十分有用。但这仍然不够,我们必须进行警械管理制度立法,为有效管理和控制提供依据。管理制度要解决的主要问题有:如何保管,是集中保管还是个人保管;携带警械的条件、注意事项、纪律要求;相应的审查制度;相应的禁则以及相应的法律后果等。[1]

与警械配备有着密切关系的是对警械生产与销售的控制。值得注意的是,目前社会上有些单位、企业也私自生产各类警械,如电警棍、电珠枪、麻醉枪、催泪枪等,向企业的厂长、经理、财会、供销人员推销,一把200~500元不等。这些警械一旦流入社会,流入犯罪分子手中,其后果不堪设想。[2]虽然公安部已经下发“关于严禁私自生产、销售、使用警械、警车、警灯、警用警报器和警服的通

---

[1] 周云川:《警械使用的法律控制》,中国人民公安大学硕士学位论文,2002。

[2] 叶穗芬、文唐军:《华强北竟卖警械》,http://gzdaily.dayoo.com/gb/content/2001-11/19/content_278436.htm,2001年12月1日最后访问;《警服警械竟敢随便卖》,http://www.qhnews.com/index/system/2009/11/24/010012815.shtml,2014年8月24日最后访问。

告”，警方也采取了打击措施，[1]但是，依然还有私自生产、兜售的，建议今后加强对这方面的特许生产、经营、持有与管理工作，完善有关的法律制度。

五、枪支使用的条件与程序

1. 允许使用的情形

（1）法规范

《人民警察使用警械和武器条例》（1996 年）第 9 条规定了允许警察使用枪支的具体情形。《公安机关人民警察佩带使用枪支规范》（2015 年）第 15 条重申了这些情形，只是将上述第 9 条第（十五）项规定的扩大条款，由“法律、行政法规”修改为“法律、法规”，这意味着地方性法规也可以增补允许警察开枪的情形。

表 5-5　允许警察开枪的情形

《人民警察使用警械和武器条例》（1996 年）	《公安机关人民警察佩带使用枪支规范》（2015 年）
第九条　人民警察判明有下列暴力犯罪行为的紧急情形之一，经警告无效的，可以使用武器： （一）放火、决水、爆炸等严重危害公共安全的； （二）劫持航空器、船舰、火车、机动车或者驾驶车、船等机动交通工具，故意危害公共安全的； （三）抢夺、抢劫枪支弹药、爆炸、剧毒等危险物品，严重危害公共安全的； （四）使用枪支、爆炸、剧毒等危险物品实施犯罪或者以使用枪支、爆炸、剧毒等危险物品相威胁实施犯罪的； （五）破坏军事、通信、交通、能源、防险等重要设施，足以对公共安全造成严重、紧迫危险的；	第十五条　人民警察判明有规定的下列暴力犯罪行为的紧急情形之一，经口头警告或者鸣枪警告无效的，可以开枪射击。来不及警告或者警告后可能导致更为严重危害后果的，可以直接开枪射击： （一）放火、决水、爆炸等严重危害公共安全的； （二）劫持航空器、船舰、火车、机动车或者驾驶车、船等机动交通工具，故意危害公共安全的； （三）抢夺、抢劫枪支弹药、爆炸、剧毒等危险物品，严重危害公共安全的； （四）使用枪支、爆炸、剧毒等危险物品实施犯罪或者以使用枪支、爆炸、剧毒等危险物品相威胁实施犯罪的；

〔1〕 据报道，太原警方曾对太原市 21 个非法销售警服、警械、警用标志的商店进行突击检查，99 式警服、催泪弹、手铐、脚镣等一大批非法的警务用品被查出。《太原打掉一批非法“警械专营店”》，http://gzdaily.dayoo.com/gb/content/2001-08/25/content_200763.htm，2001 年 8 月 28 日最后访问。

续表

《人民警察使用警械和武器条例》（1996年）	《公安机关人民警察佩带使用枪支规范》（2015年）
（六）实施凶杀、劫持人质等暴力行为，危及公民生命安全的； （七）国家规定的警卫、守卫、警戒的对象和目标受到暴力袭击、破坏或者有受到暴力袭击、破坏的紧迫危险的； （八）结伙抢劫或者持械抢劫公私财物的； （九）聚众械斗、暴乱等严重破坏社会治安秩序，用其他方法不能制止的； （十）以暴力方法抗拒或者阻碍人民警察依法履行职责或者暴力袭击人民警察，危及人民警察生命安全的； （十一）在押人犯、罪犯聚众骚乱、暴乱、行凶或者脱逃的； （十二）劫夺在押人犯、罪犯的； （十三）实施放火、决水、爆炸、凶杀、抢劫或者其他严重暴力犯罪行为后拒捕、逃跑的； （十四）犯罪分子携带枪支、爆炸、剧毒等危险物品拒捕、逃跑的； （十五）法律、行政法规规定可以使用武器的其他情形。 人民警察依照前款规定使用武器，来不及警告或者警告后可能导致更为严重危害后果的，可以直接使用武器。	（五）破坏军事、通信、交通、能源、防险等重要设施，足以对公共安全造成严重、紧迫危险的； （六）实施凶杀、劫持人质等暴力行为，危及公民生命安全的； （七）国家规定的警卫、守卫、警戒的对象和目标受到暴力袭击、破坏或者有受到暴力袭击、破坏的紧迫危险的； （八）结伙抢劫或者持械抢劫公私财物的； （九）聚众械斗、暴乱等严重破坏社会治安秩序，用其他方法不能制止的； （十）以暴力方法抗拒或者阻碍人民警察依法履行职责或者暴力袭击人民警察，危及人民警察生命安全的； （十一）在押犯罪嫌疑人、被告人、罪犯聚众骚乱、暴乱、行凶或者脱逃的； （十二）劫夺在押犯罪嫌疑人、被告人、罪犯的； （十三）实施放火、决水、爆炸、凶杀、抢劫或者其他严重暴力犯罪行为后拒捕、逃跑的； （十四）犯罪行为人携带枪支、爆炸、剧毒等危险物品拒捕、逃跑的； （十五）法律、法规规定可以开枪射击的其他情形。 人民警察开枪射击时，应当命令在场无关人员躲避，避免受到伤害。犯罪行为人停止实施暴力犯罪行为，或者失去继续实施暴力犯罪能力的，应当立即停止开枪射击，并确认危险消除后，及时关闭枪支保险，恢复佩带枪支状态。

（2）几种主要情形之分析

① 为保护自己而开枪

当警察涉身险地、遭到攻击时，允许其正当防卫，使用枪械，这在各国都是通例，其意义不但在于保障警察自身安全，更是为了保证警察任务的实现。而且，从香港和芝加哥的统计数据看，[1]这也是警察使用枪械频率最高的理由，我估计，这样的结论可能还是带有普遍性的。

表 5-6　香港 1983—1986 年警察涉枪案件中警察开枪的理由

理　　由	射击子弹数
威胁生命	241
制止嫌疑人步行脱逃	18
制止嫌疑人乘车脱逃	11
对峙中意外开枪	7
总数	277

表 5-7　芝加哥 1974—1978 年警察涉枪案件中警察开枪的理由

理　　由	被射中的人数
用枪威胁	262(52%)
其他致命武器或使用体力威胁	71(14%)
持有其他致命武器但没有威胁	10(2%)
脱逃，没有抵抗	87(17%)
因其他原因有意开枪	3(1%)
意外	52(10%)
错误识别	4(1%)
流弹	17(3%)
总数	506(100%)

“以他人为镜，可以照自己”。特别是，我国近年来暴力袭警的案件呈明显上

---

〔1〕 以下两个表格均引自，TING Hung-kay，*op. Cit.*，pp.43、45.

升态势,[1]在加强警察自身防范和自我保护意识的同时,尤其要注意"警械条例"第9条第1款第(十)项之适用问题。

在暴力袭警案件中,警察使用枪械的前提必须是其生命正遭受危害,或者对方的攻击具有直接的胁迫(Bedrohung)。前一种情形好理解,比如,人犯手持铁锹、石块等危险攻击武器向警察砸来,[2]警察又无处躲藏,或者面对多数人围攻,可以认为警察生命正受到直接的、现实的侵害,必要时当然可以用枪。

我们着重要注意的是后一种情况,这里所说的直接胁迫是针对"以枪对枪"的情形,指从以往的执法经验或者当时的情势判断,对方持有枪支,而且有危险的举动出现时,比如,掏枪的动作、做好射击姿势或扣动扳机,即便还没有发生直接的侵害,但是,却已经足以造成威胁或危害,这时,警察就可以制敌机先,先向对方射击。因为在"以枪对枪"时,要等到真正危害发生,比如对方先开一枪,可能就一切都晚了。

但是,这样一来,考虑到用枪时生死系于一念之间、千钧一发之氛围以及警员因精神极度紧张可能高估面临的危险性,很可能会出现误想防卫,也就是对阻却违法的事实发生认识错误,误信其用枪是法律所许可的情形。美国的一个实证调查显示,尽管很多警察报告说,他们开枪是为了自卫或保护他人生命,但是实际上,相当部分却是在受害人根本没有造成巨大威胁的情况下开枪的。警察基金会(the police foundation)在七个城市做了调查,发现其中43%的涉及警察用枪的案件是在受害人没有持有任何武器的情况下开枪的。[3]但是,从西方的司法实务看,多对警察的误想防卫持宽容态度,判定警察用枪行为具有正当性,

---

〔1〕 据通报,2000年1月1日至5月20日公安部指挥中心共接报暴力袭警案件52起,19名民警牺牲,46人受伤,分别比上一年同期(22起案件,死10人,伤18人)增长1.4倍、近1倍和1.5倍,此类案件相对集中在新疆(7起,伤10人)、贵州(7起,死2人,伤4人)、黑龙江(6起,死3人,伤6人)、吉林(5起,死3人,伤2人)。其中,民警在执行公务中遭暴力抗拒案件32起,14名民警牺牲,31人受伤,分别占总数的62%、72%和67%;以抢劫枪支为目的的袭警案件9起,4死,6伤,分别占总数的17%、22%、13%;以报复公安机关为目的的袭警案件7起,1死,2伤,分别占总数的13%、6%、4%;恐怖案件袭警的4起,7名民警受伤,占总数的8%、15%。《公安部关于2000年以来公安部指挥中心接报暴力袭警案件情况的通报》。

〔2〕 香港警方对警察涉枪案件中嫌疑人使用的攻击武器分类为,枪支;手枪形状的东西(pistol like objects);驾驶汽车撞向警察;其他违法武器,如菜刀、水管。Cf. TING Hung-kay, *op. Cit.*, p.46.

〔3〕 Cf. Ting Hung-kay, *op. Cit.*, p.44.

无须承担责任。[1]

案例一　1976 年 2 月 29 日某郡警察在浓雾中发现某商店大门被撬，确信里面有入室盗窃者，遂数次喝令入盗者出来投降，未见动静，突然见盗者站立在大门后，腰间有物件闪光，误以为是引燃爆炸物，便向其开枪，击中下肢。事后查明，盗者手中只是夹着一支点燃的香烟准备离开现场。该案经认定，警察开枪有其正当性，理由是，入盗者不顾警察命令投降，又突然出现在门后，足以使人误认为其将实施攻击行为；又依一般经验，足以认为晚间入盗者带有武器而有利用武器抗拒脱逃之举动。[2]

案例二　某冬季的一个星期日凌晨 1 点，密歇根州警察接到报案，说是有一个西班牙血统的人拿着枪威胁要打另一个人，当警察赶到现场时，见那人手持着枪，警察命令他放下枪，他不听，还举起枪，警察开枪击中该人，致其死亡。后来查明他手里拿的是假枪(仿造的枪)。警局内部调查和地区检察官的调查结论都是“可宽恕的射击致死”。西班牙人社区(Hispanic community)却认为，是警察对受害人种族歧视的结果。在西班牙人社区的压力下，市长任命了一个特别调查团调查此案，结论仍然是枪杀是不幸的，但在当时的情况下却是可宽恕的。[3]

但是，上述免责必须是对方的确有值得怀疑的危险举动，警察经过审慎思量仍然确信自己处于紧急防卫处境。如果客观上对方没有任何危险举动，只是警察自己想象有攻击之可能或威胁存在的话，不得主张免责。

对付暴力袭警，使用枪械的目的在于使攻击者丧失攻击能力，而不是一定要剥夺其生命，因此，应当遵循比例原则(特别是其中的必要性)之要求，开枪防卫的程度，应当针对攻击的种类与危险情形有所节制，其他如双方之间的距离、利用周围环境掩护的可能性，也是防卫性用枪时必须考量的因素。[4]比如，用枪是不是最后的手段，没有其他方法可资利用？可不可能采取擒拿格斗制服人犯？又比如，对手持铁锹、斧头、扁担、木棍、石块等武器攻击警察的，尽可能向对方的四肢部位射击，使其丧失攻击力。但是，这样的要求不是绝对的，考虑到对方是在运动之中，以及射击时的光线、地理环境等，对射击部位也不能过于苛求。如

〔1〕 吕阿福：《警察使用枪械之正当性研究》，载台北《法学论丛》，22(2)。

〔2〕 同上。

〔3〕 据美国 186 个警局报告，在 1128 起事件中警察误把仿造枪当作真枪，对当事人做了使用武力的警告或威胁，其中 252 起动用了武力。Cf. David L.Carter，*op. Cit.*，p.336.

〔4〕 吕阿福：《警察使用枪械之正当性研究》，载台北《法学论丛》，22(2)。

果对方持有枪支，正在对射之中，就更不可能有上述射击部位的要求。

② 为解救人质而开枪

近些年来，随着经济发展，以及“允许一部分人先富裕起来”政策的实施，绑架人质、敲诈钱财的案件也多了起来，此外，为抗拒逮捕的人犯也有劫持人质、作为与警方讨价的筹码，以求脱逃的。因此，为迅速制服劫持人，解救人质，警察便有用枪的必要。此时的行为性质应当属于正当防卫，是为了保护第三人的合法利益而实施的防卫。[1]

劫持人质案件中，人质的人身自由已在劫持人的控制之下，随时有生命危险，劫持人是否杀害人质，很大程度上取决于劫持人的目的能否达到，甚至在目的达到之后仍然不排除杀害人质的可能。警察用枪，一方面，可能迅速解除人质的危险境遇，排除眼前的、急迫的侵害。但是，另一方面，弄不好不仅没能制服劫持人，反而会使人质的境遇更加恶化，加剧劫持人对人质生命或身体的伤害。因此，必须慎之又慎。

瑞士《警察守则》（MDA76）第 2 条第 3 项第 3 款明文规定，警察为解救人质，开枪是最后手段之一。我国“警械条例”虽然没有如此规定，只是在第 9 条第 1 款第（六）项规定，“实施凶杀、劫持人质等暴力行为，危及公民生命安全的”，可以开枪，但是，在实践上把握时应当保持着同样的“底线”。而且应尽可能保障人质的安全，不致误伤人质。

案例一 2001 年 11 月 26 日晚，在合肥做油漆生意的江某接到绑匪的电话，称其 8 岁的女儿苗苗（化名）被绑架，索要 10 万元的赎金。合肥警方立即组成专案组，经缜密侦查锁定犯罪嫌疑人为在合肥做铝合金装潢的王红刚。27 日凌晨 5 时 30 分，警方直扑王红刚在合肥常青镇仰光村的租房处。王红刚将一把锋利的菜刀架在人质的脖子上和警方对峙。一分钟后，丧心病狂的王红刚将菜刀向人质的脖子抹去，胡金万中队长果断出击，一把抓住菜刀，黄建军探长一记重拳击中王红刚，将其制服，人质被安全解救。[2]该案中警察采用擒拿格斗的

---

〔1〕 在德国的理论上有争论，因为德国判例认为，正当防卫应以被害人有防卫的主观认识而实施防卫行为者为条件，人质在被挟持时，为免被杀害，有无要求警察介入防卫的愿望，不若一般刑事案件可任意对第三人而实施正当防卫明显，因此，有争议发生。吕阿福：《警察使用枪械之正当性研究》，载《法学论丛》，22(2)。但是，在我国的理论上，对正当防卫没有上述要求，因而也不会对该行为属于正当防卫发生疑问。

〔2〕 单卫东、吴本生：《安徽歹徒绑架小学生 警方探长一拳救人质》，http://news.sina.com.cn/s/2001-12-01/410935.html，2001 年 12 月 10 日最后访问。

技术制服罪犯，不费一枪一弹，固然值得称许，但实际上该案中人质生命已受到现实的、急迫的侵害，已构成警察用枪之正当理由。

案例二　为报复与自己分手的女友，一穷凶极恶的歹徒身上捆着2.2公斤的炸药包，在前女友结婚的前一天将其胁持。导火索牢牢地绑在歹徒的手指上，随时都有拉响炸药包的危险。民警上前制止，该歹徒大喊："谁靠近，我就拉响炸药包！"就在双方僵持期间，人质瞅准机会，在一刹那间脱开了歹徒的手掌，而始终潜伏在外的狙击手果断扣动扳机，将歹徒击毙。[1]在该案中，警察开枪是必要的，如果让歹徒缓过劲来，极可能赶上人质，拉响炸药包。

案例三　一歹徒对一小女孩连砍九刀后又劫持一小学生做人质，歹徒右手挥舞着尖刀，左手臂狠狠扼住人质的脖子，对追上来的民警叫嚣："你们不要过来，否则我杀了她！""我刚才已杀死了一个人，如果你们不让我走，我就再杀一个垫底，然后自杀。"在谈判无效的情况下，遂从武警中调集、布置狙击手，伺机击毙歹徒。因现场在一条胡同内，如果从两头射击，一定会引起歹徒注意，而且会误伤对面的自己人，较隐蔽的射击角度只能在胡同左侧居民的窗口中选择。当时天已慢慢黑下来，如不赶快采取行动，狙击枪手将难以准确瞄准，人质的安全也将受到更大威胁。于是，3名狙击手迅速行动，悄悄潜入离歹徒20米远的一间民房内，从窗洞内可以看见歹徒的左侧。他们进行分工，分别瞄准歹徒的头部、持刀的右手及左侧。如果射击准确，不会伤到人质。但当举枪瞄准时，发现歹徒紧紧抱住女孩，两个人的身体连在了一块，如果此时开枪，势必误中小孩，必须要让女孩挪动一下身体。这时，民警配合着喊话："某某，你想喝点水吗?"听到喊声，已说不出话来的人质，本能地挪了一下身子。就在这千钧一发之际，3名武警战士手中的枪同时响起，不偏不离击中目标，歹徒没有丝毫反应就瘫倒在地，人质却丝毫无损。[2]该案中，武警开枪是解救人质惟一的手段，而且，行动方案周密，射击角度选择得当，充分考虑了人质的安全，因此，具有正当性。

案例四　一名歹徒闯入耀县东大街一打印店内用刀挟持了一名小孩。被警方包围后，以杀害人质要挟警察提供一辆出租车逃跑。警方立即"叫"来一辆出租车，并让便衣民警假扮成司机。派出所所长党正义驾车跟踪。出租车开到咸

〔1〕苗红亮、戴承富、李军：《大连一歹徒用炸药包挟持前女友被警方击毙》，http://news.sina.com.cn/s/2001-12-27/429877.html，2001年12月29日最后访问。

〔2〕《广西荔浦公安武警出击、果断击毙一劫持人质的歹徒》，http://news.sina.com.cn/c/2001-09-10/352198.html，2001年9月15日最后访问。

余公路上时,党正义超车将出租车拦住,上前佯装检查驾照。为迷惑歹徒,他大声斥责驾照有问题,并要扣车。假扮司机的民警趁机将车后门锁打开,党正义猛地一把拉开车门,歹徒狗急跳墙用刀子在小男孩脖子上拉开一道血口,党正义左手一下抓住刀刃,右手用力将小孩拽出车,众民警迅速上前抱走男孩。惊慌失措的歹徒赶忙抽刀,鲜血从党正义的左手流了出来。危急时刻,民警杨彦平上前连开三枪,击中歹徒臀部和腿部,七八位民警扑上去将其制服。[1]该案中为防止劫持者再次行凶,警察果断开枪,显然是正当的。

案例五 某公司经理独生子在上学途中,从其后方突然驶来一辆白色面包车,车上下来两名男青年,将其挟持至面包车上扬长而去。之后,一绑匪将电话打至该经理家,称孩子在他们手中,让其准备500万元等通知,并威胁不准报案。人质的母亲按照绑匪的指令驾驶自家轿车,携带用编织袋装的500万元现金赶至某立交桥时,绑匪打电话要求其停车,一个绑匪头戴红色“马虎帽”进入车内,将一袋现金扔到高速公路下方一白色面包车附近。按照指挥部安排,一路跟踪的民警驾车猛然疾驶,一下子撞到人质母亲的汽车尾部,刑警趁“马虎帽”不备,迅即将其擒获。此时在高速公路下方取钱的另一名绑匪打开车门,正欲捡取钱袋时,民警果断开枪,将其击伤,该绑匪匆忙钻进车内逃窜。经突审,被抓获的“马虎帽”交代人质关押处所,警方将人质成功解救。并且在一出租车上将腹部被枪击中的犯罪嫌疑人抓获。该案中警察开枪仅是为了阻止绑匪取走钱袋,其妥当性值得怀疑。

警察在处置劫持人质的案件中,应当口头警告,驱散现场无关人员,以避免万不得已使用枪械时伤及无辜。但是,如果旁观者不听劝阻,甘冒危险滞留在现场,警察又无力驱散的,不影响警察在紧急情况下开枪。正如Krey与Meyer所说的,警察在考量评估解救人质的利益及旁观者之危险时,不能牺牲人质利益而不营救。[2]但是,开枪必然会造成第三人受伤或死亡的,则不容许。

③ 为维护公共设施而开枪

像航空站、自来水厂、核电站、大型水坝等重要公共设施关系到公共利益以及公共安全,一旦遭到破坏,后果不堪设想,因此,从法益相称性角度讲,允许对破坏上述公共设施的人犯使用枪械。瑞士1976年的《警察守则》第2条第3项d

---

〔1〕《歹徒持刀挟持小孩、勇民警空手夺刀救人质》,http://news.sina.com.cn/c/2001-09-18/360177.html,2001年9月24日最后访问。

〔2〕转引自吕阿福:《警察使用枪械之正当性研究》,载《法学论丛》,22(2)。

款规定，为防止对公共建物之重大危害犯罪或避免其对建筑物破坏危害大众安全，得使用枪械。我国台湾地区《警械使用条例》第 4 条第 4 款规定，警察人员所防卫之土地、屋宇、车船、航空……遭受危害或胁迫时，得使用警械（警刀或枪械）。大陆地区的"警械条例"第 9 条第 1 款第（五）项也有类似规定。

至于警察开枪行为的免责事由，说法不一。有的认为是正当防卫，理由是，破坏公共设施的行为，属于侵害他人法益。如果该设施为集体或个人所有，但却是供公共使用的时候，也兼有不法侵害社会法益性质。也有的认为是依法令之行为，是执行职务行为，理由是，警察在这种情况下开枪，尚难符合刑法上正当防卫要件，应以执行职务行为为由免其刑责。[1]

④ 对拒捕逃跑的危险或重大人犯开枪

之所以允许对此类人犯用枪，主要是因为其具有高度的人身危险性，放任其拒捕、逃脱，会继续危害社会，必须将其缉拿归案，予以严惩。比如，"警械条例"第 9 条第 1 款第（十四）项规定的"犯罪分子携带枪支、爆炸、剧毒等危险物品拒捕、逃跑的"，就比较典型地体现了这个思想。

然而，用枪的结果是会死人的。有位西方学者认为，警察通过逮捕实施的抑制是武力（force），但当这种抑制导致杀人了，武力就变成暴力（force becomes violence）。并且说，民主社会控制理论（democratic social control theory）始终约束着警察武力与暴力的使用。[2]那么，就此提出一个问题，违法犯罪后，特别是实施重罪之后拒捕、逃跑的，是否一律可以用枪呢？

美国曾有二十三个州采纳了一个叫作"重罪脱逃犯法则"（fleeing felon rule，也称任何重罪法则，Any Felony Rule）的规定，只要符合这个法则的规定，就允许警察开枪。这个法则包括四个要件：[3]

第一，警察有相当的理由（Probable Cause）相信，将被逮捕的人已犯有重罪，如盗窃罪（larceny）、入室盗窃罪（burglary）等。

第二，警察于逮捕前必须进行警告。

第三，嫌疑人有脱逃或激烈抵抗的举动。

第四，警察使用武力的程度必须是执行逮捕时所必须的。

---

〔1〕 吕阿福：《警察使用枪械之正当性研究》，载台北《法学论丛》，22(2)。

〔2〕 Cf. David L.Carter, *The Police and the Community*, Prentice Hall, 1999, p.332.

〔3〕 [美]Kenneth J.Matulia，《美国警察人员使用枪械之法律规定及案例介绍》，江庆兴译，载（台湾）《新知译粹》，1986，1(6)。

但是,到了 Tennessee V. Garner(471U.S.[1985])一案的判决,联邦最高法院宣告也采取上述同样法令的 Tennessee 州的法律违宪,违反了宪法第 4 修正案(the Fourth Amendment to the Constitution),因为该法令允许警察不管在任何情况下,只要为了防止嫌疑人脱逃,就可以使用致命枪械,甚至可以对显然没有武器、没有危险的在逃嫌疑人(apparently unarmed, nondangerous fleeing suspect)开枪射击。〔1〕从侵害嫌疑人权利的力度(the extent of the instruction on the suspect's rights)与政府有效执行法律的利益(the governmental interests in effective law enforcement)之间的衡量看,是不适宜的(unreasonable)。上述判例的重要意义在于确立了"(威胁)生命辩解(理由)"规则(defense-of-life),也就是只有在对警察或第三人生命构成巨大威胁时,才可以开枪,具体地讲,就是:〔2〕

第一,嫌疑人以武器威胁警察;或者

第二,警察有合理的理由相信嫌疑人已犯下或威胁即将要加诸严重的身体损害时;并且

第三,如果可能的话,警察应先给予一些警告。

只有符合上述标准,警察使用枪械才有正当理由。比如下述两个案子,都符合上述规定。

案例一 警察 Y 准备要逮捕犯了谋杀罪的嫌疑犯 A,而嫌疑犯 A 则威胁要射杀警察以便能逃跑,在此情况下,警察 Y 经警告后,可以使用致命枪械,以反击嫌疑犯的威胁并且防止其逃跑。

案例二 警察 Z 有合理的理由相信嫌疑犯 B 刚用刀杀了他妻子,在警察 Z 准备要逮捕嫌疑犯 B 时,他想要逃跑,则警察 Z 经警告后,可以使用致命枪械来防止其逃跑。

瑞士基本上也是这么一个思想。瑞士 1976 年《警察守则》(MDA)第 2 条第 3 项 b 规定,警察在无法以其他方法,或依状况使用枪械系正当方法的认知下,对有攻击他人危险之重大罪犯,于逮捕或脱逃时,得开枪制止。Rehberg 举例

---

〔1〕在该案中,一个叫 Garner 的青少年夜里翻屋子后院的墙,警察怀疑他入室盗窃,命令他站住,但他没站住,警察一枪将其击毙。当时警察也知道(合理地推断其应知道)嫌疑人没有携带武器,而且只有 17 岁或 18 岁。Cf. Charles R. Swanson, Leonard Territo & Robert W. Taylor, *Police Administration: Structures, Processes and Behavior*, Prentice Hall, 1998, p.409.

〔2〕[美]Rolando V. del Carmen:《执行逮捕时警械的使用——Tennessee V. Garner 判例》,梁世兴译,载(台湾地区)《新知译粹》,14(2)。Cf. Charles R. Swanson, Leonard Territo & Robert W. Taylor, *op. Cit.*, p.410.

说,行为人拿出武器,或向人群所在处所射击,均符合上述两项要件而可使用枪械。[1]加拿大、澳大利亚等国明确允许警察对犯有重罪以及持有武器的逃跑罪犯开枪。[2]

我国"警械条例"第 9 条第 1 款第(十三)项规定,对"实施放火、决水、爆炸、凶杀、抢劫或者其他严重暴力犯罪行为后拒捕、逃跑的",可以开枪,我认为,对该条款的理解,应当尽可能结合考虑人犯所实施犯罪的手段、情节、后果的严重性,以及是否持有武器威胁、攻击警察或者第三人,来决定是否用枪。

案例　密溪林场邱屋村民邱文兴的儿子与邻居邱肇昌的女儿(两家小孩仅 3 岁多)打架,其儿子被对方打后哭着回家,邱文兴十分气愤,马上赶到邱肇昌家殴打他的女儿,并拿了一支私藏的火药枪向邱肇昌开了一枪。当地警方接报后,火速赶往现场处置。经反复做思想工作,邱文兴就是不肯交枪。警方决定马上实施对邱文兴躲藏的房间施放催泪弹,过了一阵,邱文兴持枪开门走出,在干警高声喝令他放下枪支的情况下,竟然对着干警开枪拒捕。在鸣枪警告无效的情况下,在场民警果断开枪还击,将其当场击毙。[3]

但是,对于实施一般违法犯罪之后逃跑的嫌疑人,如果没有暴力反抗,比如,没有用武器攻击警察或第三人,或者虽然反抗了,但没有达到必须使用枪支的程度,就不得使用枪支。下面案子都不符合用枪条件:

案例一　两个警察夜里巡逻发现路边有两个人鬼鬼祟祟地在撬东西,见警察来了,慌忙逃离,警察在追击中向天上鸣了一枪,对方没站住,遂向其中一人射击,将其击毙。后查明,这两个嫌疑人系未成年人,当时在路边撬一辆偷来的旧自行车。

案例二　某警察下班接其妻子回家,妻子在前头十来米走着,他推着自行车在后面跟着,转进一胡同口时,路灯下闪出一个男的,对其妻子说:"站住!"在一愣神的工夫,该警察走过来,那男的见有人来,慌忙逃离,妻子对警察说"这小子截我",该警察立刻追上去对天鸣了一枪,对方没站住,遂一枪将其击毙。

案例三　1998 年 10 月 15 日晚 10 时许,时任涵江区公安分局巡警大队长的林宗颜穿便服到涵区区工业路香情酒吧一楼大厅喝茶,刚坐下不久,他持手机到酒吧大门外回传呼。当他打完电话进酒吧时,见有人群殴即出面制止,遭到其中

---

〔1〕 吕阿福:《警察使用枪械之正当性研究》,载台北《法学论丛》,22(2)。

〔2〕 Cf. CHAN Lok-wing, *op. Cit.*, p.26.

〔3〕 邹碧强、叶湖希:《持枪伤人袭警拒捕,广东龙门某村民被当场击毙》,http://www.chinanews.com/2001-09-17/26/123041.html,2001 年 10 月 1 日最后访问。

黄黎檀、李杰的推打。林表明自己是巡警,但仍被李杰抱推,便拔出手枪。黄黎檀见有枪即往酒吧门外逃,林边喊“不准跑”边持枪追出门外,在追赶中连开四枪,其中两枪击中黄的背(分别穿透腹部和胸部)。黄中弹后,林即叫“的士”送涵江医院抢救,但为时已迟。经法医鉴定黄黎檀被枪击中引起心脏破裂导致急性心力衰竭死亡,且属远距离(60厘米以外)状态下被打中。[1]

案例四 派出所民警接到报警,辖区内一舞厅有人斗殴。警察A与B前往处置。到舞厅时见那伙人刚打完,跑出来拦辆出租车逃跑,其中一人还有刀,民警命令其停下,但那伙人强令出租车司机开车,民警A对天鸣枪后,向出租车打了一枪,子弹透过出租车后厢板,打中其中一人的脊柱上,致使其瘫痪。

⑤为确保刑罚执行而开枪

由于当前看守所、监狱在押犯的构成和狱情形势日趋复杂和严峻,人犯或罪犯脱逃、行凶、哄监、暴狱、劫持人质也时有发生,成为监管防范的重点。那么,在什么情况下对其用枪才具有正当性呢?

表5-8 《看守所条例》(1990年)、《监狱法》(2012年)有关规定

《看守所条例》(1990年)	《监狱法》(2012年)
第十八条 看守人员和武警遇有下列情形之一,采取其他措施不能制止时,可以按照有关规定开枪射击: (一)人犯越狱或者暴动的; (二)人犯脱逃不听制止,或者在追捕中抗拒逮捕的; (三)劫持人犯的; (四)人犯持有管制刀具或者其他危险物,正在行凶或者破坏的; (五)人犯暴力威胁看守人员、武警的生命安全的。 需要开枪射击时,除遇到特别紧迫的情况外,应当先鸣枪警告,人犯有畏服表示,应当立即停止射击。开枪射击后,应当保护现场,并立即报告主管公安机关和人民检察院。	第四十六条 人民警察和人民武装警察部队的执勤人员遇有下列情形之一,非使用武器不能制止的,按照国家有关规定,可以使用武器: (一)罪犯聚众骚乱、暴乱的; (二)罪犯脱逃或者拒捕的; (三)罪犯持有凶器或者其他危险物,正在行凶或者破坏,危及他人生命、财产安全的; (四)劫夺罪犯的; (五)罪犯抢夺武器的。 使用武器的人员,应当按照国家有关规定报告情况。

[1] 《福建莆田一巡警大队长连开四枪致人死命被判15年》,http://news.sina.com.cn/c/2001-08-05/320801.html,2001年8月1日最后访问。

关于这方面的具体用枪条件,我国除了"警械条例"第9条第(十一)、(十二)项做了规定以外,《看守所条例》(1990年)第18条、《监狱法》(2012年)第46条又进一步做了规定。

对上述规定,我们大致可以分为两种情形来探讨,一是脱逃;二是暴动、行凶、劫狱。

对于在押犯脱逃的,可不可以开枪,至少要考虑以下两个方面的因素:

其一,必须考虑其罪行的大小,尤其是所判刑罚或可能判处刑罚的严厉性。因为审判前犯人的脱逃是为了逃避接受审判,监狱内受刑人的脱逃,是为了逃避国家的刑罚。所以,缉捕审判前脱逃的犯人,是为了保证其所犯罪行能够真正得到制裁。缉捕脱逃受刑人,是为了贯彻刑诉执行之目的与利益,已不在乎行为或犯罪当时之罪行,而是侧重于已经判处的刑罚。[1]从德国和瑞士的经验看,一般只限于对重罪犯之受刑人脱逃可用枪制止,所谓重罪犯,是指判处自由刑以上的犯罪。为了更加彻底地贯彻这一精神,有的学者甚至建议,判处三个月以下之短期自由刑者,其脱逃不得以枪械防止之。[2]

其二,还必须考虑脱逃犯的人身危险性,比如,学者认为,对有精神病或习惯性之受刑人之处置措施,系为保护公众安全,如有脱逃,可以用枪制止,理由是,这种情形比贯彻刑罚之执行更为重要,不容从宽处理。[3]有一部很有名的西方电影叫作《沉默的羔羊》(*Silent Lambs*),很形象、很生动地对此做了注脚。

据此,我以为,对于《看守所条例》(1990年)第18条第1款第(二)项、《监狱法》(2012年)第46条第1款第(二)项规定的理解,不能认为"人犯或罪犯脱逃的,不论罪行及所判刑罚的轻重,只要是不听制止的,特别是警告之后仍然继续逃跑的,就可以开枪射击",而应当考虑人犯或罪犯的罪行或刑罚轻重,以及人身危险性的大小。当然,如果警察对该人犯或罪犯并不熟悉,要他开枪之前查明后者所犯罪行或所判刑罚,显然过于苛求,时间上也根本不许可。因此,我们只能这么要求,人犯或罪犯没有犯有重罪,并且也为警察所知悉,纵使该人犯或罪犯脱逃,也不允许开枪,除非其有暴力抗拒逮捕、袭击警察、抢夺武器等情形。

对于在押犯聚众骚乱、暴乱、行凶,暴力劫夺在押人犯、罪犯,如果不使用枪

---

〔1〕 Rehberg, 129. 吕阿福:《警察使用枪械之正当性研究》,载《法学论丛》,22(2)。

〔2〕 吕阿福:《警察使用枪械之正当性研究》,载《法学论丛》,22(2)。

〔3〕 同上。

支不足以制止的,可以使用枪支。

案例 1998年4月28日,被告人黄世杰因在广西犯抢劫罪,被柳州市中级人民法院判处有期徒刑十五年,剥夺政治权利四年,罚金人民币1000元,并于同年8月19日投入广西鹿州监狱服刑,同年10月10日中午12时许,被告人黄世杰趁劳动监管不严之机,越狱脱逃。被告人黄世杰越狱后,潜逃至儋州市,先后在该市富克镇和排浦镇打工,后又在富克镇开了一间摩托车修理店。由于资金紧缺,被告人再次产生了抢劫的歹念,2000年10月底,他购买了两把尖刀和蒙面针织帽。11月8日上午,正值糖厂开榨季节,被告人黄世杰携带尖刀和蒙面帽窜到国营春江糖厂门口,伺机对蔗农进行抢劫。当日下午5时许,被告人黄世杰戴针织帽蒙面,尾随蔗农黄振国登上琼C20991号中巴车,驶往儋州市海头镇。当行驶至西线高速公路141公里附近路段时,被告人持铁管猛击坐在汽车发动机木罩上的黄振国头部,遭黄反抗,被告人又拔出尖刀朝被害人的胸部和脸部乱刺,趁被害人不能抵抗之时,搜走被害人1600余元,然后逃走。被害人黄振国被刺致心脏破裂,当场死亡。2001年1月12日,被告人黄世杰因涉嫌抢劫被儋州市公安局拘留,后羁押于儋州市第一看守所。2001年1月15日下午2时许,被告人黄世杰被提审后还押,趁值班民警陈士亚打开监仓门不备之机,被告人夺走陈佩带于腰间的"七七"式手枪,然后转身逃走,值勤武警战士鸣枪示警后,看守所民警谭孟赛、王美芬、丁永积等人闻讯与陈共同将黄制服,缴回被抢的手枪。[1]在该案中,因为被告人黄世杰抢夺武警枪支,完全可以对其使用枪支。否则,枪在黄世杰手中,极可能酿成更大的损害。

⑥ 海关缉私工作人员为缉私而开枪

《海关工作人员使用武器和警械的规定》(1989年5月11日国务院批准,1989年6月19日海关总署、公安部令第7号发布)第4条规定,海关工作人员执行缉私任务,遇有下列情形之一的,可以开枪射击:

第一,追缉逃跑的走私团伙或者遭遇武装掩护走私,非开枪不足以制服时。

第二,走私分子或者走私嫌疑人以暴力抗拒检查,抢夺武器或者警械,威胁海关工作人员生命安全,非开枪不能自卫时。

第三,走私分子或者走私嫌疑人以暴力劫夺查扣的走私货物、物品和其他证

[1] 郭得印:《看守所内竟抢夺武警手枪 悍匪黄世杰被判死》,http://news.sina.com.cn/s/2001-07-18/305581.html,2001年8月1日最后访问。

据,非开枪不能制止时。

⑦ 向行驶的交通工具开枪

随着城市化(urbanization)的发展,各类交通工具的普及,交通违法犯罪案件(automobile offences)也随之不断攀升,特别是一些恶性的利用交通工具(conveyance)犯罪不断出现,比如,一些不法分子为抢劫银行、金店,往往要先偷车或用车来接应逃跑,计划败露后,为阻止警察的追捕,常丧心病狂地用汽车强行冲过检查线,甚至冲撞执勤警察,有时也危及第三人。再比如,走私犯多使用马力巨大的快艇,大大超过了缉私警察配备的舰船速度,为作困兽之争,会撞击缉私舰船,给缉私警察生命造成威胁。〔1〕甚至在一般交通案件的处置中,驾驶员为逃避处罚,或者因为驾驶员技术不佳、交通法规意识淡漠、素质低下,都可能增加警察执法的危险性,使警察“与死神共舞”。〔2〕

那么,在交通工具的驾驶员不听从警察停车(船)检查的命令时,特别是警察已经鸣枪示警,对方仍然不停车(船)时,警察是否就有足够的理由推定对方有重大犯罪嫌疑,因而可以动用枪械?

瑞士 1976 年 MDA 第 2 条第 3 项 a 段规定：车辆驾驶员在检查站不顾一切而驶离现场,直接危及他人生命,构成刑法危害生命罪名(瑞士刑法第 129 条),属于重犯罪,可径开枪制止。联邦法院在具体判案中又进一步解释道,驾驶员如已驾车驶离,则已无危害当前,警察不得再依紧急避难之规定主张开枪之正当性。但是,对通过边境的车辆的管制则从严。联邦法院在判例中明确,行为人在通过管制站时,如表现出逃离的迹象；或者以暴力方式闯关；或者不顾警告乃至不顾鸣枪警告,驶离待检地点,警察就有充分的理由认为其涉嫌重大犯罪,可以

---

〔1〕 Cf. CHAN Lok-wing, *op. Cit.*, pp.47～48.

〔2〕 比如,河北省 1999 年 9 月 16 日至 11 月 13 日接连发生四起警察在道路上执勤检查过往车辆时遭遇不测的案件,就是明显的例子。1999 年 11 月 13 日晚 17 时 50 分,河北省保定市交警支队一大队民警陈永林站在南阁交通岗指挥交通时,发现一辆大货车由南向北违章行驶而来,陈即示意其停车接受检查。货车先是逐渐减速,待行至陈面前时突然加速,将陈当场撞死。10 月 14 日夜,张北县交警大队狼窝沟中队民警李志云也是在让一辆黑色小轿车停车检查时,被撞死。9 月 16 日晚,唐山丰南市公安局刑警大队特勤民警杨连彬奉命在东田庄治安检查站设卡抓捕在逃人员的任务。22 时许,一辆由西向东行驶的面包车开过来,并强行闯卡,杨立即向前跨出几步,高举示意牌要求停车。那辆车不但不停,反而以极快的速度迎头撞来,将杨当场撞死。上述案件中杀害民警的凶手无一例外地都表示与民警无冤无仇,决无有意伤害民警,当被问到为什么不听从民警的指挥停车受检时,有的说是着急回家,有的说是害怕,有的说是心存侥幸。史贵中:《警察的执法权威不容蔑视》,载《人民公安报》,1999-12-07。

使用枪械。除非警察明知该行为人不是重罪人犯,那么,即使该人有驾车驶离管制地带的行为,也不得开枪。[1]

美国近年来也严格限制警察向汽车或从汽车里射击,理由很多,比如,很难击中移动的目标;子弹反弹会伤及无辜行人(ricochets striking innocent bystanders);即使击中目标嫌疑人也无法使汽车停下;汽车失去控制会造成损害;会击中车中的无辜乘客;等等。但是,当嫌疑人驾驶汽车向警察碾来,且警察无处躲藏时,就可以开枪(如果警察能够躲避,确信安全的话,根据很多警察局的政策,就不允许开枪,因为警察不再处于危险之中);或者当嫌疑人向警察开枪,为自卫或保护第三人,开枪是主要手段时,也可以开枪。[2]

香港在早先的《警察通令》(*the Police General Orders*)上规定得更加细致,要求警察原则上不得向行驶的汽车或其他运输工具开枪,除非:

第一,上述汽车或交通工具中有人向他射击。

第二,命令上述汽车或交通工具停下,但不停下,而且有充分的理由认为车上人员有枪,并且实施了严重暴力犯罪。

第三,为保护自己或他人免于死亡或免受严重身体伤害。这是惟一的防卫措施,而且,一俟上述危险消失,就不允许开枪。

而且,在 1991 年还进一步补充规定道:应瞄准特定的个人射击,而不能瞄准车辆、运输工具或其部件射击(Any shots will be aimed at a special individual and not at vehicle, conveyance or any component parts thereof)。这样的约束可以避免伤及无辜,但另一方面,却给警察带来了极大的心理负担,所以,1993 年在武器政策委员会(the Force Committee of Firearms Policy)的建议下,上述 1991 年的补充规定,连同警察通令中关于对交通工具用枪的规定一并被删除了。[3]

我国的《警械条例》第 9 条第 1 款第(二)项规定,对"劫持航空器、船舰、火车、机动车或者驾驶车、船等机动交通工具,故意危害公共安全的",可以使用武器。有关权威诠释是,对于驾驶机动车故意撞击行人、其他交通工具或者建筑

[1] 吕阿福:《警察使用枪械之正当性研究》,载《法学论丛》,22(2)。

[2] Cf. Charles R.Swanson, Leonard Territo & Robert W.Taylor, *op. Cit.*, pp.410～411.

[3] 但是,尽管上述三个允许向交通工具开枪的条件被删除了,但从 1996 年的一项实证调查中发现,它们对香港警察的影响依然存在,在接受调查的香港警察中,不少人在潜意识中仍然认为在上述情况下才有用枪的正当性。Cf. CHAN Lok-wing, *op. Cit.*, pp.49、76.

物，冲击人群，或者驾驶船舶故意撞击其他船舶、港口设施的，可以使用武器。[1]但是，我总感到有些问题，如果向停靠在路边的、没有人的汽车撞击，或者只是向港口一般设施撞击，是否具有开枪的正当性？我觉得应当没有。因为从人的生命价值和一般公共设施相比，显然是前者更具法律保护之价值。

所以，我以为，香港的上述三个允许用枪规定可供参考，但是，有两点需要修正或补充明确：其一，除上述三个条件外，增加一条，即如果嫌疑人故意驾驶交通工具撞向极其重要的公共设施，会对公共安全造成重大危害的，可以开枪；其二，香港要求只能对特定个人开枪的规定，显然过于苛刻，要知道交通工具是在运动之中的，而且速度极快，要想在极短的时间内射中目标，难度很大，而且即便是香港警方也批判这样的规定是不现实的，因为子弹一旦未击中目标，不可避免地增加了误中无辜第三人的机会。[2]因此，只要是根据当时的情境判断，确信不会伤及无辜第三人，就可以向交通工具(包括里面的特定个人)开枪。

而且，考虑到大陆警察，特别是交警的配枪情况，应当多是在有计划地查缉嫌疑车辆、在逃疑犯的设卡、检查过程中有可能对交通工具使用枪支，不大会在日常的交通管制中，因为驾驶员违章硬闯红灯，或因为驾驶技术等问题向指挥交通的警察撞来时，也没有使用枪支的必要。这时就要提醒警察平时执法时注意自身的安全防护，注意避免不必要的牺牲。

比如，1999 年 10 月 25 日夜，万全县交警大队民警王韶春、安进平等三人在 110 国道执行巡逻执勤任务，安向一辆跃进牌货车举手示意，让其停车检查时，该车不但不停，反而加速前行，驶向道路北侧的逆行线。与安相距 20 多米的王见状，向前跨了几步，举手示意对面驶来的那辆货车停车，该车将其撞死。[3]在本案中，警察王韶春就实在没有必要“向前跨几步”，完全可以站在路边向货车命令，如果后者硬要闯关，可以通知前面的检查站拦截，或者记下车牌，事后追究。

再比如，2000 年 5 月 7 日发生在成都街头的肇事车狂拖交警 20 米，就是一外地司机在一起交通擦刮事故中拒绝值勤民警调解，准备强行开车逃跑，交警为不让其离开，抓住驾驶室车门，要求其停车，该司机却一踩油门加速行驶，将交警

---

〔1〕 王学林主编：《中华人民共和国人民警察使用警械和武器条例释义》，57 页，北京，警官教育出版社，1996。

〔2〕 Cf. CHAN Lok-wing, *op. Cit.*, p.49.

〔3〕 史贵中：《警察的执法权威不容蔑视》，载《人民公安报》，1999-12-07。

拖行20米,致其重伤。[1]同样,在本案中交警也没有必要强行扒住车门,也可以通知前方岗亭堵截,或者"秋后算账"。

⑧对动物使用枪支

在英国,根据警察人员使用枪械标准手册(the Manual of Guidance on police use of firearms 1983),允许警察为驱除具有危险性的动物使用枪械。[2]美国警局一般也允许警察为了自卫,或者保护第三人,或者当动物严重受伤,出于道义(humanity)使其不再受罪,可以杀死动物。[3]奥地利也允许警察在凶猛动物对公共安全形成威胁时,可以开枪射杀。[4]韩国也规定警察对危险动物在不得已情况下可以使用武器。

我国"警械条例"中虽然没有专门条款明确规定对动物可以使用枪支,但是,如果当事人使用凶猛动物阻挡警察追击、逮捕,或者伤害、攻击警察,或者危害第三人,情况紧急,必须使用枪支的,都可以根据第9条第1款第(十)、(十五)项之规定,使用枪支。实践中就有这样的事例,如,鞍山市郊一壮牛受惊,在街市狂奔,伤及数人,情况紧急,干警经牛主人同意,将狂牛击毙。[5]但是,如果有其他方法可以将动物隔离而又不影响职务完成的时限的,就不能任意用枪对付。[6]

⑨ 对无生命之物开枪

尽管"警械条例"中没有对此作出明确规定,但在实践中的确会出现对无生命之物的用枪问题,比如,在紧急情况下,为打开门锁以便进入室内逮捕嫌疑人,可用枪对门锁射击;又如,在发生恐怖爆炸、放毒事件时为紧急疏散聚集在室内的群众,用枪打断常年锁闭锈住的门锁。

鉴于无生命之物遭到损害后,一般可以修复,或者因财物的有价性而可以用金钱赔偿,因此,对警察的用枪限制较为宽松。[7]

但是,也必须遵守比例原则,特别是考虑到子弹打到物体后会反弹、穿透,或

---

〔1〕 肖兴文、夏成文:《肇事车狂拖交警20米》,载《人民公安报》,2000-05-12。

〔2〕 陈仟万:《各国警察人员使用枪支之探讨》,载《警学丛刊》,1996,26(4)。

〔3〕 Cf. Charles R.Swanson, Leonard Territo & Robert W.Taylor, *op. Cit.*, p.411.

〔4〕 巴人:《该出手时就出手——外警何时扣动扳机》,载《现代世界警察》,1998(9)。奥地利的《联邦警察、宪兵机关及地区警卫团体使用武器法》第2条第5项规定,允许警察为防卫急迫危害之物使用武器。《奥地利武器使用法》,郑昆山译,载《新知译粹》,1987,3(2)。

〔5〕 于泉、王世海:《惊牛狂奔,连伤数人;民警开枪,将其击毙》,载《北京晚报》,2002-02-21。

〔6〕 吕阿福:《警察使用枪械之正当性研究》,载《法学论丛》,22(2)。

〔7〕 同上。

飞溅的碎片会伤及第三人或其他财物时，更要注意用枪是否是必要的手段，而且应事先采取保护性措施。

2. 不允许使用的情形

（1）法规范

《人民警察使用警械和武器条例》（1996 年）第 10 条明确胪列了警察不得使用枪支的情形。公安部在 1999 年制发了《公安机关公务用枪管理使用规定》，总结和补充了实践中不用枪支的场合，但是，过于宽泛，或者没有必要，比如，“调解民事纠纷”“在巡逻、盘查可疑人员未遇暴力抗拒和暴力袭击时”“从事大型集会保卫工作时”“在疏导道路交通和查处交通违章时”“与他人发生个人纠纷时”，显然看不出有使用枪支的必要，所以，这些情形在《公安机关人民警察现场制止违法犯罪行为操作规程》（2010 年）、《公安机关人民警察佩带使用枪支规范》（2015 年）中被删除，或者进一步予以明确。

表 5-9　不允许开枪的规定

《人民警察使用警械和武器条例》（1996 年）	第十条　人民警察遇有下列情形之一的，不得使用武器： （一）发现实施犯罪的人为怀孕妇女、儿童的，但是使用枪支、爆炸、剧毒等危险物品实施暴力犯罪的除外； （二）犯罪分子处于群众聚集的场所或者存放大量易燃、易爆、剧毒、放射性等危险物品的场所的，但是不使用武器予以制止，将发生更为严重危害后果的除外。 第十一条　人民警察遇有下列情形之一的，应当立即停止使用武器： （一）犯罪分子停止实施犯罪，服从人民警察命令的； （二）犯罪分子失去继续实施犯罪能力的。
《公安机关公务用枪管理使用规定》（1999 年）	第二十二条　公安机关的人民警察应严格按照《中华人民共和国人民警察法》和《中华人民共和国人民警察使用警械和武器条例》的规定使用公务用枪，有下列情形的不得使用枪支： （一）处理一般治安案件、群众上访事件和调解民事纠纷； （二）在人群聚集的繁华地段、集贸市场、公共娱乐及易燃易爆场所； （三）在巡逻、盘查可疑人员未遇暴力抗拒和暴力袭击时； （四）从事大型集会保卫工作时； （五）在疏导道路交通和查处交通违章时； （六）与他人发生个人纠纷时； （七）使用枪支可能引起严重后果时。

续表

《公安机关人民警察现场制止违法犯罪行为操作规程》(2010年)	第三十三条　具有下列情形之一的,公安民警不得使用武器: (一)处理治安案件、群众上访案件、疏导道路交通和查处交通违法等非刑事执法活动时; (二)正在实施盗窃、诈骗等非暴力犯罪或者实施暴力犯罪情节轻微,以及实施上述犯罪后拒捕、逃跑的; (三)发现实施犯罪的人为怀孕妇女、儿童的,但是使用枪支、爆炸、剧毒等危险物品实施暴力犯罪的除外; (四)犯罪行为人处于群众聚集的场所,或者存放大量易燃、易爆、剧毒、放射性等危险物品的场所的,但是不使用武器予以制止,可能发生更为严重危害后果的除外。 具有前款第一项、第二项情形之一,违法犯罪行为人实施危及公安民警或者其他在场人员生命安全行为或者携带枪支、爆炸、剧毒等危险物品拒捕、逃跑的,公安民警可以使用武器。
《公安机关人民警察佩带使用枪支规范》(2015年)	第十六条　人民警察遇有下列情形之一的,不得鸣枪警告、开枪射击: (一)发现实施犯罪的人为怀孕妇女、儿童的,但是使用枪支、爆炸、剧毒等危险物品实施暴力犯罪的除外; (二)犯罪分子处于群众聚集的场所或者存放大量易燃、易爆、剧毒、放射性等危险物品的场所的,但是不使用枪支予以制止,将发生更为严重危害后果的除外; (三)正在实施盗窃、诈骗等非暴力犯罪以及实施上述犯罪后拒捕、逃跑的。 第十七条　人民警察在处置表达具体诉求的群体性事件时,一线处置民警不得佩带枪支。根据现场情况二线民警可以佩带枪支进行戒备,只有在出现严重暴力犯罪行为时才能依法使用。 人民警察在处置群体性事件需要使用防暴枪时,应当按照现场指挥员的命令,根据现场实际情况确定适宜的弹种和射击安全距离,进行开枪射击。

(2)几种主要情形之分析

①对孕妇、儿童不得使用枪支

这样的规定在德国《联邦与各邦统一警察法标准草案》也有,该草案第41条第3项规定,对外表状似未满十四岁之人不准使用射击武器,但当使用射击武器为惟一排除目前生命及身体危险之方法者,不在此限。[1]美国洛杉矶警察手册

〔1〕陈仟万:《各国警察人员使用枪支之探讨》,载《警学丛刊》,1996,26(4)。

中也禁止警察向甚至是最危险的青少年违法犯罪者开枪，除非警察本人或第三人的生命正处于危险之中。[1]韩国也禁止警察对未满十四周岁者和孕产妇使用武器。

其中的道理是，儿童(14 岁以下)不具有责任能力，即便是在正式的国家审判中也不追究其刑事的、行政的责任，更不用说未经审判就剥夺其生命权与健康权了。此其一。其二，孕妇虽为完全责任能力人，但其腹中的孩子却是无辜的，而其继续生存必须依赖于母体，对孕妇用枪，很可能导致孕妇与其腹中之子同时死亡。[2]其三，妇女怀孕后行动不便，儿童无论在智力上还是体力上都未发育成熟，行动也较常人迟缓，一般不会构成严重威胁，从比例原则上讲，无须使用最极端的强制力。[3]

另外，对老人是否也要有上述同样的限制，"警械条例"中没有规定，我也没有从其他国家的有关资料中看到有类似规定，但是，我想还是应当有所限制。当然，要因人而异。有的人虽上了年纪，但体力很好，其人身危险性不亚于成年人，但有的老人体质孱弱，行动迟缓，一般不会构成严重威胁。因此，在用枪时，对后一种情况要克制。也可能正因为上述情况复杂，法律也无法做统一要求，只有留给警察裁量把握。

② 群众聚集的场所或者存放大量易燃、易爆、剧毒、放射性等危险物品的场所，不得使用枪支

这是基于比例原则中的法益相称性的考虑，因为在群众聚集的场所或者存放大量易燃、易爆、剧毒、放射性等危险物品的场所使用枪支，会伤及无辜，或者引发火灾、引起剧毒、放射性物品泄露，对公共安全造成巨大危害，比起单纯使人犯就范的利益，要大得多，不合算得多，因此，原则上禁止警察在上述场所用枪。

但是，如果人犯就是以危害公共安全为目的，如在群众聚集的场所放置、引爆炸弹，或者破坏剧毒或反射线物品装置，点燃易燃、易爆物品，那么，尽管警察开枪可能会导致上述危害后果，但不开枪制止犯罪，则上述危害会必然或极可能发生，两害相较，取其轻，因此，就有使用枪支的正当性理由。

---

〔1〕 Cf. The Los Angeles Times, 1965. Cited from Ting Hung-kay, *op. Cit.*, p.19.

〔2〕 陆中俊主编：《中华人民共和国人民警察使用警械和武器条例释义与适用指南》，28～29 页，北京，中国人民公安大学出版社，1996。

〔3〕 王学林主编：《中华人民共和国人民警察使用警械和武器条例释义》，72～73 页，北京，警官教育出版社，1996。

③ 对非刑罚执行场所,如拘留所、戒毒所等被管制人员脱逃行为,不得使用枪支

拘留所、戒毒所等是执行行政处罚或行政矫治的场所,被管制人员所犯过错尚未达到犯罪程度,或者没有达到严重犯罪程度,而且人身危险性也不大,因此,对其脱逃行为,不得使用枪械。除非其暴力抗拒抓捕、暴力袭警、抢夺武器,必须使用枪械制止的,才可以使用枪械。

④ 群体性事件的处置,一般不得携带、使用枪支,以避免矛盾的进一步激化

近年来,经济效益不好的企事业单位职工、下岗职工、离退休人员因为工资、生活保障费、医药费等问题没有得到妥善解决,农村因为长期遗留的土地、树林、水源等资源争议没有解决或者解决不公,以及其他一些原因,出现集体上访、堵塞交通、妨碍党政机关正常办公等群体性事件,需要警察来维持秩序、疏导交通、劝导乃至强制驱散非法集聚的人群。在这过程中,为避免进一步激化矛盾,给政府妥善解决上述问题带来更大的难度,要求一线警察一律不得携带枪支,只能采取劝导、教育、诱导等行政指导或其他方式,但不得诉诸枪支这种极端强制手段。二线民警依照命令可以携带枪支,以备不测。一旦上述群体性事件演变为骚乱、暴动,能够及时依法制止。

3. 程序

(1) 表明身份

警察着装本身就已然表明执法身份。但是,便衣警察外形上则与常人无异,无法辨识,所以,在使用枪支之前必须要表明执法身份,以消除对方不必要的误会和反抗,避免误伤无辜第三人。如,某地居民楼发生盗窃案件,正巧被主人堵在屋里,主人一边报警,一边找邻居帮忙,当邻居和主人拿着菜刀、木棍进屋抓贼时,哪知贼人已经跳窗逃跑,此时,警察(未着警服)也赶到了,误认为屋内两人是盗贼,而主人和邻居也误把警察当成盗贼,警察拔枪指着主人,主人不惧,上前搏斗,被打死。该案就是一个教训,如果警察事先表明身份,那么悲剧不会发生。

(2) 警告

① 警告的目的

开枪之前的警告,目的是促使当事人猛然清醒,变得更加理智,明白当前的

处境，以及继续实施违法犯罪将会面临的严重法律后果，给其一个立刻悬崖勒马、回头是岸的机会。[1]因此，除非来不及警告或者警告后可能导致更为严重危害后果，可以直接开枪的情况外，开枪之前，原则上必须先行警告。

② 应当重视口头警告

基层民警多认为"警械条例"第 9 条规定的"警告"就是鸣枪示警，这么理解当然也不能算错，至少有其他法规范作为凭据，如《看守所条例》(1990 年)第 18 条第 2 款就规定："需要开枪射击时，除遇到特别紧急的情况外，应当先鸣枪警告，人犯有畏服表示，应当立即停止射击。"但是，这么理解(包括上述法律规定)却是有问题的。

从我国的历史上看，对空鸣枪的习惯，原来并非为了逮捕人犯，作为进一步对其施加极端的强制手段的前奏，而是为"放响"以便呼应民众或者其他巡警加以围捕。[2]这样的成规很值得玩味，甚至直至今日，鸣枪示警仍然在客观上具有上述效果，因而容易和吸引注意的射击，以及威胁射击(Schreckschusse)相混淆。[3]正因为内涵不够清晰，如果我们把使用枪支看作直接强制的话，那么仅仅在程序上要求对空鸣枪显然是不够的。关于这一点，前面已有论述，在此就不赘述了。

而且，西方很多国家也不是完全用鸣枪警告取代口头警告，而是强调尽可能先实施口头警告，如，美国执法人员使用武器时适用之守则、政策与程序中也规定，警察在开枪前须有清晰之口头警告。[4]英国也要求警察人员在射击前应先做口头警告，除非情况急迫不允许。[5]

因此，我主张把"警械条例"中的"警告"主要地理解为"口头警告"，而且口头

---

〔1〕 吕阿福：《警察使用枪械之正当性研究》，载《法学论丛》，22(2)。

〔2〕 陈孟樵：《〈警械使用条例〉法制史之研究》，载《警学丛刊》，2000，30(6)。

〔3〕 吸引注意的射击是为促使特定人、公众或警察注意的鸣枪，在西方国家的文献中也叫警告射击(Alarm-od. Signalschusse)，比如，面对嘈杂的人群，用口头根本无法把内容清晰地传送到对方，让其知悉，而用对空鸣枪的方法让众人安静下来。在促使警察注意的场合，实际上与我国历史上的对空鸣枪的功用是一样的。威胁射击相当于震撼性开枪，是想借此把嫌疑人从藏匿处逼出来。这两种用枪方法在实践中都存在，而且也缺少法律的规范。也有认为这样使用枪支的行为是违法的，应当严格禁止。吕阿福：《警察使用枪械之正当性研究》，载《法学论丛》，22(2)。

〔4〕 [美]Kenneth J.Matulia，《美国警察人员使用枪械之法律规定及案例介绍》，江庆兴译，载《新知译粹》，1986，1(6)。

〔5〕 《英国警察人员使用枪械须知》，郑昆山译，载《新知译粹》，1987，3(1)。

警告的内容必须是清晰地表达用枪的意图,比如"站住,警察,否则开枪",而不能仅是"站住"或"别动"。在街道,或者对人群中的某歹徒开枪时,应当清楚明确地命令在场无关人员躲避。德国要求警察在射击时还得警告一次。〔1〕我以为,只要当时情境许可,这种命令可以反复告诉。

当然,如果口头警告无效,或者无法实施口头警告的,比如外界声音太嘈杂,或者无法与当事人(像外国人,少数民族)用语言沟通,这时可以鸣枪示警。在海上缉捕时还可以鸣炮警告,或者使用灯光信号、旗语进行警告。〔2〕

③ 鸣枪示警

从西方国家的有关理论看,都倾向在实施射击动作之前必须先鸣枪示警,其理由不外乎:其一,恐怕误中当事人的身体要害部位,造成事实上未经审判就剥夺其生命的结果;其二,惟恐因射击技术问题伤害到第三人,所以要"加强鸣枪示警"(Qualifizierter Warnschusse);其三,可以从鸣枪行动中推测当事人可能涉嫌重大犯罪;其四,表明警察决定开枪射击的最后警告,比口头警告更能起到事前的威吓和制止的效果。〔3〕

鸣枪示警的要领是:

第一,在鸣枪示警之前,如有可能,应当先进行口头警告。

第二,必须符合法律允许使用枪支的条件。

第三,应当不伤及无辜第三人,因此,应对空旷安全之处鸣枪,防止流弹伤及他人或者住宅;对地鸣枪时,应避免地质太硬,子弹反弹伤及无辜,应向松软的土质开枪。当然,如果已经尽到了注意义务,但仍然发生流弹伤人事件,则属于意外事件。

当然,也有反对的意见,比如,美国警局政策中就禁止警告射击(warning shots),表面上的理由是会打到无辜者,私底下是担心警察开枪了,没打中嫌疑人,然后托词是警告射击,不报告开枪的行为(officers shooting at and missing a suspect may claim that they merely firing a warning shot and attempt to avoid answering for their actions),另外,特别是如果嫌疑人知道警察不向他,或不会向他开枪,警告射击很难达到目的。〔4〕

---

〔1〕 吕阿福:《警察使用枪械之正当性研究》,载《法学论丛》,22(2)。

〔2〕 王学林主编:《中华人民共和国人民警察使用警械和武器条例释义》,53页,北京,警官教育出版社,1996。

〔3〕 吕阿福:《警察使用枪械之正当性研究》,载《法学论丛》,22(2)。

〔4〕 Cf. Charles R.Swanson, Leonard Territo & Robert W.Taylor, *op. Cit.*, p.411.

但是，我还是认为“加强鸣枪示警”是必需的。当然，如果在当时的特殊情境之中，比如在医院的急症室，鸣枪无法确保安全时，是不是可以经过口头警告无效之后，就可以直接使用枪械，而不需要鸣枪示警？我以为可以。《公安机关人民警察现场制止违法犯罪行为操作规程》(2010 年)第 32 条明确规定了不得鸣枪警告的三种情形，一是处于繁华地段、群众聚集的场所或者其他容易误伤他人的场所。二是明知或者应当明知存放有大量易燃、易爆、剧毒、放射性等危险物品的场所。三是鸣枪警告后可能导致危及公民或者公安民警人身安全等更为严重危害后果的。

④ 自身安全预防措施与警告

在实践中，面对可能发生的危险状态，警察为自身安全，采取一些预防措施，比如，在盘查时，为防止被盘查人突然袭击警察，由一名警察上前检查，其他警察持枪警戒，或将子弹上膛做预备射击的姿势，在法律上是否允许？其正当性如何？也引发争议。

这种使用枪支压制的行为，根据 Reisinger 的见解，认为属于法律上的鸣枪示警的一个环节。但吕阿福认为，如果这种安全预防的做法是在不得开枪射击，也不能鸣枪的状况下实施的，显然就不具有合法性，而且即便从鸣枪的最后警告意义上说，也很难认为这种持枪压制的行动是鸣枪的警告。[1]在我看来，上述意见都不恰当，鉴于实践中屡屡发生被盘查或检查人员突然向警察攻击、施暴的事件，由于事件的突发性，事先没有任何允许开枪或鸣枪的条件或迹象，往往使警察措手不及，遭受不应有的损失。因此，在警察查缉战术中，如果警察感到有危险的存在，就应当许可采取上述持枪压制的行动。《公安机关人民警察佩带使用枪支规范》(2015 年)第 12 条也规定，“人民警察判断可能发生暴力犯罪行为的，应当及时进行持枪戒备，采取相应的戒备状态，并将枪口指向安全方向”。

⑤ 不经警告直接开枪的条件

第一，符合法律规定的允许使用枪支的条件。

第二，时间紧急，危害结果即将发生，来不及警告；或者警告反而会产生相反的效果，如促使绑架人质的歹徒铤而走险，“撕票”，或者引爆爆炸物品，与重要的公共设施同归于尽。

---

〔1〕 吕阿福：《警察使用枪械之正当性研究》，载台北《法学论丛》，22(2)。

(3) 谈判

近年来,在处置涉枪、涉爆、绑架劫持人质等案件时,实践部门还尝试着通过谈判的方式,来缓解犯罪嫌疑人的紧张和对抗心理,为妥善处置争取时间,创造有利战机,减少民警不必要的伤亡。实践证明是较成功的。

公安部在《关于采取有效措施、防止和减少民警因公伤亡的通知》(公通字〔2000〕68号)中要求,各直辖市、省会市、自治区首府城市公安机关,都要培养一批具有丰富社会经验、精通犯罪心理、熟悉公安业务、反应机敏的谈判专家。

当然,其中的经验还有待继续摸索和总结,特别是什么时候可以采取谈判战术?什么时候不能?怎么有效地进行谈判?各部门、各环节如何相互配合?

(4) 现场处置

① 使用枪支造成犯罪分子或者无辜人员伤亡的,应当及时抢救受伤人员,因为警察的先前使用枪支的行为,会导致其事后的救助义务。[1]其中的道理可能是嫌疑人罪不该死。或者从正当程序与人权保障角度讲,嫌疑人尚未经过正式的审判程序,还不能就此剥夺其生命。因此,应当尽量减少"不经审判而执行死刑"(execution without trial)的情况。更不要说对于无辜的第三人了,如果发现其受伤,当然要积极救护。如果警察拒绝履行,或者拖延履行该救助义务,则构成行政侵权,对损害扩大的部分,应当承担国家赔偿责任。

② 保护现场,并立即向当地公安机关或者使用枪支的警察所在机关报告,接到报告的上述机关有义务及时通知当地人民检察院,并及时进行现场勘察、调查。

③ 当地公安机关或者使用枪支的警察所在机关应当将犯罪分子或者无辜人员的伤亡情况,及时通知其家属或者其所在单位。

4. 用枪政策与警察裁量(firearms policy and police discreption)

大致而言,规则与规章的详尽程度与警察的裁量度呈反比关系(there is a inverse relationship between the degree of comprehensiveness of rules and regulations and the amount of discretion available to officals)。麦克里迪(K.

---

〔1〕《英国警察人员使用枪械须知》第11条也要求,对于因使用枪械而致死伤之人,警察人员应采取紧急措施,尽早施予必要之医疗救护。《英国警察人员使用枪械须知》,郑昆山译,载《新知译粹》,1987,3(1)。

Mcreedy)曾把用枪政策与警察裁量之间的关系分为四种类型进行分析。[1]

第一种类型是，警察配枪，并有完全的裁量权。不对用枪的条件做任何确认。警察必须依赖自身的训练以及能力行事。这种情况通常是因为缺少明确的政策所致。这是最不公正的方案，它要求警察对其决定负责，但又不给他必要的决策指导。

第二种类型是，警察配枪，并有部分裁量权。给警察较详细的指导(guidelines)和相当的训练。这样的政策可以要求用枪仅限于保护警察自身或他人生命安全所必需的情形。在判断是否对他人造成进一步的伤害或死亡的合理可能性(reasonable possibility)上存在着裁量。这种政策对用枪开始有所限制，但是，仍然给警察留有对例外情况的裁量权。

第三种类型是，警察配枪，但没有裁量权。警察只能为保护自身生命使用枪械，这意味着除非生命受到急迫的威胁，不得使用致命强制力。在这种政策下，所要求做出的惟一决定就是生命是否处于急迫的威胁之中。这种情况通常是比较容易确认的。

第四种类型是，警察不配枪，也无裁量可言。英国长期以来就是这种情况。

从麦克里迪(K.Mcreedy)的分析中，我们可以发现，采取一定的政策指导，同时给警察留有必要的裁量余地，是比较妥当的。而且，在我看来，用枪政策的详尽以及警察裁量的大小在很大程度上必须考虑当前警察的素质，因为素质的高低决定了警察对政策理解与把握的程度。警察素质普遍较高，政策就可以抽象一些，这样可以适应复杂、多样的客观情况，避免挂一漏万。但是，如果警察素质不太高，政策就宜细腻些，便于把握。

考虑到当前警察的素质普遍不高，用枪政策太粗，反而会使警察因吃不透而畏首畏尾，也容易使法院与公安机关在法条的理解上产生分歧，因此，我原则上赞成“警械条例”上这样将各种允许、不允许用枪的情境和条件详细列举，压缩警察裁量空间。这么详尽的规定是我查阅到的那些国家和地区有关立法里几乎都没有的，但却是符合中国的实际。从另一个角度理解，也可以认为是依法行政理念在我国具体实现的特色。而且还不够，还有一些内容是不是也应该明确一下，

[1] Cf. K.Mcreedy & J.Hague et al., “*Administrative and Legal Aspects of a Policy to Limit the use of Firearms by Police Officer*”, collected in *Critical Issues in Law Enforcement*, Criminal Justice Studies, Anderson Printing Co., 1972, pp.95～96. Cited from CHAN Lok-wing, *op. Cit.*, pp.18～19.

比如对交通工具的用枪、对动物的用枪以及对无生命之物的用枪等。如果不是在法条之中,至少也应该在“白皮书”中明确一下。

5. 影响警察用枪裁量的因素

威尔(Dwyer)等学者曾于1990在美国田纳西州Shelby郡做过一个研究,给警察60个情境(scenarios),要求后者写下在这些假设的情境中当他们决定是否拔枪、瞄准或射击时将考量哪些因素。结果发现,警察较多考虑的因素有:

(1) 参与者的属性(Attributes of Participants):疑犯性别;疑犯非白人;疑犯是未成年人;疑犯失去控制能力;搭档在;女搭档;搭档是新手。

(2) 环境的属性(Attributes of Setting):白天;公共或私人场所;雨天;警察与疑犯之间的距离;警察有掩护(officer has cover);警察显然能打中疑犯(officer has clear shot at suspect)。

(3) 疑犯的举动、意图与对策(Actions, Intentions and Resources of Suspect):疑犯不合作;疑犯态度坏;疑犯有武器;疑犯正射击;疑犯冲出建筑物(suspect is exiting building);疑犯正实施重罪;疑犯的武器对着警察;疑犯意图伤害;疑犯的火力猛;警察人少(officer is outnumbered)。

(4) 其他(Other):除了用枪,还有无其他方法;警察受到威胁;公民受到威胁;搭档受到威胁;明显看得见疑犯(suspects are visible)。[1]

后来,香港的一名警官在此基础上,根据香港的实际,对威尔的上述情境稍加修改,也进行了类似的实证研究。结果是,“疑犯的举动、意图与对策”被列为第一位考虑因素,其中“疑犯正要实施伤害”(Suspect is intending to harm)、“疑犯有武器”(suspect has weapon)以及“疑犯正实施重罪”(suspect is committing felonious/serious crime)在考虑的顺序上又列于首位。而光线(lighting conditions)、时间(timing)以及是否处于公众视野之中(public visibility)并不被认为是重要的考虑因素。[2]

上述结论可供我们参考。

---

[1] Cf. Dwyer, William O, Arthurs C, Graesser, Patricia L. Hopkinson & Micheal B. Lupfer, "*Application of Script Theory to Police Officers' Use of Deadly Force*", in Journal of Police Science and Administration 17, 1990, pp.295～302. Cited from CHAN Lok-wing, *op. Cit.*, pp.57～58.

[2] Cf. CHAN Lok-wing, *op. Cit.*, p.88.

六、警械使用的条件与程序

1. 允许使用的情形

（1）法规范

对警械使用条件与程序的规定，最全面的是《人民警察使用警械和武器条例》（1996年），其他法律、法规和规章也有所涉猎。

表 5-10　警械使用规定

《人民警察法》（2012年）	第十一条　为制止严重违法犯罪活动的需要，公安机关的人民警察依照国家有关规定可以使用警械。
《戒严法》（1996年）	第二十六条　在戒严地区有下列聚众情形之一、阻止无效的，戒严执勤人员根据有关规定，可以使用警械强行制止或者驱散，并将其组织者和拒不服从的人员强行带离现场或者立即予以拘留： （一）非法进行集会、游行、示威以及其他聚众活动的； （二）非法占据公共场所或者在公共场所煽动进行破坏活动的； （三）冲击国家机关或者其他重要单位、场所的； （四）扰乱交通秩序或者故意堵塞交通的； （五）哄抢或者破坏机关、团体、企业事业组织和公民个人的财产的。
《监狱法》（2012年）	第四十五条　监狱遇有下列情形之一的，可以使用戒具： （一）罪犯有脱逃行为的； （二）罪犯有使用暴力行为的； （三）罪犯正在押解途中的； （四）罪犯有其他危险行为需要采取防范措施的。 前款所列情形消失后，应当停止使用戒具。
《拘留所条例》（2012年）	第二十三条　被拘留人有下列违法行为之一的，拘留所可以予以训诫、责令具结悔过或者使用警械： （一）哄闹、打架斗殴的； （二）殴打、欺侮他人的； （三）故意损毁拘留所财物或者他人财物的； （四）预谋或者实施逃跑的； （五）严重违反管理的其他行为。拘留所人民警察对被拘留人使用警械应当经拘留所所长批准，并遵守有关法律、行政法规的规定。

续表

《集会游行示威法实施条例》(2011年)	第二十三条　依照《集会游行示威法》第二十七条的规定,对非法举行集会、游行、示威或者在集会、游行、示威进行中出现危害公共安全或者严重破坏社会秩序情况的,人民警察有权立即予以制止。对不听制止,需要命令解散的,应当通过广播、喊话等明确方式告知在场人员在限定时间内按照指定通道离开现场。对在限定时间内拒不离去的,人民警察现场负责人有权依照国家有关规定,命令使用警械或者采用其他警用手段强行驱散;对继续滞留现场的人员,可以强行带离现场或者立即予以拘留。
《人民警察使用警械和武器条例》(1996年)	第七条　人民警察遇有下列情形之一,经警告无效的,可以使用警棍、催泪弹、高压水枪、特种防暴枪等驱逐性、制服性警械: (一)结伙斗殴、殴打他人、寻衅滋事、侮辱妇女或者进行其他流氓活动的; (二)聚众扰乱车站、码头、民用航空站、运动场等公共场所秩序的; (三)非法举行集会、游行、示威的; (四)强行冲越人民警察为履行职责设置的警戒线的; (五)以暴力方法抗拒或者阻碍人民警察依法履行职责的; (六)袭击人民警察的; (七)危害公共安全、社会秩序和公民人身安全的其他行为,需要当场制止的; (八)法律、行政法规规定可以使用警械的其他情形。 人民警察依照前款规定使用警械,应当以制止违法犯罪行为为限度;当违法犯罪行为得到制止时,应当立即停止使用。 第八条　人民警察依法执行下列任务,遇有违法犯罪分子可能脱逃、行凶、自杀、自伤或者有其他危险行为的,可以使用手铐、脚镣、警绳等约束性警械: (一)抓获违法犯罪分子或者犯罪重大嫌疑人的; (二)执行逮捕、拘留、看押、押解、审讯、拘传、强制传唤的; (三)法律、行政法规规定可以使用警械的其他情形。 人民警察依照前款规定使用警械,不得故意造成人身伤害。

续表

《公安机关强制隔离戒毒所管理办法》(2011年)	第三十四条　强制隔离戒毒所应当建立突发事件处置预案，并定期进行演练。 遇有戒毒人员脱逃、暴力袭击他人的，强制隔离戒毒所可以依法使用警械予以制止。
《司法行政机关强制隔离戒毒工作规定》(2013年)	第三十条　遇有戒毒人员脱逃、暴力袭击他人等危险行为，强制隔离戒毒所人民警察可以依法使用警械予以制止。警械使用情况，应当记录在案。
《公安机关办理行政案件程序规定》(2020年)	第五十八条　违法嫌疑人在醉酒状态中，对本人有危险或者对他人的人身、财产或者公共安全有威胁的，可以对其采取保护性措施约束至酒醒，也可以通知其家属、亲友或者所属单位将其领回看管，必要时，应当送医院醒酒。对行为举止失控的醉酒人，可以使用约束带或者警绳等进行约束，但是不得使用手铐、脚镣等警械。 第六十七条强制传唤时，可以依法使用手铐、警绳等约束性警械。 第二百二十条　对被决定行政拘留的人，由作出决定的公安机关送达拘留所执行。对抗拒执行的，可以使用约束性警械。
《公安机关办理刑事案件程序规定》(2020年)	第一百五十七条　对犯罪嫌疑人执行拘传、拘留、逮捕、押解过程中，应当依法使用约束性警械。遇有暴力性对抗或者暴力犯罪行为，可以依法使用制服性警械或者武器。
《公路巡逻民警队警务工作规范》(2011年)	第二十条　（五）当盘查对象有异常举动时，民警应当及时发出警告，命令其停止动作并做好自身防范，可以依法视情使用警械予以制止。
《道路交通安全违法行为处理程序规定》(2020年)	第三十五条第四款　对酒后、吸毒后行为失控或者拒绝配合检验、检测的，可以使用约束带或者警绳等约束性警械。
《公安机关人民警察现场制止违法犯罪行为操作规程》(2010年)	第二十六条　公安民警应当按照下列程序和方法使用催泪警械： （一）根据现场情况，要求现场无关人员躲避； （二）选择上风向站位和安全有效距离，直接向违法犯罪行为人喷射催泪剂； （三）制服违法犯罪行为人并将其约束后，对有异常反应或者可能引发疾病的，应当及时采取适当措施救治。

（2）立法不足之分析

第一，《警械条例》第8条规定的大前提有问题。该条规定，可以使用手铐、脚镣、警绳等约束警械的对象是可能逃脱、行凶、自杀、自伤或者有其他危险行为的犯罪分子。但是,警察实施留置措施时,留置的对象是有违法犯罪嫌疑的被盘问人,这些人员在未查清其是否有违法犯罪事实之前绝不能等同于违法犯罪分子。〔1〕那么,对留置的被盘问人能不能使用约束性警械呢?〔2〕有的情况下显然有必要,但又无法套入第8条之规定中。再有,对有行政管束必要的醉酒人、精神病人和意图自杀者,如果出现躁动不安、暴力反抗、自伤自残等情况,而必须使用警绳或约束带的,同样也会出现上述法条不周延的问题。

第二,是不是要绝对禁止背铐呢?我们在实践中就发生在押犯利用前铐的手铐打击武警和狱政工作人员的事件。因此,以往在实践上禁止背拷。对此值得反思。

第三,警械是多种多样的,各有各的用途和使用条件(具体可参见,前述警械的种类与用途),"警械条例"中未加具体规定,也缺乏更进一步的行政解释或者实施细则,似乎不妥,不利于控制警械的使用。而反观西方国家,有不少是通过内部规则的方式,对具体种类的警械的使用条件作出规定,比如,英国内务部的规则中就规定,手铐只能用于制止人犯逃跑、暴力扰乱秩序等情况。〔3〕因此,我建议尽快制定一个有关警械使用的实施细则,对这些问题做出明确规定,比如,瓦斯枪在什么条件下可以使用,等等。这对于规范和控制警械的使用是十分必要的。

2. 不允许使用的情形

原则上讲,应当按照警械的用途来选择使用警械(见前述警械的种类与用途),并且遵守比例原则的要求,比如,能够用警棍制服的,就不用电棍。但是,目前,对这方面的规定比较少,为数不多的规定如:

在群体性治安事件的处置中,对"集体上访尚未影响社会治安和公共交通秩序的;发生在校园、单位内部的罢课、罢工事件,尚未发生行凶伤人或者打砸抢行为的;其他由人民内部矛盾引起、矛盾尚未激化、可以化解的群体性行为",公安机关不得动用警力直接处置,不得使用警械和强制措施〔4〕。

---

〔1〕 刘江、陈小波:《浅谈留置》,载《中国人民公安大学学报》,1999(1)。

〔2〕 周云川:《警械使用的法律控制》,中国人民公安大学硕士学位论文,2002。

〔3〕 Cf. L. H.Leigh, *Police Powers in England and Wales*, Lodon. Butterworths, 1985, p.63.

〔4〕 《公安机关处置群体性治安事件规定》(2009年)。戴纲:《对处置"新化西河群体性事件"的思考》,载《中国人民公安大学学报》,2000(5)。

严禁在审讯中使用电警棍，不准对停止犯罪、停止抵抗、丧失抵抗能力的人犯使用电警棍[1]。

违法犯罪行为人的攻击尚未危及他人或者公安民警生命安全的，公安民警使用警棍时尽量避免攻击违法犯罪行为人的头部、裆部等致命部位[2]。

鉴于这方面缺乏明确细致的规定，建议尽快制定警械使用的实施细则，予以明确。比如，在一般治安案件的处置（包括强制传唤）中，除非遭遇相对人暴力反抗、逃跑等，或者相对人具有人身危险性，或者除非是出于保护警察自身安全或对当事人的安全监管之需要，不得随意使用警械。[3]

3. 程序

（1）请示批准

有些法律明确规定了在使用前必须经领导批准，如《看守所条例》（1990 年）第 17 条规定："对有事实表明可能行凶、暴动、脱逃、自杀的人犯，经看守所所长批准，可以使用械具。"

但遗憾的是，有些对相对人权益影响很大的警械，如高压水枪、催泪弹、瓦斯枪等的使用，却迄今没有严格的审批手续，似乎欠妥。

当然，必须指出的是，如果情况紧急，来不及请示批准的，应当允许现场警察权宜行事，事后再向领导汇报。

（2）表明身份

尤其是便衣警察执法中使用警械时，特别强调要表明身份，以消除不必要的误会和反抗。

（3）警告

在使用驱逐性、制服性警械之前，原则上要警告。一种观点认为，警笛、警车上具有特殊音响警报器和红色回转灯，可以作为使用警棍、催泪弹、高压水枪、特种防爆枪等驱逐性、制服性警械之前的警告。[4]但我以为不妥。这样的警告应当用口头的方式清晰地送达给对方，而且，在对群体性事件使用上述像催泪弹、

---

[1] 《公安部关于坚决制止公安干警刑讯逼供的决定》（公发〔1992〕6 号）。

[2] 《公安机关人民警察现场制止违法犯罪行为操作规程》（2010 年）第 25 条。

[3] 英国规定，在押解某人去监所（custody）的途中，警察原则上不得使用手铐，除非是当事人具有危险或暴力倾向，或者警察认为是保护其自身或人犯监管安全所必需。但是，对于妇女、老人或孱弱之人，或者儿童，不得使用手铐。Cf. C. P. Brutton & Sir Henry Studdy, *A Police Constable's Guide: To His Daily Work*, Lodon, Sir Isaac Pitman & Sons Ltd., 1961, p.17.

[4] 云山城：《论〈人民警察使用警械和武器条例〉中的"警告"》，载《公安理论与实践》，1997(1)。

高压水枪等警械时,如有可能,还应当反复告诫。

(4) 报告

使用警械者,应当事后立即向上级报告。对于违法使用警械造成当事人损害的,有关机关应当进行调查和处理。

报告一般采用书面的形式,根据警械使用的情况不同可以有所区别。对于一般情况下使用警绳、手铐、警棍,没有造成伤害、损失的,可以采用记录的方式汇报、备案。[1]对于使用催泪弹、高压水枪、特种防暴枪、脚镣等警械以及使用警棍、手铐、警绳造成伤害、损失的,应当作正式的书面汇报,将与警械使用有关的信息全面汇报。这一些信息应该包括:时间、地点、现场情况、使用主体、对象、是否经过审批、是否履行警告等事先程序,使用警械的种类、数量、时间长短、造成的后果等。[2]

(5) 记录保管

在韩国,使用喷射器和催泪弹时,责任者必须记录使用时间、场所、对象、现场责任者、种类和数量,并且保管这些文件。

我也建议实践部门注意建立和完善这方面的制度,这不但能够使法律文书管理规范化,而且更重要的是,将来一旦发生行政复议或诉讼,公安机关也能够应付举证的要求。

七、事后报告与调查程序

1. 对拔枪、举枪行为的报告与调查

(1) 法规范付之阙如

在大陆的"警械条例"中,根本没有关于拔枪、举枪的事后报告规定。因为资料的限制,其中的原因不得而知。更让人感到不安的是,"警械条例"中也没有关于拔枪、举枪的条件规定,这与上述报告、调查制度付之阙如实际上有着内在的牵连性。毫无疑问,所有这些是制度上的重大缺陷,是本不该被立法遗忘、但却被遗忘的角落。

因为现有研究成果表明,内部规则(internal regulation)的松严、缺失会对警

---

〔1〕 比如,《劳动教养管理工作执法细则》(1992年8月10日司法部第21号令)第53条规定:"停止使用戒具时,干警应在使用戒具呈批表上签名并注明日期。"这就是一种记录的方法。

〔2〕 周云川:《警械使用的法律控制》,中国人民公安大学硕士学位论文,2002。

察使用枪械的举止产生很大的影响。[1]实践中有些警察要威风、抖派头，随意拔枪、举枪炫耀、威胁，也从另一方面印证了这一点。比如，河南商丘永城刑警大队领导高杰就因为其乘坐的桑塔纳停车时被出租车堵住动弹不得，就将出租车的车牌偷偷撬掉，后被联防队员追赶上之后，竟拔枪指着联防队员。[2]又如，有个别警察在停放自行车时与管理人员发生争执，竟然拔出手枪指着管理人员："让不让放，再啰唆一枪崩了你！"

（2）可供借鉴的香港地区经验

① 香港《警察通令》第29章之规定

香港在1993年以前，根据《警察通令》第29章（Chapter 29 of the Police General orders）之规定，警察拔枪、举枪（drawing/presenting）都要走与开枪（discharging）一样的报告与调查程序。但是，到了1993年，在武器政策委员会（the Force Committee of Firearms Policy）的建议下，对上述规定做了重大修改，增设一节"拔枪或举枪"（Chapter 29-03 entitled "drawing or presenting police firearms"），采取了简要的程序。

其中的道理，武器训练部的警司（Superintendent of Weapon Training Division）李元迟（音译）解释道，在以前警察通令之中对警察开枪，特别是对警察拔枪和举枪的调查与控制方面限制太多，给警员一种错误的印象，拔枪或举枪会惹很多麻烦和行政上的啰唆事，有时还会受纪律惩戒（Officers were given a wrong impression from this written order that drawing or presenting their firearms might bring about a lot of trouble and administrative inconvenience, and might sometimes have disciplinary implications）。这样的观念实际上和他们接受的训练向背，他们所接受的训练是鼓励拔枪或举枪作为一种防范措施。但如此一来，警员心理上处于两难地步：一方面，被教导要拔枪或举枪；另一方面，又怕上述警察通令的规定会给他们带来麻烦。[3]

根据修正后的第29章第3节之规定，警员确信有允许用枪的情形发生时，作为一种防范措施，可以将枪拔出枪套，或者举枪瞄准，但应当做相应的报告：一是一俟安全，必须将实情向所属的总区指挥中心（RCCC）报告（Chapter29-03-

---

〔1〕 Cf. TING Hung-kay, *op. Cit.*, pp.73～74.

〔2〕 《又撬车牌又掏手枪："二级警督"南京街头撒野被拘》，载《北京晚报》，2001-06-17。

〔3〕 Cf. CHAN Lok-wing, *op. Cit.*, pp.49～54, especially pp.53～54.

02);二是在事件发生后尽快向事件发生地所属警署的值日官(DO)报告(Chapter29-03-03)。有关分区的指挥官(DVC)将调查案件的情况。只有在有迹象表明拔枪或举枪是不适当的时候,分区指挥官(DVC)才做一份综合调查报告(Miscellaneous Investigation Report, MIR),并在 14 日内呈送地区指挥官(DC)(Chapter29-03-05)。[1]

② 实证研究的结果

香港一位高级警官曾对 200 名警察做过调查,在执勤时曾有过拔枪经历的有 76 名,占总数的 38%。有意思的是,他们中间只有 22 名向上级做了报告,其他 54 名根本没有报告。不报告的原因是,他们害怕因为吃不透内部规则中不让拔枪的规定而受到惩罚(They feared to be punished for not drawing arms according to internal regulation),害怕得不到上级的支持(因为不信任上级),而被隔离(isolated)。[2]

一方面,这种现象的存在,说明警察权力的确在有些情况下是"低能见度"的权力(powers of low visibility),发生在上级和公众的视野之外,事实上很难为上级、律师或者法院所监控(check)。[3]再加上基层警察之间讲义气、彼此保密(a cult of secrecy and loyalty),使得这些问题难以发现(但不是绝对发现不了,别忘了,还有受害人以及可能的证人)。当然,如何更好地控制这些"低能见度"的权力,是今后必须研究的课题。

另一方面,不能因为上述现象的存在就否定对拔枪、举枪的规范之必要性,制度性的约束仍然是有效的。

(3) 完善的初步建议

第一,允许开枪的条件下,自然也允许拔枪、举枪。当然,在很多情况下,不见得事先就显露出允许开枪的迹象,而多是因为警察感觉到当时的情境存在危险,作为一种预防性措施(a precautionary measure)实施的。比如,在盘查中,为防止嫌疑人突然施暴,其他警察可以拔枪、举枪在一旁防范,或瞄准嫌疑人。又如,夜间搜捕,为防止不测,拔枪预防。

第二,警察拔枪、举枪后,应当在确认安全之后立刻向单位领导报告,如果单

---

〔1〕 柯良栋、李文胜:《香港警方怎样管理和使用枪支》,载《人民公安》,2001(1)。

〔2〕 Cf. TING Hung-kay, *op. Cit.*, p.68.

〔3〕 Cf. Ole Hansen, "*A balanced approach?*", collected in John Benyon & Colin Bourn, *The Police: Powers, Procedures and Proprieties*, Pergamon Press, 1986, p.104.

位领导认为上述举动不适当，可以进行调查。如果受害人向督察或纪检申诉、控告，后者可以要求民警单位领导提交一份综合调查报告，如果还有疑问，必要时也可以自行调查。

2. 对开枪行为的报告与调查

（1）法规范

"警械条例"第 12 条、第 13 条原则性地规定了警察开枪之后的报告和调查程序，《公安机关人民警察佩带使用枪支规范》（2015 年）第四章"调查处理"做了更细致的规定。

表 5-11　事后报告和调查的规定

《人民警察使用警械和武器条例》（1996 年）	第十二条　人民警察使用武器造成犯罪分子或者无辜人员伤亡的，应当及时抢救受伤人员，保护现场，并立即向当地公安机关或者该人民警察所属机关报告。 当地公安机关或者该人民警察所属机关接到报告后，应当及时进行勘验、调查，并及时通知当地人民检察院。 当地公安机关或者该人民警察所属机关应当将犯罪分子或者无辜人员的伤亡情况，及时通知其家属或者其所在单位。 第十三条　人民警察使用武器的，应当将使用武器的情况如实向所属机关书面报告。
《公安机关人民警察佩带使用枪支规范》（2015 年）	第十九条　人民警察所属配枪部门接到使用枪支的口头报告后，应当及时上报所属公安机关。所属公安机关应当视情指派警务督察部门进行调查；对鸣枪警告、开枪射击的，应当及时进行调查验证并形成卷宗。 各级公安机关应当建立由警务督察部门牵头，纪委监察、法制部门参加的调查处理机制，负责会同有关警种对人民警察使用枪支案事件进行调查处理。 第二十条　人民警察开枪造成人员伤亡的，事发地县级公安机关应当迅速按照下列程序处置： （一）派出警力赶赴现场，划定警戒区域，维护秩序，保护现场； （二）通知医疗单位对受伤人员紧急救治；查明伤亡人员的身份情况，及时通知其家属和所在单位； （三）组织开展现场勘查和调查工作，收集、固定相关证据； （四）通知事发地县级人民检察院； （五）向当地党委、政府报告，组织做好善后处理、舆情引导工作。

续表

<table>
<tr><td rowspan="1">《公安机关人民警察佩带使用枪支规范》(2015年)</td><td>第二十一条　人民警察所属公安机关接到民警异地使用枪支造成人员伤亡的报告后,应当立即指派人员配合事发地县级公安机关做好调查、处置工作。
第二十二条　事发地县级公安机关调查结束后,应当及时出具书面调查报告。调查报告应当包括以下内容:
(一)接受人民警察报告的情况;
(二)调查工作情况及确认的使用枪支情况;
(三)对伤亡人员的救治及采取的紧急处置情况;
(四)组织善后处理和舆情引导工作情况;
(五)调查结论及处理意见。
第二十三条　事发地县级公安机关对人民警察使用枪支情况调查结束后,应当向其本人及所属配枪部门宣布调查结论;人民检察院介入调查的,应当与人民检察院协商形成调查认定意见后宣布。
人民警察对认定其使用枪支不当的调查结论持有异议的,可以向事发地县级公安机关的上一级公安机关提出申诉。
第二十四条　人民警察依法使用枪支造成人员伤亡的,事发地公安机关未经其所属省级公安机关批准,不得披露当事民警姓名、工作单位等信息。
第二十五条　人民警察使用枪支后,所属公安机关应当及时对其进行心理辅导,缓解心理压力。在人民警察接受调查期间,应当暂停其佩带枪支。
对人民警察使用枪支后,存在心理负担过重等不宜佩带枪支情形的,其所属公安机关可以停止其佩带枪支。</td></tr>
</table>

(2)步骤及其分析

①现场保护

这关系到事后查清事发经过,以及警察使用枪支是否合法,特别是当有当事人控告时,能够在诉讼中举证说明其行为合法,因此,十分重要。当枪案发生后,在场警察即便在紧张救人之际,也应当注意尽量保持现场原状,一俟救助工作完成,立即划定保护的现场范围,派专人警戒、封闭现场,不许无关人员进入。

开枪的警察因为要接受随后到来的有关人员的询问,所以,如果条件允许,原则上不让其参加现场的保护工作。但要注意,要避免让其感到误解,觉得开枪以后就变成为审查对象,增加其心理与思想负担,这是极其关键的。英国甚至从心理学角度考虑当事人可能会因开枪杀伤他人而感到惊悸,还要求给开枪警察提供心理支援，比如，不让其独处，由其信赖的同事陪伴。[1]

② 立即报告

在枪案发生时，参加勤务的警察应当向当地公安机关或者自己所属机关报告。后者应立即赶赴现场，[2]进行勘察、调查，并马上通知现场所在地人民检察院。

在"警械条例"专家论证会上，有一种意见认为，应首先由公安机关独立调查，属于合法使用武器的情形报检察院备案；属于违法使用需要追究刑事责任的，再由检察院立案侦查。这个意见似乎被"警械条例"所采纳。但是，我主张最好通知检察院派员一道进行调查、勘察，这样做有利于接受人民检察院的法律监督，使勘察、调查更加客观、公正、合法。

③ 勘察、调查

在现场勘察时，应尽可能利用文字、绘图、拍照、录像等方法，把现场一切有关联的客观事物详细、如实地予以记载。[3]

对开枪警察、其他参加勤务的警察、受伤者、旁观者等知情人进行调查询问，重点调查开枪的时间、场所、对象、现场责任者、枪支的种类、发射子弹的数量以及经过、死伤情况等，做好笔录，让被调查人确定无误后签字。

所有参与勤务、携带枪械的警察，其武器必须在现场当场确认，以弄清都有谁开枪。

调查结束后，公安机关或者会同检察机关"应当向其本人及所属配枪部门宣布调查结论"。

(3) 制度评价

首先，警察机关内部的调查程序(the procedure of internal investigation)存在的本身，以及内部的纪律惩戒，会对警察决定是否使用枪械造成一定的影响，一种来自制度上的约束。西方有一项实证研究表明，采取较少约束政策的警局，在每一千例逮捕重罪犯案件中警察开枪的，比那些采取较多约束政策的警局在同样情况下要多上两倍还不止(the police departments with the "least

---

〔1〕 英国警察首长协会：《英格兰及威尔斯警察人员使用枪械后之处理程序》，江庆兴译，载《新知译粹》，10(6)。

〔2〕《人民警察使用警械条例专家论证会综述》，载《公安法制建设》，1992(2)。

〔3〕 王学林主编：《中华人民共和国人民警察使用警械和武器条例释义》，78～79页，北京，警官教育出版社，1996。

restrictive" policies reported more than twice as many incidents of shooting per 1000 felony arrests than did the departments with the more restrictive policies)。[1]

其次,考虑到调查基本上是由警方自己进行的,在其内部操作的结果,很可能出现、但不是必然会出现偏袒警察的问题。这或许是制度性"硬伤"。在很多国家或地区,只要采取这样的制度模式,都或多或少地存在着这个问题。香港有位警官曾举出香港警方的一份内部调查报告来说明,尽管高级警官并不鼓励警察使用枪支,但是(一旦发生警察用枪事件),他们却尽量谅解他们的部下,用客观环境的解释和理由来为他们开脱。这位警官甚至还说,通过这样的秘密调查(通常是秘密的,但也不总是),有些警察受到了惩处,但或许更多的没有受到处理。[2]

(4) 其他制度

① 与新闻媒体的沟通

警察开枪本来就是公众很敏感的事,特别是那些从当时的情境看,警察开枪是合理的,但死伤者却又是无辜的。这种被称为"可宽恕的杀人"(excusable homicide),[3]如果事后缺少与新闻媒体的及时沟通,容易在公众中产生对警察的非议和舆论哗然(controversy and frequently vocal criticism of the police among community members)。在实践中出现的死者家属(族)集体上访、围攻政府,或集聚铁路、妨碍交通等事件,与很多群众,包括死者的家属、家族成员不了解事实真相和法律政策多少有一定的关系吧?这是一个方面的考虑。

另一方面,从警务公开与行政透明化的要求看,也有必要及时向媒体披露有关信息。因此,为减少新闻界之臆测,消除群众中的误解,并提供较清楚的事实真相,当警察使用枪械致人死亡事件发生后,警局应当在一定时间内(如 24 小时)考虑举行记者说明会。

然而,从我所收集到的有关报道中,都没有发现公安机关曾举行过正式的记者说明会。非正式的、私下的、个别的说明,我估计还是会有的,但毕竟是非正式的。因此,我建议,加强这方面的制度建设。遗憾的是,《公安机关人民警察佩带使用枪支规范》(2015 年)仍然没有回应,只是在第 20 条第(五)项中规定"向当

---

[1] Cf. TING Hung-kay, *op. Cit.*, p.73.

[2] Ibid., p.23.

[3] Cf. David L.Carter, *op. Cit.*, p.331.

地党委、政府报告，组织做好善后处理、舆情引导工作”。

但是，警局必须采取必要的预防措施，以保护开枪警察及其家人，避免于大众新闻媒体中曝光，对其产生不利的后果。在这方面，英国的做法透着丝丝入微的人性化关怀，值得借鉴。[1]《公安机关人民警察佩带使用枪支规范》(2015 年)第 24 条已经明确要求，“人民警察依法使用枪支造成人员伤亡的，事发地公安机关未经其所属省级公安机关批准，不得披露当事民警姓名、工作单位等信息”。

② 精神或心理医生门诊

在英国和我国香港地区，警察开枪之后，为消除开枪事件可能对其造成的后遗症，都为开枪警察，甚至所有参加勤务的警察提供精神或心理门诊。所有的诊治费用由警察机关承担。[2]这值得借鉴。

《公安机关人民警察佩带使用枪支规范》(2015 年)第 25 条规定，“人民警察使用枪支后，所属公安机关应当及时对其进行心理辅导，缓解心理压力。在人民警察接受调查期间，应当暂停其佩带枪支。对人民警察使用枪支后，存在心理负担过重等不宜佩带枪支情形的，其所属公安机关可以停止其佩带枪支”。

③ 法律诉讼之咨询协助

警察尽管其本身是执法者(law enforcement officers)，但是，并不是精通所有法律问题，特别是诉讼问题。因此，一旦警察开枪的行为导致当事人的控告乃至诉讼，警局应当为其提供法律诉讼之咨询协助。这样的制度设计也同样体现出对警察的人性化关怀。

3. 使用警械的报告与调查

警械的使用也同样应该存在着报告制度，对于违法滥用警械的，也同样应该进行调查和处理。但可惜的是，“警械条例”中这方面的规定付之阙如，只是在有关警务督察以及申诉控告等规定中有所涉及。这应当成为以后立法完善的一方面内容。

---

〔1〕 英国在这方面有着细致入微的规定，特别注重对开枪警察及其家人的保护，包括：为减少非正式之谣言与保护当事人的身份，应禁止武装警察人员与未参与事件之其他警察人员之接触，参与使用枪械勤务之警察人员必须被告知不得与未参加勤务的人员讨论案情；任何有可能辨识某警察人员牵涉用枪事件的消息不得泄露给新闻界；此外，警察内部有关用枪事件文书报告亦须保持高度警觉；等等。英国警察首长协会：《英格兰及威尔斯警察人员使用枪械后之处理程序》，江庆兴译，载《新知译粹》，10(6)。

〔2〕 英国警察首长协会：《英格兰及威尔斯警察人员使用枪械后之处理程序》，江庆兴译，载《新知译粹》，10(6)。

八、法律救济

1. 对我国救济制度赖以建立的宪法依据的再认识

我国《宪法》第41条规定,对于任何国家机关和国家工作人员的违法失职行为,公民"有向有关国家机关提出申诉、控告或者检举的权利","由于国家机关和国家工作人员侵犯公民权利而受到损失的人,有依照法律规定取得赔偿的权利。"在宪法理论上,人们通常把该条权利看作获得权利救济的权利,是宪法规定的实质性基本权利"为了自我保障而衍生出来的一种权利",具有程序意义上的保障功能,是"为权利保障体系提供了其自足的和自我完结的内在契机"。由此得出结论,法律救济制度的建立,是对上述宪法第41条规定的程序性基本权利在具体制度和程序上的落实。[1]

其实,按照现在公法学的最新认识,对于宪法规定的实质的基本权利,其本身也当然地具有组织与程序保障的功能,也就是包含着课予国家制定组织性与程序性规范以促进基本权利实现的宪法义务。因此,实质的基本权利的实现,并不完全仰仗其自身之外的另外规定的程序性基本权利。从其本身也完全能够内在地、合乎逻辑地衍生出程序保障的意义和需求。

从这样的理解出发,就有必要对上述宪法理论作些微修正。也就是应当把宪法对公民基本权利的规定,包括实质的和程序的权利都视为行政救济的宪法基础与依据。而且,还应当把这种自在的或外在的程序保障的意义进一步推衍出去,认为是包含了积极的、及时的、充分的和有效的救济意味。否则,基本权利的保障也就无从谈起。

因此,既然宪法上规定了公民享有诸多的基本权利,特别是人身权,那么一旦遭到警察违法使用枪支与警械的侵害,当然也必须对其提供各种充分性、有效性、及时性的法律救济。另外,如此一来,也能够更好地进一步约束、规范警察使用枪支与警械的行为。美国的经验充分说明了这一点,在20世纪70年代以前,美国警察对使用枪支享有极大的自由裁量权(tremendous discretion),警局很少规范这方面的行为,对警察涉枪案件的调查也是三心二意,也很少存档记录。但到了70年代中叶情况大为改观,原因之一就是最高法院为公民提供了更加便

〔1〕 许崇德主编:《宪法》,第5章"公民的基本权利和义务",北京,中国人民大学出版社,1999。

捷、有效的诉讼救济，使其能够获得因警察滥用枪支造成的损害赔偿（the supreme court made it easier for a private citizen to successfully sue and collect damages as a result of a questionable police shooting）。[1]

在本文中作为研究对象的救济，具有受理案件和作出裁决的基本特征，不同于主动实施的监督，尽管救济本身的确含有监督的意味，但却是被动的，因此，《公安机关督察条例》（2011 年）第 11 条第（二）项规定，"对违反规定使用武器、警械以及警用车辆、警用标志的，可以扣留其武器、警械、警用车辆、警用标志"，但是，警务督察不作为本文考察的重点。[2]本文只着重考察公安机关内部的申诉控告制度、行政复议和行政诉讼制度，以及国家赔偿制度的实效性问题。

2. 公安机关内部的申诉控告制度

（1）制度简介

在我国，对公安机关和人民警察不履行法定职责和在执行公务活动中违反法律、法规等违法失职行为的控告和申诉，是由公安机关内部专门设立的信访部门负责处理的。该部门的职责是：接受、转送、交办或者直接调查来信来访提出的控告和申诉，并对控告、申诉工作进行检查、监督和指导。

对申诉控告案件的处理是，对"控告事由基本成立，需要督促履行职责、纠正执法过错或者追究被控告对象责任的，应立案查办"，并对申诉控告人"作出答复"，将处理结果告诉后者。

这种救济实际上是由产生纠纷的本部门先行自我纠正错误，属于内部监察。与后面说的行政复议不同，行政复议是由上级公安机关或者同级人民政府来审查行政行为的合法性和合理性。

信访部门工作的法律依据主要有《公安机关信访工作规定》（2005 年）。

（2）对滥用警械、枪支的行为，可以申诉控告，追究警察的行政责任

在我国，关于警察警械和枪支的使用，由《警械条例》以及其他有关的法律和公安部文件来规范和调整。在这些法规范中，都明确禁止警察滥用警械和枪支，

---

[1] Cf. Kenneth J.Peak, *Policing America: Methods, Issues, Challenges*, Prentice Hall, 1999, p.309.

[2] 但不容否定的是，警务督察对于纠正、遏止警察滥用枪械的确能起到很大的作用。2000 年扣留违反规定使用的武器警械、警用车辆和警用标志 3.6 万件（辆、副）。《公安部加强警务督察工作遏制涉枪违法违纪》《2000 年警务督察工作》，http://www.mps.gov.cn，2001 年 1 月 1 日最后访问。

并且规定了违法违纪的警察的行政责任。

表 5-12 警察法上有关监督救济的规定

《人民警察法》(2012 年)	第四十九条　人民警察违反规定使用武器、警械,构成犯罪的,依法追究刑事责任;尚不构成犯罪的,应当依法给予行政处分。
《人民警察使用警械和武器条例》(1996 年)	第十四条　人民警察违法使用警械、武器,造成不应有的人员伤亡、财产损失,构成犯罪的,依法追究刑事责任;尚不构成犯罪的,依法给予行政处分;对受到伤亡或者财产损失的人员,由该人员警察所属机关依照《中华人民共和国国家赔偿法》的有关规定给予赔偿。 第十五条　人民警察依法使用警械、武器,造成无辜人员伤亡或者财产损失的,由该人民警察所属机关参照《中华人民共和国国家赔偿法》的有关规定给予补偿。
《公安部关于公安机关执行〈人民警察法〉有关问题的解释》(1995 年)	为了避免有违法违纪行为的人民警察不听制止、可能利用职权继续危害公共安全、公民人身安全以及国家、公民利益,对有下列行为之一,经批评教育无效的人民警察,可以停止执行职务: (五) 违反规定使用武器、警械的; 对违法违纪的人民警察需要停止执行职务、禁闭的,由其所在的县级以上公安机关决定。对担任公安机关领导职务的人民警察需要停止执行职务、禁闭的,应当由上一级公安机关决定。
《公安部关于公安机关执行〈人民警察法〉有关问题的解释》(1995 年)	停止执行职务的期限为十五天至三个月。对被停止执行职务的人民警察,应当收缴其枪支、警械和有关证件等,不准穿警服和佩带警用标志,不准上岗执行职务。禁闭的期限为一至七天。对被禁闭的人民警,应当收缴其枪支、警械,在禁闭室由专人负责看管。县级以上公安机关设禁闭室。停止执行职务和禁闭由县级以上公安机关纪检监察部门执行。 对被采取停止执行职务、禁闭措施的人民警察,应当填写停止执行职务、禁闭登记表;连同随后作出的处理意见一并报上一级纪检监察部门备案。对于采取禁闭措施的,应当通知其家属。
《公安机关执法质量考核评议规定》(2016 年)	第二十条　具有下列情形之一的,年度执法质量考核评议结果应当确定为不达标: (三) 违法使用警械、武器致人重伤、死亡的;

(3) 制度的内在缺陷

在很多情况下，申诉控告的处理是由公安机关自己来处理的，不可避免地会出现自我庇护的问题。我曾翻阅了大量的公安刊物和报纸，试图找到能够直接反映这种情况的案件报道，可能是因为时间以及精力投入仍然不够的缘故，也可能是因为媒体对这个问题关注不够，我没能找到这样的报道。但是，从"人大代表项岁品状告沈阳东陵区警察侵害代表权益案"中，〔1〕我们多少能够感觉到这一点。

在该案中，就在法院审理期间，辽宁和吉林两省的一些部门和新闻单位收到了来自东陵警方于 1999 年 3 月 5 日印发的通报，言："吉林市两级人大：项岁品的所作所为是不懂法、不守法、无视法律、肆意践踏法律的表现，严重影响了人大代表的形象，希望人大机关和各级党组织对其严加教育……"，"吉林市的新闻宣传部门：你们刊发失实报道，误导舆论，扩大事态，这违背了新闻工作的基本原则和职业道德，吉林的法院、报纸似乎由项一人操纵，不该开庭，法院却开庭审理了，不真实的事情，新闻单位却炒作了。这是极不正常的现象……"。〔2〕

可以试想一下，这个案件如果不是在被害人所在地的法院审理，而是向东陵公安机关的信访部门提出申诉控告，那么结果如何，是令人担忧的。

而且，我们还可以找到另外二个官方的材料，来证明上述对制度内在缺陷的

〔1〕 1998 年 5 月 7 日，吉林省信誉冷冻空调设备厂的厂长项岁品带着本厂职工刘海军、实习生张树成(均是聋哑人)等 5 人，携带现金和物资去沈阳购买制冷设备。当车行至沈阳市东陵区朱尔屯时，汽车水泵、水箱突然损坏。当地蓝天汽车修理部的修理工郭春雨来修时，司机问郭："有没有配件?"郭答："没有。"司机说："没有怎么修?"郭火了："怎么着，不修? 玩我? 告诉你，我可是现打车来的，不管修不修，都得拿 1000 元钱来。"因对方和派出所很熟，便叫来派出所的警察。一个大个子警察走上来用枪指着项说："把你的证件拿出来。"项拿出人大代表证，那警察看了一眼说："你们人大怎么教育你出门不带身份证? 你有没有前科劣迹?"项说："请警官不要侮辱人大，你有什么事说什么事。"这时派出所王所长上来将一副手铐摔在项的面前说："不老实给他铐上，把他送拘留所。"并强迫项在不实的笔录上按手印。之后，项便被带到派出所一个屋内，由两名警察看管，不让来回走动、不许吃喝、不许上厕所。王所长还给项指了两条路：一是拘留他们 5 个人；二是拿 8000 元和解。并声明，这钱和派出所可没关系。这期间，郭和警察一起出去吃饭，喝得酒气熏天后回到派出所。项见此气愤至心脏病发作，浑身出虚汗，他要求上医院，可王所长断然不许："谁知你是真病假病，你就是死在这儿，也不是我们打的。"由于得不到治疗，项几近休克。就这样，项被派出所非法拘禁达 8 小时。这起案件引起了吉林人大和新闻媒体的关注，项向吉林市昌邑区法院提起行政诉讼，状告沈阳东陵区公安分局。在吉林省各级人大常委会的监督下，在众多人大代表及新闻媒体的密切关注下，经过近 20 个月的艰难诉讼，人大代表项岁品状告沈阳东陵区警察侵害代表权益一案，终于有了结果：项岁品胜诉，沈阳市公安局东陵区分局败诉。按判决书，败诉方须在人民法院报上公开向项岁品等赔礼道歉，并赔偿项所在吉林市信誉冷冻空调设备厂 153549 元。程月华：《代表告倒警察，判决何时执行》，载《法制日报》，2000-03-30。

〔2〕 程月华：《代表告倒警察，判决何时执行》，载《法制日报》，2000-03-30。

担忧并不是空穴来风,杞人忧天。据《公安纪检监察信息》上刊载的一篇题为《公安民警刑讯逼供致人死亡案件发生的原因及对策分析》的文章报道:“有些地方由于领导不重视,不支持,纪检监察部门难以发挥有效作用,有些上级公安纪检监察部门认为应处理的案件,下级公安机关顶着不办;本级纪检监察部门认为应处理的案件,领导压着不办,使违反违纪民警得不到应有的处理。”[1]公安部在《关于坚决制止公安干警刑讯逼供的决定》(1992年)中也指出:“……一些领导干部对刑讯逼供的严重危害认识不足,制止不力,甚至有意无意地纵容、袒护。他们错误地认为在办案中发生刑讯逼供是难免的,对少数干警的刑讯逼供行为往往睁一眼闭一眼,不加制止;对刑讯逼供案件查处不力,大事化小,小事化了,把查处刑讯逼供与调动干警办案积极性对立起来。”说明上述申诉控告制度多少还存在着一些内在的制度缺陷。

指出上述制度可能存在的缺陷,并不是要全盘否定信访制度。不可否认,长期以来,信访工作是取得了很大的成绩的,正像公安部在《关于加强公安信访工作的意见》中指出的那样,信访部门在“及时、正确地接待处理群众来信来访,为维护人民群众的合法权益,维护法律的尊严,维护政治稳定和社会安宁,做出了积极的贡献”。公安信访工作已经成为“公安机关密切联系人民群众的桥梁和纽带,是公安机关接受群众监督的重要渠道,也是公安机关依靠群众加强治安管理和促进公安队伍建设的一个重要方面。”之所以提出问题,是想进一步完善信访制度,我以为,解决上述问题的关键,是在公安机关内建立相对超脱、独立的信访机构,进一步增加对申诉控告工作的制度保障。

3. 行政复议法与行政诉讼法之规定

全国人大常委会第九次会议于1999年4月29日通过的《行政复议法》第2条规定:“公民、法人或者其他组织认为具体行政行为侵犯其合法权益,向行政机关提出行政复议申请,行政机关受理行政复议申请、作出行政复议决定,适用本法。”

第七届全国人民代表大会第二次会议于1989年4月4日通过的《行政诉讼法》第2条规定:“公民、法人或者其他组织认为行政机关和行政机关工作人员的具体行政行为侵犯其合法权益,有权依照本法向人民法院提起诉讼。”2014年

---

〔1〕 公安部法制司编:《公安法制建设》,1998-09-15(9)。

11月1日第十二届全国人民代表大会常务委员会第十一次会议通过《关于修改〈中华人民共和国行政诉讼法〉的决定》,《行政诉讼法》第2条修改为“公民、法人或者其他组织认为行政机关和行政机关工作人员的行政行为侵犯其合法权益,有权依照本法向人民法院提起诉讼”。

由上述法规范可知,行政复议和行政诉讼的审查对象是行政行为。尽管在什么是行政行为上还存在着争议,但是,现在一般的看法是,这是行政主体行使行政职权作出的具有法律效果的行为,是对相对人的权利义务的处分。

李震山有一种说法,认为警械使用是一种“行政践行行为”(行政物理行为),它“介于意思行为及观念行为间之行政作用,即行政主体借由事实的作用,而非以意思或观念表明等精神作用为要素,透过‘行动’即能发生行政法上之权义效果,且行为一经实施,该行为即已完成,且无法恢复原状或以撤销方式加以废弃”,因此,具有“撤销无实益”的特征,是行政事实行为的一种。行政践行行为(行政物理行为)固然是以不以发生某特定法律效果为最终目标或指向,但此仅为目标而已,实际上有些则会产生法律效果,比如使用警械。〔1〕

在我看来,枪支与警械的使用既有事实行为的部分,也有行政行为的部分,前面已经说过了。但李震山有点是说对的,枪支与警械的使用是“撤销无实益”,因为行为的连续性、不间断性,一实施即产生结果,造成相对人的损伤或财物的毁坏,不存在撤销的对象,或者说,撤销将毫无意义,因此,在行政复议与诉讼上只能用确认之诉(申请),确认使用枪支或警械行为违法,然后寻求国家赔偿。

4. 国家赔偿法、《公安机关人民警察佩带使用枪支规范》之规定

《国家赔偿法》(2012年)第3条规定:“行政机关及其工作人员在行使行政职权时有下列侵犯人身权情形之一的,受害人有取得赔偿的权利:

(1) 违法拘留或者违法采取限制公民人身自由的行政强制措施的;

(2) 非法拘禁或者以其他方法非法剥夺公民人身自由的;

(3) 以殴打、虐待等行为或者唆使、放纵他人以殴打、虐待等行为造成公民身体伤害或者死亡的;

(4) 违法使用武器、警械造成公民身体伤害或者死亡的;

---

〔1〕 李震山:《警察任务法论》,404页,高雄,登文书局,1998;蔡震荣主编:《警察百科全书——行政法》,428页,台北,正中书局,2000。

(5) 造成公民身体伤害或者死亡的其他违法行为。”

第15条规定:“行使侦查、检察、审判、监狱管理职权的机关及其工作人员在行使职权时有下列侵犯人身权情形之一的,受害人有取得赔偿的权利:

……

(4) 刑讯逼供或者以殴打、虐待等行为或者唆使、放纵他人以殴打、虐待等行为造成公民身体伤害或者死亡的;

(5) 违法使用武器、警械造成公民身体伤害或者死亡的。”

《公安机关人民警察佩带使用枪支规范》(2015年)第29条规定:“人民警察行使职务时违法使用枪支造成不应有的人员伤亡、财产损失,对受到伤亡或者财产损失的人员,由该人民警察所属公安机关依照《中华人民共和国国家赔偿法》的有关规定给予赔偿。”

第30条规定:“人民警察依法使用枪支,造成无辜人员伤亡或者财产损失的,由该人民警察所属公安机关参照《中华人民共和国国家赔偿法》的有关规定给予补偿。”

从上述规定看,无论警察是在行政调查,还是刑事侦查中为获取供述或其他情报而自己实施,或者唆使他人实施的所有酷刑或其他不人道的待遇,包括滥用警械和枪支在内,只要造成了被调查人的损害,后者在法律上都可以寻求救济。

九、结论:若干改进的建议

1. 按照《立法法》第8、9条的要求,将“警械条例”上升为法律

《人民警察使用警械和武器条例》是1996年1月8日经国务院第41次常务会议通过的,在法律效力层次上应当属于行政法规。像这样由行政机关以行政命令、法规命令规范警察使用枪械事项的立法例在其他国家也存在,比如瑞士联邦。但是,在法治社会下,却颇受到非议,被指责与法治观念不符。[1]在2000年3月15日全国人大通过《立法法》之后,这样的立法形式在法律上就明显成问题了。

这是因为,使用枪支或警械将直接会对公民的人身自由、财产权、甚至生命

〔1〕 吕阿福:《警察使用枪械之正当性研究》,载台北《法学论丛》,22(2)。

权造成损害,是极为严厉的强制手段。根据《立法法》(2000 年)第 8 条关于"对公民政治权利的剥夺、限制人身自由的强制措施和处罚"只能由法律(狭义,仅指全国人大及其常委会制定的法律,下同)规定之一般法律保留规定,以及第 9 条关于"有关犯罪和刑罚、对公民政治权利的剥夺和限制人身自由的强制措施和处罚、司法制度等事项"必须专由法律规定(不得授权国务院制定行政法规)之绝对保留之规定,上述的立法形式显然与《立法法》上述规定不符。而且,正因为第 9 条的存在,我们还无法拿《人民警察法》(1995 年)第 10 条、第 11 条的概括授权来搪塞,使其合法化。因此,再次修改《人民警察使用警械和武器条例》,或者在《人民警察法》修改中增加有关规定,可能也只是时间的问题。

2. 尽快制定一个关于警械配备、使用与管理的统一规定

对于公务用枪的问题,公安部在"警械条例"的基础上又发布了《公务用枪配备办法》(1998 年 5 月 26 日国务院批准,1998 年 6 月 11 日公安部公治〔1998〕474 号文件发布)以及《公安机关公务用枪管理使用规定》(公安部 1999 年 10 月 9 日公通字〔1999〕74 号通知印发)等,作为配套法规与规章。尽管其中还存在着这样或那样的问题,但那只是进一步完善的问题,不存在不统一管理与规范的问题。

相形之下,警械的问题就较为突出。迄今为止,还没有一个作为配套措施的关于警械配备、使用与管理的统一规定。那么,究竟那些部门和干警可以配备什么样的警械?其本人需要具备什么样的条件?具体在什么场合下可以使用或不可以使用这些警械?具体是哪一种警械?怎么对警械进行有效的管理?等等问题,"警械条例"没有做过细的规定,甚至有的根本就没有涉及。而且,即便是现有的、寥寥无几的涉及警械问题的规定,也多是零散在个别的法规范当中,不仅不太规范,而且在很多的场合下都是付之阙如的。这亟待公安部尽快拿出一个统一的规范来。

3. 制定和下发"白皮书"

我建议将基层警察正确使用枪支和警械的实例收集起来,具体解说用枪用械的具体情境与条件,以及应当注意的事项、更加详细的用枪用械政策,汇编成"白皮书"(不妨借用西方的 white paper,不具有法规性,但起到政策性指导作用),下发各级公安机关,特别是涉枪用械较多的部门参阅。

这样做的好处是,可以将抽象的法条规定、合比例性的思想,特别是具体的用枪用械情境、条件转换为一个个活生生的案件,变抽象为具体,更加容易理解与把握。"白皮书"的另一个好处,就是可以为司法审判提供参照系。尽管它对法官没有法律约束力,但是,作为行政机关制定的、但对相对人有实质意义的内部规则,却会对审判产生一定的影响。

4. 建立持枪警察制度,配备武装反应警车

考虑到目前财政状况对警察用枪训练不容忽视的制约,"经费不足,无法训练,或训练不够",以及统筹解决当前实践中遇到的公务用枪管理上的难题,"怕枪在警察手里出事,该收的,不该收的,都收上来,集中管理","到真要用枪时又找不到枪",现阶段的暂时性对策,在我看来,一味强调增加一线民警的配枪,恐怕不能解决上述问题,未必是好的办法。我们是不是可以考虑采取像英国式的持枪警察制度?

具体的做法是,按照严格的遴选程序,从派出所、治安、巡警等部门选拔素质高的、适合配枪的警察,集中有限的经费对其严加训练,平时他们仍在原单位工作,遇到用枪的紧急警务,立刻调集前往处置。

为进一步弥补这种制度可能存在的机动性、反应性以及实力对抗上的不足,可以在巡警中配备武装反应警车,作为策应和支援。当然,其本身也可以独当一面,独立处置一些涉枪案件。

5. 加强警察查缉战术、用枪用械的训练,改革训练方法,增强民警自我保护和防范意识

从 1999 年民警因公伤亡的情况看,在查缉、追捕犯罪分子、侦查破案中受伤 2685 人,占受伤民警总数的 48.3%。其中的主要原因,就是一些地方公安机关领导和部分基层民警,缺乏敌情观念和应有的警惕性,自我防范和保护意识不强;很多地方基层民警的培训教育与实战结合得不够,缺乏实战演练;一线民警执法、执勤战术动作不规范,实战中造成许多不应有的伤亡。[1]

为此,公安部专门发布《关于采取有效措施、防止和减少民警因公伤亡的通知》(公通字〔2000〕68 号),要求加强对民警查缉战术和实战能力的训练,具体措施,比如,地(市)、县(区)公安机关刑侦、治安、派出所、防爆、巡警等部门的一线

〔1〕《公安部关于采取有效措施、防止和减少民警因公伤亡的通知》(公通字〔2000〕68 号)。

民警每年都要进行搜查、盘查、堵截、缉捕、押解等战术训练和警体、射击、驾驶技能训练，每年训练时间不能少于 12 天。其中实弹射击至少每半年进行 1 次，每人每年射击子弹不少于 100 发。又比如，各级公安院校要增加查缉战术和实站技能教学的内容和授课时数，课程要具有针对性，突出实战特点，并作为各个专业必修的公共基础考核科目，纳入教学大纲。各地本、专科和中等公安院校每周的查缉战术和实战计能课不能少于 2 课时。再比如，从 2001 年开始，全国地（市）、县（区）公安机关招收新民警时，要进行身体素质测试，凡身体素质不合格者不得录用。对录用为刑警、防暴、巡警等警种的，要进行查缉战术和实战技能培训，培训考试合格者方可录用上岗。

上述方向无疑是正确的，通过本课题的研究，我想强调的是：第一，迅速改革目前陈旧的射击训练方式，积极引进国际流行的 PPC 教学模式；第二，加强民警使用警械和防护装备的技能训练，熟练掌握工作中常用警械的用途、性能、使用条件以及动作要领。

6. 尽快按照有关规定为一线民警配齐枪支、警械和防护装备

各地公安机关要按照公安部《关于采取有效措施、防止和减少民警因公伤亡的通知》（公通字〔2000〕68 号）的要求，为刑侦、治安、派出所、防爆、巡警等部门的一线民警配齐枪支、警械和防弹衣、防护头盔等必备的警械和防护装备，以保证一线民警在执行搜查、盘查、堵截、缉捕、押解等任务时，手中有足够的枪支弹药、警械和防护装备。要改进和完善警械、武器、防护器材等装备的管理工作，适应处置紧急突发事件的需要。特别是警械和防护装备的落实，在目前警察还无法实现普遍配枪的情况下，对于防范自身安全、处置一般暴力、治安案件，减少民警不必要的伤亡，具有重要的意义。〔1〕

〔1〕 2000 年度全国公安民警因公牺牲 428 人，有 62 名民警是在同犯罪分子的斗争中遭暴力袭击英勇牺牲的，在这 62 名民警中，相当一部分是由于民警在执行任务时未携带武器警械或未使用武器警械造成的，其中牺牲时未携带武器、警械的为 20 人，携带而未使用的有 24 人，这两项占执法中民警牺牲总人数的 71%。转引自周云川：《警械使用的法律控制》，中国人民公安大学硕士学位论文，2002。

第六讲　警察盘查*

* 本文是我主持的国家社科基金重点项目(项目批准号 10AZD023)“监督与规范行政权力的主要路径和重点领域”的阶段性成果。其中的主要内容已经发表,包括:《对行政裁量立法控制的疲软——一个实例的验证》载《法学论坛》2009(5);被中国人民大学书报资料中心复印报刊资料《宪法学、行政法学》2010 年第 1 期全文转载;《论不确定法律概念予以确定化的途径以警察盘查权的启动条件为例》,载《法商研究》,2009(2),被中国人民大学书报资料中心复印报刊资料《诉讼法学、司法制度》2009 年第 8 期全文转载;《盘查程序与相对人的协助》,载《北方法学》,2011(5),被中国人民大学书报资料中心复印报刊资料《宪法学、行政法学》2012 年第 2 期全文转载。

一、引言:制度是如何形成的

可以说,在传统的计划经济体制下,“中国社会仍属于一个静止社会、封闭社会、乡土社会和熟人社会”,“邻里社区控制、单位控制和伦理道德控制居于社会控制体系的主流”。[1]传统户籍制度有效地禁锢了人们随意迁徙的步伐,群防群治让每一个“阶级敌人”无法逃脱人民群众的“火眼金睛”。所以,盘查对于公安机关来说,是一个非常陌生的话语。在1957年的《人民警察条例》第6条关于警察权限中只规定了“在侦查刑事案件的时候,可以依照法律传问犯罪嫌疑人和证人”,根本没有盘查的规定,这也丝毫不足为奇,因为不需要。

但是,由计划经济向市场经济转轨之后,计划经济下形成的群防群治因市场经济要素的渗入而面临重构,以往异常灵敏的“触觉”现在却变得不那么“灵光”。劳动力的自由流动成为经济发展的必需,传统户籍制度面临着彻底解体,伴随着南来北往、脚步匆忙的人流,流动人口作案、异地作案、逃避缉捕等问题变得比较突出,成为影响社会治安秩序和人民群众安全感的最重要因素之一,受到媒体、公众和政府的强烈关注。

以广东省为例,该省跨省、跨乡镇的流动人口(recurrent population)逐年上升(见表6-1),与之相伴的是流动人口作案的上升。1980年流动人口犯罪只占6.6%,1988年上升到29.6%;1980年流动人口案犯为2200多人,1988年已接近1万人。

同样,北京市的流动人口犯罪,1985年比1984年上升了33.5%,1987年比1986年上升了39%。北京市流动人口中的犯罪分子占全部案犯的比例,1984年为7.9%,1986年为15.3%,1987年为21.7%。到90年代,这种比例更是直线上升。[2]

---

[1] 艾明:《论我国盘查措施的特征与法律性质》,载《行政法学研究》,2010(2)。

[2] 以上关于广东省、北京市流动人口犯罪的统计数据均源自刘跃挺:《论流动人口犯罪及其治理对策》,http://www.law-lib.com/lw/lw_view.asp? no=8338,2010年8月6日最后访问。

表 6-1　广东省 1986—2006 跨省流动人口[1]　（单位：万人）

年份	户籍总人口	跨乡镇流动人口	跨省流入人口	实际常住人口
2006	8250	3300	4500	12750
2005	8150	3178.5	4300	12450
2004	8050	3059	4015	12065
2003	7954	2942.98	3205	11159
2002	7859	2829.24	2485	10344
2001	7783	2724.05	2005	9788
2000	7707	2620.38	1925	9632
1999	7270	2399.1	1625	8895
1998	7143	2285.76	1585	8728
1997	7051	2185.81	1560	8611
1996	6961	2088.3	1245	8206
1995	6868	1991.72	1185	8053
1994	6689	1872.92	1050	7739
1993	6607	1783.89	785	7392
1992	6525	1696.5	700	7225
1991	6439	1609.75	370	6809
1990	6246.3	1499.112	300	6546.3
1989	6024.98	1385.7454	250	6274.98
1988	5928.3	1304.226	200	6128.3
1987	5832.15	1166.43	150	5982.15
1986	5740.71	861.1065	100	5840.71

因此，公安部《关于组建城市治安巡逻网的意见》（1986 年 7 月 1 日），《城市人民警察巡逻规定》（1994 年 2 月 24 日公安部发布）第 5 条，公安部《关于强化枪支弹药管理的通知》（1994 年 8 月 22 日）等公安部规章和文件规定了警察的盘查权。1995 年《人民警察法》（由第八届全国人民代表大会常务委员会第十二次会议于 1995 年 2 月 28 日通过，自公布之日起施行）第 9 条对此项权限作了进一

[1] 数据源自《广东省 1986—2006 跨省流动人口与人均 GDP》，http://www.chinavalue.net/Article/Archive/2008/1/13/95560.html，2010 年 8 月 6 日最后访问。

步的确认和规范。公安部《关于公安机关执行〈人民警察法〉有关问题的解释》(1995 年 7 月 15 日)对盘问、检查作了较详细的解释。2002 年、2004 年公安部又发布了《公安机关实施留置措施备案规定》、《公安机关适用继续盘问规定》(2020 年修订)。2008 年出台了《公安机关人民警察盘查规范》。2012 年修订《人民警察法》时没有触及、更改原制度。《反恐怖主义法》(2018 年)第 50 条,《出境入境管理法》(2012 年)第 58 条、第 59 条、第 60 条和第 64 条,《人民武装警察法》(2020 年)第 19 条第(二)项,《公安机关办理行政案件程序规定》(2020 年)第 57 条,以及《公安机关海上执法工作规定》(2007 年)第 8 条等都规定了盘问措施,但都只是作为一种权限加以规定,没有做制度构建上的进一步补充。对上述主要法律制度的演变,我用表 6-2 做了非常简约的勾勒。

表 6-2　制度如何形成

名　　称	性质	规　　定
公安部《关于组建城市治安巡逻网的意见》(1986 年)	规范性文件	1. 确认盘查措施。 2. 盘查条件是“形迹可疑”。
《城市人民警察巡逻规定》(1994 年)。	部门规章	1. 条件改为“有违法犯罪嫌疑”。 2. 盘查、检查、查验。
《人民警察法》(1995 年,2012 年修订)	法律	1. 条件同上。 2. 规定了程序,包括出示证件、留置对象、期限等。 3. 措施分解为:(1)当场盘问、检查;(2)继续盘问,留置。
《公安部关于公安机关执行〈人民警察法〉有关问题的解释》(1995 年)	行政解释	1. 描述了实施盘查的场域。 2. 并列“有违法犯罪嫌疑”和“形迹可疑”。 3. 措施分解。 4. 进一步明确程序,包括审批主体、文书、通知家属等。
《公安机关实施留置措施备案规定》(2002 年)	部门规章	督察的监督制度。
《公安机关适用继续盘问规定》(2004 年,2020 年修订)	部门规章	1. 当场盘问、检查与表明身份程序,同上。 2. 明确规定了继续盘问的对象、程序、时限,候问室建设,督察监督等。
《公安机关人民警察盘查规范》(2008 年)	部门规章	盘问、检查的具体内容、技术要点、规范要求等。

或许，我们可以认为，盘查是在宪法规定的迁徙自由的情境下产生的一种警察应对措施，具有普遍性。首先，从盘查的目的看，它是为了维护公共安全，预防、发现和控制违法犯罪；其次，从内涵看，包括当场盘问、检查、留置；[1]最后，从用途看，既适用于刑事侦查，也适用于行政执法，是兼具犯罪搜索型的警察强制调查措施，是一种混合形态的权力，"是一种过渡性质或者说双重性质的活动"。[2]因此，为更好地保障当事人权益，一般是将盘查定性为"一种限制人身自由的行政强制措施"，可以申请行政复议和行政诉讼。[3]

所以，我们也不难理解，很多国家警察法上都赋予了警察这项重要权力，只是称谓有些不同，日本称之为"职务质问"，美国为"拦阻与拍打"（stop and frisk），英国为"拦阻与搜索"（stop and search），德国称为"作为强制性处分的查验身份"，但其内涵大致差不多，都是指通过拦截、询问、查验身份、留置等环节组成的一种调查方式。总体来讲，大陆法系国家是从行政调查的观点来看盘查，而普通法系国家是从刑事诉讼的观点来看盘查。[4]

表 6-3 日本、韩国、德国、美国盘查规定比较[5]

国家	盘查要件	对象	程序与措施	通知	留置时限	令状	处理	记录
日本	警察因异常举动、周围情况，作合理判断，有相当理由足以认为有犯罪嫌疑或者即将犯罪	嫌疑人、知情人	拦停、询问、搜索、同行。对同行要求，当事人有权拒绝，不得强制				释放或逮捕	

〔1〕《公安机关人民警察盘查规范》（2008年）第2条对盘查的定义，即"本规范所称盘查，是指公安机关人民警察在执行勤务过程中，为维护公共安全，预防、发现、控制违法犯罪活动而依法采取的盘问、检查等行为"，显然过于狭窄，漏掉了很重要的"留置"。

〔2〕万毅：《论盘查》，载《法学研究》，2006（2）。

〔3〕公安部法制局对广东省公安厅《关于对留置能否进行行政复议的请示的答复》（1999年1月18日）、公安部《关于实施〈中华人民共和国行政复议法〉中有关问题的批复》（公复字〔2000〕2号）第2条都规定，盘查是"一种限制人身自由的行政强制措施"，可以申请行政复议。

〔4〕朱金池、洪文玲等著：《各国警察临检制度比较》，90页，台北，五南图书出版股份有限公司，2002。

〔5〕该表格的信息源自，朱金池、洪文玲等著：《各国警察临检制度比较》，3～56页，台北，五南图书出版股份有限公司，2002，第85～142页；李震山：《论警察盘查权与人身自由之保障》，载《警察法学创刊号》，台北，"内政部警察法学研究中心暨内政部警政署"出版，2003。

续表

国家	盘查要件	对象	程序与措施	通知	留置时限	令状	处理	记录
韩国	警察对于异常举动,或其他周围情况经合理之判断,于有相当理由足以怀疑已触犯或将触犯某种犯罪之人,或知悉之人	嫌疑人、知情人	拦停、询问、同行。对同行要求,当事人有权拒绝,不得强制	通知家属	3小时		释放或逮捕	
德国	防止危害	嫌疑人	拦停、询问、留置、搜索		12小时		释放或逮捕	
美国	合理怀疑	嫌疑人	拦停、盘问、拍击检查、查验身份、同行、扣押、逮捕		2小时[1]	拦停、拍击不需要令状	释放或逮捕	留置不得留下任何官方记录

赋予警察盘查权,实现了从“静态执法”向“动态执法”的转变,增加了警察执法的机动性、灵活性和应变能力,适应了由计划经济向市场经济转轨之后社会治安形势发生的变化与要求。可以说,盘查是市场经济下为有效回应社会对警务要求的一种必然产生的警察活动。这对于及时发现违法犯罪嫌疑人,及时发现危险物品、枪支、凶器,及时制止犯罪、捕获犯罪分子,都是非常有意义的,而且被实践证明是行之有效的。[2]

据统计,2004年,全国公安机关共查处流动人口治安案件68.7万起,占查处治安案件总数的12.7%;破获作案成员为流动人口的刑事案件31.5万起,占破案总数的21%;抓获流动人口刑事案件作案成员60.4万人,占抓获刑事案件作案成员总数的40%。在流动人口犯罪案件中,盗窃、抢夺、抢劫等侵财性犯罪所

〔1〕 这是美国联邦《统一逮捕法》(*the Uniform Arrest Act* 1942)规定的时限,但是,大多数州和联邦最高法院均不采纳之。朱金池、洪文玲等著:《各国警察临检制度比较》,25页,台北,五南图书出版股份有限公司,2002。

〔2〕 李忠信:《人民警察法若干问题研究》,4～5、75、77、141页,北京,群众出版社,1998。

占比例较大。2004年,全国公安机关共抓获流动人口盗窃、抢劫、抢夺案件作案成员分别占其总数的46.1%、42.1%、59.2%。特别是在一些大中城市和经济发达地区这三类案件尤为突出。[1]

在打击流动人口作案上,盘查发挥着较大的作用。据北京市公安局公交总队的统计,自2004年7月公共交通安全保卫总队成立至2005年5月,通过在地铁内的巡逻盘查,民警查处治安案件8000余件、刑事案件10余起,治安拘留900余人、刑事拘留10余人。[2] 2005年1—8月,北京巡警共抓获各类犯罪嫌疑人5万余人,仅8月就抓获1万余人,其中通过盘查抓获5541人,占巡警系统抓获总数的54%。[3]

二、规范的梳理与评价

1. 形成与发展的脉络

我们循着上述规范的演变脉络,追溯盘查制度的形成过程,我们会发现,早先,盘查是作为一项工作制度规定的。公安部《关于组建城市治安巡逻网的意见》(1986年7月1日)中规定的治安巡逻,第八项任务就是"盘查形迹可疑人员"。而且,规范很粗糙。这颇符合斯图尔特的一般判断——在一个新领域的管制刚开始的时候,不可能详细规定行政机关必须采取的做法。[4]但是,它却在极其简单的表述中,设立了裁量的两个核心性要素:一是盘查的条件应是"形迹可疑"。二是盘查措施本身。

对于盘查措施,之后的发展就比较丰富了。因为实践的不断发展,以及经验

---

〔1〕 孙春英:《盗窃抢夺抢劫侵财性犯罪比例较大 出租屋成为治安盲点》,载《法制日报》,2005-07-05。http://news.xinhuanet.com/legal/2005-07/05/content_3176800.htm,2010年8月6日最后访问。

〔2〕 数据引自蒋连舟、李新钰:《试论警察盘查权与人权保障》,载《河北法学》,2006(4)。但是,在我看来,这些数据只能说明盘查是比较有用的。至于盘查的实效性有多大?由于缺少与总案件、处理情况之间的比较,所以还不好断下结论。在日本有这样的实证数据,1998年1月至11月,共破获刑事案件248295件,其中,110820件是以"职务质问"的方式所破,约占警察破案率的1/7强。"盘查"之高功效可见一斑。朱金池、洪文玲等著:《各国警察临检制度比较》,91页,台北,五南图书出版股份有限公司,2002。

〔3〕 《一个月筛出5541嫌疑人民警盘查市民配合》,http://beijing.qianlong.com/3825/2005/09/15/2100@2809659.htm,2010年8月6日最后访问。

〔4〕 [美]斯图尔特:《美国行政法的重构》,沈岿译,38页,北京,商务印书馆,2002。

的逐渐积累,使得立法能力不断增强。《人民警察法》(1995 年)勾画出较为清晰的盘查轮廓,《公安机关实施留置措施备案规定》(2002 年)、《公安机关适用继续盘问规定》(2020 年)和《公安机关人民警察盘查规范》(2008 年)是三部重要的配套性规章,填补了很多细节。

整个制度发展的路径主要是三个:一是不断增加和完善盘查的程序,包括表明身份、留置(延长)审批、期限、留置对象、释放或者进一步强制措施等。二是采取了"两阶段结构",即当场盘查和继续盘问留置两个阶段,在当场盘查中可以采取的具体措施有盘问、检查(人身和物品)、查验身份证等。三是进一步规定盘查的具体内容、技术要点与规范要求。

通过规范形成了实践程式,也就是"盘问—检查—继续盘问与留置"的递进式活动。当警察发现不寻常的事实,怀疑"有违法犯罪嫌疑"时,可以合理拦阻当事人,先行盘问,以消除疑点。如果对方的回答仍然无法去除警察的怀疑,警察可以对其人身和物品进行检查。发现符合留置的情形或者仍然无法去除怀疑,警察可以继续盘问和留置。当然,为切实保障警察的人身安全,在实践中也应该允许警察直接实施检查。[1]

这种对盘查过程的层次性解构,通过明确每个层次递进的条件,显然能够有效地规范盘查的裁量过程。而且,这样的制度构造,步骤层层递进,强度逐次提高,也是一种渗透着比例原则思想的控制模型,对公民权利的保护也是周详和妥当的。

另外,在盘查条件方面也有一些变化。到了《城市人民警察巡逻规定》(1994 年),没有再采用"形迹可疑",而是改换成"有违法犯罪嫌疑"。《人民警察法》(1995 年)也采用了"有违法犯罪嫌疑"。但有意思的是,在公安部《关于公安机关执行〈人民警察法〉有关问题的解释》(1995 年)中却并列使用了"形迹可疑""有违法犯罪嫌疑"。那么,这两个标准是各自独立、彼此不同的吗?为什么这么阐释呢?

首先,从实践经验看,"形迹可疑"是"有违法犯罪嫌疑"的外在形体特征,但"有违法犯罪嫌疑"不见得都表现出"形迹可疑"。比如,盘查某人,只因其与通缉

---

〔1〕 美国法官 Harlan 就说,应承认类似"附带拍触"(frisks incident to lawful stops)的法理。只要警察系合法拦阻,应容许警察立即为身体的拍触,无须表明身份并询问问题,否则警察得到的答案可能是嫌疑犯所射的子弹。王兆鹏:《路检、盘查与人权》,101 页,台北,元照出版有限公司,2003。

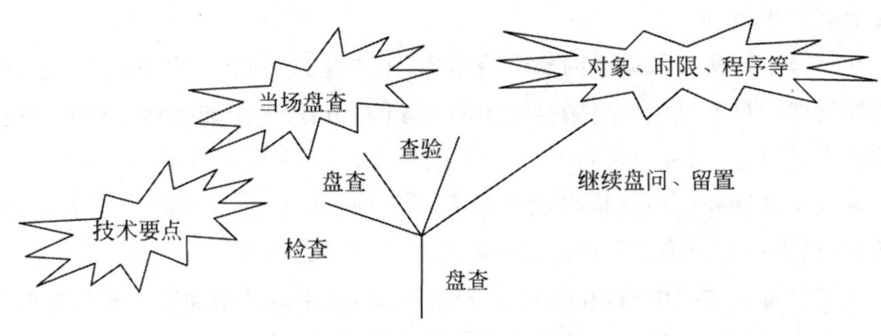

图 6-1　盘查措施演变“树”

犯相貌相似，而非其鬼鬼祟祟、举止异常。所以，“有违法犯罪嫌疑”的外延显然大于“形迹可疑”，是一种包含关系。

其次，公安部《关于公安机关执行〈人民警察法〉有关问题的解释》(1995 年)是一种行政解释。从行政解释与法律之间的关系上看，行政解释只能是阐释性的，不能另外增设条件或标准。所以，我猜测，很可能是当时试图对“有违法犯罪嫌疑”进行解释，但却苦于找不到恰当的、具体明确的实践判断标准，只好把以前就有的“形迹可疑”并列进去，起到例举的解释效果。的确，就盘查实施的场域看，“形迹可疑”是更加生动、形象的标准。但是，它仍然是一个不确定法律概念。用一个不确定法律概念去阐释另外一个不确定法律概念，仍然无法完全说清楚实践判断标准。

那么，为什么立法者或者行政机关都没有正面解释“有违法犯罪嫌疑”呢？或许，实践对“违法犯罪嫌疑”或者“形迹可疑”的把握就是十分琐碎的，再做更细的解释，会显得琐碎、零乱、不周延，或者根本不可能？或许，对这类不确定法律概念的解释会具有明显的地域性和部门性，由此积累的经验可能具有内在的可变性？对于这个很可能引发争议的政策问题的解决，无论是立法者还是行政机关都选择了回避。这个现象很好地吻合了斯图尔特的发现。[1]

2. 内敛的监控模式

不难看出，上述整个立法具有很强烈的行政控制色彩，基本上采取的是内敛、紧凑的内部监控模式，没有很多的依赖开放、外在或参与的外部监控模式。其中，对实体条件的规定、对盘查措施的层次性规定以及内部的审批程序是控制

〔1〕［美］斯图尔特：《美国行政法的重构》，沈岿译，38～39 页，北京，商务印书馆，2002。

盘查的有力手段。

在盘查上之所以采取了内部监控模式，主要是盘查这一即时强制措施的根本属性使然。盘查是包括当场盘问和继续盘问（留置）两个非必然连接的阶段性行政行为，但却是在极短时间内一气呵成，所以，任何外部的控制方式都“远水解不了近渴”，包括我们一直推崇的行政复议和行政诉讼，[1]实际上也无及时救济效益，只不过是为国家赔偿作出一种正式的法定的确认。

对于盘查在实践中出现的问题，立法上的治理是逐渐增加实体的限定条件。我们从上述制度形成的历史脉络之中也能够很容易地梳理出这一条线路。随着实体条件被愈加清晰的勾画和描述，比如，哪些人不允许留置、对特殊群体如何留置等，也就铺设起了裁量运行轨道的一块块枕木，能够有效地规范盘查。这条线路的逐渐清晰，也使得内部监控模式愈发能够充分运转起来，内部审批更有效益、更为有力。与此同时，还能够进一步激活和强化司法、媒体等外部监督，大大提升当事人的抗辩能力。

内部监控机制的内涵也变得愈发丰富，它逐渐挣脱了以往单纯依靠内部行政首长审批方式，与内部的行政执法责任制、监督考评机制发生对接，并接入了督察的临时性救济机制与适用留置措施报督察部门备案制度，[2]发展成为一种脉络相连、生动活泼的互动模式。

---

〔1〕 最高人民法院行政审判庭在1997年10月29日《关于对当事人不服公安机关采取的留置措施提起的诉讼法院能否作为行政案件受理的答复》(〔1997〕法行字第21号）中认为：“留置是公安机关行政管理职权的一种行政强制措施，属于《行政诉讼法》第十一条第一款第二项规定的人民法院行政诉讼受案范围。”

〔2〕 公安部在《关于认真做好110报警服务台受理人民群众电话投诉工作的通知》(公直字〔2000〕14号）中，把110报警服务台受理投诉的范围进一步扩大到，也允许群众对“公安机关及人民警察违反《中华人民共和国人民警察法》《公安机关督察条例》等法律法规，违法行使职权，不履行法定职责和义务，不遵守各项执法、服务、组织、管理制度和规定的行为”提出投诉，并要求“各级公安机关警务督察队应建立24小时值班制度，巡警及其他警种也应进一步完善工作机制，对群众投诉公安机关及民警正在发生的违法违纪和渎职行为，要在接到110报警服务台的指令后，立即赶赴现场予以处置”。上述规定也意味着，如果接到公安机关违法盘查的当事人，如果有时间和通信条件，也可以向110报警服务台求救，由警务督察队及时予以制止。该项制度可以起到临时性救济的效果。1999年，江苏省公安机关警务督察部门首创了适用留置措施报督察部门备案制度。http://www.china.com.cn/chinese/sy/1122242.htm，2010年8月6日最后访问。《浙江省公安机关实施留置规定》第19条规定：“办案单位决定采取留置措施，必须在实施后半小时内采用电话、书面或计算机网络等形式将规定内容报同级公安机关督察部门备案。督察部门应当分别情况，采取明察暗访、随机抽查、电话警示等方式进行督察。”

3. 对立法的评价

接下来，我们要做的一个重要工作，就是初步评估有关规范的规制效果。

(1) 模范还是其他

我们首先可以想到的评估方法，就是将立法的延续、繁衍情况作为一个分析对象，来观察“禁止授予立法权原理”(the non-delegation doctrine)是否得到贯彻？贯彻得怎样？

因为，从满足执法对法规范的消费需求上看，立法质量越高、规则越完备，对后续的执行性规划的实践需求必然也会随之降低，有关规范性文件或者裁量基准的数量就会变少；反之则会上升。也就是说，假如立法上没有很好地界定(confine)、建构(structure)自由裁量权，没有为自由裁量权的行使给出明确的指导规则(guiding rules)、标准(standards)，那么，必然会引起实践的困惑，会通过指南、手册和裁量基准等规范性文件进一步补足，包括明确一些裁量行使的指导规则与标准，解释一些不确定概念，等等。当然，这个考量标准也不是非常科学的，因为我们也要警惕，上述规律可能会因为“立法”的不作为而受到干扰，不能准确地呈现出这样的曲线变化。

从现行法律规定看，《人民警察法》(2012 年修订)只有 1 条规定(即第 9 条)；公安部《关于公安机关执行〈人民警察法〉有关问题的解释》(1995 年)也只有 1 条总的解释；《公安机关适用继续盘问规定》(2020 年)共 6 章 44 条；《公安机关人民警察盘查规范》(2008 年)有 19 条。这些规范都属于《立法法》(2000 年，2015 年，2023 年)规定的立法范畴。通过规章与行政解释来落实和细化法律规定，是我国立法实施的典型形态。但是，这些对盘查的构建是否就已臻于完善了呢？我们还不能依此贸然得出什么结论。

我们又检索了法律法规数据库、公安部和 31 个省级公安厅官方网站，抽查了广州、深圳、大连、呼伦贝尔等几个城市的公安局官方网站。我们发现，只有为数不多的地方制定了工作规范或者细则，比如《四川省公安机关留置盘问规定》《浙江省公安机关实施留置规定》。我们在百度上搜索关键字“盘查、工作规范”，也只是发现，北京市有《现场处置可疑人员工作规范》《巡逻盘查设卡堵截技战术规范细则》，这是从新闻报道中得知的，各种途径均查不到规范原本。[1]江苏省

〔1〕 http://www.qingdaonews.com/content/2006-02/26/content_6094691.htm，2010 年 8 月 6 日最后访问。

江都市有《盘查程序、规范及预案》，这也是从一篇工作总结中获悉的，查不到规范原本。[1]

上述现象给我们一个很强烈的印象——实践部门关于盘查的裁量基准或规范性文件数量稀少、十分罕见。按照上述我们的理论预设，这个表象似乎让我们有理由认为，关于盘查的林林总总，在立法层面已经解决干净。"禁止授予立法权原理"(the non-delegation doctrine)得到了模范的遵守。那么，实际情况究竟是否如此呢?

(2) 成功与疏漏

下面我将以有关盘查的法律规范为依据，按照盘查的时空顺序，根据自己的研究积累和经验，对具体制度、对主要的法规范逐个做一简约评价。

这种评价纯粹是以一种学者的视野进行的一种文本评价。就如同参加国家立法的论证会一样，当我们拿到一个法律草案，或许我们对有关行政领域的实践、特有的问题及其成因、实践的反应与对策等并不是十分清楚，仅就法律文本作出一个初步的评价。

为了更加直观，我采取列表方式(见表6-4)。

表6-4 对立法规制的评价

序号	具体制度	内容	评价
1	当场盘问的场域	在执行追捕逃犯、侦查案件、巡逻执勤、维护公共场所治安秩序、现场调查等职务活动中	对裁量权的控制意义不彰显
2	当场盘问的条件	违法犯罪嫌疑	不确定法律概念因随时势需要、任务压力、个人理解等而难以清晰界定
3	当场盘查的具体措施	盘问、检查和查验	措施的阶段性特征是明确的，但是遇到当事人拒绝，没有明确是否可以强制检查
4	当场盘问的程序	表明执法身份	对裁量权的控制意义不彰显

[1] http://www.yztoday.com/jiangdu/News_Show2.asp? NewsID=7449，2010年8月6日最后访问。

续表

序号	具体制度	内　　容	评　　价
5	当场盘问、检查的内容	盘查地点的选择、检查动作、内容与技术要求	出自保护警察自身安全的考虑，基本不涉及裁量权的控制问题
6	继续盘问、留置的对象	四种情形	能够有效规范裁量
7	不得适用继续盘问的对象	九种情形	能够有效规范裁量
8	特殊人群的处置	对怀孕、哺乳妇女、未成年人和老人的继续盘问规定	能够有效规范裁量
9	继续盘问的地点	当地就近的公安派出所、县(市)公安局或城市公安分局	对裁量规范有一定意义
10	继续盘问的审批手续	填写《继续盘问(留置)审批表》，经该公安机关负责人批准后继续盘问	对裁量规范有一定意义
11	通知家属、单位的义务	应当根据被盘问人的证件或者本人提供的姓名、地址，立即书面或电话通知其家属或者所在单位，并作出记录	对裁量权的控制有一定意义
12	盘问记录	有要求	对裁量规范有一定意义
13	继续盘问的一般时限	24小时	无法防止顶格适用
14	延长至48小时的条件	确实难以证实或者排除其违法犯罪嫌疑，或者身份不明且具备前一条件的	无法防止顶格适用
15	延长至48小时的审批程序	经县级以上公安机关批准	对裁量规范有一定意义
16	审批时限计算	批准继续盘问的时间和延长留置的请示以及批准时间均应当包括在二十四小时以内	对裁量规范有一定意义
17	采取强制措施的时限计算	对被盘问人依法予以拘留或者采取其他强制措施，应当在规定的时限内决定	对裁量规范有一定意义
18	释放	释放条件与时间	对裁量规范有一定意义

续表

序号	具体制度	内　　容	评　　价
19	候问室	设置与使用	对裁量权的控制意义不彰显
20	折抵	不折抵	对裁量权的控制意义不彰显
21	继续盘问中严禁的行为	七种情形	能够有效规范裁量
22	督察对盘查行为的检查	包括现场干预和留置备案	对裁量规范有一定意义

说明：

(1) 表格中的“对裁量权的控制意义不彰显”，并不意味着该措施没有用，而是说，对于裁量治理来讲，意义不大。

(2) 对于那些实践可能不清晰或者会顶格适用的情形，最好的控制技术就是制定指南、手册和裁量基准。

从上述简略的梳理和评述中，我们不难发现，在对盘查的立法控制上有着三类问题：

第一，仍然无法避免使用不确定法律概念(undefined legal concept)，而又缺少必要的解释。

第二，还是无法避免缺少标准(with no standarts)或者指导性规则(without guided rules)的授权。比如，对盘查具体措施能否强制实施缺少规定？当场盘问的时间多长？继续盘问和留置的时限有无判断标准，如何防止实践的顶格适用？

第三，存在着某些制度性缺失。比如，没有规定在可预见的暴力威胁或者阻止恐怖活动情况下如何实施盘查。又比如，没有规定听取当事人辩解、没有说明理由。[1]

(3) 我们发现了什么

从上述分析中，我们不难发现，在盘查规范上存在着比较严重的规则缺失。尽管可能只是一个学者略带书生气的认识，但我却很难想象，实践操作者对此会一无所知，甚至认为它们都不成其为问题。

我们还可以从尹方明案件进一步印证这种规则缺失。从目击者的描述看，警察叶青云应该已经意识到尹方明可能是珠江医院的医生。尽管车牌、证件是

[1] 当然，这或许只是当时认识的历史局限性，使得我们没有特别留心这方面的制度设计。因为，我们很难否定在制度实际运转过程中警察不会听取当事人辩解，否则如何消除疑点？但缺少明确规定，无疑会增添权力行使的任意性。

过期失效的，但也已经基本消除了盘查所指的“违法犯罪嫌疑”，他完全可以结束盘查，但却没有。当场盘问持续的时间有多长，也会考验被盘查者的耐心与容忍度。尹方明显然没有继续忍受的耐心，觉得警察在刁难，所以，他要不顾警察的现场阻拦，驱车离去。那么，当场盘问到底要控制在多长时间内呢？有关法律和解释对此都没有规定，内部操作规则也没有给出一个基本的准则，而是交由警察根据实际情况把握。但叶青云却没有把握住。

在尹方明案发生之前，据说广州政法委书记鼓励民警敢于开枪。[1]但是，《人民警察使用警械和武器条例》(1996 年)规定的允许开枪情形有些是比较笼统的，也没有行政规则或规范性文件为每一个裁量权的行使给出“最为适当(optimum)的结构”。所以，很多人、包括叶青云、甚至广州市公安局都误以为当时的情境已经危险得足以开枪自卫，结果却是一场悲剧，无论是对尹方明还是叶青云来说都是不幸和悲哀的。所以，从某种意义上讲，叶青云没有合理结束现场盘问、滥用枪支，也就是必然的，[2]这是一个无法完全归咎于他个人的、应当属于制度性缺失的错误。所以，我在不同的场合都曾说过：“本案属于滥用枪械，但追究警察的个人责任是不道德的。”

“规则之失”的后果无疑也是很严重的。很多盘查活动就是因缺少精细的规则结构而发生误解、失误、扭曲、变形。正是由于缺乏统一的执法语言、执法动作、执法程序和实体规则等方面的具体规范，也就无法有效约束和规范盘查活动，无法引导行政机关与相对人之间的和谐互动。现实的后果可能是：当事人常常诬蔑民警执法态度不好，以民警执法不文明为借口抗拒执法，有的竟然声称要把执法的民警扭送到警务督察队，还有的暴力抗法者见民警亮出武器警告，便指责民警乱用武器、恐吓群众，煽动同伙抢夺民警的枪支，然后寻隙逃跑。[3]

---

〔1〕 http://fuxing.bbs.cctv.com/viewthread.php? tid=11484867，2010 年 8 月 6 日最后访问。

〔2〕 在该案中，警察感受到其人身安全受到了威胁，于是便开了枪。但是，执法警察，甚至包括广州市公安局都显然误读了《人民警察使用警械和武器条例》(1996 年)第 9 条第(十)项规定。因为该项潜藏着一个前提，就是警察人身受到危险，这种危险应该是客观的、被动的、无法避免的。但在本案中，危险却是警察自己主动营造的，而不是真正来自对方的。他根本就没有必要上前拖住汽车，以至被车拖行数米。这种威胁也可以通过松手来自我消除。他完全可以“秋后算账”，通知总部拦截，或者事后到医院调查。这里有着比例原则的要求。所以，我始终认为，本案不符合使用枪支的条件。

〔3〕《连发十数起恶性袭警案　西安民警缘何频频遭袭》，http://news.xinhuanet.com/legal/2005-09/23/content_3530776.htm，2010 年 8 月 6 日最后访问。

从上述的分析中,我们会很容易地发现,"规则之失"发生在两个层面:一个是立法层面,一些缺失实际上是立法疏忽,还必须由立法来补充完成。另一个是行政规则层面,或者是裁量基准层面。换句话说,前一种缺失本质上属于立法权范畴,必须由立法本身来弥补。后一种缺失却是可以由行政机关在立法授权的一般规定之内"填空"、构建细节(fill up the details)来弥补。

首先,立法层面的缺失。

比如,在可预见的暴力威胁或者阻止恐怖活动情况下,如何实施盘查?这与常态下的盘查很不一样。英国在《刑事正义和公共秩序法》(*the Criminal Justice and Public Order Act* 1994)和《反恐法》(*the Terrorism Act* 2000)中特别规定了"不基于合理怀疑的盘查"(Search not based on reasonable suspicion),与《警察与刑事证据法》(*the Police and Criminal Evidence Act* 1984)中规定的"基于合理怀疑的盘查"(search based on reasonable suspicion)并列。[1]

其实,这种实践在美国也有。比如,设立检查站,拦截所有来往车辆,检查是否有司机酒后驾车。只要公共利益足够大(if the public interest is great enough),而对个人权利的妨碍不太大(if the intrusion on the individual's right is not too great),就可以放弃"合理怀疑"要求。[2]

但让人尴尬的是,这些在我国的立法上却是缺位的,而实践存在。在反恐,紧急搜捕一个通缉犯,或者为确保像"两会"、奥运会这样的重大活动顺利进行时,警察可能会设卡采集信息;设卡盘查,检查来往人员与车辆;或者随机盘查。与一般的盘查不同,其启动的条件是是否存在足够重大的公共利益,而不是是否有违法犯罪嫌疑。换句话说,盘查的范围、方式和要求也会随着案件(事件)的性质与公共利益的需要而有所不同,不是永远一种样式。但这种实践的确超出了《人民警察法》(2012 年)第 9 条的授权。所以,这又重复了我以往的一个发

---

〔1〕 英国在 1994 年的《刑事正义和公共秩序法》(*the Criminal Justice and Public Order Act* 1994) s 60 中对可预见的暴力下的盘查权(power to stop and search in anticipation of violence)作了详细的规定。1989 年《反恐怖(暂行)法》(*the Prevention of Terrorism* (*Temporary Provisions*) *Act* 1989)s 13A, 13B 对阻止恐怖活动的盘查(powers to stop and search for the prevention of terrorism)作了规定。Cf. Jack English & Richard Card, *Butterworths Police Law*, Butterworths, 1999, pp.35～37.

〔2〕 Cf. Russell L. Weaver, "*Investigation and Discretion: The Terry Revolution at Forty* (*Almost*)" (2004—2005) 109 *Penn State Law Review* 1215.

现——在我国警察法中,为数不少的警察活动仍然缺乏着法律的授权或者依据。

但是,我们依然是以盘查名目实施的,这就很可能招致当事人的抵触与不满。假如在这种情境下,我们放弃“有违法犯罪嫌疑”这个“扎眼”的字眼,而是改换“公共安全与利益”的需要,把检查变成一种不让其尴尬难堪、顿生芥蒂的活动,或许,这更容易被相对人所接受,得到相对人的协力,避免刺激相对人抵触情绪,减少执法的阻力。

所以,必须通过立法增补规定:①辖区内正在发生,或者刚发生过严重暴力事件,被追缉的歹徒携带有枪支等攻击性武器或生化、爆破等高度危险物品,目前正滞留在本辖区内;或者在辖区内有恐怖分子正预谋、组织、实施恐怖活动,出于重大公共利益的需要,可以实施不基于合理怀疑的盘查。也就是不需要一定要有合理怀疑的理由。可以是挨个盘查,或者随机盘查。②为迅速查缉上述涉案人员,阻止恐怖活动,警察有权临时封锁有关交通要道或场所,对所有来往行人和车辆进行普遍盘查。③上述措施须经县级以上公安机关或同级人民政府批准。〔1〕④对可预见的暴力下的盘查,封锁时间一般不超过24小时。对阻止恐怖活动的盘查,封锁时间不超过28天。必要时,经公安局局长以上的领导批准,可以适当延长。〔2〕⑤对于盘查中发现的嫌疑物品或人员,警察有权扣押或留置。等等。

其次,指南、手册和裁量基准层面的缺失。

我们不难发现,戴维斯(K. C. Davis)所说的行政机关应当承担起来的构造裁量(structuring discretion)的义务依然有很大的待履行空间,盘查中的大量细节还有赖于制定更加详细的内部规则,包括:第一,规定当场盘问的时间以澄

---

〔1〕这是借鉴了《人民警察法》(2012年)第15条“交通管制”和第17条“现场管制”的规定。

〔2〕上述时间,是借鉴了英国上述法律的规定。假如从我国实践上可以找出更切合实际的时间限制,可以从之。

清疑问为限度。但是,警察应当采取恰当的方式,尽快确认或者排除当事人的嫌疑。[1]第二,留置时间以排除怀疑为限度,不得一律顶格适用。第三,详细规定盘问中的规范用语、形体动作,避免不必要刺激相对人,或者产生不必要的损失。第四,如果情境允许,应先行任意调查。遇到被盘查人拒绝,警察有权对其人身和物品实施强制检查。第五,规定更加详细的执行程序,比如在当时情况允许的时候要向被盘查人说明理由(give a reason for the stop),听取辩解,记录盘查过程的事项。[2]等等。

在我与一些学者、执法人员的交流中,他们似乎对制定类似的规则持怀疑态度。一是怕制定不出来;二是觉得各自为政的结果,会让执法越发不统一。我对此不以为然。事实上,行政权力(盘查权)一旦授予给公安机关,无论授权法律

---

〔1〕 从美国的经验看,对这种裁量也不容易建立一个明确的规范结构,而要交给法官根据一些因素来综合判断。在 United States v. Sharpe 案中,法院否定了盘问不得超过 20 分钟的说法。法院认为,当场盘问不存在固定的时限(no rigid time limit)。法院不但要考虑盘问的时间长短、对当事人的侵害程度,还要考虑盘问的执法目的,以及为有效达成这些目的是否就得需要这么长的盘问时间(In evaluating stops, courts must consider not only the length and intrusiveness of the stop, but also "the law enforcement purposes to be served by the stop as well as the time reasonably needed to effectuate those purposes")。关键是警察是否采取了恰当的方式,能够尽快确认或者排除当事人的嫌疑,而这个过程又必须限制当事人自由这么长的时间(the issue is whether the police "diligently pursued a means of investigation that was likely to confirm or dispel their suspicions quickly, during which time it was necessary to detain the defendant")。Cf. Russell L. Weaver, "*Investigation and Discretion*: *The Terry Revolution at Forty* (*Almost*)" (2004—2005) 109*Penn State Law Review*1211.美国有一个案件颇有意思。在*United States v. Montoya de Hernandez* 案中,嫌疑犯是一个要入境的女性外国人,海关人员怀疑她将毒品塞入气球吞入消化道走私,警察拦阻她,因其拒绝接受 X 光检查,也不肯排泄,所以留置了 16 小时。最高法院判决留置时间合理。但是有学者批评上述判决,认为警察当时应当给嫌疑犯如下选择:自愿离开美国返回、接受 X 光检查、以狗闻嗅或者其他方法。王兆鹏:《路检、盘查与人权》,121~122 页,台北,元照出版有限公司,2003。在日本,一般认为,盘问时间应不能超出社会通念的范围,其具体程度以数分钟至数十分钟为限,一旦澄清怀疑,即应迅速让当事人离去。朱金池、洪文玲等著:《各国警察临检制度比较》,113 页,台北,五南图书出版股份有限公司,2002。

〔2〕 英国的《警察与刑事证据法》中明确要求,对个人实施盘查,必须有记录(recording)。包括:(1)盘问的日期、时间和地点(the date, time and place of the encounter);(2)如果被盘查人在车里,要记录车牌号(if the person is in a vehicle, its registration number);(3)盘问的原因(the reason why the officer questioned that person);(4)被盘查人自报的种族(the person's self-defined ethnic background);(5)盘问结果(the outcome of the encounter)。Cf. Home Office, Stop & Search Manual, p.16. *www.thamesvalley.police.uk/news_info/freedom/policies_procedures/pdf/stopandsearch_intermanual.pdf*。

勾画的权力运作轨迹与边际是如何的抽象原则，公安机关在具体运用这些权力时也是存在着一种运作的轨迹与裁量的过程。只不过在未被指南、手册和裁量基准总结之前，是一种潜在的、不很固定、不很规律的运作。其间可能产生误差的概率必然很大，而且也容易发生不稳定的波动，使得结果难以得到公众认同，不免受到非难与诟病。我以为，与其放任这种状况，不如通过指南、手册和裁量基准等技术是把上述潜在的规则明文化，让其在公开的平台上变得相对稳定、固定，运作得更加有规律，从而有效缩小裁量误差，增进相对人对权力运作的认同。〔1〕

如果我的上述判断是成立的，那么，我们就不难发现，现实中存在的大量的"规则之失"实际上是发生在这一个层面的。这应该引起我们足够的重视。这项工作迫在眉睫，我们应该，也必须马上着手去做。正像戴维斯（K. C. Davis）发现的那样，我们与其坐等立法，还不如尽早地、更多地使用我们已有的规范性文件制定权。因为你根本就别指望立法机关会对上述不清晰之处作出解释。〔2〕

但是，冷眼考察我国的实践，我们却不无遗憾地发现，行政机关明明可以制定指南、手册和裁量基准来明确执法标准、步骤和样式，但却相当普遍地采取了观望等待的态度。这与戴维斯早在20世纪发现的美国制度的弊端同出一辙。他说："在我们的制度中，可以纠正的典型错误，不是立法上用含糊的标准把宽泛的裁量权授予出去，而是行政机关没有尽快地制定规范把这些含糊之处规定清晰。……我认为，美国的行政管理者多多少少都存在着拖延行使其规则制定权的毛病。即便他们也知道，通过制定规则完全可以阐释清楚法律，他们通常也会裹足不前。正是在这一点上，我们需要有意义的改革，也正是在这一点上，我们能够实施有意义的改革。"〔3〕

---

〔1〕 在英国，良好实践（good practice）的一个标准或者要求就是，要在警察机关之内公布有关如何适用第60节（*the Criminal Justice and Public Order Act* 1994 关于盘查的规定）以及应当遵从的行政程序的指南与纲要政策（publish a force-wide directive giving guidance and outlining policy on the use of section 60 and the administrative procedures to be followed）。Cf. Home Office, Stop & Search Manual, p.19. *www.thamesvalley.police.uk/news_info/freedom/policies_procedures/pdf/stopandsearch_intermanual.pdf*。

〔2〕 Cf.K.C.Davis, *Discretionary Justice: A Preliminary Inquiry*, Greenwood Press, 1980, p.56.

〔3〕 Cf. K. C. Davis, op. Cit., pp.56～57.

三、相对可容忍性

面对着熙熙攘攘、行走匆匆的人流,警察的盘查实效又如何呢?这里有一个数据很有意思。浙江嘉兴市交巡警通过盘查抓获的够治安拘留以上的违法犯罪对象(除因无证驾驶、酒后驾驶等被拘留外)占盘查人数的比例还不到2‰。[1]从中,我们至少可以读出,警察做了很多"无用功",每千人中,有998人是没有问题或者问题很轻的。那么,问题是出在法律规定有缺失、不明确?还是因为警察的基本技能还欠"火候"?还是说这是一种制度内在伴生的不可避免的现象?

类似的现象在美国也存在。比如,辛克曼(Paul Finkelman)教授就观察到,在布法罗、纽约汽车站,警察也承认,盘查看似毒贩的旅客每月多达80人,其中,也只有3～4个人会被逮捕。这就是说,每年有900多名旅客会因盘查而延误旅程,而他们却没有犯罪或违法,只因为看似有嫌疑。[2]根据英国伦敦的一份研究报告,伦敦的几个警察分局也存在同样的情形(见表6-5)。[3]据说,在英国大都市警区(the Metropolitan Police Area)每年发生的盘查案件大约150万起,其中只有10万起发现被盘查人有违法问题,占7%。上述统计数据还只是实际发生的盘查案件的一半。[4]

上述2‰之外的98‰,或者7%之外的93%,就是一种误差。这种误差与制度相伴而生,无法根除。之所以会产生误差,主要是因为不确定法律概念的存在。对"合理怀疑""形迹可疑"或"有违法犯罪嫌疑"等不确定法律概念的实践解读,会因人而异、因地而异、因时而异、因境而异,会呈现一定差异,会形成一个把握尺度的幅度,在这段幅度之间的游动与停顿,会直接影响到被盘查的范围与人数,直接影响到特定的个人。

---

〔1〕 徐玉峰:《谈提高交巡警街面盘查实效》,载《浙江公安高等专科学校学报》(《公安学刊》),2003(6)。

〔2〕 Cf. Paul Finkelman, "*The Second Casualty of War: Civil Liberties and the War on Drugs*" (1993)66S *Cal L Rev* 1389、1418. Cited from Rachel Karen Laser, "*Unreasonable suspicion: Relying on Refusals to Support Terry Stops*" (1995) 62 *The University of Chicago Law Review* 1162, especially note 5.

〔3〕 表格引自,FitzGerald, M. (1999) *Searches in London: Interim evaluation of year one of a programme of action*. London: MPS.

〔4〕 Cf. Michael Zander, *The Police and Criminal Evidence Act* 1984, London. Sweet & Maxwell, 1990, p.5.

表 6-5　Trends in searches、arrests and arrest rates Selected pilot sites and MPS

	August 98			August 99		
	Searches	Arrests	Arrest rate/%	Searches	Arrests	Arrest rate/%
Charing Cross	771	91	12	482	98	20
Limehouse	409	52	13	181	28	16
Brixton	563	88	16	367	53	14
Plumstead	745	106	14	417	64	15
Kingston	390	97	25	217	55	25
Hounslow	205	41	20	182	41	23
Tottenham	312	47	15	346	73	21
MPS	27289	3317	12	13574	2344	17

细细考究起来，在这其中，盘查的误差有的是合理的，可容忍的，也必须容忍，有的是不合理的，不可容忍，也不能容忍。在本文中，我想表达的观点有二：一是合理误差是可以容忍的。可容忍性决定了后面我要谈的相对人协助义务的正当性，也决定了我们对有关摩擦与纷争的解决策略。二是这种可容忍性是相对的，我们有义务去校正误差的范围与幅度。

1. 合理误差是可以容忍的

一般来说，只要在合理的误差范围内，这种状况是可以容忍的。我们也可以换一种表述——合法、合理的盘查是可以忍受的，相对人也必须服从配合。为什么呢？以下，我想从比较法的认识，以及我国的情境来具体阐释这个问题。

(1) 西方的解释

在经典的 Terry v. Ohio 案中，美国法院在一番权衡之后认为，有效预防和侦破犯罪的社会一般利益，以及保障警察安全的更加急迫的利益，允许对个人的神圣性进行轻微的侵害（society's general interest in effective crime prevention and detection and the more immediate interest in police officer safety justified a slight intrusion upon the sanctity of the person）。[1]

其实，对于这种阐释，我们并不陌生。如果转换成我们所熟悉的理论，就是我们耳熟能详的比例原则（the principle of proportionality），尤其是其中的“法益

〔1〕 Cf. Rachel Karen Laser, “*Unreasonable suspicion: Relying on Refusals to Support Terry Stops*” (1995) 62 *The University of Chicago Law Review* 1168.

相称性”。美国人实际上也是循着这样的路径做了进一步的解释:

一方面,是因为在缺少逮捕相当理由的情况下,我们不能无视执法人员保护自身和他人免受暴力侵害的需求。(We cannot blind ourselves to the need for law enforcement officers to protect themselves and other prospective victims of violence in situations where they may lack probable cause for an arrest.)[1]美国法院感到,在这里要考虑的已经远远不止在侦破犯罪方面的政府利益(governmental interest in investigating crime),还有警察现实的利益(immediate interest of the police officer),他得采取措施以便确信被盘查人没有携带武器、不会出其不意地置其于死地。法院还引用了《犯罪统一报告》(Uniform Crime Report)从1960—1966年关于警察被枪杀、刺死的数字,[2]宣称:“美国的犯罪分子有着持械实施暴力的长期传统。在这个国家里,每年都有很多的执法人员在履行职务过程中被害,数以千计受伤。事实上,所有的死亡和相当大比例的受伤都是由枪支和刀具造成的。”以此来进一步解释其为什么要支持这样一种需求。[3]

另一方面,对无辜者的拦阻,这种风险是可以接受的,因为它不构成逮捕(arrest)。“拦阻只是非常小的侵犯,是让警察做进一步的短暂调查而已。如果警察没有发现更多的事实,没有相当的理由,那么就得让该人离开。”(The Terry stop is a far more minimal intrusion, simply allowing the officer to briefly investigate further. If the officer does not learn facts rising to the level of probable cause, the individual must be allowed to go on his way.)[4]换句话说,就是当事

---

[1] Cf. E. Martin Estrada, “*Criminalizing Silence: Hiibel and the Continuing Expansion of the Terry Doctrine*” (2004—2005) 49 *Saint Louis University Law Journal* 283.

[2] 在1966年因执行职务遇害的执法人员有57人,其中55人死于枪伤,41人是被隐藏的手枪打死的。同年,袭警案件(assaults on police officers)达23851起,造成9113名警察受伤。Cf. Illya D. Lichtenberg, “*Alisa Smith & Michael Copeland, Terry and Beyond: Testing the Underlying Assumption of Reasonable Suspicion*” (2000—2001) 17 *Touro Law Review* 443. 但是,很有意思的是,理查伯格(Illya D. Lichtenberg),史密斯(Alisa Smith)和考伯兰(Michael Copeland)在他们的研究中,通过有关数据的统计和比对,得出的结论却是,男性警察不论是在上班还是下班期间成为受害人的风险,比相同年龄段的男性公民每天面临的相同风险要低。这个发现与Terry案件的假设前提(即警察面临更大危险)是矛盾的。因此,他们认为,美国最高法院的上述判决似乎是对警察的保护过于热衷了(overzealous)。

[3] Cf. Illya D. Lichtenberg, “*Alisa Smith & Michael Copeland, Terry and Beyond: Testing the Underlying Assumption of Reasonable Suspicion*” (2000—2001) 17 *Touro Law Review* 440、443.

[4] Cf. E. Martin Estrada, Criminalizing Silence, “*Hiibel and the Continuing Expansion of the Terry Doctrine*” (2004—2005) 49 *Saint Louis University Law Journal* 283.

人受损的利益，比起上述社会利益，要小得多。

英国伦敦的一份调查报告显示了一个很有意思的现象，就是不少接受访谈的人认为："盘查次数下降，与犯罪有所抬头之间有着直接的关系。"(The decrease in the number of searches was directly associated with a rise in crime.)〔1〕因为："如果那些活跃的犯罪分子知道，他们一出去就会被盘查，这自然会对其活动产生抑制作用。"(If active criminals know that they can't go out without being searched that tends to put a damper on their activities.)反之，他们可能就会肆无忌惮。〔2〕

下面的两个图表似乎显示了这样的一种反比关系。图 6-2 显示，从 1997 年第二季度到 1999 年第三季度，由于发生了一些事件(比如，有人围攻希腊大使馆)，

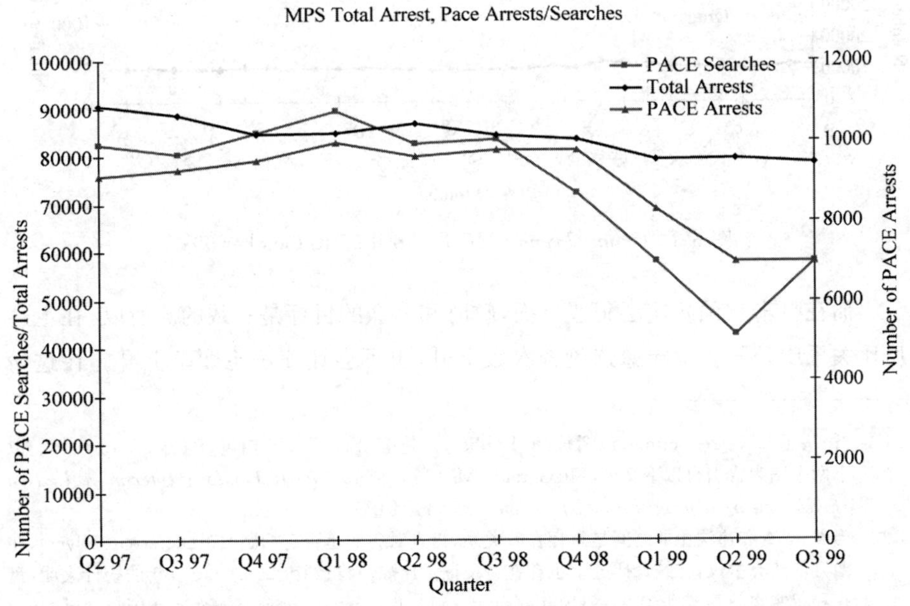

图 6-2 *MPS Total Arrests, PACE Searches and Related Arrests* (Q297—Q399)

---

〔1〕当然，也有研究显示，盘查频率和犯罪率之间的关联性是很弱的(weak)。实际上应该是，不管警察在街面上是否实施盘查，街面的见警率(the visible presence of the police on the street)和犯罪率之间都有着比较紧密的关系。见警率下降，犯罪率上升。Cf. FitzGerald, M. (1999) *Searches in London: Interim evaluation of year one of a programme of action*. London: MPS.

〔2〕Cf. FitzGerald, M. (1999) *Searches in London: Interim evaluation of year one of a programme of action*. London: MPS.

所以，从街面巡逻的警力中抽调近60%的警力去执行处置任务，导致街面上的盘查次数有比较大幅度的下降。图6-3显示，从1997年4月到1999年10月，所有有报案记录的违法犯罪（total notifiable offences (TNOs)）和街头犯罪（street crime）皆呈增长趋势。[1]

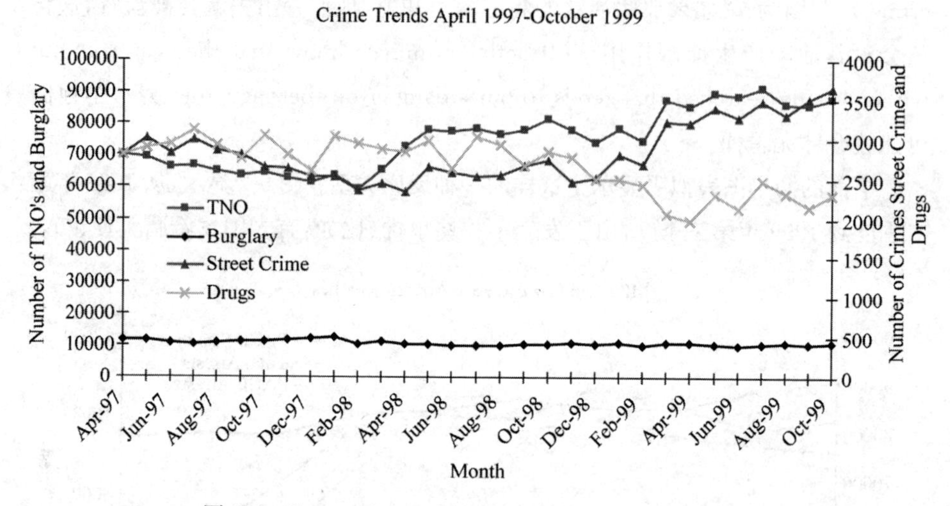

图6-3 *Crime Trends MPS* (April 97 to October 99)

而在打击和预防违法犯罪方面，政府和公众的目标是一致的。所以，在上述反比关系中，[2]公众宁愿选盘查次数上升，也不会让违法犯罪率上升。在这份

[1] “街头犯罪”（street crime）包括抢劫（Robbery）、抢夺（Snatches）、掏包（Pickpocketing）等。以下两个图表皆引自以下文献，FitzGerald, M. (1999) *Searches in London: Interim evaluation of year one of a programme of action*. London: MPS.

[2] 当然，盘查和违法犯罪之间是否存在着关系，盘查对犯罪是否有抑制效果（deterrent effect），在西方依然有争议，在统计研究上也存在着反证。比如，对纽约市2002—2015年的统计表明，盘查和犯罪之间显然没有关系（Statistically, no relationship between stop-and-frisk and crime seems apparent.）。Cf. James Cullen and Ames Grawert, “*Fact Sheet: Stop and Frisk's Effect on Crime in New York City*”, http://www.brennancenter.org/sites/default/files/analysis/images/Stop%20and%20Frisk's%20Effect%20on%20Crime%20in%20New%20York%20City.pdf，2019年5月1日最后访问。Matteo Tiratelli，Paul Quinton和Ben Bradford对伦敦从2004—2014年十年的统计数据分析中，也得出结论，“我们发现盘查与犯罪之间仅有微弱的、间接的关系”（We find that S&S has only a very weak and inconsistent association with crime.）。Cf. Matteo Tiratelli, Paul Quinton and Ben Bradford, “*Does Stop and Search Deter Crime? Evidence from Ten Years of London-Wide Data*” (2018) 58 *British Journal of Criminology* 1213.

调查报告中，有些有过被盘查经历的人，在接受访谈（interview）时，也不否认警察要有盘查权力。[1]这可能也是公众愿意忍受盘查的另外一个重要理由。

（2）我国情境下的两个原因

在我看来，在中国情境下，人们之所以能够容忍盘查的合理误差，还有另外两个很重要的原因：一是流动人口对群众安全感的巨大影响。二是可以理解的基于经验的差异性。

第一，流动人口对群众安全感的巨大影响。

从国家统计局公布的《全国群众安全感抽样调查主要数据公报》中，尽管缺少对盘查制度形成之时群众安全感状况的调查统计，但从2001年至2005年的统计情况看（见表6-6和表6-7），[2]群众近年来的安全感有所下降（选择“不安全”的比例有所上升，甚至成倍翻番），对公共秩序混乱的感觉非但没有改观，反而稍微变糟。

表6-6　2001—2005年群众安全感调查统计数据　（%）

安全感	2001年	2002年	2003年	2004年	2005年
很安全	6.2	6.9			
安全	31.6	35.6	32.8	34.51	37.1
基本安全	43.6	41.6	58.39	56.33	54.8
不太安全	14.5	12.4			
不安全	4.1	3.5	8.81	9.16	8.1

表6-7　2001—2005年对“公共秩序混乱”影响安全感的选择比例　（%）

年　份	2001年	2002年	2003年	2004年	2005年
公共秩序混乱	25.6	25.5	33.33	31.28	31.9

从警察办案的长期经验看，公共秩序混乱与流动人口作案有着很密切的关系。从中，我们也大致可以感觉到，流动人口作案构成了社会治安秩序不太稳定、影响人民群众安全感的一个重要因素。所以，为了换取安全感，公众自然可

〔1〕Cf. FitzGerald，M.（1999）*Searches in London：Interim evaluation of year one of a programme of action*. London：MPS.

〔2〕数据来源于国家统计局《全国群众安全感调查主要数据公报》（2001—2005年），http://www.stats.gov.cn/tjgb/qttjgb/，2010年8月6日最后访问。以下图表均是根据上述有关数据绘制的。

以接受、容忍盘查带来的不利益。

第二，可以理解的基于经验的差异性。

由于概念边界甚至概念核心上或大或小的模糊领域，使得多义性成为不确定法律概念的共同特征。[1]对“形迹可疑”“有违法犯罪嫌疑”的理解是建立在经验之上的，而经验是会有差异的。执法人员的不同阅历、业务素质、对外在危险性的感受、当时执法情境等，都会对其判断产生影响。或许，当事人呈现出来的事实A、B、C，在执法人员甲看来是有嫌疑的，而在乙看来没有多大问题。这就会像红色是由波长625～740纳米的光组成一样，包含着一定幅度范围。这种盘查误差，是制度层面附带的，内在生成的，是在人们可以容忍的限度内，是人们愿意付出的一种对价。[2]因此，警察具有初步证据而实施的盘查，因对不确定法律概念把握的尺度差异而实施的盘查，其间产生的误差，就可能是一种合理误差。

2. 可容忍的相对性

但是，我们也很容易就可以观察到，对“形迹可疑”或者“有违法犯罪嫌疑”的实践判断，主要是建立在经验之上。正如我们下面的研究所显示的那样，即便是提炼为一般性解释，也无法完全驱除经验的成分。经验会左右尺度宽松的不同，进而直接影响到被盘查人的数量。宽则数量增多，严则数量下降。在这样的拉伸过程中，会直接牵涉到公众的利益得失，就有可能挑战公众的容忍极限。[3]

谁被警察拦住盘问、检查一番，都不会愉快，郁闷之余，喊出一句：“你凭什么查我？”也有较真儿的人，会紧接着追问一句：“凭什么查的是我？”[4]从情理

---

〔1〕 郑春燕：《取决于行政任务的不确定法律概念定性——再问行政裁量概念的界定》，载《浙江大学学报》，2007(3)。

〔2〕 如果盘查具有合理的理由，那么，即使未发现被盘查人有违法行为，一般也不会因为盘查给被盘查人带来了，比如，心情不愉快、沮丧、愤怒等，而产生警察的法律责任问题。因为对于公民来讲，这是他/她在行政法上必须忍受的义务。要知道，盘查案件是大量的，假如没有发现被盘查人有违法问题，都要警察承担责任，怎么可能？国库怎么承受得了？当然，如果因为检查而损坏了被盘查人的财产，那么，应该予以合理的补偿。

〔3〕 据孟璞在北京火车站的观察，在2006年5月4日下午4：10—4：55这短短45分钟里，就发生了两起因盘查而生的争执，“造成不满的主要原因是盘查耽误了旅客的时间”。孟璞：《警察的当场盘查》，清华大学法学院法律硕士学位论文，2007。该论文后来发表在《行政法论丛》(第11卷，法律出版社，2008)。

〔4〕《警察盘查，有理还是没理?》，http://biz.163.com/05/0531/11/1L3153HN00021EL8.html，2010年8月6日最后访问。

上推断，对于那些被盘查的人来讲，警察当街盘查，至少可能会引起他们的烦恼(annoying)，使匆匆行走的他不得不暂时忍耐、驻足；或许会使他感到惊恐(frightening)，不知发生了什么事，或者惟恐“东窗事发”；或者在周围行人的注视围观之下，被警察拦截、拍击、检查，感到受了耻辱(humiliating)，心中不快，觉得没有“面子”。

也就是说，警察的盘查与他们的人身自由、隐私权发生了冲突。这种冲突甚至会引发社会、公众与警察的紧张关系。斯卡曼法官(Lord Scarman)早就洞察到这一点，他说：“如果说，有一个地方大家抱怨是一致的，那就是盘查问题。”(If there was one area of complaint which was universal, it was the issue of “stop and search”.)[1]这促使我们不能不认真对待盘查，对待盘查产生的误差。

另外，如果警察群体对这种误差持无所谓态度，甚至抵触那些有关盘查的限制规定，把它看作一种束缚、累赘，置若罔闻、视若无物，就极易助长权力的滥用，加大发生误差的概率与幅度。要是这形成了一种群体文化，危害更大。

美国有一个调查研究很有意思，很多很有进取心的警察官员却认为明确具体的限制(clear specification of limitation)会束缚警察的手脚，含糊一些，可能更好(ambiguity is the more certain course)。很多警察及其领导并不认为被盘查和释放的人是无辜的，只是这次没有“逮到”罢了(not caught this time)。这些被盘查人实际上很“脏”(dirty)，他们无权抱怨警察行为的适当性。甚至还有警察认为，这种盘查、释放尽管没有结果，但却向这些被盘查的无辜公民证明警察是在勤勉地干活的。半个多世纪前，Massachusetts镇警察局的一个宣传手册上写道：“如果被警察盘查，如果警察询问您的身份与职业，不要觉得是被冒犯。警察的任务与职责通常需要确认相对人的基本信息。应感到高兴，因为警察正在工作。”[2]

实践中，误差属于合理时，正式的制度会抑制当事人的不满，要求当事人容忍、克制、服从和协助。就是有时误差偏大，绝大多数当事人也可能选择了容忍。

---

[1] Cf. FitzGerald, M. (1999) *Searches in London: Interim evaluation of year one of a programme of action*. London: MPS. 在这份研究报告中，还进一步分析了造成紧张关系的原因：一是盘查是在公共场所、在众目睽睽下实施的；二是近年来媒体关注(*media coverage*)和政治争论(*political debate*)的焦点都集中在公众所关心的权力行使问题上。

[2] Cf. James J. Fyfe, Terry: a[n Ex-] Cop's View, (1998) 72*St. John's Law Review* 1237～1238.

主要原因是因为当场盘问、检查对人身自由的限制时间极短,为这点琐碎的麻烦,当事人觉得不值得去较真,或者只是在现场发泄不满,并没有进入复议、诉讼或上访。[1]

比如,上述有关盘查的报道中都没有介绍是否发生了冲突、纠纷或不愉快。在我浏览行政法案件的印象中,也极少见到过对警察盘查,尤其是当场盘问、检查不满而起诉的案件。[2]或许,我的阅读有限,但至少说明此类案件比较少见。与每日的盘查量相比,可以说,大量的不满(不便)被容忍了。

但是,被盘查人的这种潜在的、未爆发的愤懑,在制度上是不容忽视的。尤其是当误差过大时,即便是正式的制度也无法说服、吸收、抑制公众的不满。所以,合理误差是相对的,公民的容忍度也是相对的。如果实践把握的标准过于宽松,或者执法者有意识地扩张上述标准,就极可能激发当事人愤懑,就会出现问题,误差就会由合理走向不合理,相对人也会由容忍走向抗拒。

所以,接下来,我要探讨盘查的理由,重点思考如何让"合理怀疑""有违法犯罪嫌疑"等不确定概念变得相对确定起来。

四、盘查的理由

警察盘查是不是一种"有罪推定",看谁不顺眼就盘查谁,盘查难道真的是不需要任何理由吗?事实上不是的。但是,警察发动盘查的基本条件是"有违法犯罪嫌疑",或者说,是存在"导致合理可疑的迹象"。"这是一个笼统的说法",英国法上称之为"grounds to suspect",美国法上是"reasonable suspicion",日本法上叫作"合理判断后有相当理由足以怀疑",德国法上则说是"具体事实"。[3]而对这样一个不确定的概念,人们在理解上很容易发生误差。那么,怎么才能消除或

---

[1] 在美国,被盘查人也存在类似的心理状态。这些"无辜"的人一般不会对检查提出挑战,因为他们不存在要洗清罪名、排除有罪证据的问题,所以,也就不值得去花费这么多的时间和金钱。尽管个人隐私受到了侵犯,被检查的人还是不太可能去控告,因为这不值当,太麻烦。Cf. Rachel Karen Laser, *"Unreasonable suspicion: Relying on Refusals to Support Terry Stops"* (1995) 62 *The University of Chicago Law Review* 1162.

[2] 在北大法宝上,在司法案例中,以盘查为关键词检索,只发现一起行政裁决,"原告史善涛诉被告上海市公安局城市轨道交通分局现场盘查行为违法案",是准许原告撤诉,具体案情不详。参见上海铁路运输法院(2015)沪铁行初字第3号行政裁定书。

[3] 万毅:《论盘查》,载《法学研究》,2006(2)。

者校正误差,使误差缩小到可以接受的程度? 以下,我将分别考察美国、英国和我国的实践与判例,寻求对这一不确定法律概念予以确定化的途径。

1. 美国人的解读

早期的普通法(common law)承认,在公共场所,警察可以任意与相对人搭话(accost)、拦阻和询问(stop and question),无须任何实质理由。这被称为"有权讯问"法则(the "right-to-inquire" rule)。[1]

后来,要求警察必须具有"相当理由"(probable cause),据说这是来自美国宪法第四修正案之规定。美国法院对"probable cause"的解释是,"具有相当的可能性,可以找到犯罪的证据或者违禁品。"(a fair probability that contraband or evidence of a crime will be found)一般的规则是,警察有证据能够证明"相当理由"之后,向治安法官申领一个令状(warrant),对当事人的人身或物品进行检查。但是,在迟延检查会造成人身伤害危险或者销毁证据等紧急情况(exigent circumstances)下,也可以不要令状,直接实施检查。[2]

但是,在1968年 *Terry v. Ohio* 案之后,法院不仅废弃了"令状"(warrant)要求,甚至也不要了"相当理由"的要求,而认为,警察执勤时基于当场观察,而"拦阻与拍触"时,必须采取快速的行动,历史上此种行为无须令状,在实务上要求令状亦极为不切实际。(We deal here with an entire rubric of police conduct--necessarily swift action predicated upon the on-the-spot observations of a police officer on the beat--which historically has not been, and as a practical matter could not be, subjected to the warrant procedure.)[3]只要在当时的情境下,一个理性的、谨慎的人能够确信其安全或者别人的安全处于危险之中,就可以实施盘查(a search might be conducted if a reasonable prudent man in the circumstances would be warranted in the belief that his safety or that of others would be in danger.)。[4]一个新的、更为宽松的标准——"合理怀疑"(reasonable suspicion)诞生了。

---

〔1〕 Tracey Maclin, "*The Decline of The Right of Locomotion: The Fourth Amendment on The Streets*" (1990)75 *Cornell L. Rev.* 1258、1264-1266. 转自王兆鹏:《警察盘查之权限》,载《刑事法杂志》,2001,45(1)。

〔2〕 Cf. Rachel Karen Laser, "*Unreasonable suspicion: Relying on Refusals to Support Terry Stops*" (1995) 62 *The University of Chicago Law Review* 1167.

〔3〕 王兆鹏:《警察盘查之权限》,载《刑事法杂志》,2001,45(1)。

〔4〕 Cf. Illya D. Lichtenberg, "*Alisa Smith & Michael Copeland, Terry and Beyond: Testing the Underlying Assumption of Reasonable Suspicion*" (2000—2001) 17 *Touro Law Review* 442.

这种宽松或者区别,我们可以从一个案例中得到直观的理解。比如,在*Arizona v. Hicks*,480 U.S. 321 (1987)案中,警察在巡逻时发现,有子弹从被告家射出,伤及邻人。警察遂入室检查,发现在寒碜的家中竟然有极为昂贵的两组音响,警察怀疑其为赃物,便挪动音响转盘,查看产品编号,记录号码,报回总部,总部告知此为某一抢劫案中的赃物。依"相当理由"标准,警察确信音响是赃物的程度仍低,尚不构成相当理由,挪动音响行为构成非法搜索行为。但就"合理怀疑"标准而言,警察依据其多年执法经验,仅挪动音响查看编号,颇为合理,挪动行为合法。[1]

由"相当理由"(probable cause)到"合理怀疑"(reasonable suspicion),这种逐渐放缓的趋势,意味着盘查权不断在松绑,发动的可能性增加,甚至潜藏着盘查概率的上升、被盘查人数的增多以及权力滥用的可能性变多。

但是,Terry 案并没有对"合理怀疑"下定义。[2]因此,由"相当理由"变为"合理怀疑",依然是从一个不确定性跳到另一个不确定性。[3]美国人也面临着和我们一样的问题。那么,美国人能够解释清楚这个概念吗?并进而控制住盘查权滥用吗?

(1) 判例解释

美国人把 Terry 案确立的原则视为一个"弹性概念"(elastic concept)。[4]用我们所熟悉的术语来说,美国的"合理怀疑"和我们的"有违法犯罪嫌疑"一样,也是一个不确定法律概念(undefined legal concept)。

从有关文献看,美国法院对"合理怀疑"(reasonable suspicion)的解释,通常包含两层意思:一是怀疑犯罪活动可能正在进行中,或者正在准备实施中(criminal activity may be afoot);二是怀疑被盘查人可能携有武器,具有危险性

---

〔1〕 王兆鹏:《警察盘查之权限》,载《刑事法杂志》,2001,45(1)。

〔2〕 Cf. William J. Stuntz, "*Terry's Impossibility*" (1998) 72*St. John's Law Review*1214.

〔3〕 据说,"一般而言,相当理由的标准,在法律上有高程度的可预测性,其意义为何,或何时构成相当理由,警察、检察官、法官并无太大的歧见,可说是有明确固定的标准。曾有一实证研究,为了解法官心中'相当理由'的意义为何,对一百六十六位联邦法官访问,要求其量化相当理由之确信程度时,得到的平均值为45.78%""'合理怀疑'的确信程度,得到的平均值为31%"。王兆鹏:《路检、盘查与人权》,102页,台北,元照出版有限公司,2003。王兆鹏:《警察盘查之权限》,载《刑事法杂志》,2001,45(1)。但是,我们无法知悉他们是如何做到的,是通过判例、解释?还是其他什么。我对这段话存有疑问,其所引用的百分比似乎并不能说明什么。

〔4〕 Cf. Kimberly A. Lincoln, "*Stop and Frisk: Search and Seizure on Less Than Probable Cause*" (1989) 32 *Howard Law Journal* 233.

(the person with whom he is dealing may be armed and dangerous),可能对警察或者旁边的第三人造成伤害。[1]警察对上述情形的怀疑必须是合理的、清晰的怀疑(reasonable and articulable suspicion)。

从美国法院的操作看,首先,在上述法院解释之下,实际上流动着一个尺度。总体把握的尺度就是"要比初步的、非特定的怀疑或预感要高,但远低于对违法的优势证明标准"(involving something more than an inchoate and unparticularized suspicion or hunch, but considerably less than proof of wrongdoing by a preponderance of the evidence)。[2]其次,在上述尺度的流动中很讲究一种平衡观,也就是说,在"合理怀疑"(reasonable suspicion)标准背后发挥作用的是要寻求管理需要与对个人利益妨碍之间的平衡(a balancing of governmental need against the intrusion on personal interests),[3]这个标准简称"需要—妨碍标准"(need-intrusion test),得由法院根据逐个个案(case by case)的具体情境,要紧密结合一系列的事实与细节来具体分析。最后,要贯彻最小侵害原则(de minimis approach)。

"合理怀疑"绝对不是警察的第六感官(sixth sense)。警察主观上的猜测或预感不足以构成合理的怀疑。必须是根据当时的事实,警察依据其执法经验,所作合理推论或推理,形成合理怀疑。[4]必须是"依据这些特定、清晰的事实进行合理推测,能够合乎情理的支持警察实施盘查。"(the specific and articulable facts which, taken together with rational inferences from those facts, reasonably warrant that intrusion)[5]警察形成合理怀疑的事实基础可能是,警察亲自观察、其他单位所提供的讯息、线民的报案,或行为人自己的行为表征。[6]法院在判断是否存在合理怀疑时,也必定会要求警察说清楚,凭什么靠这几点事实就得出值得怀疑的结论。(A court sitting to determine the existence of reasonable

---

〔1〕 Cf. Rachel Karen Laser, "*Unreasonable suspicion: Relying on Refusals to Support Terry Stops*" (1995) 62 *The University of Chicago Law Review* 1168.

〔2〕 Cf. Russell L. Weaver, "*Investigation and Discretion: The Terry Revolution at Forty (Almost)*" (2004—2005) 109 *Penn State Law Review* 1208.

〔3〕 Ibid., p.1206.

〔4〕 92 U. S. at 30. 转引自王兆鹏:《路检、盘查与人权》,100 页,台北,元照出版有限公司,2003。

〔5〕 Cf. Rachel Karen Laser, "*Unreasonable suspicion: Relying on Refusals to Support Terry Stops*" (1995) 62 *The University of Chicago Law Review* 1168.

〔6〕 王兆鹏:《路检、盘查与人权》,108 页,台北,元照出版有限公司,2003。

suspicion must require the agent to articulate the factors leading to that conclusion.)[1]

换句话说,事实是“合理怀疑”的物质基础,是“合理怀疑”的基本构件。而每一起案件显现的事实却可能是形形种种、各不相同的。那么,就一个具体案件而言,其中的事实排列组合起来,能否产生“合理怀疑”的效果呢?法官有着相当的裁量空间。这些事实的排列组合能否形成固定的、程式化的效果呢?未必,因为简单地说,每案事实不同,必须具体问题,具体分析。所以,流动的尺度,再加上镶嵌在其中的很难固定排列组合的事实,会使得上述似乎清晰的阐释,实际上变得不够清晰了。

斯坦兹(Stuntz)就说,这个标准究竟为何意,很不清楚。它从来没有一个固定的定义(solid definition)。[2]在*United States v. Cortez*案中,法院也承认:“像‘清晰的理由’和‘有据的怀疑’这样的术语不是自我定义的。面对林林总总的事实情景,它们还缺少清晰的决定指南。”(Terms like “articulable reasons” and “founded suspicion” are not self-defining; they fall short of providing clear guidance dispositive of the myriad factual situations that arise.)[3]它“没有比较客观、科学,或数学的方式,几乎是个别法官或大法官在个案中,作主观价值的判断及较劲”。[4]

而且,上述通说的内涵,在Terry案之后的法院判决中也发生了一些变迁,尤其是在缉毒案件上。比如,没有事实表明有可能发生犯罪,或者被盘查人没有携带武器,也不具有人身威胁的情况下,只是为了查缉毒品,也允许警察实施盘查。这就使得“合理怀疑”(reasonable suspicion)标准变得结构更加复杂,甚至含混,存在着内在矛盾。

或许,我们还应该再看看实践的案例,从中获得更加感性的认识。

---

〔1〕 Cf. Russell L. Weaver, “*Investigation and Discretion*: *The Terry Revolution at Forty (Almost)*” (2004—2005) 109 *Penn State Law Review* 1209~1210.

〔2〕 Cf. William J. Stuntz, “*Terry's Impossibility*” (1998) 72*St. John's Law Review*1215.

〔3〕 Cf. Rachel Karen Laser, “*Unreasonable suspicion*: *Relying on Refusals to Support Terry Stops*” (1995) 62 *The University of Chicago Law Review* 1169.

〔4〕 Cf. Scott E. Sundby, “*A Return to the Fourth Amendment Basics*: *Undoing the Mischief of Camara and Terry*”(1988) 72 Minn. L. Rev. 383、429~30. 转自王兆鹏:《路检、盘查与人权》,104页,台北,元照出版有限公司,2003。

（2）具体案例

我们可以选取几类较为经典的案例：第一类是正面肯定的，包括案例1～案例5；第二类是一审法院否定、二审法院肯定的，包括案例6～案例8；第三类案例是反面否定的，比如案例9。通过阅读，我们可以获得一些感性认识。

案例1　在*Terry v. Ohio*案中，一位有多年警龄的警察在其辖区内巡逻，发现被告在一个商店外窥视，然后走开，往返反复几次，警察怀疑他是为抢劫而踩点，便上前实施盘查。法院认为，被告的形迹足以支持盘查是合法的。[1]

案例2　在*Marbury v. United States*案中，警察在一个犯罪多发地区巡逻，发现路边停靠一辆车，车内有两人，另有一人斜靠在车上，见到警察的巡逻车，车外那人马上钻进车内，连车灯都没打，就匆忙离开。警察于是示意该车停下。发现车上有一个枪眼，被告的手有可疑的举动，便命令被告从车内出来，实行盘查。一审和二审法院均认为，被告深夜在犯罪多发区交头接耳（the defendants conversation at night in a high crime area），枪眼（the bullet hole）以及见到警车就离开（the defendant's reaction of driving off at the arrival of the police car），这些事实足以支持警察实施盘查。[2]

案例3　在*United States v. Sokolow*案中，法院认为，被告因有以下情形，所以就存在着"合理怀疑"：①买了两张机票，票价为2100元，被告却用一卷20元的钞票，总额比票价多近两倍；②旅行时使用的名字与其电话登记的名字不符（traveled under a name that did not match the name under which his telephone number was listed）；③一开始就要去迈阿密，一个违法毒品的来源地（was originally destined for Miami, a source city for illicit drugs）；④从檀香山到迈阿密来回得飞20小时，但到了迈阿密却只逗留了48小时（stayed in Miami for only forty-eight hours, even though a round-trip flight from Honolulu to Miami takes twenty hours）；⑤在旅途中显得很紧张（appeared nervous during his trip）；⑥根本不托运自己的行李（checked none of his luggage）。[3]法院认为，单就一个个孤

---

[1] Cf. Kimberly A. Lincoln, "*Stop and Frisk: Search and Seizure on Less Than Probable Cause*" (1989) 32 *Howard Law Journal* 230～231.

[2] Ibid., pp.233～234.

[3] Cf. Russell L. Weaver, "*Investigation and Discretion: The Terry Revolution at Forty (Almost)*" (2004—2005) 109 *Penn State Law Review* 1209～1210.

立的事实看,好像旅行没有问题,但是,联系起来看,就会产生合理的怀疑(each of these factors alone was quite consistent with innocent travel but concluded that taken together they amount to reasonable suspicion)。[1]

案例4 在*Adams v. Williams*案中,警察得到线人的情报,被告坐在附近的一辆车里,带有枪支和毒品。警察于是上前盘查,搜到枪支。法院认为,线人的情报,尽管未核实,但结合其他情况看具有可信度,所以,警察可以盘查。[2]

案例5 在*Jenkins v. United States*案中,当地曾发生多起停放的汽车被盗案件,警察发现Jenkins向停放的汽车窥视,在大衣里藏掖着东西,这些外在的举动引起了警察的怀疑。法院肯定了警察有权盘查,并认为"警察要不去进一步调查Jenkins的行为举止,警察的工作也就太糟糕了"(it would have been poor police work for an officer to have failed to investigate Jenkins'behavior further)。[3]

案例6 在*In re J. G. J.*案中,两名警官通过步话机得知两名抢劫犯的外貌特征。不到十五分钟,他们发现了两名外貌特征相似的嫌疑人,发现地点离案发地点只有几条街。警察表明身份后实施盘查。一审法院却认为,从步话机得知的特征和实际特征有着显著差别(significant discrepancies),所以,拦截当事人是不合理的。但是,上诉法院推翻了一审判决,认为通过步话机描述的外貌特征,以及接近案发现场,这些就足以让警察有理由实施盘查。[4]

案例7 在*People v. Rivera*案中,警察发现被告上衣中露出手枪皮套,遂上前盘查。一审法院认为,这种情形下并没表明被告有任何犯罪举动,警察只可以拦阻被告进行盘问。但是,二审法院推翻了一审判决,认为警察的个人发现已经提供了实质的(substantial)、客观的(objective)、合理的(reasonable)理由,使其确信被告携有武器且很危险(the defendant was armed and dangerous),因此,盘查是合法有效的。[5]

---

〔1〕 Cf. Rachel Karen Laser, "*Unreasonable suspicion: Relying on Refusals to Support Terry Stops*" (1995) 62 *The University of Chicago Law Review* 1169.

〔2〕 Cf. Kimberly A. Lincoln, "*Stop and Frisk: Search and Seizure on Less Than Probable Cause*" (1989) 32 *Howard Law Journal* 231.

〔3〕 Ibid., p.235.

〔4〕 Ibid., p.236, especially note 62 and 66.

〔5〕 Cf. Kimberly A. Lincoln, "*Stop and Frisk: Search and Seizure on Less Than Probable Cause*" (1989) 32 *Howard Law Journal* 237.

案例 8　在 *People v. Harris* 案中，通过步话机，警察得知有一个嫌疑人携带枪支，并开始搜索，遇到被告和另外两个人在一个地方，而且发现有一物像是枪支，警察遂向那个方向闪动警灯，命令对方不许动。但是，对方不听从，并逃跑。警察后来抓获一人，从其身上搜出手枪。一审法院认为，没有任何事实根据证明警察发现了犯罪嫌疑，警察也不是基于一种预防措施（precautionary measure）而实施盘查。但是，二审法院推翻了一审判决，认为"只要警察从其经验中得出一种具体的、清晰的、合理的推理，基于这种推理，合理地认为有犯罪嫌疑，那么，警察就可以实施有效的盘查"（in making a valid stop, the police officer must have reasonably concluded that criminal activity was afoot, based on specific, articulable and reasonable inferences which he drew from his experience）。〔1〕

案例 9　在 *Sibron v. New York* 案中，警察观察被告人自下午 4 时至午夜间，与数位警察知悉为毒犯之人交谈，但警察未听到交谈内容，亦未见其有不寻常举动，警察仍对被告人实施拦阻及拍触。美国联邦最高法院判决认为：被告人仅与毒犯交谈，警察也未听到交谈的内容，此不足以构成警察发动盘查的合理怀疑。〔2〕

（3）小结

从上述的阅读中，我们会感到，美国实践对"合理怀疑"的解读，法院能够容忍的限度，其中的种种情形，实际上与我国的实践有着某种契合。换句话说，上述的嫌疑即便在我国也会得到实践的认同。

但是，我们仍然会感到，让警察产生"合理怀疑"的事实是很零散的，甚至很凌乱，没有统一的范式与固定的尺度，很难把这些经验和感受提炼、归纳为有条理的规范，很难通过解释技术把隐含的规则完全阐述清楚。

---

〔1〕 Cf. Kimberly A. Lincoln, "*Stop and Frisk: Search and Seizure on Less Than Probable Cause*" (1989) 32 *Howard Law Journal* 237.

〔2〕 日本京都地方法院 1968 年 7 月 22 日的一个判决中认为："警察对一个在早上十时左右，穿着破烂衣服，虽然天气良好却着长筒皮靴，并在剧院前观看节目表，而与便衣警察眼神对视随即离去的人为盘问，观诸该人之服装、皮靴、携带物品，与一般劳动者并无太多差别，故盘问要件尚不具备。"上述案例均转自艾明：《论警察盘查措施——比较法视野下的考察》，载《贵州警官职业学院学报》，2006(2)。1988 年 4 月 14 日大阪地方法院也认为："仅因服装有些流氓味道，且一见警察即掉头快步离去，尚未具备盘问要件。"朱金池、洪文玲等著：《各国警察临检制度比较》，111 页，台北，五南图书出版股份有限公司，2002。

2. 英国人的解读

英国是很有意思的,直接采用了立法解释技术。在《警察与刑事证据法》(Police and Criminal Evidence Act 1984)Code A 2.2～2.11 对“合理怀疑”(reasonable suspicion)下了定义,其要点包括:①必须有事实根据、信息(information)或者情报(intelligence)依据;②通常要有准确的、及时的情报或信息;③对特定情境下人的举动而归纳出来的某些特征,可以作为依据;④依据某团伙衣着特征或者标识,并结合有关其携带武器或持有毒品的可靠信息或情报。

与此同时,英国又在上述法条中规定,仅凭个人因素(personal factors)、归纳的特征(generalisations)或立体的典型形象(stereotypical images),不能产生或支持合理怀疑。只有基于一系列的因素才可能有效地适用“合理怀疑”。惟有如此,才能防止滥用权力,并增强公信力(public confidence)。警察在行使权力时,不得因种族、肤色、民族(ethnic origin)、国籍(nationality)或原始国籍(national origins)而予以歧视,这是种族平等职责(Race equality duty)的要求。盘查权的行使应当公正、权责一致、尊重被盘查人、不违法歧视。[1]

那么,英国的实践是如何把握的呢?我们可以从以下两个材料中获得一些认识。

(1) 问卷调查

通过对 5090 份问卷的调查,发现以下因素(factors)在锁定嫌疑人方面发挥着作用:[2] ①个人举止(the behaviour of the individual);②观察(包括从摄像头上获得的证据)[observation (including via evidence from CCTV cameras)];③盘查的地点(the area in which they were stopped);④其同伴(the company they were with);⑤具体时间(the time of day);⑥从公众那里获得的信息,包括对嫌疑人的描述[information received from the public (including suspect descriptions)];⑦从简报中获得的信息(information from briefings);⑧专项行动的情境(the context of a targeted operation)。

---

[1] Cf. Home Office, Stop & Search Manual, p.17. *www.thamesvalley.police.uk/news_info/freedom/policies_procedures/pdf/stopandsearch_intermanual.pdf*

[2] Cf. FitzGerald, M. (1999) *Searches in London: Interim evaluation of year one of a programme of action*. London: MPS.

（2）低度裁量与高度裁量的理由不尽相同

根据费兹格纳德（Marian FitzGerald）的见解，当警察接到第三人的举报情报时实施的盘查，裁量余地很小，属于“低度裁量”（low discretion）。而更多是基于警察自己的判断而实施的盘查，往往裁量余地很大，属于“高度裁量”（high discretion）。[1]图 6-4 显示了在伦敦 1998 年 4 月到 12 月间，图 6-5 显示了 1999 年 7 月份，几个警察分局中上述两种类型的盘查各占的比例。上述两种裁量的理由是有差别的。

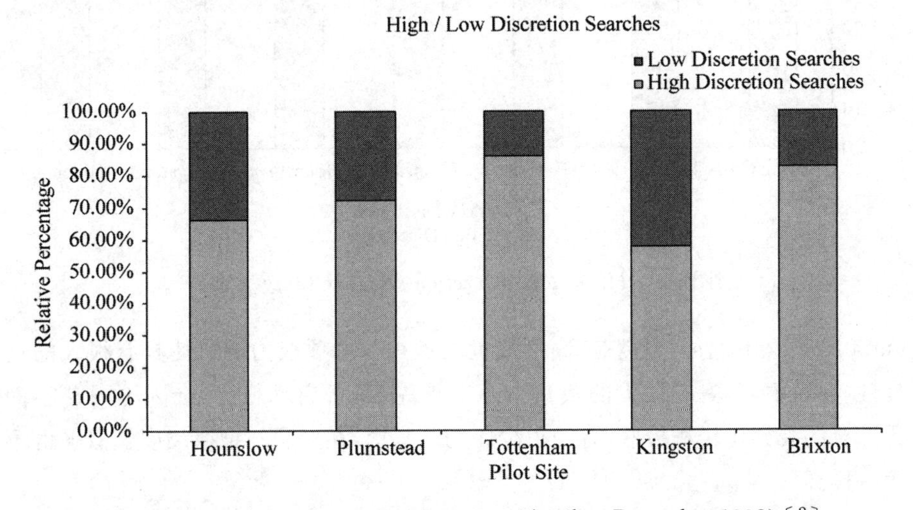

图 6-4　*High/Low Discretion Searches*（April to December 1998）[2]

在东萨塞克斯郡（East Sussex），警察局局长卡里兹（Paul Curits）认为，在“低度裁量的盘查”（low discretion searches）时，警察盘查的理由主要是：①接到案件的报警，通常是报警电话（cab call）；②接到非警察机关来源的情报，比如，某市民举报某人携带刀具，或者商店发现有小偷而报警；③先前发生的案件提供的一些关于嫌疑人的信息或情报；④专项行动。[3]

但是，由警察个人主动实施的盘查（searches undertaken on the individual

〔1〕 Cf. Fitz Gerald，M.（1999）*Searches in London：Interim evaluation of year one of a programme of action*. London：MPS.

〔2〕 图引自 Fitz Gerald，M.（1999）*Searches in London：Interim evaluation of year one of a programme of action*. London：MPS.

〔3〕 Ibid.

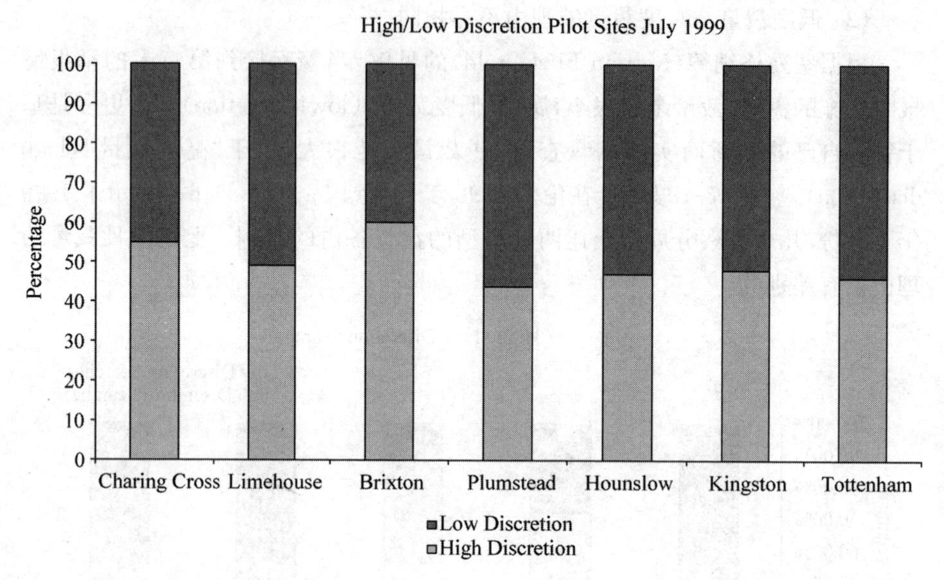

图 6-5 *High/low discretion searches* (July 1999)

initiative of officers),也就是"高度裁量的盘查",这项权力的行使具有很大的选择性(selective),具有很大的裁量余地。首先,是否启动权力,会因不同警察而异。有的警察比较积极些,有的很少使用。其次,在经验与把握尺度上似乎也不太一样。

举一个例子。通常从警察的盘查经验看,容易被警察盘查的对象是那些在辖区挂了号的"重点人口"(prominent nominals)或者"扩大人口"(development nominals)。[1]比如,警察曾盘查一辆车子,发现车内两个人携带有毒品。后来,又见到这辆车,警察就又实施盘查,但没有发现什么。或许,这种没有合理事实根据(evidence of "reasonable grounds")的盘查容易引起质疑,因为一次违法不等于终身违法。但是,警察认为,尽管这些人上次被抓到时曾信誓旦旦,表示洗手不干了,但是,从他们开车来的地方、去的地方,以及他们开设的公司性质,警

---

〔1〕"重点人口"(prominent nominals)是那些在当地已被作为犯罪嫌疑人而监控的人(individuals who are currently under surveillance as the main crime suspects in the area),"扩大人口"(development nominals)是那些已进入怀疑范围而还没有作为重点怀疑对象的人(those have entered the same frame of suspicion but are not as central to it)。Cf. FitzGerald, M. (1999) *Searches in London: Interim evaluation of year one of a programme of action*. London: MPS.

察觉得他们很可能携有毒品。[1]

但是，也有的警察采取了更加慎重的态度，认为："即使你知道他是个毒贩，因为你曾抓过他六回；你也发现凌晨3点他站在那儿，所有商店都还没开了；他在等着交易。但是，这些还不足以让你有理由去检查他。"(You know he's a drugs dealer because you've arrested him six times; you know why he's standing there at 3 o'clock in the morning when nothing's open: he's waiting for a deal to go down. But those aren't really enough grounds for searching him.)[2]

3. 我国实践的解读

我国没有对"有违法犯罪嫌疑"或者"形迹可疑"的官方权威性解释。从现有文献看，学者对它们的阐释基本上是借鉴了美国的标准。警方对此的回答往往是："根据经验和感觉。"那么，警察在实践中的经验与感觉是什么呢？

孟璞曾做了一个很有意思的观察，她暗中观察警察在北京火车站对进站旅客的当场盘查情况，并辅以访谈。[3]可惜的是，她一个人又观察、又记录，难免手忙脚乱、顾此失彼，统计的结果也不算精确。我根据她的描述大致绘制了以下表格(表6-8)。

从中，我们发现：①警察盘查的对象多为成年男性，一般不拦女性、老人和未成年人，这或许是潜意识中对犯罪多发群体的基本特征的认识——年轻、男性；②一般不拦停戴眼镜(墨镜)者，这或许是对素养高低的一种朴素认识；③"避着警察走的人一定会拦"，这是典型的"有违法犯罪嫌疑"或"形迹可疑"。[4]

---

[1] Cf. FitzGerald, M. (1999) *Searches in London: Interim evaluation of year one of a programme of action*. London: MPS.

[2] Ibid.

[3] 孟璞：《警察的当场盘查》，清华大学法学院法律硕士学位论文，2007。在我看来，孟璞选择在"五一"期间、民工客流高峰"春运"期间以及重大政治事件"两会"期间所做的观察，不是很理想。因为，严格地讲，她所见到的警察"盘查"很难说是一种严格意义上的盘查，或者狭义上的盘查。警察的盘问、核查身份证等，很难说完全是因为觉得被拦停的旅客具有"违法犯罪嫌疑"，不排除很大程度上是随机的抽查，是一种例行检查。当然，从中，也的确能够观察和发现警察在"有意"与"随机"之间透出的一些规律性的东西。

[4] 类似的情况在丹麦也有，比如，"那人看到我们(警察)站在出口，就扭转身，想从另一个出口出去"或者"那人看到我们站在出口，他直勾勾地看着我们，继续向我们这方向走过来"，这些都构成合理怀疑。余凌云：《警察行政权力的规范与救济——警察行政法若干前沿性问题研究》，287页以下，北京，中国人民公安大学出版社，2002。

表 6-8　北京火车站对进站旅客的当场盘查情况

观察时间	旅伴人数		性别		行李		被盘查人反应	
	两人以上(组)	单身(人)	男	女	拉杆箱、编织袋等大件行李	背包等小件行李	不满	配合
2006年5月4日16:10—16:55	46	77	被拦停的均为男性	没有专门针对女性和未成年人的拦停	45	71	有2名男性旅客抱怨耽误时间。另外有一次比较激烈的冲突	绝大多数
2007年2月7日11:30—11:44	12	14	—	—	7	19	无	全部
2007年3月13日16:15—17:00	16	67	—	2	21	71	无	全部

注:“—”表示不清。

上述③是平淡无奇的,是被访谈的警察随口举出的一个例子。孟璞也没有发现或者阐释清楚“有违法犯罪嫌疑”或者“形迹可疑”的一般判断尺度。我在阅读大量的有关警察盘查的论文、报道中,也只是找到了一些零散的经验,比如,有人(包括受害人)举报、外貌酷似通缉犯、行驶的出租车里扔出一个钱包、车辆停放在前不着村后不着店的地方、当事人神色紧张、深夜推车而不骑车,等等。[1]

上述①②是一个很有意思的发现。以往,我们可能更多地关注“什么是形迹可疑”“怎样算是有违法犯罪嫌疑”,关注如何阐释这些概念,而忽视了警察一般更加偏好从哪些群体中发现上述嫌疑。警察的选择性偏好也会产生法律问题

〔1〕《执法花絮》,载《法律与生活》,1999(4)。杨小宁:《如何认定“形迹可疑型自首”》,http://www.chinacourt.org/html/article/200303/03/40424.shtml,2010年8月6日最后访问。

的。比如,①②两点结合起来,很容易锁定进城务工的农民工,事实上后者被盘查的概率也相对高些,这是否意味着我们在骨子里就渗透着对农民工的歧视呢?[1]当然,概率高,并不必然等于歧视,是否歧视,还必须看警察部门能否用合理的因素(legitimate factors)来解释这种高概率。[2]

孟璞还提出了一个很有意思的问题。她观察发现,平均一个小时内两名负责盘查的警察至少要拦停 120 名旅客,那意味着,警察用来确定一名公民是否有违法犯罪嫌疑的只有一分钟。因此,她质疑道:“在如此短的时间内即确认一名公民有违法犯罪嫌疑,其谨慎程度很令人怀疑。而且,如果每一名被盘查人都是‘有违法犯罪嫌疑的人’,那么,粗略估计一天内至少有数千名‘有违法犯罪嫌疑的人’进入北京站。这一结论,以一般的常识考量,是很难让人信服的。”由此,她得出结论是“警察对当场盘查对象的确定具有极大任意性。”[3]在我看来,对“有违法犯罪嫌疑”的估算,是不能以时间长短为限的,有时可能瞬间完成。

刘小荣教授将“疑点”详细分为身份疑点、行为疑点、携物疑点、痕迹疑点、时(空)事疑点、关系疑点等六种,并进一步归为两类,一是“偶然性疑点”,就是“某些带有复杂的偶然性因数的表象性疑点。这类疑点不能说明嫌疑人一定就有违法犯罪行为,因此不能把这类偶然性疑点当成实行治安盘查的必然根据”“只要实施一般性的询问即可,不一定非要强制盘查”。另一类是“必然性疑点”,就是“盘查对象无法自圆其说、不能合理解释其原因的一些疑点”。这类疑点“与违法犯罪行为有着非常密切的联系,是治安盘查的主要事实根据”“要实施严格的治安盘查程序,具有强制盘查的性质”。[4]

我国台湾地区是以危害为标准,区分对场所和对人的盘查临检,对场所的临检以“已发生危害或依客观、合理判断易生危害”为要件,对人的临检须以“有相当理由足以认其行为已构成或将发生危害”为要件。李震山教授以德国法为知

---

〔1〕 同样的担忧美国也一直存在,“合理怀疑”标准的不确定,会不会加剧种族歧视? 毫无疑问,处于一般经济收入之下的少数民族,与白人相比,可能更多的生活在潜在犯罪的地区,也更可能遭到盘查。Cf. Russell L. Weaver, “*Investigation and Discretion: The Terry Revolution at Forty(Almost)*” (2004—2005) 109 *Penn State Law Review* 1215.

〔2〕 英国也是持类似观点。Cf. Home Office, Stop & Search Manual, p.32. *www.thamesvalley.police.uk/news_info/freedom/policies_procedures/pdf/stopandsearch_intermanual.pdf*。

〔3〕 孟璞:《警察的当场盘查》,清华大学法学院法律硕士学位论文,2007。

〔4〕 刘小荣:《治安盘查对象的识别与接近》,载《云南警官学院学报》,2016(1)。

识背景,将“危害”具体阐述为以下两点:[1]

一是防止具体危害。这是常态。具体危害是指“在具体案件中之行为或状况,依一般生活经验客观判断,预料短期内极可能形成伤害(Schaden)的一般状况(Zustand)”。因此,案件必须具体,危害发生需有不可迟延性(Unaufschiebbarkeit)、可能性(Wahrscheinlichkeit)及伤害性,具体危害要件方能构成,警察盘查权之发动才有依据。

二是防止潜在危害。这是例外,需要警察极其克制,符合比例要求。具体包括以下情形:

(1) 对滞留于“易生危害地点”之人,可以实施盘查。理由是,这些人尽管未必就会制造“具体危害”,但是,由于该地点产生危害的可能性大,警察权若不及时介入,恐怕贻误时机。因此,在德国,警察可以实施集体盘查(Razzia),也就是说,警察可以暂时封锁某地,集体对滞留于该地的人进行盘查。[2]

(2) 对“易遭危害地点”(an gefährdeten Orten)进行盘查。所谓易遭危害的地点,主要指交通设施、重要民生必需品生产储存设施、大众交通工具、政府办公大楼等。当有人滞留在上述标的物之内或者附近,有事实足以认为,其将实施犯罪,且将危及该地点的物或人时,警察才能行使盘查权。

(3) 对通过管制站(Kontrollstelle)的人进行盘查。比如,在德国,在游行人群尚未聚集前,可以设立管制站,通过盘查防止其携带武器或者器械参加游行。[3]

4. 初步的结论

无论是美国的经验,还是我国的实践,一个共同点就是,对“合理怀疑”或者

---

〔1〕 李震山:《论警察盘查权与人身自由之保障》,载《警察法学创刊号》,台北,“内政部警察法学研究中心暨内政部警政署”出版,2003。

〔2〕 Vgl. Rasch, Allgemeines Polizei- und Ordnungsrecht, 2. Aufl., 1982, Rdnr.9 zu §10ME; W. Hoffmann, a.a.O., DVBl 1967, S.755; VG Berlin vom 10.2.1971, DÖV 1972, S.103; Schwan, a.a.O., AöR 102 S.245; Begriff der Razzia, siehe Schmalhausen, Die Razzia, S.1f. Rachor, a.a.O., F Rdnr.213.德国 Berlin, Hamburg, Hessen, Saarland 及 Schleswig-Holstein 诸邦并无此类规定,他们适用所谓“概括条款”(Generalklausel),但引起极多争议,Nordrhein-Westfalen 则将“卖淫之地”排除在外。转自李震山:《论警察盘查权与人身自由之保障》,载《警察法学创刊号》,台北,“内政部警察法学研究中心暨内政部警政署”出版,2003。

〔3〕 德国 Bayern 邦警察法完全接纳此规定。Baden-Württemberg 则不只限于“管制站”,而扩及“管制区”,Nordrhein-Westfalen 则另外加入国境出入站,其他各邦则以概括条款为依据。转自李震山:《论警察盘查权与人身自由之保障》,载《警察法学创刊号》,台北,“内政部警察法学研究中心暨内政部警政署”出版,2003。

“有违法犯罪嫌疑”的实践解读，完全是建立在经验之上，是通过警察对若干客观事实或者情节的体察与感觉，作出一种推测和判断。也就是说，要实施有效的盘查，警察必须根据其经验作出特定的、清晰的、合理的推论，能够合理地推导出犯罪正在进行之中。(In making a valid stop, the police officer must have reasonably concluded that criminal activity was afoot, based on specific, articulable and reasonable inferences which he drew from his experience.)〔1〕

那么，怎样让这些经验固定下来，让这些不确定法律概念获得确定性呢？路径有三：一是立法解释；二是法院判例；三是指南、手册和裁量基准。这些路径都有着经验基础。美国人没有做立法的解释，也几乎没有制定什么执行性的行政规则，〔2〕但是，在判例中却形成了一定的解释格式。英国更进一步，做了立法解释。

形成鲜明对比的是，在我国，无论是在立法上，还是内部规则上都很难找到类似的解释。比如，在我收集到的《四川省公安机关留置盘问规定》《浙江省公安机关实施留置规定》中，也没有对上述不确定法律概念作出具体解释。这也再一次验证了我的上述看法。

假如对“有违法犯罪嫌疑”缺少解释，这意味着它是一个没有确定标准与规范约束的概念，意味着我们还没有建立起足以规范自由裁量权行使的具体逻辑结构。因此，人们有理由担心，警察总能找到“合理理由”。〔3〕在打击违法犯罪与

---

〔1〕 Cf. Kimberly A. Lincoln, “*Stop and Frisk: Search and Seizure on Less Than Probable Cause*” (1989) 32 *Howard Law Journal* 237.

〔2〕 Fyfe 就说：“在 1968 年，甚至至今(1998 年)，我都怀疑，警察对拦截、盘问和拍击检查的裁量，在很大程度上不是由行政规则(administrative rules)来控制的。”惟一的例外，就是一本具有百年历史的执法手册——*Meriden Police Guide and Reference Book* (B. R. Debbs ed., Bridgeport, Marigold Printing 1895)，其中对盘查有所规定。后来，一本手册，即 *the Manual of the Commission on Accreditation for Law Enforcement Agencies, Inc.*规定了一些标准和注释，但仍有很大想象空间，而且多是选择性(optional)，而非强制性的(mandatory)。Cf. James J. Fyfe, Terry: a[n Ex-] Cop's View, (1998) 72*St. John's Law Review* 1236～1237, and footnote 11.

〔3〕 丹麦就有一个例子，很说明问题。有一个毒品贩卖地 Christiania，那里的人深受警察盘查的骚扰，他们成立了一个 christiania 权利组织(CA Rights Group)，写出问卷，让那些自称被警察无理搜查的人来填。这就可以由律师来对警察无根据实施的执法措施所造成的损害要求赔偿诉讼。以往的经历表明，控告没用，因为警察总能找到“怀疑的理由”，然后指控他违法，以便根据司法行政法实施搜查。余凌云：《警察行政权力的规范与救济——警察行政法若干前沿性问题研究》，287 页以下，北京，中国人民公安大学出版社，2002。

保护个人利益之间,人们也常会偏向政府一方。[1]更大的忧虑在于,一旦与任务指标等利益驱动挂上钩,一旦牵涉到对身份、地域,甚至穿着、相貌的歧视心理,盘查的对象范围就会被以“经验”为由随意扩大、扭曲。[2]

当然,我也承认,英国和美国的实践,无论是立法还是判例上的解释,在确定性之下还潜流着相当的不确定。实践的把握也存在着流动的尺度,甚至是截然相反的判断。所以,立法解释只是让不确定法律概念获得了相对的确定性,而不可能彻底根除不确定概念的不确定性。实践与解释之间仍然存在着相当的缝隙。实践仍然存在着因个案而异,因情境而异,甚至因人而异。我们甚至可以很极端地说,不确定概念本身就很难提炼成一个系统周延的理论表述。换句话说,对于不确定法律概念,一般的解释技术,或许,还无法把不确定因素变成一个个固定的常量,而只能获得相对的确定结构。

但是,这不意味着我们不能把相对的确定性再往前推进一步。我们从美国人的研究中读出了这种技术,就是通过大量的案例与点评,勾画出虚虚实实、错落有致的、能够为法院所允许的裁量结构与边际,形成一个尽管不是很清晰、但却颇为感性的认识轮廓(profile),培养出一种对标准认识渐趋客观一致的潜意识。这可以使不确定法律概念获得进一步的确定性。Steve Saltzburg 就说,(美国的)*Terry* 本身并不完美,但是,历时经年,法院使它变得在实践上完美了(*Terry* itself may not have been perfect, but, over time, the court has made it “practically perfect”)。[3]这种案例解读的技术,可以作为裁量基准的一种辅助性工具。[4]

这种通过法院判例形成的确定性模式,也完全可以援用到行政过程中。在行政机关内部通过遴选和编辑以往盘查的相关案例,主动赋予其类似于法院判

---

[1] 警察盘查,多是为了防止走私、毒品、非法移民、打击犯罪,政府的利益常较为明显、具体、突出。反之,人民的利益只有一项,即隐私或自由。在两者发生冲突时,人们常会偏向支持政府。王兆鹏:《路检、盘查与人权》,105~106 页,台北,元照出版有限公司,2003。

[2] 何帆:《警察盘查,有理还是没理?》,http://biz.163.com/05/0531/11/1L3153HN00021EL8.html,2010 年 8 月 6 日最后访问。

[3] Cf. Steven A. Saltzburg, “*Terry v. Ohio: A Practically Perfect Doctrine*”, (1998) 72 *ST. John's L. Rev* 911. Cited from Daniel Richman, The Process of Terry-Lawmaking, *ST. John's Law Review*, 72 (1998), p.1043.

[4] 据我的观察,我国实践部门也会编辑一些案例,却多是作为一种培训教材或者法制宣传,很少把它当成一种裁量基准形式,当作一种规范。

例的拘束效果与规范功能，要求执法人员阅读、学习与实践。

五、盘查的程序、监督与救济

1. 程序环节

对盘查的控制，主要通过程序来完成。这是盘查的随机性、及时性、合成性等属性使然。一方面，要充分发挥程序对相对人权益的保障作用；另一方面，程序也不能过于烦琐、影响行政效率，包括法律文书亦是如此。

以下，我将逐一梳理、分析每个主要程序环节。这种梳理虽然以现行法律为依托，但是，又在比较借鉴的基础上有所拓展。

（1）发现盘查对象

人民警察在执行追捕逃犯、侦查案件、巡逻值勤、维护公共场所治安秩序、现场调查等职务活动中，对形迹可疑、有违法犯罪嫌疑的人员，有权当场盘问、检查。

当场盘问与检查强调机动性，随时随地都可能实施，就像口头传唤，任何事前的审批都是不可行的，都是不切合实际的。最有力的控制就是明确启动盘查的条件，并对其做比较详细的解释、界定与要求。

简而言之，在发动盘查权的时候，警察必须有合理的理由，也就是要有一定的证据，基于若干因素判断，认为被盘查人具有上述嫌疑，比如，外貌形象上酷似被通缉人员，而绝对不能是纯粹基于主观任意的判断，武断地选择盘查对象。否则，会产生法律责任问题，而且，从长远看，也会造成社区失去对警察的信赖。〔1〕这种“合理理由”的要求有助于防止滥用权力，提升公信力(This helps prevent abuses of power and increases public confidence)。〔2〕

（2）表明执法身份

穿着制服的警察可以当场实施盘问、检查。未着制服的便衣警察在盘查前应向被盘查人出示执法证件，以避免发生不必要的误会和抵抗。

---

〔1〕 Cf. Jack English & Richard Card, *Butterworths Police Law*, Butterworths, 1999, p.38.

〔2〕 Cf. Home Office, *Stop & Search Manual*, p.17. www.thamesvalley.police.uk/news_info/freedom/policies_procedures/pdf/stopandsearch_intermanual.pdf.

上述要求体现在《公安机关人民警察盘查规范》(2008年)第4条之规定。[1]但对于该条规定,我认为,口头告知是没有问题的,但是,启动盘查时"向被盘查人敬礼"则属多余,尤其在盘查有暴力倾向的嫌疑人时,多余的动作意味着危险。

(3) 拦停、盘问、检查

① 拦停

在实施盘查时,应先拦停。尽管我国法律之中没有明确规定拦停,但这是蕴含在盘问、检查之中的,是实施盘问、检查的必要前提。

拦停究竟应如何实施?尤其是当被拦停人拒绝停下接受询问,警察能否使用实力?对此,日本的观点比较复杂,有三种见解:一是拦停绝对不可出于实力;二是拦停可以出于实力;三是拦停可以出于实力,但不得达到强制程度。其中,多以第三种为通说。[2]究其原因,在我看来,是因为在日本,拦停不仅适用嫌疑人,也适用知情人或第三人,所以,力度不宜过高。但要在实践中把握好实力与强制之间的区别分寸,难度极大。在我看来,上述见解没有引入的价值。我主张,如果被盘查人拒绝停下来接受盘问,警察可以适当采取挡住去路、拉住或者其他方式强制其停留接受盘问。

拦停的地点选择,应当选择光线比较好、场地开阔、有依托或者容易得到支援的场地或者道路等。

② 盘问

盘问(question),包括询问被盘查人的姓名、职业、住址等基本信息,以及与疑点有关的问题,看被盘查人能否对被怀疑点给出合理的解释。如果能,那么检查(search)将不再进行,并以尊重被调查人的方式立即结束盘查。[3]但是,不得询问与怀疑无关的问题。

---

〔1〕 该条规定:"民警执行盘查任务时,应当着制式服装;未着制式服装的,应当出示人民警察证;应当向被盘查人敬礼并告知:'我是××(单位)民警,现依法对你进行检查,请你配合。'经盘查排除犯罪嫌疑的,民警应当向被盘查人敬礼,并说'谢谢你的合作',礼貌让其离去。"

〔2〕 朱金池、洪文玲等:《各国警察临检制度比较》,103~104页,台北,五南图书出版股份有限公司,2002。

〔3〕 在英国,拦停(stopped)并不意味着一定要检查(search)。如果不需要检查,就要立即停止盘查,并注意彼此尊重(mutual respect)。Cf. Home Office, *Stop & Search Manual*, p.28. www.thamesvalley.police.uk/news_info/freedom/policies_procedures/pdf/stopandsearch_intermanual.pdf.

根据《公安机关人民警察盘查规范》(2008年)第7条、第8条规定,警察在盘问可疑人员时,应当遵守下列规定:(一)与被盘查人保持适当的距离,尽量让其背对开阔的场地;(二)对有一定危险性的违法犯罪嫌疑人,先将其控制并进行检查,确认无危险后方可实施盘问;(三)盘问时由一人主问,其他人员负责警戒,防止被盘查人或者同伙的袭击。盘查多名可疑人员时,民警应当责令所有被盘查人背对开阔场地,并实施控制后,分别进行盘查。当盘查警力不足以有效控制被盘查人时,应当维持控制状态,立即报告,请求支援。

根据《公安机关人民警察盘查规范》(2008年)第9条规定,警察在查验身份时,应当先查验身份证件并遵守下列规定:(一)查验证件防伪暗记和标识,判定证件真伪;(二)查验证件内容,进行人、证对照;(三)注意被盘查人的反应,视具体情况让持证人自述证件内容,边问边查;(四)通过身份证识别仪器或者公安信息系统进行核对。

如果被盘查人不能给出合理解释,无法解除警察的怀疑,警察将进行检查。检查有多种目的,比如,为查缉通缉物品,发现违禁物品,或者为解除警察对自身安全的顾虑,等等。检查的范围应当仅限于盘查所涉及的范围,比如,随身携带的物品、当时乘坐的车辆、盘查所涉及的场所等。

当然,如果警察有合理理由怀疑被盘查人携带枪械或者危险物品,随时可能袭击警察,〔1〕也可以立刻实施检查,然后盘问;或者边检查、边盘问。

那么,如何判断警察自身安全受到威胁,应当立即实施检查呢?纽约的一个政策做了比较详细的解释,主要应考虑以下几点:第一,违法犯罪嫌疑的性质,是否涉及暴力或者涉枪;第二,警察是否有援手,以及嫌疑人的人数;第三,盘查的时间,是白天还是夜晚;第四,已掌握的嫌疑人前科和名声;第五,嫌疑人的身手似乎敏捷,衣服内可能藏有武器。如果警察根据上述因素判断受到了威胁,就可以马上实施拍击检查(frisk)。在检查时,如果嫌疑人携带的手提箱、手包或袋子中可能藏有武器,警察不要直接打开,而应命令嫌疑人将上述手提箱、手包或袋子放到其够不着的地方,以确保这些物品无法构成对警察的即刻威胁。〔2〕

---

〔1〕据说,在悉尼,警察盘查时,如果不是要逮捕,不能拍击检查(frisk)。实践中因此导致很多警察被刺。Cf. James J. Fyfe, Terry: a[n Ex-] Cop's View, (1998) 72*St. John's Law Review* 1232.

〔2〕Cf. James J. Fyfe, Terry: a[n Ex-] Cop's View, (1998) 72*St. John's Law Review* 1234～1235.

③ 检查

在实施检查前,一般应告知被检查人检查的目的(the object of the search)。[1]检查包括对被盘查人的人身检查和对其携带物品的检查。发现违禁物品,可以当场收缴。发现嫌疑物品,可以当场扣押。遇到被盘查人抗拒,可以强制实施检查。

根据《公安机关人民警察盘查规范》(2008年)第11条规定,对可疑人员进行人身检查时,应当遵守下列规定:(一)有效控制被检查的嫌疑对象,在警戒人员的掩护下对其进行检查,防止自身受到攻击和伤害;(二)对女性进行人身检查,应当由女性工作人员进行,可能危及检查民警人身安全或者直接危害公共安全的除外;(三)对拒绝接受检查的,民警可依法将其带回公安机关继续盘问;(四)对可能携带凶器、武器和爆炸物品的违法犯罪嫌疑人检查时,应当先检查其有无凶器、武器和爆炸物品,如有,则应当当场予以扣押,必要时,可以先依法使用约束性警械,然后进行检查;(五)责令被检查人伸开双臂高举过头,面向墙、车等,扶墙或者扶车站立,双脚分开尽量后移,民警站于其身后并将一只脚置于其双脚中间,迅速从被检查人的双手开始向下对衣领及身体各部位进行检查,特别注意腋下、腰部、裆部及双腿内侧等可能藏匿凶器或则武器的部位;(六)当盘查对象有异常举动时,民警应当及时发出警告,命令其停止动作并做好自身防范,可以依法视情使用警棍、催泪喷雾及武器予以制止。

根据《公安机关人民警察盘查规范》(2008年)第13条规定,对可疑物品进行检查时,应当遵守下列规定:(一)责令被检查人将物品放在适当位置,不得让其自行翻拿;(二)由一名民警负责检查物品,其他民警负责监控被检查人;(三)开启箱包时应当仔细观察,注意避免接触有毒、爆炸、腐蚀、放射等危险物品;(四)按照自上而下顺序拿取物品,不得掏底取物或者将物品直接倒出;(五)对有声、有味的物品,应当谨慎拿取;(六)发现毒害性、爆炸性、腐蚀性、放射性或者传染病病原体等危险物质时,应当立即疏散现场人员,设置隔离带,封锁现场,及时报告,由专业人员进行排除;(七)对于需没收或者扣押的各类违禁

---

[1] 英国的警察和刑事证据法(*the Police and Criminal Evidence Act* 1984, s2)以及盘查令(*Codes of Practice A*, *stop and search*, para 2)也要求告知检查目的。甚至在可预见的暴力和阻止恐怖活动中的盘查实施之后,被盘查人在一定期限内提出请求,警察还必须书面说明。Cf. Alex Carroll, *Constitutional & Administrative Law*, Financial Times Professional Limited, 1998, p.329. Cf. Jack English & Richard Card, op. Cit., pp.35~37.

物品，应当会同在场见证人和被扣押物品持有人查点清楚，当场开列清单，及时上交有关部门；（八）避免损坏或者遗失财物。

根据《公安机关人民警察盘查规范》（2008年）第14条规定，对可疑车辆进行检查时，应当遵守下列规定：（一）对行进中的车辆进行拦截检查时，应当手持停车标志牌或者放置停车标志，在被检查车辆前方向其作出明确的停车示意；（二）责令驾驶员将车辆熄火，拉紧手制动，将双手放在方向盘上，确认安全后拉开车门责令其下车，必要时应当暂时收存车钥匙；（三）对人员进行检查并予以控制；（四）查验身份证、驾驶证、行驶证、和车辆牌照，条件允许情况下，通过公安信息查询系统进行查询比对；（五）观察车辆外观、锁具和内部装置；（六）检查车载货物和车内物品；（七）如驾驶员拒检逃逸，应当立即报告，请求部署堵截、追缉。

在拦停、盘问与检查中要注意以下几点：第一，被盘查人的尊严与隐私至关重要，注意采用恰当的语言和方式。比如，如果条件许可，可以先征求被盘查人同意，再对其人身、物品实施检查。[1]第二，要时刻注意自身与他人的安全。[2]第三，在实施过程中，应尽可能取得被盘查人的协助和配合，只有在被盘查人不愿意配合时，才可以使用强制力，强制盘查。第四，要尽快实施完成拦停、盘问与检查。因为有后续的继续盘问手段，如果需要，可以立即转为继续盘问。在拦停、盘问和检查阶段耽搁时间太久，会使得总体限制被盘查人的时间变得过长，变得不能容忍。

（4）继续盘问

① 对象

经盘问、检查，发现以下四种情形，可以继续盘问：一是被指控有犯罪行为的；二是有现场作案嫌疑的；三是有作案嫌疑身份不明的；四是携带的物品有可能是赃物的。

---

〔1〕在英国一些警察部队中，征求被盘查人同意的检查，被视为商谈式警务的一个重要元素（consent searches were viewed as an important element in policing through negotiation）。Cf. Paul Quinton & Nick Bland, "*Modernising the Tactic: Improving the Use of Stop and Search*", in A Publication of the Policing and Reducing Crime Unit Home Office Research, Development and Statistics Directorate 4th Floor Clive House Petty France London SW1H 9HD, November 1999.

〔2〕这是英国在盘查中非常强调的。Cf. Home Office, *Stop & Search Manual*, p.29. www.thamesvalley.police.uk/news_info/freedom/policies_procedures/pdf/stopandsearch_intermanual.pdf.

首先,所谓“被指控有犯罪行为的”,是指有受害人、知情人或者举报人指认,且从指控内容可以初步判断已构成犯罪。如果仅为治安违法,则采取口头传唤,而非留置。所谓“有现场作案嫌疑的”,以及“携带的物品有可能是赃物的”,一般是指被盘查人不能对疑点给出合理的解释,无法消除警察的怀疑,需要进一步盘问。

其次,“有作案嫌疑身份不明的”实际上是两个要件的合成:一是“有作案嫌疑”;二是“身份不明”。因此,对于被盘查人提供的身份证或其他证明文件,警察即使对其真实性有怀疑,并不当然成就继续盘问、留置的要件。必须是以其他方法仍无法查证其身份或者有重大困难时,要件才构成。所谓其他方法,比如,以无线电对话机查询,或利用携带的电脑查询。所谓有重大困难,比如,因此将阻碍交通,或引起太多好奇民众围观,或因当时正下着大雷雨,或者将受到第三人的干扰等。之所以要有这样的严格限制,是因为继续盘问、留置将较长时间约束人身自由,不能不慎重。〔1〕

② 程序

继续盘问要遵守以下程序:

第一,说明理由。可以口头说明理由,必要时以书面形式,由被盘查人签收。

第二,可以强制随行。可以将被盘查人带至当地就近的公安派出所、县(市)公安局或城市公安分局。如果被盘查人拒绝随行,警察可以以体力、帮助物或警械对其实施强制。〔2〕

第三,批准。继续盘问应当经公安派出所所长一级及其以上的领导人员批准。

第四,应当认真听取被盘查人的辩解,努力核实其辩解的真实性。

③ 两个有意义的规定

为了更加有效地控制警察盘查,《公安机关适用继续盘问规定》(2020年)还做了两个十分有意义的规定,进一步明确适用的条件:

首先,明确列举了不得适用继续盘问的对象或者情形(见第9条),包括:(1)有违反治安管理或者犯罪嫌疑,但未经当场盘问、检查的;(2)经过当场盘问、检查,已经排除违反治安管理和犯罪嫌疑的;(3)涉嫌违反治安管理行为的

〔1〕 李震山:《论警察盘查权与人身自由之保障》,载《警察法学创刊号》,台北,“内政部警察法学研究中心暨内政部警政署”出版,2003。

〔2〕 同上。

法定最高处罚为警告、罚款或者其他非限制人身自由的行政处罚的；(4)从其住处、工作地点抓获以及其他应当依法直接适用传唤或者拘传的；(5)已经到公安机关投案自首的；(6)明知其所涉案件已经作为治安案件受理或者已经立为刑事案件的；(7)不属于公安机关管辖的案件或者事件当事人的；(8)患有精神病、急性传染病或者其他严重疾病的。为了防止上述列举不能穷尽，还规定了其他不符合继续盘问的情形，作为开放式条款，与实践对接。这也的确有必要，比如，已经传唤的，就不能接着采取盘查措施。

其次，从人道主义精神出发，对一些特殊群体的继续盘问做了特别规定(见第 10 条)。也就是对于怀孕或者正在哺乳自己不满一周岁婴儿的妇女、不满 16 周岁的未成年人、已满 70 周岁的老年人，可以适用继续盘问，但是，必须在带至公安机关之时起的 4 小时以内盘问完毕，且不得送入候问室；对上述人员在晚上 9 点至次日早上 7 点之间释放的，应当通知其家属或者监护人领回；对身份不明或者没有家属和监护人而无法通知的，应当护送至其住地。

(5) 通知家属义务

韩国在这方面的规定堪称典范。韩国《警察官职务执行法》第 3 条规定，同行时，对于其人之家属或亲友，警察应告知关于同行至警察官署之警察之身份，同行场所、同行目的及理由等之事项，且警察应给予其人即时联络之机会，并告知其获得辩护人助力之权利。[1]

因此，我建议，实践部门对决定继续盘问的，应当立即将盘查的场所通知被盘查人家属。无法查明被盘查人家属的联系方式的，可以不通知，但要在盘查记录中注明。通知会妨碍调查的，也可以不通知。

(6) 继续盘问的时限

《人民警察法》(1995 年)第 9 条第 2 款对继续盘问的时限做了一个原则规定，即对被盘问人的留置时间自带至公安机关之时起不超过 24 小时，在特殊情况下，经县级以上公安机关批准，可以延长至 48 小时。

《公安机关适用继续盘问规定》(2020 年)在此基础上采取分格技术，又分出了一个格次，同时进一步明确了适用条件，规定继续盘问的时限一般为 12 小时；对在 12 小时以内确实难以证实或者排除其违法犯罪嫌疑的，可以延长至 24 小

---

〔1〕 李震山：《论警察盘查权与人身自由之保障》，载《警察法学创刊号》，台北，“内政部警察法学研究中心暨内政部警政署”出版，2003。

时；对不讲真实姓名、住址、身份，且在24小时以内仍不能证实或者排除其违法犯罪嫌疑的，可以延长至48小时。

上述期限的起算，是自有违法犯罪嫌疑的人员被带至公安机关之时起，至被盘问人可以自由离开公安机关之时或者被决定刑事拘留、逮捕、行政拘留、强制戒毒而移交有关监管场所执行之时止，包括呈报和审批继续盘问、延长继续盘问时限、处理决定的时间。对于批准继续盘问的，应当立即通知其家属或者所在单位。对于不批准继续盘问的，应当立即释放被盘问人。

(7) 处理

经继续盘问，公安机关认为对被盘问人需要依法采取刑事拘留或者其他强制措施的，应当在上述期限内作出决定。需要予以治安处罚的，依照有关程序作出治安处罚决定。在上述期限内不能作出决定的，或者发现被盘查人没有违法犯罪问题的，或者难以查清的，应当立即释放当事人。上述处理结果应当告知受害人、扭送人或者举报人。

(8) 记录

盘查应当做好记录，记录可以在盘查结束之后完成。为了不给警察带来太多的文书工作，一方面，公安机关应当设计简洁明了的记录格式，方便警察使用，包括盘查的原因、盘查的时间和地点、警械的使用、处理结果等；另一方面，记录仅适用于需要继续盘问的情形，短暂的当场盘问和检查，随即便告结束，不需要记录。

公安机关应该把这些记录存入数据库，上网备查。这些记录可供内部执法检查，也是行政复议或诉讼的证据。甚至，我们还可以通过对这些记录的信息进行收集、比较和评估，发现一些问题，比如，是否存在对弱势群体、农民工的歧视，哪些是案件多发区域等。[1]

那么，警察能否在盘查中要求留取指纹、照片、血型或DNA数据呢？如果有证据显示被盘查人构成犯罪，警察对其采取刑事强制措施的，可以留取上述资料。但是，如果不构成犯罪，是否可以？实践认识不统一。

---

[1] 在英国，自1999年之后，要对有关盘查的记录进行评估(pilots and evaluation)。而且，警察机构协会(the Association of Police Authorities)还会通过公开咨询(public consultation)，了解公众对盘查措施的支持度。Cf. Home Office, *Stop & Search Manual*, p.16. www.thamesvalley.police.uk/news_info/freedom/policies_procedures/pdf/stopandsearch_intermanual.pdf.

从有关美国警察盘查的一些文献上看，似乎还没有发现这类的肯定性判决。只是在1985年的*Hayes v Florida*案中，法院附带地讨论了这个问题，指出在符合以下三个条件时，警察可以在现场对嫌疑人短暂留置，以取得指纹：(1)警察相信其为犯罪之人已达合理的怀疑程度；(2)有合理的基础相信凭藉指纹可以澄清嫌疑人是否是犯罪之人；(3)"火速地"为指纹按捺。(None of the foregoing implies that a brief detention in the field for the purpose of fingerprinting, where there is only reasonable suspicion not amounting to probable cause, is necessarily impermissible under the Fourth Amendment... There is thus support in our cases for the view that the Fourth Amendment would permit seizures for the purpose of fingerprinting, if there is reasonable suspicion that the suspect has committed a criminal act, if there is a reasonable basis for believing that fingerprinting will establish or negate the suspect's connection with that crime, and if the procedure is carried out with dispatch.)[1]

2. 监督与救济

(1) 监督

首先，为了更加积极地监督警察盘查，我国警察法还引入了督察备案制度，办案单位决定采取留置措施(包括延长留置)，必须在实施后半小时内采用电话、书面、计算机网络等形式报同级公安机关督察部门备案。公安机关督察部门可以采取明察暗访、随机抽查、电话警示等多种方式进行督察。

其次，为了更好地保护被盘查人的合法权益，为其提供及时的临时性救济，应当允许被盘查人或者第三人拨打110报警电话，控告警察滥用盘查权。110报警中心应当立刻指示督察部门派员到现场督察，发现有违法违纪的，立即纠正。

最后，公安机关应当将适用继续盘问的情况纳入执法质量考核评议范围，建立和完善办案责任制度、执法过错责任追究制度及其他内部执法监督制度。但是，在绩效考核中，应该强调的是盘查的质量(quality)、而非数量(quantity)，不应将盘查的数量多少作为绩效评估的参数或者考核的标准。否则，会刺激基层

〔1〕 470 U.S. 811, 817 (1985). 转自王兆鹏：《警察盘查之权限》，载《刑事法杂志》，2001，45(1)。

为追求完成任务指标而滥用盘查权。[1]

(2) 救济

① 在留置场所发生的损害,公安机关是否有责任?为什么?

在继续盘问、留置期间,出现被盘查人伤残、死亡的,不论是自己主动实施的、还是他人所致,公安机关均应当承担责任。理由是,被盘查人并非出于自愿,而是因国家强制力而被迫停留在特定的场所,其人身自由受到拘束,公安机关因此也负有妥善看管义务,必须尽到注意义务。在此特殊场所与时限内发生的损害,公安机关难辞其咎,应当承担国家赔偿责任。

当然,如果能够证明上述损害是第三人所致,则由第三人承担赔偿责任,失职的警察应受行政处分或者刑事处罚。如果第三人无法承担或者无法完全承担赔偿责任,应当由公安机关承担责任或者填补其中不足的部分。之所以如此,是因为在特定的场所,由于公安机关未尽注意义务,不能及时预防或者制止第三人侵权,因此,应当承担相应的责任。如果能够证明是被盘查人自己所致,公安机关应当承担及时送去救治的责任,并适当承担医疗费用。

② 违法盘查、留置的责任。

由于盘查、留置在很短的时间内即告完成(最长不超过 48 小时),因此,一般来说,被盘查人无法诉诸行政复议或者诉讼,通过撤销盘查决定或者停止执行等方式及时寻求救济,只能事后要求确认盘查违法以及国家赔偿。

③ 合法盘查造成被盘查人的损失,是否有责任?

首先,从实践上看,合法盘查尽管可能会给被盘查人造成窘迫、不安、惶恐、不愉,但一般通过规范执法、文明语言可以消除。其次,如果合法盘查给被盘查人造成了实际损失,比如,因为接受检查、盘问而耽误了航班、车次,公安机关应当予以补偿。补偿方式可以多样,比如,为其安排下一个航班或者车次,标准不低于当事人自己订购的标准;或者直接用金钱补偿。最后,盘查毕竟是强制措施,在依法行使过程中,对于当事人的抵抗,警察可以使用合理的强制力予以排除,由此造成的损害,公安机关不承担国家赔偿责任,但应当履行人道主义义务,及时将当事人送去救治。

---

[1] 在英国的实证研究中,已经对这个问题有所警觉。Cf. Paul Quinton & Nick Bland, "*Modernising the Tactic: Improving the Use of Stop and Search*", in A Publication of the Policing and Reducing Crime Unit Home Office Research, Development and Statistics Directorate 4th Floor Clive House Petty France London SW1H 9HD, November 1999.

3. 汲取英国的经验

在秩序紊乱威胁(a threat of public disorder)或者阻止恐怖活动(prevent acts of terrorism)情况下如何实施盘查?《人民警察法》(2012年)没有规定。以下,我们介绍英国的经验。

这类盘查在英国主要由《反恐法》(*the Terrorism Act* 2000)和《刑事正义与公共秩序法》(*the Criminal Justice and Public Order Act* 1994)规定,是一种不基于合理怀疑的盘查(Searches not based on reasonable suspicion),是非常态的盘查。

(1)《刑事正义与公共秩序法》规定的盘查

《刑事正义与公共秩序法》(*the Criminal Justice and Public Order Act* 1994)第60节(section 60)规定的盘查,主要适用于打击足球流氓(football hooliganism)、团伙斗殴(gang fights)以及公共秩序紊乱(public disorder)等。在这里,需要说明的是:

第一,盘查不基于合理怀疑,不等于说不要任何理由,而应该是建立在情报(intelligence)或者相关信息(relevant information)基础上,比如,有情报表明在特定群体之间发生暴力,在某区域持刀抢劫案件数量显著上升,等等。所以,启动这类盘查的前提,一般是要获得有关这方面的情报,比如正式的简报(formal briefings)。

第二,应当向执行盘查任务的警察提供有关违法嫌疑人情况的情报,并依据有关情报确定实施盘查的条件。如果时间允许,还应向有关社区公布实施盘查的通告,以取得社区的支持与理解。

第三,时限24小时。该时限不是我们所说的对当事人的限制人身自由时间,而是这种措施持续执行的时间。如果已经出现了或者怀疑已经出现暴力或者携带危险物品、非法武器,需要进一步采取行动,经警察局局长批准,可以再延长24小时。

我们可以直接引用图6-6[1]来直观地了解整个程序的流程。

---

〔1〕 Cited from, Home Office, *Stop & Search Manual*, p.20.www.thamesvalley.police.uk/news_info/freedom/policies_procedures/pdf/stopandsearch_intermanual.pdf.

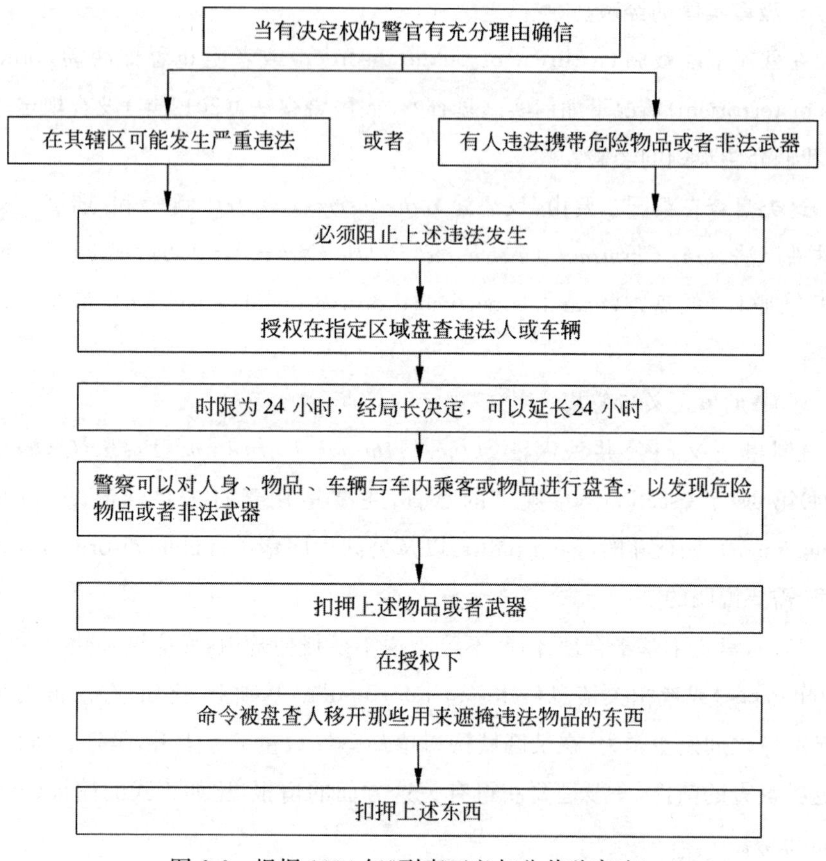

图 6-6　根据 1994 年《刑事正义与公共秩序法》(*Criminal Justice and Public Order Act* 1994)第 60 节实施的盘查

(2)《反恐法》规定的盘查

《反恐法》(*the Terrorism Act* 2000)第 44 节(section 44)规定,不论是否有怀疑的理由,警察均可以对车辆、司机、乘客以及行人进行盘查,以发现是否存在用于恐怖活动的物品。需要说明以下几点。[1]

第一,第 44 节是应对高度威胁(a heightened threat),必须建立在有关情报、信息和对国家安全威胁的评估之上。情报越具体、精确,目标就越能锁定,行动

[1] Cf. "*Interim Practice Advice on Stop and Search in Relation to the Terrorism Act* 2000", Produced on behalf of the Association of Chief Police Officers by the National Centre for Policing Excellence, 2005, pp.6、10、15、17～18.

也就越加有针对性(见图6-7)。必须确保该权力的发动是必要的、合比例的、合法的。

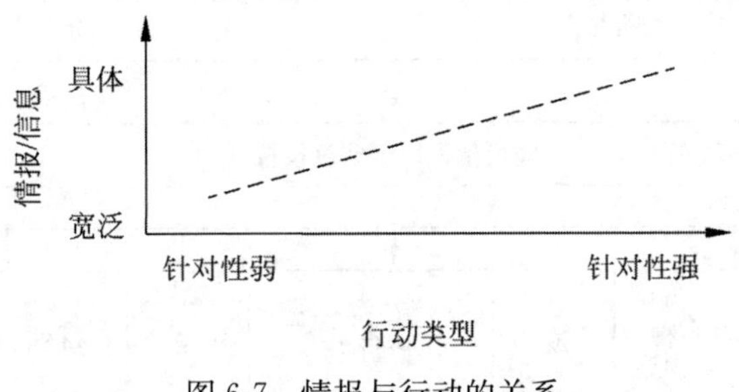

图6-7　情报与行动的关系

第二,在作出决定之前,应当向社会(区)咨询(community consultation),完成对社会(区)影响的评估(A Community Impact Assessment)。如果情况紧急,也应该在作出决定之后尽快地实施上述工作。其好处是:让公众更好地了解为何要行使该权力及其理由,增加对警察的信心(Increasing confidence in the police through a greater understanding of why the power is needed and the reasons for its use);安定人心(Reassuring the public);更好地从社会(区)获得有关情报、信息,有助于警方调查恐怖活动(Increasing the flow of information and intelligence from the community to the police to assist in the investigation of terrorist activity)。

第三,在盘查时,应向被盘查人说明理由(Explain why the person or vehicle has been stopped),表明这属于反恐警务中的例行检查(Reassure the individual that the stop is a routine part of counter-terrorist policing),应始终保持礼貌,尊重被盘查人(Remain polite at all times and treat the person with respect and dignity)。

第四,不得要求被盘查人当众脱下衣服,但是,可以要求其摘下头饰、脱掉鞋袜、外套、夹克和手套(A constable exercising the power conferred by an authorisation may not require a person to remove any clothing in public except for headgear, footwear, an outer coat, a jacket or gloves)。

第五,不能基于讯问或者询问的原因而拘捕被盘查人(This means that there is no power to detain for the purpose of questioning or to ask questions)。

我们可以直接引用图 6-8[1]来直观地了解整个程序的流程。

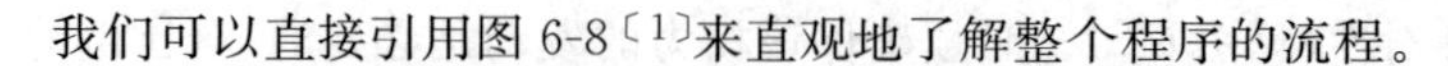

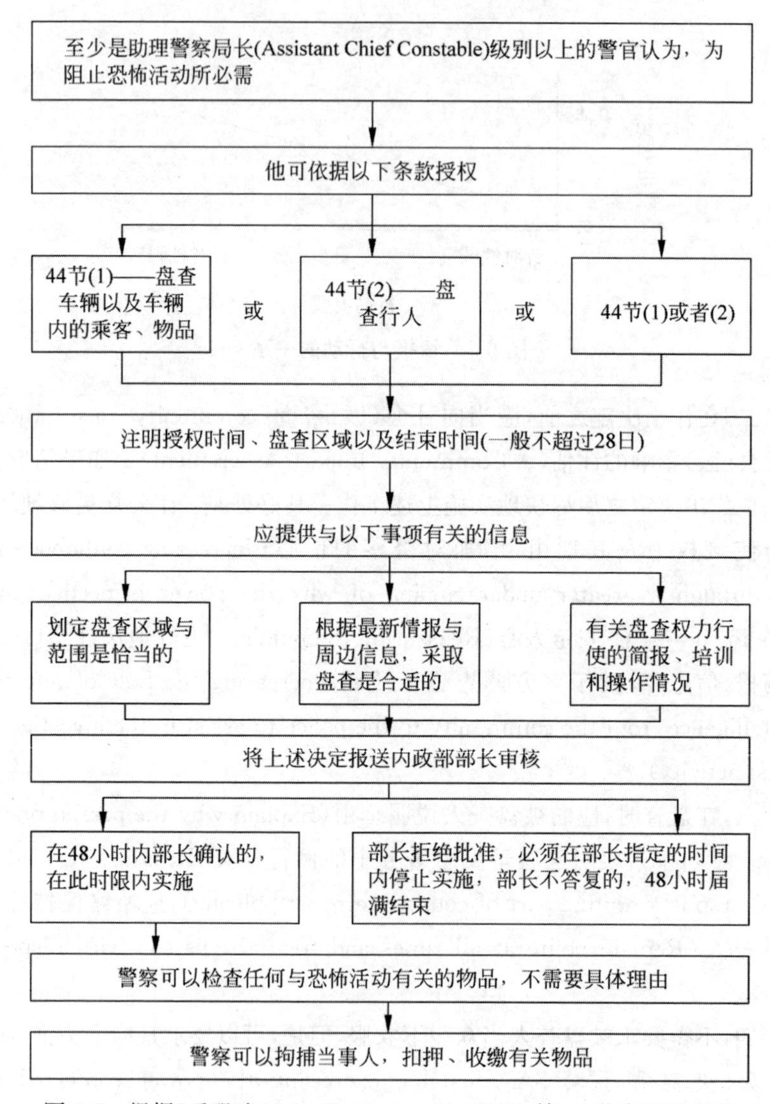

图 6-8　根据《反恐法》(*the Terrorism Act* 2000)第 44 节实施的盘查

[1] Cited from, Home Office, *Stop & Search Manual*, p.22. www.thamesvalley.police.uk/news_info/freedom/policies_procedures/pdf/stopandsearch_intermanual.pdf. Cf. "*Interim Practice Advice on Stop and Search in Relation to the Terrorism Act* 2000", Produced on behalf of the Association of Chief Police Officers by the National Centre for Policing Excellence, 2005.

（3）简要的评价

其实，按照我们的理论视角来审视，英国《刑事正义与公共秩序法》（*the Criminal Justice and Public Order Act* 1994）第60节（section 60）规定的盘查更近似于我们所说的安全检查，只不过是检查的地点是随机的，不是确定的。如果是定点的检查，我们一般不称之为盘查，而更多的是称为检查，或者临检。随机的、不定位的检查，则可以称为盘查。而这种盘查，从比例原则的要求看，也应该有违法犯罪嫌疑的理由。

恐怖活动具有巨大的破坏性，警察执法的力度显然有必要加强，因此，往往不需要理由，可以根据有关情报，在一定区域随机全面地检查。英国《反恐法》（*the Terrorism Act* 2000）第44节（section 44）规定的盘查很值得我们借鉴。

六、相对人的协助义务

以往，我们关注这个话题实在太少了，所以，我必须专列一节讨论。

1. 对于警察的盘问，被盘查人是否有权拒绝回答

早先，美国法院在这个问题上是持否定态度的。其核心观点就是，警察可以问一些适度的问题，以弄清被盘问人的身份，解除或者进一步肯定其怀疑，但却没有强制其回答的权力。在当时的法官看来，这是“非威胁性特征”（nonthreatening character）。只有坚持这条底线，才可以为法院和法律所容忍。[1]

比如，在经典的 *Terry v. Ohio* 案中，尽管注意到宪法并不禁止警察在街头盘问，但是，Justice White 仍然强调，被盘查人也不会因其举止引起警察怀疑而丧失沉默权（right to not speak）。被盘查人没有义务回答，也不得强迫其回答，拒绝回答不构成逮捕的理由，尽管这可能引起警察的警觉，对其需要进一步观察（the person stopped is not obliged to answer，answers may not be compelled，and refusal to answer furnishes no basis for an arrest，although it may alert the officer to the need for continued observation）。[2]

---

〔1〕 Cf. E. Martin Estrada，“*Criminalizing Silence*：*Hiibel and the Continuing Expansion of the Terry Doctrine*”（2004—2005）49 *Saint Louis University Law Journal* 298～299.

〔2〕 Ibid.，p.283.

又比如,在 *Kolender v. Lawson* 案中,当地法律规定,警察合法拦阻,并要求辨识身份或解释在现场的理由,被盘查人若不能提供可资信赖(credible and reliable)的说明时,警察可以逮捕,若拒绝提供辨识资料,为犯罪行为。联邦最高法院以该法律模糊不明确(Void-for-vagueness)而宣告违宪。[1]此案协同意见大法官 Brennan 认为,在合法拦停后,警察可以询问被盘查人,但不得强迫其回答问题,当警察所得到的资讯已达到相当理由时,警察可以逮捕,若无此情形,警察必须准许其自由离去。但 Brennan 又表示,在某些案件中,被盘查人的拒绝回答,与当时的事实结合,有可能使警察形成可以逮捕的相当理由。当然,在判断此问题时,法院必须审慎小心,不能因为被告行使其拒绝回答的权利,而遭受处罚(In some circumstances it is even conceivable that the mere fact that a suspect refuses to answer questions once detained, viewed in the context of the facts that gave rise to reasonable suspicion in the first place, would be enough to provide probable cause. A court confronted with such a claim, however, would have to evaluate it carefully to make certain that the person arrested was not being penalized for the exercise of his right to refuse to answer)。[2]

但是后来,到了 *Hiibel v. Sixth Judicial District Court of Nevada* 案[3],美国法院的态度有了转变,在平衡个人隐私利益与国家执法利益之间孰轻孰重上偏向了后者。法院认为,要求嫌疑人回答有关身份的问题,包括姓名、住址、职业、去处等,是警察调查的一个必要组成部分(an essential part of police investigations),是常规(routine)的询问,这可以使警察了解其是否涉及其他违法犯罪,或者有无暴力犯罪或精神错乱的记录(knowledge of identity may inform

[1] 461 U.S. 352 (1983).加利福尼亚州当时的法律规定:"无明显理由而游荡街头者,若警察人员依当时的情况,认为一般合理的人基于公共安全理由,会要求该游荡者辨识身份及出现街头的理由时,而该人未能提供可信赖(credible and reliable)的辨识时,警察可以逮捕之。若拒绝提供辨识资料者,成立行为不检之罪(disorderly conduct)。" Cal. Penal Code §647(e)。转自王兆鹏:《警察盘查之权限》,载《刑事法杂志》,2001,45(1)。

[2] 461 U.S. 352 (1983). 转自王兆鹏:《警察盘查之权限》,载《刑事法杂志》,2001,45(1)。

[3] 124 S. Ct. 2451 (2004).该案中,警方接到一个电话,路边可能发生一起殴打(assault)案件。警察出警后,在一个路边发现一辆卡车,车外站着一个醉醺醺的男子(即被告 Hiibel),车内有一个女孩(后查明是 Hiibel 的女儿)。警察要求该男子出示证件,但是,对方不仅拒绝,还将手别在背后,挑衅道"你可以抓我,关到监狱中啊",警察遂将其逮捕。法院认为,警察并不违法。Cf. E. Martin Estrada, "*Criminalizing Silence: Hiibel and the Continuing Expansion of the Terry Doctrine*" (2004—2005) 49 *Saint Louis University Law Journal* 292~293.

an officer that a suspect is wanted for another offense, or has a record of violence or mental disorder)。警察也可以通过这些适度数量的提问,结合具体情境,知道正与谁打交道,进而对当时的情境(situation)、其身处的危险(the threat to their own safety)以及对潜在受害人的可能威胁(possible danger to the potential vistim)等作出判断。[1]因此,传统上一度被法院批判的"拦停与鉴别身份"法律("stop and identify" statute)得到了某种程度复苏。[2]

简弓皓在其硕士论文中旗帜鲜明地主张沉默权不适用于盘查权,理由有二:其一,沉默权是一种拒绝自己入罪而生的权利,仅限于在刑事诉讼程序上适用;其二,如果对盘查权的行使不服,可以要求行政救济,这足以保障相对人权益,无须再引入沉默权的保障机制。[3]但是,这样的看法似乎过于粗糙,没有根据问题的类型与性质做进一步的鉴别。

从我国的实践上看,法律通过赋予警察查验身份的权力,也相应地使被盘查人承担了回答有关身份信息的义务。对于拒绝回答,法律规定的后果比较严厉,[4]这也会迫使被盘查人在权衡利弊之后努力回答警察的询问。

---

[1] Cf. E. Martin Estrada, "*Criminalizing Silence: Hiibel and the Continuing Expansion of the Terry Doctrine*" (2004—2005) 49 *Saint Louis University Law Journal* 293.

[2] "拦停与鉴别身份"法律("stop and identify" statute),最早出现在普通法上,是针对流浪汉和游手好闲之徒的,目的在于防止后者实施违法行为,为当地地主创造廉价劳动力(deter "idlers" from engaging in criminal activities and to create a source of cheap labour for regional land owners)。1941年的《统一逮捕法》(*the Uniform Arrest Act* 1941)规定,如果警察怀疑某人正在实施、已经实施或者将要实施犯罪行为,对方不回答有关姓名、住址、职业以及去处等问题的,可以拘留。(An officer may detain any person "who he has reasonable grounds to suspect is committing, has committed, or is about to commit a crime, and may demand of him his name, address and business abroad and whither he is going", and that failure to provide identification authorized further detention.)后来,不少州采纳了该规定,但是,在很多判决中,法院否定并批评了该规定。Cf. E. Martin Estrada, "*Criminalizing Silence: Hiibel and the Continuing Expansion of the Terry Doctrine*" (2004—2005) 49 *Saint Louis University Law Journal* 290.

[3] 简弓皓:《盘查与附带搜索》,台湾私立中原大学财经法律系硕士学位论文,2003。

[4] 《居民身份证法》(2003年)第15条规定:"人民警察依法执行职务,遇有下列情形之一的,经出示执法证件,可以查验居民身份证:(一)对有违法犯罪嫌疑的人员,需要查明身份的;(二)依法实施现场管制时,需要查明有关人员身份的;(三)发生严重危害社会治安突发事件时,需要查明现场有关人员身份的;(四)法律规定需要查明身份的其他情形。有前款所列情形之一,拒绝人民警察查验居民身份证的,依照有关法律规定,分别不同情形,采取措施予以处理。"其中,所谓"拒绝人民警察查验居民身份证的,依照有关法律规定,分别不同情形,采取措施予以处理",自然包括继续盘问在内。

但是,从我国的有关法律规定中,我们还是可以发现两个潜在的界限:一是回答问题的限度只限于有关身份的信息,包括姓名、住址与职业,或者出示身份证件。仅此而已。并不要求被盘查人必须回答与警察怀疑其违法犯罪有关的问题。否则,就可能触犯"禁止自证其罪原则"。二是是否需要继续盘问、留置,光凭被盘查人拒绝回答这一点还不够,还需要结合其他事实或情节,足以引起警察的合理怀疑,而又无法消除其怀疑。

2. 对拒绝回答的被盘查人,是否可以处罚

从实践上看,有以下几种模式。

(1) 不得处罚

在 *Kolender v. Lawson* 案中,协同意见大法官 Brennan 表示,不得强迫被盘查人回答问题,被盘查人有权拒绝回答,不得因为行使权利而遭受处罚,否则即为违宪。〔1〕

学者也认为,对于警察询问身份以及在此处的原因,虽然被盘查人似乎没有理由畏惧,而且警察的询问也不会造成威胁或强暴,相对人应与警方合作,但问题是,被盘查人可能会觉得受到侵犯与侮辱,或者觉得自由与行动被打断,所以不愿回答,或者抗拒回答。如果因此将受到处罚,就有可能造成警察滥用权力的可怕后果。对于警察在何时可以要求相对人辨识身份,如果没有统一明确客观的标准,整个社会,不论有罪或无罪之人,均有可能因为警察的专擅而受影响。(The rest of society, innocent and guilty, will be required to submit to arbitrary insults to individual sovereignty.)〔2〕

(2) 可以处罚

我国台湾地区"社会秩序维护法"第 67 条第 1 项第 2 款规定,拒绝回答的,要招致处罚。〔3〕当然,这条规定也遭到了学者的非议。陈运财认为这个规定违反沉默权和正当法律程序。〔4〕王兆鹏也认为,被盘查人虽然有配合的义务,但

〔1〕 461 U.S. 352 (1983). 转自王兆鹏:《警察盘查之权限》,载《刑事法杂志》,2001,45(1)。

〔2〕 Maclin, *supra* note 3, at 1294~1309. 转自王兆鹏:《警察盘查之权限》,载《刑事法杂志》,2001,45(1)。

〔3〕 该条款规定:"于警察人员依法调查或侦查时,就其姓名、住所或居所为不实之陈述或拒绝陈述者",得处三以下拘留或新台币一万二千元以下罚锾。

〔4〕 陈运财:《刑事诉讼与正当之法律程序》,第八章"论缄默权之保障",343~345 页。转自王兆鹏:《路检、盘查与人权》,142 页,台北,元照出版有限公司,2003。

却不能因为不回答警察关于其个人基本信息的询问便遭到处罚。[1]

(3) 允许逮捕

比如,美国的 *Hiibel v. Sixth Judicial District Court of Nevada* 案就是一例,但这必须结合当时特定的情境进行判断。

(4) 允许继续盘问

在我国大陆地区,对于拒绝回答个人基本信息的,警察可以根据《人民警察法》(2012 年)第 9 条规定的"有作案嫌疑身份不明的",结合已收集的其有作案嫌疑的初步证据,进一步对被盘查人实施留置盘问。

3. 其他方面的协助义务

对于警察盘查给当事人带来的不便,比如时间的耽搁、内心感受的不悦,当事人应该有忍受的义务,不得拒绝配合调查。警察在"合理怀疑"标准的判断方面,以及在执法程序上,容易与当事人发生争执,但我始终坚持认为,不论孰是孰非,都只能循行政救济途径解决,不能引用抵抗权理论,以行政行为无效为由拒绝接受盘查。[2]

七、结　束　语

挥毫泼墨之后,或许,有关盘查规则的梳理应该已尽收眼底。但想收笔,却又无法给出一个让我也十分满意的结论。一些实践部门的同志告诉我,现在有些基层单位怕出事,甚至不敢采用盘查措施。这难道仅仅是因为规则不够清晰,让他们望而却步?还是有更深层次的缘由?

在我看来,之所以他们会患上"恐惧症",除了有关规则不明确、无法让权力有序运行起来、更无法有效转移执法的风险之外,还因为警力有限,场所简陋,无法保证被盘查人在留置室不出事,特别是自伤、自残、自杀,而不尽科学的执法考评机制、"信访倒查制度"又放大了出事的后果,加剧了执法风险。而所有这些,实际上已经超越了单纯的规则,涉及了系统的运行以及领导的理念,需要我们沉下心来,细细梳理、反思与疏通。

---

〔1〕 王兆鹏:《路检、盘查与人权》,142~143 页,台北,元照出版有限公司,2003。

〔2〕 我是不太赞成行政行为无效与可撤销二元划分的。余凌云:《行政行为无效与可撤销二元结构质疑》,载《上海政法学院学报》(法治论丛),2005(4)。所以,在这里,也同样坚持这样的主张。

在这里，我只想举出一个实例来证明我的看法，来开启更大的视野。据我长期对警察盘查的留意观察，特别是利用到基层或者给警衔班讲座的机会，通过与基层警察、领导交谈，我发现，很多滥用盘查的形态却不是能够那么简单治愈的，有些滥用盘查形态，甚至是有意而为之，并不得不为之；是因为无法有效控制当事人，而又必须完成行政职责、应对受害人和执法考评的压力，在这些因素的相互作用、挤压下发生的。〔1〕这是当前最困惑实践、亟待解决的一种病态。

先让我分析一下这种挤压的发生过程。我想从以下两个方面去解构。

一方面，在社会转型时期，为了适应迅猛发展的社会需求，解决错综复杂的各种矛盾，满足公众日益攀升的公法期待，行政机关面临着前所未有的巨大压力。在这个过程中，最终也会融入执法责任制，通过对岗位目标的量化、对执法绩效的考评，像达摩克利斯之剑（the sword of Damocles）一样，被转化成一种对机构、甚至对个人的工作压力。〔2〕在晋升职位稀缺、绩效考核取决上级的情境下，上述压力通过“晋升锦标赛”又会由被动转化为主动承受，甚或有可能被递增和放大。

另一方面，治安违法行为的社会危害程度明显低于刑事犯罪，所以，在警察法上没有规定、也没有必要规定过多、太长的强制措施。在调查阶段对当事人采取的限制人身自由的调查措施，不应该比最后作出的行政处罚还要严厉。这种理念本身没有问题，而且完美地体现了比例的思想。但是，客观上却造成了公安

〔1〕 有意思的是，这种制度性挤压在英国也存在，但不是像我们这种情形，而是绩效考评的挤压。盘查次数是绩效考评的一个指标（performance indicator），从中判断警察工作是否勤勉。所以，有的警察在访谈中也承认，如果盘查次数少了，上级会说“你的盘查数量下降了”[Your stops (searches) are down]、“你做得还不够好”（You're not doing enough），或者“还可以再棒些”（could do better）。为了应付考评，有的盘查可能也没有充分的理由（do searches which I can't justify to myself）。盘查也就在某种程度上背离了打击和预防违法犯罪的目的，而变成了主要用于增加工作绩效（boosting performance）的一种方法。也就是说，通过多逮捕些轻微违法者（minor offences），来显示警察的工作绩效。但是公众对此并不怎么买账。Cf. FitzGerald, M. (1999) *Searches in London: Interim evaluation of year one of a programme of action*. London: MPS.

〔2〕 据不完全统计，2002、2003、2004、2005 年度，全国考评优秀单位比率分别为 34.72%、34.22%、40.86%、41.48%，达标单位比率分别为 60.44%、62.57%、56.03%、55.73%，不达标单位比率分别为4.83%、3.21%、3.11%、2.81%。其中，共有 12 个县级公安机关和 1 个监管支队连续两年考评不达标，其中 9 个公安机关的一把手已经引咎辞职或者被免职，另外 3 个也在处理之中。《公安部通报全国公安机关开展执法质量考评等情况》，http://www.gov.cn/xwfb/2006-04/18/content_256703.htm，2010 年 8 月 6 日最后访问。

机关事实上后续强制手段的不足，有些涉及流动人口作案的案件不好办。因为，改革开放之后，随着市场经济的发展，人口流动加剧。[1]原来的户籍制度对人的控制能力大为下降，公安机关对流动人口的信息情况的掌握也变弱，违法嫌疑人一旦摆脱公安机关的控制，就很难再缉拿归案。而逃逸几乎是没有成本的。对于流动人口来说，只不过是换个居住的环境与打工的地点。但是，在有受害人的案件中，案件的“夹生”极易引发受害人因不满而上访。而上访又可能会引起连锁反应，包括上级的不满与追查、行政内部的执法考评与责任追究，连锁循环中产生的压力最终又都落到了行政机关及其执法人员身上。

这种由行政任务出发，经过目标管理、执法考评、内外监督与责任追究等多种制度的加总，形成了对机关与个人的执法风险与压力，直接关系着机关的荣誉、个人在行政系统中的发展、甚至待遇。这种循环运动在现阶段却不时遭到因其他相关制度或者规则缺失的阻却，导致了运行梗塞。由此聚攒起来的压力却又回流作用到基层和执法人员身上。

在挤压之下，在缺乏制度设计与创制能力的情况下，实践者就很可能会在制度之外寻找解决方法。实践的“条件发射”就很可能是，在盘查 48 小时之后，如果嫌疑仍然无法排除，或者无法及时结案，便就势转为传唤，变成盘查和传唤的交替使用；或者采取一些“土办法”，比如要求当事人在当地找保人、交保金，或者变相监视居住、限制行动自由，等等。

在这里，自由裁量权的滥用似乎变成了一种润滑剂，能够消除梗塞，让循环继续下去。而不确定法律概念无法根除的不确定性又恰好为上述裁量偏差提供了很好的借口。因为无论是当场盘问还是留置的四种情形当中都充满了大量的无法准确界定的概念。[2]

---

[1] 有关人口抽样调查数据显示，近年来人口流动进一步加剧。全国人口中，流动人口为 14735 万人，其中，跨省流动人口 4779 万人。与第五次全国人口普查相比，流动人口增加 296 万人，跨省流动人口增加 537 万人。在一些沿海发达地区、大城市，流动人口在城市人口中占有相当大的比例。根据北京市统计局 1%人口抽样调查显示，2005 年年底，北京市户籍人口 1180.7 万人，流动人口 357.3 万人，流动人口与户籍人口数量之比为 1∶3.3。《北京将改革暂住证制度 为流动人口出租房屋建档》，http://news.sina.com.cn/c/l/2006-10-10/161911200701.shtml，2010 年 8 月 6 日最后访问。

[2] 《人民警察法》(2012 年)第 9 条规定允许留置的四种情形是：(1)被指控有犯罪行为的；(2)有现场作案嫌疑的；(3)有作案嫌疑身份不明的；(4)携带的物品有可能是赃物的。尽管《公安机关适用继续盘问规定》(2020 年)用第 8 条、第 9 条从正反两个方面去解释，也无法根除某些概念的不确定性。

这种循环挤压现象在我国的行政执法实践中非常突出,也是一个很有中国特色的问题。在与民警的座谈和交流中,很多民警询问:是否对违法嫌疑人书面传唤到案的就不能进行留置了?若询问后发现案情较为复杂或有其他违法行为,释放后,有可能再也无法到案,怎么办?之所以会提出这些问题,实际上也反映了办案人员的上述心态与焦虑。

所以,对于这种偏差的校正,或许,我们还无法求助于任何我们所熟悉的控制机制。因为它与程序的正当性、司法救济的充分性、公众的参与性等所谓的治愈良方统统无涉。它的病灶无法用传统的裁量控制方法与技术来消除。即便我们祭起我们所擅长的合理性审查和比例原则,也只能是在个案之中实施微观的矫治手术,却很难影响全局,无法形成制度化效应。只能治标,不能治本。

对于制度的挤压,在我看来,最好的策略是释放、舒缓或转移。可以考虑的方案有二:

第一种方案是让公众理解制度的缺陷,并接受和容忍。但在当前,人们尤其注重实质结果正义,我们很难立刻扭转这种公众心理认同。这样的转变有待时日。但我们可以对执法绩效进行理性考评,不过分苛求执法人员,不把制度性偏差计算到执法人员个人身上,不因为受害人不理解上访而责罚执法人员。

第二种方案是加强对个人信息的掌控,通过网络实现共享。同时引入辅助控制手段,包括:①引入保证人和保证金制度。警察在法定期限内仍然无法排除当事人的重大嫌疑,而释放又会导致当事人逃逸的,可以要求后者交纳保证金和寻找当地的保证人。②建立信用担保制度。又可分两个部分,前部分是构建制度,包括建立身份证综合信息功能,汇集个人的生物识别、户籍(护照)、社会保障、开户银行、保险等信息;要求公民随身携带身份证,对不携带者,一经发现,予以处罚。后部分是发挥制度的功用,包括对于逃逸的当事人,可以通知银行暂时冻结或罚没其一定数额的财产;通过网上追逃,要求宾馆不得登记入住、用工单位不得录用、不得出入境等。

或许,我们在进一步细化规则的同时,还需要跳出规范,从更加宏观、系统的视野来重新思考盘查;需要跳出静态行为,从动态过程的角度来重新审视盘查。

第七讲　交警非现场执法的规范构建*

* 本文是我主持的 2019 年度国家社会科学基金重大项目"大数据、人工智能背景下的公安法治建设"(项目号：19ZDA165)的阶段性成果，主要内容发表在《法学研究》2021 年第 3 期。王正鑫、谢明睿、施立栋、李晴、王源帮助收集整理有关法规范、案例，在此致谢。

一、引　　言

《行政处罚法》(2021 年)第 41 条对实践上已然出现的非现场执法,摄取了交警非现场执法的核心元素,亦有所发展,规定了通用规范,搭建了很粗犷的基本要求,为互联网、大数据、人工智能等技术手段在行政执法上的广泛运用预留了可观的法律发展空间和接口。

在非现场执法上,《道路交通安全法》(2003 年)第 114 条先行一步,做了创制性规定,通过部门规章、规范性文件以及技术标准规范,构建了较为完善的法规范体系。非现场执法逐渐广泛运用于超速、乱停车、闯红灯、压实线、违反限行、不系安全带、开车打手机、不按规定变更车道、路肩行驶等治理之中,执法占比不断增加。〔1〕其后十年间,海事、航政、水上交通、互联网监管、市场监管、城市管理、生态环境、危险化学品管理等领域也陆续借镜交警非现场执法,有关规范都是各行政机关"自行制定的","除了少数属于部门规章外,很多非现场执法的程序性文件只是部门规章之外的其他规范性文件"。〔2〕多是对非现场监管的原则性要求,〔3〕与交警最初引入监控技术设备辅助执法差不多。有些规定了执

---

〔1〕 据报道,2020 年,上海市交通非现场执法占比已达到 45%。《交通非现场执法占比已达到 45%》,http://jjcsj.chinareports.org.cn/fz/2020/0713/8780.html,2021 年 2 月 14 日最后访问。2013 年上半年,四川省公安交警部门通过交通技术监控设备查获的机动车交通违法约为 608.28 万件,占到了全省同时期机动车交通违法查获总量的 68.41%。陈航:《对现行机动车驾驶人交通违法行为累积记分制度的思考》,载《四川警察学院学报》,2013(6)。

〔2〕 茅铭晨:《从自定走向法定——我国〈行政处罚法〉修改背景下的非现场执法程序立法研究》,载《政治与法律》,2020(6)。

〔3〕 比如,《中共中央办公厅、国务院办公厅印发〈关于深化生态环境保护综合行政执法改革的指导意见〉的通知》(2018 年)中提出,"大力推进非现场执法,加强智能监控和大数据监控,依托互联网、云计算、大数据等技术,充分运用移动执法、自动监控、卫星遥感、无人机等科技监侦手段,实时监控、实时留痕,提升监控预警能力和科学办案水平。"《交通运输部关于加强和规范事中事后监管的指导意见》(交法发〔2020〕79 号)要求,"加强现场电子取证和检测设施建设,积极推广网络监测、视频监控等非现场监管方式,研究制定非现场执法工作制度。"《国家煤矿安全监察局关于印发〈加强和规范煤矿安全事中事后监管监察的实施意见〉的通知》(煤安监监察〔2020〕29 号)中指出,"发挥互联网、大数据、物联网、云计算、人工智能、区块链等现代科技手段作用,开展《互联网+监管监察》和远程监管监察。推进执法信息网上录入、执法程序网上流转、执法数据网上统计分析,加强对执法的即时性、过程性管理。"

法规范，[1]也只是临摹交警非现场执法规范，毫无二致。

非现场执法，也称电子监控执法，不是一个法律术语，在官方文件中却数见不鲜，学术上以此描述不同于传统执法的一种新模式。之所以会引入监控技术手段，并嫁接互联网、大数据、人工智能，主要是因为，第一，比起昂贵的警力资源，设备监控成本更低廉、经济。第二，比起传统的拦车处理，非现场执法“既不影响道路正常交通的安全畅通”，还不会造成安全隐患，[2]极大地提升了通行效率。第三，能够弥补人力执法的射程不足，由点及面，“利用电视监控、违法监测等技术手段实现对道路交通的全天候监控，扩大、延伸交通管理的时间和空间”，实现监管的不间断、常态化。对稍纵即逝的动态交通违法行为，能够实时抓拍，执法效率更高。第四，实现平等对待，公正严格执法。违法数据“录入计算机系统后，严格设定管理权限，不能随意更改删除违法数据，有效避免了铲单子、走后门等不正之风”。[3]

交警非现场执法实际上分为两个阶段，[4]第一个阶段是通过固定监控技术设备记录取证，由软件设计，摄像头、感应器自动开启、抓拍违法行为，输入系统，自动存储，完成调查取证。也可以通过数据交换，与其他行政机关或者部门共享。[5]第二个阶段是实施处罚。分为简易程序和一般程序，相应的作业方式又分为“平台操作”和“人工操作”。(1)“平台操作”。处以警告、二百元以下罚款

---

〔1〕 比如，《上海市城管执法部门非现场执法工作规定（试行）》（沪城管规〔2020〕2 号），http://service.shanghai.gov.cn/xingzhengwendangku/XZGFDetails.aspx? docid=REPORT_NDOC_006777.2021 年 2 月 14 日最后访问。《湖南省治理货运车辆超限运输不停车检测非现场执法实施办法（试行）》（湘交路政规〔2020〕4 号），http://www.hunan.gov.cn/hnszf/xxgk/wjk/szbm/szfzcbm_19689/sjtyst/gfxwj_19835/202005/t20200526_12171962.html .2021 年 2 月 14 日最后访问。

〔2〕 贾学武、李强：《关于非现场执法问题的思考》，载《道路交通与安全》，2005(2)。赵灿根：《谈机动车交通违章非现场执法》，载《公安学刊》，2003(2)。

〔3〕 武堃：《交通管理中公安部门非现场执法问题研究》，载《江苏警官学院学报》，2006(3)。

〔4〕 《道路交通安全法》(2011 年)第 114 条、《道路交通安全违法行为处理程序规定》(2020 年)第 52 条。

〔5〕 比如，交通运输执法部门通过超载非现场执法系统获取的违法数据，“还能够通过数据交换将相关超载信息共享给公安、交管等部门”。李昕：《非现场执法系统在公路超限超载治理中的应用》，载《中华建设》，2017(2)。比如，高速交警充分利用“高速公路经营单位设置在高速公路上的监控摄像设备”，“在监控过程中摄录视频范围内的动态或静态违法行为，可在监控中心(应急救援中心)进行远距离调焦，获取违法过程并识别车号”。章伟：《高速公路非现场执法取证的现状及发展方向探析》，载《公安学刊》，2008(6)。

的,适用简易程序。监控取证之后,当事人可以通过下载安装APP,或者在交通违法自助处理平台上直接操作。整个过程都是人机对话,在学术上称为"自动化行政处罚"。但是,当事人在系统操作过程中对违法事实、行政处罚初步决定有异议的,可以主动停止操作,由自动化行政转回传统执法。(2)"人工操作",处以二百元(不含)以上罚款、吊销机动车驾驶证的,按照一般程序处罚,实际上又转入了传统执法模式。

从文献看,学者提炼的非现场执法概念也小异大同。有的强调执法的"非现场",与传统的执法人员亲临现场调查取证不同,是"通过摄像仪器、照(录)相设备、群众举报获取交通违章证据","适时记录、事后处理",这种新模式"俗称"为非现场执法。〔1〕有的强调调查取证过程与相对人的"非接触性",也称为"非接触性执法"。〔2〕在我看来,上述定义只是描绘了非现场执法1.0版,仅关注设备自动记录,在车辆识别和证据固定上,"自动化系统承担了识别与输入的职能"。

随之展开的实践,通过积极引入互联网、大数据、人工智能,为当事人提供自助处理电子平台,"在输出与实现部分,现今的技术也通过数据查询、短信通知、平台认领处罚、罚款自助缴纳等方式提供了部分自动化的形式。"就自动化系统的处理能力看,平台处于"静态反馈",达不到"理解决策"、机器学习,还未"介入裁量领域进行自动化决策",〔3〕只是"依靠规则推理的'专家系统'的运用"。〔4〕所以,必须将处理的案件限定为低烈度的、适用简易程序的行政处罚。即便消除裁量,也不会产生明显的不公平感。这是升级的非现场执法2.0版,一并关注监控设备自动记录与平台自动处理,指行政机关不用亲临现场调查取证,不与违法行为人当面接触,而是直接依据可视监控、GPS、感应测试等技术采集的证据认

〔1〕 龚鹏飞:《论与非现场执法相关法律规定的缺陷及其完善》,载《公安研究》,2008(4)。刘吉光、程锋:《公安交通非现场执法模式研究》,载《道路交通与安全》,2004(2)。

〔2〕 非现场执法,又称"非接触性执法","是指行政机关运用现代信息系统,通过监控、摄像、录像等技术手段,在执法人员不直接接触行政相对人的情况下,采集、记录其违法证据,进而对其作出行政处罚的执法方式。"茅铭晨:《从自定走向法定——我国〈行政处罚法〉修改背景下的非现场执法程序立法研究》,载《政治与法律》,2020(6)。

〔3〕 马颜昕:《自动化行政的分级与法律控制变革》,载《行政法学研究》,2019(1)。

〔4〕 刘东亮:《技术性正当程序:人工智能时代程序法和算法的双重变奏》,载《比较法研究》,2020(5)。

定违法事实，并通过自助处理平台形成行政处罚决定。非现场执法 2.0 版也就彻底与传统执法各走各路，成为一种完全纯粹的创新模式。对于《行政处罚法》(1996 年)构建的规范体系而言，监控技术设备记录取证、自动化行政处罚都是全新的，不在原先的规范调整之内。

从有关非现场执法的讨论看，与传统执法还有不少交集与纠葛，需要进一步澄清。首先，使用移动设备、相机、手机等拍照的违法行为，都是人工操作，不存在自动记录、自动化行政。比如，为拓展公众参与交通治理，鼓励市民"随手拍"举报交通违法；[1]为改善取证手段，交警使用移动监控技术设备记录取证。这些似乎也适用《道路交通安全法》(2003 年)第 114 条规定。但是，从自动化行政看，它们不属于本文探讨的非现场执法。其次，不论是在"平台操作"中因异议而转入人工服务，还是按照一般程序处罚的"人工操作"，都是人力执法，都能够严丝合缝地嵌入行政处罚法规定的相应程序。除上述第一阶段固定监控技术设备自动获取证据外，不大可能产生新问题。所以，也实在没有太多必要复述行政处罚程序。

那么，我好奇的是，由道交法搭建的、并被《行政处罚法》(2021 年)增补第 41 条高度凝练表达的基本通用规范，是否已经满足了非现场执法 2.0 版要求？还需要继续引入哪些规范？我将以道交法上的非现场执法为分析样本，从监控技术设备自动记录取证、"平台操作"(自动化行政处罚)两个场域进行观察。首先，从司法判决和学术讨论，整理出具体问题。其次，结合我对非现场执法的长期观察，逐一深入分析有关问题，探究所需规范是否逸出上述第 41 条规定，以期进一步完善非现场执法规范体系。

二、有关法规范的梳理

作为讨论的前提，对于道交法上的非现场执法规范，有必要先做一番细致梳理，厘清来龙去脉、整体面相，提炼核心要素。那么，《行政处罚法》(2021 年)第 41 条是否完整复述，汲取哪些，又有怎样发展，也便一望而知。

---

〔1〕 余凌云、谢明睿：《交通违法"随手拍"举报应在合法合理中释放效能》，载《汽车与安全》，2020(11)。

将交通监控技术设备引入道路交通管理,肇始于20世纪80年代。1996年,北京市建成全国首套闯红灯自动抓拍设备。2000年,安装了200余套闯红灯、挤占公交专用道、超速等自动抓拍设备。这些只起辅助作用。允许直接依据记录信息作出行政处罚,产生迥异于传统执法的非现场执法,大约是在21世纪初。

《道路交通安全法》(2003年)第114条首次规定了非现场执法,"公安机关交通管理部门根据交通技术监控记录资料,可以对违法的机动车所有人或者管理人依法予以处罚。对能够确定驾驶人的,可以依照本法的规定依法予以处罚"。当时的立法说明以及公安部负责人答记者问都没有做出专门解释。[1]该法历经2007年、2011年两次修订,也没有触及上述规定。有关实践已经开始游离出传统执法模式,别创新格,无需交警亲临现场,收集、核查或者补充证据,直接且完全依据交通技术监控记录资料,便可以做出行政处罚决定。这无疑是从人工取证发展到设备取证。

为进一步细化,《道路交通安全违法行为处理程序规定》(2004年)设专章规定了"非现场处理程序",下含"非现场处罚"一节。该规章经历2008年、2020年两次修订,体例发生变化,改为第二节"交通技术监控"。

2004年《道路交通安全违法行为处理程序规定》比较简略,只规定了:(1)可以依据交通技术设备采集的证据做出行政处罚(第25条);(2)为当事人提供查询方式(第26条第2款);(3)在管辖上,可以将非本辖区机动车的违法记录移送机动车号牌核发地交警部门处理,对事实有异议的,由违法行为地交警部门处理(第29条)。

之后,公安部又先后发布通知,正式采用了"非现场执法"术语,对非现场执法不断提出新要求,包括:(1)技术设备要求,比如设置规划、建设要求、公开征

---

〔1〕《关于〈中华人民共和国道路交通安全法(草案)〉的说明》,http://www.npc.gov.cn/wxzl/gongbao/2003-12/22/content_5326249.htm,2021年2月14日最后访问。《公安部负责人就〈道路交通安全法〉答记者问》,http://news.southcn.com/china/zgkx/200310300131.htm,2021年2月14日最后访问。

求意见程序、设备技术标准等；[1](2)证据采集的格式与标准，[2]对资料的人工审核，以及对举报信息的处理等；[3](3)电子送达方式、查询平台；[4](4)对

---

〔1〕《公安部关于加强公安交通管理执法工作的通知》(公交管〔2006〕49号)要求，技术设备的定位分布要征求群众意见。通过检定与标准保证技术设备的稳定性。《公安部关于规范使用道路交通技术监控设备的通知》(公通字〔2007〕54号)要求，规范设备设置，应当科学规划，避免滥设、重复建设。加强设备维护，定期维护、保养、检定。设备建设列入财政预算，禁止个人、企业投资。《公安部交通管理局关于印发〈关于加强交警系统执法规范化建设的意见〉的通知》(公交管〔2008〕215号)中指出，“整改非现场执法中存在的问题，规范交通技术监控设备设置，进一步完善交通技术监控记录资料收集、审核、处理等方面程序和交通违法信息告知方式”。《公安部交通管理局关于印发〈关于规范查处机动车违反限速规定交通违法行为的指导意见〉的通知》(公交管〔2013〕455号)要求，依法依规选用测速取证设备；科学合理设置测速取证设备；完善测速取证设备设置程序；科学合理设定和调整道路限速值。

〔2〕《公安部交通管理局关于印发〈关于规范查处机动车违反限速规定交通违法行为的指导意见〉的通知》(公交管〔2013〕455号)要求，“使用测速取证设备记录违反限速规定交通违法行为，应当严格执行公安部《道路交通安全违法行为处理程序规定》和《道路交通安全违法行为图像取证技术规范》(GA/T832)的规定。违反限速规定交通违法证据资料应当能够准确地反映机动车类型、号牌、外观等特征，清晰地记录违法时间、地点以及违法过程，包含不少于两幅不同时间或者不同位置的机动车全景特征图片，每幅图片上应当叠加违反限速规定交通违法的日期、时间、地点、方向、设备编号、防伪码、测速方向以及道路限速值、车辆行驶速度值等信息。不符合上述要求的，不得作为执法证据使用”。《非现场查处道路交通安全违法行为操作规程(试行)》(公交管〔2020〕第73号)第29条规定，“交通技术监控设备、音视频记录设备采集的违法行为信息应当符合《道路交通安全违法行为图像取证技术规范》(GA/832)、《道路交通安全违法行为卫星定位技术取证规范》(GA/T1201)、《道路交通安全违法行为视频取证设备技术规范》(GA/T995)、《违法停车自动记录系统通用技术条件》(GA/T1426)等国家标准、行业标准要求，确保清晰、准确反映机动车类型、号牌、外观等特征以及违法时间、地点、事实”。

〔3〕《公安部关于根据交通技术监控记录资料处理交通违法行为的指导意见》(公交管〔2013〕93号)要求，“对群众拍摄记录并在违法行为发生之日起三日内举报的机动车闯红灯、违法占用专用车道行驶等违法行为，要通过询问举报人和涉嫌违法车辆所有人、管理人等形式认真调查核实”。

〔4〕《公安部关于规范使用道路交通技术监控设备的通知》(公通字〔2007〕54号)要求，规范信息告知，通过挂号邮寄等方式告知机动车所有人。

设备运行的评估制度,以及关停规定。[1]

2008年、2020年修订的《道路交通安全违法行为处理程序规定》,体系近似。2008年的修订,在总结以往经验的基础上,进一步构建了有关制度。第一,对于技术设备,通过符合标准、定期维护、保养、检测等要求,保证设备运行正常(第15条)。第二,对于技术设备的分布与建设,明确设置原则、规范、公布、标志以及资料记录要求(第16条、第17条、第18条)。第三,规定了交警审核资料义务(第19条)。第四,当事人书面确认法律文书送达方式的,交警可以通过邮寄、发送手机短信、电子邮件等方式通知(第20条)。第五,允许消除记录的情形(第21条)。2020年的修订,增加了当事人可以选择处理机关,允许跨省异地处理非现场交通违法行为(第5条)。

可以说,从制度初创,非现场执法就走上不同寻常的规范路径,之后的制度构建更是不乏不同于行政处罚法规范的一些规定,主要包括:管辖;设备设置、分布与管理;证据格式标准与审核;送达方式、公开查询。

第一,灵活多样的管辖。基于互联网的发展、电子平台的建设,公安机关之间加强了信息共享。在案件管辖上,有了更大的选择空间。《道路交通安全违法行为处理程序规定》(2004年)开初便不完全遵循《行政处罚法》(1996年)第20条规定的"由违法行为地行政机关管辖"的一般原则,只是当事人对违法事实有异议的,由违法行为地公安机关交通管理部门处理(第29条)。2020年的修订更趋向便民,允许当事人选择管辖,"违法行为人可以在违法行为发生地、机动车登记地或者其他任意地公安机关交通管理部门处理交通技术监控设备记录的违法行为"(第5条第1款)。这实际上完全突破了《行政处罚法》(1996年)第20条

---

[1] 《非现场查处道路交通安全违法行为操作规程(试行)》(公交管〔2020〕第73号)第10条规定,"设置或者重新启用固定式交通技术监控设备应当进行合法性、合理性、必要性、可行性评估,形成书面报告,并经设区的市或者相当于同级的公安机关交通管理部门批准。其中,测速取证设备应当报省级公安机关交通管理部门批准"。第16条第2款规定,"固定式交通技术监控设备连续六个月未上传采集的违法行为信息的,由公安交通集成指挥平台将该设备的状态修改为'停用'。"第32条第2款规定,"省级、设区的市或者相当于同级公安机关交通管理部门应当按照全国统一的技术规范建立专门的交通技术监控设备运行维护平台,使用大数据分析、AI智能比对等方式,定期检查辖区备案交通技术监控设备的设置和使用情况。对采集违法行为数据异常、群众投诉较多的交通技术监控设备,应当重新评估。对采集违法行为数据准确率过低的交通技术监控设备,应当予以整改。对不符合标准和本操作规程要求的,应当暂停上传至公安交通管理综合应用平台,已经上传的依法予以消除。"

规定的一般管辖原则。从行政处罚法立法目的看，由违法行为发生地行政机关管辖，方便调查，及时结案。但是，电子设备采集的证据能够形成闭路完整的证据链，并能够通过互联网适时共享。上述立法考虑的因素变得无足轻重。为了不与《行政处罚法》(1996 年)第 20 条抵触，上述第 5 条第 2 款将实际处理机关与违法行为地机关之间的关系设计为委托关系。〔1〕

第二，对于交通技术设备采集、形成的证据是否有效，不仅监控技术设备的可靠性、稳定性至关重要，而且，设备规划分布的合法性、合理性也备受关注。具体而言，首先，事前要合理规划、分布设备，〔2〕并广而告之，通过明显标识提示公众，防止隐蔽执法、"暗中执法"。其次，不得与社会资本合作，外包运营，〔3〕也不能"以罚款为目的"抓拍。〔4〕再次，要通过标准、检测、维护等措施保证设备的性能与运转，消除公众顾虑。最后，针对当事人的有关质疑，交管部门还有义务给出技术解释与合理理由。这些要求与传统人力执法形成了巨大反差，而在《行政处罚法》(1996 年)中却付之阙如。

第三，"根据交通技术监控记录资料"做出行政处罚，意味着有关记录资料必须能够形成完整、闭环的证据链，凭借图像之间或者图像与数据之间的配合使用，就足以证明违法行为的存在。因此，对证据采集的格式、标准应当作出明确要求。这些要求过于琐碎、细致，一般是规定在有关技术取证规范上。比如，《道

---

〔1〕 在实践中，浙江省高速交警总队还推出了"即查即处"，对于即时发生的一些严重交通违法行为，被交通技术监控设备、系统等发现并记录，通过情指平台报警等方式，直接指令路面警力进行干预拦截，并以现场查处方式进行处理的执法模式。这显然不是以违法行为发生地为管辖原则，也不由当事人选择管辖。

〔2〕 比如，《关于规范使用监控技术设备的通知》(公通字〔2007〕54 号)要求，监控技术设备原则上应当设置在"省际、市际交界，危险路段，交通事故以及严重违法行为多发、交通秩序混乱以及机动车流量较大的路口、路段"。

〔3〕《关于广东省 2011 年度省级预算执行和其他财政收支的审计工作报告》中指出，"有 12 个市利用社会资金建设 28 个'电子眼'项目，违反公安部及省公安厅的有关规定，不利于'电子眼'公益性管理"。http://www.gd.gov.cn/zwgk/czxx/sjgzbg/content/post_79035.html，2021 年 2 月 12 日最后访问。

〔4〕 "全国人大代表韩德云表示，对电子眼在什么路段应该设置、设置多少、由谁核准、多久进行准确度检验，以及设置使用的规范标准和程序等问题，缺乏立法效力较高的法律或行政法规定，由此导致以罚代管、罚款使用不公开不透明等问题不断显现。"赵志疆：《建议清理"以罚款为目的的抓拍"，为何激起共鸣》，https://baijiahao.baidu.com/s?id=1693673655026502437&wfr=spider&for=pc，2021 年 3 月 9 日最后访问。

路交通安全违法行为图像取证技术规范》(GA/T832)〔1〕,《道路交通安全违法行为卫星定位技术取证规范》(GA/T1201—2014)〔2〕。不符合技术规范要求的记录资料,不得作为证据。〔3〕

第四,引入电子送达与查询。随着执法APP、电子送达平台等广泛运用,公安机关与相对人的信息沟通方式也有了多种选项。在机动车登记时,车主也会选择同意以手机联系方式为法律文书的送达方式。电话通知、手机短信通知也逐渐成为非现场执法告知的首选。这种电子送达方式也突破了当时的司法解释,也有别于《民事诉讼法》(2012年)有关电子送达规定。为便于当事人核实信息真实性,公安机关"通过互联网公共信息查询平台、查询服务电话、短信定制服务等形式向社会提供查询"。与此同时,电子平台系统也会联系车辆检测厂(站),对于无法通知或者经通知不及时处理的,暂缓办理机动车定期检验,作为非现场执法的担保措施。

为了更加便民,《财政部、公安部、中国人民银行关于实施跨省异地缴纳非现场交通违法罚款工作的通知》(财库〔2019〕68号)规定,"对交通技术监控设备记录的道路交通安全违法行为形成的交通违法罚款,在全国范围内实施跨省异地

〔1〕 比如,对于省际客车、旅游客车、危险品车、重型货车(俗称"两车一危一重")"不按规定时间行驶、不按规定路线行驶的违法行为",或者"疲劳驾驶的违法行为",根据车辆GPS轨迹信息,生成违法数据,纳入非现场执法。"采集的违法行为信息必须符合《道路交通安全违法行为卫星定位技术取证规范》(GA/T1201—2014),能够实时记录机动车的行驶时间、位置等数据,提供车辆违法的开始、终止时间及地理坐标,以及车载卫星定位终端号或监控平台序号等信息。"

〔2〕 比如,违反限速规定交通违法证据资料,应当严格执行《道路交通安全违法行为图像取证技术规范》(GA/T832),应当能够准确地反映机动车类型、号牌、外观等特征,清晰地记录违法时间、地点以及违法过程,包含不少于两幅不同时间或者不同位置的机动车全景特征图片,每幅图片上应当叠加违反限速规定交通违法的日期、时间、地点、方向、设备编号、防伪码、测速方向以及道路限速值、车辆行驶速度值等信息。

〔3〕 在"申广林与晋城市公安局交通警察支队道路行政处罚纠纷上诉案"中,晋城交警支队通过交通技术监控设备收集到3幅晋E13326牌号小型轿车的道路交通违法行为图像。该3幅图像均记载违法行为地点为富士康路口西车道3,红灯时间为2011年4月16日14时21分,抓拍时间为2011年4月16日14时22分,但均未叠加有图片取证设备编号和防伪信息。法院认为,这违反公安部《道路交通安全违法行为图像取证技术规范》关于"每幅图片上叠加有交通违法日期、时间、地点、方向、图像取证设备编号、防伪等信息"的要求。根据最高人民法院《关于行政诉讼证据若干问题的规定》第55条第(二)项关于证据的取得要符合法律、法规、司法解释和规章的要求之规定,判定晋城交警支队收集的3幅违法图像不具有合法性。参见山西省高级人民法院(2013)晋行终字第13号行政判决书。

缴纳工作”。这是对罚款执行制度的进一步发展。

从上述制度发展的脉络上,我们不难发现,非现场执法已经生长繁衍出自己的规范体系,与行政处罚法有着云泥之别。一些人大代表尤嫌不足,“电子监控执法属于非现场执法,不能完全适用道路交通安全法,应该就交通电子监控单独立法,同时完善道路交通安全法对电子监控执法管理的具体范围”。公安部回应道,“道路交通安全法第114条为交通电子监控执法提供了执法依据,并据此制定了道路交通安全违法行为处理程序规定和关于根据交通技术监控记录资料处理交通违法行为的指导意见等配套规定,以规范交通电子监控行为。”对于规范供给是否充足,上述回复不置可否。内务司法委员会建议,“可以在修改道路交通安全法时统筹研究进一步完善交通电子监控相关规定。目前应认真执行好已经出台的相关配套规定,严格、规范执法”。从字里行间还是透露出进一步丰富规范的期许。[1]

还未等道交法回应,《行政处罚法》(2021年)作为行政处罚的一般法,第41条复制了上述交警对非现场执法的设备要求、证据审核要求,淬炼为可期待解释的浓缩性表述,还进一步提出“不低于传统程序的权利保护标准”。具体而言,(1)电子技术监控设备应当经过技术和法制“双审核”,符合标准、设置合理、标志明显,设置地点应当向社会公布。(2)行政机关应当审核电子技术监控设备记录的违法事实。“未经审核或者经审核不符合要求的,不得作为行政处罚的证据。”(3)采取信息化手段或者其他措施“及时告知当事人违法事实”,提供查询方式。(4)信息化手段应便利当事人陈述、申辩,而不是相反,“不得限制或者变相限制当事人享有的陈述权、申辩权。”非现场执法不因自动化而降低权利保护标准。另外,在灵活管辖上,第22条也为非现场执法留出接口,“法律、行政法规、部门规章”对行政处罚管辖另有规定的,“从其规定”。但是,在送达方式上,第61条却与民事诉讼法亦步亦趋,没有将手机短信送达作为电子送达方式的主要形式。我们大致可以说,《行政处罚法》(2021年)已经比较完整、全面、系统地总结了已有非现场行政处罚规定成果。

---

〔1〕《全国人民代表大会内务司法委员会关于第十二届全国人民代表大会第四次会议主席团交付审议的代表提出的议案审议结果的报告》(2016年11月2日)。

三、学术上的批判

从中文文献上看,对非现场执法的研究,主要散见在交警非现场执法、电子警察、自动化行政等文献之中。这些作品都成文并刊发在2021年《行政处罚法》修改之前。在非现场执法规范搭建过程中,批判之声时而有之,也出现了一些误读。

一个误判是,非现场执法不能满足《行政处罚法》(1996年)第34条、第6条第1款、第32条规定,因为"不是当场处罚"。〔1〕其实,在我看来,简易程序,也称"当场处罚程序",本质特征不是"当场"处罚,而是简化程序。"平台操作模式",显然不要求"执法人员与相对人的接触",也不强调行政处罚场域一定是违法行为发生的现场,〔2〕但是,应当契合简易程序的保护标准。从本质上看,"平台操作模式"践行了简易程序的基本要求。从官方网站下载的APP或者平台操作,就已表明身份。自动形成的行政处罚决定书,有自动编号和电子签章。平台操作的流程设计,也体现了告知、说明理由、陈述、辩解的要求。形成的电子行政处罚决定都是低烈度的。

另一个错判是,非现场执法不能合理裁量,无法做到《行政处罚法》(1996年)第4条第2款规定的"过罚相当"。〔3〕其实,据我所知,平台系统的智能化程度还比较低,达不到由机器自主学习,也没有从轻、减轻、从重或者不予处罚等选

〔1〕秦鹏飞:《论与非现场执法相关法律规定的缺陷及其完善》,载《公安研究》,2008(4)。

〔2〕在"刘家海与南宁市公安局交通警察支队道路处罚纠纷上诉案"中,上诉法院认为,《道路交通安全法》第107条及最高人民法院《关于交通警察支队的下属大队能否作为行政处罚主体等问题的答复》(〔2009〕行他字第9号)"没有规定按照简易程序作出决定的时间、地点等时空边界,且其各行文是可以当场作出行政处罚决定,根据文义,简易程序可以当场作出处罚决定,也可以事后作出处罚决定"。"所有按照简易程序所作处罚决定都必须当场作出,也不符合客观实际。例如针对超速行驶、闯红灯、不按道路交通标志和标线行驶等违法行为的处罚,一方面,对违法行为发生证据的采集与固定,不可能完全由路面执勤交警即时完成,而依据交通技术监控设备采集与固定的证据,从数据的采集、记录到数据的传送、固定,客观上,证据的形成与违法行为的发生存在时间差。另一方面,如若对前述违法行为的处罚决定都必须当场作出,将耗费巨大的警力资源,与我国国情不符。"参见南宁铁路运输中级法院(2019)桂71行终206号行政判决书。

〔3〕茅铭晨:《从自定走向法定——我国〈行政处罚法〉修改背景下的非现场执法程序立法研究》,载《政治与法律》,2020(6)。

项，不会通过自动权衡考量因素，不能"量体裁衣"形成体现个案正义的个性化行政处罚决定。当下的平台操作与执法人员的当场处罚一样，都没有裁量余地。裁量基准将违法行为与行政处罚一一对应，消除个案差别，整齐划一。交警在现场处罚，也只是将违法行为代码输入，选择对应的处罚额度。转为平台操作，通过"人机对话"，由平台自动形成电子行政处罚决定，也同样是根据裁量基准，将已然设定好的行政处罚转换成机器决定。

除去上述误读之外，对于法规范是否充沛、实用，比较有价值的批判主要包括：

第一，非现场的执法模式采取执法人员不与当事人面对面接触，实践上给出的一种解释是，"民警对于现场纠正违法行为比较困难，民警和交通违法司机都不容易接受"，〔1〕"很少能得到群众的支持与理解"。〔2〕这也不适当地规避了法律，〔3〕"无法当场纠正当事人的违法行为，也不能及时对违法当事人进行教育"，与《行政处罚法》(1996 年)第 5 条规定的处罚与教育相结合原则抵触。〔4〕

第二，由于技术设备抓拍能力所限，无法识别实际驾驶人，所以，《道路交通安全法》(2003 年)第 114 条只能推定违法行为系机动车所有人或管理人所为。这突破了《行政处罚法》(1996 年)第 3 条规定，与个人责任原则有出入。当然，从偶尔抓拍清晰的图像上可以辨认出实际驾驶人，或者由机动车所有人或管理人指证、经查属实的，应当处罚实际驾驶人。这又为违法记分不落实、买分、卖分埋下了伏笔。比如，实践上，不少违法驾驶人只承认是车主，扣分、扣证无从执行。"一些驾驶人在使用汽车租赁公司的车辆发生交通违法行为后，由于执法存

---

〔1〕 贾学武、李强：《关于非现场执法问题的思考》，载《道路交通与安全》，2005(2)。

〔2〕 刘吉光、程锋：《公安交通非现场执法模式研究》，载《道路交通与安全》，2004(2)。

〔3〕 在"程某、成都市公安局郫都区分局、成都市公安局郫都区分局交通警察大队等其他二审行政判决书"中，协警使用配发的"流动电子监控设备"照相机对违法停放的涉案车辆拍照取证时，"驾驶员在车内并将后备厢打开又关闭"。但是，民警没有按照《道路交通安全法》第 93 条第 1 款规定"指出违法行为，并予以口头警告，令其立即驶离"，而是"拍照取证后经交管二分局民警按照违反禁止标线指示，将该违法行为录入系统"。交警、法官都认为，"流动电子监控设备"，属于交通技术监控设备，适用《道路交通安全法》第 114 条规定。参见四川省成都市中级人民法院(2018)川 01 行终 466 号行政判决书。在我看来，执法人员或者辅助人员手持移动设备在现场实施的调查取证，只不过以"流动电子监控设备"为辅助手段，应当当场处罚的，在程序上应当不折不扣地践行上述第 93 条第 1 款规定。

〔4〕 龚鹏飞：《论与非现场执法相关法律规定的缺陷及其完善》，载《公安研究》，2008(4)。

在时间差,也导致事后查找难。"[1]所以,"在非现场执法模式出现之初,各地公安机关交通管理部门利用交通监控记录资料记录对违法行为的处理做法主要有两种:一种是对非现场执法处理的违法行为只罚款,不记分,也不实施其他的如暂扣机动车驾驶证、吊销机动车驾驶证以及行政拘留等行政处罚;另一种做法是既罚款,也记分,但记分的对象由来接受处理的当事人或当事人的委托代理人决定,只要来接受处理的当事人或当事人的委托代理人出示一份机动车驾驶证即可,记分记在该驾驶证载明的驾驶人身上。"[2]

第三,传递信息滞后,告知义务规定不足。告知效率最高的短信告知形式仍未普及,不能在合理时间内及时告知违法行为。[3]"非现场处罚的通知短信、通知单或提醒单只告知被采集的'违法事实'和处理决定","既未告知交警部门的地址和联系方式,也未告知接待核对违法记录视频、接受陈述申辩的具体机构"。[4]"'向社会提供查询'并不能完全等同于'及时告知'。"[5]实践上,在正式违法数据形成后还存在向社会进行发布的做法,"发布途径主要包括邮寄违法通知单、交通信息网、报纸、广播、电视台、短消息、电信声讯等"。[6]但是,通过大众媒体向社会公布是发散性的,是向公众"曝光",形成舆论谴责。当然,也可能成为当事人被动获知的管道,其功能却与查询同构化。它们都存在明显的滞后性,也很难达到针对当事人的"及时告知"效果。

第四,对监控技术设备记录的证据,以及认定的违法事实提出异议的,比如,车辆被"套牌","执法部门不是采取'疑违(法)从无'原则,而是要求当事人承担自己没有违法行为的举证责任"。"这对当事人极不公平","让当事人'自证清

[1] 杨杭:《对完善交通管理非现场执法模式的思考》,载《公安学刊》,2005(6)。

[2] 龚鹏飞:《论与非现场执法相关法律规定的缺陷及其完善》,载《公安研究》,2008(4)。

[3] 一项调查显示,大部分驾驶者通过网络查询系统得到违法行为的告知(66.8%),只有少部分收到短信告知(12.8%)。驾驶人在最近1次交通违法后1周得到违法告知只占8.5%,1个月以上多达51.6%,15.9%在办理年检时才得知。可见告知不及时。王石、金斌、石京:《交警非现场执法效果分析》,载《交通信息与安全》,2014(3)。

[4] 茅铭晨:《从自定走向法定——我国〈行政处罚法〉修改背景下的非现场执法程序立法研究》,载《政治与法律》,2020(6)。

[5] 张静:《对交警部门"非现场执法"的法律思考》,载《法制与经济》,2009(7)。

[6] 杨杭:《对完善交通管理非现场执法模式的思考》,载《公安学刊》,2005(6)。

白’是极其困难的”。[1] 自动化行政处罚会让执法人员过度依赖数据，放弃全面调查义务。

第五，违法驾驶人不能及时自觉接受行政处罚，非现场执法案件积压比较严重。[2]实践上的应对就是，《机动车登记规定》(2012 年公安部令第 124 号)第 49 条规定，与车辆年检“捆绑”处理，要求当事人先处理完毕违法行为。但是，上述规定涉嫌与《道路交通安全法》(2011 年)第 13 条规定的“任何单位不得附加其他条件”相抵触。

第六，从“被处理概率乘以处罚力度等于违法损失期望”这一理论模型出发，自动化行政大大提升了违法行为的发现率，使得处罚过于密集，频率过高，“产生了实质性的处罚不当问题”。为解决处罚密度失衡，要么“降低自动化行政处罚的效率”，以“缓解自动化执法的僵化”，要么“降低处罚力度”，“建立行政处罚标准动态调整机制”。[3]

四、行政审判的因应

那么，上述批判在行政审判上是否也有共鸣？尤其是，有关实践是否会拉低权利保护的水准？法院还遇到了哪些问题？除了可以由法院自己解决的，还有哪些需要立法进一步明确？我们可以从北大法宝上检索出来的案件，还有我长期观察、参与论证和制度建设中获悉的一些案件里去一探究竟。

1. 拉低“权利保护水准”

从法院审判看，法官评判的尺度还是本能地选择传统执法的规范要求。假如传统执法的程序要求都能植入平台操作，在非现场执法上再现或还原，权利保护的水准不会拉低，那么，技术的引进就不会被诟病。《行政处罚法》(2021 年)第 41 条第 3 款也特别强调，“采取信息化手段或者其他措施”，“不得限制或者变相限制当事人享有的陈述权、申辩权。”也不能以当事人看到违法记录却不辩解，

---

〔1〕 茅铭晨：《从自定走向法定——我国〈行政处罚法〉修改背景下的非现场执法程序立法研究》，载《政治与法律》，2020(6)。

〔2〕 杨杭：《对完善交通管理非现场执法模式的思考》，载《公安学刊》，2005(6)。

〔3〕 马颜昕：《自动化行政方式下的行政处罚：挑战与回应》，载《政治与法律》，2020(4)。

推定行政机关已告知其陈述权、申辩权。[1]这实际上暗含了"不低于传统程序的权利保护标准"。

从实践看,法院也很自然地将传统执法规范要求作为衡量尺度。[2]在交通违法自助处理平台的设计上,程序法规则也很方便"编译到代码中去",[3]可以通过自动弹屏提示、提供选择项的操作流程,力求契合并履行行政处罚法对告知、陈述、申辩等要求。[4]在法院看来,在上述交警徽信自助处理平台接受处

---

〔1〕在"白理成不服西安市公安局交通管理支队高速公路大队行政处罚附带行政赔偿案"中,原告因超速被抓拍。对于原告提出的"被告对其车辆只拍摄不纠正",不履行告知义务,"致使其违法行为持续存在",法院认为,"就电子监控交通管理方式而言,长期以来,公安交管部门与相对人之间已经形成了互相接受的方式,即公安交管部门将监控设备录制下来的违法行为以上网等形式予以公布,驾驶人员等通过上网等方式予以查询,这种双方都能接受并实际履行的方法已在社会实践中公认",可以认定被告履行了告知的义务。对于原告指控"被告没有告知自己有陈述权及申辩权",法院认为,在简易程序中,"双方均是口头问答,被告已表明了向原告告知权利","况且,被告出示图片本身的含义就包含等待原告是否需要申辩的表示,在这个过程中,原告没有争议"。参见陕西省西安中级人民法院(2006)西行终字第88号行政判决书。在我看来,这实际上是从双方交往中,原告看到违法记录却不辩解,依此推定,他知悉有陈述权和辩解权,却自愿放弃。而且,警方设计的程序上,应该也没有主动告知当事人有权陈述、申辩的明确信息或者提示。这种推定显然有问题。

〔2〕在"刘某与鞍山市公安局公安交通管理局特勤机动大队公安行政管理:道路交通管理(道路)一审行政判决书"中,法院认为,"被告提交的程序证据及依据不能证明其作出的被诉具体行政行为履行的程序符合简易程序的要求",判决撤销。参见海城市人民法院(2019)辽0381行初256号行政判决书。

〔3〕刘东亮:《技术性正当程序:人工智能时代程序法和算法的双重变奏》,载《比较法研究》,2020(5)。

〔4〕在"莫贤军、温岭市公安局交通警察大队、温岭市人民政府行政复议二审行政判决书"中,我们大致可以知悉有关平台设计流程。第一,技术监控设备获取违法证据,录入公安交通综合应用平台,通过系统平台发送手机短信,告知当事人违法行为,并接受处理。第二,当事人可以在交警徽信自助处理平台上操作。"平台上的用户须知"会告知,"对非现场交通违法行为无异议的,视为放弃陈述和申辩权利。如有异议,应当到违法行为发生地公安机关交通管理部门接受处理","不再另行制作和送达纸质公安交通管理简易程序处罚决定书"。当事人在勾选"已阅读无异议"后才能进入下一步的处理。第三,平台还会显示"违法地点、时间、内容、违法条款处罚依据等内容",提供"返回列表"及"确认违法信息",只有点击"确认违法信息"后才会跳转到下一步。第四,平台会显示违法行为详情及处罚依据、处罚内容,并注明"对于以上告知内容,不提出陈述和申辩",并提供"已阅读,有异议,需要提出陈述和申辩意见"和"已阅读,不提出陈述和申辩",只有选按"已阅读,不提出陈述和申辩"后,才能选择"确认接受处罚"的按钮,之后平台会提示进行手机短信认证。只有上述操作全部正确并完成后,平台才会显示出该起违法行为自助处理的简易程序处罚决定书,最后平台提示去缴纳罚款。参见浙江省台州市中级人民法院(2019)浙10行终311号行政判决书。

罚,“在处理过程中已明确告知了车辆违法事实情况、处罚决定的内容、适用法律的依据及上诉人依法享有的陈述、申辩权和复议、诉讼的权利,处罚程序合法”。[1]

但是,非现场执法毕竟是一种全新的运作模式,有自身的规律与特点。“自动化行政也不再强调程序的步骤、方式等,而是将所有内容杂糅进入既定的算法之中,自动得出结果。”[2]在一些案件上,法院也不愿成为自动化行政发展的绊脚石,所以,尽可能地理解并体谅了非现场执法的特殊性,通过解释,将传统执法规范要求尽量涵摄进去,维持了行政处罚决定的合法性。但是,不可否认,付出的代价却是拉低了对公民权利的保护程度。

较典型的对比情境是,《道路交通安全法》(2021 年)第 93 条规定,“对违反道路交通安全法律、法规关于机动车停放、临时停车规定的,可以指出违法行为,并予以口头警告,令其立即驶离。机动车驾驶人不在现场或者虽在现场但拒绝立即驶离,妨碍其他车辆、行人通行的,处 20 元以上 200 元以下罚款”。对于违法停放、临时停放的,分为两种情形处理,一个是经过口头警告后,能够立即驶离的,不处罚款。另一个是“不在现场”,或者“在现场”,但是,经过口头警告后,仍然拒绝驶离的,处以罚款。

那么,在非现场执法中,固定的信息提示牌能够起到“口头警告”、责令“立即驶离”的效果吗?有的当事人主张“涉案道路边的警示牌不能证明有劝离的事实”,“警示牌属普遍提醒,不能代替特定指令”,交警认为“警示牌的作用即是劝

---

[1] 在“刘某 1、成都市公安局交通管理局第四分局、成都市公安局交通管理局其他二审行政判决书”中,对于刘某 1 提出的“交通违法行为自助处理系统剥夺了其陈述权、申辩权”,法院不认可,理由是,第一,“刘某 1 无证据证明其在处理违章时使用的自助办理流程与该流程图所展示的处理程序不一致”。第二,“自助办理机已向其告知了违法事实,并提供了放弃后续操作到窗口进行陈述、申辩的权利行使途径,刘某 1 在到窗口咨询后,因排队等候处理人员太多而自己放弃了陈述、申辩,选择按照自助办理机流程提示自助进行了后续操作,自助办理机当即生成、上诉人当即收到案涉处罚决定”。参见四川省成都市中级人民法院(2018)川 01 行终 776 号行政判决书。

[2] 胡敏洁:《自动化行政的法律控制》,载《行政法学研究》,2019(2)。

离”,[1]法官一般只是查明是否设有提示牌,[2]或者功能近似的提示信息,[3]便可以推定原告“理应知晓”提示牌的信息。这“已起到指出行为人违法停车,并责令其立即驶离的作用”。[4]只要停车3分钟以上,就认为构成违法停放。[5]《上海市道路交通管理条例》(2016年)第75条第1款第(六)项也明确规定,“公

---

[1] “宋某1与上海市公安局杨某分局交通警察支队、上海市公安局杨某分局行政公安其他二审行政判决书”,参见上海市第二中级人民法院(2018)沪02行终403号行政判决书。

[2] 在“陆某与上海市公安局杨某分局交通警察支队处罚决定以及行政复议决定上诉案”中,法院认为,“涉案路段设有多块警示标牌,根据上诉人自述的行驶路线至停车地点,共经过两块警示标牌,其中一块设置在吉浦路三门路路口东南侧,另一块设置在三门路从吉浦路至秋阳路路段中。上诉人提出的标牌设置异议系针对上述标牌中的第二块,其拍摄的相关视频仅能证明第二块标牌被茂密的树枝遮挡,该视频拍摄地点未涉及完整的行驶路线,没有拍摄路口情况”,不足以否定交警支队提供的证据及证明内容。参见上海市第二中级人民法院(2018)沪02行终111号行政判决书。

[3] 在有的法官看来,固定提示信息缺失,但有其他足以提示当事人的信息,也可以替代。在“马永军诉荥阳市公安局交通巡逻警察大队行政处罚二审判决书”中,交警部门违反了《道路交通安全违法行为处理程序规定》(公安部令第105号)第17条规定,没有在涉案路段设置测速警告标志。但是,法院认为,“涉案路段设置有限速标志”,测速警告标志的缺失,也不会导致当事人“对限速情况产生误解,不能成为其超速行驶的理由”。参见河南省郑州市中级人民法院(2015)郑行终字第432号行政判决书。

[4] 在“赵某某诉上海市公安局闵行分局交通警察支队行政处罚决定纠纷案”中,争议的焦点是设置固定的信息提示牌,能否替代现场执法中的行政命令。原告的停车地点在往来方向上都设有“停车行为违法/请立即驶离/电子警察监管/(违法停车)”的信息提示牌。法院认为,“公安机关交通管理部门根据交通技术监控记录资料进行行政处罚,其本身是一种利用现代技术手段对交通违法行为进行远程监控和远程治理的方式,交通管理部门在合理的地点设置‘停车行为违法/请立即驶离/电子警察监管/(违法停车)’的信息提示牌,已起到指出行为人违法停车,并责令其立即驶离的作用”。“原告作为一名机动车驾驶员,理应知晓在监控范围内交通法规禁止停车的区域,车辆不应当停放、临时停车,应当立即驶离。原告停车达数分钟仍未驶离,其行为性质已构成拒绝立即驶离。”参见上海市闵行区人民法院(2012)闵行初字第70号行政判决书。同样,在“余舟、杭州市公安局交通警察支队西湖大队行政处罚二审行政判决书”中,查明的事实也是,民警“在数字勤务室综合控制岗值守”,在视频监控中发现涉案车辆违法停放。该路段“设置有全路段禁停的交通标志”。其间,民警对当事人没有及时给予任何提醒。而是直接“通过交通技术监控设备进行了摄录,并提交公安机关交通管理部门审核上传”。参见浙江省杭州市中级人民法院(2018)浙01行终793号行政判决书。

[5] 在“黄学昌与上海市公安局崇明分局交通警察支队处罚决定及行政复议决定上诉案”中,法院认为,“黄学昌停车路段竖有违法停车警告标志,起到了第九十三条第一款规定的指出违法行为、警告并责令立即驶离相同的告知和警示作用。黄学昌将车辆逆向停在供非机动车停放的地点3分钟以上,已构成违反规定停放、临时停车且驾驶人虽在现场但拒绝立即驶离妨碍其他车辆、行人通行的违法行为。”参见上海市第二中级人民法院(2017)沪02行终389号行政判决书。

安机关设置的警示牌、电子标识等给予的警告或者推送的即时信息视为警告、令其立即驶离。”

但是,实践上也不排除当事人因疏忽而没有注意到提示信息。在实施行政处罚之前,如果没有与现场警告近似效果的替代措施,就掠过了“不罚”,变为“一律处罚”。从对相对人权益的保护上看,显然低于传统的人工执法。这就需要在新的起点上找到新的平衡。或许,采取手机短信的即时提醒,完成口头警示与责令驶离,在经过合理时间之后推定当事人不履行义务,至少能够缩小与传统人工执法的差距。

2. 监控技术设备记录取证

监控技术设备的广泛运用,会出现对违法行为全新的证明方式,[1]也会在举证责任、证据适格、专业性审查等方面带来一些变化,出现了一些未曾有过的争议点、证明方式、审查原则。

(1) 监控技术设备的运用,不单纯是事实行为,监控技术设备检测合格、设置合理并事先向社会公开、具有警示标志等法律要求,都对监控技术设备记录的有效性产生重要影响。因此,也就不难理解,《道路交通安全违法行为处理程序规定》(2008年)第15条第2款、[2]第3款关于“设备符合标准,定期维护、保养、检测”的规定,第16条、第17条第1款关于“设置合理、标志明显,设置地点应当向社会公告”的要求,都被复制到《行政处罚法》(2021年)第41条第1款、第2款之中。

诉讼中,当事人一般会要求,交警部门也都会提交,法官也会审查设备系统的合格证、检验报告或者检定证书,上注有效期限。那么,要不要出示定期维护、保养、检测记录呢?在法院看来,只要在检定证书的有效期内,交警“没有出具维护、保养记录”,“不影响该设备测算出的数据的证明效力”。比如,“孔祥鹏齐齐哈尔市公安局交通警察支队其他二审判决书”,[3]当事人要求交警“出具该设

---

[1] 比如,在高速路或者隧道里,对于机动车是否超速,可以通过监控设备记录机动车进入和驶出时间,算出总计时长,因高速或隧道的长度固定,便可以计算出平均时速,进而判断是否超速。但是,这种计算方法不能用来判断发生道路交通事故的时速。

[2] 《道路交通安全违法行为处理程序规定》(2008年)第15条第2款在2020年修改为“交通技术监控设备、执法记录设备应当符合国家标准或者行业标准,需要认定、检定的交通技术监控设备应当经认定、检定合格后,方可用于收集、固定违法行为证据”。

[3] 参见齐齐哈尔市中级人民法院(2016)黑02行终94号行政判决书。

备的其他维护、保养记录",法院认为,这"于法无据"。在我看来,在有效期内的检定证书,能够证明设备质量合格,并在一定程度上证明设备运行正常。但是,当事人提出质疑的,还应当出示定期维护、保养、检测记录,特别是最近一次记录。除此之外,为证明设备运行没有异常,交警还会收集其他证据加以佐证,比如,设备没有遭受外力损害,同一时段记录没有明显异常。〔1〕

法官会查明,公安机关也会提供已发布有关安装监控技术设备地点的公告,〔2〕以及在监控技术设备附近有明显警告标志。法官不会过于纠结特定路段的警告标志是否设置合理,而是从总体上看,有关警告标志的信息是否应当为当事人所知晓。〔3〕

但是,直接针对监控技术设备设置不合理(比如,间距过密,以罚款为目的)而引发的争讼,尚未发现。〔4〕因人行横道设置不规范、〔5〕标志标线不清晰,而被监控技术设备记录未礼让行人、未按导向车道行驶的,却不乏其例。这必然延展我们的关注。监控技术设备的合理设置,不仅有事故多发、交通拥堵等路口、

〔1〕 在"张某与上海市公安局交通警察总队机动支队交通案"中,交警还做了实地勘察,确认"现场未发现损坏或外力撞击的痕迹。"并举证,"原告被抓拍的当日,该处设备共计查获超速违法行为18起,其中13人接受处罚,11人已缴纳罚款,未出现大批量异常抓拍的情况,也未出现被处罚人集中申诉的情况。"参见上海市徐汇区人民法院(2017)沪0104行初73号行政判决书。

〔2〕 在"邹正梅与金湖县公安局交通警察大队处罚及行政赔偿上诉案"中,原告认为测速点"由被告公布不合法",法院不以为然,"由被告公布测速点并无不当。"参见江苏省淮安市中级人民法院(2017)苏08行终53号行政判决书。

〔3〕 在"还力农诉梧州市公安局交通警察支队高速公路管理二大队处罚决定案"中,涉案路段测速告示牌与限速告示牌不在一处,"在测速标志牌后面100米处有一限速80公里的标志牌",当事人辩解,"当汽车速度达到120公里时速时,每秒运行距离为33米,由测速标志牌运行到限速标志牌这段路只有2-3秒的时间",根本无暇看清标志信息,"导致其误判而超速"。上诉法院承认,"从涉案地点测速告示牌与限速告示牌的设置现状看,这两块牌子确实不在同一地点,该设置不当"。但是,话锋一转,"作为驾驶员的还力农负有依法驾驶车辆和在行车过程中应当时刻注意交通信息的义务","涉案高速公路桂林往梧州方向自贺州市昭平县樟木镇路段起至涉案地点主道的行车速度均多点告示限制在每小时80公里或60公里之内,显然,还力农关于因涉案路段测速告示牌与限速告示牌不在同一地点而致其误判和超速的诉讼意见无法令人信服"。参见广西壮族自治区梧州市中级人民法院(2017)桂04行终15号行政判决书。

〔4〕 这个问题应该存在。公安部下发的文件有不少关于监控技术设备不合理、不规范的清查要求,地方交管局也发布公告,就"道路交通信号和交通技术监控设备设置存在不合理问题进行公开征求意见"。https://tieba.baidu.com/p/2726387387,2021年3月10日最后访问。

〔5〕 在"上诉人肖绵光与被上诉人宜丰县公安局交通警察大队行政处罚一案二审行政判决书"中,在人行横道,当事人因未停车礼让行人,被监控技术设备记录。当事人提出,人行横道设计不合理,不符合国家规定标准。但是,没有得到法院支持。参见江西省宜春市中级人民法院(2020)赣09行终137号行政判决书。

路段的特殊要求，以及设备之间的合理间距，恐怕还有相关区域的标志标线、人行横道等的合理、规范设计。

(2) 监控技术设备记录在形式上符合技术取证规范标准，固然关乎有效性，但是，法官更看重其在内容上应当足以证实违法行为。

《道路交通安全违法行为图像取证技术规范》(GA/T832—2014)是公安部发布的图像取证技术行业标准，监控技术设备抓取的图像信息应当符合技术取证规范标准，比如，每幅图片上叠加有交通违法日期、时间、地点、方向、图像取证设备编号、防伪等信息。同样，公安部《闯红灯自动记录系统通用技术条件》(GA/T496—2009)规定了“闯红灯自动记录系统通用技术条件”，该标准主要适用于安装在具有信号控制的交叉路口和路段的闯红灯自动记录系统的生产、检测和验收，是对交通监控设备的具体功能要求的标准化。

但是，在法院看来，上述技术取证标准规范都只是一种推荐性行业标准，“而非强制标准”。《道路交通安全违法行为图像取证技术规范》(GA/T832—2014)“规定了道路交通安全违法行为图像取证设备的技术要求、图片模式和信息交换格式”，是鼓励采用的标准，不具有强制性。〔1〕依据《闯红灯自动记录系统通用技术条件》(GA/T496—2009)，“采集到的交通违法行为照片，可以作为交警部门查处交通违法行为的证据使用，但该标准本身并非交警部门查处交通违法行为的直接法律依据”。〔2〕

所以，法院也不拘泥于公安部交通管理局《关于规范查处机动车违反限速规定交通违法行为的指导意见》(〔2013〕455 号)第 4 条的取证规范标准要求，而是

---

〔1〕 在“刘水木、萍乡市公安局交通警察支队直属大队公安行政管理：道路交通管理(道路)二审行政判决书”中，法院认为，“该电子警察设备抓拍违法行为图片虽然缺少图像取证设备编号、防伪信息等内容，未完全符合图像取证技术推荐性行业标准，但是不影响其作为证据使用，亦不影响相关事实的认定”。参见江西省萍乡市中级人民法院(2019)赣 03 行终 34 号行政判决书。

〔2〕 在“连俊鸿与深圳市公安局交通警察支队机动大队交通管理行政处罚行为上诉案”中。连俊鸿主张应当适用公安部 GA/T496—2009 标准。上诉法院认为，“交警部门理应采用该技术标准，但在因技术改造升级未完成之前，就以不符合该技术标准为由否定旧有交通监控设备的运行功能和相关拍摄信息，既与客观现实情况不符，更不利于全市道路交通秩序的管理。连俊鸿主张涉案交通监控设备只拍摄一张照片，不符合公安部第 105 号令的要求，不符合公安部的 GA/T496—2009 标准，不能作为证据使用，对该上诉理由，本院不予采信”。参见广东省深圳市中级人民法院(2014)深中法行终字第 186 号行政判决书。

看是否足以认定违法事实。[1]“不能清晰反映”、[2]“达不到相关行业标准的技术要求”[3]或者“无法全面、充分”证实违法事实的,[4]判决撤销。监控技术设备抓取的图像信息尽管存在数量不足、[5]未包含明确的禁令标志、[6]个别看

---

[1] 在“王某与泰兴市公安局交通警察大队、泰兴市人民政府行政处罚二审行政判决书”中,根据《闯红灯自动记录系统通用技术条件》[GA/T496－2014]4.3.1.1 的规定,机动车闯红灯行为记录系统应能至少记录以下 3 张反映闯红灯行为过程的图片。对于第二张“能反映机动车已越过停止线的图片”,当事人的理解是“要能反映机动车整个车身都过了停止线”,法院认为,机动车作为一个整体,车辆部分越过停止线即符合规范要求,无需整个车身越过停车线。参见江苏省泰州市中级人民法院((2020)苏 12 行终 238 号)行政判决书。

[2] 在“戈凯文与抚州市东乡区公安局交通警察大队公安行政管理:道路交通管理(道路)行政赔偿判决书”中,法院认为,“原告提交的证据能够证明行政处罚载明的原告驾驶车辆违章那天所穿衣服和安全带颜色相近”。“被告提交的交通技术监控设备收集的违法行为记录资料并不能清晰反映原告存在未按规定使用安全带的事实。”因此,判决撤销处罚决定。参见江西省抚州市临川区人民法院(2020)赣 1002 行赔初 5 号行政赔偿判决书。

[3] 在“张某、珠海市公安局交通警察支队香洲大队公安行政管理:道路交通管理(道路)二审行政判决书”中,法院认为,“交警香洲大队提交的图片和视频,达不到相关行业标准的技术要求,不应录入违法系统。因此,涉案被诉行政处罚决定主要证据不足,应予撤销”。参见广东省珠海市中级人民法院(2018)粤 04 行终 42 号行政判决书。

[4] 在“高瑞丽与郑州市公安局交通警察支队第十大队行政处罚一审行政判决书”中,法院认为,被告提供的照片“拍摄的角度不全面、拍照内容不完整,无法全面、充分地证实原告车辆存在不按交通信号灯规定通行的事实”,判决撤销行政处罚决定。参见河南省郑州市金水区人民法院(2014)金行初字第 125 号行政判决书。

[5] 在“梁某某、梧州市公安局交通警察支队特别勤务大队公安行政管理:道路交通管理(道路)二审行政判决书”中,法院认为,“上诉人认为被上诉人提供的只有一幅机动车全景特征图片,不符合《道路交通安全违法行为图像取证技术规范》(GAT832—2009)4.2 要求的两幅图片数量,因而不能作为执法证据使用的理由没有事实与法律依据,本院不予支持”。参见(2015)梧州市中级人民法院梧行终字第 2 号行政判决书。

[6] 在“朱良永、绍兴市公安局柯桥区分局交通警察大队行政处罚二审行政判决书”中,法院认为,“涉案照片未包含明确的禁令标志存在一定不足,但系由电子警察监控设备设置位置所致,并不影响其作为证据的效力”。参见浙江省绍兴市中级人民法院(2018)浙 06 行终 528 号行政判决书。

不清车辆号牌、[1]缺少图像取证设备编号、防伪信息等瑕疵，[2]从中已足以证实违法事实的，法院也不会过分较真。

对于当事人提出的免责理由，法院也会认真审查。比如，在行车过程中灯光

---

〔1〕 在“原告刘锦明不服被告沈阳市公安局交通警察支队处罚决定书及沈阳市公安局行政复议决定书一审行政判决书”中，法院认为，“关于原告刘锦明提出被告向法庭提供的证据中第三张违章照片看不清车牌号，属证据不足的问题，从被告提供的照片证据中第一、二张可见原告驾驶的车辆号牌清晰，现阶段我市使用的‘电子警察’抓拍车辆违章系统是基于视频检测技术予以实现对违章车辆违法行为抓拍。工作原理是通过‘电子警察’摄像功能对路口交通情况进行每秒25帧实时摄录，通过视频追踪车辆号牌运动轨迹对车辆进行跟踪抓拍，同时也依据车型、车身颜色建立车辆数字化模型对车辆进行双重跟踪，再通过预先在视频上标注的车道线、停止线、左转、右转、直行边界线，当被跟踪的车辆运动轨迹触发到视频上已标识的禁止越压的标线时，‘电子警察’立即对车辆违章行为进行抓拍，并保存三张照片。通过这种车牌跟踪技术实现对违法变更车道、不按交通信号指示通行等违法行为抓拍，符合国家相关标准要求。虽然有可能存在离‘电子警察’摄录的范围最远端的违法图片无法体现出违章车辆号牌的情况，但通过号牌追踪技术可确定违法车辆的唯一性”。参见沈阳市大东区人民法院(2019)辽0104行初39号行政判决书。

〔2〕 在“孔祥鹏齐齐哈尔市公安局交通警察支队其他二审判决书”中，法院认为，“图像缺少图像取证设备编号的瑕疵不能否定技术监控设备测算的数值的真实性”。该电子警察设备抓拍违法行为图片虽然缺少图像取证设备编号、防伪信息等内容，未完全符合图像取证技术推荐性行业标准，但是，不影响其作为证据使用，亦不影响相关事实的认定。参见齐齐哈尔市中级人民法院(2016)黑02行终94号行政判决书。

损坏是否可以免责,[1]路过事发地时信号灯是何种颜色,[2]是否紧急避险,[3]是否存在主观故意,[4]是否存在道路障碍,[5]等等。但是,从有关判案

---

〔1〕在"李善荣、珠海市公安局交通警察支队金湾大队公安行政管理:道路交通管理(道路)二审行政判决书"中,当事人认为,"在上路前认真检查了车辆的灯光及其他设施,性能完好,已经履行了交通安全法对于上路行驶的检查规定,对于在行驶过程中一侧车头大灯的突然损坏,短时间内是无法查觉的,如果道路灯光明亮不影响行车安全,这不属于驾驶机件不符合技术标准的机动车的情况"。法院不认可,认为,"作为机动车驾驶员不但要在驾驶前对车辆的性能,例如制动灯光及转向等部件进行安全检查,而且要在行驶的过程中随时注意机动车的性能状态,发现问题及时排除,确保行驶安全"。因此,"不能以灯光在行车过程中损坏作为免责的理由。"参见广东省珠海市中级人民法院(2019)粤04行终5号行政判决书。

〔2〕在"德清县公安局交通警察大队、德清县人民政府公安行政管理:道路交通管理(道路)二审行政判决书"中,本案的争议焦点为当事人在经过路口时信号灯是何种颜色。上诉法院不认可当事人主张黄色,理由是,第一,"上诉人亦认可其通过时,横向排列交通信号灯最左侧位置信号灯亮。"第二,"县交警大队还提供了邻近时间内不同颜色信号灯作比较,虽然上诉人通过时横向红色信号灯在监控照片上呈部分黄色,但是与黄色信号灯有明显区别。"第三,"杭州普乐科技有限公司出具的情况说明证实,上诉人所提异议的交通信号灯的发光单元均是单色光源,红色单光源不会发出黄色光。"参见浙江省湖州市中级人民法院(2020)浙05行终47号行政判决书。

〔3〕在"方刚与漳州市公安局交通警察支队台商投资区大队处罚上诉案"中,上诉人辩称"没有闯红灯的主观故意",是紧急避险。"上诉人在右转车道上行驶时,在刚行驶出路口时发现了逆行的摩托车,随即为防止坚持右行将直接轧到摩托车上人员,才临时左拉方向盘改直行,以致从监控录像看会被误认为是上诉人故意闯红灯。"法院经查明,不予认可。"上诉人主张其当时主观上是要右行进入保生路,按一般驾驶操作规程,上诉人应开启右转向灯,但根据《道路交通事故现场勘查笔录》记载,事故发生时上诉人所驾驶车辆的转向灯开关位置是关闭状态。"参见福建省漳州市中级人民法院(2016)闽06行终34号行政判决书。

〔4〕在"徐某与上海市公安局普陀分局交通警察支队、上海市公安局普陀分局行政公安其他一审行政判决书"中,法院认为,"原告主张其无主观违法故意,违法系因道路交通标线设置不合理、未按规定设置车道行驶方向标志造成。对此本院认为,交通违法行为的认定并不以行为人主观故意为前提,因未尽注意义务而违反交通信号的,同样构成违法。""原告在变更车道时理应注意到该处为实线不可跨越,故原告主观上存在过错。""在部分车流量较大的路段,为避免接近路口时因大量车辆变道导致交通秩序混乱而设置较长的实线,以分隔不同方向的车道,是一种有效的管理手段,且不违反《城市道路交通标志和标线设置规范》的要求。""原告关于涉案路段宜设置车道行驶方向标志的意见具有合理性,但是否设置并无强制规定。"参见上海铁路运输法院(2017)沪7101行初934号行政判决书。

〔5〕在"杨斌、抚州市东乡区公安局交通警察大队公安行政管理:道路交通管理(道路)二审行政判决书"中,当事人辩称,"在东临公路深圳路口右转时因为向右转车道处有积水无法通行而临时借用左转车道行驶,不违反法律规定,法律并没有完全禁止借道通行,在车道受阻时,可以临时借用相邻车道通行。"法院认为,"从交通技术监控记录资料可看出,右转弯车道前方的积水并不足以阻碍杨斌正常通行,即使前方积水会影响行驶,杨斌完全可以在通过停车线后进行绕行。"参见江西省抚州市中级人民法院(2017)赣10行终91号行政判决书。

看，当事人的辩解极少成功。首先，监控技术设备记录白纸黑字，百喙莫辩。其次，自动化行政对输入的违法行为还是静态反馈，没有裁量余地，没有从轻、减轻或者不予处罚选项，也不考虑个案的些微差别。

(3) 对技术运用的专业性质疑，法院判断也十分审慎。

“何凯与上海市公安局黄浦分局交通警察支队行政其他二审行政判决书”[1]是一个难得的案件，双方诉辩焦点是违法鸣号抓拍设备定位功能的准确性。交警“当庭陈述了该设备设计原理及功能，并提交了相应的检验检测报告”。但是，对于高度复杂的技术原理，常人不易理解，法官也不例外。原被告双方对技术原理的是非争辩，法官也无从判断，也不想借力专家证人。法官首先声明，“对于技术问题，行政审判的审查强度有限，且专业问题会因为观点角度的不同存在不同的理解和争议，司法审查不宜过多干预”。

然后，法官提出了对涉及技术性的合法审查三原则，一是“形成过程”审查，审查该套设备系统投入运行前是否经过了充分的论证、检测。二是“明显性”审查，该套设备系统是否存在明显的违反逻辑和科学性的情形，而行政机关对此难以解释。三是“实际效果”审查，该套设备系统投入运行后，是否存在明显大量的异议(复议或诉讼)，导致产生科学性上的合理怀疑。[2]

法官经审查认为，“本案不存在该套设备系统存在明显问题导致上诉人被错误处罚的有效证据，亦不存在行政机关滥用执法权等执法目的问题，被上诉人的技术解释较为合理，上诉人的异议缺乏合理性，故本院对该设备系统的专业性予以尊重，本院认为根据该套设备系统所捕捉到的上诉人的违法鸣号行为能够成立，上诉人否认违法行为存在的依据不足”。

在我看来，对技术采集证据的科学性、技术性、专业性问题，上述“明显性”标准是以法官的理解水平为准据，恐怕不够。因为法官在技术面前也与常人无异。因此，还是应当引入专家证人制度，允许双方邀请的专家辩论，然后，法官再就证据效力做出判断。

3. 平台操作

当事人可以自主选择使用交通安全综合服务管理平台，通过互联网方式查

[1] 参见上海市高级人民法院(2019)沪行终204号行政判决书。

[2] 在一起案件中，关于Truvelo车辆电子测速设备的技术问题，也没有邀请专家证人。但是，该设备的设计者、生产商向法院解释，在英国，大约有四分之三的警察部队使用了该设备。这打动了法官。Cf. RA Crabb, “*Use of Truvelo Electronic Vehicle Speed Timing Device*”(1980) 53(3) *Police Journal* 276,277.

询违法记录,获取电子告知,或者自愿接受电子行政处罚决定,缴纳罚款。这既提高行政效率,又更加便民。平台设计在实现"无人干预自动化"过程中,"可以在给定特定输入的情况下,输出固定的结果,完成一些静态的任务"。它无法自主裁量,也不受算法困扰。通过自动化系统参与完成的电子行政处罚决定,也应视为是行政机关做出的行政行为,在学术上称为"自动化行政行为"。[1]

实践上,当事人在平台上查询到违法记录,却不认同,"也未在交通安全综合服务平台确认处罚并接受处理",而是自行打印查询到的"电子监控违法处理信息",起诉要求撤销,法院一般不受理。理由是,违法记录是公示证据,尚未作出行政处罚,"对当事人的合法权益未造成实质影响",[2]"系行政机关为作出行政行为而实施的准备、论证、研究、层报、咨询等过程性行为",[3]"不具有当然的、直接的约束力",[4]不属于行政诉讼受案范围。法院可以向当事人发出一次性告知,当事人如果对记录有异议,可以根据《道路交通安全违法行为处理程序规定》(2020年)第5条第3款规定,通过公安机关交通管理部门互联网站、移动互联网应用程序或者违法行为处理窗口向公安机关交通管理部门提出。由违法行为发生地公安机关交通管理部门及时审查并回复。

其实,平台提供公开查询的信息属于政府信息。当事人认为记录信息有误,可以要求行政机关更正。"行政机关拒绝更正、逾期不予答复或者不予转送有权机关处理的",当事人可以依据最高人民法院《关于审理政府信息公开行政案件

---

[1] 马颜昕:《自动化行政的分级与法律控制变革》,载《行政法学研究》,2019(1)。

[2] 在"胡磊与南京市公安局交通管理局机动大队行政处罚一审行政裁定书"中,法院认为,"因上述信息并非对当事人进行处罚的行政决定,对当事人的合法权益未造成实质影响,不属于人民法院行政诉讼受案范围",裁定驳回起诉。参见南京铁路运输法院(2018)苏8602行初697号行政判决书。

[3] 在"陈玉梅起诉永州市交警支队、零陵大队、冷水滩大队、凤凰园大队行政裁定书"中,法院认为,"将违章记录公布在网上,是对证据的公示。""因违章记录不具有最终性和确定性,故违章记录不能视为处罚决定,系行政机关为作出行政行为而实施的准备、论证、研究、层报、咨询等过程性行为,不属于人民法院行政诉讼的受案范围。"参见湖南省永州市零陵区人民法院(2020)湘1102行初105号行政判决书。

[4] 在"张明正、郑州市公安局交通警察支队第五大队公安行政管理:道路交通管理(道路)二审行政裁定书"中,法院也认为,"该采集表所载的内容以及可能进行的处罚,对交通违法人员不具有当然的、直接的约束力"。但是,法院进一步指出,"本案上诉人既未网上自助缴纳罚款又未去公安机关交通管理部门进行处理,该记录行为未对上诉人产生行政处罚的实质影响,属于尚未对其权利义务产生影响的行为,不属于行政诉讼的受案范围"。参见河南省郑州市中级人民法院(2018)豫01行终249号行政判决书。

若干问题的规定》(法释〔2011〕17 号)第 1 条第 1 款第(四)项规定,提起行政诉讼。但是,在非现场执法案件的检索中,没有发现一起这类诉讼案件。

当事人对记录当场无异议,自愿放弃陈述权、申辩权,因不熟悉平台操作,可以由辅助人员协助,[1]打印领取行政处罚决定书,缴纳罚款。在自助处理平台上操作获得的行政处罚决定书,是人机对话的产物,不太可能有办案民警的签字。《道路交通安全违法行为处理程序规定》(2008 年)第 42 条第 1 款第(四)项规定的"处罚决定书应当由被处罚人签名、交通警察签名或者盖章",[2]《行政处罚法》(2017 年)第 34 条第 2 款规定的"并由执法人员签名或者盖章",不适用于非现场执法上的自助处理平台操作。但是,由于《行政处罚法》没有例外规定,对于"民警未在处罚决定上签名",有的复议机关认为"违反法定程序",决定撤销、

---

〔1〕 在"李健雄、清远市清新区人民政府公安行政管理:其他(公安)二审行政判决书"中,在交警大队的一名工作人员协助下,在电脑前通过电子警察处理系统向原告展示了道路交通违法照片、告知其作出行政处罚的事实、理由和依据,并打印《清新分局交通警察大队公安交通管理简易程序处罚决定书》(编号:441827—1903840743)送达给原告签字确认。法院认同交警的意见,"这种便民、协助行为不是执法行为"。"交警大队的工作人员在处理过程中履行一些送达法律文书等辅助职责并无不妥,不能因此认为交警大队的工作人员就是执法主体。"参见广东省高级人民法院(2015)粤高法行终字第 680 号行政判决书。在"王海疆与南阳市公安局交通管理大队处罚上诉案"中,当事人当场"自愿领取处罚决定书、缴纳罚款"。事后却提出,工作人员不是警察,无权出具罚单。上诉法院认为,"上诉人的该道路交通违法行为被处罚不是被上诉人执法人员现场执法程序过程作出的,而是由被上诉人在道路路口设置的红绿灯固定摄像探头抓拍获得的,被上诉人的电脑操作管理工作人员根据电脑所存出具该简易程序处罚决定书,并无不妥。"参见河南省南阳市中级人民法院(2017)豫 13 行终 227 号行政判决书。

〔2〕 《道路交通安全违法行为处理程序规定》(2020 年)第 44 条第 1 款第(四)项。

责令重做。[1]有的法官认为违法。[2]有的法官认为仅为程序瑕疵,不影响处罚决定。[3]有的法官接受电子签章。[4]其实,在我看来,在电子平台上操作,形成的行政处罚决定不是经由交警做出,而是视为交警部门做出。与认同电子发票

---

〔1〕 在“刘水木与萍乡市公安局交通警察支队处罚上诉案”中,当事人在服务窗口领取工作人员打印的《公安交通管理简易程序处罚决定书》,未签字,也无交警签字。在行政复议中,萍乡市公安局认为违反了法定程序,做出行政复议决定,撤销了行政处罚决定,责令重新做出行政处罚。参见江西省萍乡市中级人民法院(2017)赣03行终24号行政判决书。

〔2〕 在“卢振华诉漯河市公安局交通警察支队第四执勤大队等处罚案”中,交警支队认为,非现场执法的处罚决定书“和现场开具的简易处罚决定书是不一样的”,“不需要民警签名或盖章”,对此辩解,法院却不接受,认为这“违反了《道路交通安全违法行为处理程序规定》第四十二条第一款第四项‘处罚决定书应当由被处罚人签名、交通警察签名或者盖章,并加盖公安机关交通管理部门印章’的规定”。参见河南省漯河市郾城区人民法院(2016)豫1103行初6号行政判决书。

〔3〕 在“何凯与上海市公安局黄浦分局交通警察支队行政其他二审行政判决书”中,法院认为,“虽违反公安部《道路交通安全违法行为处理程序规定》第四十二条第一款第(四)项之规定,但考虑到本案属于电子警察的特殊执法方式,有别于交通警察在现场进行处罚的情形,主要证据及违法事实均由电子设备予以固定,现场经办民警仅负责事后的处理程序,同时经办民警系在交警支队工作场所进行处理,具有可识别性,民警未在处罚决定上签名或盖章不妥,但不影响实际经办人的确定,因此,本院认为该违法事项显著轻微,亦未影响处罚决定的定性和处理结果的正确性,可视作程序瑕疵”。参见上海市高级人民法院(2019)沪行终204号行政判决书。

〔4〕 在“刘水木、萍乡市公安局交通警察支队直属大队公安行政管理:道路交通管理(道路)二审行政判决书”中,一审法院认为,“市交警支队直属大队已经在交通违法处理窗口公示办案民警信息,所作处罚决定书通过电脑打印印章方式,明确了执法主体和办案民警。刘水木查询到交通违章后,前往交通违法处理窗口接受处理,签收公安交通管理简易程序处罚决定书,缴纳罚款。市交警支队直属大队提供的处罚决定书存档联有交通警察盖章和刘水木的签字,虽然刘水木领取的处罚决定书无交通警察签章和刘水木签字,但上述瑕疵并不影响刘水木的权利”。二审法院也认同,“处罚决定系由交通警察代表其所在单位依法行使职权所作出,并非交通警察个人行为,其法律后果应由公安机关交通管理部门承担。因此,就行政行为本身而言,公安机关交通管理部门的盖章比交警个人签名盖章更具程序价值。在公安机关交通管理部门已盖章的情况下,交通警察未在简易程序处罚决定书上签名或盖章,属于程序瑕疵”。法院认为,采用电脑终端设备打印的公章具备加盖印章效力,“市交警支队直属大队作出的行政处罚决定书采用电子签名的方式符合《中华人民共和国电子签名法》的规定,它与人工盖章具有同等的法律效力,不影响本案行政处罚行为的合法性”。参见江西省萍乡市中级人民法院(2019)赣03行终34号行政判决书。

一样,在电子行政处罚决定上打印电子公章以及统一文书编号,[1]就足以证明行政处罚决定出自交警部门,无需交警签名或盖章,也能发生法律效力。

按照平台提示操作,形成行政处罚决定,缴纳罚款之后,不意味当事人就认同提示结果。即便当事人"当场出具承诺书,认可对'所处理的违法事实无异议,自愿申请接受上述处罚'",也不能推定其放弃复议申请权或者诉权。[2]这是因为,实践中,有的当事人急于机动车年检,也有的顾虑"我不去交钱,就拿不到处罚决定书,无法起诉"。因此,"交钱"并不等于当事人认可了行政处罚的合法性,缴纳罚款是执行行政处罚决定,是行政行为的执行力使然,这不意味着行政行为就此具有了不可争力。只要在申请复议或者起诉期限内,当事人都可以行使救

---

〔1〕 根据《道路交通安全违法行为处理程序规定》第42条第1款第(四)项的规定,适用简易程序处罚的,处罚决定书应当由被处罚人签名、交通警察签名或者盖章,并加盖公安机关交通管理部门印章。在"王晓宇诉成都市公安局交通管理局第三分局处罚案"中,"成都市公安局交通警察支队建设的违法处罚离柜办理系统设置了公安机关交通管理部门的电子印章,由于银行网点自助设备出现故障等原因","王晓宇通过银行网点自助设备打印的8703号简易处罚决定书未加盖交警三分局的电子印章",法院认为,这"不具备处罚决定书的必备形式,该处罚决定依法不成立,属于无效的具体行政行为"。参见成都市锦江区人民法院(2013)锦江行初字第48号行政判决书。

〔2〕 在"姚予鄂、南阳市公安局交通管理支队交通秩序管理大队公安行政管理:道路交通管理(道路)二审行政判决书"中,用户在互联网交通安全综合服务平台上操作,系统会自动弹出电子监控业务须知,用户必须阅读后点击"阅读并同意"按钮后,才能进行下一步的操作。本案中,提示的须知是,"如您对违法事实有异议,请前往违法发生地公安机关交通管理部门办理"。因为原告要"申请机动车检测合格证",便点击"阅读并同意"按钮,缴纳了罚款。一审法院认为,"原告点击了互联网系统中的'阅读并同意'按钮,视为其认可公安机关的要求,并知晓公安机关告知的事项及继续操作将产生的法律后果。原告按照系统提示逐步进行了操作,并通过网上银行系统缴纳了罚款,应依法承担相应的法律后果"。二审法院认为,"这种认识实质上变相剥夺了的行政相对人的诉权,亦没有考虑到行政行为的公定力问题,实属不妥。行政相对人先行缴纳罚款,是执行行政处罚内容的行为,是服从行政行为效力的体现,但并不能以此倒推出行政相对人放弃了下一步寻求行政救济的权利。"参见河南省南阳市中级人民法院(2018)豫13行终10号行政判决书。

济权。从司法实践看,尽管也存在反例,[1]但是,法官一般也不轻易否认当事人的诉权。[2]当事人在网上自助缴纳罚款或者到交警部门接受处理之后,如果不服,可以向法院提起诉讼。有的地方性法规也规定可诉。[3]

4. 小结

总之,通过上述对司法判案的梳理、检视,不难发现,第一,法官对技术自动记录取证上的审查,所依据的有关规范要求与《行政处罚法》(2021年)第41条规定高度吻合。因技术系统产生的审判问题,在法院那里大多被很巧妙、妥帖地应对了。还有个别争议,涉及诉讼规则,比如,应否出示定期维护、保养、检测记录,是否引入专家证人,完全可以由法院自己解决,不是非立法不可。第二,电子平台的设计基本恪守了行政处罚法的程序要求,但是,在电子行政处罚决定的合法要件以及救济上还争执不小。"行政处罚属于负担行为,如果没有特别的理由,且未经过立法者明确,就不应减损自动化行政处罚的程序要求。"[4]因此,有关程序豁免、变通,比如,无需交警签字或盖章,还应由法规范来定分止争。第三,法官竭力维护了非现场执法的合法性。但是,以传统执法对权利保护的标准来衡量,非现场执法实际上拉低了保护水准。因为无法实时告知,执法系统又无裁量,设备设置还可能存在着不合理、相关场域的交通标志设计不规范,这些因素加总,就极易让公众萌生不公平感,批判非现场执法一味创收,不教而诛,"为罚而罚"。上述学者诟病的不执行处罚与教育相结合原则、告知不及时、处罚过

---

〔1〕 在"陈某与忻州市公安局交通警察支队行政处罚二审行政裁定书"中,当事人被交通技术监控设备记录了"机动车违反单双号限行"的违法行为,接到手机短信通知后,通过"交管12123"客户端对该违法行为进行了处理,在手机上获取了《公安交通管理简易程序处罚决定书》,通过建设银行缴纳了100元罚款。一审法院受理了该案,判决驳回诉讼请求。二审法院认为,"行政处罚应针对违法行为人,陈某本人不认可其违反交通法律规定,但其以违法行为人身份缴纳了罚款,其提起诉讼不属于行政诉讼需保护的行政相对人的合法权益,由此引发的处罚不属于人民法院对行政机关依法行政进行监督的范畴,陈某向原审人民法院提出的审查处罚决定之诉不符合人民法院行政诉讼受案范围",裁定驳回起诉。参见山西省忻州市中级人民法院(2019)晋09行终35号行政裁定书。

〔2〕 在"周志刚与长沙市公安局交通警察支队道路处罚复议纠纷再审案"中,法院也受理了案件。参见湖南省长沙市中级人民法院(2020)湘01行终337号行政判决书。

〔3〕《深圳经济特区道路交通安全违法行为处罚条例》(2010年)第47条规定:"对交通技术监控设施记录的道路交通安全违法行为,当事人无异议的,可以直接到银行缴纳罚款。缴款后公安机关交通管理部门不再制作和送达行政处罚决定书。按照前款规定缴纳罚款后,当事人对处罚仍有异议的,可以自缴款之日起六十日内依法申请行政复议。"

〔4〕 马颜昕:《自动化行政方式下的行政处罚:挑战与回应》,载《政治与法律》,2020(4)。

频等都集聚于此。

另外，上述案件没有涉及学者关注的记分不落实，也没有触及对于持续、连续违法状态，能否给予多次处罚。从我参加处理的违反限行、[1]超速案件看，[2]将持续、连续违法“切割”为多次违法、分别处罚，尽管得到了复议机关、法院支持，但在讨论过程中也充满争议。

五、法规范和原理的调适

诚如前述，非现场执法引发的争议，不少在司法实践上已经得到有效回应，比如，对记录证据的审查，以及电子平台处理的性质，有关审查技术、法律适用的调适方面，法官们也有了一定的共识。但是，通过上述司法判案和学术批判的整理，结合我对非现场执法的长期观察，在及时告知，连续、持续状态与“一事不再罚”，记分，协助、辅助行为，还有以车检为处罚担保手段、处罚密度失当等方面，依然存在着不小争议。这些场域的解决方案，可以有技术和法律两条选择路径，一先一后，构成思考次序。

第一条是技术线路。对于技术问题，及其引发在权利保护上的失衡，可以优先采取技术革新解决，在更高的技术层面上实现警察权与公民自由之间新的平衡。假设可以，那么，技术的引入，也丝毫不会妨碍执法在原先的法律结构中运转自如。因技术运用而拉低的权利保护水准，又能够通过技术自身的修正而得以恢复。

当然，着眼当下，技术解决路径有的可行，有的不行，或者暂时不行。假定技术暂时无法解决，无法通过技术本身寻求新的平衡，有些也不是能用技术来解决的，那么，就更需要寻求第二条法律路径，引入更多的法律规范，改进理论认识，

---

[1] 我应邀参加处理石景山区一起行政复议案件，当事人上午违反限行出门办事，被监控技术设备记录，下午回家途中又被监控记录，交警以违反限行两次，处以两次罚款。当事人辩称，当日一直处于违反限行状态，应当按照一个违法行为处罚。但是，复议机关、法院都支持了交警的连续处罚。

[2] 我参加论证一起超速处罚案件，当事人在返京的高速路上超速，被两个相邻的监控技术设备记录。交警认定超速两次，分别处罚。当事人不服，诉诸法院。当事人辩称，当时驾车在两个相邻的监控技术设备之间一直是超速状态，应当按照一个超速违法行为处罚。交警根据有关记录数据测算，发现当事人的确在两个相邻监控技术设备之间持续超速。法院支持了交警的连续处罚。

以维持警察权与公民自由之间的平衡。与 Ric Simmons 一样,我也比较认同 Orin Kerr 提出(setting out)的"平衡调节理论"(the equilibrium adjustment theory)。[1] Ric Simmons 也将该理论作为分析工具,认为在智能监控(smart surveillance)上,执法人员投入使用或者发展了新的技术,打破了已有的警察权与公民自由之间的平衡,就必须调整法律,恢复(restore)适当的平衡。[2]

1. 及时告知

对于技术设备记录的违法信息,甚至对身当其境的违法状态,当事人或许不能及时察觉。与"杜宝良案"相似,在"上诉人高孝云、钟鹏燕诉被上诉人保亭黎族苗族自治县公安局交通管理大队公安行政处罚一案行政判决书"中,[3]法院认可上诉人对未接到及时通知的抱怨,这"客观上对上诉人的行为产生一定的误导,这也是造成上诉人车辆反复多次超速违法行为的一个因素"。

在 2020 年之前,在告知义务上的确存在规范缺陷。《道路交通安全违法行为处理程序规定》(2008 年)第 20 条只是规定,违法信息录入系统后三日内,应当向社会提供查询,"可以通过邮寄、发送手机短信、电子邮件等方式通知机动车所有人或者管理人"。从规范上看,通知不是强制性义务,离发现违法至少有三日以上的迟延。然而,告知的滞后性,必然会拉低对相对人权益的程序保护水准。对于上述案件当事人没有意识(非故意)的多次重复违法,不及时通知,显然不符合正当程序理念。

---

〔1〕 该理论用于解释和论成(justify)美国第四修正案(Fourth Amendment)的结构与内容。第四修正案是关于禁止警察不合理的搜查和扣押(prohibition of unreasonable searches and seizures)。它假设在法规范形成之初,既赋予了警察执法的权力,又予以限制,避免滥用权力,实现了警察权的初始均衡,在安全(security)与隐私(privacy)之间、政府权力与个人权利之间也获得了某种平衡。已有的平衡会因为技术引入而被打破,需要调适规范,重获平衡。这个过程随着技术的日新月异,循环往返,螺旋上升,周而复始。"当不断变化的技术或者社会实践扩大了政府权力,最高法院就收紧第四修正案的保护;当它对政府权力造成威胁时,最高法院就放松宪法保护"(When changing technology or social practice expands government power, the Supreme Court tightens Fourth Amendment protection; when it threatens government power, the Supreme Court loosens constitutional protection.),以此来阐释第四修正案如何适用于电话网络(the telephone network)、秘密调查(undercover investigations)、空中监视法(the law of aerial surveillance)等等。Cf. Orin S Kerr, "*An Equilibrium-Adjustment Theory of the Fourth Amendment*"(2011) 125(2) *Harvard Law Review* 476, 485.

〔2〕 Cf. Ric Simmons, *Smart Surveillance: How to Interpret the Fourth Amendment in the Twenty-First Century*, Cambridge University Press, 2019, p.5.

〔3〕 该案中,被上诉人针对上诉人车辆的 34 次违章记录,并未通过邮寄、发送手机短信、电子邮件等方式通知上诉人。参见海南省第一中级人民法院(2016)琼 96 行终 87 号行政判决书。

《道路交通安全违法行为处理程序规定》(2020年)第20条有了一些突破性发展,一是要求录入系统"当日",就应当向社会提供查询。二是录入系统后五日内,应当"通过移动互联网应用程序、手机短信或者邮寄等方式将违法时间、地点、事实通知违法行为人或者机动车所有人、管理人"。三是在处理违法行为和交通事故、办理机动车或者驾驶证业务等环节中,要求违法行为人或者机动车所有人、管理人登记联系方式,书面确认送达方式,并提供了后续变更的互联网窗口。

但是,从发现违法到告知之间,依然存在延迟性。这与当时系统技术的发展、人工审核流程有关,立法规定也不得不受制于此。监控技术设备抓取的违法数据,在技术上还存在不小的误差,"在上传过程中经常出现数据丢失,不能完整地反映违法过程",〔1〕记录证据与技术标准规范不符,也偶尔有之,也会因图像不清晰而无法实时识别,需要加入人工审核,干预校正。这需要时间,也就不可避免地会迟延告知,增大发现违法行为到告知之间的滞后性。

但是,正如上述案件和评论指出的,对于法律规定可以当场责令改正的,或者具有持续性、连续性的违法,上述告知算不上及时。考虑到记分累积记满12分会产生的严重后果,在记分累积至临界点之前,告知及时尤为重要,既提醒当事人审慎驾驶,又体现了人性化的程序保护。一项调查显示,告知时间越滞后,"驾驶员对于交警工作态度更倾向负面评价。"反之,告知越及时,驾驶人对违法细节记忆越清晰,对违法证据是否充分的质疑也越小,也能更好行使陈述权和申辩权,"对于执法准确性的评价越高"。〔2〕

因此,需要进一步更新系统,应用先进的嵌入式技术和网络同步技术,提高数据传输和处理效率,彻底解决从发现违法到短信告知之间的时间滞后性。〔3〕在技术层面上做到,监控技术设备抓取违法信息之后,便能迅速识别车辆,从数据库中比对锁定登记人,形成短信迅疾发送,实现同步告知。

或许,当下技术暂时还实现不了上述设想,做不到通知信息的高精度、低误差。那么,如何实现《行政处罚法》(2021年)第41条第3款要求的"应当及时告知违法事实"?作为权宜之计,可以采用两次通知制。(1)第一次通知与监控技术设备抓拍基本实时同步,无需先经过人工干预,也不必担心因误差较大而产生

〔1〕 章伟:《高速公路非现场执法取证的现状及发展方向探析》,载《公安学刊》,2008(6)。
〔2〕 王石、金斌、石京:《交警非现场执法效果分析》,载《交通信息与安全》,2014(3)。
〔3〕 孟欣:《谈高速公路交通非现场执法的完善》,载《公安学刊》,2009(4)。

的混乱。比如,登记人没有实施违法行为,却收到短信通知。因为,首先,通过手机短信通知,上载违法事实,功能是提醒、警示,而不是行政处罚,也不是法定正式告知。短信内容不翔实,与处罚决定有出入,法官也会容忍。〔1〕当事人也可以“无则加勉”。其次,更重要的是,“有则改之”。当事人实时收到短信后,能够迅速判断情境,有机会及时改正,避免不利后果。比如,对于违法停放,当事人及时驶离的,系统就会自动中断输入。只有经过合理时间,当事人仍不驶离的,违法信息才自动存入数据系统。所有人、管理人不是实际驾驶人的,也可以及时向后者示警。(2)第二次通知是在经过人工核对校正,将违法信息正式录入系统之后。这次通知的准确率高。同时,通知上注有查询方式、系统登录密码、电子签章等信息。当事人如果不确信、不认同违法,可以及时查看核实记录资料。因此,第二次通知才是法定正式告知。

然而,迄今,在送达方式上,行政法理论始终追随民事诉讼法规定。《行政处罚法》(1996 年)第 40 条也折射了这种认识。但是,非现场执法上的送达数量巨大,远非民事诉讼可比。〔2〕交管部门为及时告知,仿照“司法专邮”,采用邮政特快专递形式邮寄《机动车违章告知通知单》,却因数量巨大、成本过高而不堪重负,有的便将部分成本转嫁给当事人。〔3〕考虑到机动车登记时所有人或者管理人都留有手机联系方式,交通管理很早就积极推进信息化、电子化建设,《道路交通安全违法行为处理程序规定》(2020 年)第 20 条引入了手机短信送达。《行政处罚法》(2021 年)第 61 条却继续跟从民事诉讼法,除延续上述第 40 条规定之外,仿照《民事诉讼法》(2012 年)第 87 条新增修改,规定“当事人同意并签订确

---

〔1〕 在“上诉人肖绵光与被上诉人宜丰县公安局交通警察大队行政处罚一案二审行政判决书”中,交警通过短信和交管 12123 告知原告“人行横道不停车让行的违法行为,记 3 分,收到告知之日起 30 日内接受处理"。原告在接受处理时,交警作出“罚款 150 元,记 0 分"的行政处罚。法院认为,短信和交管 12123 平台仅是告知违法行为和即将受到的处罚,最终的处罚内容以交警做出的行政处罚决定为准。参见江西省宜春市中级人民法院(2020)赣 09 行终 137 号行政判决书。

〔2〕 比如,全国基层法院年均受理民事案件 500 件,送达在 1000 次以上。刘海山:《对民事诉讼法关于送达规定的实践与思考》,https://www.chinacourt.org/article/detail/2013/06/id/1018995.shtml,2021 年 2 月 10 日最后访问。但是,仅北京市海淀区,2002 年交通违法处罚 268.6 万起,非现场处罚 40516 起。刘吉光、程锋:《公安交通非现场执法模式研究》,载《道路交通与安全》,2004(2)。

〔3〕 黄琪:《析“电子警察”的运用与行政处罚原则的遵守——从两例交通违法处罚案件说起》,载《云南大学学报》(法学版),2006(3)。

认书的，行政机关可以采用传真、电子邮件等方式，将行政处罚决定书等送达当事人”。

其实，密云县法院早就尝试“以电子送达方式（短信）向案件当事人发送写有下载网址、系统登录密码、电子签名码的短信”，“但如当事人不下载查阅文书，或者并不回复表示收到文书，仍要改为传统送达。”这没被立法采纳。《民事诉讼法》（2012 年）第 87 条只明确“传真和电子邮件”作为电子送达的主要形式，是因为它们“经过多年的应用，技术已经相对成熟，且具有相当的普及性，并被证实具有较高的可靠性和稳定性”。〔1〕传真、电子邮件适用到非现场执法，都不如手机短信便于驾驶人及时查看，达不到及时教育、立即纠正的效果。而且，手机短信送达，“系统会在受送达人手机收到短信并打开时自动生成回执并保存，用以证明受送达人确认知悉”，〔2〕远超法律要求的送达“到达主义”。因此，非现场执法应当推行以手机短信为主要告知方式。

2. 连续、持续状态与“一事不再罚”

超速、违法停车、违反限行等违法行为时常呈现出连续或者持续状态，而不仅仅是瞬间实施之后就不再反复出现，这些轨迹却可能会被若干个监控技术设备连续记录。那么，究竟按照一个违法行为加重处罚？还是以监控技术设备记录次数认定违法行为，分别连续处罚？

我国台湾地区也对持续违规停车能否连续处罚做出过解释（释字第 604 号，2005 年 10 月 21 日）。〔3〕该案不涉及监控技术设备，而是由执勤员警多次举发。举发就是开单告发，近似大陆的“贴条”（粘贴通知单）。但是，执法情境与监控技术设备相仿。有关讨论还是很有参考价值。

我国台湾地区“道路交通管理处罚条例”（1997 年）第 85 条之一规定，对于持续违规停车，“得籍举发其违规事实之次数，作为认定其违规行为之次数”，连续处罚。上述数个违规行为，都是“违规停车”，“而非不履行将违停车辆驶离之行为义务之违法行为”。“鉴于交通违规之动态与特性，进行举发并不以违规行

〔1〕刘海山：《对民事诉讼法关于送达规定的实践与思考》，https://www.chinacourt.org/article/detail/2013/06/id/1018995.shtml，2021 年 2 月 10 日最后访问。

〔2〕刘向琼、刘鸣君：《论民事诉讼电子送达制度的完善》，https://www.chinacourt.org/article/detail/2017/08/id/2975258.shtml，2021 年 2 月 10 日最后访问。

〔3〕http://www.360doc.com/content/20/0613/22/15710918_918320787.shtml，2021 年 2 月 18 日最后访问。

为人在场者为限”,“每次举发既然各别构成一次违规行为,则连续举发之间隔期限是否过密,以致多次处罚是否过当”,仍然要斟酌考虑比例原则。主管机关在“违反道路交通管理事件统一裁罚标准及处理细则”(2001 年 5 月 30 日)中规定,“以‘每逾二小时’为连续举发之标准。”

从有关讨论看,对连续处罚也有分歧意见。首先,或许,在有的大法官看来,连续处罚不尽合理。因为我国台湾地区“道路交通管理处罚条例”(1997 年)第 56 条第 2 项也规定了拖车措施,可以“使用民间拖吊车拖离之,并收取移置费”。但是,多数大法官认为,由于是否拖车是裁量选择,不是一次举发之后,就必须拖车。且“行政资源之有限性”,“无法皆以拖吊车拖离之方式来排除违规之状态”。“基于行政效率之考量”,执勤员警可以“视违规停车状况,决定执行移置保管或连续举发之优先顺序”。所以,不能依此推论连续处罚不合理。但是,他们都同意,连续处罚应有上限。达到相当次数时,就应当转为拖车措施。否则,有违反比例原则之嫌。其次,当然,也有大法官主张,以一个违法行为加重处罚。对一个违法行为作一次处罚,“只是依举发次数,认定违规情节的严重程度”,而酌量加重罚款之额度。但是,多数大法官认为,每个违法行为的处罚都有上限。对于持续停车数日,如果认定为一个违法行为,即便顶格处罚,罚款也有限。“加重责任(或加重处罚)说应不足採。”

他们也讨论了连续处罚是否抵牾“一行为不二罚”。因为,“在禁停之处所停车,行为一经完成,即实现禁停规定之构成要件,在车辆未驶离该停车之处所前,其违规状态一直存在。”“然而,对于此种行为人仅有一次行为决意,而为一次身体举动之‘自然意义’的一行为”,“以每两小时举发一次为单位,‘切割’成数个法律上单一行为,进而分别处罚”,“是针对违规停车行为持续之违法状态连续科以数次罚锾,不免产生是否违反一行为不二罚原则之疑虑。”有关讨论形成的共识是,“并不生一行为二罚问题”。“在特定事务领域”,也有必要“透过立法”,“将某类型自然单一行为‘切割’成数个法律的单一行为,进而分别评价处罚,始能达成行政管制目的之情形。”前提是,“切割”不得“超出管制目的所需之限度”,比如,不允许“将超速行为以每隔十公尺测速照相举发一次为标准”,也不可以“将违规停车行为以每五分钟举发一次”。但是,“根据处罚法定原则,连续举发之条件与间隔期间等自应以法律规定。”“将连续举发之间隔期间明定于法律之同时,宜在符合授权明确性之原则下,容许主管机关得因地制宜,缩短连续举发之法定间隔期间,避免因该法定间隔期间之僵化,而影响交通秩序之维护。”

在大陆，将“一行为不二罚”称为“一事不再罚”“一事不二罚”。《行政处罚法》(2021 年)第 29 条规定，对当事人的同一个违法行为，不得给予两次以上罚款。一个违法行为不是指自然单一行为，而是法律单一行为，以触犯一个法规范为计算单位。但是，考虑到行政机关之间不可避免的职责交叉重叠，且各自执行有关法律，可能发生不同法规范在目的与效果上的重合交织，因此，自然单一行为同时触犯具有同样行政规制目的或者行政处罚目的的数个不同法规范，仍然视为法律单一行为，挑选其中罚款数额最高的规定处罚。“一事不再罚”细化了《行政处罚法》(2021 年)第 5 条第 2 款规定的“过罚相当”，也就是“设定和实施行政处罚必须以事实为依据，与违法行为的事实、性质、情节以及社会危害程度相当”。

从大陆的司法实践看，法官基本支持对持续违法的连续处罚，也不认为与“一事不再罚”原则违和。我找到的以下两个案件虽不涉及监控技术设备记录，是对违法停放的“贴条”，但是，对于智能监控情境下，如何解释连续处罚及其与“一事不再罚”关系，也很有参照意义。

在“上诉人郭林丰因诉北京市公安局公安交通管理局丰台交通支队大红门大队作出的行政处罚决定案”中，〔1〕2019 年 3 月 25 日至 4 月 4 日，郭林丰将机动车停放在非停车泊位、非停车场的涉案路段，经交通协管员六次告知，目前证据不能确定在此期间是否曾移动位置。交警认定为独立连续的六个违法行为。郭林丰辩称，车辆在此期间并未移动，根据“一事不再罚”原则，只应处罚一次。

上诉法院认为，认定六个违法停车行为，连续处罚，不违反“一事不再罚”。第一，“同一个违法行为应当包含内在意思决定、外在行为表现以及法律规范评价三个要件。如果违法行为人明知其行为的违法性并且可以预见将受到行政处罚的法律后果，置行政机关的多次违法行为告知于不顾，仍然继续实施违法行为，应当以行政机关的告知行为为限认定违法行为人在告知后产生了新的违法故意，因而将每次告知后的违法行为认定为新的违法行为，总体上将行为人的违法行为界定为连续发生的数个违法行为而非同一个违法行为。”第二，“违法行为人长时间在同一地点违法停车与在同时段内多次移动车辆违法停车，前者对道路交通安全的危害更大、性质更为严重，对后者的数次违法停车行为实施数个行政处罚符合‘过罚相当’原则。”

〔1〕 参见北京市第二中级人民法院(2019)京 02 行终 1901 号行政判决书。

在“上诉人李某志因诉北京市公安局公安交通管理局朝阳交通支队呼家楼大队公安交通管理行政处罚决定和北京市朝阳区人民政府行政复议决定案”中,[1]李某志违法停放车辆的行为长达五天之久,其间被贴条两次,按两次违法处罚。李某辩称,对于连续违法停车给予两次处罚,违反了《行政处罚法》(1996年)第24条规定的“一事不二罚”。

上诉法院认为,“虽然连续违停多日与多日分别违停显然不同,但如果以一事不二罚原则为由,对前者认定为同一违法从而处以一次处罚,同时对后者处以多次处罚,显然过罚并不相当。且连续违停与连续超速类似,如果缺乏对时间或者距离的限制,行为人可能会权衡违法成本从而提前预期并施以成本较低的违法行为,即以一次违法处罚的成本换取长时间违停或长距离的超速行驶所带来的收益,将造成合法停车或行车之成本远大于违法停车或行车之代价,难以实现督促行为人及时纠正违法的目标,甚至会逆向鼓励一次性的长时间、长距离违法,增加了行政管理成本,显然与道路交通安全行政监管目的不符。”因此,“对于长时间的违法停车行为,在首次行政处罚后、违法状态仍长时间持续的情况下,如果仅以一事不二罚原则为由,径行认定针对其后持续的违法停车行为作出的行政处罚缺乏依据,则可能与造成处罚内容与该违法行为所造成公共交通损害程度不成比例的情况,有违于行政处罚法中的过罚相当原则,无法达到制裁违法与规制预防矫正违法的目的。”法官接着强调,对违法次数的切割要合理。“依照一般理解,由于出现一定时间的中断、一定距离的中断、收到改正之通知或查处而中断、新的违法故意而中断等情形,可以将违法行为从自然意义的一个行为处断为法律评价上的多个行为。对切割处断使用上的一个重要限制,是要防止公权力的不当行使,应当给予违法行为人以合理之机会,使其得以及时知悉纠正违法行为,对于欠缺期待可能性的行为则不应再罚。至于合理之机会的时间长度的确定,需结合法律规定、违法行为特点以及生活常理予以判断。”

从上述法官的意见中可以发现,首先,允许将持续状态的违法切割为数个单一行为,分别评价、处罚。这不抵牾“一事不再罚”。其次,人为地将持续违法切割为数个违法行为,连续处罚,前提是切割的合理。目前,切割期间尚无法律明确规定。法官认同的切割标准,一是要使当事人及时知悉,比如,上述两个案件都是在违法停放的机动车上“贴条”(粘贴告知单)。二是连续处罚之间的间隔要

[1] 参见北京第三中级人民法院(2020)京03行终393号行政判决书。

合理，意在提醒，并留足纠正时间。

我们将讨论的情境转到非现场执法。那么，能否以监控技术设备记录次数，将连续、持续违法状态切割为法律上的数个违法行为，连续处罚呢？不仅学者持有异议，[1]就是公安机关也存在意见分歧。公安部法制局《关于对交通技术监控记录的违法行为如何进行处罚的请示的批复》(公法〔2005〕66 号)中指出，[2]连续违法，以监控技术设备记录的次数认定为数个违法行为。但是，公安部交管局《关于规范查处机动车违反限速规定交通违法行为的指导意见》(〔2013〕445号)却规定，持续状态被监控技术设备多次记录，按照一个违法行为，选取其中"最严重的一次"处罚。[3]

在我看来，监控技术设备呈点状分布，实时抓取的信息只能证明瞬间违法状态，无法识别机动车违法是处于连续状态还是持续状态。无论违法是处于持续还是连续状态，被监控技术设备反复抓拍的都是违反同一法律规范的行为，比如，超速、违反限行、违法停放。与上述法官意见一样，在非现场执法上，也可以明确合理的间隔期间，将上述行为在法律上切割为数个违法行为，连续处罚。

这亦不抵牾"一事不再罚"。第一，与前述法官认识一致，被监控技术设备连续反复记录数次，比仅记录一次，不仅社会危害性大，造成的交通安全隐患也大，

---

〔1〕 有学者不同意按照记录次数计算，"仅以电子监控器记录的违法次数计算罚款数额是不够合理的"，"不能机械地采用数学计算方式(每次罚款数×违法次数)确定处罚数额，应当考虑违法行为的情节、社会危害程度的具体情况确定一个适当的处罚数额"。对于累计数额较大的，还应当听证。黄琪：《析"电子警察"的运用与行政处罚原则的遵守——从两例交通违法处罚案件说起》，载《云南大学学报》(法学版)，2006(3)。

〔2〕 公安部法制局《关于对交通技术监控记录的违法行为如何进行处罚的请示的批复》(公法〔2005〕66 号)规定，"《行政处罚法》第二十九条第二款有关'违法行为有连续或者继续状态的，从行为终了之日起计算'的规定，意即对处于连续状态的违法行为的追诉时效应当从连续行为终了之日起计算，但这并不意味着对一段时间内连续发生的数个独立违法行为可以视作'同一个违法行为'从重处罚一次。我们认为，交通技术监控记录的违法行为人在一段时间内多次实施的同种违法行为，但仍属于数个相互独立的违法行为，公安机关受案查处时，不宜作为'同一个违法行为'从重处罚一次，而应当依照道路交通管理法律、法规和规章的规定分别作出裁决处罚"。

〔3〕 公安部交管局《关于规范查处机动车违反限速规定交通违法行为的指导意见》(〔2013〕445 号)规定，"同一辆机动车在同一道路的同一行驶方向，违反限速规定交通违法行为处于持续状态，被同一县(市、区)公安交通管理部门或者高速公路交警大队辖区的测速取证设备记录多次的，选择一次最为严重的违反限速行为实施处罚"。https://www.sohu.com/a/281618100_120051578，2021 年 1 月 4 日最后访问。

发生交通事故的概率高。不连续处罚,或者仅以一个违法行为加重(从重)处罚,都难以扼制,无法达到"过罚相当",反而会纵容当事人投机犯法、从违法中获益。第二,从《行政处罚法》(2021年)第36条规定看,违法行为有连续或持续状态的,无论是实施违法的当口,还是违法的状态持续,或者不断反复呈现,都是在案发之后才为行政机关知晓,并因行政机关及时查处而终结。然而,在摄像头下,违法行为不论是处于连续还是持续状态,每次违法都被实时发现,并推定行政机关已知悉,连续、持续状态也在法律上戛然中断。客观条件如若允许,可以及时主动拦停车辆处理。监控技术设备的每次记录,都产生终止连续、持续状态的效果,不存在类似刑法上的连续犯、持续犯形态,不可能将数个独立的自然单一行为(间断性的多次连续超速)作为一个法律单一行为处罚,也不可能将一个自然单一行为(如持续超速)作为一个法律单一行为处罚。

但是,绝对以监控技术设备记录来计数,也不尽合理,也未必都可行。比如,违反限行依记录次数处罚,可能过于严厉,有失比例。因此,必须针对不同违法形态,分别找到合理的间隔,作为切割计数单位。那么,切割的间隔多长呢?从实践看,限行的间隔期间为3小时,[1]超速的隔断时长决定于两个相邻固定测速点之间的距离,以及行驶速度,也就是说,可以按照监控技术设备记录次数认定。对违法停放的抓拍,至少每次间隙24小时,[2]被连续抓拍二次以上的,可以考虑拖车。无论间隔多长,都应当明确规定,且事先广而告之。还不宜僵化。行政机关要有裁量余地,可以根据行政规制目的、不同区域、交通状况、公众诉求

---

〔1〕 北京市人民政府发布的《关于进一步推进首都交通科学发展加大力度缓解交通拥堵工作的意见》(京政发〔2010〕42号)规定,"对违反工作日高峰时段区域限行措施的车辆、进入限行区域行驶的大货车及违反限行规定进入五环路以内(含五环路)行驶的非本市车辆等,实施连续处罚"。改变了以往在限行上的"一日不二罚"政策。但是,"'连续处罚'并不是'不间断'处罚。""在每次处罚之间,警方会设定一个间隔期",第一次记录与第二次记录之间相隔3小时以上的,分别按照两个违反限行行为处罚。《设定间隔期:北京对违反限行车辆开始连续处罚》,载《北京日报》,2011-01-06,https://www.chinanews.com/auto/2011/01-06/2770476.shtml,2021年2月18日最后访问。

〔2〕 在"上诉人郭林丰因诉北京市公安局公安交通管理局丰台交通支队大红门大队作出的行政处罚决定案"中,在长达11天"贴条"六次。参见北京市第二中级人民法院(2019)京02行终1901号行政判决书。在"上诉人李某志因诉北京市公安局公安交通管理局朝阳交通支队呼家楼大队公安交通管理行政处罚决定和北京市朝阳区人民政府行政复议决定案"中,在5天内被两次"贴条"。参见北京市第三中级人民法院(2020)京03行终393号行政判决书。从上述两个案件的情节中看不出每次间隔时长。但是,在郭丰林案件中,二审法院查明,3月25日开始违停,3月26日、27日被分别"贴条"两次,这两次之间间隔一天。

等因素，适度调整间隔的短长。[1]裁量政策也应向社会公布。

以合理的间隔“切割”为数个违法行为的前提也同样是，第一，与举发、“贴条”的推定一样，监控技术设备要有明显的提示标志，也是推定，并不苛求当事人一定知悉。但是，一味推定，实施效果却不免“为罚而罚”。因此，应当通过系统更新，实现与抓拍违法同步实时推送短信提醒，以期引起当事人关注，及时终止违法状态。第二，监控技术设备应当布局合理，疏密有致。财政投入资金规模决定了监控技术设备的投放量。监控技术设备的布点以及密度由交通拥堵程度、交通违法和交通事故等主要因素决定。在交通违法频发、交通事故多发路段，交通拥堵路段，布点可以密集一些，反之，稀疏一些。但是，点与点之间要保持合理距离，一方面，使监控效率最大化；另一方面，让当事人有合理时间及时改正。

3. 记分

《道路交通安全法》(2011 年)第 24 条第 1 款规定，“公安机关交通管理部门对机动车驾驶人违反道路交通安全法律、法规的行为，除依法给予行政处罚外，实行累积记分制度。公安机关交通管理部门对累积记分达到规定分值的机动车驾驶人，扣留机动车驾驶证，对其进行道路交通安全法律、法规教育，重新考试；考试合格的，发还其机动车驾驶证。”从规范分析看，第一，记分的对象是驾驶人，也就是自然人。第二，记分与行政处罚比肩而存，不交集，是对驾驶人交通违法行为实施动态管理。

但是，在理论和司法实践上，关于记分的属性依然存在争议。不少学者和法官从记分产生的实质效果出发，认为它是一种行政处罚，[2]从申诫罚“转罚”为强制考试。[3]记分导致的驾驶证注销、降级“实际上具有行政处罚性质”。[4]在

---

〔1〕 对于违反限行，应当以多长时间为切割的间隔？一种观点是 4 小时，理由是，《道路交通安全法实施条例》(2004 年)第 62 条规定，连续驾驶 4 小时，应当停车休息不少于 20 分钟。驾驶人即便申辩违反限行状态一直持续，经过 4 小时也必须依法间断。另一种观点是看交通管制需要，考虑到违反限行在北京比较严重，每月高达三十万辆次，可能使限行效果落空，如果间隔时间过长，驾驶人权衡违法成本与交通成本之后，可能还会选择违反限行。因此，北京市有关政策规定为 3 小时。但是，在我看来，为了更好地实现规制效果，抑制驾驶人投机规避，还可以根据不同区域、交通状况，由交警部门裁量缩短间隔时间，但是要事先向社会公布。

〔2〕 丁玮、彭铁文、甘尚钊：《机动车道路交通违法记分行为的法律性质分析》，载《法治论坛》，2017(2)。

〔3〕 林为众：《当前机动车驾驶人记分制度问题与对策探讨》，载《福建警察学院学报》，2008(4)。

〔4〕 高波：《完善机动车驾驶证记分制度探究》，载《道路交通管理》，2017(1)。

“班忠明与贵定县公安局交通警察大队道路交通管理行政处罚纠纷上诉案”中,[1]上诉法院否定了初审法院对“记分制度不属于行政处罚”的判断,指出,“每一次记分都是机动车驾驶人资格的一次量化,当记分达到一定数值时,将导致机动车驾驶人驾驶证被吊销的法律后果。因此,每次记分都是对机动车驾驶资格量化的限制,都对驾驶员的驾驶资格产生实质影响,具有行政性和惩戒性,属于行政处罚。”

在我看来,在记分累计12分之前,的确有警示作用,但认为它与警告一样是一种行政处罚,意义不大,因为记分与行政处罚比肩而行,罚款本身包含声誉罚效果,没有必要床上安床。因此,也可以认为记分没有减损权利或增设义务,是一种教育措施。但是,由于记分累计记满12分或者一次记满12分,扣留驾驶证、停止驾驶证使用、注销驾驶资格,对当事人驾驶资格产生实质影响,符合《行政处罚法》(2021年)第2条规定,是一种行政处罚。同样,要求参加学习和考试也具有强制性,对当事人而言,是一种不利后果,属于增设义务,也是处罚形态。因此,记分是一种从教育措施到行政处罚渐变的混合形态。

《道路交通安全法》(2003年)第114条规定实际上隐含了对被处罚对象的选择次序,能够确定实际驾驶人的,应当处罚实际驾驶人。无法识别的,处罚机动车所有人或者管理人。在我看来,所有人、管理人承担责任的基础,既不是“未尽管理义务”,也不是“替代责任”,[2]而是推定。第一,从上下文看,上述第114条中的“违法”应该是指违反通行规则,而不是所有人、管理人未尽管理义务。第二,之所以可以推定所有人、管理人违反通行规则,是因为机动车在其占有、控制之下,归其支配、使用,也自然默认机动车由其驾驶,违反通行规则也只能推定是由其所为,违法责任也归咎于他。“推定转移了证明责任。”[3]所有人、管理人能够证明不是自己驾驶,而是他人驾驶。公安机关经查证属实,可以认定第三人为实际驾驶人,并处罚第三人。这有点类似民法上的“实体法上的举证责任”,[4]但又不是完全相同的概念。第三,在公法上,违法责任必须由违反行政法义务人来承担,不得由他人替代。只是在有些执行上,比如,缴纳罚款,可以由他人替

[1] 参见贵州省黔南布依族苗族自治州中级人民法院(2017)黔27行终6号行政判决书。

[2] 主张“替代责任”的理由,可以详见,李弋强、陈伟:《浅议交通管理非现场执法中的“记分”问题》,载《江苏警官学院学报》,2014(3)。

[3] 龙宗智:《推定的界限及适用》,载《法学研究》,2008(1)。

[4] 江平:《民法上的视为、推定与举证责任》,载《政法论坛》,1987(4)。

交。所有人、管理人被处罚，在事实上可能、但在法律上却不是代人受过，不是替代责任，而是自己责任。

监控技术设备在瞬间抓拍机动车的动态违法行为，现有技术只能记录车牌号，无法辨识实际驾驶人。在公车使用、机动车出借、出租、擅自驾驶、盗窃驾驶、送修、委托保管、挂靠、未履行转移登记手续等情形下，实际驾驶人与机动车所有人、管理人可能不是同一个人。[1]在车辆档案系统中，根据车牌号可以检索车辆登记人、单位及联系方式。《机动车登记规定》(2012 年)规定由机动车所有人办理登记，第 64 条(三)规定，“机动车所有人是指拥有机动车的个人或者单位”。由机动车所有人可以找到机动车管理人，也就是机动车违法时实际占有、控制并管理车辆的人或者单位。因此，在我看来，第一，所有人和管理人不是同一顺序责任人，不能从中任选一个给予行政处罚。合理的次序应当是管理人先于所有人。第二，所有人、管理人可以是自然人，也可以是单位。自然人可以适用推定和记分。单位作为组织形态，只能对其具体负责管理机动车的个人适用推定和记分。

因为记分后果的严厉程度超过罚款，而非现场执法又难以调查清楚实际驾驶人，所有人、管理人驾车违法，为逃避因记分累积记满 12 分而必须参加学习、考试，可以寻找第三人，由其冒充驾驶人认领违法记录，接受处罚、记分，便产生了卖分、买分之流弊。尤其是因为道交法处罚额度过低，久未调整，实践部门只能通过调高记分分值，事实上加大惩戒力度。被称为史上“最严交规”的《机动车驾驶证申领和使用规定》(2012 年)实施之后，“一本驾照 12 分不够扣”，因记分届满 12 分而出现的买分、卖分频发，“衍生出了一条‘代扣分’的灰色经济链。”[2]

实践上的对策是以查不清驾驶人为由，对所有人、管理人一律不记分，处罚的责任基础变为“未尽管理义务”。有关买分、卖分的流弊也不复存在，缺点是记分在非现场执法中“没有发挥应有的作用”。[3]学者提出了一些优化方案，一

---

[1] 龚鹏飞：《非现场执法中违法责任主体若干问题的探讨——兼议累积记分制度》，载《公安学刊》，2008(1)。

[2] 李明娟：《“最严交规”衍生灰色经济链》，载《甘肃经济日报》，2014-02-26 一版。http://gs.cnr.cn/kcsd/zt2/201402/t20140226_514938829.html，2021 年 2 月 17 日最后访问。

[3] 龚鹏飞：《非现场执法中违法责任主体若干问题的探讨——兼议累积记分制度》，载《公安学刊》，2008(1)。

个是“双记分”,“不仅对违法行为人采取记分措施,而且对违法机动车也采取记分措施。”〔1〕对违法驾驶人的记分,结果是吊扣、吊销驾驶证,对违法机动车的记分导致的是吊销汽车牌照,〔2〕也就是说,应当创设出一种新的行政处罚种类,吊销机动车牌照。另一个是从技术角度提出的方案,“尽快修改滞后老化的技术标准,引入更先进的科技手段、技术设备”,“大力推动芯片驾(行)驶证和号牌、智能交通管理系统等先进技术的推广应用,使交通违法取证方法更科学、精度更高,并于同步锁定交通违法车辆和驾驶人。”〔3〕

在我看来,记分是因为违法而承担的义务,是一种法律责任。“法律责任的主体是具有责任能力的违法者”,〔4〕机动车是无生命、无认识能力的物体,对机动车记分,违背法律责任机理。其实,可以考虑引入分别处罚制,对实际驾驶人违反通行规则行为给予行政处罚与记分,与此同时,对机动车所有人、管理人因未尽管理义务而处以通报批评。一年内,因同一机动车违法而被通报批评三次的,对机动车所有人、管理人处以暂扣该机动车牌照三个月的处罚。这可以进一步倒逼机动车所有人、管理人切实履行管理义务,也抑制了买分、卖分。

随着未来技术的不断成熟,对上述问题,也可以寻求技术解决方案。监控技术设备引入人面识别技术,能够同步自动识别、锁定实际驾驶人,就可以直接对其处罚、记分,无需处罚机动车所有人、管理人。利用 Spark 大数据流式处理技术,实时发现“买卖分”嫌疑驾驶证,实时预警,实时拦截业务办理,〔5〕假如可以有效遏制买分、卖分,也不用引入对机动车所有人、管理人通报批评、暂扣机动车牌照处罚。

4. 协助、辅助行为

监控技术设备抓取的信息,因为技术系统不够成熟稳定,不能完全符合技术标准规范的要求,还存在不小的偏差。因此,根据《道路交通安全违法行为处理

---

〔1〕 这“能有效增强机动车所有人或管理人的责任,促使其谨慎选用驾驶人并及时地对驾驶人进行监督和管理,能够从源头上制止交通安全违法行为的发生”。龚鹏飞:《非现场执法中违法责任主体若干问题的探讨——兼议累积记分制度》,载《公安学刊》,2008(1)。

〔2〕 李弋强、陈伟:《浅议交通管理非现场执法中的“记分”问题》,载《江苏警官学院学报》,2014(3)。

〔3〕 陈航:《对现行机动车驾驶人交通违法行为累积记分制度的思考》,载《四川警察学院学报》,2013(6)。

〔4〕 张文显:《法律责任论纲》,载《吉林大学社会科学学报》,1991(1)。

〔5〕 邵志骅、许卉莹、崔林山:《公安交通管理非现场执法监管模式研究与实现》,载《中国公共安全》,2015(4)。

程序规定》(2020 年)第 19 条规定,对于监控技术设备记录的信息,需要经过人工审核,“以确认数据的准确度和有效性”,“经审核无误后录入道路交通违法信息管理系统”,“成为正式违法信息,同时在车辆管理系统中锁定违法车辆”。[1]

从实践看,受限于技术,由手工操作筛选、核对、录入的违法信息斗量车载,工作量巨大,警力又严重不足,不得不“雇用了部分社会群众协助工作”。[2]那么,由警务辅助人员筛选、核对、录入违法信息,是事实行为,只起辅助作用,还是法律行为,对当事人权益进行处分?对上述行为的定性十分重要,不仅关涉是否允许警务辅助人员协助,也关系这项工作能否进一步社会化,外包给专业公司处理。

交警部门一般强调,警务辅助人员实施的上述活动都是在警察的控制、指挥之下。言下之意,警察与辅助人员之间构成委托关系。但是,这种解释对实质性问题还是避而不答。委托事项的性质属于执法还是协助,无疑会直接决定委托的合法性。因为,上述活动假如是行使警察权的执法,委托的法律依据何在呢?若是事实行为,对当事人不产生法律上的权利减损或者义务得失,就另当别论。即使没有法律规定,也不妨碍委托。

在法官看来,筛选、核对、录入行为不可诉。当事人查询获知的记录,也是一种告知。在“裴国友诉东营市公安局交通警察支队等要求交通违法信息录入行为行政裁定书案”中,[3]原告驾驶机动车被被告市交警支队设置的交通技术设备抓拍,记录车速为 96km/h,并录入违法信息查询系统,拟给予罚款 500 元、扣 12 分的行政处罚。法官认为,录入系统行为“是被告市交警支队调查取证和对违法行为拟作出处罚的告知行为,属于行政执法中实施的过程性行为,是行政行为中的一个环节,不是独立的行政行为,不具有可诉性。”这里似乎混淆了查询与录入,查询获知才是被动告知,筛选、核对、录入行为是过程性行为,为公开查询提供信息基础,却不产生告知效果。

在我看来,筛选、核对、录入行为不会对当事人权益产生实质影响,不是对当事人不利益的法律处分,而是非现场执法中的过程性事实行为。首先,系统已经依据技术规范标准设计了抓拍编程,初步形成了符合技术标准要求的记录资

---

〔1〕 杨杭:《对完善交通管理非现场执法模式的思考》,载《公安学刊》,2005(6)。

〔2〕 贾学武、李强:《关于非现场执法问题的思考》,载《道路交通与安全》,2005(2)。刘吉光、程锋:《公安交通非现场执法模式研究》,载《道路交通与安全》,2004(2)。

〔3〕 参见山东省东营市东营区人民法院(2016)鲁 0502 行初 22 号行政判决书。

料。但是,因技术设计、使用环境等原因,可能存在记录误差。因此,需要人工进一步依据同样的技术规范标准和要求进行核对,过滤瑕疵记录。只有通过人工"认证",才能录入平台,作为认定违法行为的证据。这个"认证"过程,并没有对当事人的权利义务做出法律上的处分。即使发生失误,当事人也不会就此遭受处罚。其次,当事人接到短信通知,进入正式的行政处罚程序,在交管部门做出行政处罚决定之前,当事人还能够行使陈述权、申辩权。对当事人提出的有关异议,交管部门还会重新审核,补过拾遗。对于筛选、核对、录入出现的错误,尚可补救。

当然,随着未来技术发展,通过技术线路,可以实现审核的"无人干预自动化",也就是说,监控技术设备适时采集的违法资料,能够立刻经过自动识别核对,过滤出有瑕疵的记录资料,其余记录资料自动输入平台系统,及时形成短信告知,且误差趋零。那么,人工审核环节就可以删除,筛选、核对、录入等工作由交警处理、辅警协助实施或者进一步社会化等问题也就不复存在。

5. 将车检作为处罚担保手段

当事人没有接到短信通知,或者接到却不及时接受处理,短信告知作为通知属性无法自动形成行政处罚决定,行政机关也不能在当事人缺席下径行做出行政处罚决定,并产生执行力进入强制执行阶段,也不会开启滞纳金。反复告知也无实际意义。对于违法记录,只能留待定期车辆检测时一并处理。因此,为落实行政处罚,《机动车登记规定》(公安部令第102号,2012年)第49条第2款规定,申请机动车检测之前,要求"机动车所有人应当将涉及该车的道路交通安全违法行为和交通事故处理完毕"。也就是将车检作为非现场处罚的担保手段。

"给车检增加前置条件"的合法性引发了不小争议。最高人民法院在《关于公安交警部门能否以交通违章行为未处理为由不予核发机动车检验合格标志问题的答复》(〔2007〕行他字第20号)中予以明确否定,认为"法律的规定是清楚的,应当依照法律的规定执行","任何单位不得附加其他条件"。但是,法院在审理有关案件上仍然意见不一。有的一审法院、二审法院都认可将车检作为前置条件,理由是,这"并未设立新的行政许可事项",只是作出程序上的具体规定。"未明显增加行政相对人的负担。"再审法院却认为,上述第49条第2款规定与

《道路交通安全法》第13条不一致，附加了许可条件，且存在“不当联接”。[1]有的学者认为，从形式法治主义来看，上述规定与《道路交通安全法》(2011年)第13条第1款抵触，构成违法。但是，这“并未增设车辆驾驶人的义务，也未减损其合法权益，而不过是将其本来应当履行的义务用于间接强制的手段而已”。“从实质法治主义来看，通过验车而要求机动车驾驶人首先去履行既有的法定义务，间接地实施强制”，“是确保法律实施实效性的必要手段”。[2]

在我看来，上述第49条第2款规定与《道路交通安全法》第13条没有内在冲突。第一，上述第13条第1款规定的“任何单位不得附加其他条件”可以做严格解释，是指附加了新的许可条件，进而增设了相对人义务。但是，拒绝车检是作为督促当事人尽快履行先前已有义务的方法，并非增加许可条件，也未增设义务。第二，在行政程序的流程上，上下游行政机关之间应当密切协作。下游行政机关是否做出行政行为，可以考虑当事人是否履行上游行政机关科予的义务，尤其是两者之间有着行政规制目的上的一致性，比如，未交罚款，意味着未受惩戒，也不可期待其未来不再犯、不会继续给道路交通带来安全隐患。车检也是为了未来交通安全。车检部门可以督促当事人及时处理交通违法。这是行政机关之间职务协助的题中之意。上述第49条第2款规定体现了这种机理。

考虑到，无论从上述法院裁判，还是从法解释上看，仍然难以众口一词。为定分止争，建议《道路交通安全法》第13条增设1款规定，“违法行为人未接受处

---

[1] 在“再审申请人唐嵩与被申请人长沙市公安局交通警察支队车辆管理所不履行法定职责及行政赔偿案”中，一审法院支持交警，认为，“《机动车登记规定》(公安部令第124号)的第四十九条并未设立新的行政许可事项，只是对核发检验合格标志这一行政许可事项作出程序上的具体规定。”而且，“机动车检验合格标志统一由公安交通管理综合应用平台打印，按照该平台的设计，若存在道路交通安全违法行为和交通事故未处理完毕的情形时，则无法打印出检验合格标志。”但是，在再审中，法官也承认，“车管所要求先行处理交通违法行为才核发车辆合格标志，可以提高行政效率，亦隐含了对交通秩序的遵守和对个人生命的尊重”。但是，再审法官又回到了上述最高人民法院答复立场，认为，首先，上述第49条在《道路交通安全法》(2011年)第13条第1款规定的条件之外“附加条件”，违反了“法律优先”的原则。其次，存在“不当联接”，“交通违法行为被处罚的对象主要是车辆驾驶人，而非机动车，其目的是惩戒和警示、避免违法驾驶行为的再次发生。车辆年检的对象是车辆本身，其目的是及时消除车辆的安全隐患、减少因车辆本身的状况导致的交通事故的发生。将交通违法行为的处理设定为核发车辆检验合格标志的前提条件，两者对象不一致，违反行政法上的禁止不当联接原则”。参见湖南省高级人民法院(2018)湘行再65号行政判决书。另外，在“再审申请人付广贞诉某市公安局交通警察支队不履行法定职责一案”中，审判也差不多。参见山东省高级人民法院(2020)鲁行再29号行政判决书。

[2] 杨建顺：《“不交罚款就不验车”必要且正当》，载《检察日报》，2014-11-05。

理的,公安机关交通管理部门不予发放机动车检验合格标志,不予办理转移登记等业务,直至违法行为接受处理完毕。”

6. 处罚密度失当

主张非现场执法导致处罚密度失当的推论是,监控技术设备不间断监控,让违法行为无处遁形,被发现的概率大幅上升。与人力执法发现违法的概率相比,自动化行政显然会导致行为人受到处罚的密度加大,处罚力度实际上也增加了。这归结于“在传统行政处罚的静态标准之下,被处罚概率这一因素并未被纳入处罚程度的考量”。[1]

在我看来,这种理论见解要求立法应当考虑自动化行政与人力执法在发现违法上的效率不同,分别规定对同一种违法给予不同处罚。这很难让人接受。首先,在立法过程中,对违法行为设计相应的惩处,是以社会危害程度为考量,以合乎比例为尺度,力求违法程度与处罚力度相匹配,实现过罚相当。也就是说,设定行政处罚必须“以事实为依据”,“与违法行为的事实、性质、情节以及社会危害程度相当”,一般不特别考虑违法的发现率。否则,如果在自动化行政上,同一个违法行为却要降低处罚,那么,这是否意味着其社会危害性要低于传统执法上的违法形态呢?显然不是。其次,无论传统执法还是自动化行政,对同一违法行为都坚持一个处罚尺度,后者不仅更容易实现抑制违法的作用,因为驾驶人知道,驾驶过程在技术设备的监控之下,不能心存侥幸,而且,行为人也不会因违法而受益。

其实,公众之所以对自动化行政处罚颇有微词,一方面,是缺少了传统执法上的裁量,机器只会冷冰冰记录,传递不出“首违不罚”、从轻减轻处罚考量的温度;另一方面,因为系统无法及时告知,执法过程实际上拉低了对相对人的程序保护水准。在我看来,因应策略除了上述通过技术更新、实现实时告知之外,一是监控技术设备的设置、相关场域的交通标识设计应当合理规范,提升相对人对通行规则的认同。二是监控技术设备还要锁定公众关切的“热点”,找到当前道路交通的“痛点”,主要抓拍公众不满的违法行为,比如,引发拥堵的任意“加塞”、占据直行道等待转弯。对于不影响交通安全、不造成事故隐患、不引发交通拥堵的违法行为,原则上不纳入监控技术设备的规制范围,或者通过技术系统进一步更新,实行“首违不罚”或者依法从轻减轻处罚。

---

〔1〕 马颜昕:《自动化行政方式下的行政处罚:挑战与回应》,载《政治与法律》,2020(4)。

六、结　论

可以说,在《道路交通安全法》(2003 年)第 114 条上繁衍生长出来的核心规范,都被《行政处罚法》(2021 年)第 41 条揽入其中。但是,实践的突飞猛进,还是逸出了上述第 41 条构建的通用规范。随着自动化行政从抓拍记录到自助处理的延伸运用,有待解决的问题依然不少。对于这些问题,在期待能够通过进一步的技术更新解决之前,依然有必要引入、并明确更多的规范来调整。

通过上述分析,在我看来,以下胪列的规范,都是有待增补明确的基本规范,包括:(1)非现场执法实行以手机短信为主要送达方式。采取两次通知制。监控技术设备实时抓拍违法行为,自动形成短信信息,同步及时通知当事人。这是第一次通知。对记录信息进行人工筛选、核对、录入系统之后,应当以短信等方式发出第二次通知,注有查询方式、系统登录密码等信息。(2)监控技术设备的投放设置,必须优先考虑事故多发、交通拥堵、严重违法行为易发等路口、路段,设备之间应当保持合理间距,且相关区域的标志标线、人行横道、交通信号灯等设计也应当规范合理。(3)允许以合理的区隔,将持续、连续状态的超速、违反限行、违法停放等行为"切割"为数个违法行为,分别连续处罚。(4)根据监控技术设备记录,以违反通行规则,处罚实际驾驶人;以未尽管理义务,对机动车所有人、管理人也处以通报批评。一年内所有人、管理人因同一机动车被通报批评三次的,对所有人、管理人处以暂扣该机动车牌照三个月的行政处罚。(5)电子行政处罚决定应当具有行政机关的电子签章以及统一文书编号,无需执法人员签字或者盖章。(6)在警察的指挥下,可以由警务辅助人员筛选、核对、录入违法信息,协助当事人在平台上操作、打印行政处罚决定书、缴纳罚款。(7)当事人认为公开查询获得的记录信息有误,可以提出更正请求。行政机关应当及时审核,告知处理结果。(8)当事人在平台自助缴纳罚款,打印行政处罚决定之后,如有异议,可以依法提起行政复议或者行政诉讼。(9)申请机动车检测之前,机动车所有人应当将涉及该机动车的道路交通安全违法行为处理完毕。

其中,(1)、(2)是更为基础性的规范,不仅决定了行政处罚的正当性,而且保证自动化行政处罚不低于传统执法的权利保护标准。(3)、(4)直接涉及相对人权益减损或者增设义务,(9)是为了平息类似争议,而(5)、(6)、(7)、(8)较为集中地反映了自动化行政处罚的特点。所有这些最好都在酝酿修改之中的《道路交通安全法》统一规定。它们或许不能原封不动地移植到交通运输、市场监管、城市管理、生态环境等领域,但无疑具有积极示范意义,对未来完善行政处罚法相关规定也不无借镜作用。

可以说,当下由道交法繁衍、行政处罚法承继的非现场执法还处于"弱人工智能"阶段,也就是,限定在低烈度的处罚,无裁量的决策,"人工智能始终是受到人类控制的",[1]对正当程序的要求不高。因此,上述规范体系应该算是标配。但是,随着人工智能的进一步升级,自动化行政运用到较为复杂、对相对人权益影响较大的行政决定,非现场执法进入到"强人工智能"阶段,算法黑洞、责任分配、技术性正当程序等问题便会扑面而来,那么,或许也就有必要对有关规范做相应的同步升级。

---

〔1〕 胡敏洁:《自动化行政的法律控制》,载《行政法学研究》,2019(2)。

第八讲　道路交通事故责任认定*

---

* 本文是我主持的 2015 年度教育部哲学社会科学研究重大课题攻关项目“法治中国建设背景下警察权研究”(15JZD010)的阶段性成果,也是“国家 2011 计划司法文明协同创新中心研究成果”。施立栋、高刘杨、赵丽君帮助收集文献,并做法规范与案例的梳理,与廖峻、成锴等交警交谈,获益颇多,在此一并致谢。本文发表在《法学研究》2016 年第 6 期,被中国人民大学书报资料中心复印报刊资料《宪法学、行政法学》2017 年第 3 期全文转载。

一、引 言

道路交通事故发生后,一项重要工作就是要分析事故成因,胪列各方行为对事故发生的作用力大小,认定各方的过错比例。在民国时期,这项工作直呼“鉴定”。早先是仿照西方,邀请专家出庭作证。后来是由各地行车肇事责任鉴定机构出具意见,成员构成广泛,且实行票决制。我国台湾地区迄今依然沿用“鉴定”,严格区分“鉴定”与“司法”。“‘鉴定’是找出肇事因素,而‘司法’是根据‘肇事因素’来审判其民刑事应负之责任。”[1]但是,新中国成立之后,尤其是从20世纪90年代开始,在立法上抛弃民国的“鉴定”术语,取而代之的是交通事故责任认定(以下简称“责任认定”)。

我感兴趣的是,在我国,责任认定的实践成效究竟如何,存在哪些争议,以及未来制度走向,所有这些追问构成了本文关注的重点。我将通过法规范梳理,结合有关文献以及我自己参与有关立法的体悟,初步勾勒出实践面相,聚焦公安与法院之间有关“证据”与“行为”之争,并用若干案例进一步揭示法院处理的偏好,然后,针对实践上的争议与问题展开思考,并主张未来的改革方向应当是可控的开放模式。当下,《道路交通安全法》《道路交通事故处理程序规定》均在修改之中,责任认定又是其中的一个重要问题,且争执已久、分歧较大,本文研究对于统一认识、推陈出新应该有所裨益。

二、从法规范梳理看制度沿革

为了描绘出责任认定的制度结构与走向,我们检索了有关法规范,包括现行有效与已经失效的。新中国成立之后,中央和地方先后出台了59件有关道路交

---

〔1〕 张汉威:《肇事鉴定之新思维》,13页,台北,人车路杂志社,2004。

通事故责任认定的规范文本。其中，法律 1 件，行政法规 4 件，地方性法规 10 件，部门规章 3 件，地方政府规章 3 件，中央规范性文件 4 件，地方规范性文件 7 件，司法解释 26 件，人大工作文件 1 件。〔1〕择其要者，列表如下（见表 8-1）。

表 8-1　新中国成立之后相关的重要法规范

法规范名称（颁布日期）	责任认定机构	复核机构	认定书在复议或诉讼中的效力
《道路交通事故处理办法[失效]（1991.09.22）》	公安机关	上一级公安机关	
《道路交通事故处理程序规定[失效]（1992.08.10）》	公安交通管理部门	县以上公安交通管理部门专人负责认定工作。复核一次	
《最高人民法院、公安部关于处理道路交通事故案件有关问题的通知[失效]（1992.12.01）》	公安机关		1. 仅对责任认定不服提起诉讼的，不予受理。 2. 法院经审查认为确属不妥，不予采信，以法院审理认定的案件事实作为定案的依据
《道路交通安全法》（2003.10.28 颁布，并经 2007.12.29 和 2011.04.22 修订）	公安机关交通管理部门		制作交通事故认定书属于处理交通事故的证据

〔1〕关于新中国成立之后法规范的检索情况，说明如下：首先，以“北大法宝——中国法律检索系统”中为检索对象，以“交通事故责任认定”“交通事故认定”为全文关键词进行检索，分别获得初始检索结果 163 项和 160 项，总计 323 项。最后检索日期为 2015 年 5 月 21 日。通过逐一浏览检索结果后发现，上述初始检索结果中存在着大量与道路交通事故责任认定无关的检索结果，以及为数众多的重复项。为此，我们剔除了这些不相关项和重复项。其次，上述检索结果仍然存在着缺漏。为此，我们根据于立深与刘东霞在《行政诉讼受案范围的权利义务实际影响条款研究》（载《当代法学》，2013(6)）一文中所披露的相关信息，以及苏慧青撰写的《交通法规史话（续二）》（载《汽车运用》，1997(3)），又增补了 4 个规范文本。

续表

法规范名称(颁布日期)	责任认定机构	复核机构	认定书在复议或诉讼中的效力
《道路交通安全法实施条例》(2004.04.30)	公安机关交通管理部门		
《交通事故处理程序规定》[失效](2004.04.30)	公安机关交通管理部门		
交通事故处理工作规范[失效](2005.03.08)	公安机关交通管理部门	上级公安机关,由具有交通事故处理高级资格的交通警察组成的交通事故处理专家小组负责	
道路交通事故处理程序规定(2008.08.17)	公安机关交通管理部门	上一级公安机关交通管理部门。复核一次。书面审查,必要时,可以召集各方当事人到场,听取意见	
《公安部关于印发〈道路交通事故处理工作规范〉的通知(2008.12.24)》	公安机关交通管理部门	1. 具有中级以上资格的交通警察负责复核工作。 2. 复核时,交通警察不得少于二人	在简易程序中,当事人对道路交通事故认定有异议的,应当告知当事人可以向人民法院提起民事诉讼
《最高人民法院关于审理道路交通事故损害赔偿案件适用法律若干问题的解释》(2012.11.27)			人民法院应依法审查并确认其相应的证明力,但有相反证据推翻的除外

浏览有关法规范,并结合有关文献,我们就不难勾勒出责任认定的来龙去脉和基本面貌了。

(1) 新中国成立之后，在实务上倾向认为这是一种“鉴定分析结论”，[1]因为“在交通事故责任认定过程中，涉及路的因素包括路况安全工程鉴定；车的因素包括车况技术鉴定、痕迹鉴定、车速鉴定；人的因素包括法医鉴定、司法精神病学鉴定等一系列专业技术鉴定”。[2]但是，它又不是单纯的鉴定，而是对各种鉴定的综合运用，是在专业技术基础上的对事实的认定。于是，1991 年的《道路交通事故处理办法》改弦易张，离开了民国路径，创造出一个术语，称作“交通事故责任认定”。该办法第 11 条和第 17 条第 1 款明确区分了鉴定与责任认定，鉴定是“指派专业人员或者聘请有专门知识的人进行”，责任认定由公安机关作出。

(2) 刻意区分交通事故责任与法律责任，认为此“责任”非彼“责任”。责任认定仅是解决事故成因、判断因果关系、决定过错大小，不涉及法律责任问题。但这种区分又长期争讼不休。所以，到了 2003 年《道路交通安全法》(以下简称道交法)，将先前的“交通事故责任认定”中的“责任”两字抠去，改称“交通事故认定”。这恐怕不单是文字简练，很可能是“立法者考虑到在理论界及实务界存在争议，想进一步对其进行新的诠释，但在法律中却没有充分地体现出来，在交通管理的实际工作中也没有表现出不同，仍旧维持原有的涵义”。[3]

(3) 在“责任认定”这一术语引入之初，最高人民法院、公安部在 1992 年 12 月 1 日联合发布的《关于处理道路交通事故案件有关问题的通知》中便附着了两层意思，也是日后聚讼之处，一是责任认定不是(具体)行政行为，对认定不服，不得申请行政复议、诉讼。二是责任认定是鉴定结论，对法院而言，只是证据，如果有相反证据能够推翻的，可以不采信。这意味着在诉讼上我们走向了完全开放的专家证言制度，对交通事故成因分析、过错判断，不仅依据责任认定，也可以借助专家证言，孰是孰非，都放到法庭上去争辩是非、判断曲直。

(4) 但是，在诉讼之前，事故原因的分析与认定基本上是垄断在交警手上。交通事故发生后，原则上要求当事人应当第一时间报警，交警赶赴现场勘查，收集证据，并做出一个正式的责任认定书。从现场勘查、调查取证到制作责任认定书，都是不开放的，保险公司、专家学者、律师一般不参与。个别复杂、争议较大

---

〔1〕 意见分歧依然不免，大致有四说：一是书证说；二是鉴定结论说；三是勘验、检查笔录说；四是证人证言说。史乃兴：《交通肇事案件中对交通事故认定书的审查判断》，载《人民法院报》，2008-01-23。

〔2〕 王丽娜：《浅析道路交通事故责任认定行为的性质》，载《北京人民警察学院学报》，2007(4)。

〔3〕 同上。

的案件,公安机关可以邀请专家会商,提供咨询意见。公安机关之所以具有独占地位,一方面,这是出于长期以交警为支点解决纠纷的传统;另一方面,“公家”毕竟有着许多清规戒律的约束,不至于胡来。

(5) 对责任认定不服,早在1991年《道路交通事故处理办法》就建立了交警系统内部的救济,可以向上一级公安机关申请重新认定。从该办法第22条与第28条规定可以明显看出,“重新认定”是一种专业复核,而不是行政复议。专业复核曾一度中断(2003—2004年),旋即恢复,2005年公安部通过一份内部文件《交通事故处理工作规范》(2005年3月8日公安部发布,公通字〔2005〕16号)悄悄做了规定,并改称“复核”。2008年公安部颁布的《道路交通事故处理程序规定》继续沿用了这一术语。复核始终以一次为限。复核人员有资格要求,采取书面审,必要时可以当场听取各方意见,可以采取听证形式。

(6) 因责任认定专业性程度较高,对处理交通事故的交警逐渐有了资质要求。最早见于1992年《道路交通事故处理程序规定》第4条,要求“须有三年以上交通管理实践,经过专业培训考试合格”,才能持证上岗。2005年公安部交管局专门制定了一个内部文件,也就是《道路交通事故处理资格管理规定(试行)》,对处理事故的交警实行资格等级管理,分为初级、中级、高级三个级别,对应不同的权限,考试晋级。

从上述对制度要点的描述,我们不难发现,从20世纪90年代开始,对过错大小的判定支点,已经逐渐从责任认定易手给了完全开放的专家证言,从交警的手上交到了法院。至少从一次次发布的规章、文件、批复、通知上看,这种制度走向是很明显的,2003年道交法完成了这种立法布局。

但是,在这种制度结构之中又存在内在矛盾与纠结。如果是完全开放的专家证言,对责任认定不服,就完全可以通过专家意见来挑战、校正乃至否弃,最后交给法院裁断。对交警责任认定的依赖就不应该那么强,公安机关的内部复核也显得多余。然而,2003年道交法刚有取消复核的念头,又迅速地被实践打消了。这似乎预示着交警的责任认定举足轻重,是离不开的,甚至是无可替代。

三、“证据说”与“行为说”之争

我对责任认定的关注已有时日。早在2010年就与四川交警合作,草拟交通事故处理指南。近年来又参与了《道路交通安全法》《道路交通事故处理程序规定》的修改论证工作。这些活动让我与实践并不睽隔，基本可以把握责任认定的实践脉络。

交通事故现场容易发生移动、容易被破坏，无法恢复，一般不具有复勘的可能性。而且，交通事故瞬间发生，目击证人极少，就连当事人也未必能说得很清楚。对事故成因的分析，多依赖事后的技术鉴定、专业判断。然而，现场勘查的粗细，证据收集的全面与否，处理事故的交警业务水平高低，科学技术与认知能力等因素，都会影响责任认定的质量。以解决纠纷为导向的警察调解，也让警察在责任认定上不时和和稀泥，好息事宁人。于是，实践不免纷争不绝。

有了纠纷，怎么解决呢？公安机关从一开始就意识到责任认定是一种特殊的证据，涉及专业知识，"是一种鉴定分析结论"，〔1〕所以，同意在公安系统内部给予一次救济。我们从1991年《道路交通事故处理办法》第22条可以清晰看出。但是，从正当程序看，交警调查现场，收集证据，然后又由其作出责任认定，从根本上违背了无偏见原则(no bias)，涉嫌自己做自己案件的法官。因此，无论如何强化职业培训，提高资质要求，增加透明度，也无法从根本上消弭当事人的质疑诘问。

但是，公安机关又不愿涉诉，不想当被告，那么，就得对已经实施的《行政诉讼法》(1989年)中概括受案规定做出限制性解释。早在1992年，最高人民法院、公安部联合发布的《关于处理道路交通事故案件有关问题的通知》(法发〔1992〕39号，1992年12月1日)就明确地指出，对责任认定不服，不得提起行政诉讼或民事诉讼，法院有权不采信公安机关出具的责任认定。从之后最高人民法院公报以及有关案件的统计分析看，估计这个文件应该是公安机关主导推动下出台的，体现了公安机关对责任认定属性认识的基本立场，但对法院的影响似乎不大。

上述立场旋即受到批判。认为"实际上使交通事故责任认定的争议长期处于悬而未决的状况"，而且，"在民事诉讼中处理交通事故责任认定争议，对当事人极为不利"。因为"交通事故发生后，大量资料和证据都由公安机关掌握，受害人可能死亡，也可能因伤被送进医院，加害人有的因报警、抢救等原因对现场情况也不一定掌握，无论让哪一方当事人来举证，都很困难。当事人无法举证时虽

〔1〕 王丽娜：《浅析道路交通事故责任认定行为的性质》，载《北京人民警察学院学报》，2007(4)。

可申请法院调查取证,但败诉风险很大,这显然不利于保护当事人的合法权利。"〔1〕

由于上述文件与《行政诉讼法》(1989年)之间的龃龉,以及实践上关于责任认定的争议频仍,理论上出现了可诉派与不可诉派之界分,地方法院也出现了可以受理和不予受理之不同实践。2001年、2002年,最高人民法院公报分别刊载了"李治芳不服交通事故责任重新认定决定案"(2001年)、"罗伦富不服道路交通事故责任认定案"(2001年),清晰地表明了最高人民法院的基本立场。在"罗伦富不服道路交通事故责任认定案"(2001年)中,二审法院明确指出责任认定是可诉的,"对道路交通事故进行责任认定,是公安机关根据行政法规的授权实施的一种行政确认行为。该行为直接关系到发生道路交通事故后,当事人是否构成犯罪以及应否被追究刑事责任、是否违法以及应否被行政处罚、是否承担民事赔偿责任或者能否得到民事赔偿的问题,因此它涉及当事人的权利和义务"。〔2〕但是,公报案件仅有指导意义。法院对是否可诉依然存在较大的意见分歧。

在公安机关的努力下,2003年《道路交通安全法》第73条明确了交通事故认定书的性质,是"作为处理交通事故的证据"。2005年全国人民代表大会常务委员会法制工作委员会作出《关于交通事故责任认定行为是否属于具体行政行为,可否纳入行政诉讼受案范围的意见》(法工办复字〔2005〕1号),明确答复,责任认定"作为处理交通事故案件的证据使用","不属于具体行政行为,不能向人民法院提起行政诉讼"。但这个批复仅是咨询意见,不是正式的法律解释,上述第73条对是否可诉又隐约其词,所以,也没能根本消除实践上的分歧。

公安机关在争议的漩涡中也逐渐强化了责任认定仅为一种证据的观念,却渐渐淡化,乃至彻底遗忘了责任认定同样也是一种专业判断。到2003年《道路交通安全法》发展到了顶峰,完全将责任认定简单地视为一种证据,取消了内部的专业复核。但开放的专家证言制度又没建好,法官对专业判断不敢轻率介入,实践流弊甚多,当事人怨言沸腾。于是,不得不在2005年悄悄恢复了复核。《交通事故处理工作规范》(2005年3月8日公安部发布,公通字〔2005〕16号)第62条规定:"上级公安机关交通管理部门对承办单位的交通事故认定工作进行监

---

〔1〕 陆晓伟:《交通事故责任认定的司法救济》,载《人民司法》,2001(3)。

〔2〕《中华人民共和国最高人民法院公报》,2002(5)。

督检查，检查中或者接群众投诉经审查发现‘交通事故认定书’存在错误的，应当作出撤销该‘交通事故认定书’的决定，由承办单位在规定期限内另行制作‘交通事故认定书’。”但这更像是主动复核，不是救济式的复核。2008年《道路交通事故处理程序规定》才真正回复到原先的救济式复核。

因此，可以说，迄今为止，责任认定的性质，以及是否可诉，仍然是一个遗留待解的问题。在我看来，公安机关和法院的认识有着根本分歧。公安机关采纳的是“证据说”，注重责任认定的功能，只愿将其局促在证据范畴，刻意将证明力与法律效果分割开来，将事故责任与法律责任区分开来。但是，责任认定一旦形成，法律责任就如同写在额头上那么清晰。法院从行政行为类型化出发，主张“行为说”，认为责任认定有着明显的法律效果，相当于是对相对人权利义务的法律上处分，所以，有着司法救济的必要。我也倾向后一种认识。

从法院与公安机关来回拉锯之中，我们可以隐约地感觉到，对于完全开放的专家证言，热衷的其实是公安机关，积极推动的也是公安机关，相形之下，法院却是消极的，并试图通过责任认定的可诉将过错大小的判定支点推回到交警。法院与公安机关之间的较量，都不是为了进一步完善完全开放的专家证言。责任认定是否可诉，其实与完全开放的专家证言制度是相互矛盾的，这样的争论似乎也显得多余，毫无意义。

因为，仔细想来，立法上既然已经趋向完全开放的专家证言模式，对责任认定，法院有权取舍，也完全可以借助专家出庭来判定事故成因、过错大小，那么，责任认定是否可诉，似乎就不那么重要了。法院也大可不必与公安机关较真。所以，在我看来，这场争议的实质，不在于责任认定是一种证据呢，还是一种行政行为，更像是法院想将过错大小判定责任完全推还给公安机关。这场争论显然是偏离了立法的初衷，并且非常强烈地暗示了交警的责任认定是不可或缺的。

四、从案例看法院处理偏好

上述对实践的观察与研究是否准确、全面？对于诉至法院的纠纷，法官又是如何处理的，有着哪些偏好？我们还可以通过案件统计与分析来进一步印证、补充与揭示。在“北大法宝”上检索，我们共整理出71起涉及道路交通事故责任认定的司法案例,其中行政案件62起,民事案件9起。[1]

1. 民事案件

在9起民事案件中,均是在解决交通事故中的民事赔偿过程中,涉及责任认定,但都不涉及是否可诉,而是作为证据,判断是否采信。绝大多数案件中,对于责任认定,当事人没有异议,法院也照单全收。只有其中2起对责任认定有异议,法院认可了1起、[2]否定了1起。[3]否定的这起,也是因为有确凿的鉴定意见与专家出庭作证。在我们收集到的所有案件中,这也是唯一一起运用了专家证言而改判的例子,是鲜见的例外。所以,总体上看,法院对责任认定的态度还是比较审慎的,还是比较尊重行政机关的专业判断,也不轻易采信专家证言。

另外,还有1起案件比较特殊。[4]交警现场勘查之后,只查明了部分事实,认为"凭现有的证据,我队无法查清事故发生的地点及成因",没有做出责任认定。法院在审理过程中调查了整个事故经过,也没有专家出庭,就直接对事故成因做出了判断。但这个案件只涉及单纯的事实问题,也就是原告驾驶二轮摩托车在道路上行驶时是否是被电线绊倒致伤,不涉及技术鉴定等深奥的专业知识。这类事实判断在一般诉讼中也比比皆是,法院可谓驾轻就熟。所以,该案的裁判也就没有什么值得大惊小怪的,更不是说法院可以抛开交警直接做出责任认

---

〔1〕 我们以"北大法宝——司法案例"数据库为检索对象,以"交通事故责任认定""交通事故认定"为标题关键词进行检索,分别获得初步检索结果72项和12项,总计84项。最后检索时间为2015年5月26日。通过逐一阅读,发现上述检索结果中存在着不少不相关项和重复项,为此做了剔除。另外,在阅读上述案例的过程中,发现上述检索方法遗漏了一个重要案例——"李治芳不服交通事故责任重新认定决定案"(载《最高人民法院公报》,2001(5)),为此做了增补。需要说明的是,在上述案例中,有些案件经过了二审甚至再审,我们将其统计为一个案件,并以北大法宝终审审结日期为序进行排列。

〔2〕 在"原告李正祥诉被告李远忠、中国人民财保潢川支公司机动车交通事故责任认定纠纷案"中,被告对责任划分有异议,认为原告本人乘坐无号牌摩托车及不戴头盔违反强制性规定,在该起交通事故中也应承担责任。却没有得到法院支持。参见河南省光山县人民法院(2011)光民初字第876号民事裁决书。

〔3〕 在"杨松雷与中国太平洋财产保险股份有限公司广州市黄埔支公司机动车交通事故责任纠纷上诉案"中,被告对责任认定有异议,提供了专业鉴定机构出具的车辆痕迹鉴定结论。法院以车辆痕迹鉴定结论为依据,结合驾驶的经验法则判断以及当事人的不诚信言行,并且让鉴定专家出庭接受双方当事人和法庭的询问,最终否定了交通事故认定书的证据效力。参见广东省广州市中级人民法院(2014)穗中法金民终字第261号民事判决书。

〔4〕 在"梁青青与欧国如、广东电网公司肇庆广宁供电局机动车交通事故责任纠纷上诉案"中,一审法院通过审查当事人提供的证据和依职权调查取证,进一步查明了事实,在此基础之上对当事人的责任进行划分。对此,二审法院予以支持。参见广东省肇庆市中级人民法院(2013)肇中法民终字第149号民事判决书。

定了。

2. 行政案件

在62起行政案件中，都涉及责任认定是否可诉，以及法院如何处置。有的案件经过了一审、二审，两审法院的裁判又不同。对受理、不予受理、驳回起诉、维持、撤销等的统计，包括一审、二审，所以，实际数量要多出62起。通过阅读与统计，我们发现：

第一，1998年至2002年，估计是《行政诉讼法》(1989年)有概括受案规定，以及法院积极受理案件的缘故，诉至法院的13起案件全部受理，并都做出维持或撤销判决。其中，有两起案件，一审、二审法院意见不同，但也只是分歧在是判决维持还是撤销上。可以说，法院明显倾向可诉。

第二，2003年《道路交通安全法》第73条尽管又重申了公安机关的一贯立场，但是，直到2005年之前，因为《行政诉讼法》(1989年)与《道路交通安全法》(2003年)之间的龃龉，对于责任认定是否可诉，法院一直存有分歧，同一个案件在一审、二审法院之间就持不同态度。总体上是受理的多，〔1〕不予受理或驳回起诉的少。2003年、2004年，法院(包括一审或者二审)受理并做出维持或撤销判决的20起，驳回起诉10起。不予受理或驳回起诉的理由基本上是根据上述1992年最高人民法院、公安部联合发布的通知以及《道路交通安全法》(2003年)第73条规定，认为"法律、法规乃至司法解释，尚未规定此类案件能够作为行政案件受理"〔2〕，因此不可诉。受理的理由多是认为责任认定是行政行为。〔3〕

第三，2005年1月全国人大法工委做出了不可诉的答复意见之后，也没能统一认识，双方意见仍然相持不下。2005年至2014年，法院(包括一审或者二审)不受理1起，驳回起诉11起，受理并判决维持或撤销的10起。

第四，对于交警作出的责任认定，法院(包括一审或者二审判决)受理之后，也是判决维持的居多，有35起，撤销的少，约14起。撤销的理由大致包括没有

---

〔1〕 李蕊的研究也得出同样的结论。李蕊：《交通事故责任与交通事故法律责任——争议与解决途径》，载《中国人民公安大学学报》，2005(5)。

〔2〕 "琼海市公安局交通警察大队与王世奎等道路交通事故责任认定纠纷上诉案"，参见海南省海南中级人民法院(2005)海南行终字第8号行政裁定书。

〔3〕 在"李省喜诉丰城市公安局交通警察大队交通事故责任认定纠纷案"中，法院指出，"尽管它本身没有为交通事故的当事人直接设定权利和义务，但对交通事故责任大小的划分进行了确认和证实，对当事人此后的实体权利和义务间接产生了影响。因此交通事故责任认定行为是可诉的行政行为"。参见江西省丰城市人民法院(2004)丰行初字第20号行政判断书。

因果关系、[1]事实不清、[2]未能提供被诉行为是否合法的事实证据、[3]适用法规、规章错误、[4]交警逾期不提供做出责任认定的证据。[5]细读有关判决,法院实际上多侧重程序审查,让行政机关不断说明理由,比如,有无证据、有无因果关系等,直至能够说服法院为止。法院能够被说服的,就判决维持,否则,便判决撤销。法院绝不越俎代庖,直接代替行政机关做出专业判断,更是没有一起直接判决变更的。这说明法院还是不愿意轻易地介入责任认定的实质审查,也不轻信专家,专家证言对法院的影响几乎微乎其微,法院更愿意将过错的判定重新退还给公安机关,让他们重做责任认定。

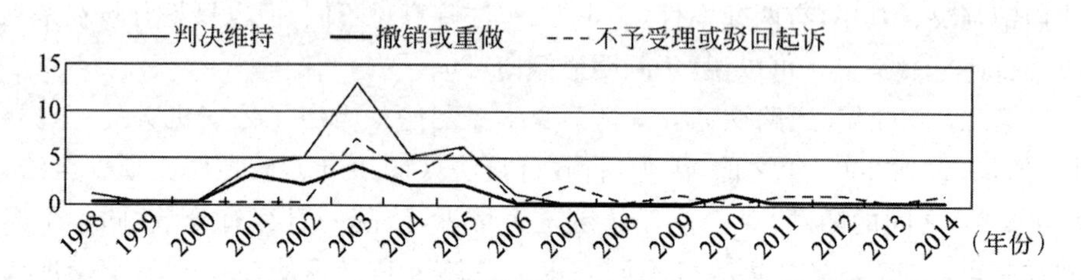

图 8-1　62 起行政案件的法院处理情况统计

说明:(1) 62 起行政案件有的一审、二审结果不同,此图表予以分别计算。

(2) 横轴表示年份,竖轴表述案件数量。

五、对上述实践争议的几点思考

上述案例所揭示出的状况,与前面的研究和观察基本吻合。我们至少可以读出两个核心问题:第一,责任认定到底是否可诉?第二,更有意思的是,尽管

---

[1] "李治芳不服交通事故责任重新认定决定案",载《中华人民共和国最高人民法院公报》,2001(5)。

[2] "罗伦富不服道路交通事故责任认定案",参见四川省泸州市中级人民法院(2001)泸行终字第29号行政判决书;"张小朋不服平顶山市公安交警支队道路交通事故责任认定决定案",参见河南省平顶山市卫东区人民法院(2001)卫行初字第311号行政判决书。

[3] "李运泽不服宜昌市公安局交警支队葛洲坝大队交通事故责任认定案",最高人民法院中国应用法学研究所编:《人民法院案例选》(2004年第4辑),367-375页,北京,人民法院出版社,2003。

[4] "墨东亮与内蒙古阿拉善左旗交通警察大队道路交通事故责任认定纠纷上诉案",参见内蒙古自治区拉善盟中级人民法院(2003)阿行终字第6号行政判决书。

[5] "周逸冲与宜阳县公安交通警察大队等道路交通事故责任认定纠纷再审案",参见河南省洛阳市中级人民法院(2010)洛行再字第1号行政裁定书。

从理论上讲，专家证人也可以出具意见、出庭作证，第73条已经腾挪出足够的空间，但法院似乎根本不看重，除责任认定外，法院也决不轻信其他专家证言，更不会直接变更责任认定，几乎都是撤销之后要求公安机关重做。这又是为什么呢？如果我们不能改变这个格局，又能如何改进责任认定机制呢？

1. 责任认定是否可诉

如前所述，我们很早就已初步奠定了一个基调，责任认定只是一种证据，法院可以决定是否采信。这意味着公安机关不再垄断专业判断，法院也不受前者判断的拘束。与上述观念相应，如果无法凭借常识来决定是否采信责任认定，法院也需要专家证言，也需要专家出庭襄助。而且，打破行政垄断的结果，专家资格与作证也必然是开放性的。在我们浏览的很多案件中，当事人都对责任认定提出异议，也多提交了社会鉴定机构的专家证言。这种格局似乎已很接近美国了。

在美国，20世纪60年代中叶，西弗吉尼亚州(West Virginia)确认了交通事故分析人员可以作为交通事故重现的专家，其意见可供陪审团参考。这代表了当时席卷美国的趋势。[1]所以，当下，在美国，责任认定绝不由警察一家来垄断。在事故调查上接受过特别训练的警察，可以根据其对交通事故现场的观察来陈述意见，也常被要求就事故原因给出意见。交通安全工程师(traffic safety engineer)、汽车机械师(mechanic)、汽车修理人员、保险公司调查员以及教授也都有资格作为交通事故分析专家陈述意见。[2]他们都被归入传统的专家证人(expert witnesses)。这是一个开放的市场，也是一个专业知识上的竞争。通过专家证人制度形成了任意开放的格局，又因为有着陪审制度，由陪审团作出是否可信的判断，在很大程度上缓解了法官对事实判断的压力。

但是，在我国发生的这场有关责任认定是否可诉的争论，却是美国所不曾有过的。为什么呢？在我看来，主要是因为中美之间存在着结构性差异。与美国相比，责任认定是比较独特的。

首先，与美国不同的是，我们是刻意区分交通事故责任与法律责任，由交警

---

〔1〕 Cf. Ralph Waldo Bassett, Jr, "*Expert Witnesses—Traffic Accident Analyst*" (1968-1969)71 *West Virginia Law Review* 45.

〔2〕 Cf. Edward R. Parker, "*Automobile Accident Analysis by Expert Witnesses*" (1958) 44 *Virginia Law Review* 789. Cf. Ralph Waldo Bassett, Jr, "*Expert Witnesses-Traffic Accident Analyst*"(1968-1969)71 *West Virginia Law Review* 50.

做出交通事故责任认定。而在美国,警察报告之中虽也涉及对过错的分析,却不把责任认定设计为一个专门程序与警察职责。所以,警察不就道路交通事故成因给出一个完整的责任认定,而只作为专家出庭作证,给出一些专业推断,供陪审团和法官斟酌。所以,也就谈不上是否可诉。

其次,更为重要的是,责任认定解决的是过错大小。在美国,是沿用传统的专家证人制度,通过类似市场竞争的方式来解决。而在我国,却有着明显依赖行政的偏好,更多的需要行政的信誉担保。

具体而言,在美国,无论警察还是专家,都没有亲眼目睹交通事故发生过程,都是依据现场收集的证据分析判断,法院、陪审团没有理由厚此薄彼。对他们的意见,取舍之间,端赖分析是否言之成理,陪审团有权给予权重,〔1〕法官有权判断是否采信。〔2〕对专家意见的分歧,完全可以在法庭上一争高下,比出高低。

但有意思的是,在我国,当事人提供的专家证言极少被法官采纳,因为异议颇多。据济南市长清区人民法院统计,2012 年交通事故案件中,对司法鉴定结论提出异议的达 50%左右。〔3〕与美国不同,在我国,缺少着陪审团的责任机制,对专家证言的有效性几乎由法官来判断,加上专家信用制度的缺失,以及社会鉴定机构的牛骥同皂,〔4〕个别当事人的不诚信等因素,法官将担负着很大的事实认定责任,背负着很重的道义责任,冒着极大的个人风险。所以,实践上,最简单的、风险最小的处理就是遵从警察的责任认定。这就是在诸多案件的审理中,尽管当事人质疑警察的责任认定,专家证言也言之凿凿,法院依然不予理睬的根本原因。实践与上述立法开了一个玩笑。责任认定如果不可诉,当事人如有异议,恐怕只能以头抢地,投诉无门了。

因此,在我看来,责任认定应当可诉。除了上述理由外,我们还可以补充两

---

〔1〕 Cf. Ralph Waldo Bassett, Jr., "*Expert Witnesses—Traffic Accident Analyst*" (1968-1969) 71 *West Virginia Law Review* 48.

〔2〕 比如,在美国的南达科他州(South Dakota),一个基本规则就是,专家证人的资格与能力,以及对意见证据的采信,都交由审理法院来裁断。Cf. David L. Bergren, "*Accident Reconstruction by Expert Testimony*" (1965)10 *South Dakota Law Review* 170.

〔3〕 冯建、李朝霞:《关于机动车交通事故责任纠纷案件的调查报告》,载《山东审判》,2013(6)。

〔4〕 一份调查报告也指出,"长期以来,鉴定体制中存在管理体制混乱、技术标准不统一、监督管理缺失、法律责任不清等诸多制度弊端,特别是目前各司法鉴定机构营利性的运作模式、鉴定人员的'红包效应'、鉴定人员应出庭接受质证率不高等问题的存在,严重损害了司法鉴定的权威性,降低了司法鉴定的公信力"。冯建、李朝霞:《关于机动车交通事故责任纠纷案件的调查报告》,载《山东审判》,2013(6)。

个重要理由。第一，责任认定、专业复核的“阳光作业”所引入的公开、听证、旁听、回访等，都不是典型的鉴定程序。这进一步印证了我的观点，责任认定不是单纯的鉴定，而是一种综合运用性质的事实认定。而事实不清是法院撤销行政行为的主要理由之一，因事实认定而引发的行政纠纷当然可诉。第二，在我国，交通事故现场的调查取证以及责任认定都交给交警，两项活动又是前因后果，证据收集得全面细致与否，左右着责任认定的质量高下。很多时候，责任认定被诉，问题出在证据的疏漏，实际上，或者说，在间接意义上，是在起诉公安机关在调查取证上的不作为。

但是，法院的审查要有节制。法院对责任认定的审查，其实包含合法性与准确性两个方面。交警资格、认定程序、是否违法、证据采信、因果关系等都可以归入合法性审查范畴。准确性涉及专业判断，原则上要遵从公安机关的断定，除非是法官依据常识、日常经验等可以直接作出判断外，需要依靠责任认定与专家意见。对准确性的审查，在实践中又是与事实问题交织在一起的，有时也被转换成合法性审查。另外，从上述有关案件的审理情况看，对责任认定的实质审查，还有一个很有效的策略，就是转换为程序性审查，要求公安机关充分说明理由。

当然，这场论争的尘埃落定，定纷止争，还必须等待《道路交通安全法》的修改。而且，从这场旷日持久的争论看，也提醒我们，立法上规定的在诉讼上完全开放的专家证言模式，恐怕在一个较长的时间内还无法实现，且难度很大，涉及专家信用、鉴定诚信、法官责任等多方面的深入治理。公安机关与其在可诉还是不可诉问题上和法院来回拉锯，还不如辟蹊径，着手改革公安系统内部的责任认定机制，夯实现场勘查，推进程序公正，通过责任认定的标准化建设，以及实行可控的开放的复核模式，力求在功能上替代诉讼上的专家证人制度，努力提升说服力与可信度。[1]作为过渡性策略，这个方案也值得考虑。

2. 要减少责任认定被诉的概率，程序的公正至关重要

在实践上，责任认定通常将当事人拒之门外，“依照严格的内部审批程序作出”，当事人基本没有话语权。一份调查报告显示，“当事人对责任认定的不满主

〔1〕 日本的经验也表明，要最大限度地减少事实争议，最主要的有两条：一是尽量依赖警察报告(great reliance on police reports)；二是用标准化的公式来计算相对过错(standardized formulae for calculation of comparative negligence)。从文献看，日本也没有更加依靠专家证言制度。Cf. Daniel H. Foote, “*Resolution of Traffic Accident Disputes and Judicial Activism in Japan*”(1995) 25 *Law in Japan* 21.

要是来自对这种暗箱操作程序的怀疑","怀疑对方当事人通过关系使责任认定不利于自己","宣布责任认定时对责任划分的理由的说明更多是对他们的敷衍和欺骗,很大程度上利用了他们对事故处理技术和法律的无知"。〔1〕

实践上为何关门操作呢?上述调查报告中,进一步采访交警,给出的理由大致有三个:①法律没有规定当事人有了解事故调查进程和参与责任认定听证的权利。②事故调查和责任认定过程的保密有利于调查结果的真实性和准确性,最终保证处罚结果的公正性。③责任认定是一门技术性极强的工作,当事人及其律师的参与无任何实质性帮助。〔2〕

仔细推敲,上述实践理由都不成立。在我看来,责任认定其实不完全是纯技术的,是对技术的综合性运用,从而得出对案件事实的合乎逻辑的解释,从本质上是对事实的认定。从我们已有的经验看,这个过程并不排斥正当程序与公众参与。首先,正当程序不取决于实在法是否规定,我们可以从最高人民法院司法解释、公报案件以及指导性案件清楚地看到这一点,〔3〕所以,理由①的观念已然落伍。其次,当事人、律师及专业人员参与到责任认定程序中来,只会加强彼此沟通,有助于澄清事实,理由②③也有问题。

近年来,公安机关积极推进"阳光作业",公开办案程序、责任认定、赔偿标准和处理结果,实施交通事故责任认定公开听证和交通事故责任者处罚公示,并对事故当事人进行回访。只要在百度上一搜,有关报道便铺天盖地。比如,福州市规定,凡是在福州地区发生交通事故的当事人,可自行决定是否聘请交警支队警风监督员参加事故处理、协助当事人对交警的事故处理工作进行监督。〔4〕北京市交管局对于重大、疑难、复杂的交通事故,采取邀请人大代表、政协委员、新闻媒体参加的方式公开处理,并允许群众旁听,直接将事故处理工作置于监督之下。〔5〕上述改革增加了透明度,但仅从公开揳入,离开放模式还有距离,以正当程序衡量,仍有进一步改革的空间。

---

〔1〕 左卫民、马静华:《交通事故纠纷解决的行政机制研究》,载《四川大学学报》(哲学社会科学版),2005(4)。

〔2〕 左卫民、马静华:《交通事故纠纷解决的行政机制研究》,载《四川大学学报》(哲学社会科学版),2005(4)。

〔3〕 余凌云:《法院如何发展行政法》,载《中国社会科学》,2008(1)。

〔4〕 《交通事故处理"阳光作业":事故当事人可聘请警风监督员"陪审"》,http://www.66163.com/fujian_w/news/fzen/fzwb/20020730/GB/fzwb^7668^02^wb023002.htm,2016年1月10日最后访问。

〔5〕 王立:《深化交通事故公开处理让权力在阳光下运行》,载《人民公安报》,2008-01-19。

如果让一个英美学人来评价，我们现在由警察独揽现场勘查、责任认定的这种设计，是让警察同时扮演着证人、检控与法官角色，从根子上违反了正当程序，违反了无偏见，会让公众感觉大坏。〔1〕警察本该客观取证，作为证人证实有关事实，而责任认定实际上是一种指控，这两个角色有着内在冲突。当然，秉承大陆法的传统，我们没有英美那么强烈的正当程序意识，更注重效率，重视行政主导，适当归拢不同的角色，也并非不可。但近年来深受英美正当程序之风的洗礼，对上述制度的弊端也不能听之任之。

具体而言，由执勤交警当场按照简易程序调处的，可以直接作出责任认定。因为在简易程序中，仅由1名交警负责从受理案件、现场勘查到责任认定、赔偿调解的全过程。〔2〕允许其直接认定责任，这是与这种简约高效的处理方式相吻合，也不违拗当事人意愿。但是，按照一般程序处理的责任认定，应当由开放的责任认定委员会来做出，部分成员来自学术界、实务界，采取公开听证方式。而不是像目前公安机关改革的那样，仅止步于警队之中的适度分工，从事现场调查的警员不做责任认定和调解，而由另一拨警员来做。〔3〕

这种开放式结构，也必然会产生更强烈的倒逼效应，迫使警察必须认真做好现场勘查，全面收集证据。因为现场勘查是责任认定的基础。外部力量的引入，并对责任认定负责，能够削弱公安机关内部的袒护，不迁就警察调查取证上的任何疏忽与马虎。与此同时，如果再辅以责任认定的标准化，对于说服当事人接受责任认定，成效应该更加显著。关于标准化问题，我会在另外一篇论文中详细探讨。〔4〕

3. 改革复核制度，采取可控的开放模式

发生在公安系统内部的复核，其实不是类似鉴定的再次鉴定，而是对事故发

---

〔1〕 Cf. Geraldine F. Macelwane, "*The Traffic Court: The Most Important in Our System*" (1957)43 *American Bar Association Journal* 323.

〔2〕 其运作方式是：交警到达现场立即勘查现场，如果确认属于轻微事故且因果关系明显、责任归属清楚，则不再采取测量、绘图、记录、拍照等证据保全措施，而是现场召集当事人双方宣布责任认定结果并简要说明依据，询问双方是否愿意调解处理；如果当事人各方无异议，则由交警根据经验确定损失额度，并根据责任划分确定各方应承担的损失，对此处理结果，当事人一般均能接受；如果损失额度不大，还可当即完成现场赔付、完结纠纷。现场调解达成协议的，当事人应立即撤离现场，交警也不再追究事故责任方的行政责任。左卫民、马静华：《交通事故纠纷解决的行政机制研究》，载《四川大学学报》(哲学社会科学版)，2005(4)。

〔3〕 左卫民、马静华：《交通事故纠纷解决的行政机制研究》，载《四川大学学报》(哲学社会科学版)，2005(4)。

〔4〕 余凌云：《道路交通事故处理规范的标准化——以日本的实践为借鉴》，载《政治与法律》，2016(5)。

生的经过作出全面判断,是对整个事实的认定,并进而对事故成因作出判断。它不仅具有专业性、技术性,更具有综合性、完整性。所以,在我看来,复核实际上是一种特殊的行政复议。尽管有些学者不认可,但是,无法否认的是,行政复议的一项重要功能就是要澄清事实、解决专业判断,这是复议优于诉讼的长处,从而为法院的合法性审查铺平道路。英国的行政裁判制度不就是如此吗?

但是,任何建立在行政系统内部的救济,并由行政人员垄断专业知识判断,都容易让当事人猜忌结论,以为官官相护。"对'儿子'不满向'老子'提起告诉,其结果可想而知。"〔1〕据济南市长清区人民法院统计,司法鉴定率连年增高,已经从 2006 年以前的 50%左右,增长到了 2012 年的 80%左右。"只要涉及比较严重的伤害或者车辆损失、财产损失,当事人一般都会申请司法鉴定,致使审理周期延长,增加当事人负担。"〔2〕

要解决上述问题,在我看来,对责任认定的复核,应该仿效复议委员会的变革,采取开放式,积极吸收专家学者、保险专家、交通工程师、车辆修理与设计专家、经常从事事故处理的律师等参与,占半数以上,实行票决制,必要时可以听证。由此可以实现公安系统内的相对独立。这就是我所说的可控的开放模式。〔3〕

未来的制度发展可以考虑,仅在专家资源充裕、水准较高的地区建立道路交通事故责任认定复核委员会,向辐射的周边地区提供复核服务,逐渐形成若干固定的、类似裁判所的复核机构,并逐渐打破行政区划,让当事人自由选择。

4. 对第 52 条的批判

用同样的立场来评判《道路交通事故处理程序规定》(2008 年)第 52 条规定,也会感到问题重重。该条规定,对于几种复核申请,不受理,包括:①任何一方当事人向人民法院提起诉讼并经法院受理的;②人民检察院对交通肇事犯罪嫌疑人批准逮捕的;③适用简易程序处理的道路交通事故;④车辆在道路以外通行时发生的事故。

上述①,显然是想把专业判断完全甩给法官,但是,缺少陪审团和专家意见的相助,面对交通事故的复杂成因,法官又如何能够胜任?上述②恐怕是担心复

---

〔1〕 左卫民、马静华:《交通事故纠纷解决的行政机制研究》,载《四川大学学报》(哲学社会科学版),2005(4)。

〔2〕 冯建、李朝霞:《关于机动车交通事故责任纠纷案件的调查报告》,载《山东审判》,2013(6)。

〔3〕《道路交通事故处理程序规定》(2017 年)第 80 条采纳了上述意见。该条规定:"上一级公安机关交通管理部门可以设立道路交通事故复核委员会,由办理复核案件的交通警察会同相关行业代表、社会专家学者等人员共同组成,负责案件复核,并以上一级公安机关交通管理部门的名义作出复核结论。"

核决定与检察院的决定相悖。但是，责任认定如果确有失误，经复核纠正，并阻止检控，不是更能保护当事人的合法权益吗？上述③是因为事故成因简单，无须大动干戈？但是，当事人既然质疑，为什么就不能复核释疑呢？上述④是因为不属于道路交通事故？无须复核？但是，就是不属于道路交通事故，依法也应当比照道路交通事故给出成因分析，没有理由不可以复核。所以，上述规定，在我看来，都经不起推敲。

交通事故形态多样复杂，有时，凭常识就能辨明过错，有时，却需要综合分析，[1]涉及深奥的专业知识，涉及科学或技术问题。前者是法官力所能及的，后者却可能力所不逮，得靠专家证言来辅助。

众所周知，很多时候，道路交通事故成因的分析与认定，要涉及车辆设计、力学、鉴定等方面的知识、经验与技术，属于专业判断。通常，想要在证据链中确定必要的事实，实属困难，所以，常需要从事故的遗留物中作些推断。要做到这点，就需要有工程或科学知识背景的专家，或者有专门技能或经验的其他人员作证，就速度，碰撞地点，撞击点，刹车痕迹和凿痕以及车辆损坏的意义给出意见。[2]在诉讼上，若不能最充分地利用专家意见，将意味着，在很多案件中，否定证明，也必将否定正义。[3]法官如果轻易地跨出合法性审查，对复杂的专业性问题，评头论足，就可能失之轻率，过于武断。[4]

---

〔1〕 Cf. Ralph Waldo Bassett, Jr, "*Expert Witnesses—Traffic Accident Analyst*" (1968-1969) 71 *West Virginia Law Review* 45.

〔2〕 Cf. David L. Bergren, "*Accident Reconstruction by Expert Testimony*" (1965) 10 *South Dakota Law Review* 162.

〔3〕 Cf. Ralph Waldo Bassett, Jr, "*Expert Witnesses—Traffic Accident Analyst*" (1968-1969) 71 *West Virginia Law Review* 45.

〔4〕 比如，"林祥榕与闽清县公安局交通警察大队交通事故责任认定纠纷上诉案"就颇有问题。该案涉及大客车是否超速问题，公安机关认为，"货车与客车相撞后，又撞到路沟及山体，客车车体产生变形是由于二车相撞及撞碰路沟、山体综合的结果，其变形量的大小不仅与车速有关，更与两车的车体、山体的材料、形状、碰撞角度等因素有关，就目前技术而言，不但被上诉人无法鉴定事发时车速，就是相关科研单位也无法鉴定"。福建省中心检验所对事故发生时大客车行驶速度进行鉴定，鉴定结论为"因委托方未能提供鉴定车辆受损面积、深度及相关技术资料，本所无法进行鉴定"。然而，法院却在判决中指出，"撞前车速测算的物理学原理，属于我国中等教育高中一年级物理教学大纲中的力学、运动学教学范畴。即，根据牛顿第二定律、摩擦力与正压力关系原理、匀变速运动速度位移公式，以刹车痕迹长度、车辆动摩擦因数（涉及车的质量、轮胎材料和路面情况）、重力加速度等数据为基础，车辆相撞的交通事故涉及的撞前车速即可算出"。参见福建省福州市中级人民法院（2003）榕行终字第123号行政判断书。试想，连鉴定机构都觉得缺少有关技术资料，无法做出鉴定结论，而法院没有另行委托其他鉴定机构、也不依靠任何专家证言，就做出略带调侃性的判断，显然过于专断。

那么,怎么区分是常识还是专业呢?或者说,什么时候必须依靠专家呢?具体而言,必须符合两点:首先,推断的对象必须是与某些科学、专业、事务或者职业有明显关系,且超出了一般外行的认知能力。其次,专家证人必须具有这一领域的技能、知识或经验,其意见、推断显然有助于探明真相。〔1〕

因此,在我看来,对于上述第52条规定的复核申请,恐怕还得依据所涉专业程度一分为二。如果凭借常识或者法官自己驾车经验便可以判断的,可以按照现行制度办理。如果涉及复杂的专业判断,超出法官的判断能力的,还是交给道路交通事故责任认定复核委员会认定比较妥当。《道路交通事故处理程序规定》(2017年)第75条做了修改,要求公安机关将复核情况告知法院和检察院。"受理复核申请后,任何一方当事人就该事故向人民法院提起诉讼并经人民法院受理的,公安机关交通管理部门应当将受理当事人复核申请的有关情况告知相关人民法院。""受理复核申请后,人民检察院对交通肇事犯罪嫌疑人作出批准逮捕决定的,公安机关交通管理部门应当将受理当事人复核申请的有关情况告知相关人民检察院。"

六、结 束 语

总之,责任认定是否可诉的这场争议,实质是由谁负担涉及专业判断的过错认定,并在法院和公安机关之间来回角力。未来的走向,可供选择的或许有两条:一个是尽快完善专家证言制度;另一个是改革责任认定制度。我倾向后者,因为迄今的实践已证明了前者的难度。

至于责任认定改革的路径,可控的开放较为可取,既震动不大,又能有序推进。也就是:第一,在公安机关系统内建立相对独立的责任认定委员会、复核委员会,其成员是对学术界、实务界开放的,可以有相当部分来自专家学者、保险行家、车辆机械师、交通安全工程师等。第二,严格遴选专家,保证专业资质,建立专家库以及专家信用档案。第三,仿效仲裁,允许当事人各自从专家库中挑选一定数量的专家。第四,保障专家独立发表意见,实行票决制。

〔1〕 Cf. C. E. Modonald, JR.,"*Expert Testimony in Automobile Accident Case*"(1968)20 *South Carolina Law Review* 271~272.

第九讲　无人驾驶的道交法规范构建[1]

〔1〕 *本文是北京百度网讯科技有限公司委托的“推进《道路交通安全法》中允许高级别自动驾驶无人化商业应用立法研究”课题成果，也是我主持的国家社科基金重大项目“大数据、人工智能背景下的公安法治建设研究”(19ZDA165)以及由清华大学自主科研计划资助的“智慧警务模式下的基本权利保护”(2021THZWYY13)的主要成果。发表在《荆楚法学》2023年第5期，董佳乐帮助收集文献、规范，在此致谢。

一、引　　言

自动驾驶有着不同分级标准。[1] 在技术上,划分自动驾驶等级的要素很多,最为关键的不外乎两点:第一,车内有无驾驶人。第二,是否要求及时响应自动驾驶系统提出的动态驾驶任务接管请求,人工干预接管车辆。L3及其以下等级都持肯定要求。L4、L5却不做上述要求,而是要求系统本身具备自动达到最小风险状态的能力。

从法律角度看,可以将自动驾驶简化为两类:一类是L3及其以下,自动驾驶技术仅为辅助,"属于'共同控制'(Shared Control)的'人类—机械'合作模式"。[2] 车内要求驾驶人或安全专员始终处于驾驶位置,承担行车注意义务,监控车辆及周边环境,准备随时接管车辆。尽管在选择自动驾驶时,可能呈现出近似无人驾驶状态,但是,其本质仍然是人工操控,由驾驶人来决定何时何地将驾驶权限交给系统,并可以随时收回。这与传统驾驶形态没有根本差别。"与驾驶员有关的责任领域可能不会发生重大变化"(the liability arena relating to drivers will likely not change significantly)。[3] 它们对道交法的冲击有限,现有法律规范基本适用。这在一些地方的道路测试和商业示范上已经得到证实。交

---

[1] 国际上被频繁引用的《SAE汽车驾驶自动化分级》(SAE Levels of Driving Automation)做了L0-L5六级划分。国家市场监督管理总局、国家标准化管理委员会联合发布的国家标准《汽车驾驶自动化分级》(GB/T 4042—2021)也同样分为六级。《深圳经济特区智能网联汽车管理条例》(2022年)第3条将自动驾驶划分为有条件自动驾驶、高度自动驾驶、完全自动驾驶三种。上述国际标准和国家标准基本上是对应的,其中,L4、L5分别是高度自动驾驶(high driving automation)、完全自动驾驶(full driving automation)。深圳立法中的高度自动驾驶却名同实异,因其要求驾驶人应当响应自动驾驶系统提出的动态驾驶任务接管请求,实际上仅相当于L3水平。

[2] 翁岳暄、多尼米克·希伦布兰德:《汽车智能化的道路:智能汽车、自动驾驶汽车安全监管研究》,载《科技与法律》,2014(4)。

[3] Cf. Katelyn Sheinberg, "*Embracing the Imminent: Proposed Legislation for Automated Cars in Pennsylvania*" (2015) 15 *Pittsburgh Journal of Technology Law and Policy* 272.

管部门也认为,“与普通车辆交通违法和交通事故处理没有原则上的差别”。[1] 只有个别地方不适用。特斯拉的核心竞争优势就是具有 Autopilot、FSD 自动辅助驾驶功能,并能通过 OTA 空中软件更新不断升级。驾驶人监控系统的义务不能直接等同于法律上的义务。[2] 在启用自动驾驶系统逡巡期间发生交通事故或者违法,会涉及系统问题。针对人机之间责任分配、接管妥当性的判断标准,还需作个别规范调适,还需考虑第三者强制责任保险的覆盖范围是否要调整以及如何调整。[3] 另一类是 L4 与 L5,属于无人控制,统称无人驾驶。系统发出介入请求时,用户可不作响应,系统具备自动达到最小风险状态的能力。亦即,如果自动驾驶系统发生故障,导致该系统无法执行与其预期操作设计领域相关的整个动态驾驶任务,无人驾驶车辆将达到最低风险条件(if a failure of the automated driving system occurs that renders that system unable to perform the entire dynamic driving task relevant to its intended operational design domain, the fully autonomous vehicle will achieve a minimal risk condition.)。[4] 即便有实施远程监控、具有驾驶资格的安全员,其注意义务也远低于驾驶人,仅为协助处理非紧急状况。比如,系统无法识别的复杂路况。其中,对运行设计范围有限制的,比如园区接驳车,对法规范挑战相对不大;没有运行设计范围限制的,对法规范提出了全新的挑战。

究其原因,在传统上,机动车由驾驶人控制,《道路交通安全法》(以下简称道交法)也以驾驶人的驾驶资格、注意义务、法律责任为规制重点。如果人类能够干预自动驾驶车辆的操作,比如 L3 及其以下,也很可能满足该要求(this requirement is likely satisfied if a human is able to intervene in the automated vehicle's operation.)。[5] 但是,无人驾驶完全由人工智能控制,“人类驾驶移转

---

〔1〕《智能网联汽车道路测试管理规范》新闻发布会实录,http://www.scio.gov.cn/xwfbh/gbwxwfbh/xwfbh/gyhxxhb/document/1628054/1628054.htm,2023 年 5 月 2 日最后访问。

〔2〕冯洁语:《人工智能技术与责任法的变迁——以自动驾驶技术为考察》,载《比较法研究》,2018(2)。

〔3〕冯珏:《自动驾驶汽车致损的民事侵权责任》,载《中国法学》,2018(6)。

〔4〕Cf. Lucas Barnard, "*Diversity in Automation: How Are Different Legal Regimes Looking to Regulate Users of Automated Vehicles?*" (2021) 17 *South Carolina Journal of International Law and Business* 96.

〔5〕Cf. Bryant Walker Smith, "*Automated Vehicles Are Probably Legal in the United States*" (2014) 1 *Texas A&M Law Review* 413.

控制权限给机器并且交由机器依照自身的决策判断来执行任务。"[1]这就彻底突破了道交法的法律框架。本文仅关注在公共道路运行的L4、L5,亦称完全自动驾驶、无人驾驶。

无人驾驶汽车广泛运用于现实的交通环境之中,与辅助自动驾驶车辆、传统机动车、非机动车和行人之间发生错综复杂的交通关系,存在着"混合交通"环境(a "mixed traffic" environment will exist),[2]必将增加道路交通环境的复杂性。除了传统上的人、车、路要素之外,还增加了系统要素。也有概括为人、车、路、云。无人驾驶的"授权控制"(Authorized Control)对行政法、民法、刑法都带来了挑战,可能需要修改道交法、保险法、产品质量法、刑法等一系列法律条款,也不妨另辟蹊径,制定一部《自动驾驶法》。学者从刑事责任、民事侵权、保险、交通事故、数据安全和隐私、网络安全等不同角度做了较为深入研究,主要关注伦理规范、法律责任和政府监管。[3]

本文主张修改道交法。道交法有着自己独特的规范视角,比如,不过多规定具体的刑事责任、民事责任以及相应程序,只是浅尝辄止,而是从车辆准入与管理、驾驶员管理、通行规则、交通事故责任认定与现场处理等方面,处理与自动驾驶发生的关系。无人驾驶需要一个全新的立法框架,但仅为个别增补,包括准入条件、交通事故与违法处理、保险、数据访问和保护、网络安全等。其他多数规范,比如通行规则、标志标线等,仍然依托在道交法之中。"车辆法规徒增不一致性和不连贯性,这实际上会阻碍而不是鼓励自动驾驶"(By increasing the inconsistency and incoherence of state vehicle codes, such laws can actually stymie rather than encourage automated driving.)。[4] 在价值层面上,依然关注行驶安全,与此同时,需要平衡鼓励自动驾驶技术创新、自动驾驶行业发展与规制自动驾驶技术风险之间的关系,更注重网络安全与隐私保护。自动驾驶行业

---

[1] 翁岳暄、多尼米克·希伦布兰德:《汽车智能化的道路:智能汽车、自动驾驶汽车安全监管研究》,载《科技与法律》,2014(4)。

[2] Cf. Shakila Bu-Pasha, "*Legal Aspects, Public Interest, And Legitimate Interest In Processing Personal Data To Operate Autonomous Buses In The Regular Transportation System*" (2022) *Security and Privacy* e247. https://doi.org/10.1002/spy2.247,2023年6月27日最后访问。

[3] 白惠仁:《自动驾驶汽车的伦理、法律和社会问题研究述评》,载《科学与社会》,2018(1)。

[4] Cf. Bryant Walker Smith, "*How Governments Can Promote Automated Driving*" (2017) 47 *New Mexico Law Review* 101.

未来发展的挑战,很大程度不是技术漏洞所带来的风险,而是来自技术层面以外的因素,比如交通事故责任、保险与赔偿。“这些非技术性的因素很难通过自动驾驶行业内部的科技发展来解决,只能通过国家的立法来进行法律规制。”〔1〕

二、走出实践的合法性困境

迄今,关于自动驾驶已有两部特区立法,一部设区的市制定的地方性法规。〔2〕其他地方仅是制定了关于自动驾驶道路测试和商业示范的规范性文件。从有关立法与规范性文件看,第一,绝大多数是规范自动驾驶车辆道路测试活动,〔3〕自动驾驶设计企业可以在规定的区域内,比如,较为封闭的实验基地、测试道路上,从事与自动驾驶车辆相关科研、定型试验,包括载人、载物运行。第二,在特定区段,划出公共道路的特定路段、时段,实施载人、载货运营。一是作为非机动车,限定时速,在非机动车道行驶,从事快递、货运等活动。比如,无人配送车的商业示范运营。〔4〕二是运营出租车业务。

从世界范围看,在自动驾驶规制策略上,大致有两种观念方法(conceptual ways)。一种是更注重安全,通过立法授权推动自动驾驶技术与产业发展,保证自动驾驶汽车不致危及广大人民的生命、健康、财产和社会地位。行政机关定义自动驾驶汽车必须遵守的所有要求(authorities defines all the requirements that autonomous car has to comply with),主要包括有关运输单位与驾驶员的综合法律要求,以及对 IT 系统标准特性的要求,比如,隐私(privacy)、网络安全(cybersecurity)、可靠性(reliability)、责任(accountability)等。大多数欧洲国家、

---

〔1〕 侯郭垒:《自动驾驶汽车风险的立法规制研究》,载《法学论坛》,2018(5)。

〔2〕 两部特区立法包括:《深圳经济特区智能网联汽车管理条例》(2022 年),这是首部地方性法规,涉及规范自动驾驶的道路测试和示范应用、准入和登记、使用管理等活动。《上海市浦东新区促进无驾驶人智能网联汽车创新应用规定》(2022 年),这是首部聚焦在 L4、L5 无人驾驶系统的地方性法规。设区的市制定的地方性法规是《无锡市车联网发展促进条例》(2023 年)。

〔3〕 《北京市交通委员会、北京市公安局公安交通管理局、北京市经济和信息化局关于印发〈北京市自动驾驶车辆道路测试管理实施细则(试行)〉的通知》(京交科发〔2020〕9 号)。《上海市经济和信息化委员会、上海市公安局、上海市交通委员会关于印发〈上海市智能网联汽车道路测试管理办法(试行)〉的通知》(沪经信规范〔2018〕3 号)。

〔4〕 《北京市交通委员会、北京市经济和信息化局、北京市公安局公安交通管理局、北京市商务局、北京市邮政管理局关于印发〈北京市无人配送车道路测试与商业示范管理办法(试行)〉的通知》(京交科发〔2023〕2 号)。

欧盟、新加坡、美国很多州都倾向于采用这种方法。比如,美国加利福尼亚州参议院第1298号法案通过修订《车辆法规》(the Vehicle Code)第16.6节,授权在公共道路上使用自动驾驶车辆。

另一种方法是更加鼓励技术创新。立法可能会对创新产生不利影响(legislation could have a detrimental effect on innovation.)。[1] 有关规制既不过于严格,也不过于宽松,留有大量实验空间,注重创新。这有助于支持竞争力,并促进在公共道路上引入自动驾驶汽车。比如,美国联邦制定了自动驾驶综合性立法,只不过是不具有法律拘束力的联邦法律框架,仅起示范作用。又比如,在美国亚利桑那州,自动化运输测试(the autonomous transport testing)的依据是亚利桑那州州长第2015-09号行政命令(Executive Order No. 2015-09 of the Governor of Arizona),该命令规定州机构有义务促进自动驾驶在该地区的发展。[2]

在上述分类研究中,我国实践被归入上述第二种。或许是,第一,我国政府在对待新技术、新产业、新业态发展上倡导政府监管要包容审慎。第二,已经开展自动驾驶道路测试和商业示范的地方基本上只是发布规范性文件。然而,从我们在长沙、北京、武汉等地调研看,自动驾驶技术和产业发展之所以举步维艰,首当其冲,就是法律依据不足。即便是小心翼翼地划出部分公共道路允许自动

---

〔1〕 Cf. Victor Li, "*The dangers of digital things: Self-driving cars steer proposed laws on robotics and automation*" (2018) 104 *American Bar Association Journal* 23. *Cf. Hanna Rzeczycka and Mitja Kovac*, "*Autonomous Self-Driving Vehicles—The Advent of a New Legal Era?*" (2019) 10 *King's Student Law Review* 39.

〔2〕 美国加利福尼亚州的条件是,第一,从事测试的驾驶人要具有规定车型的驾照(a driver's license for a definite vehicle type),必须坐在驾驶座位上操控车辆安全行驶,在自动驾驶技术出现技术错误或者其他紧急情况下,能够及时干预。第二,测试公司必须获得一份保险文书(insurance instrument)、五百万美元的自我保险证明(proof of self-insurance of five million dollars),以及提供保险证明(proof of insurance)。必须获得加州机动车管理局(California Department of Motor Vehicle)的许可,并遵守所有联邦安全标准。第三,还需要一份证明自动驾驶汽车受加利福尼亚州交通法规约束的证书(A certificate indicating that the autonomous car is bound by California's traffic laws is also required.)。车辆必须符合国际网络安全标准(international cybersecurity standards)。亚利桑那州的测试不需要特殊许可证,2015年行政命令只有三项要求。第一,驾驶人和车辆制造商之间必须有合同关系;第二,在紧急情况下,驾驶人能够实际干预;第三,驾驶人必须持有执照并获准驾驶此类车辆。Cf. Roman Dremliuga and Mohd Hazmi bin Mohd Rusli, "*The Development of the Legal Framework for Autonomous Shipping: Lessons Learned from a Regulation for a Driverless Car*" (2020) 13 *Journal of Politics and Law* 297-299.

驾驶企业道路测试、商业示范,也会立刻遭遇合法性拷问:自动驾驶车辆是合格车辆吗?上牌依据何在?交通违法处罚对象是企业吗?交通事故如何处理?更不用说无人驾驶完全游离在道交法规范之外,无法可依、无章可循。

《立法法》(2023年)第9条提出了改革与法治相统一原则,[1]并给出了两个主要路径:一是全国人大常委会、国务院通过授权,或者暂时调整、停止部分法律、行政法规规定的适用。[2] 可以借鉴"监管沙盒"(Regulatory Sandbox),构建风险可控的一个安全空间,企业可以在其中测试其新兴产品、服务、商业模式等,而不会遭受违反现有法规的监管后果。[3] 二是通过地方性法规、地方政府规章先行先试,或者作为城市建设和管理事项做创制性规定。[4] 但是,地方却基本无法从中开拓自动驾驶合法空间,径行诉诸立法。第一,寻求法律授权几乎没有可能,不仅层层报批程序复杂,磋商成本也很高。第二,没有一定实践试错,积累经验,地方也无从立法,无法平地起楼。但是,要先试验,行政机关又有顾虑,缺乏法律依据,如何可以允许自动驾驶企业在公共道路上开展载人载货经营试验?这是立法悖论。

地方为了降低法律和技术风险,一种方法就是划定专门的实验基地,进行封闭式测试,并渐进式放开部分公共道路,做进一步道路测试和商业示范运营,为立法积攒经验。另一种方法就是人为规定为非机动车,要求在非机动车道上限速行驶,允许使用公共道路,但限定区域。为契合道交法,还要求每车安排一名驾驶员,发生紧急情况时能够现场和远程协助控制车辆,发生交通事故时,接受行政处罚。[5] 上述方法无疑是最安全的,无论是对交通安全还是行政机关责任而言,都是风险最小,在合法性上也无懈可击。

但是,不论上述哪种方法,不纳入机动车范畴,不允许在车马骈阗的公共道路上实际运行,不放开行驶速度,都将不利于自动驾驶技术与产业的持续健康发

---

〔1〕《立法法》(2023年)第9条规定:"立法应当适应改革需要,坚持在法治下推进改革和在改革中完善法治相统一,引导、推动、规范、保障相关改革,发挥法治在国家治理体系和治理能力现代化中的重要作用。"

〔2〕《立法法》(2023年)第16条、第79条、第84条。

〔3〕Cf. Financial Conduct Authority, "*Regulatory Sand—box. London: Financial Conduct Authority*", 2015, p.1. 转自张红:《监管沙盒及与我国行政法体系的兼容》,载《浙江学刊》,2018(1)。

〔4〕《立法法》(2023年)第81条、第82条、第93条。

〔5〕《北京市无人配送车道路测试与商业示范管理办法(试行)》(2023年)第6条、第7条。

展,不完全符合对新技术、新业态、新应用包容审慎的行政监管政策。第一,企业无法通过投资自动驾驶技术和产业而获利,也逐渐丧失持续投入的资金、热情与动力。第二,自动驾驶技术也很难得到真正的实践检验,及时发现技术漏洞和缺陷,不断更新而臻于完善。

经过深圳、北京、上海、苏州、武汉、长沙等地的道路测试和商业示范,以及百度 Apollo、美团、华为、滴滴等多家公司的持续大量技术投入,已经积累了足够的经验,从中可以归纳出基本法律诉求。立法条件已初步具备,应当积极寻求立法突破。

1. 第一种思路是制定地方立法

我们可以利用《立法法》(2023 年)第 93 条第 5 款规定,制定地方性法规条件尚不成熟的,可以先制定为期两年的地方政府规章,自动驾驶技术和产业发展寻求一个暂时的法律空间。当然,也可以直接根据《立法法》(2023 年)第 82 条第 2 款,制定地方性法规,先行先试。通过实践,统计交通事故率和死亡率,探索与现有产业之间的融合发展,以及考察对经济发展、就业和税收等方面的实际贡献,为制定地方性法规乃至修订道交法奠定基础。

其实,自动驾驶乃至无人驾驶的法律需求都不算多。有需求并能开展自动驾驶的地方还不普遍。但是,各地先行先试,第一,可能坐地自划,影响自动驾驶车辆跨区域运行。第二,标准不统一,会为未来全国范围内广泛运行带来技术障碍。第三,各地登记车牌样式不一致,以及交通违法处罚、交通事故认定制度差异,也会因全国立法统一而需要后续调整。

2. 第二种思路是修改道交法,"中央统筹、授权地方"

这是本文主张的观点。通过专门修正案方式,将 L4、L5 作为道交法尚未规范的一类特殊类型车辆,新增一章,采取"中央统筹、授权地方"的立法模式,道交法只做原则性规定,构建基本规范框架,授权地方通过立法或者规范性文件进一步探索,填充夯实。这是"前瞻性立法不得不采用的立法技巧"。[1] 针对无人驾驶增设特别规范,可以避免逐条修改道交法有关条款。

具体而言,第一,加强顶层设计,确保无人驾驶安全,促进产业和技术持续创新发展。由此构建一个基本监管规范框架,包括建立系统和整车双重安全技术标准的准入制度、通过保险和无过错责任快速解决涉及系统的交通事故纠纷、落

---

[1] 张韬略、蒋瑶瑶:《德国智能汽车立法及〈道路交通法〉修订之评介》,载《德国研究》,2017(3)。

实数据保护和网络安全基本要求、夯实车辆所有人、管理人、生产商的有关义务，做到疏而不漏，粗细适中，在技术创新和风险可控、产业发展与交通安全之间寻求平衡。第二，在上述立法框架下，很多需要进一步摸索的制度、措施和内容，比如系统和整车双重安全技术标准、第三者强制责任险保费及分摊比例、交通事故责任分配、数据分级分类及风险评估、数据保护方式和网络安全计划、允许无人驾驶车辆使用的地域范围等，将授权地方制定地方立法、行政政策。地方可以跟进技术发展，总结实践经验，关注法院判决以及国际条约发展动向，继续摸索行之有效的规制方法、规制强度、技术标准。第三，鼓励各个地方之间根据区域协调发展的需要，促进自动驾驶产业合作，协同道路智能化规划与建设，打通地域限制，由点及面，不断推进无人驾驶车辆跨区域运行。

三、市场准入与道路准入

无人驾驶车辆的市场准入和道路准入，是几乎所有讨论无人驾驶立法的文章都会提及的首要问题。

（一）市场准入

自动驾驶车辆一般是整车改装，由系统设计商、硬件制造商与目录内的机动车生产商合作，在合格机动车上加装自动驾驶软件与硬件。自动驾驶车辆作为拼装车，目前缺少整车的合格技术标准，也未列入机动车目录。

缺少合格车辆整车标准，是无人驾驶车辆无法准入的核心问题。第一，道交法对车辆采用二分法，分为机动车和非机动车。与国际通常采用的规则一样，采用技术标准进行区分，在管理、通行上区别对待。是否属于机动车，不仅要符合机动车技术标准，还必须列入机动车管理目录，缺一不可。否则，就不是合格车辆，无法登记、上牌照以及获得路权。第二，技术标准是确认产品责任和刑事责任的依据。生产商如果违反技术标准生产，会因产品瑕疵而承担民事赔偿责任。对于L4、L5发生的重大交通事故，设计者、生产者只有违反技术标准，才承担刑事责任。[1] 第三，对机动车的行政规制一般采用“技术标准规制模式”（technology-based regulation）。通过技术标准、强制性认证，保证交通安全，控制

---

〔1〕 江溯：《自动驾驶汽车对法律的挑战》，载《中国法律评论》，2018(2)。

技术风险。“设定可靠的标准通常是核心环节,在标准确定后,企业和规制机关的主要任务是保证产品符合该标准。”[1]

无人驾驶车辆的整车技术标准包括机动车和自动驾驶系统两方面,比较复杂。(1)加装自动驾驶设备的机动车本身必须符合机动车国家安全技术标准,并列入机动车管理目录。这方面的技术标准已经非常成熟。(2)自动驾驶内置和外挂的设备,其软件与硬件都必须符合技术标准。(3)加装之后整车必须符合技术标准。因为“二次改装也会存在后增加设备一致性差、性能不稳定的情况”。[2] 前述两种标准最终还得归拢到这套标准之中。目前亟待解决的是系统标准和整车标准。自动驾驶车辆在出售和登记前,必须获得通过安全技术检测的合格证书。

系统和整车技术标准必须符合“最低安全标准”(minimum safety standards)。这也是无人驾驶车辆年检标准。第一,除符合机动车安全技术标准之外,还要符合动态驾驶任务执行、失效识别与安全响应、最小风险策略、人机交互、产品运行安全、网络安全和数据安全、软件升级、数据记录等技术要求。第二,必须配备“行驶数据记录仪”,俗称“黑匣子”。独立式的黑匣子事故记录器是还原交通事件起因的关键手段。对于L3以下的自动驾驶,它可以记录自动驾驶模式是何时激活的,驾驶员何时参与驾驶,记载位置和时间信息,以帮助查明事故发生原因和确认事故责任人。[3] 对于L4、L5,“更重要的作用是透过上述丰富多样的实证数据来源协助监管单位和汽车制造商评估产品的安全性,进一步解决悬宕已久的安全隐患问题并且建立对于智能汽车产品责任的判断标准。”[4]第三,检测到车辆或者系统发生故障时,系统能够自动报警,警示行人和其他车辆,并及时通知车辆所有人、管理人迅速接管车辆。

无人驾驶车辆的制造可以由目前机动车生产商通过技术升级完成,也可以由机动车生产商与自动驾驶技术公司合作完成。无人驾驶车辆涉及汽车生产、

---

[1] 孔祥稳:《面向人工智能风险的行政规制革新——以自动驾驶汽车的行政规制为中心而展开》,载《行政法学研究》,2020(4)。

[2] 《自动驾驶数据安全白皮书》(2020年),第27页,https://mp.weixin.qq.com/s/O3v9TihBgmwVLDmTeYVdLA,2023年5月31日最后访问。

[3] 白惠仁:《自动驾驶汽车的伦理、法律与社会问题研究述评》,载《科学与社会》,2018(1)。

[4] 翁岳暄、多尼米克·希伦布兰德:《汽车智能化的道路:智能汽车、自动驾驶汽车安全监管研究》,载《科技与法律》,2014(4)。

元器件和软件生产、设备等多家厂商，应当采取加重整车企业（平台）的作用，[1]在道交法上，生产商原则上就指整车企业，或者汽车生产企业和系统供应商通过合作协议而结成的联合体。机动车已有成熟的合格标准。但是，自动驾驶设备标准与加改装标准，无论是否合二为一，都还很难拿出成熟的标准，还必须通过道路测试不断积累数据，增加交通环境的复杂多变性而不断改进深度学习算法。道交法可以先授权地方，为跟进自动驾驶技术发展，及时研究和制定地方标准、行业标准，也可以直接引入国际标准。制定地方无人驾驶车辆目录。待条件成熟后，应当及时制定国家标准。

（二）道路准入

1. 无人驾驶车辆登记

机动车能否登记，取决于机动车是否符合技术标准，且登录在机动车目录之上。首先，道交法可以授权地方规定无人驾驶车辆的登记制度，主要包括：无人驾驶车辆符合地方标准、行业标准，完成道路测试，通过风险测试评估，已列入地方目录；生产商、车辆所有人、管理人已经按照要求购买交通事故责任强制保险；完税证明或者免税凭证；允许行驶的路段、区域、时段。其次，统一设立专门的号牌样式。这既便于管理，易于识别，又有利于社会公众监督。[2]

需要与道路设施智能化协同的无人驾驶车辆，受制于道路规划、建设与改造，运行的范围是有限的、特定的。单车智能的无人驾驶车辆没有上述羁绊，但在技术研发上存在“长尾问题”，也需要通过道路基础设施的升级，为其提供一定的辅助。因此，可以授权交管部门根据技术成熟度、道路测试结果以及产业发展需要等因素，决定是道路测试、限定路段和区域还是完全放开。

2. 无人驾驶车辆所有人、管理人取代驾驶人

《道路交通安全法》（2021 年）第二章第二节“机动车驾驶人”是传统机动车的重要概念和规范。运行中的机动车要有驾驶人，驾驶人具有驾驶资格，且必须遵守道路交通有关法律规定，尽到注意义务。道路交通秩序与交通安全就是以此为核心构架而成。但是，这些完全不适用于无人驾驶。

---

〔1〕 毕马威中国与观韬中茂律师事务所联合发布《车联网数据安全监管制度研究报告》（2022 年 3 月），第 13 页，https://mp.weixin.qq.com/s/DdbN5jY4SySiYJP8zgenMw，2023 年 5 月 31 日最后访问。

〔2〕 陈晓林：《无人驾驶汽车对现行法律的挑战及应对》，载《理论学刊》，2016(1)。

那么,由谁来取而代之,成为支撑性概念呢?第一种观点认为应当是生产商。第二种观点认为如果驾驶座上没人,启动自动驾驶技术(causes the vehicle's autonomous technology to engage)的操作员就充当驾驶员。[1] 第三种观点认为是车辆所有人、管理人,相当于民法上的机动车保有人,采用"运行支配说"和"运行利益说"二元判断标准。[2]

无人驾驶车辆所有人、管理人实际上就是决定使用无人驾驶的操作员,由其取代驾驶人,成为道路交通参与者,比较适宜。第一,相较于生产商,车辆所有人、管理人不仅便于第三方识别,也能够及时参与交通事故处理和承担交通违法责任。第二,这个概念具有解释张力,可以涵盖无人驾驶车辆未来普遍投入运行的所有商业形态。一是"生产商运营模式"。生产商在出售产品之后,仍然负责产品在道路上的运行使用,无需假手他人。他们实际上也变成了车辆管理人。二是"第三方运营模式"。无人驾驶车辆不由所有人、生产商控制,而是由第三方运营商实际控制,由其技术人员负责远程监控无人驾驶车辆运营行驶,为用户提供"约车服务"或者"订阅服务"。第三方属于车辆管理人。三是"普通用户模式"。生产商仅提供开发、设计、组装和销售服务,无人驾驶车辆在道路上运行使用由普通用户承担。他们既是使用人,又是乘客,可能同时也是车辆所有人、管理人,也可能不是,但因为实际占有、支配车辆并从中受益,也可以认为是广义上的管理人。可以预计,无人驾驶广泛运用之初,乃至相当长时间内,"生产商运营模式""第三方运营模式"应当是主要形式。只有当无人驾驶车辆实现高度智能化,且技术成熟稳定,普通用户可以像使用电脑一样简单操作无人驾驶车辆,才可能出现"普通用户模式"。普通用户就是乘客,"制度几乎并没有保留现有的用户责任"(regime seemingly retains little to no existing user responsibilities.),[3] 没有驾驶注意义务,也无需驾照。

法律一直试图以控制的思想为中心。传统上,道交法以驾驶人注意义务为规制目标。引入无人驾驶之后,如果用户不能控制动态驾驶任务,就无需要求其

---

[1] Cf. Bryant Walker Smith, "*Automated Vehicles Are Probably Legal in the United States*" (2014)1 *Texas A&M Law Review* 506, 507.

[2] 于宪会:《论自动驾驶汽车保有人的无过错责任》,载《西南政法大学学报》,2023(1)。

[3] Cf. Lucas Barnard, "*Diversity in Automation: How Are Different Legal Regimes Looking to Regulate Users of Automated Vehicles?*" (2021) 17 *South Carolina Journal of International Law and Business* 94.

通过驾驶考试、遵守交通法规或尽到"合理注意"义务。用户责任的潜在下降，可以与制造商和所有者责任的相应增加相一致（this potential drop-off of user responsibility could coincide with a reciprocal increase in manufacturer and owner responsibility），实现从用户到生产商和所有人的责任转变（shift from manufacturer and owner responsibility）。[1] 道交法应当建立以车辆所有人、管理人义务为核心的规制模式。

无人驾驶车辆所有人、管理人的义务包括但不限于：第一，所有人、管理人应当在使用无人驾驶车辆时检查自动驾驶系统、行驶数据记录仪是否正常运行，及时更新系统。第二，所有人、管理人应当保持车况正常，尽到对车辆安全技术性能的检查义务，负责安全停车，控制负载量、路线规划以及支付有关费用。第三，无人驾驶车辆在行驶中出现故障，或者在极端天气、复杂路况下无法识别路面状况，无人驾驶车辆能够自动停止，系统及时通知所有人、管理人。[2] 后者应当立即挪车，将车辆停靠路边。第四，"生产商运营模式""第三方运营模式"中配备的远程监控安全员应当具有驾驶资格，并经过专门培训。第五，无人驾驶汽车用途广泛且具有风险性，应当规范车辆的购买、出租、转让。[3] 所有人、管理人也应当规行矩步。第六，行政机关在履行法定职责所必需的范围和限度内，有权获取自动驾驶系统所储存的数据，所有人、管理人应当积极配合提供。第七，自动驾驶车辆的数据在规定的存储期内不得删除，涉及交通事故的，应当在侵权行为的诉讼时效过后才能删除。[4] 第八，切实履行有关数据保护、网络安全方面的义务。详见后述。

3. 道路通行条件

无人驾驶车辆无需专门车道。否则，第一，引入价值不大，与已经实现自动驾驶的地铁、有轨电车、高铁、飞机等趋同。对交通事故责任、道路交通管理的挑战极其有限。第二，需要对道路重新规划，不仅挤占有限的道路资源，且难度极大，尤其是针对旧城区道路改造，在有限空间上很难再开辟出新的专道。

---

〔1〕 Cf. Lucas Barnard, "*Diversity in Automation: How Are Different Legal Regimes Looking to Regulate Users of Automated Vehicles?*" (2021) 17 *South Carolina Journal of International Law and Business* 94-95.

〔2〕 李磊：《论中国自动驾驶汽车监管制度的建立》，载《北京理工大学学报（社会科学版）》，2018(2)。

〔3〕 陈晓林：《无人驾驶汽车对现行法律的挑战及应对》，载《理论学刊》，2016(1)。

〔4〕 张韬略、蒋瑶瑶：《德国智能汽车立法及〈道路交通法〉修订之评介》，载《德国研究》，2017(3)。

针对无人驾驶,第一,无论是单车智能还是车路协同,地方政府都必须对道路设施进行适度改造、建设、升级,统筹规划、配套建设无人驾驶车辆通用的通信设施、感知设施、计算设施等基础设施,辅助提升无人驾驶车辆对路况、周边环境的感知与识别。第二,应当向生产商、运营商开放共享基础设施的数据信息、通信网络等资源,将道路测量数据、交通信号数据、适时交通数据、天气数据等纳入公共数据,允许自动驾驶系统访问,实现与无人驾驶系统之间的交互,但是涉及国家安全、公共安全、个人信息的数据除外。第三,无人驾驶系统设计应当严格遵守不同路段、区域以及高速的限速规定,尽量不占用快速车道(超车道),方能保证有足够的制动时间,游刃有余地应对混合交通上各种复杂路况,避免发生重大交通事故。第四,县级以上人民政府应当建立无人驾驶车辆监管平台,实现车路云一体化监管,保障交通安全、网络安全、数据安全。第五,车路协同基础设施和车路协同云控平台应当实现数据交互加密、通信网络防护、实时安全监测,有效防范数据篡改、数据泄露和网络攻击等风险。第六,自动驾驶技术成熟还存在着"长尾问题",不可能一蹴而就。L4、L5 能否被接受,还取决以下因素:安全关键技术没有误差空间(There is no margin for error with safety-critical technologies.),自动驾驶车辆技术和配套基础设施的成本不能过高,网络安全(cybersecurity),提供售后自动驾驶技术服务(aftermarket automated vehicle technologies)。[1] 地方政府应当根据实际条件逐步放开路段、区域,不可操之过急。

四、道路交通事故和交通违法处理

在以往多发频发的交通事故中,驾驶员的失误造成了绝大多数的伤亡(Driver error causes the vast majority of these injuries and deaths)。无人驾驶的引入,无需人类驾驶员,可以"有效地减低来自驾驶者的车祸风险","大幅降低小规模的车祸事故",[2]"这为促进这项技术快速发展的政策提供了令人信服的

〔1〕 Cf. William J. Kohler and Alex Colbert-Taylor, "*Current Law and Potential Legal Issues Pertaining to Automated, Autonomous and Connected Vehicles*" (2014) 31 *Santa Clara High Technology Law Journal* 134-135.

〔2〕 翁岳暄、[德]多尼米克·希伦布兰德:《汽车智能化的道路:智能汽车、自动驾驶汽车安全监管研究》,载《科技与法律》,2014(4)。

安全理由。"(It makes a compelling safety case for policies that foster the rapid development of this technology.)[1]因为车辆由人为转为系统控制,高风险、一时疏忽或分心的驾驶员将不再危及公路安全(No longer will high-risk, momentarily incautious, or distracted drivers jeopardize highway safety.)。[2]

但是,无人驾驶的"授权控制"也会产生潜在性额外风险,"这种新形态的'开放组织风险'来自于智能机械与非结构化环境中的互动"。"非结构化环境的'模型失真'(Modeling Error)也可能造成开放组织风险。"[3]其他交通参与者的违法行为、交通环境的复杂性、车况本身也会增加无人驾驶的安全难度。据说,无人驾驶可以减少交通事故率 80%～90%,[4]但也不能杜绝交通事故。如果我们不能科学评估风险,提升技术系统能力,无法有效管控交通事故发生率,无人驾驶就很难迅速普及。因为交通事故数量及伤亡数量,是各地交通安全的一个重要考核指标。交管部门不可能不考虑无人驾驶带来的不确定风险。

无人驾驶车辆发生交通事故,无非是无人驾驶车辆之间,无人驾驶车辆与 L3 以下自动驾驶车辆、传统机动车之间,以及与非机动车、行人之间发生碰撞,上述交通事故的起因一样不少,比如机械故障。只不过,第一,无人驾驶没有驾驶人,也就不存在驾驶人疲劳驾驶、无证、违章驾驶等交通事故原因。第二,传统道路交通要素主要包括人、车、路。交通事故的起因也不外乎驾驶人、交通环境和汽车产品缺陷等因素。无人驾驶的交通要素除了人、车、路,还多了一个云或者系统。无论是车辆智能化,还是道路智能化,都可能存在系统缺陷,蕴含引发交通事故风险,比如,主动式制动系统无故突然启动,很难预测障碍物的活动路

---

〔1〕 Cf. Mark A. Geistfeld, "*A Roadmap for Autonomous Vehicles: State Tort Liability, Automobile Insurance, and Federal Safety Regulation*" (2017) 105 *California Law Review* 1611.

〔2〕 Cf. Kenneth S. Abraham and Robert L. Rabin, "*Automated Vehicles and Manufacturer Responsibility for Accidents: A New Legal Regime for a New Era*" (2019) 105 *Virginia Law Review* 129.

〔3〕 翁岳暄、[德]多尼米克·希伦布兰德:《汽车智能化的道路:智能汽车、自动驾驶汽车安全监管研究》,载《科技与法律》,2014(4)。

〔4〕 Cf. Kenneth S. Abraham and Robert L. Rabin, "*Automated Vehicles and Manufacturer Responsibility for Accidents: A New Legal Regime for a New Era*" (2019) 105 *Virginia Law Review* 129.

径,[1]这是传统机动车交通事故所不曾有的。

(一)交通事故处理

道交法上关于交通事故处理为两个阶段:一是现场处置,包括事故响应、抢救伤员、现场勘察和调查取证等。二是责任认定,目的是明确事故成因与各方过错大小,并确定赔偿责任的归属。为更好解决交通事故,引入了第三者责任强制保险。上述思路和框架在无人驾驶交通事故处理上基本可以沿用。

1. 参与主体

在传统上,道路交通事故责任认定的参与主体,也称“责任主体”,不等同于承担民事责任的赔偿主体。责任认定参与主体一定是参与交通的主体包括机动车驾驶人、非机动车驾驶人、行人、其他在道路上从事与交通有关活动的人员。民事赔偿责任主体不一定参与交通。责任认定就是对交通事故成因的分析,必须分析在交通事故发生中各方交通参与主体的各自作用。

无人驾驶发生道路交通事故,责任认定的参与主体应当是谁?在理论上有争议。第一种观点是生产商、销售商是参与主体。“人类使用者不必负担驾驶者在汽车驾驶过程中所应尽到的合理注意义务。”[2]但是,也不能笼统地说,“系统的开发者、销售者、使用者、所有者均为注意义务的承载主体”,“这四者通常集中表现为汽车生产者或销售者”。“系统控制,生产者负责”,“汽车生产者继受了人类驾驶者所有的权利义务”。[3]第二种观点是自动驾驶系统的开发者及使用维护者,他们对自动驾驶系统数据及数据处理具有控制能力,应当统一对外承担责任。[4]第三种观点是无人驾驶车辆的所有人、管理人,他们或许不是自动驾驶系统的开发者,却拥有车辆的所有权、占有使用权,也具有及时维护、维修和更新自动驾驶系统的义务。《深圳经济特区智能网联汽车管理条例》(2022年)第51条、第52条和第53条均采用了所有人、管理人。我们在深圳市人大法工委

---

[1] 《详解事故视频,Uber无人车为什么会撞死人?》,https://www.sohu.com/a/226086570_115207,2023年4月20日最后访问。

[2] 张龙:《自动驾驶型道路交通事故责任主体认定研究》,载《苏州大学学报(哲学社会科学版)》,2018(5)。

[3] 张龙:《自动驾驶型道路交通事故责任主体认定研究》,载《苏州大学学报(哲学社会科学版)》,2018(5)。

[4] 王莹:《法律如何可能?——自动驾驶技术风险场景之法律透视》,载《法制与社会发展》,2019(6)。

调研访谈中，深圳立法参与者介绍，由车辆所有人、管理人来取代传统上的驾驶人承担责任，是为了化繁为简。就交通事故当事人而言，车辆所有人、管理人比生产商、销售商更容易识别。

我也持同样看法。首先，是否参与道路交通，是责任认定参与主体的根本要求，也是重要的判断标准。生产商如果仅提供产品，并不支配运营，也不从中获利，那么，它就不是道路交通参与者，也无必要和理由参与责任认定。其次，生产商如果不是实际运营者，交通事故受害人也很难获悉。即便知悉，后者可能也远在外地甚至国外，无法及时参与交通事故纠纷处理。车辆所有人、管理人是运营支配和获益的主体，由其参与责任认定和事故处理，既便捷，又符合法理。

因此，在无人驾驶车辆发生的交通事故中，责任认定的参与主体大致包括：第一，只有实际操作、控制和运行无人驾驶系统的所有人、管理人才可能替代驾驶人，参与交通，扮演传统上的驾驶人角色。与无人驾驶系统的开发、设计、组装与销售有关的生产商、销售商一般都不太会介入事故认定，除非他们从事运营，也就是车辆管理人。第二，交通事故另一方主体。第三，在道路上从事与交通有关活动的第三人。比如，未经批准在事故路面施工，违法堆放物体，影响无人驾驶系统感知和识别；在周边从事可能干扰网络、通信、数据交互的活动。

2. 现场处置

《深圳经济特区智能网联汽车管理条例》(2022 年)在第七章“交通违法和事故处理”中没有规定责任认定，仅在第 52 条第 2 款、第 53 条第 2 款规定完全自动驾驶发生交通事故，“当事人应当立即报警”，车辆所有人、管理人“应当保存事故过程信息”，“承担赔偿责任”。《上海市浦东新区促进无驾驶人智能网联汽车创新应用规定》(2022 年)第 27 条第 1 款规定，“企业应当立即暂停车辆运行、开启危险警示装置，报警并视情派员现场处置。”《河北雄安新区智能网联汽车道路测试与示范应用交通违法、交通事故责任认定的实施意见》(雄安数字办发〔2023〕1 号)专门规定了调查取证、委托第三方检测验证、向主管部门上报事故原因和调查报告。

对于 L4、L5，无驾驶人要求，车内也无安全员。系统发出介入请求时，用户可不作响应，系统具备自动达到最小风险状态的能力。驾车注意义务，以及遵守道交法，都交由系统。自动驾驶技术又包括车辆智能化和道路智能化。自动驾驶系统由车辆所有人、管理人控制，道路智能系统由行政机关控制。因此，第一，车辆所有人、管理人实际上取代了传统意义的驾驶人，应当履行相应义务，包括立即停车、迅速挪车、保护现场、抢救伤员等。第二,交警及时出现场,有权扣押肇事车辆、"行驶数据记录仪",依法收集、存储无人驾驶车辆车载设备、路侧设备、监管平台等记录的车辆运行状态和周边环境的客观信息等相关数据。第三,行政机关应当通过监管平台封存事故车辆信息,配合交警部门辅助开展事故数据调取、分析等工作。车辆所有人、管理人应当配合交警、行政机关的调查,不得删除、篡改有关数据。

3. 责任认定

在道交法上,"责任认定仅是解决事故成因、判断因果关系、决定过错大小,不涉及法律责任问题。"[1]参与责任认定的当事人一般限定在道路上发生交通事故的各方交通当事人。交警在做责任认定时,会有意识地将法律责任与过错认定区分开来,人为切割与事故发生可能有着直接或者间接关系的其他因素,区分不同法律关系分别处理。比如,驾驶系统设计瑕疵,驾驶系统发生故障,可能与生产商密切相关,这些都是交通事故发生的原因。但这涉及产品责任问题,构成另一种法律关系,应当另案处理。在交通事故责任认定过程中,生产商可以缺位、不出场,有关过错先归于驾驶人、保有人。驾驶人、保有人、保险公司对受害人承担赔偿责任之后,可以另行解决其与生产商之间的产品责任。

在我看来,以往分阶段、分层次解决交通事故的思路在 L4、L5 上仍然行之有效。首先,应当仅着眼于道路上交通事故当事人之间的纠纷处理。这样才能迅速解决交通事故争议,尽可能以"最简洁、最有效率的方式,快速实现公正"(the speedy administration of justice by the simplest and most efficient means possible)。[2] 其次,优先解决道路现场当事人之间纠纷,让受害人尽快获得赔偿之后,车辆所有人、管理人、保险公司可以通过技术鉴定,要求生产商披露与事故有关的数据,解释系统算法,寻求解决与产品有关的责任。如果不区分产品责任和交通事故责任,牵扯上错综复杂的系统缺陷认定,道路交通事故纠纷的解决将可能旷日持久,悬而不决。最后,对交通事故成因分析,重点是查明是否存在系统缺陷之外其他因素,比如,是否违反路权、车辆有无机械故障等,以及它们对交通事故发生的作用力大小,进而明确各方交通参与者有无过错及程度。比如,非机动车、行人故意造成的损失,无人驾驶车辆所有人、管理人不承担责任。《道

---

〔1〕 余凌云:《道路交通事故责任认定研究》,载《法学研究》,2016(6)。

〔2〕 Cf. Harold F. McNiece and John V. Thornton, "*Automobile Accident Prevention and Compensation*"(1952) 27 *New York University Law Review* 613.

路交通安全法》(2021 年)第 76 条的赔偿规则基本可用。

《道路交通安全法》(2021 年)第 76 条第 1 款第(二)项将“过错”笼统地指向“机动车一方”,不区分保有人和驾驶人。适用于自动驾驶、无人驾驶,就有解释上的伸缩余地。首先,对于高度自动驾驶,仍应查明驾驶人或者安全员是否及时响应自动驾驶系统提出的动态驾驶任务接管请求。如果没有及时响应并接管,驾驶人、安全员就存在过错。即便系统没有及时提出接管请求,因为驾驶人、安全员随车具有注意义务,也存在过错。在对受害人承担责任之后,可以就系统瑕疵向生产商、销售商追偿。其次,对于完全自动驾驶、无人驾驶,因无驾驶人,其过错也无从查起。道交法规定的驾驶注意义务由驾驶人转移到车辆所有人、管理人,也可能转移到系统之上。

无人驾驶车辆所有人、管理人的注意义务主要体现在:第一,应当对无人驾驶系统进行周期性的保养、维护、系统升级甚至是维修,定期校正操作系统,以确保它所运行的是经过最新的数据库训练过的最新软件程序。[1] 第二,在启动自动驾驶系统时,应当检查系统是否运行正常、是否及时更新,“行驶数据记录仪”是否异常。第三,应当尽到对机动车安全技术性能的检查义务,及时发现机动车是否存在安全设施不全、机件不符合技术标准等安全隐患,比如转向灯、刹车灯故障、制动失灵、车轮爆裂。第四,必须严格遵守产品使用手册规定,必要时,应当经过专门的培训,不得错误操作使用。

因上述原因导致交通事故的,都可以将过错归于车辆所有人、管理人,要求后者向受害人承担相应责任。因系统缺陷而造成交通事故,过错也可以先归于车辆所有人、管理人。因为他们选择并决定使用无人驾驶车辆,是危险源的开启者、控制者,并从中获益,[2]就要承担无人驾驶对其他交通参与人带来的抽象风险。在民事赔偿上,车辆所有人、管理人、保险公司可以在承担赔偿责任之后,再就产品缺陷向生产商追偿。自动驾驶系统是否存在设计、运行、生产、组装缺陷,可以通过检测鉴定确认。销售商有义务无偿更换产品。生产商有义务及时维修、更新系统,必要时召回产品。在系统修复之前,交警部门有权责令暂停使用有系统缺陷的所有同样型号车辆。

4. 保险与无过错责任

与传统机动车发生的交通事故不同,无人驾驶由系统控制,交通事故致因多

---

〔1〕 冯珏:《自动驾驶汽车致损的民事侵权责任》,载《中国法学》,2018(6)。

〔2〕 程啸:《机动车损害赔偿责任主体研究》,载《法学研究》,2006(4)。

半会归于系统缺陷。对系统缺陷产生的损害,很多学者主张直接采用产品责任。但这不是最佳选择,救济效果也差强人意。第一,可归咎于系统设计、生产组装上的缺陷,车辆所有人、管理人对受害人承担赔偿责任之后,可以依据《民法典》(2020年)第1202条规定的产品责任向生产商追偿。属于销售问题的,可以根据《产品质量法》(2018年)第40条追究销售商责任。但是,要想证明系统存在缺陷,或者是在销售环节未采取有效措施造成的,检测鉴定成本高、难度大。因为自动驾驶系统是机器自主学习,"在机器学习中,是学习算法(Learning Algorithm)创建了规则"。[1] 即便对于程序员而言,机器学习模型的内部决策逻辑并不总是可以被理解、能够解释清楚的。汽车制造商产品责任制度将变得不合时宜,难以适用。Kenneth S. Abraham 和 Robert L. Rabin 甚至断言:"汽车生产企业产品责任制度将变得不合时宜,难以适用"(the system of auto manufacturer liability for products liability will become inordinately anachronistic and difficult to apply)。[2] 第二,对于当时的科学技术水平尚不足以发现的产品设计缺陷,也同样可以适用《产品质量法》(2018年)第41条第2款第(三)项免除责任。L4 和 L5 算法系统能够高度自主学习,"可以在不需要人类介入的情况下,以人类无法预见或者控制的方式作出自我决策"。[3] 生产商不可能预见到自动驾驶过程中的所有意外情形,"在编写自动驾驶算法或者开发自动驾驶系统时,无法排除系统自我学习和决策的所有风险","也无法完全理解自动驾驶自主学习与决策的过程,也无法预见算法所有的结论"。"只要算法程序系统符合一般的技术安全要求",就不应将罕见的偶然性损害归责给生产商。[4] 对于快速发展的自动驾驶技术,这类情形应不少见。

系统还可能受到第三方干扰、攻击。"网络攻击、病毒入侵也将加大事故的发生机率。"[5]"无人驾驶汽车的转向系统具有一定的非线性,易于受到外界干

[1] 司晓、曹建峰:《论人工智能的民事责任:以自动驾驶汽车和智能机器人为切入点》,载《法律科学》,2017(5)。

[2] Cf. Kenneth S. Abraham and Robert L. Rabin, "*Automated Vehicles and Manufacturer Responsibility for Accidents: A New Legal Regime for a New Era*" (2019) 105 *Virginia Law Review* 145.

[3] 江溯:《自动驾驶汽车对法律的挑战》,载《中国法律评论》,2018(2)。

[4] 王莹:《法律如何可能?——自动驾驶技术风险场景之法律透视》,载《法制与社会发展》,2019(6)。

[5] 陈晓林:《无人驾驶汽车对现行法律的挑战及应对》,载《理论学刊》,2016(1)。

扰,当干扰致使汽车无法控制时,干扰源的确定便存在较大难度。"[1]要想查明系统是否受到攻击、是否感染病毒,尤其是追踪锁定侵权人,绝非易事,很可能经年累月,却一无所获。当然,如果能够查明第三方侵权人,后者无疑应当承担责任。

那么,上述系统风险由谁承担?首先,如果将上述技术风险都转嫁给车辆所有人、管理人,后者也不会有动力支付昂贵的价钱选用自动驾驶,生产商也很难在市场竞争中立足并胜出。其次,生产商不能完全置身事外。"汽车生产商事实上认识到并且接受了自动驾驶汽车的安全风险,因为它们是由算法控制的。""任何人如果允许机器作出自主决策,都应该能预见到机器总是会失控并且应当为此承担责任。"[2]但是,要保留生产商对产品缺陷的责任,就 L4、L5 而言,责任成本不宜过高。预期责任成本低于中等水平,责任成本对产品创新有积极影响,而责任成本非常高时,这种影响就变成负面了(at low to moderate levels of expected liability costs there is a positive effect of liability costs on product innovation, whereas at very high levels of liability costs, the effect is negative.)。[3] 不少学者提出,应当相应调整评估缺陷的标准,必须减轻生产商责任。比如,Mark Geistfeld 教授建议,如果上市前测试数据显示自动驾驶汽车的安全性能至少是传统汽车的两倍(the aggregate, premarket testing data sufficiently show that the fleet of fully functioning autonomous vehicles performs at least twice as safely as conventionalvehicles),制造商也向消费者充分警示了固有风险(the manufacturer must also adequately warn consumers about this inherent risk),那么,汽车制造商就不会承担设计缺陷责任。[4] 最后,鉴于驾驶机动车属于高度风险,为保护受害人,道交法规定了以机动车第三者强制保险责

〔1〕 陈晓林:《无人驾驶汽车对现行法律的挑战及应对》,载《理论学刊》,2016(1)。

〔2〕 冯珏:《自动驾驶汽车致损的民事侵权责任》,载《中国法学》,2018(6)。

〔3〕 Cf. W Kip Viscusi, Michael J Moore, "*Product liability, research and development, and innovation*" (1993) 101 *Journal of Political Economy* 161; *Cf. Paul A Herbig and James E Golden*, "*Differences in Forecasting Behaviour between Industrial Product Firms and Consumer Product Firms*" (1994) 9 *Journal of Business & Industrial Marketing* 60. Cf. Hanna Rzeczycka and Mitja Kovac, "*Autonomous Self-Driving Vehicles—The Advent of a New Legal Era?*" (2019) 10 *King's Student Law Review* 39.

〔4〕 Cf. Mark A. Geistfeld, "*A Roadmap for Autonomous Vehicles: State Tort Liability, Automobile Insurance, and Federal Safety Regulation*" (2017) 105 *California Law Review* 1612.

任为基础的无过错责任。但是,驾驶人、同乘人员不在保险范围之内,且保额有限。超出部分仍然由车辆所有人、管理人承担,不尽合理。他们可能没有参与自动驾驶设计,还可能是事故受害者。[1] 车辆所有人、管理人、保险公司尽管可以事后向生产商追偿,也殊非易事。

最佳解决方案应该是,因系统缺陷风险对交通事故造成的所有损害,均实行完全无过错责任。"无过错责任对于自动驾驶汽车的事故处理而言是个较理想的选项。"[2]与侵权责任相比,无过错保险计划或者事前安全监管等替代机制可能更适合降低事故的总体成本(alternative institutions like no-fault insurance schemes or ex-ante safety regulation might be better suited for reducing the overall costs of accidents than tort liability.)。[3] 第一,减轻了车辆所有人、管理人的责任风险。第二,"在车祸事件发生率大幅降低的前提下,无过错责任保险的成本也将下降,保险公司亦从中受惠。"[4]保险公司实际赔付不会超出其承受能力。第三,"推行无过失保险有利于快捷解决交通事故纠纷。"[5]因为可以减轻受害人的举证责任,尽快拿到赔偿。第四,在产品缺陷、因果关系难以证明的情况下,让受害人、车辆所有人、管理人、保险公司承受损失,承担高昂的诉讼成本,与公正、分配正义、风险分担等基本观念背道而驰。[6] 在无法查明系统缺陷,或者技术鉴定成本过高时,生产商作为自动驾驶受益方,理应为其产品风险购置相应保险。

首先,不能仅仅"考虑引入机动车保有人对于机动车这一本身风险物的无过错责任作为救济的责任基础",并在该责任基础上构建保险机制。[7] 因为仅锁定保有人,过于狭隘。其次,也不能仅关注车辆生产商。生产商应当是广义的,

---

[1] 胡元聪、李明康:《自动驾驶汽车对〈道路交通安全法〉的挑战及应对》,载《上海交通大学学报(哲学社会科学版)》,2019(1)。

[2] 翁岳暄、多尼米克·希伦布兰德:《汽车智能化的道路:智能汽车、自动驾驶汽车安全监管研究》,载《科技与法律》,2014(4)。

[3] Cf. Hanna Rzeczycka and Mitja Kovac, "*Autonomous Self-Driving Vehicles - The Advent of a New Legal Era?*" (2019) 10(1) *King's Student Law Review* 45.

[4] 翁岳暄、多尼米克·希伦布兰德:《汽车智能化的道路:智能汽车、自动驾驶汽车安全监管研究》,载《科技与法律》,2014(4)。

[5] 余凌云:《改进道路交通事故纠纷的解决机制》,载《清华法学》,2017(1)。

[6] 司晓、曹建峰:《论人工智能的民事责任:以自动驾驶汽车和智能机器人为切入点》,载《法律科学》,2017(5)。

[7] 冯珏:《自动驾驶汽车致损的民事侵权责任》,载《中国法学》,2018(6)。

包括系统设计商、车辆制造商、零部件制造商。David C. Vladeck 建议，应当让它们一起对所有与高度自动驾驶相关的伤害承担严格连带责任和几项责任(strict joint and several liability)。当无法确定过错，更不用说分摊过错时，由系统设计商、车辆制造商、零部件制造商承担共同企业责任(common enterprise liability)。[1] Kenneth S. Abraham 和 Robert L. Rabin 赞同上述思路，并进一步指出，如果事后难以厘清系统设计商、车辆制造商、零部件制造商之间过错，完全可以由它们通过预先的安全风险评估，签订赔偿协议或价格调整来处理。建议由生产商单独资助建立基金，实行"制造商企业责任"(Manufacturer Enterprise Responsibility)。[2] 在我看来，这似乎过分加重了生产商的责任，使其"同时面临交通事故责任以及产品责任的双重压力"，[3]会挫伤其投资和创新积极性。而且，非生产商的车辆所有人、管理人实际上对系统也有一定控制，比如，决定开启、及时更新、发现异常马上维修，也应承担一定责任。

为了更好地保护受害人，鼓励自动驾驶技术创新以及产业发展，又不将风险转移给所有人、管理人，有效平衡鼓励技术发展和规制技术风险之间的矛盾关系，以下两种方案值得考虑：一种方案是在保留已有第三者强制责任险基础上，针对系统产品专门设立一个新的险种，由生产商投保，可归咎于系统缺陷的交通事故损害均实行无过错责任。另一种方案就是彻底改造第三者强制责任险。要求生产商、非生产商的车辆所有人、管理人按照合理比例共同投保第三者强制责任险。比例分配可以考虑获利大小、取证难易、鼓励技术研发、行业持续健康发展等因素，确定一个固定比。第三者强制责任险的保额也应当适度扩大，采用对受害人保障最高的"受害人概括限额制"，[4]能够抵消上述系统风险，实行完全的无过错责任。同一保险单必须同时承保自动驾驶汽车和车上人员的权益。[5]

---

[1] Cf. David C. Vladeck, "*Machines without Principals: Liability Rules and Artificial Intelligence*" (2014) 89 *Washington Law Review* 129.

[2] Cf. Kenneth S. Abraham and Robert L. Rabin, "*Automated Vehicles and Manufacturer Responsibility for Accidents: A New Legal Regime for a New Era*" (2019) 105 *Virginia Law Review* 146, 147.

[3] 翁岳暄、多尼米克·希伦布兰德：《汽车智能化的道路：智能汽车、自动驾驶汽车安全监管研究》，载《科技与法律》，2014(4)。

[4] 张龙：《自动驾驶背景下"交强险"制度的应世变革》，载《河北法学》，2018(10)。韩长印：《我国交强险立法定位问题研究》，载《中国法学》，2012(5)。

[5] 《英国出台新条例 要求自动驾驶汽车保险"全覆盖"》，http://cnews.chinadaily.com.cn/baiduMip/2017-02/28/cd_28373324.html，2023 年 3 月 11 日最后访问。

其好处是,第一,在赔偿责任承担上,无需过分纠结于系统是否存在缺陷,也无需一定要对"行驶数据记录仪"做成本昂高、技术难度极高的技术鉴定,否则,无论是否推定生产商过错,倒置举证责任,即便能够解决赔偿责任,也将会旷日持久。"当无法判断主体过错与责任的情形下,该制度不失为行之有效的权宜之计。这既不会因为主体难以确定而无法实现法律责任,又不会因为法律责任过多过重而挫伤研发者与消费者的积极性。"〔1〕第二,也解决了生产商远在外地、海外,应诉、追偿较难,以及自动驾驶系统的不同功能模块由不同制造商提供,难以迅速确认责任主体等棘手问题。第三,可能事实上会取代产品责任。保险公司也因自动驾驶技术已极大降低了交通事故率,保险成本也随之大幅缩减,且已收取较高的保费,会反复掂量是否要进一步追究生产商的产品责任,因为"证明产品存在缺陷以及缺陷与损害之间的因果关系既困难又昂贵"。〔2〕"增加汽车生产者为'交强险'投保主体非但不会导致保险公司经营不善,反而会大幅提高保险公司营运积极性,甚至催促车企抢夺汽车保险公司的部分市场份额。"〔3〕

但是,对可能归咎于系统缺陷的风险,实行完全的无过错责任,引入产品责任险或者扩大第三者强制责任保险,转移无人驾驶带来的交通风险之余,不免除生产商及时调查系统是否存在技术系统缺陷的义务。尤其是不特定无人驾驶车辆散在性多次发生相同或相近交通事故时,交警应当责令暂停使用同一类型无人驾驶车辆。只有生产商能够解释技术故障,并更新系统,消除安全隐患之后,交警才会解除暂停使用决定。对于偶发性单个交通事故,如果车辆所有人、管理人主张系统存在缺陷,生产商有义务及时披露经过解密的有关数据,通过技术鉴定证明系统不存在缺陷。〔4〕基于这些考虑,生产商就更有义务和动因去探明原委。

(二)交通违法

"自动驾驶车辆将人类驾驶员的个性化行为转变为一种集体的、系统化的驾驶形式"(Autonomous vehicles will transform the individualized behavior of

---

〔1〕 陈晓林:《无人驾驶汽车对现行法律的挑战及应对》,载《理论学刊》,2016(1)。

〔2〕 冯珏:《自动驾驶汽车致损的民事侵权责任》,载《中国法学》,2018(6)。

〔3〕 张龙:《自动驾驶背景下"交强险"制度的应世变革》,载《河北法学》,2018(10)。

〔4〕《刹车失灵?花 67 万购买的捷豹新能源汽车突然加速致撞车 厂家:车辆没有质量问题》,https://baijiahao.baidu.com/s?id=1728882473029420958&wfr=spider&for=pc,2023 年 6 月 12 日最后访问。

human drivers into a collective, systemized form of driving.)。[1] 自动驾驶系统设计将道路交通规则内化为决策逻辑,应该不太容易违反道路交通规则。但是,因为交通环境异常复杂,系统无法感知、识别,或者系统受到干扰、出错,或者所有人、管理人疏于检查、更新系统等原因,都可能会导致违反交通规则。对于无人驾驶,归咎于与自然人属性相关的违法不适用,比如,酒后驾车、疲劳驾驶等。其他违反通行规则行为依然适用,比如,超载、超速,随意加改装,以及不遵守标志标线、交通信号等。还会出现一些与系统有关的新型违法行为。

1. 针对所有人、管理人的违法行为

《深圳经济特区智能网联汽车管理条例》(2022 年)第 51 条第 2 款规定,完全自动驾驶违反道交法,依法对车辆所有人、管理人进行处理。《上海市浦东新区促进无驾驶人智能网联汽车创新应用规定》(2022 年)第 28 条规定,就交通违法行为对车辆所有人或者管理人进行处理。这有先例可循。《道路交通安全法》(2021 年)第 114 条"非现场处罚",也因无法识别驾驶人,可以直接处罚机动车所有人、管理人。

无人驾驶没有驾驶人,转而处罚车辆所有人、管理人,[2]是基于后者对车辆具有妥善管理和使用的义务,还是推定后者实施了交通违法?我认为都有。违反通行规定的行为都应由车辆所有人、管理人承担。归责的基础是无人驾驶车辆由其支配,由其决定是否使用,运营利益也由其享受,违法风险也应当由其承受。尤其是偶发性交通违法,大概率不太可能归咎于系统。此外,所有人、管理人若未尽管理义务,也应处罚。第一,无人驾驶车辆在道路行驶中出现故障,所有人、管理人必须及时处理,迅速疏通交通,否则,应当行政处罚。第二,"行程数

---

〔1〕 Cf. Mark A. Geistfeld, "*A Roadmap for Autonomous Vehicles*: *State Tort Liability*, *Automobile Insurance*, *and Federal Safety Regulation*" (2017) 105 *California Law Review* 1612.

〔2〕 也有一种观点认为,生产商应当提交声明,全自动驾驶汽车能够遵守所有适用的交通和机动车安全法律。如果车辆不遵守交通或机动车法律,提交全自动驾驶车辆书面声明的人可能会被处以交通传票或其他适用处罚(the fully autonomous vehicle is capable of complying with all applicable traffic and motor vehicle safety laws of this state and the person who submits the written statement for the fully autonomous vehicle may be issued a traffic citation or other applicable penalty if the vehicle fails to comply with traffic or motor vehicle laws)。Cf. Lucas Barnard, "*Diversity in Automation*: *How Are Different Legal Regimes Looking to Regulate Users of Automated Vehicles?*" (2021) 17 *South Carolina Journal of International Law and Business* 96-97.

据记录仪”不能正常工作,所有人、管理人没有及时发现、修缮。第三,没有及时维修、更新系统与设备,没有及时排除软件和硬件的技术故障。

对于记分制,有主张不适用,[1]也有主张改造记分制,另建特殊记分制,“对于完全智能控制汽车,记分制仅适用于该汽车,以此达到检测汽车性能与安全的目的。”“无人驾驶汽车的记分达到一定分值时,说明智能系统存在一定故障或缺陷,汽车制造商负有检测、修理、更换相关系统的法律义务,以确保无人驾驶汽车行驶的安全。”[2]在我看来,积分制可以仿照非现场处罚,[3]累计记录无人驾驶车辆违反交通规则的次数。一年内,因同一无人驾驶车辆违反交通规则 3 次的,对车辆所有人、管理人处以暂扣该无人驾驶车牌照 3 个月的处罚,并将有关信息及时反馈给生产商,要求后者尽快检测、更新自动驾驶系统。

2. 针对第三人的违法行为

违法干扰无人驾驶车辆正常行驶的,可以行政处罚。

五、数据保护和网络安全

自动驾驶有两个主要技术路径:一是车辆本身的智能化。二是道路基础设施智能化。无论是单车智能化,还是车路协同,自动驾驶必须在网络系统之下依靠数据收集、交互、统计、分析等技术。

由此面临的法律风险有三:一是涉及个人隐私权保护。自动驾驶车辆会生成和传输个人数据,这些数据的使用和存储将以复杂的方式涉及重要的隐私权。[4] 二是数据监管。如何保证数据的合法采集、存储、使用、加工、传输、提供、公开、出境。[5] 三是网络安全和数据安全。网络黑客入侵驾驶系统,比如采

---

[1] 《深圳经济特区智能网联汽车管理条例》(2022 年)第 51 条第 3 款规定,不适用记分。

[2] 陈晓林:《无人驾驶汽车对现行法律的挑战及应对》,载《理论学刊》,2016(1)。

[3] 余凌云:《交警非现场执法的规范构建》,载《法学研究》,2021(3)。

[4] Cf. William J. Kohler and Alex Colbert-Taylor, “*Current Law and Potential Legal Issues Pertaining to Automated, Autonomous and Connected Vehicles*” (2014) 31 *Santa Clara High Technology Law Journal* 120.

[5] 智能网联汽车数据使用流向不明(车与车,车与去端等流向),对于数据的流转路径、数据流转具体字段、数据流转量级、数据流转的接口等,无从进行车内以及对外数据流转的识别和监控,无法在数据使用过程中执行有效的安全防护手段,还会增加数据安全事件事后处置难度。《智能网联汽车数据分类分级实践指南》(2022 年),31 页,https://mp.weixin.qq.com/s/mpwqXzl0n2qsIoYM-sUeDQ,2023 年 5 月 31 日最后访问。

用远程启动、远程解锁等攻击方式，构成无人驾驶汽车的个体运行风险；[1]车路协同，行驶中的控制权和决策权会依赖于路边基础设施以及TSP云平台。后者也易受网络攻击，包括针对系统漏洞的攻击和DDOS攻击等，可能导致服务不可用或控制权被恶意操控，瘫痪交通，威胁公共安全。[2]

《数据安全法》(2021年)、《网络安全法》(2016年)、《个人信息保护法》(2021年)已经对网络安全、数据安全以及个人信息保护构建了基本法律框架。“在网络信息法治体系中，这三部法律具有基础性作用，构成了数字社会治理与数字经济发展的基本法。”[3]《数据安全法》(2021年)、《网络安全法》(2016年)是底层立法，分别为网络、电子数据确立基础性的安全规则，包括数据分类、关键信息基础设施安全保护、重要数据本地化存储、数据跨境流动的安全评估机制等。《个人信息保护法》(2021年)是上层立法，规范个人信息的收集与使用，保护蕴含于信息内的自然人人格，[4]包括“告知-同意”规范框架、“合法、正当、必要”原则以及个人信息权利等。

《关于开展智能网联汽车准入和上路通行试点工作的通知(征求意见稿)》(2022年11月2日)、《汽车数据安全管理若干规定(试行)》(2021年)，以及深圳、上海及浦东新区、重庆、长沙、杭州等有关立法与规范性文件以专章、专条规定数据和网络安全、个人信息保护和数据跨境传输等内容。除了对相关政府主管部门提出一些要求外，基本上只涉及对智能网联汽车企业或开展道路测试与应用的主体单位的义务规定，没有其他特殊规定。

上述数据安全、网络安全和个人信息保护法律架构，尽管是从涉及收集、存储、处理、传输大量数据的社交媒体、智能手机、GPS导航、电子信用卡等其他技术发展中提炼而来，但对无人驾驶完全适用，也基本够用，似乎无需再引入新的制度措施。关键是能够具体有效落实有关数据保护、网络安全的基本规范要求。在如何具体实施上目前还存在很大争议，实践也尚在探索。比如，重要数据可以从保密性、完整性、可用性三个属性遭破坏后造成的后果影响来判定，[5]若无法

[1] 张玉洁：《论无人驾驶汽车的行政法规制》，载《行政法学研究》，2018(1)。

[2] 中国汽车工程研究院股份有限公司、车联网安全联合实验室主编：《智能网联汽车信息安全发展报告(2021)》，https://t.zsxq.com/0eRPELvQx，2023年5月31日最后访问。

[3] 王利明、丁晓东：《论〈个人信息保护法〉的亮点、特色与适用》，载《法学家》，2021(6)。

[4] 许可：《数据安全法：定位、立场与制度构造》，载《经贸法律评论》，2019(3)。

[5] 《自动驾驶数据安全白皮书》(2020年)，25页，https://mp.weixin.qq.com/s/O3v9TihBgmwVLDmTeYVdLA，2023年5月31日最后访问。

完全量化、明确化,就不易识别和编程。又比如,出境数据包括数据出境和境外访问,安全风险评估过于严格,可能会妨碍国际交流与合作,不利于外资企业、中外合资企业在我国发展自动驾驶。再比如,在不适当的情境下,要求明确有效的同意,对数据控制者来说,可能是一个挑战,会导致请求同意的方法不正确(implementing unambiguous and effective consent in inappropriate situations may be challenging for controllers, resulting in an incorrect method of requesting consent.)。[1] 因此,为了鼓励和促进自动驾驶行业和技术的进一步发展,从政府角度看,应当坚持包容审慎的监管策略;从企业角度看,也有义务积极参与数据保护和网络安全的治理活动。

进一步强化生产商在数据保护和网络安全方面的义务,其合理性在于,第一,数据保护和网络安全是无人驾驶车辆合格的基本条件,有关要求应当纳入无人驾驶车辆的安全技术标准和法律义务之中。"隐私保护与网络安全是自动驾驶汽车作为'商品'并获得消费者认可的前置性条件。""技术的进步使得作为自动驾驶系统研发主体的制造商具备解决问题的能力。"[2]第二,消费者也内在地要求自动驾驶车辆是安全的。"过去四十年的经验表明,增加车辆成本的安全功能,比如,安全气囊,通常是消费者想要的,有时最终会受到消费者的追捧,而不是避免"(experiences of the past four decades demonstrate that safety features that add to the cost of vehicles (e. g., airbags) are frequently desired, and sometimes eventually sought after, by consumers, rather than avoided.)。[3] 第三,对自动驾驶实行包容审慎监管,必然要求生产商积极参与,交洽无嫌。生产商主导自动驾驶发展方向,长于技术,在数据安全、隐私保护和网络安全方面应尽不让之责。

具体而言,(1)要求生产商制订数据安全和隐私权保护计划,引入"设计隐私"(privacy by design)概念,作为"隐私保护的整体观"(a holistic view of

[1] Cf. Shakila Bu-Pasha, "*Legal Aspects, Public Interest, And Legitimate Interest In Processing Personal Data To Operate Autonomous Buses In The Regular Transportation System*" (2022) *Security and Privacy* e247. https://doi.org/10.1002/spy2.247,2023 年 6 月 27 日最后访问。

[2] 李烁:《自动驾驶汽车立法问题研究》,载《行政法学研究》,2019(2)。

[3] Cf. William J. Kohler and Alex Colbert-Taylor, "*Current Law and Potential Legal Issues Pertaining to Automated, Autonomous and Connected Vehicles*" (2014) 31 *Santa Clara High Technology Law Journal* 136.

privacy protection)，将隐私纳入技术应用，特别是在线技术。[1] 一是在数据收集上，遵守“目的一致义务”“数据安全义务”“最小化义务”和“观察预警义务”，确保数据持续处于有效保护和合法利用的状态。[2] 二是实行“车内处理”原则，基于汽车本身产生的数据，需要在车内完成处理，除确有必要外，不应传输至车外的设备系统或第三方。[3] 三是对敏感个人信息，实行“脱敏处理”原则，通过匿名化、去标识化、加密传输等方法保护隐私权。实行存储限制原则(the storage limitation principle)，没有存储必要的多余无关数据，应及时删除。[4] 比如，为避免碰撞而收集的行人、车辆信息，要及时删除。[5] 四是切实保障车辆所有人、管理人、使用人享有知情权、选择权、访问更正权、删除权。但在规定的存储期内不得随意删除有关行车数据。(2)要求生产商制定网络安全计划。生产商应当具备网络安全风险识别、分析、评估、处置、测试验证、跟踪等风险管控能力，能够有效应对网络攻击、未授权入侵、虚假与恶意控制指令，及时消除重大网络安全隐患，不断改进、更新和完善网络安全技术、机制和制度。(3)生产商应当通过产品说明详细介绍其如何收集、存储和使用数据。不得非法采集、买卖、提供或者公开相关数据。(4)收集和产生的个人信息和重要数据应当存储在境内。需要向境外提供数据的，应当通过数据出境安全评估。(5)应当保全完整的无人驾驶车辆运行数据，包括运行算法数据和公民个人行程数据，防止数据被吞噬或泄露，并在发生交通事故时向车辆所有人、管理人、行政机关公开。[6]

---

[1] Cf. Dorothy J. Glancy, “*Privacy in Autonomous Vehicles*” (2012) 52 *Santa Clara Law Review* 1226.

[2] 陈禹衡：《〈数据安全法〉下自动驾驶算法数据的分类、保全与合规》，载《科技与法律》，2022(3)。

[3] 《汽车数据安全若干问题合规实践指南》(2022 年)，第 1 页。https://mp.weixin.qq.com/s/cSudQQ8WpPDgOCwa3JdOkQ，2023 年 5 月 31 日最后访问。

[4] Cf. Emmanuel Salami, “*Autonomous Transport Vehicles Versus The Principles Of Data Protection Law: Is Compatibility Really An Impossibility?*” (2020) 4 *International Data Privacy Law* 339.

[5] “如果不对‘车端对数据中的人脸、车牌信息进行匿名化处理’，汽车厂商可能会构成在未经路人或其他车辆车主同意的情况下，收集、存储他人个人信息的法律风险。”《远程拍照功能或涉及敏感个人数据及区域信息，比亚迪、东风日产已停用》，https://baijiahao.baidu.com/s?id=1728911153684209290&wfr=spider&for=pc，2023 年 5 月 20 日最后访问。

[6] 在河南张女士特斯拉维权案中，张女士质疑特斯拉篡改刹车失灵时的记录数据，特斯拉事后提供的算法数据中缺少了电机扭矩、刹车踏板位移、iboost(发动机助力)记录等诸多数据，导致无法判断交通事故时车辆的刹车状态。陈禹衡：《〈数据安全法〉下自动驾驶算法数据的分类、保全与合规》，载《科技与法律》，2022(3)。

六、结　论

综上所述,本文从市场和道路准入、交通事故和违法处理、网络安全和数据保护三个方面,结合现有实践经验与理论研究,大致勾勒出了无人驾驶立法规范的基本框架,提出四个核心观点:第一,构建系统和整车双重安全技术标准的准入制度。第二,由传统规制驾驶人模式转向车辆所有人、管理人义务模式,以车辆所有人、管理人代替驾驶人,明确其各项义务,参与交通事故处理,承担交通违法责任。第三,引入由生产商投保的系统保险,或者扩大第三者强制责任险承保范围与程度,要求生产商(包括自动驾驶设计商、整车生产商、系统配件制造商等)、车辆所有人、管理人按照比例购置保险,实行完全无过错责任。第四,强化生产商义务,包括查明系统漏洞、及时更新系统,采取网络安全和数据安全保护措施等。

无人驾驶技术仍然在快速发展,有关技术标准尚未定型,在网络安全和数据保护的既有法律框架内,还必须针对无人驾驶继续探寻出行之有效的系统和整车双重安全技术标准、数据分类分级、安全风险评估以及具体规制方法和制度。道交法可以考虑以上述框架为基础,构建"监管沙盒",授权地方进一步探索。

第十讲　公安行政裁量基准*

* 本文是我主持的北京市哲学与社会科学“十一五”规划项目“北京市行政执法自由裁量权问题研究”的阶段性成果，也获得了2007年教育部“新世纪优秀人才支持计划”资助。浙江省兰溪市公安局吴益中局长、金华市公安局法制处林忠伟处长为我提供了大量的一手材料。国务院法制办青锋司长提供了大量关于行政执法监督和责任制方面的文件和研究材料，上海市工商局李孝猛博士也提供了一些实践部门制定的裁量基准资料。在写作过程中，正在Utrecht University攻读博士学位的洪延青和清华大学法学院的管君帮助我收集了大量的资料。在此一并致谢。本文以《游走在规范与僵化之间——对金华行政裁量基准实践的思考》为标题发表在《清华法学》2008年第3期。

一、引言：实践的缘起

可以说，美国学者戴维斯(K.C.Davis)的《裁量正义：初步分析》(*Discretionary Justice*：*A Preliminary Inquiry*)是英文文献中第一本有关行政裁量的书，有着广泛的学术影响。在他的学说中，突破了以司法为基本立场的传统理论构建模式，而是以行政规则的制定(rule making)为中心展开对自由裁量权的控制，外散性地与裁量过程的公开(openness of discretionary processes)、监督(supervision)和审查(review)等发生勾连，形成一个蛛网状的控制系统。[1]他不厌其烦地反复说道："行政裁量的程度通常应受到较多限制，一部分限制可以由立法者来做，但大多数任务要靠行政官员来完成"，"限定裁量权的主要希望不在于立法，而在于更加广泛的行政规则的制定"。[2]

不管戴维斯的理论后来受到了怎样的批判，但他在20世纪70年代就敏锐地觉察到了这种必然会发生的移动。从美国的行政法发展经验看，对行政自由裁量权的控制的确也出现了从传统上的"传送带"(transmission belt)向"专家知识"(expertise)模式的转变，尽管这在斯图尔特(Richard B Stewart)看来仍然是过渡性的、非终极的转型。

在我国，近年来，在"以人为本""执法为民"的要求下，在规范行政执法、推行行政执法责任制的运动中，对行政自由裁量权的控制，也开始自觉地走上了行政系统内的、通过行政政策的规范路径。这种实践有一个统一的"标识"，就是裁量

---

〔1〕 雷斯(Reiss)有过类似的评价。他说："戴维斯以规则的制定为限定裁量的主要手段，以裁量过程的公开为建构裁量的主要方式，以监督和审查为制衡裁量的重要方法。"Cf. Carol Harlow & Richard Rawlings, *Law and Administration*, Butterworths, 1997, p.106.

〔2〕 Cf. K. C. Davis, *Discretionary Justice*: *A Preliminary Inquiry*, Louisiana State University Press, 1969, p.55. Cf. Carol Harlow & Richard Rawlings, *op. Cit.*, p.104.

基准的制定与实施。[1]

裁量基准的实践可谓如火如荼、方兴未艾。江苏省从2003年起在南京、盐城、南通、连云港等市相继开展了规范行政执法自由裁量权试点工作，在2007年10月召开的全省市县政府依法行政工作会议上明确要求全省各级行政执法部门要推行行政处罚基准制度。辽宁省政府下发了《关于规范行政处罚自由裁量权工作的实施意见》，在沈阳、大连、鞍山、丹东、朝阳等五个市和部分省政府部门建立了联系点，要求试点的市和省政府部门在2007年12月31日前全面完成行政处罚自由裁量权指导标准的制定工作，于2008年1月1日起全面实施，其他的市、部门自2008年5月1日起全面推开。北京市政府在2007年7月制发了《北京市人民政府关于规范行政处罚自由裁量权的若干规定》，明确要求各市级行政执法部门制定本系统行政处罚自由裁量权的统一规范，根据涉案标的、过错、违法手段、社会危害等情节合理划分裁量等级。河北省在2007年召开的省全面推进依法行政工作领导小组第二次会议，专门对建立行政处罚裁量基准制度工作进行了研究，提出先在依法行政示范单位试点，积累经验，逐步推广。[2]

当然，发生上述转型的原因和背景不同。在美国，由于社会急剧变化发展，迫使议会向政府大量批发立法权。立法规制的低密度，连锁性地造成了司法审查的疲软，引发了司法审查的空洞化，依靠立法授权和司法控制合力作用的“传送带”运转失灵。必须依赖“专家知识”来补强和润滑，通过行政规则来提升司法

[1] 郑州市的实践叫作“罚款阶次制度”。该制度主要有两大部分组成。第一部分是划分阶次和基准。就是按照违法行为的事实、性质、情节、社会危害程度和当事人主观过错等因素，将每一个罚款项目对应的违法行为划分为特别轻微、轻微、一般、严重和特别严重五个阶次，特殊情况下也可以划分为三个、四个阶次。第二部分是自由裁量阶次适用规则，主要包括制定的依据，适用的对象、原则，不予处罚、从轻处罚、减轻处罚、从重处罚的程序规定和责任追究等。江凌：《规范行政执法自由裁量权 建立行政处罚裁量基准制度》(在第六次全国地方推行行政执法责任制重点联系单位工作座谈会上的讲话)，http://www.chinalaw.gov.cn/jsp/contentpub/browser/contentpro.jsp? contentid=co999996010-，2007年10月2日最后访问。在我看来，这实际上就是裁量基准，无须另造名词。

[2] 江凌：《规范行政执法自由裁量权 建立行政处罚裁量基准制度》(在第六次全国地方推行行政执法责任制重点联系单位工作座谈会上的讲话)，http://www.chinalaw.gov.cn/jsp/contentpub/browser/contentpro.jsp? contentid=co999996010-，2007年10月2日最后访问。

审查的强度,使司法主导的社会重新运转起来。[1]而在我国,却是在社会公众对行政执法的要求不断攀升和行政改革逐步深化的相互作用之下,行政机关加快了内部执法规范化建设的产物。但从总体上看,有一点却是共同的,它们都是在民主宪政迅猛发展的烘托、渲染和鼓噪下,催生出的一种质的变化——对行政自由(freedom of administration)的控制发生了由他律向自律、由外在到内在、由被动到主动的转移。

在中国要谈裁量基准的实践,就绕不开金华。它最先觉悟,并付之行动。金华实践受到了媒体的关注、追捧和炒作,[2]也因上级领导的重视、肯定,通过经验交流等形式影响了很多地方的公安机关,在公安系统迅速推广开来。裁量基

[1] 从美国控制行政裁量的思想发展脉络看,"专家知识"模式似乎只是一个"匆匆过客",小憩之后,继续向着"利益代表"模式蹒跚前行。但是,经过对各种模式的一番批判之后,斯图尔特(Richard B Stewart)最后得出的结论似乎有些悲观,他说:"迄今为止,针对行政自由裁量权所产生的问题,尚未出现一个普遍的解决方案——无论是从程序机制角度看还是从权威性的决定规则角度看。"[美]斯图尔特:《美国行政法的重构》,沈岿译,189页,北京,商务印书馆,2002。日本学者从行政过程论的视角提出,由于社会事项的复杂化与行政活动的高度专业化,行政机关藉由将法律具体化的行政基准去筹划、规范相关行政事项或进一步规范法律欠缺或规范不够完备的行政领域,毋宁已经成为常态,并称之为"行政过程的中间阶段",意指行政机关于行政过程中制定行政基准并将行政活动阶段化,藉以确保行政活动的公平性以及提高行政活动的预测可能性,从而保障人民权利。[日]大桥洋一:《行政法——现代行政过程论》,273页,2002。转引自王志强:《论裁量基准的司法审查》,东吴大学法学院法律系硕士学位论文。

[2] 2004年2月4日,金华市公安局在进行一年时间的试点后,正式下发了《关于行政处罚自由裁量基准制度的意见》。以后又陆续出台了赌博、卖淫嫖娼、偷窃、无证驾驶、劳动教养、违反互联网营业场所规定等违法行为裁量基准意见。周星亮:《金华警方:推行阳光新政》,载《时代潮》,2004(13);《浙江金华公安自我削权彰显合理行政》,载《法制日报》,2005-10-20。

准,作为一种实践,已“星火燎原”;[1] 作为一种范式,对后来的立法发生作用;[2] 作为一种研究对象,也已进入了学者的视野。[3]

金华市公安机关之所以会想到要裁量基准制度,是因为他们感到实践中执法随意、裁量不公现象,因利益驱动而滥施罚款,还比较突出。他们还发现,个案监督、好差案件评比、执法检查等这些常用监督方式都属于事后监督,不能从源头上防止滥用自由裁量权,所以,有些执法上的问题就像痼疾那样,“年年出现,年年整改,却得不到根本解决”。他们就像戴维斯(K.C.Davis)一样,[4]发现“执法不一致”通过裁量基准就能够很容易得到解决。因此,金华市公安局决定从2003年4月开始,在全市公安机关开展行政处罚自由裁量基准试点工作,从裁决前对自由裁量权的行使加以控制。

那么,什么是裁量基准呢?实践中所说的裁量基准,是“裁量基本标准”的简称(吴益中语)。因实践常以行政处罚为规范对象,所以,一般也依此下定义。具体而言,“是行政执法主体对法律规定的行政处罚自由裁量空间,根据过罚相当等原则并结合本地区经济社会发展状况以及执法范围等情况,细化为若干裁量格次,每个格次规定一定的量罚标准,并依据违法行为的性质、情节、社会危害程度和悔过态度,处以相对固定的处罚种类和量罚幅度,同时明确从轻或从重处罚

---

[1] 其他行政领域,比如工商,也有类似的实践。甚至连纪委、监察和检察院也采用这种思路来预防行政执法上的腐败。

[2] 原来的《治安管理处罚条例》(1986年)规定的警察行政自由裁量权的幅度比较大,比如,行政拘留1～15天以下,没有根据不同的行为,以及不同的违法行为进行规定。考虑到治安拘留的处罚,涉及公民人身自由的限制,在适用上十分慎重。《治安管理处罚法》(2005年)把治安拘留处罚,按照不同的违法行为、违法行为的不同性质,区分为5天以下,5天至10天,10天至15天。《治安管理处罚法:宽严适度 程序严格 处罚规范》,2005年8月28日,人民网,http://www.southcn.com/law/fzzt/seventeenth/seventeenthzaglcff/200508300272.htm,2007年10月2日最后访问。实际上这种通过分格分档的方式对行政自由裁量权进行控制的设计并不新颖,据说是从浙江金华公安局为代表的裁量基准实践中汲取的。参见《自由裁量基准制值得推广》,2005年9月21日,金华新闻网,http://www.jhnews.com.cn/gb/content/2005-09/21/content_503917.htm,2007年10月2日最后访问。

[3] 比如,王天华:《裁量标准基本理论问题刍议》,载《浙江学刊》,2006(6)。朱芒:《日本〈行政程序法〉中的裁量基准制度——作为程序正当性保障装置的内在构成》,载应松年、马怀德主编:《当代行政法的源流——王名扬教授九十华诞贺寿文集》,1040～1052页,北京,中国法制出版社,2006。

[4] 戴维斯(K.C.Davis)“惊诧于移民部门决定的不一致”,认为“通过使用标准化表格就能很容易地纠正过来。这些表格以基本规则形式体现移民部门的政策”。Cf. Carol Harlow & Richard Rawlings, *op. Cit.*, p.101.

的必要条件的一种执法制度。"〔1〕有关规范性文件的名目可谓琳琅满目、不一而足,比如,"自由裁量权实施办法""裁量指导意见""自由裁量实施细则",等等。

在我看来,裁量基准是以规范行政裁量的行使为内容的建章立制,一般以规范性文件为载体,是较为程式化的、结构性的、相对统一的思量要求,而不是执法人员颇具个性化的、经验性的、甚至是随机的算计。它是沟通抽象的法律与具体的事实之间的一种媒介和桥梁,更像是为了贯彻执行法律而实施的"二次立法",其效力范围或许仅及于一个微观的行政执行领域,只限于在特定行政区域与特定行政部门之内。

从世界范围看,有"裁量基准"概念的不多,比如,德国、日本、韩国和我国台湾地区。后三者还在《行政程序法》中专门规定了裁量基准制度。〔2〕但是,没有"裁量基准"概念,不意味着没有类似的控制技术。美国是在"非立法的规则制定"(non-legislation rulemaking)中讨论类似的问题。英国人是在行政政策中涉及这个问题,这是架构行政权行使方式的一个重要路径。

尽管我们也采纳了"裁量基准"的概念,但是,从金华的实践材料和文本中,我没有发现任何的只言片语,提及或暗示它和德国、日本的"裁量基准"、美国人的"专家知识"之间有什么思想渊源或者制度承继关系。由于资料的极度匮乏,加上语言障碍,我们对德国和日本的"裁量基准"也知之甚少。我们很难想象金华的实践者们能够从德国、日本或者美国的实践中借鉴到一些什么。所以,我强烈地怀疑,金华的"裁量基准"或许只是概念移植,具体做法却完全是一个本土化

---

〔1〕 江凌:《规范行政执法自由裁量权 建立行政处罚裁量基准制度》(在第六次全国地方推行行政执法责任制重点联系单位工作座谈会上的讲话),http://www.chinalaw.gov.cn/jsp/contentpub/browser/contentpro.jsp? contentid=co999996010-,2007年10月2日最后访问。金华有关规范性文件中对行政处罚自由裁量基准的解释是,它"是对法律规定的行政处罚自由裁量空间,根据过罚相当原则并结合本地经济发展和社会治安实际情况,理性分割为若干裁量格次,确保处罚种类、量罚幅度与违法行为的事实、性质、情节、社会危害程度相当"。

〔2〕 日本《行政程序法》(1993)第5条第1款规定:"行政厅为了依据法令的规定判断是否给予申请请求的许认可等,应制定必要的基准"。第12条第1款规定:"行政厅对于根据法令的规定判断是否作出不利益处分或作出怎样的不利益处分,必须努力制定必要的基准。"韩国《行政程序法》(1996年)第20条第1款亦规定:"行政机关应依处分之性质,将必要之处分基准尽可能详细地决定并公告之。变更处分基准时亦然。"我国台湾地区"行政程序法"(1999)第159条第2款规定:行政规则包括"为协助下级机关或属官统一解释法令、认定事实,及行使裁量权,而订颁之解释性规定及裁量基准"。

的、自然生成的事物，反映了中国实践部门的智慧，但在效用上又与西方殊途同归。〔1〕

在我国，裁量基准只是近些年来才时兴起来的一种创新举措，也没有普及到所有行政机关、所有行政领域，行政法理论对它的关注也很不够。〔2〕但它却是行政法理论和实践的一个很重要的新增长点。我觉得，从实现法治主义的进路看，裁量基准实践无疑应当进一步扩大适用到所有行政领域、所有行政事项，应该成为今后我们政府法制建设的一个工作重点。

在本文中，我将对金华的裁量基准实践做文本分析。在我看来，裁量基准的制定，实际上凝练了地方与部门的智慧，通过文本的分析，我们能够非常强烈地感受到这一点，也能够进一步体会到抽象原则的法律是如何通过裁量基准比较贴切(或不贴切)地适用到不同地方，其间会产生什么样的变化。

我力图探讨的问题主要有：第一，设定裁量基准要不要成为一项行政机关的义务？第二，从落实法治主义的角度，裁量基准要不要进一步扩大适用范围，成为推动我国法治建设的一个主动力和主战场？第三，也是最关键的，裁量基准制度中有哪些控制行政裁量的基本技术？是如何运用的？该注意什么？有什么不足？第四，基准的形成程序有无改进的余地？效力如何保证？第五，也是最重要的，如何在规范与僵化之间寻求一个"黄金分割点"，拿捏到"紧张"又"活泼"？

二、设定基准是一种义务吗

至少从金华的实践看，没有把设定基准当作一种法定的、不得不为之的义务，而是发自行政机关内心的把工作做得更好的热情，把它当作一种行政创新来尝试。最终它也是变成一种具有示范效应的成功经验而被推广。在法律上从来也没有课加行政机关这样的法律义务或者责任。那么，我们就有必要进一步追

---

〔1〕 为证实我的猜想，我专门询问过吴益中局长和林忠伟处长。他们表示，在制度设计之初是听说过"裁量基准"这个概念，但在制度的设计上却没有仿效。

〔2〕 以裁量基准为选题的研究比较少，王天华的《裁量标准基本理论问题刍议》(《浙江学刊》，2006(6))、朱芒的《日本〈行政程序法〉中的裁量基准制度——作为程序正当性保障装置的内在构成》(应松年、马怀德主编：《当代行政法的源流——王名扬教授九十华诞贺寿文集》，1040～1052页，北京，中国法制出版社，2006)，恐怕是最早涉猎这方面的比较有分量的作品。王贵松有一个学术随笔《行政裁量标准：在裁量与拘束之间》(《法制日报》，2005-06-13(6))。后来，周佑勇也撰写了一篇论文《裁量基准的正当性问题研究》(《中国法学》，2007(6))。

问:在我国宪政结构之下,作为立法机关的执行机关,为有效贯彻法律,行政机关是否就应当、也必须有义务设定裁量基准呢?还是说,只要赋予行政机关一种努力义务就可以了呢?

1. 为什么应该是一种义务

在现代社会中,对于日新月异、层出不穷的社会问题,立法明显感到应接不暇、捉襟见肘,也无法完全预见。更值得注意的是,如果立法要规制的对象在社会生活中是处于不断变动的,就很可能与法的稳定性产生激烈的矛盾,使得我们对立法机关产生怀疑。比如,个税起征点应该随居民消费支出和CPI涨幅而动态变化,近年来"修改太频繁",在全国人大常委会分组审议时就有委员提出,"起征点调整的幅度不超过某一个百分比,可以授权给国务院"。[1]因此,"如果管理事项在政治意义上和经济意义上是变动的,如工资和价格管制,那么,在该管理问题上基本参数的经常性变化,排除了制定可以在任意长的时间内始终如一地予以奉行的详尽政策之可能性。"[2]这可以说是一个共性现象。

另外,我们还不能忽视一个很重要的参数——地域参数,这是我国立法中尤其要考虑的一个主要变量。我国幅员辽阔、地大物博,各地经济、社会、文化发展不平衡,沿海发达地区与中西部差异较大,对法律的诉求也相当不同。过于刚性的、缺少伸张力的法律规定很可能会损害地方的发展、秩序的建立和对问题的处理。比如,《治安管理处罚法》(2005年)把行政拘留的保证金一律确定为"按每日行政拘留二百元的标准交纳"(第107条),这对于经济欠发达、人均收入较低的中西部贫困地区,恐怕过高,当事人可能因无法交纳而事实上享受不到这份权利;对于经济发达、人均收入较高的东部沿海地区,这又嫌太低,无法阻止当事人交纳保证金之后逃避制裁。[3]所以,地域参数决定了整齐划一是不可行的,"大规模施行'禁止授予立法权原理'是不明智的"。

因此,我们在立法上就只能"宜粗不宜细",要疏而不漏,减少内涵、扩大外延,以适应发展的不均衡与社会诉求的迥异,实现形式意义上的法治统一。所以,我国立法的一个显著特点就是,法律一般都不太长。对我国1984年以后主

---

〔1〕《委员建议:个人所得税起征点提高到3000元》,http://www.nmgnews.com.cn/information/article/20071225/122186_1.html,2007年10月2日最后访问。

〔2〕[美]斯图尔特:《美国行政法的重构》,38~39页,沈岿译,北京,商务印书馆,2002。

〔3〕余凌云:《公安机关办理行政案件程序规定若干问题研究》(第二版),177~186页,北京,中国人民公安大学出版社,2007。

要的行政法律、法规进行统计,我们发现,在17部法律、法规中,条文数超过百条的只有3部,分别是《道路交通安全法》(2003年,共计124条)、《公务员法》(2005年,共计107条)和《治安管理处罚法》(2005年,共计119条)。在洋洋洒洒的百余条中,似乎也很难把姿态万千、层出不穷的社会现象都一览无余。所以,把立法权通过裁量的形式批发给行政机关,变成了一种常态,一个必然的结果,但实际上却是不得已而为之。

我们也可以做另外一种理解,做一种反推的阐释。我们假定,裁量不是非批发不可,不是在立法机关、在立法阶段不能够规定详细,不能够从立法技术上再细化。那么,我们就要把各地的裁量基准前移至立法阶段,通过事先广泛征求行政机关意见,以行政机关的实践经验和惯例为基础充实立法。但事实上,我们却不能够。因为地方实践的差异性、经验的多样性以及惯例的部门性,我们无法从各地的裁量基准之中再进一步抽象提炼、并总结提升为一个可以适用于全国范围的普适性规则。为了要增强法律的适应性和覆盖面,也不宜或不好这么做。所以,从这个意义上讲,由行政机关规定较为详尽的裁量基准,就变成立法延伸(遗留)下来的未竟义务,是立法机关在立法中默示授权的行政机关必须承接的任务。

从域外的经验看,日本在《行政程序法》中也把行政机关设定裁量基准作为一种义务来规定。但根据行政行为的性质,尤其是现实可能性,分成两类要求:一是对许认可,要制定基准;二是对不利益处分,要努力制定基准。[1]

所以,我们可以、也完全应该从这个角度来认识金华实践,它其实也就是一种微观的、以行政机关为主体的立法的地方化的过程,是一种执行过程中的创造性立法,是一种"合理化解释的活动",融合了行政智慧的再创造,实现了"因地制宜"和个案正义。

做上述这样的理解的好处是,首先,能够实现行政与立法的主动对接,通过微观"再立法",完成一个完整的法规范结构的构建,进而有效实现立法目的。其次,"批发"意味着法院对行政权的控制能力将会不可避免地受到影响。要求行政机关制定详细的裁量基准,或许是补足司法审查能力的一个有效办法。

由于裁量基准的空间是立法有意留下的,是有微观构建的可能性的。而且,

---

〔1〕 朱芒:《日本〈行政程序法〉中的裁量基准制度——作为程序正当性保障装置的内在构成》,载应松年、马怀德主编:《当代行政法的源流——王名扬教授九十华诞贺寿文集》,1043~1052页,北京,中国法制出版社,2006。

行政机关在其职责所在的领域更赋有专长,在解释由其执行的法律和法规方面比法院更有优势。[1]所以,由行政机关制定带有地方性的特定领域的裁量基准是完全有可能的,是不能不去做的,也完全没有理由不去做好的。这不是要不要的问题,而是怎么做得更好的问题。

可能金华实践者也认识到了这一点,在有关布置工作任务的文件中再三强调,要防止"裁量标准走过场,没有实质内容""防止裁量标准原则化,造成实际操作过程中'换汤不换药'的现象,将不同档次的违法行为给予差不多的量罚,失去了采取量罚基准工作的实际意义"。并给出了一些具体的指导性意见。

但是,这样的实践似乎是不统一的,有点杂乱无章、各行其是,所以,受到了批评。"各市县及其部门自行制定裁量标准,市与市、县与县之间标准不相一致,同一违法行为所受到的处罚在同一地区有差异,影响了法律实施的权威性。"[2]那么,我们怎么看待这个批评呢?

从上述的地方实践的差异性、经验的多样性以及惯例的部门性,我们应当可以理解,不同地方、不同部门依据同一部法律、同一个法律规定制定出来的裁量基准也很可能不(完全)一样。这是很自然的。即便没有上述规范的误差,在实践上依然存在着因人而异的操作误差。既然我们早已熟悉和容忍了实践操作上的裁量误差,比如,同样的案子由甲或乙来处理,很可能结果不同,那么,对于规范误差、地方性、部门性误差,又有什么值得大惊小怪的呢?更没有必要搬出法律平等对待原则来横加指责。

当然,对这种误差有着一个容忍度问题,进而决定了其合理性。一般而言,影响裁量行使的地方性因素越相似、地域越邻近,人们对误差的容忍度越低,误差就应该越小,甚至要趋向于零,这就要求我们制定的裁量基准要尽可能一致。地方性因素差异越大、地域相距越远,裁量基准之间的差异也会变大,人们对误差的容忍度也就会(也应该)越大。总之,只要是在合理误差幅度之内,都可以被容许。这也是立法默示授权之中蕴含的一种默示同意,更是裁量基准的魅力之所在。

---

[1] Cf. Russell L. Weaver, "*An APA Provision on Nonlegislative Rules?*" (2004) 56 *Administrative Law Review* 1181.

[2] 江凌:《规范行政执法自由裁量权 建立行政处罚裁量基准制度》(在第六次全国地方推行行政执法责任制重点联系单位工作座谈会上的讲话), http://www.chinalaw.gov.cn/jsp/contentpub/browser/contentpro.jsp? contentid=co999996010-,2007年10月2日最后访问。

我们倒要关心的是，可以由谁来履行这个义务？从实践看，基层行政机关对裁量基准的消费需求最为旺盛、迫切，却往往持观望态度，坐等着，甚至是期盼着上级行政机关拿出统一的规定。而上级行政机关出于行政责任、行政成本、权威性等方面考虑，希望更上一级行政机关来解决，或者尽可能拖延、推诿。其实，在我看来，裁量基准是依附在裁量权之中的，只要享有裁量权，就有权制定裁量基准，不需要法律的特别授权，行政机关可以自行判断有无制定的必要。承载裁量基准的形式也因此必然是多样的，可以是规章，也可以是规范性文件。当然，它们之间当然适用法律优位原则。

2. 为什么只能是一种努力义务

如果我的理解没有错，在日本，对于行政许可是强制性义务，而对于不利益处分是努力义务。那么，义务和努力义务的划分依据是什么呢？是实践的不能？还是其他什么？我对这个问题相当感兴趣，但苦于资料的有限，还无法窥见个中缘由。至少从感觉上，这种划分似乎很难让我接受。

王天华博士提出了一种修正了的观点。他认为，行政法律规范没有提供"要件—效果"规定，或者虽然提供了"要件—效果"规定，但据此不足以获得处理具体行政案件所需之完整的判断标准时，行政机关负有设定裁量标准的义务。有行政裁量权而没有设定裁量标准，违反"裁量标准设定义务"，构成违法。〔1〕在我看来，这里似乎只剩下了强制性义务。尽管加上了有关"要件—效果"的很多限定语和条件，但我还是很难接受这样的观点。

因为我们必须注意到，裁量权不得不"批发"，其实还有其他一些很重要的原因，就是我们要解决的社会问题过于错综复杂，即便是充分发扬民主，认真听取行政机关以及各方面的意见，也无法事先设定一种很精致细微的行为模式。斯图尔特(Richard B Stewart)很精确地描述了这种困境，他说："存在争议的领域和相关知识的现实状况，可能使更为具体细致的规则无法形成。政治情势可能过于交错复杂或者过于变幻莫测，以至于无法形成稳定的政策。"〔2〕比如，在很多行政机关制定的行政裁量基准文本之中仍然无法完全避免"情节较重""情节较轻"等原则性规定，这就是一个例证。这是其一。

〔1〕 王天华：《裁量标准基本理论问题刍议》，载《浙江学刊》，2006(6)。
〔2〕 [美]斯图尔特：《美国行政法的重构》，沈岿译，45页，北京，商务印书馆，2002。

其二,正如哈特(H.L.A.Hart)指出的[1],面对丰富多彩的社会现象,语言永远是有限的。有时即使立法上再三推敲、斟酌,也无法完全精确表达立法想要调整的对象及其特征,只能笼统描述其基本内涵或者大致外延。在这样的立法末梢,可以说是"强弩之末势不能穿鲁缟"。行政机关能否微观"再立法",制定出像样的裁量基准,不无疑问。

上述两种情形在立法上混杂难辨,也不大可能在立法上做明示或暗示的说明,更多的要靠事后结合实践的揣度,要在实际践行中才能发现能与不能。而且,"制定意义明确的规则需要耗费行政机关大量资源,而这些资源可能在其他地方会得到更好的利用"[2]。所以,制定裁量基准的义务,也就很难明确为一种法定的强制性义务,但我也不能接受现在的自觉自愿意义上的放任,而更主张其为一种法定的努力义务。

3. 如何让行政机关努力履行义务

但是,或许对于不少行政机关来说,制定裁量基准是一件吃力不讨好的事。首先,这要耗费本已捉襟见肘的稀缺资源。其次,要将丰富多彩、姿态万千的社会现象都考虑到基准之中,需要有高超的技术、广袤的视野、勤勉的工作。而信息公开的要求,又会让质量不高的裁量基准招致公众的无情批判和奚落,无端让自己露怯。最后,基准具有作茧自缚的效应,会让行政机关亲手把自己装进套子中,不再滋润、油滑。因此,"努力"的义务有可能变成不努力的借口,被行政机关轻巧的腾挪躲闪过去。那么,怎么让行政机关努力去履行努力义务呢(很拗口的话)?

行政机关自我创新的内在动力自然不容忽视,金华是一个典范,但也只是为数不多的典范之一。这本身就很耐人寻味,这说明单靠行政机关的自我觉悟还是不很牢靠的。当然,如果把它变成了一项行政任务,纳入执法考评和监督的范畴,情况会有所改观。但这从根本上讲,仍然是靠行政的自我觉悟,只不过是自觉主体的层次更高,变成了行政系统的上下互动监控运作。

依靠法院显然也不行。制定裁量基准属于抽象行政行为,长期流离在行政诉讼的审查范围之外。即便在 2014 年的行政诉讼改革中有所改善,但要法院来解决这方面的不作为,也是相当困难的。法院对裁量基准制定的可行性和实现程度几乎一无所知,也许会不恰当地提出不可能做到的要求,超越了实际允许和

---

〔1〕 Cf. D. J. Galligan, *Discretionary Powers: A Legal Study of Official Discretion*, Oxford, Clarendon Press, 1986, p.1.

〔2〕 [美]斯图尔特:《美国行政法的重构》,沈岿译,45 页,北京,商务印书馆,2002。

可能的程度。

相形之下，依赖立法机关是可以考虑的主要方案。立法机关对管理事项能够详细具体到什么程度是能够粗略算计的，只是出于上述分析的原因而不能或不宜自己去做，这时完全可以在立法上把“接力棒”明确传给行政机关。

三、范围的拓展

在试点工作开展之初，金华的实践者还是比较谨慎的，考虑到“违反公安行政管理行为种类繁多，难以同时全部建立行政处罚自由裁量基准”，他们就采取“滴水穿石”的策略，“对执法实践中经常查处的主要违法行为，成熟一种推行一种”。他们主要以三个标准来遴选案件范围：一是最容易受到人情干扰、行政干预的；二是当前公安行政处罚裁量中的热点和难点；三是容易滥用自由裁量权。最后锁定在卖淫嫖娼、赌博、偷窃、无证驾驶、违反互联营业场所管理行为这几种违法行为。这几类案件约占金华市公安机关日常处罚量的80%以上。

一个很有意思的现象是，目前设定裁量基准的行政领域主要集中在行政处罚，也就是规定有关违法行为及其处罚，也会涉及一些强制措施。从我目前收集到的比较系统、全面的文本（比如，金华公安局、杭州市工商行政管理局、北京市交通管理局等部门制定的裁量基准文件）看，都概莫能外。涉及行政许可的裁量基准十分鲜见，我只在安阳市城管部门出的一本叫作《安阳城管行政执法权力与责任清单》中发现了一个（“安阳市城市管理行政执法局行政许可事项审核标准”）。之所以实践会不约而同地选择行政处罚为“主战场”小试牛刀，恐怕与我国行政机关普遍享有较大的处罚权，其行使的合法性与正当性极易引起社会公众的强烈关注有关。

但是，从上述关于裁量基准设定义务的分析中，我们实际上已经能够很自然的推导出这样的结论——裁量基准应该推广到所有行政领域（如行政奖励、行政收费、信息公开等），包括非要式的行政裁量。

也有学者对此表示出担忧。郑春燕博士认为，“在行政计划、环境保护、社会救助、安全预防等个案差异显著，尤其是行政主体拥有形成裁量的领域，通过立法或制定行政规则，搭建行政裁量运作统一框架的设想就会落空”[1]。

但她的观点还不能完全说服我。在我看来，多中心或者填空补缺性

〔1〕 郑春燕：《运作于事实和规范之间的行政裁量》，浙江大学法学院博士学位论文，2006。

(interstitial)的裁量都不意味着裁量的过程完全是随机的,是心血来潮的,是杂乱无章的。其中必有一些规律,把这些规律总结为一种裁量基准形式,将会促进决策的理性,增强政策的说服力。裁量基准本身就是个性化的产物,是在个性之中达到统一,是能够适应个性化要求的。因此,把裁量基准尽可能地推广运用到所有行政领域,不是不可能的,当然肯定存在着实现程度的差异。

下面,我还想从另外一个角度来分析这种必要性。在我看来,裁量基准制度作为一种行政政策(policy)或者行政规则(rule),应该可以成为我国法治建设的一个着力点和突破口,成为推动法治发展的一个重要径路。我们可以观察自1979年以来的我国法治建设的主要路径,大致可以分为以下三种。

(1) 围绕着《行政诉讼法》的实施与完善,建立和加强司法对行政权的监控机制。

这是以司法为立场的法治进路。从1989年《行政诉讼法》颁布之后,无论是行政法的立法活动、理论研究都进入了快速发展期,立法的总量和学术成果的数量都成倍增长。《行政诉讼法》的颁布与实施,的确成为了行政法发展的一个重要"分水岭"。[1]

但是,在崇尚行政主导和实行"政府推进型"的社会中,法院在社会政治结构和宪政体制中的角色和地位,决定了这条进路的推动能力是有限的。行政诉讼实践一再表明,法院的审查能力和救济效果与法规范的明晰程度成正比,法规范越完善、详尽,法院审查的能力越强。在立法趋于空洞化的现实中,司法控制导向的路径很大程度上就必须依靠行政规则来补强。

(2) 强化正当程序的观念,把行政法制建设的重点放在程序建设上。

我们从1989年之后行政法领域的重要立法看,从《行政诉讼法》(1989年)、《国家赔偿法》(1994年)、《行政处罚法》(1996年)、《行政复议法》(1999年)到《行政许可法》(2003年)、《行政强制法》(2011年),无不是(或者主要是)程序法。我们也在践行着Justice Frankfurter所说的——"自由的历史,很大程度上就是程序保障的历史"(The history of liberty has largely been the history of the observance of the procedural safeguards)。[2]

以听取当事人辩解、听证为核心的正当程序,对于保障相对人合法权益、监督行政机关依法行政固然重要,但是,我们从实践中发现,纯粹靠双方在程序中的博弈似乎很难实现对行政权的有效控制,很难真正解决行政纠纷。因为面对着行政机关天然的强大优势,当事人实在缺乏有力的砝码,不能有效的讨价还

---

[1] 余凌云:《行政诉讼法是行政法发展的一个"分水岭"吗?》,载《清华法学》,2009(1)。

[2] McNabb v. U. S. 318 U. S. 332, 347 (1943).

价。正当程序能否奏效，很大程度上取决于行政机关是否有解决问题的诚意，是否有比较高的政策水平。〔1〕

但是，假如有更加客观和明确细微的规范，哪怕是行政机关自己制定的行为规则，也会使上述情况大为改观。因为行政机关自己制定的行为规则，对其本身产生了作茧自缚的效应，也为双方的谈判提供了客观的依据，能够增强当事人的抗辩能力，改善博弈的效果。可以说，规则越明晰，行政恣意越会受到挤压，裁量误差越能接近当事人的容忍度，博弈也就越能取得成效。

(3) 加强行政机关内部的监督和约束机制。

“政府推进型”的法治进路，必然十分重视政府内部的监督与制约机制。近些年来，这方面的立法力度较大，陆续颁布了《行政监察法》(1997)、《国务院关于特大安全事故行政责任追究的规定》(2001)、《行政监察法实施条例》(2004)、《关于推行行政执法责任制的若干意见》(2005)、《行政机关公务员处分条例》(2007)等。

一个以行政执法责任制为核心的执法监督体系正在形成。各地、各部门依法界定执法职责，科学设定执法岗位，规范执法程序，建立评议考核制和责任追究制，积极探索行政执法绩效评估办法，使行政执法水平不断提高，有力地确保了法律法规的正确实施。〔2〕

而当下的执法考评和错案追究，是通过加重执法人员的个人责任来发挥作用的。因此，不可避免地存在着执法的个人风险。而规则的明晰程度，与执法人

---

〔1〕 余凌云：《对行政许可法第八条的批判性思考——以九江市丽景湾项目纠纷案为素材》，载《清华法学》，2007(4)。

〔2〕 公安机关还专门出台了《公安机关追究领导责任暂行规定》(1997)、《公安机关人民警察执法过错责任追究规定》(1999)、《公安机关内部执法监督工作规定》(1999)、《公安机关执法质量考核评议规定》(2001)，建立了比较规范完善的制度。截至2007年，全国30个省(自治区、直辖市)级人民政府梳理行政执法依据结果已经向社会公布，23个省份及国务院执法任务较重的10多个部门开展行政执法评议考核工作。全国已有23个省(自治区、直辖市)政府开展了行政执法评议考核工作。有的将行政执法考核纳入本级政府目标考核体系，有的将行政执法情况作为依法行政工作考核的重点内容，有的开展执法案卷评查，结合政风测评体系和政府绩效评估，有的邀请人大代表、政协委员和企业、媒体、社会组织、公民代表对行政执法进行评议。税务、海关、质监等部门还引入ISO9000质量管理体系，利用现代信息管理手段，探索建立了能够即时反映执法情况的岗位责任考核方法。据统计，2006年下半年以来，全国税务机关通过通报批评、离岗培训、取消执法资格等形式追究了55258人次的执法责任。截至2006年5月31日的统计，仅海关等5个部门在全系统就追究违法责任274657人次。黄庆畅：《行政执法将严格责任追究制度 责本位代权本位》，http://sc.people.com.cn/news/HTML/2007/8/13/20070813105034.htm，2007年10月2日最后访问。

员个人的执法风险是成反比的。规则不明晰,将使风险上升,使执法人员不堪重负,不敢及时、主动回应社会管理的诉求。多请示、多汇报成了转移个人风险的有效方法,但它也带来了行政效率低下、行政复议空转和错案追究的事实不可行。解决这些问题的办法,就是尽可能明确规则。通过明晰的规则,降低执法风险,促进执法考评的有效运转。

因此,在我看来,当前我们的主要问题是深层次的"规则之失",我们不乏原则层面的法律,却缺少操作层面的细致规定。规则之治,是我们擅长的,也是我们忽略的。或许,在实现法治的路径上,重新拾起"规则之治",是一种选择。规则是我们更需要的,也是我们所倚重的。

在这个过程中,我们可能会因"作茧自缚"而牺牲一些行政的便宜、灵活和有效,但我们却有很多收益。首先,降低了行政执法人员的个人责任风险,有利于调动其积极性和主动性,使执法监督考评制度真正落到实处,发挥功效。其次,在增进行政透明度和信息公开的同时,也实现了行政机关的专家知识外化,把专家知识转变为大众知识。这能够增进行政机关与相对人的良好合作,减少执行中可能产生的异议,使相对人更加信服和自觉服从行政管理,使社会、公众和媒体看到一个理性政府的形象。所有这些可以成为激发行政机关推进行政规则控制模式的内在动力。

《国务院关于加强法治政府建设的意见》(国发〔2010〕33 号)较早提出要求,"建立行政裁量权基准制度,科学合理细化、量化行政裁量权,完善适用规则,严格规范航量权行使,港免执法的随意性"。《行政处罚法》(2021 年)第 34 条明确规定,"行政机关可以依法制定行政处罚裁量基准,规范行使行政处罚裁量权。行政处罚裁量基准应当向社会公布。"《国务院办公厅关于进一步规范行政裁量权基准制定和管理工作的意见》(国办发〔2022〕27 号)第一次从国家层面对建立健全行政裁量权基准制度作出全面、系统的规定。

四、控制技术

从金华的实践看,裁量基准工作的重点在于防止轻错重罚,重错轻罚以及同错不同罚和异错同罚,防止执法受利益驱动,滥施罚款。核心是要实现过罚相当。那么,他们是怎么努力做到的呢?采取了哪些控制技术?

我以金华制定的 15 个规范性文件为样本,通过详细阅读,试图从中鉴别和梳理出基本的控制技术。这15个样本中,《关于推行行政处罚自由裁量基准制度的意见》(包括《规范行政处罚自由裁量基准制度实施意见》)应该算是全面指导性的纲要,不单是规定了对几类常见违法行为的裁量原则,而且也部署了有关的组织工作和实施步骤。其他几个则是有更加明确具体的针对对象的,是对上述意见的具体落实(见表10-1)。

表10-1　规范性文件

序号	规范性文件名称
1	《关于推行行政处罚自由裁量基准制度的意见》
2	《盗窃违法行为处罚裁量基准》
3	《赌博违法行为处罚裁量基准》
4	《卖淫嫖娼违法行为处罚裁量基准》
5	《殴打他人及故意伤害他人身体违法行为处罚裁量基准》
6	《诈骗违法行为处罚裁量标准》
7	《扰乱公共秩序违法行为处罚裁量基准》
8	《违反互联网营业场所管理违法行为处罚裁量基准》
9	《涉毒违法行为处罚裁量基准》
10	《未取得机动车驾驶证驾驶机动车违法行为裁量基准》
11	《醉酒后驾驶机动车违法行为处罚裁量基准》
12	《旅馆业工作人员违反有关规定违法行为处罚裁量基准》
13	《违反出租房屋管理规定违法行为处罚裁量基准》
14	《收容教育措施裁量标准》
15	《金华市公安局常见劳动教养案件期限裁量标准》

1. 分格

从某种角度讲,裁量之所以会在现代社会中引发诸多争议,甚至不能被公众、媒体和学者所接受,是因为仅仅凭立法授权所规定的运行格式,很可能会产生出较大的结果误差。这种误差完全超出了当事人和社会公众能够容忍和承受的程度。裁量基准的实际功效是降低实践操作中可能出现的结果误差、地区误差和部门误差的幅度。分格就是一个比较容易想到的,也比较直截了当、简单明了的技术。

分格技术是在法律规定的比较大的裁量幅度之间,再详细地均等或者不均等划分为若干小格,同时,分别明确每个小格对应的违法行为及其情节。分格不是静态的、纯粹数理意义的划分,把一定的幅度再平均或者随机地划分为几个等分(或部分)。法律意义上的分格必须要与法律要件结合在一起,具体搭建裁量决定的形成路径。

但问题是,有关要件和考量因素有的时候在法律上是已经规定好了的,但在很多情况下却是没有规定或者规定比较含糊,必须靠实践部门去发现、阐释、提炼和总结。确定之后,还必须按照公众和社会能够接受的结果,进行合理的排列组合。从这个意义上说,这个过程可以说是一种微观的立法活动,必须大量融入实践的经验和智慧。

因此,我们大致可以把分格技术分成两种类型:一是执行性的;二是创造性的。所谓执行性的,就是在法律上已经规定好的"法律要件+量罚"的裁量结构之中,通过解释法律要件,进一步分档、细化量罚的幅度。所谓创造性的,就是在法定的裁量结构之中,加入了实践部门认为很重要的考虑因素,多是酌定考虑因素,再与处罚效果勾连,重新组合成一种新的裁量路径。

以《治安管理处罚法》(2005年)第70条规定的赌博为例,该条规定:"以营利为目的,为赌博提供条件的,或者参与赌博赌资较大的,处五日以下拘留或者五百元以下罚款;情节严重的,处十日以上十五日以下拘留,并处五百元以上三千元以下罚款。"金华在《赌博违法行为处罚裁量基准(试行)》中就混杂地使用了上述两种分格技术。

前者如,在法定的"营利+为赌博提供条件+处罚"结构中,将"为赌博提供条件"设定为定量,以"营利"为变量,根据营利的多少,具体划分了几种幅度,即"为赌博提供条件,获利不满二百元的,处五百元以下罚款";"为赌博提供条件,获利二百元以上不满一千五百元的,处五日以下拘留处罚";"为赌博提供条件,获利一千五百元以上的,处十日以上十五日以下拘留,并处五百元以上三千元以下罚款"。这完全是"就地取材"、非扩张的解释性搭建。

后者如,在法定的"营利+参与赌博赌资较大+处罚"结构中,不仅考虑赌资数额,同时也考虑赌注大小,搭建"营利+赌资或赌注+处罚"结构,即"具有第五条所述情形,达到赌资较大,且个人赌资不满二千元或单次押注不满一百元的,处五百元以下罚款";"个人赌资在二千元以上不满一万五千元的或单次押注在一百元以上不满二百元的,处五日以下拘留";"个人赌资在一万五千元以上或单次押注在二百元以上的,处十日以上十五日以下拘留,并处五百元以上三千元以下罚款"。

赌资的大小,可以反映出违法行为的严重性和社会危害程度,当然可以作为一项重要的衡量标准。但是,赌资只是一种预计要投入赌博的资本,而赌注却是在赌资之中每次要实际投入的资本。有时虽然赌资不大,但赌注很大,其社会危害性不亚于赌资较大。因此,赌注多少也可以作为一种衡量指标。赌注是从赌资实际使用的过程角度剥离出来的一项考量因素,在法律中没有明文规定,从这个意义上讲,是实践的一个创造。

从裁量基准实践看,作为分格技术的划分标准的法律要件或考量因素,一般只是该违法行为的本质性要素或重要性要素,但却不是完全唯一性要素。那么,不管怎么排列组合,由于参与的变量过少,使得裁量过程(process of discretion)过于简约,未必总能反映客观实际、实现个案正义。从这个意义上讲,分格技术必然存在着不可避免的内在缺陷。

校正的方法就是必须把分格牢牢建立在"过罚相当"的基础上,切实贯彻"设定和实施行政处罚必须以事实为依据,与违法行为的事实、性质、情节以及社会危害程度相当"。第一,处罚幅度的确定必须依赖长期实践形成的行政惯例。第二,作为分格标准的考量因素只是要权重考虑的重要因素,同时还必须结合其他的考虑因素。

2. 量罚幅度

量罚幅度问题在分格技术中已有所涉及,但这并不影响它作为一项独立技术的品质,它是在具体解决量罚的细微结构中与分格技术的后端部分发生了关联。量罚幅度要解决的问题,包括幅度的划分;从轻、从重、减轻和加重的格次;以及如何权衡等。它有多种样式,主要有等分、中间线、格内外浮动、累计制,以及对立法未规定而实践又回避不了的量罚问题做出规定。

幅度划分的最简单方式就是等分。也就是把法律规定的较大处理幅度再平均划分为若干格次,连接不同要件,规定量罚的标准。

在量罚幅度的划分上,还有一个很重要的技术——"中间线说",[1]在金华的文本中似乎没有找到,金华在处罚幅度的格次中几乎完全按照《治安管理处罚法》(2005年)规定的格次,只是对其中的法律要件做了更加详细的解释或者幅度的划分。这或许是因为《治安管理处罚法》(2005年)在处罚幅度的规定上已经比较科学,幅度已经偏小到失去再度划分的必要。

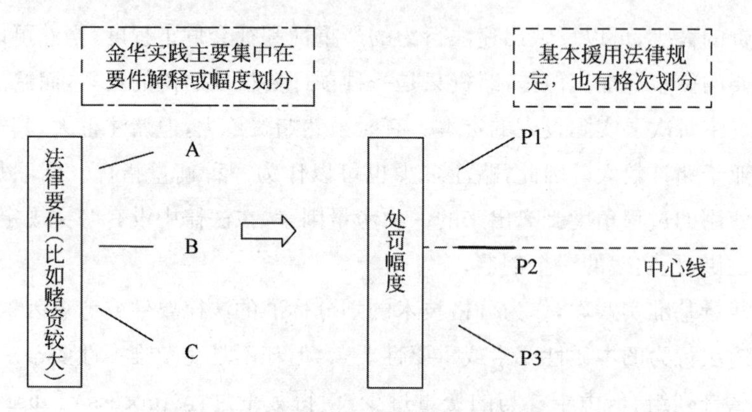

图10-1 金华幅度划分的主要实践区域

格内外浮动是金华文本中比较有特色的地方。比如,在2004年2月4日制发的《全面推行行政处罚自由裁量基准制度的意见》中规定,有法定从轻、从重情节,可以降(升)一个格次或在同格次的幅度内降(升)50%以下裁量,有酌定从轻情节的,可考虑在同一裁量格次内降30%以下幅度裁量。所谓升(降)一个格次,是一种量罚幅度;在同一个格次之内升(降)的幅度(可用百分比表示),也是一种量罚幅度。

累计制是按照违反同一规范的次数累计递增处罚幅度。比如,《违反互联网

[1] "中间线说"是借鉴了刑法的学说,是直接以法定刑幅度的平均值为从重、从轻的"分水岭",凡从重处罚的应在平均值以上最高刑以下量刑;反之,则在平均值以下,最低刑以上量刑。比如,"未经许可擅自从事机动车驾驶员培训"的法定处罚幅度是"2万～5万元",则其量罚"分界点"为3.5万元。那么,按情节轻重就可将相应量罚幅度划分为:情节较轻的,罚款2万～3万元;情节较重的,罚款3万～4万元;情节严重的,罚款4万～5万元。裁量格次设定后,至于何谓情节"较轻""较重""严重",则仍然把裁量权交给行政主体,由行政执法人员根据执法经验以及专业知识能动地加以认定。同时,在按"中间线"法设定上述裁量格次的过程中,若行政机关发现,设定后的裁量格次明显畸轻畸重,或与以往的实务案例明显不符,则可在比例原则的指导下,对上述"中间线"法得出的格次作出一定程度的"微调"。周佑勇:《裁量基准的正当性问题研究》,载《中国法学》,2007(6)。

营业场所管理违法行为处罚裁量基准(试行)》中规定,“向上网消费者提供的计算机未通过局域网的方式接入互联网的”,按照查处的次数,量罚幅度递增。“第一次被查获的,并处4千元以下罚款;第二次被查获的,并处4000～1万元罚款,同时责令停业整顿;第三次被查获的,并处1万～1.5万元罚款,并同时建议文化部门吊销许可。”

对于立法未规定而导致的实践在量罚上的棘手问题,金华文本非常大胆地做出规定。比如,《治安管理处罚法》(2005年)第49条规定:“盗窃、诈骗、哄抢、抢夺、敲诈勒索或者故意损毁公私财物的,处五日以上十日以下拘留,可以并处五百元以下罚款。”[1]但是,实践部门比较困惑的是,对于盗窃数额较少,但又不能不予处罚的情形,是否一定要处以拘留?能不能处以罚款?《治安管理处罚法》(2005年)第19条规定的“减轻处罚”在这里怎么操作?从理论上讲,减轻处罚应该是在格次之下考虑,要减一个档次。那么,在5日拘留这个档次之下怎么量罚呢?是处以1～5日拘留?还是就考虑五百元以下罚款?金华文本中就明确规定:“偷窃数额在二百元以下的,可治安警告、单处或并处二百元以下罚款。”又比如,《治安管理处罚法》(2005年)中没有对未遂做出规定,实践中如何执法呢?金华文本中尝试着做了局部的规定:“入户行窃未遂的,可按非法侵入他人住宅行为处以拘留处罚。”

3. 解释不确定法律概念

对法律规定中充斥的大量的不确定法律概念(undefined legal concept, unbestimmte Rechtsbegriff)进行解释,也是裁量基准制度的一个重要任务。从金华的文本上,我们会发现,发生频率较高的是对什么是“情节较重”“情节较轻”,尽可能采取列举的方式。而且,解释往往不是停留在文义的说明,或者理论的阐述,而是注意结合实践上的具体问题,尤其是比较棘手、难以认定的情形,做

---

[1] 金华把这当作一条中心线,适用于“盗窃价值在五百元以下的”一般情形。然后,又规定“有以下情形的之一,属‘情节较重’,依法予以十日以上十五日以下拘留,可以并处一千元以下罚款处罚”,比如,“1. 盗窃财物数额在五百元以上的;2. 盗窃财物数额虽未达到五百元,但有以下情形之一的:(1)因盗窃行为受过处罚或者一年内实施二次以上盗窃行为的;(2)入室、结伙、流窜盗窃或者扒窃的;(3)使用专用工具或者技术性手段盗窃的;(4)以破坏性手段实施盗窃造成公私财产损失的;(5)教唆或者胁迫、诱骗未成年人盗窃的;(6)盗窃残疾人、孤寡老人、未成年人、低保人员或者丧失劳动能力的人财物的;(7)盗窃救灾、抢险、防汛、优抚、扶贫、移民、救济、医疗等特定款物的;(8)其他情节较重情形的。”在我看来,这似乎已经超出了《治安管理处罚法》(2005年)第20条允许的从重处罚的界限,变成了法律未规定的“加重处罚”,有欠妥当。

出有很强针对性、便于执法人员甄别的界定。

在解释过程中,甚至为了解决实践上认为应该处罚的情形,突破了扩大解释的限度。比如,在《治安管理处罚法》(2005年)第70条规定中,“参与赌博赌资较大”是一种合并要件,在金华的有关裁量基准中,把“在车站、公园等公共场所进行赌博的”也解释成“参与赌博赌资较大的”情形,这实际上是对参与赌博的场所以及可能造成的恶劣影响予以了权重,淡化了对赌资较大的要求。

对不确定法律概念的解释,有时也会与相关考虑发生勾连。比如,《盗窃违法行为处罚裁量基准》中对“情节特别轻微”的解释是,“因生活所迫盗窃少量食品自用的;盗窃放置在室外无人看管的少量公私财物(法律有规定的特殊物品除外),价值不足十元的;已满十四周岁不满十八周岁的未成年人,初次实施违法行为,没有作案手段,且价值不足五十元的;盗窃自己亲属家的财物,受害人不要求处理的”等情形。这些列举出来的情形,实际上也是量罚要考虑的相关因素。

4. 列举考量因素

相关考虑是约束和规范行政裁量的一个最重要的机制。裁量基准的一个重要工作就是在以往实践的经验基础上,结合法律原则、行政任务和社会效益,梳理和归纳出一个较为完整、系统和科学的考量因素结构体系。

允许考虑的因素可以分为法定因素和酌定因素。法定因素是由法律明确规定的,也是应该考量的。比如,《治安管理处罚法》(2005年)第19条规定的减轻处罚或不予处罚的情形,第20条规定的从重处罚的情形。酌定因素是从法律目的、原则、执法经验等多方面提炼出来的考虑因素,适当考虑这些因素,可能更能够解决纠纷,实现良好行政(good administration)。

从文本的分析和对实践的考察发现,我们对相关因素的关注,可能更多的是集中在法定因素上,而对酌定因素的提炼和归纳却略显不足。表10-2所列举的酌定因素是经验性的,仍然可能不周全,但即便如此,我们还是发现了有些因素在金华的文本之中付之阙如,比如,行政机关过错导致的责任。从一般经验推测,我估计金华实践可能受到一些很重要的因素影响,但却没有或不宜体现在裁量基准上,比如,重要时期(像“两会”期间)、领导关心和重视程度、社会反应的强烈程度等。这些因素对于是否启动裁量权,是否积极作为,以及量罚是否从重等都会产生不可忽视的作用。

表 10-2　酌定因素

酌定因素	影响作用	金华裁量基准文本
将损坏物品恢复原状或赔偿的	从轻或不予处罚	﹀
主动赔礼道歉的	从轻	﹀
主动消除、挽回影响的	从轻	﹀
主动退赃的	从轻	﹀
实施违法行为的动机、目的	从轻或从重	﹀
违反时所受的刺激。也就是实施违法行为时所受的外界影响，比如是否是出于义愤、无端受辱、受人挑拨等	从轻	﹀
行为人的生活(经济)状况不好	从轻	﹀
行为人的品行(表现)一贯较好	从轻	—
是否为初犯	从轻	﹀
双方的过错情况，尤其是对方是否有过错	从轻	﹀
被侵害人是否是特殊弱势群体	从重	﹀
完全是由行政机关的过错引起的	从轻、减轻或不予处罚	—
行政机关和当事人都有过错	从轻、减轻	—
政策因素、综合治理工作的重点	从轻或从重	—

注："﹀"表示有，"—"表示没有。

从裁量的形成看，相关因素的考虑实际上是在两个层面上发生作用的。首先，在分格技术中，可能针对特定的违法行为，抽取最重要的因素作为分格的基本依据，与量罚幅度和处罚种类共同搭建一个对应的裁量模型。其次，裁量的形成中，还应该存在着一个综合性的、原则性的考量因素体系，一般体现在从轻、减轻、从重、加重的考量之中，对所有的裁量决定都发生作用，具有普适性意义。也就是说，上面第一个层面的裁量模型实际上必须放到第二个层面中运行，第二个层面构成了裁量运作的整体环境，并施加着影响。

而金华文本的一个很有意思的现象是，在每一类违法行为的裁量基准规定之中，都要在第1条中规定总体的考量因素体系，包括法定和酌定的。比如，在《殴打他人及故意伤害他人身体违法行为处罚裁量基准(试行)》中规定："对殴打他人或者故意伤害他人身体行为的处罚,应当与其违法事实、情节、社会危害程度相适应。裁量时主要考虑被侵害的对象、被侵害人数、伤情轻重、行为人动机、行为手段、行为方式、行为地点、过错情况等因素。”但是,却孤零零的,游离在处罚效果之外,也没有放到从轻、从重、减轻、加重的情形之中,没有与处罚效果相勾连。这样的规定往往是象征性的,很难落到实处。

5. 小结

上述控制技术是从金华文本中归纳出来,以行政处罚这样的要式裁量行为为模板,也许不能完全涵盖所有的裁量基准技术。在不断拓展裁量基准适用范围的过程中,我们还要继续探索和发现其他技术。因此,上述控制技术体系肯定是开放式的,而不是封闭性的。

而且,即便是从孤立的、静态的角度看,上述控制技术也难以完全彼此割裂开来。它是以分格为基本技术,与解释、量罚幅度和考量因素等技术对位,浑然一体,成为一个有机的裁量过程。事实上,从金华文本上看,多是综合运用上述各种技术,为妥善解决某一特定问题,进行不同的排列组合,形成一系列的合理的处理模式的组合。

很有意思的是,金华文本虽冠以“裁量基准”,却发生了很多的延展。比如,在查处赌博案件中,会遇到违法行为人拒不认领赌资的情况,如何认定其赌资呢?《赌博违法行为处罚裁量基准(试行)》中直接规定:“个人投注的财物数额无法确定时,按照参赌财物的价值总额除以参赌人数的平均值计算。”这实际上已经不是裁量本身了,而涉入了事实认定的领域,但却对裁量结果有着重要的关联。又比如,金华实践中还很重视裁量决定的执行,在有关意见中专门就“如何保证行政处罚决定的执行”做了说明:“当事人超过法定期限不履行行政处罚决定的,办案单位要依法强制执行。对法律未赋予公安机关强制执行权的行政处罚,办案单位应在履行期限届满一个月内移交法制部门,由其统一向人民法院申请强制执行。”但是,裁量决定的执行,也不是裁量本身。那么,这种规范的适度延展,是不是就意味着他们采纳了“统一裁量说”呢?也就是认可了在事实认定、法律解释和涵摄之中也存在着裁量呢?

我始终坚持认为,行政裁量是一种作为或不作为、怎么作为的选择自由。裁量上的控制技术,和事实认定、法律适用上的不同。裁量出现的误差,包括结果误差、地区误差和部门误差,是法律上能够容忍的合理误差。我们对裁量误差的容忍度,比对事实认定、法律适用偏差的容忍度要大得多。

当然，裁量必须是在一个系统之中的反应，是一个连锁反应、相互作用的过程。因此，裁量基准的设定，绝对不能是静态的、孤立的，必须是动态的、连续的，要形成拉伦兹所说的“眼光流转往返于事实与规范”〔1〕之间的运作轨迹。所以，我们要建立一个能够有效规范裁量实际运行的模型，就不可能撇开作为裁量前提的事实认定和法律适用问题。也就是说，我们完全可以、也应该在行政裁量基准之中建立一个行政裁量行使的完整过程与系统模型，从事实认定、法律解释和涵摄到行为模式选择的全过程。

但是，我们始终必须清醒，这并不是所谓的“统一裁量”，而是行政裁量由终端向前的自然延伸(前伸)。假如裁量发生偏差，导致问题的原因，也不一定是传统上所说的“裁量过程”(process of discretion)发生了问题，也许很可能是作为裁量的前提和基础的部分发生了问题。

在这个认识上，我和一些学者发生了分歧。为了更形象、更感性、更有力的辩驳，下面，我想用一个案件简单地回应一下郑春燕和徐文星两位博士对我的批评。〔2〕

比如，云南陆良县发生的公交车因超载被交警处罚的案件，被媒体炒得沸沸扬扬。公交车超载早已司空见惯，也长期为交警所容忍。打破惯例的案件就有了新闻价值。该案争议涉及的一个核心问题是，如何核定公交车的超载？被处罚的中巴座位数是19人，而行驶证核定的人数是35人，实际乘坐的人数是47人。交警的做法是按照行驶证上核定的人数，超过者就是超载。这种认定得到了法院的支持。法官认为：“是否超载的合法依据，主要是看它的行驶证核定的载人数，如果交警查获时它载客超过核定的人数，就是属于超载的行为。”〔3〕但是，仍有同志提出异议，认为限载人数一般要按国家标准《机动车运行安全技术条件》(GB7258—2004)规定的“城市公共汽车及无轨电车按每1人不小于

〔1〕［德］卡尔·拉伦兹：《法学方法论》，陈爱娥译，184页，台北，五南图书出版有限公司，1996。

〔2〕郑春燕：《取决于行政任务的不确定法律概念定性——再问行政裁量概念的界定》，载《浙江大学学报》，2007(3)。徐文星：《行政裁量权的语义分析——兼与余凌云教授商榷》，http://www.lwzn.cn/Article/faxuefalv/xingzhengfa/200612/3993.html，2007年10月2日最后访问。

〔3〕这是我参加中央电视台“今日说法”节目时编辑提供的案件材料中所陈述的。

0.125 平方米核定”,计算公交车的乘载人数,得按每平方米≤8 人计算。[1]

从表面上看,这是交警一反常态的裁量行为(表现为处罚的积极作为)引发了争议,但实际上争议的焦点却是怎么认定超载。在我看来,对这个问题的争议实际上已经超越了执法层面,已经完全不是交警裁量是否合理的问题,而是行驶证在发放时如何核定限载人数所依据的有关立法规定或者政策是否合理的问题。因为,交警只是简单援用了行驶证上的核定数据,并作为是否超载的判断依据。而行驶证在发放时,实际上已经不是简单的以车内座位数为标准,或许已经考虑了公交车的性质和安全等因素,所以才有 19<35。那么,这样的算计是否符合上述异议中所说的计算标准呢?所以,本案是一个比较典型的前端病灶引发后端争议的形态,但我们却很难把前端的算计也视为裁量本身。

五、形成、公开与效力

1. 形成程序

从有关经验材料上反映出,裁量基准的形成具有自下而上、由点到面、由个性到共性的特征,完全建立在以往各区县公安机关的实践经验基础之上,是对以往实践的归纳、总结和提高。

在实践之初,金华市公安局就充分认识到实践的艰巨性与复杂性,不可能一蹴而就、全线出击。所以,其采取的策略是:

首先,确定一些有条件的区县公安机关,先“摸着石头过河”,由他们选择辖区内一至两个治安状况复杂,案件数量多,执法较规范的科所队作为试点单位,认真总结各自以往的实践经验和做法,先行制定出若干裁量基准。

其次,考虑到违反公安行政管理行为的种类繁多,在短时间内很难全部建立行政处罚自由裁量基准,所以只选取占全市日常处罚量 80%以上的赌博、卖淫嫖娼、偷窃、无证驾驶、违反互联网营业场所管理等五类违法行为,试点单位可以从中选择一至两种,开展行政处罚自由裁量基准制度试点。

很显然,由于各地以往实践的差异,必然会出现各自制定的这些裁量基准有

[1] 车管所按照车辆的技术标准核定为 35 人。成华光:《公交车超载处罚违法》,http://bbs.people.com.cn/postDetail.do? id=3532843,2007 年 10 月 2 日最后访问。《处罚“超载”公交:真的于法有据吗》,载《检察日报》,2007-12-26,http://www.jcrb.com/n1/jcrb1515/ca665726.htm,2007 年 10 月 2 日最后访问。

地区性差异。因此,在试点工作基础上,市局"先后两次召开了全市法制科长会议,对裁量基准试点工作开展情况进行了总结和回顾。各地交流了裁量基准工作的做法,对裁量基准工作的正面和负面效应有了一个客观的评价"。对执行中发现标准不合理的及时修改和完善。最后形成一个统一的裁量基准实施意见,统一认识、规范实践。

在《治安管理处罚法》(2005 年)生效实施之后,上述实践模式又添加了新的内容,市局在《金华市公安局规范行政处罚自由裁量基准制度实施意见》中要求:"2006 年 8 月底前,各县市公安局(分局)制定除赌博、卖淫嫖娼违法行为以外的其他行政处罚裁量基准,完成全市公安机关行政处罚案件总量 80%以上的裁量基准。2006 年年底前,全市基本完成公安行政处罚案件的自由裁量基准工作。以各县市公安局(分局)名义制定的裁量基准制度,应当及时报市公安局备案。市局将根据规范性文件备案审查的规定,对其进行合法合理性审查。"

因此,金华的裁量基准是经验的总结,从某种意义上说,是建立在先例(precedents)基础上,是"遵循先例"原则的一种中国化运作方式。尽管是有上述一来二往的讨论研究,有实践行家的参与,但在我看来,却多少有"拍脑袋"做决策的嫌疑。缺少精细的算计,缺少理论的支撑。

其实,我们还可以做得更加精致一些,更加科学一点。比如,分别遴选若干有代表性的派出所(像城区派出所、城乡结合部的派出所以及农村派出所),以近几年来(可以是 1～3 年)治安案件的处理情况为样本,分门别类的进行整理、归纳和总结,包括考量的因素、违法情节及其量罚的幅度、事后有无申请复议或起诉等等指标,比较同类案件处理中的异同,找出产生误差的原因,在此基础上制定统一的行政裁量基准。

那么,在制定裁量基准的程序中,要不要加入立法程序的元素,以回应日益增长的民主性要求?比如,听证、专家参与、草案公布和征求意见等?在金华目前的实践中显然没有这些元素。那么,要不要作为未来改革的一个方向呢?周佑勇教授认为,"裁量基准的订立既是对法律认识理解的过程,也是行政机关与相对人沟通—协作—服务的过程,其最大的优势是规制对象的广泛而直接的参与","必须引入公众协商机制,强化行政过程中的利益沟通"。〔1〕郑春燕教授在其博士论文中则流露出对行政规则程序复制立法元素的些许担忧。她觉得,这

〔1〕 周佑勇:《裁量基准的正当性问题研究》,载《中国法学》,2007(6)。

会影响行政效率、增加行政成本。[1]

我觉得戴维斯有一句话非常值得玩味,他说:“行政规则的制定程序是现代政府最伟大的发明之一。只要行政机关愿意,它可以成为立法委员会程序的事实上的翻版。通常,它更快捷,成本更低。”[2]也就是说,在采取何种程序、是否(或怎样)添加立法程序元素等问题上,行政机关应该有裁量权。裁量基准是在立法授予的裁量空间中的再创造,而立法的民主性已然解决,在十分有限的授权空间中,民主元素添加与否,意义并不彰显,这种再创造将更多地依靠行政机关的行政经验、技术和智慧。因此,如何取舍,完全视情况而定,没有、也无须固定的程式。

在我看来,在像行政处罚这样的较为具体的行政活动中,裁量的伸缩和架构更多的是要依靠行政知识、经验和理论,缺乏这方面知识的公众参与可能是盲目的、没有效率的。基准草案的事先公布和征求意见似乎在增加行政成本和拖延时间的同时,却收益不大。[3]媒体和公众对个案的结果不公而引发的对裁量基准某项规定的事后批判,恐怕更有助于有针对性的改进裁量基准质量。专家参与起草和论证的制度应该是必不可少的,要注意倾听他们对上述实践的意见和批评(不具贬义)。这是提高和保证裁量基准质量的一个最有效率、成本最低的方法,能够实现由实践到理论的升华。[4]

2. 公开

裁量基准只是用行政政策(policies)的形式更加详细地设定了裁量权的行使轨迹,仅对内有拘束效力。对相对人来说,裁量基准不存在为他们设定权利和义务问题,所以,严格地讲,对外也不具有拘束力。但是,这些行政政策却通过拘束行政机关的裁量,具有了对外的法律效果。通过规范行政裁量的产出与质量,能

---

[1] 郑春燕:《运作于事实和规范之间的行政裁量》,浙江大学法学院博士学位论文,2006。

[2] Cf. K. C. Davis, *op. Cit.*, p.65.

[3] 斯图尔特(Richard B Stewart)发现,“在通告和评论的规章制定过程中,行政机关并不受限于递交上来的书面评论,许多这样的评论被忽略不计、置若罔闻”,“发布通告并给予利害关系人就拟议规章递交书面评论的机会,几乎没有什么价值,因为初步的政策决定通常早已作出,而拟议的规章在最后通过之前很少有重大修改”。[美]斯图尔特:《美国行政法的重构》,沈岿译,148~149页,北京,商务印书馆,2002。

[4] 早在十多年前,我就和皮纯协老师合作撰写了一篇关于专家论证制度在立法程序中的重要性的文章。皮纯协、余凌云:《亟待建立的专家论证制度——保证行政立法质量的重要措施》,载《中国法学》,1995(6)。

够对相对人的权利义务产生实质性的影响。

另外，基准是裁量决定的具体实现路径，它也成为说明理由中必须引用的依据。从中，当事人才能够真正知晓裁量结果是如何具体形成的。对执法人员个人来说，也才能彻底摆脱执法的个人责任风险。裁量基准本身在听证和辩解之中，也就极可能变成争议的焦点。从诉讼上讲，裁量基准可以被法院援用和参考，作为判断行政裁量是否妥当、合理的进一步考量标准，更可能成为合法性拷问的对象。所有这些都决定了行政裁量必须公开。

美国《行政程序法》第552节规定，由行政机关制定和适用的一般政策文本或者行政解释应公布在《联邦登记》(*the Federal Register*)上。而且，根据要求应当在《联邦公报》上公开却没有公开的事项，任何人不得援用，也不受其不利影响，除非他及时地被告知有关事项的内容。但很有意思的是，在美国，上述公开规定实际上在实践中很少被遵守。[1]

从日本的经验看，也强调裁量基准的公开，《行政程序法》第5条第3款规定："除非在行政上存在特别的障碍，行政厅必须在法令规定的该申请提交机关的办公场所备置以及以其他适当的方法公开审查基准"。理由是：第一，能够保证行政运营中的公正性与透明性；第二，当事人、法院能够对行政行为的适当性进行有效判断，有利于预防和解决纠纷。[2]但是，据说，在《行政程序法》颁布之前，学说和判例只是要求行政厅应当告知申请人审查基准。《行政程序法》第5条第3款虽然要求审查基准必须"公开"。但"公开"与"公布"还是有程度上的差别。"公开"不要求行政厅在《官报》或者《公报》等政府刊物上广而告之，只是说，要保证国民在申请之时能够知晓审查基准。[3]

在我看来，日本的做法或许不值得参考。裁量基准是规范、指导行政执法人员具体操作案件的指南，无疑对相对人也是极有意义的。可以说，裁量基准对基层行政机关约束力越强，对相对人权益的关涉也越大，两者之间存在着正比关系。将有关裁量基准的文件如数公开，供相对人自由查询，就变得顺理成章、意

---

〔1〕 Cf. Russell L. Weaver, "*An APA Provision on Nonlegislative Rules?*" (2004) 56 *Administrative Law Review* 1181.

〔2〕 朱芒：《日本〈行政程序法〉中的裁量基准制度——作为程序正当性保障装置的内在构成》，载应松年、马怀德主编：《当代行政法的源流——王名扬教授九十华诞贺寿文集》，1049页，北京，中国法制出版社，2006。

〔3〕 同上书，1049～1050页。

义重大了。所以,在我看来,有关裁量基准的文件,应当属于《政府信息公开条例》(2007年)第9条、第10条第(一)项规定的要求政府主动公开的信息范围,而不应该是第13条依申请公开的政府信息范畴。[1]

金华的实践也认识到公开的重要性,正如他们自己说的:"这样公安机关的处罚能更多地得到社会的认同,得到当事人的认可,同时也有利于社会公众、新闻媒体加强对公安行政执法的监督,使公安机关执法办案在阳光下运作,保证在法律面前人人平等,努力实现公平公正。"或许是考虑到有些基准尚在摸索之中,不够成熟,基层恐怕不能立刻承受住完全公开之后公众监督压力,金华公安局在实践之初并没有做到完全的公开,而是采取"逐渐公开"的策略,"进行有限的公开,将裁量标准中的原则、从重、从轻、酌定情节的掌握,必须拘留的情形和不履行的后果等向社会公开"。

但很有意思的是,金华只是要求在办公场所进行公开。我曾尝试着在金华市公安局的官方网站上查询有关的裁量基准文件,却无法获得。同样,在北京市公安局交通管理局的网站上也没有这方面的规范性文件,只是在"警务公开"栏目中有一些解释。我觉得,在网站上公开这些裁量基准文件,或许更加有益,更符合政府信息公开的要求,而且,这样做也是有物质条件的,不是不能够做到的。

3. 效力

显然,裁量基准不算是法理学上通常所说的法律,不符合来自立法机关的形式意义上的法规范。那么,裁量基准是否具有对内的拘束力呢?在德国法上,行政规则对内无疑是有拘束力的。我们也很难否认这一客观实在。

王天华教授对这种拘束力做了颇有意思的鉴别,他认为:"尽管上级行政机关设定的裁量标准会对下级行政机关特别是具有行政执法权的行政机关及其执法人员发挥事实上的约束作用,但必须认为:上级行政机关以规范性文件形式设定的裁量标准对具有作出具体行政行为权限的下级行政机关并无法律拘束

---

[1] 当然,金华实践之初,还没有《政府信息公开条例》,而且,该条例要到2008年5月1日才实施。但是,政府信息公开作为一种实践早就在很多地方、很多行政部门内推广开来。实践部门的同志可能对"政府信息公开"不很熟悉,但是,对于"行政公开",却应该是耳熟能详了。《政府信息公开条例》(2019年)将上述条款调整为第19条、第20条第(一)项、第27条。《行政处罚法》(2021年)第34条明确规定,"行政处罚裁量基准应当向社会公开。"《国务院办公厅关于进一步规范行政裁量权基准制定和管理工作的意见》(国办发〔2022〕27号)进一步要求,"行政裁量权基准一律向社会公开。"

力。因为，裁量标准是行政执法机关对其所执行的行政法律规范的具体化，对该行政执法机关有拘束力的是该行政法律规范本身；上级行政机关以规范性文件形式设定的裁量标准归根结底不过是一种行政内部规定。”〔1〕

我直观的感觉是，这种“法律拘束”与“事实拘束”的界分大体不错，但似乎仍有问题。因为其中纠缠着十分复杂的情形，比如，裁量基准的制定是法律授权的，还是自发的？这或许会直接影响到拘束力的性质。所以，我更愿意笼统地谈对内的拘束力。这种拘束力无疑是有的，发生在组织学意义上。在行政机关体系中，上级行政机关对下级行政机关的领导关系，通过内部的执法质量考评、执法监督检查、行政复议和信访等机制，通过系统内外的监督合作，足以使裁量基准“令行禁止”“定名止纷”，具有甚至比法律还强的、还有效的拘束力与执行力。

金华实践就非常典型。为了保证裁量基准的执行力与拘束力，公安局主要采取了“个案监督”和“总体监督”两种方式。一方面，将通过行政复议、劳少教审批、个案点评、个案质量考评等方式对行政处罚自由裁量基准制度执行情况进行个案监督。另一方面，通过执法质量考评、县市局定期总结汇报方式对自由裁量基准工作进行总体监督。

金华甚至还引入了行政机关内部的说明理由制度。“对试点单位没有依照裁量标准提出处理意见的，责令其说明理由。试点单位无正当理由的，应当由法制部门直接按照裁量标准进行量罚。局领导应当支持法制部门的正确的审核意见，对试点单位随意裁量的问题要提出纠正意见并责令其改正。”这种说明理由显然不是《行政处罚法》(1996 年)所说的对外(对相对人)承担的一种程序义务，而是试点机关对上级机关的解释义务。如果不能说服上级，将会受到严厉的批评。〔2〕

在公安系统之外，金华还建立了目前比较流行的一种政府考评机制。市政府把行政处罚自由裁量权的规范工作列入行政执法责任制及依法行政工作评议考核。对不按要求开展规范行政处罚自由裁量权工作的部门和单位，当年不得

---

〔1〕 王天华：《裁量标准基本理论问题刍议》，载《浙江学刊》，2006(6)。

〔2〕 这是很有意思的现象。从美国的经验看，是通过对外的说明理由来实现这一目的的。斯图尔特(Richard B Stewart)说过，行政机关“至少为其对既定政策的偏离给出有说服力的充分理由，尤其是在涉及个人重大的期待利益的场合”“这一要求可能会给诉讼当事人提供更多的手段以抵抗行政机关的制裁，可能会给法官们提供更多的手段，以寻求程序上的理由来撤销可质疑的行政决定”。[美]斯图尔特(Richard B Stewart)：《美国行政法的重构》，沈岿译，16～17页，北京，商务印书馆，2002。

评先进,并予以通报批评;对不执行行政处罚自由裁量权规定的人员,要根据有关规定追究责任,严肃处理。这种来自政府层面的考评机制也会进一步增强行政机关遵守裁量基准的自觉性。[1]

那么,裁量基准能否产生对外的拘束力呢?德国联邦行政法院在WYHL判决中认为,如果行政规则不仅具有规范解释性质,而且具有规范具体化的性质时,就应该承认行政规则具有法律上的外部效果。[2]我同意这样的结论。基准在构筑裁量具体过程与效果的同时,也形成了对相对人权利义务处分的一种定式。由内而外的样式,不断重复、中规中矩,也就变成了法的规范。

我自己却更愿意从合法预期(legitimate expectation)的角度来进一步阐述和理解。在我看来,裁量基准的拘束效力还来自合法预期之保护。因为裁量基准的对外公布,很可能使其不再仅仅是一种内部的规范,而会外化为相对人的一种合法预期,使其对行政机关的未来行为产生一种信赖,就是严格遵循基准,"相同案件、相同处理,不同案件、不同处理",并产生相对人要求法院保护这种信赖的权利。通过对这种合法预期的程序性、实体性和赔偿性保护,[3]也会产生对行政机关的反作用,形成一种拘束效力。

六、规范与僵化之间的拿捏

从某种意义上讲,立法机关是将立法的一个最艰巨、也是最棘手的问题甩给了行政机关,也就是面对纷繁复杂、变幻不拘的社会现象,如何解决一般性与特殊性问题?行政裁量基准在一定程度上的确能够承接这项工作,缓解上述矛盾。这是因为,随着地域变小,要解决的问题越发具有相似性,制定统一的规范也越有可能。在这个意义上,法的一般性与特殊性之间的张力会逐渐趋于缓和或消失。但是,裁量基准的这种缓解能力依然是有限的。

---

[1] 四川省政府甚至要求把裁量基准的实行情况纳入党风廉政建设之中。江凌:《规范行政执法自由裁量权 建立行政处罚裁量基准制度》(在第六次全国地方推行行政执法责任制重点联系单位工作座谈会上的讲话),http://www.chinalaw.gov.cn/jsp/contentpub/browser/contentpro.jsp? contentid=co999996010-,2007年10月2日最后访问。

[2] BVerwGE 72,320,转引自陈春生:《行政法学上之风险决定与行政规则》,载《台湾本土法学杂志》,第5期。郑春燕:《运作于事实和规范之间的行政裁量》,浙江大学法学院博士学位论文,2006。

[3] 余凌云:《行政法上合法预期之保护》,载《中国社会科学》,2003(3)。

首先,能否,以及按照什么标准和方法归纳出若干个裁量标准,并得到执法人员的认同,本身就是很困难的事。即便是退一步说,我们制定出了裁量基准,由于实践者认识的局限性、社会现象的复杂性、解决方法的预测与穷尽难度以及解释的技术难度,等等,基准中必然还有不周全,还有很多不确定法律概念,还有很多无法精确解释和量化的问题。

其次,更棘手的问题在于,裁量基准制定得越细,有关规范在适用上的回旋余地也相应变得越小。那么,如何应对千变万化的行政案件呢?这意味着,在不经意间,基准就有可能变成僵化的代名词。机械适用的结果有可能会变得不那么正义,不被社会公众、媒体和当事人所接受,进而构成违法。

所以,我们只能说,裁量基准的制定,在一定行政领域、特定行政部门内统一了规范,法的特殊性和一般性矛盾得到了缓解。但是,另一方面的问题也会出现。随着裁量空间受到挤压,法规范对复杂社会现象的适应能力和包容度也会随之变小,规范与僵化的矛盾就会越发地凸现出来。这就像跷跷板,按下了这头,翘起了那头。那么,如何妥善处理好这对新的矛盾呢?这变成了裁量基准制度必须关心的核心问题。

1. 游走的技巧

我们必须清醒地认识到,裁量基准是用来解决裁量决定的具体路径、架构行使轨迹的,但又不是一剂包医百病的"灵丹妙药"。过分迷信基准,拘泥于基准,不越雷池一步,也很可能会走向制度的反面,变成一种非正义的产物与温床。也就是说,裁量基准是约束裁量权,不是禁锢裁量权,否则会适得其反。在我看来,裁量基准只应该成为行政裁量遵循的一个基础性轴线,围绕着这根轴线,实践的运作应该是因时、因地、因势的上下微微摆动,就像鱼儿一样优雅自如地游动。换句话说,在有的情况下,应该、也必须适当地离开基准。

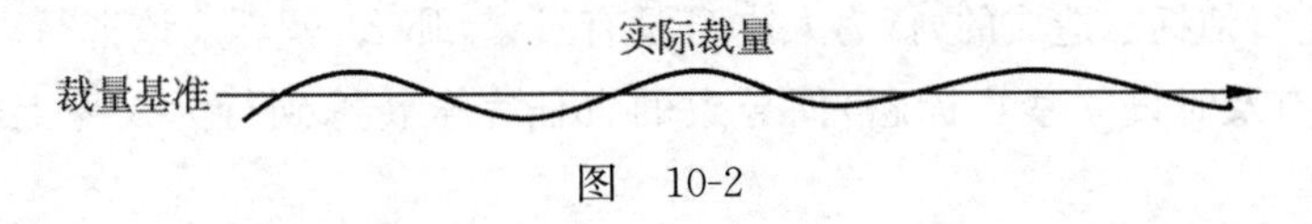

图 10-2

在我看来,这种游走主要表现为两种形态。一方面,裁量基准必须随势而变,要不断适应法律的修改变化、当前行政任务重心的转移、社会的诉求以及执法效益的考量,等等。另一方面,以基准为核心构成的决定模式,面对复杂多样的个案,必须保持一定的张力,要给执法人员留有一定的回旋余地。

金华实践是注意到这一点了。首先,为了防止基准的滞后、僵化,缺乏伸张力,金华规定:“行政处罚自由裁量基准实施后,在实际操作中发现问题的,或当地社会治安形势发生重大变化,要及时进行修改。”要求法制部门应当坚持动态的检查和静态的审核相结合,定期跟踪检查,及时修改、不断完善裁量基准。其次,在个案的处置过程中,也注意防止机械适用,努力建立一种开放式的裁量基准,通过诉诸集体主义来解决一些特殊情形。对确有其他情形不适宜按规定的标准进行裁量的案件,应提交局长,由局长召集有关人员讨论研究,决定案件的处理。[1]这种处理规则与问题之间矛盾的方式是妥当的。

K. C.Davis 也曾发现过裁量的这一固有矛盾及运动,并得出近似的结论。他认为,治愈的方法可以是更好的组织(better organization),提高规则预测困难的能力(improved rules which anticipate the difficulties),以及依靠职员的更高的智慧(higher intelligence of the clerks)。对当事人的救济通常是诉诸其上级,后者有权行使裁量权背离规则或者修改规则。[2]

仔细品味 Davis 的观点,比照金华的规定,我们会觉得金华的上述规定似乎还失之笼统,“集体议案”到底是指办案单位,还是制定裁量基准的机关?因为背离裁量基准的决定是否合法、适当,取决于所依据的基准是哪个级别的机关制定的,决定是否也是由这个机关作出的。我们很难设想区县公安机关的局长可以更改市公安局发布的裁量基准,除非事先已有授权。

2. 实践的通病

在规范层面,易犯的毛病,也是应受到严厉批判的,就是通过裁量基准彻底剥夺执法人员的裁量余地,只准照单抓药,不准开具处方。比如,有的地方规定:“凡逆向行驶者,一律罚款 200 元,扣 3 分。”“一刀切”的规定是极其不合理、不公正的,也容易引起当事人的极大愤懑。因为,如果行为人驾车逆向行驶,是由于没有禁止行使标志造成的,行为人本身没有过错,那么,就不应该把行政机关的过错(没有及时设立禁止标志)而导致的责任完全转嫁到行为人身上,由后者承担。

的确,行政裁量是授予行政机关的,行政机关也有权通过基准形式规定裁量

〔1〕 在《行政处罚自由裁量基准制度宣传提纲》中特别提到,“具有法定从轻、从重,或酌情从轻情节的,按第六、七条规定的标准进行裁量仍有过重之嫌的,提交局长召集有关人员集体讨论决定”。

〔2〕 Cf. K.C. Davis, *op. Cit.*, p.52.

的具体运行方式。但是，裁量存在的合理性并不会随着行政地域的变小而彻底消失，变得没有必要。社会是复杂的，问题是层出不穷的。因此，即便行政机关享有裁量权，行政机关也不能通过裁量基准把所有法律授予的裁量空间全部压缩为零，全部变成羁束行政行为，变成纯粹数理意义上的简单一一对应。

裁量基准只是要通过解释、分格等技术，把强裁量(strong discretion)转化成弱裁量(weak discretion)，将广泛选择权(wide powers of choice)缩减到有限选择权(limited powers of choice)。[1]我们非常欣喜地发现在金华的实践中没有这个问题，反而，他们还对这个问题保持着相当的警觉——"裁量标准不能将自由裁量行为限制得过死，甚至规定成羁束行政行为。"

还有一种僵化的表现是机械的适用，其病灶来自裁量基准本身。分格技术本身可能会产生误导。因为分格，一般是根据对法律要件的层层递进式解释，或者从实践中抽取最重要的考量因素作为划分的标准。而这本身就具有"看低"其他因素的效应，它容易引导执法人员在适用时过分关注这些单一的指标，缺少全局观，不及其他，"只见树木，不见森林"。比如，对盗窃行为的处罚，只关心盗窃的数额；对殴打他人行为，只重视伤情；对赌博案件，只注意赌资的大小。

所以，我们必须明确，分格技术的适用前提是，必须逐一考量和排除那些综合性、基础性的考量因素。否则，构成对行政裁量的不适当拘束。我们必须要求执法人员应结合一般考量因素，准确理解和适用特殊规定；对没有留有弹性条款的事项的列举应当理解为开放式的。要求执法人员必须根据个案情况进行审慎的考量，决定是否要离开基准。一句话，任何机械地、僵化地适用裁量基准行为，不顾执法效益和个案正义的做法，都是不能被接受的，都应当受到严厉的批判。[2]

3. 如何保证合法地离开基准

那么，如何保证在个案处理过程中离开裁量基准的实践是合法的，没有被滥用呢？金华的诉诸集体主义是一种方法，也可以考虑说明理由。

---

〔1〕 我稍稍借用了一下乔威尔(J. Jowell)的强弱裁量理论。该理论见于，Carol Harlow & Richard Rawlings, *op. Cit.*, p.102.

〔2〕 日本学者对此也有足够的警醒，认为，行政机关必须针对个案考量，不许其仅仅机械地、僵硬地适用裁量基准。过于僵硬地适用裁量基准以至于产生不合理的结果时，也可能导致系争行政决定的违法。[日]山下淳、小幡纯子、桥本博之：《行政法》，135页，2001。转引自王志强：《论裁量基准的司法审查》，东吴大学法学院法律系硕士学位论文。

在日本,允许在执行中可以考虑别的特殊事项,但是,当行政厅需要考虑与公布的审查基准不同的其他个别因素作出判断时,该行政厅必须明示能够说明作出合理判断的根据。[1]美国亦是如此,正如在 Greater Boston Television Corp. v. FCC 一案的判决中所指出的:"随着情事变迁,行政机关关于何为公共利益的观点会改变。但行政机关必须提供充分的分析,以说明先前的政策和标准是被有意加以改变,而非随意地忽视。"[2]

金华的实践也注意到了说明理由,只是从反面而非正面、从内部而非外部着手。也就是说,"对试点单位没有依照裁量标准提出处理意见的,责令其说明理由。试点单位无正当理由的,应当由法制部门直接按照裁量标准进行量罚。局领导应当支持法制部门的正确的审核意见,对试点单位随意裁量的问题要提出纠正意见并责令其改正"。

七、结 束 语

金华实践根植于中国土壤,有着浓烈的中国情怀,关注的是中国问题。所以,它的觉悟已经超越了人们对于裁量基准功用的一般理解。[3]对金华实践的总结也必然具有浓烈的中国韵味。我简单地归纳为以下几点。

第一,通过调节裁量基准的明晰度与细化程度,降低了实际操作难度系数,能够适应不同层次的行政执法人员的素质与业务水平的要求,统一规范了执法,又很好地适应"因时、因地、因人(部门)而宜"的要求。

---

[1] 朱芒:《日本〈行政程序法〉中的裁量基准制度——作为程序正当性保障装置的内在构成》,载应松年、马怀德主编:《当代行政法的源流——王名扬教授九十华诞贺寿文集》,1046~1047页,中国法制出版社,2006。日本学者宇贺克也、盐野宏也认为,行政机关完全不得从已设定的裁量基准中逸脱而作成决定的观点并不恰当,反之,在具备合理的理由时,应允许行政机关不适用该当裁量基准。从确保裁量权的公正行使、平等对待原则以及相对人信赖保护原则的观点来说,行政机关作成与裁量基准规范的内容相异的决定之际,必须具有合理的理由,否则就会产生违法的可能。[日]宇贺克也:《行政法概说Ⅰ:行政法总论》,238页。[日]盐野宏:《行政法Ⅰ》,87页,转引自王志强:《论裁量基准的司法审查》,东吴大学法学院法律系硕士学位论文。

[2] Cf. Lisa Schultz Bressman, "*Review of the Exercise of Discretion*", www.abanet.org/adminlaw/aparestatement8-2001.doc. 转引自郑春燕:《运作于事实和规范之间的行政裁量》,65页,浙江大学法学院博士论文,2005。

[3] 大致为:统一裁量权行使;避免争议;弥补法制的疏漏;作为法院审查的具体标准,等等。王志强:《论裁量基准的司法审查》,东吴大学法学院法律系硕士学位论文。

第二，提高了相对人对行政行为的预测可能性，有利于减少纠纷。裁量基准通过分格技术，让相对人更加清楚明了行政运作过程，并把合理误差进一步缩减到连当事人和社会公众都可以接受的程度，自然也就“能更多的得到社会的认同，得到当事人的认可”。在2004年金华市公安机关参照该标准处罚的25658名违法人员及2005年处罚的27796名违法人员当中，没有一名当事人因不服量罚提起复议或诉讼。

第三，有效地抵抗了“人情风”。在金华市公安局的总结材料上，反复谈到了行政裁量基准制度的实施“防止了各种人情关系对裁量的影响”。“现在有人上门来说情，民警就将裁量标准捧出，作为执法办案的一面挡箭牌，说情者看后也能理解而去。另一方面，也减少了民警犯错误的机会，起到了保护民警效果。”

第四，简化了内部把关程序，消减了文牍主义。处罚裁量标准明确，案件主办人可以直接提出处罚意见，取消或简化以前向办案单位领导汇报、集体议案等复杂程序，加快了法制部门审核案件的速度。

从金华的实践中，我们可以总结出裁量基准的一般性规律，并作为在其他行政领域推广的一个模板和范例。当然，在行政处罚模板上形成的裁量基准经验，未必能“放之四海而皆准”。在其他行政领域的裁量，或者决策性裁量，或许还会有一些个性差别，这还有待于我们继续去摸索和研究。

在本文中，我更想表达的是，裁量基准，作为行政规则的一个缩影，取得了实践的成功。这种控制行政自由裁量的路径将被中国的实践证实更具有活力、更加生机勃勃。它揭示了更为宏大的意义。在“行政主导型”社会之中，政府推进自我改良，由内到外的作用力或许更为重要，更加关键，也更容易取得成效。更广义的行政规则的制定和完善，应当成为未来我国法治化建设的一个主要进路，也能够成为我们进一步落实法治主义的一个发力点。

当然，“发力”不等于单兵突进，“发力”也不会“毕革命成功于一役”。更为重要的是，“规则之治”本身也存在着“阿基里斯之踵”(Achilles heel)。戴维斯裁量学说所受到的批判，已经透彻淋漓地说明了这一点。为了让我们在高歌猛进中保持足够的清醒，最后引用两段精辟的批判来暂时结束我们的思考。

哈罗(Carol Harlow)和劳林斯(Richard Rawlings)说过：古丁(R. Goodin)发现的裁量的缺陷，像专断的危险、不确定、被拥有者利用或操纵，这些问题并不能像戴维斯所建议的那样，用规则代替裁量就可以轻而易举地解决。“裁量权受到反对的所有症结，比如暗箱操作、不公开、专断，在规则体系中都可能存在。那些支配裁量的因素也同样会驱使行政官员以同样的方式来适用规则。"[1]

斯图尔特(Richard B Stewart)也说:"即便通过规则来限制行政行为是可能的,形式正义也因此能够实现,这一方案的实施本身也无法解决以上所说的在行政机关自由裁量地进行政策选择时出现的偏见问题。形式正义仅仅规范自由裁量权行使的方式,而不是其实质内容,形式也并不关心所选择政策是否明智、公正或有效。然而,当今对行政自由裁量权的多数批评都恰恰是针对行政政策内容的。"[2]

---

〔1〕 Cf. Carol Harlow & Richard Rawlings, *op. Cit.*, pp.106~107.

〔2〕 [美]斯图尔特:《美国行政法的重构》,沈岿译,46~47页,北京,商务印书馆,2002。

第十一讲　数字公安的法治化建构*

* 本文是我主持的国家社科基金重大项目"大数据、人工智能背景下的公安法治建设研究"(19ZDA165)的主要成果。也是我主持的由清华大学自主科研计划资助的"智慧警务模式下的基本权利保护"(2021THZWYY13)的阶段性成果。主要内容以《数字政府的法治建构》为标题发表在《中国社会科学院大学学报》2022 年第 1 期。郑志行、王正鑫帮助收集有关规范与文献,在此致谢。

一、引　言

数字政府从早先的信息化建设、电子政务发展而来,不是电子政务概念上的拉长,[1]而是一个全新的概念,实现了"从以职能为中心到以公众为中心,从技术驱动到需求驱动"的飞跃。[2]这个概念风行于2017年之后。党中央文件首次提及"数字政府",是2019年10月31日十九届四中全会通过的《关于坚持和完善中国特色社会主义制度 推进国家治理体系和治理能力现代化若干重大问题的决定》。[3]对它的描述尽管视角多元、不尽相同,大致是指一种新的治理模式,政府通过数据化转型,重塑施政理念、方式与流程,以安全和隐私得到保护的前提下,通过数据共享促进业务协同,通过数据开放促进创新,不断提升政府治理体系和治理能力现代化。[4]

数字公安也是从20世纪90年代的公安通信与计算机网络建设起步,经历了世纪之交的金盾工程(公安综合信息网络建设工程)建设,[5]2010年之后,随

---

[1] 西方一些学者认为,"从电子政务到数字政府的治理发展过程可以划分为五个阶段:存在、互动、交易、转化和数字政府,其中前四个阶段属于电子政务的范畴,只有第五个阶段才是真正通过双向互动为所有公众或企业提供高质量服务的数字政府阶段,在这个阶段最终会实现技术与服务的高度融合。"蒋敏娟、黄璜:《数字政府:概念界说、价值蕴含与治理框架——基于西方国家的文献与经验》,载《当代世界与社会主义》,2020(3)。也有学者认为,数字政府与电子政务没有区别,数字政府只是电子政务的一个发展阶段而已,是从业务上网到服务上网。翟云:《改革开放40年来中国电子政务发展的理论演化与实践探索——从业务上网到服务上网》,载《电子政务》,2018(12)。

[2] 张悦昕:《电子政府概念的演进:从虚拟政府到智慧政府》,载《上海行政学院学报》,2016(6)。

[3] 北京大学课题组:《平台驱动的数字政府:能力、转型与现代化》,载《电子政务》,2020(7)。

[4] 黄璜:《数字政府:政策、特征与概念》,载《治理研究》,2020(3)。蒋敏娟、黄璜:《数字政府:概念界说、价值蕴含与治理框架——基于西方国家的文献与经验》,载《当代世界与社会主义》,2020(3)。

[5] 金盾工程"以建立信息共享、统一指挥、快速反应、协同作战的机制为总体目标,要求实现不同警种、部门、地区的信息高度整合与系统高度集成与协同"。陈墨:《金盾工程向"数字化警察"挺进》,载《电子信息化》,2004(9)。

着智慧城市建设，将社会治安防控信息化纳入其总体规划之中，逐步发展出智慧警务(智慧公安)。[1]从警务模式发展看，是经历了情报主导警务、信息主导警务，再到智慧警务(智慧公安)，并沿用至今，有含义近似的“数字警务”[2]“电子警务”“大数据警务”“虚拟警务”“e警务”等。[3]从智慧警务、智慧公安的有关论述看，不少还停留在电子政务的境界，以管理为中心，重在提高效能，但近年来，一些实践已走入用户本位、需求驱动的数字化转型。学术上却没有再进一步跟进。可以考虑改用数字公安，取代智慧警务、数字警务，作为数字政府的一个重要组成。

大概是刚进入21世纪之后不久，关于数字政府的研究就铺天盖地而来。最初是公共行政管理、电子政务、国际关系、政治学、互联网信息技术等领域的学者，围绕数字政府如何建设、如何开展治理，关注数字政府的治理方式变化、政府体制机制的系统优化、流程再造、政务服务全面数字化以及地方实践。[4]旋即，法学学者也纷至沓来。对数字政府变革与法治的宏观研究不算多，[5]多是对自动化行政、非现场执法、算法、技术性正当程序等微观研究。[6]相比之下，数字公安、数字警务的文献少得可怜。有关公安信息化建设，尤其是智慧警务、智慧公安的研究却为数不少，可以说是车载斗量，多逡巡于电子政务，限于公安管理、侦查、治安、公安科技等学科视角，极少法学的一般性分析。

新公共管理(new public management)的改革浪潮已经基本停滞或逆转，取

---

[1] 智慧警务是“以互联网、物联网、云计算、智能引擎、视频技术、数据挖掘、知识管理等为技术支撑，公安信息化为核心，通过互联化、物联化、智能化的方式，促进公安系统各个功能模块高度集成、协调运作，实现警务信息‘强度整合、高度共享、深度应用’”张兆瑞：《“智慧警务”：大数据时代的警务模式》，载《公安研究》，2014(6)。

[2] 数字警务就是“以信息技术为核心、各种公安资源为对象，通过数字化、网络化、可视化、智能化处理，形成完善的警务专用网络、以完整的警务信息应用体系为支撑进行的警务活动，其所表达的内容是在计算机网络中组织和开展现代警务活动。”高中孝、郑再欣：《论广州公安数字警务与警务规范化建设》，载《广东公安科技》，2003(1)。

[3] 郑泽晖：《大数据时代“智慧公安”建设的实践与思考》，载《警学研究》，2019(1)。

[4] 刘淑春：《数字政府战略意蕴、战术构架与路径设计——基于浙江改革的实践与探索》，载《中国行政管理》，2018(9)。

[5] 比如，马颜昕等：《数字政府：变革与法治》，北京，中国人民大学出版社，2021。

[6] 比如，胡敏洁：《自动化行政的法律控制》，载《行政法学研究》，2019(2)。余凌云：《交警非现场执法的规范构建》，载《法学研究》，2021(3)。查云飞：《健康码：个人疫情风险的自动化评级与利用》，载《浙江学刊》，2020(3)。张凌寒：《算法自动化决策与行政正当程序制度的冲突与调和》，载《东方法学》，2020(6)。刘冬亮：《技术性正当程序：人工智能时代程序法与算法的双重变奏》，载《比较法研究》，2020(5)。

而代之的是"数字时代治理"(*digital-era governance*)。[1]可以说,在我国,从迈向数字化之际,数字技术运用就远远走在规则之前,中央与地方政府通过规划、意见、工作方案等规范性文件对各级政府、各行政部门提出数字建设要求,以内部行政的进路方式不断推进。但是,政府的数字化转型不仅是"流程再造"、"模式优化"、重塑权力运行方式,内在驱动模式也一定会扩及、影响并作用于外部行政关系,带来对既有规则的冲击,有必要通过区分内部行政与外部行政,重新界定权力与责任,跟进调适有关法律规则,分别探寻法治化构建的基本路径。

数字公安是数字政府建设在公安领域的具体贯彻落实,紧随政府数字化转型进程,亦步亦趋,发展进路、规范调适都大同小异,只是运用场域、内容要求不尽相同。因此,在本文中,它们是交织在一起讨论的,也不得不如此。一方面是因为资讯公开程度不同。数字政府比较透明,数字公安有关文件公开极其有限。对于数字公安,透过数字政府有关规定,也能略知一二。另一方面是它们之间共性远大于个性,在法治化建构进路上,出于一辙,可以互相借鉴。

二、既定的数字建设要求

政府的数字化转型从地方开始先行先试,其中的佼佼者是广东、浙江和贵州。2017 年 12 月,广东率先提出并部署数字政府建设。来年,广东下发了《广东省人民政府关于印发广东省"数字政府"建设总体规划(2018 — 2020 年)的通知》(粤府〔2018〕105 号)、《广东省人民政府办公厅关于印发广东省"数字政府"建设总体规划(2018 — 2020 年)实施方案的通知》(粤府办〔2018〕48 号),"借助系统性思维从管理、业务和技术三个层面对数字政府的构建进行顶层设计,从全方位对政府数字化改革进行保障。"[2]就数字平台建设、数字技术应用以及创新政务服务等作出安排。2016 年,浙江省委经济工作会议首次公开提出"最多跑一次"改革。2018 年 7 月发布了《浙江省数字化转型标准化建设方案(2018—2020)》(浙政办发〔2018〕70 号),主要就政府数字化转型的标准化工作体系、工

〔1〕 Cf. P. Dunleavy, H. Margetts and S. Bastow, et al., "*New Public Management Is Dead: Long Live Digital—Era Governance*" (2006) 3 *Journal of Public Administration Research and Theory* 467.

〔2〕 蒋敏娟:《地方数字政府建设模式比较——以广东、浙江、贵州三省为例》,载《行政管理改革》,2021(6)。

作机制作出安排。贵州省政府也在2018年先后下发《促进大数据云计算人工智能创新发展加快建设数字贵州的意见》和《推进"一云一网一平台"建设工作方案》，全力推动互联网、大数据、云计算、人工智能和政府治理、民生服务深度融合。

上述文件都是关于数字政府建设的行政性作业，自上而下、由里而外发力，就组织实施、工作重点、监督考核作出具体要求，要求各级地方政府、政府部门恪遵功令，主要包括：一是政务服务方面，"利用互联网、大数据等现代信息技术，推进集约化平台的建设和应用，对外实现政务服务质量提升，对内实现跨部门协同办公。"二是数据治理方面，打破信息孤岛，加强数据开放。三是政府职能创新方面，"利用大数据技术提升政府在市场监管、社会治理、生态保护、公共服务等领域的职能履行。"[1]

2018年之后，广西、宁夏、湖北、山东、山西、四川、河南、辽宁、黑龙江、深圳、苏州、济南等地方政府都陆续下发了有关数字政府建设的行动计划、实施方案、指导意见、总体规划、工作要点等。具体内容基本上大同小异。

为了落实上述政府数字化改革，一些地方公安机关也推出了相关文件，比如，浙江省公安厅制定《浙江省公安厅数字化改革工作实施方案》《"云上公安、智能防控"大数据战略规划》，推进全省公安机关数字化改革工作。[2]

从中央层面看，除了一些文件涉及运用大数据提升政府治理能力，比如，《国务院关于印发促进大数据发展行动纲要的通知》(国发〔2015〕50号)，专门、明确且集中地对数字政府建设提出具体要求的是以下"一规划、一纲要、一意见"。2021年3月11日，十三届全国人大四次会议通过的《中华人民共和国国民经济和社会发展第十四个五年规划和2035年远景目标纲要》专用一章，2021年8月，中共中央、国务院印发的《法治政府建设实施纲要(2021—2025年)》也突破了以往有关法治政府建设文件的行文结构，专设一条，提出了数字政府建设的基

---

〔1〕 蒋敏娟：《地方数字政府建设模式比较——以广东、浙江、贵州三省为例》，载《行政管理改革》，2021(6)。

〔2〕《全省公安机关数字化改革推进会强调：以数字化改革引领公安工作现代化先行》，https://baijiahao.baidu.com/s? id=1695667075967457514&wfr=spider&for=pc，2021年12月27日最后访问。朱琦、王文娟、范晓明：《大数据时代下智慧警务建设的思考与探索——以浙江"智慧警务"建设为视角》，载《北京警察学院学报》，2018(6)。

本要求。“平台、系统建设,实现有序共享,互联网全覆盖是基础,执法方式更新、流程再造、公共服务精准优化等是运用。”《国务院关于加强数字政府建设的指导意见》(国发[2022]14 号)做了总体工作部署。

(1) 打通数据孤岛,建设统一平台。统筹规划、建设政府信息平台、政务服务平台,优化整合各类数据、网络平台,防止重复建设。“构建统一的国家公共数据开放平台和开发利用端口”,“完善国家电子政务网络,集约建设政务云平台和数据中心体系,推进政务信息系统云迁移”。

(2) 推动数据信息共享与开放,确保数据安全,加强数据整合。一是政府及各部门之间共享。“推进数据跨部门、跨层级、跨地区汇聚融合和深度利用。”“深化国家人口、法人、空间地理等基础信息资源共享利用。”二是向社会开放。“扩大基础公共信息数据安全有序开放”,“优先推动企业登记监管、卫生、交通、气象等高价值数据集向社会开放。”“优先推动民生保障、公共服务、市场监管等领域政府数据向社会有序开放。”

(3) 以互联网为基础,全面推进政府运行方式、业务流程和服务模式数字化智能化。一是广泛运用“互联网+”监管执法,探索推行以远程监管、移动监管、预警防控为特征的非现场监管、非现场执法。二是大力推行“互联网+公共服务”,加快推进政务服务向移动端延伸,实现更多政务服务事项“掌上办”。优化公共服务流程,提高公众体验感。三是利用数字技术辅助政府决策、行政立法、行政执法,加强与公众的便捷有效交流,提高基于高频大数据精准动态监测预测预警水平。

从公开报道看,公安部在信息化、数字化建设方面的工作首推金盾工程。“金盾工程”也是从目标任务、组织领导、部门配合等方面对各级公安机关提出要求。从 2003 年到 2007 年,经过二期建设,一期工程完成后,“我国公安机关将建成自己的信息化基础设施,各警种的业务工作初步实现信息化”。二期工程后,“我国公安机关将进入信息化的初级阶段”。[1]总体大致可分为三个阶段:“第一阶段是通过建设跨部门、警种、地区的‘公安信息综合查询系统’,建立实体整合、数据规范标准的实体综合库。第二阶段是在实体综合库的基础上拓展和丰

〔1〕 李润森:《开拓进取 科技强警——全国公安工作信息化工程(金盾工程)概述》,载《公安研究》,2002(4)。

富各种综合应用，建设实体化的强大信息中心。第三阶段则要求通过综合系统的应用实现'流程再造'，全国联网，进而实现金盾工程的最终目标。"〔1〕

另外，还找到了两份文件，一个是，2010年8月10日，《公安部关于进一步规范和加强公安机关执法信息化建设的指导意见》（公通字〔2010〕36号）中，提出公安机关执法信息化建设总体目标，就是"依托公安机关警务信息综合应用平台，东部、中部和西部地区分别在2011年上半年、2011年底前和2012年底前，建成执法信息化体系，为实现网上执法信息录入、执法程序流转、执法活动监督、执法培训奠定网上平台，切实加强对公安机关执法活动的即时性、过程性、系统性管理，全面提高公安机关执法能力、执法质量、执法效率和执法公信力"。另一个是，2016年，为落实《国务院关于加快推进"互联网＋政务服务"工作的指导意见》（国发〔2016〕55号），公安部出台《关于进一步推进"互联网＋公安政务服务"工作的实施意见》，要求公安机关"到2020年底前，基本形成覆盖全国的整体联动、省级统筹、一网办理的'互联网＋公安政务服务'体系"。对"互联网＋"治安管理服务、边防、出入境管理服务、消防管理服务、网络安全管理服务、交通管理服务都分别提出了任务要求。要做到"以互联网为依托，扩大网上办理范围，提高网上办理程度，实现政务服务事项'应上尽上、全程在线'，努力实现让群众少跑腿、不跑腿也能办成事。"〔2〕

上述除全国人大通过的规划外，无论是地方政府还是国务院、地方公安机关还是公安部下发的文件都是行政规范性文件。从内容看，属于内部行政法上的内部规则，符合内部行政法的基本特征。〔3〕首先，向各级政府、行政部门发文，没有相对人参与其中。其次，对各级行政机关的工作要求，不涉及对相对人权利义务的法律上直接处分。再次，仅产生对内的拘束效力，不直接产生外部效力。最后，仅关注行政机关系统的管理目标、任务、运行效率以及组织保障。可以说，政府的数字化转型是内在驱动型，政府自上而下、由内而外发力推动。

〔1〕 1998年9月22日，公安部党委会议决定，在全国公安机关开展金盾工程；2001年4月25日金盾工程通过国务院批准立项；2003年8月11日国家发展改革委正式批准了金盾工程初步设计方案及投资预算。金盾工程一期从2003年下半年到2005年底，金盾工程二期从2006年到2007年底。陈墨：《金盾工程向"数字化警察"挺进》，载《电子信息化》，2004(9)。

〔2〕《公安部出台进一步推进"互联网＋公安政务服务"工作实施意见》，http://politics.people.com.cn/n1/2016/1125/c1001-28895340.html，2021年12月27日最后访问。

〔3〕 章剑生：《作为担保行政行为合法性的内部行政法》，载《法学家》，2018(6)。

上述人大规划、行政规范性文件都是关于数字技术的应用,不是规范要求。都没有提及现行规范能否满足政府数字化转型要求,是否需要立改废,几乎不涉及有关立法规划,更没有具体明确的法规范要求。从有关浙江、广东、贵州数字政府的实证研究看,也没有提及在现行法律结构下是否存在运行不适,以及如何调适规范。《法治政府建设实施纲要(2021—2025年)》仅是提出"建立健全运用互联网、大数据、人工智能等技术手段进行行政管理的制度规则"。《国务院关于加强数字政府建设的指导意见》(国发〔2022〕14号)对"完善法律法规制度","健全标准规范"提出要求。《国务院关于加快推进"互联网+政务服务"工作的指导意见》(国发〔2016〕55号)、《国务院办公厅关于促进电子政务协调发展的指导意见》(国办发〔2014〕66号)也是明确"建立健全制度标准规范"的几个方面要求。[1]这些本身都不是规范,而是对构建规范的指示。这些文件仍旧主要"是一种基于内部视角的制度、体制和机制建构,以及推动相关制度、体制和机制建构得以落实的实施过程。"[2]通过颁布文件,能够"协调内部各种行政关系,整合全部行政资源,强化行政一体性",制定回应公众诉求的公共政策并加以落实。[3]

当然,也并非完全没有有关立法。公共数据是数字化转型的基本元素。公共数据的收集、存储、使用,以及共享和开放都亟待规范,尤其是数据安全和隐私保护,构成了数字政府建设的重中之重。地方政府也逐渐加大了公共数据和电子政务规范建设。2017年,浙江省制定《浙江省公共数据和电子政务管理办法》(省政府令354号),这是全国第一部公共数据和电子政务政府规章。[4]广东、上

〔1〕《国务院关于加快推进"互联网+政务服务"工作的指导意见》(国发〔2016〕55号)指出,"加快清理修订不适应'互联网+政务服务'的法律法规和有关规定,制定完善相关管理制度和服务规范,明确电子证照、电子公文、电子签章等的法律效力,着力解决'服务流程合法依规、群众办事困难重重'等问题。国务院办公厅组织编制国家'互联网+政务服务'技术体系建设指南,明确平台架构,以及电子证照、统一身份认证、政务云、大数据应用等标准规范。"《国务院办公厅关于促进电子政务协调发展的指导意见》(国办发〔2014〕66号)规定,"完善法律法规和标准规范。研究制定政府信息资源管理办法,及时总结经验,建立信息共享制度,为持续稳步推进信息共享提供制度保障;研究制定政务活动中使用电子签名的具体办法,积极推动电子证照、电子文件、电子印章、电子档案等在政务工作中的应用;加强现有成熟标准规范在电子政务中的运用,研究制定网络、安全、应用、信息资源等方面的技术和业务标准规范,促进电子政务健康持续发展。"

〔2〕刘国乾:《法治政府建设:一种内部行政法的制度实践探索》,载《治理研究》,2021(3)。

〔3〕章剑生:《作为担保行政行为合法性的内部行政法》,载《法学家》,2018(6)。

〔4〕刘淑春:《数字政府战略意蕴、技术构架与路径设计——基于浙江改革的实践与探索》,载《中国行政管理》,2018(9)。

海、武汉、济南、宁波、无锡、成都等政府陆续就公共数据管理、开放、一网通办等颁布地方政府规章。在中央层面，没有直接针对数字政府建设、公共数据、电子政务等立法。比较重要的相关立法是，《数据安全法》(2021 年)对政务数据明确规定，对“在履行职责中知悉的个人隐私、个人信息、商业秘密、保密商务信息等数据应当依法予以保密”，“要求受托处理政务数据的，应当依照法律、法规的规定和合同约定履行数据安全保护义务”，在支持利用数据提升公共服务的智能化水平的同时，要避免给老年人、残疾人生活造成障碍。《个人信息保护法》(2021 年)明确了行政机关在处理个人信息的权利义务边界。《网络安全法》(2016 年)只是原则性规定“促进公共数据资源开放”，对公共服务、电子政务等领域的网络安全实行重点保护。

就公安机关执法规范建设而言，首先，《道路交通安全法》(2003 年)以及公安部规章关于非现场执法的规范已成建制。其中，重要经验已被《行政处罚法》(2021 年)第 41 条汲取。[1]其次，《公安部关于印发〈公安机关执法细则(第三版)〉的通知》(公通字〔2016〕18 号)中指出，公安部对《公安机关执法细则(2011 年修订版)》进行了扩充完善，增加了执法信息化的基本要求。比如，公安机关应当进行现场执法视音频记录的几种情形，以及对记录时间、内容的具体要求。

但是，从总体上看，我们对数字政府、数字公安的建立，仍然还处于技术先行，规范建设是局部的、零散的，远没有深入到全面系统地明确规则、引入规范。

三、技术运用何以先于规则

内在驱动型的建构模式，发端于内部行政，彼时不涉及对相对人权利义务的法律处分，仅关注 5G、区块链、大数据、云计算、人工智能等新一代信息通信技术引入能为公安机关加速赋能，实现组织优化、流程再造、治理方式变革。要求对内，目光内视，对法规范几乎毫不在意。但是，当数字化行政变革逐渐扩展、影响并作用于外部行政关系，技术与法规范的相容、互洽、调和就会成为问题。那么，在数字化转型之初，没有规则、规则相对滞后之下，公安机关却能够积极推进数字技术的广泛运用，公众、学者、立法机关也没有明显的抵触。这是什么原因?

〔1〕 余凌云：《交警非现场执法的规范建构》，载《法学研究》，2021(3)。

第一,数字技术的引入,最初都是为了有效辅助打击违法犯罪,确保国家安全,[1]优化公共服务。目的正当,容易获得舆论支持,公众也很难拒绝。[2]大数据、视频监控、人面识别技术运用对公民基本权利的潜在侵害风险,对有关正当性的拷问也比较容易荫蔽在巨大的公共利益之下。

第二,中西方权利观不同。在西方,学者比较关注公共场域的个人隐私、群体隐私(group privacy)保护。[3]公民个人也有合理预期(reasonable expectation),在道路上"政府不会监视他"。[4]在公共场所安装、运用视频监控、感应设备、测速仪以及人面识别技术,他们都十分警觉与反感,反对未经公众同意,过度收集公民信息。然而,在我国,对大数据、视频监控、人面识别技术的广泛运用,公众、

---

[1] 面部识别技术(facial recognition technology),是由美国军方为国家安全目的而开发的,后来被执法机构所使用。这项技术能够立即将图像与姓名,以及与姓名有关的个人数据进行匹配。与数字可视摄像头一起使用,这项技术可以用来扫描、监控和控制访问(This technology has the ability to instantly match an image with a name and the name with personal data. When used with digital video cameras, this technology can be used to scan, monitor and control access.)。Cf.Christopher S Milligan, "*Facial Recognition Technology, Video Surveillance, and Privacy*"(1999) 9 S Cal Interdisc L J 296. 可以更准确地锁定嫌疑人员、车辆,实现精准跟踪、调查取证和及时缉拿。

[2] 泸州市公安局依托"智慧云护城墙"工程,围绕辖区重点保卫单位、大型商圈、汽车客运站等治安形势复杂区域布置高清人脸抓拍机、动态人脸布控系统,发现重点人员、在逃人员即时报警。刘晗:《大数据背景下智慧社区警务建设的探索与思考——以泸州市的实践为例》,载《公安学刊》,2019(4)。滨州市1020家旅馆安装了旅馆业信息系统,住宿旅客只要登记,信息系统即开始比对,一旦发现逃犯,系统立即提示,并且向市县两级公安指挥系统报警,2008年通过该系统抓获公安部网上逃犯68名。滨州市公安局:《以公安"数字化"引领警务"现代化"》,载《数字华夏》,2010(8)。

[3] 对于监控技术设备、人面识别等技术在道路交通上的广泛运用,车牌号自动识别(automatic license plate recognition)与机动车登记资料互相比对,可以锁定驾驶人,形成个人身份信息(personally identifiable information)。与此同时,监控摄像头(surveillance cameras)与人面识别软件(facial recognition software)结合使用,也会形成具有个人识别属性的信息。这些警察技术的广泛运用,如果不是观察式比对(observational comparison),不是为了过滤、检控违法,而是不加选择的数据收集(indiscriminate data collection),并大量长期储存,那么,这些警察技术会让我们每个人的行踪无处隐藏,进而威胁到我们在公共场所的隐私。特别是,随着成本急降,可以存储海量数据,而且,使用数据融合中心(data fusion centers)来集中数据,能够容许大量的调查访问(improve broad Investigative access)。这些技术发展更是加剧了上述担忧。Cf. Stephen Rushin, "*The Judicial Response to Mass Police Surveillance*" (2011) 2011 *University of Illinois Journal of Law, Technology & Policy* 282,286, 288, 291.

[4] Cf. Jennifer Mulhern Granholm, "*Video Surveillance on Public Streets: The Constitutionality of Invisible Citizen Searches*"(1987) 64(4) *University of Detroit Law Review* 690.

学者、媒体也对个人隐私、群体隐私不无担忧,却不反感、抵制,反而“大受欢迎”。“究其根本原因,是现代社会的混乱和犯罪行为的增加让交通部门、公安机关和反恐部门通过随时监控来预防和管制违法犯罪行为。”〔1〕公众只是反对公安机关滥用上述信息或者出于不适当目的收集信息,比如为了创收、“为罚而罚”而安装摄像头。

第三,通过便捷、稳定、可靠的公共服务数字体验,提高了公众的接受度、参与度。以往电子政务的流程优化是以管理者为中心的思维模式,与之不同,“数据范式或者数据导向的思维就是要以人或者服务对象为中心来创造价值。”〔2〕“让数据多跑路,老百姓少跑腿”,这种以用户需求为中心的服务和审批模式,不仅“有效规避了玻璃门、弹簧门、旋转门,避免了‘门难进、事难办、脸难看’”,更重要的是为公众提供更高效、更便捷、更广泛的政府服务,〔3〕深刻体现了“以人民为中心”理念,“进一步优化了营商环境,有效降低了制度性交易成本,在很大程度上实现了便企利民,真正激发了市场活力和社会创造力”,让改革获得感落到实处。〔4〕

第四,数字技术在执法上是辅助性定位。辅助性是半自动与全自动的分水岭。辅助性只能是半自动化。公安机关责任所在,绝不会因为数字技术的引入而转移或减少。对于大数据、人工智能、云计算等,公安机关一直持审慎态度,一

---

〔1〕《面对无处不在的视频监控 如何权衡利弊》,https://security.zol.com.cn/452/4521179.html,2021年11月19日最后访问。

〔2〕比如“最多跑一次”“一网通办”“不见面办事”“掌上办”,“用户只需要一次提交全部数据,然后都由系统根据用户办理的事项来组织业务流程,将数据分派到不同的部门”。黄璜:《数字政府:政策、特征与概念》,载《治理研究》,2020(3)。

〔3〕“支付宝、微信、政务公众号、政府网站、政务微博及政府移动应用成为政务服务的新通路。”周雅颂:《数字政府建设:现状、困境与对策——以“云上贵州”政务数据平台为例》,载《云南行政学院学报》,2019(2)。

〔4〕翟云:《改革开放40年来中国电子政务发展的理论演化与实践探索——从业务上网到服务上网》,载《电子政务》,2018(12)。浙江从2016年开始,推行“最多跑一次”改革,“由群众的需求引发,从优化审批流程切入”,“群众和企业到政府办理一件事情,在申请材料齐全、符合法定受理条件时,从受理申请到形成办理结果全过程只需一次上门或零上门”。何圣东、杨大鹏:《数字政府建设的内涵及路径——基于浙江“最多跑一次”的经验分析》,载《浙江学刊》,2018(5)。数字公安建设的提速是在2016年之后。“‘最多跑一次’改革、‘云上公安·智能防控’第一战略、‘情指行’一体化合成作战、大部门大警种制改革、两个职务序列改革等重点项目全面铺开,进一步打通了现代科技应用与现代警务机制有机融合的新的转换通道,释放出的巨大红利惠及广大企业、群众和公安民警,人民群众的获得感、幸福感、安全感显著提升。”金伯中:《公安现代化之路的浙江实践与展望》,载《公安学刊》,2021(1)。

般作为执法决策的辅助手段,对外法律效果的处分始终把控在公安机关人工操作上,不会完全交给机器系统决断,实现完全的人工智能化。就是实现人机对话的全自动化,也严格限定在事项简单、线性处理的行政决定。比如,深圳市率先掀起的“秒批”之风,“基本为羁束性的。”“相应法律依据的构成要件处均不存在不确定法律概念,法律后果处也并无决定或者选择可能。”〔1〕

第五,执法APP实际上是对人工执法的仿生。经过长期的执法规范化建设,尤其是通过裁量基准建构裁量,在不少领域的执法作业,有关执法标准、办案流程、处理结果都已经趋于标准化、格式化、流程化,成为线性执法,并已获得实践认可。执法APP、自动化行政只是仿制转化并设计为系统,按照执法规范化搭建算法模型,再运用于执法,实施效果与人工执法几无差别。只是提高了行政效率,节约了人力、物力资源。

第六,数字技术精准高效地解决了不少以往难以解决的棘手问题。比如,将执法从传统的“低能见度”变为“高能见度”,处于领导、公众视野监督之下,增进了执法规范与监督。〔2〕又比如,数字化转型造就的“不打烊”政府可以提供全天候、不间断的服务与监管。这是自动化行政无可比拟的优势。再比如,通过污水验毒感知,解决毒情难以监测问题。〔3〕

四、实践发展与既有规范的矛盾

内在驱动的数字化行政变革,从内部关系扩展到外部关系,由对内要求发展为对外要求,必然会带来了数字技术与法律之间的契合问题。“如何应对互联网、大数据和人工智能各自技术特点引发的法律规制挑战,通过建构规则弥补技术缺陷,解决个案中具体技术样态的合法性”,“将数字化行政趋向的技术之治整

〔1〕 查云飞:《行政裁量自动化的学理基础与功能定位》,载《行政法学研究》,2021(3)。

〔2〕 从浙江、江苏、贵州等地的实践看,“互联网+政务服务”能够依据既有法规范,事先编制权力运行的流程,通过软件设计,明确权力运行的方法与步骤、时限要求和具体边际,对于操作过程中的任何异常适时报警,从而将传统上权力行使的“低能见度”变为网络平台上的“高能见度”,能够更好地限制行政自由裁量。翟云:《改革开放40年来中国电子政务发展的理论演化与实践探索——从业务上网到服务上网》,载《电子政务》,2018(12)。

〔3〕 中山市公安局与北京大学城市与环境学院合作在全国率先试点开展污水验毒感知,解决了一直以来毒情难以监测的难题,同时以污水验毒结果为依据,开展毒品重点区域整治,共破涉毒刑事案件45起,查获吸毒等行政案件253起,抓获吸贩毒人员341名。郑泽晖:《大数据时代“智慧公安”建设的实践与思考》,载《警学研究》,2019(1)。

合入国家权力运行的法律之治中”。[1]我们可以按照平台建设、政务服务和数字治理、数据安全与隐私保护三个方面梳理出主要问题。

1. 平台建设

政府数字化转型的前提是建立大平台、大系统，加强顶层规划，贯彻“政府即平台”(government as a platform)的理念，“创建共享平台、组件和可复用的业务功能”，让数据有序地流动起来，才能释放数据价值，激励创新，提高公共服务质量。[2]在打通数据孤岛、系统堡垒过程中，在与互联网平台、数字技术企业等第三方合作上，还存在不少法律问题。

(1) 以往，在信息化建设过程中，一般针对特定的业务应用开发，各自搭建硬件和软件，以相对独立的 IT 系统架构呈现，[3]好似“烟囱林立”，形成在在皆是、又互不相连的数据“孤岛”。“传统的行政主体是建立在分散的、独立的、专业的行政部门或组织基础之上的，这种部门之间泾渭分明、独立运行的设定，加剧了信息孤岛、专业壁垒和协同困难等问题，与整体政府下‘一站式’‘去边界’‘无缝隙’地提供公共服务的改革实践不相适应。”[4]

在信息化建设的基础上，着手实施金盾工程之际，公安系统就有着革命和修补两种建设思路。“革命”思路就是“重新规划和建设一个涵盖所有部门、满足所有需求的大系统”。但是，“另起炉灶，不可避免地出现资源浪费、重复建设、条条阻力、模块化差，计划赶不上变化，改一点而动全身，系统隐藏着后期难以推进和全面崩溃的潜在风险”。“修补”思路是“不着眼于不同警种的互联互通与信息共享，在某个警种内部将已有的系统做大做全”。内部修补却“不能从根本上立足大公安解决信息共享问题”。[5] 无论革命还是修补，都不如打通已有孤岛更为现实可行。

政府数字化转型的第一项任务就是打通并连接这些“孤岛”。通过网络等信息技术，跨越各部门、单位、社区间的障碍，“盘活政府已有数据中心和社会化数据中心资源”，打通数据“孤岛”，建立大数据体系，“实现互联互通加快政府信息

---

〔1〕 展鹏贺：《数字化行政方式的权力正当性检视》，载《中国法学》，2021(3)。

〔2〕 北京大学课题组：《平台驱动的数字政府：能力、转型与现代化》，载《电子政务》，2020(7)。

〔3〕 黄璜：《数字政府：政策、特征与概念》，载《治理研究》，2020(3)。

〔4〕 骆梅英：《面向整体智治的法治现代化》，https://mp.weixin.qq.com/s/pg_d6lROES89eP_FyBpGVg，2021 年 11 月 29 日最后访问。

〔5〕 陈墨：《金盾工程向“数字化警察”挺进》，载《电子信息化》，2004(9)。

资源与社会信息资源融合创新”,[1]是促进协同、治理创新的基础。比如,北京、衢州都在推动视频监控系统互联互通。[2]

但是,首先,有关措施涉及减损权利或者增设义务。对于公共资金建设的数据系统,要求互联互通,属于内部行政,通过规范性文件就可以实现。对于社会投资建设的数据系统,属于外部行政,没有法律、法规依据,不能强行要求连接到信息平台适时提供数据,无法整合共享社会面大数据,[3]也不能事先规定技术标准、接口规格,要求各单位依照要求施工建设。其次,标准规范和评价体系极度缺失。比如,“RFID领域,各地各厂商各自为阵,标准林立,造成同一省份不同地区间不能互联互通,造成区域联网存在盲区,形成工作漏洞,信息孤岛现象严重”。[4]又比如,“物联网技术的软硬件目前还缺乏统一或者相对统一的标准,而且很难靠一家技术公司来完成多家设备或系统的对接与整合”。智慧公安建设,“需要统一的标准规范体系,主要包括体系框架、技术规范、平台规范、应用规

---

〔1〕逯峰:《广东“数字政府”的实践与探索》,载《行政管理改革》,2018(11)。

〔2〕浙江衢州市实施这一改革之后,可调度使用视频数是建设前的3.1倍,处理时限缩短了62%,公共安全视频统一调度能力提升2.7倍,视频破案占比达到40.06%。刘淑春:《数字政府战略意蕴、技术架构与路径设计——基于浙江改革的实践与探索》,载《中国行政管理》,2018(9)。2006年,《北京市人民政府关于加强图像信息管理系统建设工作的意见》,“以文件的形式”,要求区县政府、市政府委办局,以及社会企业和事业单位,“推动图像信息系统的建设。”同年12月,北京市政府发布第185号令《北京市公共图像信息系统管理办法》,发布9个技术规范,“通过政务网、互联网等多种网络环境和市级图像信息平台的交换”,“实现覆盖全市的图像信息系统互联互通。”《北京市视频监控联网建设情况》,http://www.21csp.com.cn/zhanti/9BWJD/article/article_13482.html,2021年11月15日最后访问。

〔3〕社会面大数据(主要指行业单位数据、互联网数据、物联网数据和通信公司、银行掌握的数据以及社会化视频监控数据)由于数量庞大且更新迅速,存储数据、维护数据成本高且涉及公民隐私,加之国家目前缺乏相关法律文件支持公安机关强制整合,现在能被公安机关整合使用的数据还不多。刘晗:《大数据背景下智慧社区警务建设的探索与思考——以泸州市的实践为例》,载《公安学刊》,2019(4)。整合、共享、分析这些数据,意义重大。比如,2017年4月,中山市公安局情报部门通过居民水电信息分析,发现南头镇某小区用水用电异常,可能涉嫌“制毒窝点”,排查中禁毒部门通过污水验毒监测数据核对,不支持该小区4月存在制毒活动的推测,后通过各警种综合分析研判,得出该小区可能属于电信诈骗基站,最终在市公安局指挥中心统一指挥下,成功摧毁该电信诈骗窝点。郑泽晖:《大数据时代“智慧公安”建设的实践与思考》,载《警学研究》,2019(1)。

〔4〕朱琦、王文娟、范晓明:《大数据时代下智慧警务建设的思考与探索——以浙江“智慧警务”建设为视角》,载《北京警察学院学报》,2018(6)。

范、管理规范及运维规范等相关标准规范。”[1]

(2) 与互联网平台、数字技术企业等第三方合作，“政府与企业的深度互嵌”，“在公共领域的边界愈发模糊交错”，在政企合作、采购服务、合同管理上面临诸多法律挑战。

与互联网平台、数字技术企业等第三方合作，发挥它们的人才、技术优势，是数字政府、智慧城市建设的基本范式。[2]“在数字社会形态下，通过社会化方式提供政府公共服务的趋势日益明显。”“近年来，我国互联网企业也在不断加强与政府合作，基于腾讯微信平台可以开展社保、交通、税务、教育、医疗、水电煤气缴费等在线服务，通过运行在阿里云计算平台上的‘政务超市’，市民可以像逛淘宝一样‘办政事’。”[3]福建公安机关和腾讯公司合作开发的防走失平台“牵挂你”已经在“福建治安便民”公众号和微信“城市服务”中上线。借助于腾讯实验室的1∶N 人脸检索识别技术，在瞬间完成千万级的易走失人员人脸检索。[4]

一方面，按照政府采购服务模式，通过政府购买相关信息化服务的方式，相对人“网上办”无需额外缴费，这种合作机制应该没有法律风险。政府还可以“‘按年度付费’、‘按使用付费’、‘按用户评价付费’，促使服务提供商持续改善服务水平”。[5]但是，不少政府(包括公安机关)经费匮乏，又要推进数字化转型，就可能转嫁成本、涉企不当收费。比如，上述电子平台向市民收费，或者政府投资、部分出资成立的网络企业在提供政务服务上收取费用，这是否属于借用行政权

---

〔1〕 上海公安学院智慧公安研究课题组：《“智慧公安”建设的理论思考》，载《上海公安高等专科学校学报》，2018(2)。

〔2〕 广东省“与三大基础运营商和腾讯、华为合作，在较短时间内成功打造了‘粤省事’移动应用和‘广东政务服务网’一体化在线政务服务平台”。浙江省“联合阿里巴巴开发了‘浙里办’办公APP和掌上办公‘浙政钉’”。蒋敏娟：《地方数字政府建设模式比较——以广东、浙江、贵州三省为例》，载《行政管理改革》，2021(6)。

〔3〕 张晓、鲍静：《数字政府即平台——英国政府数字化转型战略研究及其启示》，载《中国行政管理》，2018(3)。

〔4〕 肖振涛：《我国智慧警务建设的实践与思考——以“大智移云”技术为背景》，载《中国刑警学院学报》，2018(6)。

〔5〕 逯峰：《广东“数字政府”的实践与探索》，载《行政管理改革》，2018(11)。

力、行政影响力和行业特殊地位强制服务并搭车收费?不无疑问。[1]另一方面,"数字政府建设的造价高、投资周期长、技术复杂,在政企合作、合同管理等方面的挑战较大。"[2]比如,数据权属未定,影响数据安全。一些企业"认为产生的数据应为企业所有","擅自对政府数据进行开发利用"。"地方政府却对此束手无策。一旦造成安全事故,权责不清将导致无法追究问责。"[3]又比如,政府过于依赖企业技术,在实施公众参与、公开透明上被企业"绑架"。"受保密协议约束的行政机关,是否就不得披露其采购的人工智能系统的详细信息"(Is an agency bound by a nondisclosure agreement that prevents it from sharing details about the AI system that it has procured)。[4] "算法自动化决策系统由私营公司'技术垄断',公众参与权难以得到保障。"[5]

2. 政务服务和数字治理

在数据融通、决策扁平化等政府数字化转型基础上,围绕"放管服"实行"互联网+政务服务"和"互联网+监管",逐渐实现了半自动化行政、无裁量的自动化行政,也带来了与已有法律的互洽性问题。

首先,"互联网+政务服务"和"互联网+监管"不能完全在现行规范体系中运行。

从 2015 年到 2017 年,推行"放管服"改革,与"互联网+"相互结合推出两个方向改革:一是围绕"优化服务"展开的"互联网+政务服务";二是围绕"放管结合"展开的"互联网+监管"。"把改善民生环境与营商环境,提升履职能力作为核心发展目标。"[6]但是,也产生一定争议。首先,通过智能化的操作和信息共享,减少审批中间环节,便利了申请人,却与法律规定的审批流程存在冲突。其

---

〔1〕 但是,美国的犹他州、马里兰州、威斯康星州、阿肯色州和得克萨斯州等都已成功运用了"无成本契约"模式,形成公私合作伙伴关系,重新构建了数字政府服务采购模式。政府不需要进行前期投资,就可以建立和启动数字化服务。公司会向使用数字化政府服务的用户收取一定的费用。由于数字化服务只有在被使用时公司才能赚到钱,因此,公司会积极推动公民采纳和使用这项服务。姚水琼、齐胤植:《美国数字政府建设的实践研究与经验借鉴》,载《治理研究》,2019(6)。

〔2〕 马亮:《数字政府建设:文献述评与研究展望》,载《党政研究》,2021(3)。

〔3〕 王伟玲:《加快实施数字政府战略:现实困境与破解路径》,载《电子政务》,2019(12)。

〔4〕 Cf. Elizabeth E. Joh, "*Artificial Intelligence and Policing: First Questions*" (2018) 41 *Seattle University Law Review* 1142.

〔5〕 张凌寒:《算法自动化决策与行政正当程序制度的冲突与调和》,载《东方法学》,2020(6)。

〔6〕 黄璜:《数字政府:政策、特征与概念》,载《治理研究》,2020(3)。

次，通过发送短信、平台告知等电子化方式告知，缺乏明确的法律依据。再次，"'最多跑一次'和'一件事'改革正在重塑公共行政的流程，而承诺制、容缺受理等正在颠覆过去行政程序的举证责任体系。"很难用已有程序规范。最后，"最多查一次"这种新的执法模式的出现，"将会改变以往对行政管辖、执法方式等概念的认知，因此亟需完善相应的规则以应执法创新的需要，促使公共行政改革与高效、协同、便民的执法目的之间更加平衡。"〔1〕

其次，自动化裁量软件系统不能桎梏执法。

实践上长期推进的手册、指南和裁量基准建设，逐步实现执法的规范化、格式化、程式化，顺势转化为自动化裁量的标准化基础。自动化裁量在一定程度上，"计算结果的准确度以及计算规则的合理性是由裁量基准决定的，机器仅在'忠实'地落实裁量基准所划定的量罚情节以及量罚幅度。""为保证机器计算结果的准确度和合理性，应侧重于完善传统的裁量基准并对其进行精准的代码转译。"〔2〕"秒批"、非现场执法、执法 APP 都建立在较为成熟的执法规范化基础上。实践丰富多彩，裁量也意味着多种处理可能，系统软件就应当有灵活性和伸展性，对于定性、量罚、考量因素等，要留有补充、完善、校正的端口，不应该禁锢裁量，削足适履，让裁量拘束于软件。然而，有裁量权的行政机关面临的困境是，自动化程度越高，意图控制的干预和裁量行使的范围却越小（The dilemma for agencies tasked with the exercise of discretionary powers is that the greater the automation, the less scope arguably there is for intervention by the controlling mind and the application of discretion）。〔3〕

实践上，自动化处罚裁量决策系统一般由部委、省级政府或其工作部门统一部署设计，基层执法人员往往只能规行矩步，没有变更权限。因为数字技术不成熟，系统软件设计不够贴近实际，原则性有余而灵活性不足，"自动化处罚裁量对执法人员施加诸多限制，导致处罚裁量决定作出过程中的人工作用被大幅削弱，

〔1〕 骆梅英：《面向整体智治的法治现代化》，https://mp.weixin.qq.com/s/pg_d6lROES89eP_FyBpGVg，2021 年 11 月 29 日最后访问。

〔2〕 王正鑫：《机器何以裁量：行政处罚裁量自动化及其风险控制》，https://kns.cnki.net/kcms/detail/11.3110.d.20211109.1333.006.html，2021 年 12 月 2 日最后访问。

〔3〕 Cf. Fraser Sampson, Chapter 15-The Legal Challenges of Big Data Application in Law Enforcement, p. 232, https://www.sciencedirect.com/science/article/pii/B978012801967200015X? via%3Dihub. 2022 年 1 月 8 日最后访问。

执法人员有将裁量决定权限实质性让渡给机器的倾向。"[1]比如,软件系统事先将违法行为逐一编号,依据裁量基准,设定相应处罚。对于新出现的违法行为,在已有编号中却找不到,又不能在"警务通"智能执法仪上手动补充,交警只能选择近似的违法行为编号操作处理。

3. 数据安全与隐私保护

在大数据时代,通过传感器、移动设备、定位系统、爬虫技术、运算能力等,能够充分记录、搜取和加工处理高度相关、海量的、完备的数据,"在技术上能够对用户和公众的个性偏好、利益诉求、情感表达、身心体验等特征进行数字化定量分析。"[2]对于大量零散的、片段的、看似无关紧要的信息,在收集和处理过程中,很难判断是否有侵害隐私的风险。在预测性警务系统中(predictive policing systems),在可预测性个人危害形成之前,大量的数据收集和传输已然实施(where numerous data collections and transfers can occur before any predictive private harm comes into existence.)。[3]在数据化转型过程中,以往的法律保护方法都不足以确保数据安全与隐私保护。[4]这个领域也很自然地成为地方与中央立法规范的发力重点。

五、法规范建构的基本路径

党的十九届四中全会要求"建立健全运用互联网、大数据、人工智能等技术手段进行行政管理的制度规则"。数字技术、数字经济、数字平台的发展,给法治

---

〔1〕 王正鑫:《机器何以裁量:行政处罚裁量自动化及其风险控制》,https://kns.cnki.net/kcms/detail/11.3110.d.20211109.1333.006.html,2021年12月2日最后访问。

〔2〕 刘淑春:《数字政府战略意蕴、技术架构与路径设计——基于浙江改革的实践与探索》,载《中国行政管理》,2018(9)。

〔3〕 Cf. Kate Crawford & Jason Schultz, "*Big Data and Due Process: Toward a Framework to Redress Predictive Privacy Harms*"(2014) 55 *Boston College Law Review* 106.

〔4〕 传统上,美国对公民隐私权的保护主要集中在三个方面:信息收集、处理和披露(Traditionally, American civil privacy protections have focused on regulating three main activities: information collection, processing, and disclosure.)。大数据有可能避开所有这三种方法,因为其预测隐私危害的不可预测性(Big Data has the potential to elude all three of these approaches primarily because of the unpredictable nature of its predictive privacy harms)。Cf. Kate Crawford & Jason Schultz, "*Big Data and Due Process: Toward a Framework to Redress Predictive Privacy Harms*"(2014) 55 *Boston College Law Review* 106.

政府建设、法治公安建设都带来了内外两方面任务,无论哪一项任务都是宏大巨制,森罗万象。一个是如何规制电子平台、电商等新业态活动,有效调控和促进数字经济、数字技术应用的发展。这是行政法规范行政机关与相对人之间关系的新增长点。比如,如何预防和打击借助计算机和通信技术非接触性方式作案。〔1〕另一个是如何规范数字政府的流程、权力运行与模式再造,将它们纳入法治的框架之内。这又可以按照数字化转型内在驱动的发展进路,分为内部行政关系与外部行政关系,分别由内部行政法与外部行政法调整,对法规范的要求不完全一样。

1. 内部行政

内在驱动的数字政府建设遇到的问题,首当其冲,就出现在内部行政。这也是公共管理、电子政务、大数据等领域学者主要关注之所以在。首先,"各地电子政务'野蛮生长',加上缺乏'顶层设计'",标准化严重空缺,没有统一的技术标准、数据标准、接口标准,政府部门内部存在着大量非结构化数据。其次,部门之间数据占有存在差异,"无论是横向上部门间的资源共享,还是条块上的数据对接,都难以使部门内生出数据共享的驱动力"。最后,流程再造会"打散过去既有的利益格局","这无疑会面对来自政府内部的强力反弹。""自上而下的流程再造极有可能受到自下而上的有效抵制。"〔2〕

同样,从上海、广东、浙江看,不论是上海公安机关以"一中心、一平台,多系统、多模型,泛感知、泛应用"的公安大脑为技术支撑,广东公安机关打造全省"一片云",还是浙江公安机关"云上公安、智能防控"战略,〔3〕都是着眼于内部建设。公安管理、刑事侦查、治安、公安科技等领域的学者、官员也基本上仅关注智慧警务建设带来的内在问题,比如"信息孤岛"林立、缺少顶层设计和规划、各警种之间不愿共享等。

内部行政是建立在科层制基础上,存在上下领导关系,由内部行政法调整。简而言之,其基本意涵与特征是,"内部行政法将行政机关作为其唯一的来源、对象和受众。"(internal administrative law has the agency as its sole source, object,

---

〔1〕 李文德:《数字化时代背景下数据驱动侦查模式的构建》,载《大数据侦查》,2019(6)。

〔2〕 周雅颂:《数字政府建设:现状、困境与对策——以"云上贵州"政务数据平台为例》,载《云南行政学院学报》,2019(2)。

〔3〕 浙江警察学院课题组:《构建现代警务模式推进省域治理现代化——基于中外比较的浙江警务改革发展战略研究》,载《公安学刊》,2020(6)。

and audience.)“内部行政法包括行政机关运作的措施,这些措施是由行政机关或行政部门制定的,主要针对政府工作人员。”(internal administrative law consists of measures governing agency functioning that are created within the agency or the executive branch and that speak primarily to government personnel.)“行政机关的科层制和监督架构奠定了内部行政法的效力。”(agencies' hierarchical and supervisory structures ground the force of internal administrative law.)[1]对于内部行政关系的调整,下发规范性文件就能够产生对内的拘束效力,对法规范的依赖性不强。“通常由政策关注和政治需要所驱使的内部措施,应该排除法律之外”(internal measures, often driven by policy concerns and political imperatives, should be excluded from the legal side of the ledger)。[2]

对于内部行政上出现的上述问题,可以找出对策,制定有针对性的规范性文件,强化有关数字政府建设举措的贯彻落实,要求各部门、各领域不仅必须令行禁止、不得违误,还必须上下联动、左右协同。也就是说,无论是中央对地方数字政府的顶层设计,还是以省政府为单位的“块数据”建设,提出的标准化要求,推行跨层级、跨地域、跨系统、跨部门、跨业务的数据互联融合与共享,以及再造流程,等等,都是上级政府对行政系统内下达的要求与指令。下级部门必须上令下行、令行禁止。

但是,也不是一概而论,不是说,解决内部行政上的问题,都不涉及法规范。因为“行政行为的内外维度已经紧密相连,常常难以分开”(the internal and external dimensions of administrative action are closely linked and often hard to separate.)。[3]首先,不少内部措施的设定,是为了支配行政权力的运行,指导、告知和控制行政机关如何运作,并很可能会产生外溢的法律效果。立法机关近来也有着将此类重要的内部措施转为法律规定的趋势。其次,有些内部行政本身就已法治化,比如行政组织法。数字化转型需要优化组织架构、重塑体制机制、再造流程,突破组织法已有规定,就不能对改革与立法之间的抵牾置之不理,

[1] Cf. Gillian E. Metzger and Kevin M. Stack, “*Internal Administrative Law*” (2017) 115 Michigan Law Review 1251-1252, 1258.

[2] Cf. Gillian E. Metzger and Kevin M. Stack, “*Internal Administrative Law*” (2017) 115 Michigan Law Review 1244.

[3] Cf. Gillian E. Metzger and Kevin M. Stack, “*Internal Administrative Law*” (2017) 115 Michigan Law Review 1241.

一味讲求改革容错，应当同步修改行政组织法相关规定，或者依据《立法法》(2015年)第13条“暂停法律适用”处理。

2. 外部行政

政府由内而外地持续推动数字技术、云计算、物联网、人工智能等运用，给外部行政关系带来了新的变化，也带来了一些新问题，需要我们从法律上认真对待。比如公共管理学者发现，“一些地方为了抢抓大数据的机遇，按照投入多、政策好、范围广、影响大的思路部署大数据战略，使政务数据平台的建设出现了以盈利为目的的目标偏离和领域发展最大化的思路偏离。”“政务数据平台成为放大精英群体声音、导致政策绑架的通道。”“现阶段政府所掌握的信息安全技术，并不能清晰地将公共数据、个人数据以及可能涉及公共问题的个人隐私数据进行明确划分。”等等。〔1〕

但是，公安领域有关智慧警务的研究却较少关注外部关系，仅偶尔指出统一标准规范缺失，影响数据整合共享，“公安信息与社会信息在衔接上存在瓶颈”。〔2〕从数字技术的运用实践看，对内要求不免还是会延伸并引发外部法律关系，比如，中山市公安局实际上共享并分析了居民水电数据。〔3〕又比如，泸州市公安局为了降低入户盗窃，在社区居民楼栋安装具有进出权限管理、实时图像监控、人脸抓拍、异常情况报警等功能的智能门禁系统，实现了人口数据智能采集。〔4〕

外部行政法(external administrative law)调整行政机关与相对人之间的关系，通过控制和规范行政权力的行使，实现对基本权利的保障。它是从秩序行政、侵害行政起步，拓展到给付行政、福利行政，原则上坚持“无法律、无行政”，没有法律依据，行政机关不得做出任何减损权利或者增设义务的决定。在政府数字化转型之初，暂且可以“采取包容审慎原则，以弹性思维、底线思维对待数字政府建设所引发的法律不适性考验。”但是，应当“依照数字世界的逻辑与原理，在立法思维、立法内容上快速做出必要调整，尽快构建一个有利于数字政府建设的

〔1〕 周雅颂：《数字政府建设：现状、困境与对策——以“云上贵州”政务数据平台为例》，载《云南行政学院学报》，2019(2)。

〔2〕 乔智：《信息时代的“智慧警务”》，载《网络安全技术与应用》，2011(1)。

〔3〕 郑泽晖：《大数据时代“智慧公安”建设的实践与思考》，载《警学研究》，2019(1)。

〔4〕 刘晗：《大数据背景下智慧社区警务建设的探索与思考——以泸州市的实践为例》，载《公安学刊》，2019(4)。

权责配置与行权法律环境。”[1]

(1) 对引进技术的审慎态度

对于数字技术、云计算、人工智能等引入行政运行,行政机关始终持审慎态度。因为训练数据、算法和系统本身的总体设计中可能隐藏偏见(These biases can lie in the training data, algorithms, and overall design of the systems themselves),基于这些偏见,以人工智能为依托的警务系统可能会复制并进一步放大这些样式(By relying on these biases, AI-based systems in policing can reproduce and further amplify these patterns)。[2]出于责任机制,行政机关会仔细评估上述技术的成熟度、可接受性,决定其在行政运行中的恰当定位与功能。引进完全自动化系统直接实现人机对话,比如“遥测警务”(telemetric policing),也限于事项简单、无裁量的、线性决定,更重要的是要行政机关承担的责任不高。

一些有关自动化行政的研究也超前地预设了一些“虚拟的情境”,机器系统达到完全智能化,能够深度学习、恰当裁量。在虚构的法律空间与问题意识里,任意驰骋,出现不少“法学的童话”。比如,未来警察可能会使用一些人工智能的机器人,协助警察缉捕,由机器人对嫌疑人施加合法的强制力(legitimate coercive force)。机器人的使用会带来法律和民主规范应当如何指导警务决策等新问题。那么,如何设计、规制甚至禁止警察机器人的某些用途,现在就需要一个规制议程,将可预见的未来问题都纳入解决方案(How we design, regulate, or even prohibit some uses of police robots requires a regulatory agenda now to address foreseeable problems of the future)。[3]

这些在行政实践上却尚无实例,也无法应验。未来是否可能,也难以预测。因为“机器学习仍然基于规则(rule-based)”。“法律规则不仅常常是矛盾的、循环的、模棱两可的或故意模糊的或有争议的,而且它们依赖于社会情境和人为解释,不能直接应用于原始事实。依靠逻辑的计算机可以操作法律规则,但是,对

[1] 何圣东、杨大鹏:《数字政府建设的内涵及路径——基于浙江“最多跑一次”的经验分析》,载《浙江学刊》,2018(5)。

[2] Cf. Elizabeth E. Joh, “*Artificial Intelligence and Policing: First Questions*” (2018) 41 *Seattle University Law Review* 1142.

[3] Cf. Elizabeth E Joh, “*Policing Police Robots*”(2016—2017) 64 *UCLA L Rev Discourse* 516.

例外情况的解释和识别，通常需要人通过对整个文本的理解来认定规则的目的。"[1]它们之间如何转换，不仅考验法学理论，也是极大的技术难题。

但是，可以肯定，行政机关绝不会将决定权一股脑地托付给自动化行政系统，只要行为结果仍然要由行政机关负责，从消极面上讲，后者就不可能将身家性命全都交由机器左右，从积极面上看，后者也必须积极践行保护基本权利。因此，数字技术的应用一定是渐进的、可控的、适度的，不会像技术企业、电子平台那样激进、冒险。行政机关一定要等数字技术在商业领域反复试错、改进、成熟、稳定之后才可能考虑引入行政领域。

德国行政程序法规定的"全自动具体行政行为"，也是严格限定"适用场景是标准化的规模程序(das standardisierte Massenverfahren)"，"在法律保留的前提下且不存在不确定法律概念和裁量情形时，具体行政行为方可由全自动设备作出"。限于羁束行为，"完全排除了全自动裁量的可能"。"首要原因还是基于根深蒂固的信念，即裁量对个案正义的要求只能通过人类的意志活动来满足，个人在具体情形中的判断才是可靠的。""在裁量全自动化的情形下，无论是'确定型算法'还是'学习型算法'都是对过往的大数据进行分析、建模、测试、运行，是面向过去的关联性统计和运算行为，而不是面向未来的因果性判断，法律逻辑三段论也并不是单向的线性思维，而是目光流连式地构造理解过程，在此意义上，裁量全自动化也必然意味着行政机关未对个案行使裁量权，只是基于过去的关联性自动得出了一个线性结论。"[2]

Lyria Bennett Moses、Janet Chan 认为，大数据技术(big data technology)对法律和司法决定的潜在、可能的影响和适用性(suitability)可以从三个维度来评估，也就是技术(technical)、社会(social)和规范(normative)。技术维度主要"考虑技术的功能和有效"，社会维度意在"分析那些对大数据分析的吸收和渗透可能产生影响的社会文化政治因素"，规范维度是"调查新技术在多大程度上符合用户和社会(the general community)的道德或价值观"。[3]

---

[1] Cf. Lyria Bennett Moses and Janet Chan, "*Using Big Data for Legal and Law Enforcement Decisions: Testing the New Tools*" (2014) 37 *University of New South Wales Law Journal* 649, 657.

[2] 查云飞：《行政裁量自动化的学理基础与功能定位》，载《行政法学研究》，2021(3)。

[3] Cf. Lyria Bennett Moses and Janet Chan, "*Using Big Data for Legal and Law Enforcement Decisions: Testing the New Tools*" (2014) 37 *University of New South Wales Law Journal* 653.

这些考虑可以归结为三个主要的评价标准:(1)"有效性"(effectiveness),大数据技术能否成功应用,使法律和司法决定取得更好的结果。(2)"可接受性"(acceptability),某些应用是否符合法律和司法人员等潜在使用者的技术框架。(3)"适宜性"(appropriateness),它的使用方式是否符合专业人士和更大社会群体的价值观。[1]

"一项技术是否符合用户和社会的伦理和价值观,是评价的一项重要标准。虽然社会可以从采用某项技术中获益,但他们不愿为了技术进步而牺牲某些根深蒂固的价值观。同样,无论一项新技术多么成熟,如果法律和司法人员感到他们的职业主义在这一过程中打了折扣,他们也不乐意依赖这项技术。专业人员和社会都深谙的价值观,与民主法治基本前提有关,包括合法性、问责制(accountability)和透明度(transparency)。""决定者要对其决定负责。""在评估一个用于辅助决定的工具时,很重要的是,要考虑它对决定者对其决定负责的不同方式的潜在影响。"(In evaluating a tool used to assist in making decisions, it is important to consider its potential effects on the different ways in which the decision-maker is accountable for his or her decisions.)[2]

(2) 技术应用与规范调适

数字技术的引进,不见得必然会对法规范产生冲击。相反,数字技术的应用反而可能会让传统上一些法律规范瞬间变为过往。比如,人面识别技术在盘查中的应用,[3]《人民警察法》(2012年)第9条第1款第(三)项"有作案嫌疑身份

[1] Cf. Lyria Bennett Moses and Janet Chan, "*Using Big Data for Legal and Law Enforcement Decisions: Testing the New Tools*" (2014) 37 *University of New South Wales Law Journal* 656.

[2] Cf. Lyria Bennett Moses and Janet Chan, "*Using Big Data for Legal and Law Enforcement Decisions: Testing the New Tools*" (2014) 37 *University of New South Wales Law Journal* 654.

[3] 2016年,广州天河警方自主开发,在全国区县一级公安机关中首建"盘查管理平台",引用"互联网+"思维,在警务手机上安装自主开发的"天河公安核查通APP"。通过移动警务终端对被盘查人员进行人面识别,实现对可疑人像、车牌、护照等工作对象的一站式核查,110警情的及时推送,以及后台数据的量级积累。《"公安网+盘查"平台 手机刷脸识别嫌疑人》,http://m.news.cn/2017-04/28/c_1120887928.htm,2021年11月24日最后访问。

不明的”规定已无必要。又比如，随着电子驾驶证的推广，[1]《道路交通安全法》(2021年)第95条第1款规定的“未随车携带行驶证、驾驶证的”即将成为历史。

数字技术给法律规则带来的冲击，应当优先考虑采用技术的方法解决。“对于技术问题及其引发的权利保护上的失衡，可以优先采取技术革新方案，在更高的技术层面上实现警察权与公民自由的平衡。假设这一路径可行，技术的引入丝毫不会妨碍执法在原有的法律结构中运转自如。因技术运用而拉低的权利保护水准，又能够通过技术自身的完善而得以恢复。”[2]比如，视频监控、人面识别技术等广泛收集、存储个人信息，可以通过严格授权登录、查询留痕等控制使用，抑制行政机关滥用使用权，防止个人信息外泄。

要是当下技术暂时无法解决，就必须调适法规范。实践也提出了大量问题，需要从规范意义上去回答。比如，在“李长学与沈阳市公安局皇姑分局华山派出所行政处罚决定一审行政判决书”中，[3]第三人无报案、原告未投案，也无《公安机关办理行政案件程序规定》第47条列举的其他案件来源，被告受案依据是公安机关内部技术情报信息。这是否违法？在“衡南县公安局与周某某行政确认二审行政判决书”中，[4]被告衡南县公安局错误将原告周志刚的个人信息录入同名的犯罪人“周志刚”在“全国违法犯罪人员信息资源库”，是否构成违法？在“西安益佳大药房有限公司与西安市工商行政管理局莲湖分局工商行政登记纠纷上诉案”中，[5]益佳公司在接受电子政务化的行政处理方式后，能否又以工

---

〔1〕为进一步深化公安交管“放管服”改革，经部分省市试点推行，2021年9月1日起，北京、长春、南宁等28个城市开始推广应用机动车驾驶证电子化。2022年全面推行。电子驾驶证式样全国统一，与纸质驾驶证具有同等法律效力。电子驾驶证通过全国公安交管电子证照系统生成，方便实时查询、实时出示、实时核验。驾驶人可出示电子驾驶证办理车驾管、处理交通违法、处理交通事故等交管业务，无需再提交纸质驾驶证。《2022年全面推行电子驾照 试点城市已有195万余人申领电子驾照》，https://baijiahao.baidu.com/s?id=1708400383851067614&wfr=spider&for=pc，2021年11月24日最后访问。《电子驾照来了！9月1日起将在全国28个城市推行》，https://baijiahao.baidu.com/s?id=1709385670883170987&wfr=spider&for=pc，2021年11月24日最后访问。

〔2〕余凌云：《交警非现场执法的规范建构》，载《法学研究》，2021(3)。

〔3〕法院认为，“被告沈阳市公安局皇姑分局华山派出所受理本案并不违反法律、法规规定。”参见辽宁省沈阳市和平区人民法院(2018)辽0102行初525号行政判决书。

〔4〕一审法院判决确认违法。参见衡阳市中级人民法院(2018)湘04行终78号行政判决书。

〔5〕一审法院认为，原告的“理由不能成立”。参见西安铁路运输中级法院(2018)陕71行终770号行政判决书。

商莲湖分局未向其送达书面的处理决定书为由,主张工商莲湖分局程序违法?在"彭坚与温州市国家税务局信息公开法定职责上诉案"中,[1]因为网络技术故障,被告未在法定期限内予以答复,是否构成程序违法?等等。

平台建设、政务服务、数字治理、数字共享与开放都可能涉及规则调适。从规则性质上,可分为程序与实体。从调整对象上可以分为行政机关与相对人之间的关系规范以及对行政权力的规范,前者主要是数字经济、数字化运用、互联网、物联网等带来社会关系的新发展、新变化,行政机关应当如何规范。后者是在数字化环境下行政权力如何运行。无论从上述哪种分类或者进路去研究,涉及规范的范围、种类,以及因不同具体问题而做适应性调适方案,都不免宏大、庞杂且琐碎。要逐案研究,因事而论。

但是,在我看来,无论怎么调适规范,其中,因应数字技术而生,有别于以往立法,构成核心且必不可少的内容是技术性正当程序、技术与规范双重意义的标准化以及不得低于传统保护标准的价值取向。

第一,针对数字技术,产生了技术性正当程序(technological due process)。有的学者认为,"只要国家采取的行动是基于预测性或者不透明的技术,就要符合正当程序或自然公正的要求。"有关建议包括:将预测性分析运用到影响个人的决定的,要事先告知(a requirement for notice that predictive analytics will be used in a decision affecting a person),当事人有权要求听证,要提高预测方法的透明度(transparency in the methods used to make predictions),定期审核预测的准确性(regular audits of the accuracy of the predictions made),有权检查计算的准确性(a right to check the accuracy of calculations),以及对过度依赖数据的质疑,有权要求公正的裁决(the right to an impartial adjudicator on questions around undue reliance on data.)。其中,透明化放在很高的突出位置,"透明化能够发现不准确或者错误的逻辑"(Transparency enables detection of inaccuracy or

---

[1] 在该案中,原告于2013年10月8日通过互联网在温州市国税局网站提交政府信息公开申请,该网站生成查询编号20131008-0744-3703。原告一直未获回复,并于2013年12月30日向本院提起诉讼。经查系因技术故障信息公开申请由外网用户提交后,未能进入内网工作平台。一审法院认为,"被告未在法定期限内予以答复,系由于网络技术故障而非主观故意或怠于履行职责,故其逾期答复可视为有正当理由。"二审法院也同意,只是提出"税务行政主管部门今后应加强网络日常监管,以提高行政效率,避免因网络技术故障再次引发此类纠纷"。参见浙江省温州市中级人民法院(2014)浙温行终字第98号行政判决书。

faulty logics)。[1]也有的学者认为,“自动化系统危及正当程序观念”(Automated systems jeopardize due process norms)。要构建技术性正当程序,“增强自动化决策系统中嵌入的规则的透明度、问责制和准确性”(enhancing the transparency, accountability, and accuracy of rules embedded in automated decision-making systems.)。[2]无论上述哪种观点,都已经不是将传统的正当程序简单套入数字技术的运行之中,而是在正当程序基础上,针对数字技术、自动化行政系统、视频监控设备等技术性特征,对其应用的正当性提出了新的规范要求。大致可以分为两类:一是证明数字技术、系统和设备可靠性、准确性的义务,二是应用的透明化,对数字技术的具体应用、功能与后果,要广而告之,允许公众查询、提出意见,行政机关有解释和回应义务。

第二,技术标准化规范大有可观。长期被行政法学者看低和忽视的技术标准、标准体系及其立法,在政府的数字化转型中,反而变得举足轻重、不可或缺。技术标准不仅有着技术特性,作为法规范的效力也日益突显。“标准是‘法’。”[3]强制性标准就是“技术法规”,必须执行。“政务数据标准化建设是顶层设计的重点。”[4]应当依据《标准化法》(2017年)规定,以国家层面的强制性标准形式推动。通过技术标准、接口标准、数据标准,比如,按照统一的技术标准和规范采集、核准和提供公共数据,制定人面识别、人工智能等新技术、新应用中的个人信息保护规则、标准等,不仅可以降低数据跨区域、跨部门、跨行业的集聚融合成本,避免系统之间不匹配,有利于共享与开放,也便于执法与监管。

第三,不低于传统执法保护标准,是有关法规范构建正当性的衡量尺度。为适用数字技术的应用而调适有关规范,在保护相对人权利上都不能低于传统人工执法的水准,反而应该更加促进相对人权利的实现,扩大相对人的自由。不能

[1] Cf. Lyria Bennett Moses and Janet Chan, “*Using Big Data for Legal and Law Enforcement Decisions: Testing the New Tools*”(2014) 37 *University of New South Wales Law Journal* 655,676.

[2] Cf. Danielle Keats Citron, “*Technological Due Process*” (2007) 85 *Washington University Law Review* 1249-1250.

[3] 以往在行政法理论上,“将技术标准排除于法律规范之外”。宋华琳:《论技术标准的法律性质——从行政法规范体系角度的定位》,载《行政法学研究》,2008(3)。

[4] 国家政务数据平台的构建,要建立通用的政务元数据标准(G-EMS)。周雅颂:《数字政府建设:现状、困境与对策——以“云上贵州”政务数据平台为例》,载《云南行政学院学报》,2019(2)。

因为数字技术、云计算、人工智能带来的便捷、高效、经济,而牺牲相对人更多的权益保障。

六、结　论

无论是政府还是公安机关在数据化转型过程中,都是内在驱动,从内部关系到外部关系,从内部行政法到外部行政法。这种发展路径决定了技术先于规则。但是,随着权力运行、流程再造、治理模式与数据化、智能化进一步融合,进入外部关系,就应当实行技术与规则的齐驱并进,运用互联网、大数据、人工智能等技术手段促进依法行政。

对于数字技术的应用,行政机关(包括公安机关)始终审慎对待。行政机关(包含公安机关)对公众与选民承担的行政责任,技术再成熟也难免有误差,以及技术运行的基础条件的完备程度,决定了数字技术引入的辅助性定位。对于技术引入带来的问题,应当优先通过技术解决。暂时无法解决的,要通过法规范调适,包括制定新的规范、增删已有的规范,其中,与数字技术密切相关的规范包括技术性正当程序、技术与规范双重意义上的标准化、不低于传统人工执法的权利保障。

数字政府是对新公共管理运动的超越。当初为回应新公共管理运动而构建的行政法体系,为了因应数字政府建设的要求,是否会发生颠覆性的变革,这有待观望。至少从当下看还没有必要,通过打补丁就可以调适数字技术发展与法规范之间的失衡。

参考文献

一

1. 编写组:《公安学基础理论教程》,北京,中国人民公安大学出版社,1995。
2. 戴文殿主编:《公安学基础理论研究》,北京,中国人民公安大学出版社,1991。
3. 韩延龙主编:《中国近代警察制度》,北京,中国人民公安大学出版社,1993。
4. 姜明安主编:《行政法与行政诉讼法》,北京,北京大学出版社、高等教育出版社,2007。
5. 柯良栋、吴明山主编:《治安管理处罚法释义与实务指南》,北京,中国人民公安大学出版社,2005。
6. 李忠信主编:《公安机关办理行政案件程序规定理解与适用》,长春,吉林人民出版社,2003。
7. 陆中俊主编:《中华人民共和国人民警察使用警械和武器条例释义与适用指南》,北京,中国人民公安大学出版社,1996。
8. 万川主编:《中国警政史》,北京,中华书局,2006。
9. 王学林主编:《中华人民共和国人民警察使用警械和武器条例释义》,北京,警官教育出版社,1996。
10. 许崇德主编:《宪法》,北京,中国人民大学出版社,1999。
11. 杨解君、孟红主编:《特别行政法问题研究》,北京,北京大学出版社,2005。
12. 余凌云、靳秀凤、李明甫、李彤主编:《安全技术防范报警服务业立法研究》,北京,中国人民公安大学出版社,2005。
13. 张正钊、李元起主编:《部门行政法研究》,北京,中国人民大学出版社,2000。
14. 张春生主编:《中华人民共和国立法法释义》,北京,法律出版社,2000。
15. 公安部治安管理局编著:《中华人民共和国枪支管理法释义》,北京,群众出版社,2000。
16. 阮光铭、赵益谦编著:《现代各国警察制度》,青岛,醒民印刷局,1934。
17. 谭建立编著:《中央与地方财权事权关系研究》,北京,中国财政经济出版社 ,2010 。
18. 蔡震荣主编:《警察百科全书——行政法》,台北,正中书局,2000。
19. 蔡震荣主编:《警察法总论》,台北,一品文化出版社,2015。
20. 陈水适主编:《清末民初我国警察制度现代化的历程(1901—1928)》,台北,台湾商务印书馆,1984。
21. 陈新民:《德国公法学基础理论》(上册),济南,山东人民出版社,2001。
22. 葛拉伯:《美国警察行政》,刘麟生译,上海,商务印书馆,1933。

23. 管欧:《行政法各论》,上海,商务印书馆,1939。
24. 韩延龙、苏亦工:《中国近代警察史》,北京,社会科学文献出版社,2000。
25. 胡承禄:《各国警察概要》,出版地不详,1931。
26. 黄韬:《中央与地方事权分配机制》,上海,格致出版社、上海人民出版社,2015。
27. 惠生武:《警察法论纲》,北京,中国政法大学出版社,2000。
28. 范扬:《行政法总论》,上海,商务印书馆,1937。
29. 黄遵宪:《人境庐诗草笺注》,上海,古籍出版社,1981。
30. 李忠信:《人民警察法若干问题研究》,北京,群众出版社,1998。
31. 马颜昕等:《数字政府:变革与法治》,北京,中国人民大学出版社,2021。
32. 阮光铭、赵益谦:《现代各国警察制度》,青岛,醒民印刷局,1934。
33. 苏力:《送法下乡——中国基层司法制度研究》,北京,中国政法大学出版社,2000。
34. 王明泉:《警察学教程》,北京,中国人民公安大学出版社,1996。
35. 西塞罗:《论共和国,论法律》,王焕生译,北京,中国政法大学出版社,1997。
36. 夏菲:《论英国警察权的变迁》,北京,法律出版社,2011。
37. 余凌云:《公安机关办理行政案件程序规定若干问题研究》,北京,中国人民公安大学出版社,2004。
38. 余凌云:《警察行政强制的理论与实践》,北京,中国人民公安大学出版社,2003。
39. 余凌云:《警察行政权力的规范与救济——警察行政法若干前沿性问题研究》,北京,中国人民公安大学出版社,2002。
40. 余凌云:《警察盘查论》,北京,中国人民公安大学出版社,2011。
41. 郑宗楷:《警察法总论》,北京,商务印书馆,1946。
42. 钟赓言:《钟赓言行政法讲义》,王贵松、徐强、罗潇点校,北京,法律出版社,2015。
43. 周雪光:《中国国家治理的制度逻辑——一个组织学研究》,北京,生活·读书·新知三联书店,2017。
44. 朱丘祥:《从行政分权到法律分权——转型时期调整垂直管理机关与地方政府关系的法治对策研究》,北京,中国政法大学出版社,2013。
45. 蔡震荣:《行政执行法》,台北,元照出版公司,2002。
46. 陈敏:《行政法总论》,台北,三民书局,1998。
47. 管欧:《地方自治新论》,台北,五南出版社,1989。
48. 赖恒盈:《行政法律关系论之研究》,台北,元照出版有限公司,2003。
49. 李士珍:《警察行政之理论与实际》,中华警察学术研究会,1948。
50. 李震山:《警察法论——警察任务编》,台北,正典出版文化有限公司,2002。
51. 李震山:《警察行政法论——自由与秩序之折衡》,台北,元照出版社,2007。
52. 林明锵:《警察法学研究》,台北,新学林出版股份有限公司,2011。
53. 刘宗德:《行政法基本原理》,台北,学林文化事业有限公司,1998。
54. 邱华君:《警察法》,台北,千华出版公司,1997。
55. 王兆鹏:《路检、盘查与人权》,台北,元照出版有限公司,2003。
56. 吴庚:《行政法之理论与实用》,台北,三民书局,2004。

57. 郑正忠:《社会秩序维护法》,台北,书泉出版社,1997。
58. 中央警察大学教授合著:《各国警察临检制度比较》,台北,五南图书出版股份有限公司,2002。
59. 朱金池、洪文玲等:《各国警察临检制度比较》,台北,五南图书出版股份有限公司,2002。
60. [德]Heinrich Scholler:《西德警察与秩序法原理》,李震山译,高雄,登文书局,1986。
61. [德]汉斯·J. 沃尔夫、奥托·巴霍夫、罗尔夫·施托贝夫:《行政法》,高家伟译,北京,商务印书馆,2002。
62. [德]卡尔·拉伦兹:《法学方法论》,陈爱娥译,台北,五南图书出版有限公司,1996。
63. [德]平特纳:《德国普通行政法》,朱林译,北京,中国政法大学出版社,1999。
64. [古罗马]西塞罗:《论共和国,论法律》,王焕生译,北京,中国政法大学出版社,1997。
65. [美]斯图尔特:《美国行政法的重构》,沈岿译,北京,商务印书馆,2002。
66. [日]铃木义男等:《行政法学方法论之变迁》,陈汝德等译,北京,中国政法大学出版社,2004。
67. [日]田上穰治:《警察法》,有斐阁,1983。

二

68. 艾明:《论警察盘查措施——比较法视野下的考察》,载《贵州警官职业学院学报》,2006(2)。
69. 白惠仁:《自动驾驶汽车的伦理、法律和社会问题研究述评》,载《科学与社会》,2018(1)。
70. 北京大学课题组:《平台驱动的数字政府:能力、转型与现代化》,载《电子政务》,2020(7)。
71. 滨州市公安局:《以公安"数字化"引领警务"现代化"》,载《数字华夏》,2010(8)。
72. 蔡震荣:《行政法强制执行之困境与职务协助》,载《行政法学研究》,2015(2)。
73. 曹正汉、薛斌锋、周杰:《中国地方分权的政治约束——基于地铁项目审批制度的论证》,载《社会学研究》,2014(3)。
74. 曹子丹、侯国云:《论将"反革命罪"易名为"危害国家安全罪"》,载《中国法学》,1991(2)。
75. 查云飞:《行政裁量自动化的学理基础与功能定位》,载《行政法学研究》,2021(3)。
76. 陈达元:《对公安机关事权划分及经费保障探讨》,载《中国人民公安大学学报(社会科学版)》,1996(2)。
77. 陈鼎丰、陈侃:《精武强警,路在何方——中国警察实战伤亡忧思录》,载《警方》,2001(3)。
78. 陈航:《对现行机动车驾驶人交通违法行为累积记分制度的思考》,载《四川警察学院学报》,2013(6)。

79. 陈墨:《金盾工程向“数字化警察”挺进》,载《电子信息化》,2004(9)。
80. 陈鹏:《公法上警察概念的变迁》,载《法学研究》,2017(2)。
81. 陈实:《警察·警察权·警察法——警察法概念的逻辑分析》,载《湖北公安高等专科学校学报》,1998(4)。
82. 陈卫东、郝银钟:《实然与应然——关于侦检权是否属于司法权的随想》,载《法学》,1999(6)。
83. 陈晓林:《无人驾驶汽车对现行法律的挑战及应对》,载《理论学刊》,2016(1)。
84. 陈兴良:《限权与分权:刑事法治视野中的警察权》,载《法律科学》,2002(1)。
85. 陈禹衡:《〈数据安全法〉下自动驾驶算法数据的分类、保全与合规》,载《科技与法律》,2022(3)。
86. 陈占旭:《关于深化公安管理体制的思考》,载《公安研究》,2003(7)。
87. 程华:《警察权注疏:从古典到当代》,载《中国人民公安大学学报(社会科学版)》,2010(6)。
88. 程庆栋:《论设区的市的立法权——权限范围与权力行使》,载《政治与法律》,2015(8)。
89. 程小白、章剑:《事权划分——公安改革的关键点》,载《中国人民公安大学学报(社会科学版)》,2015(5)。
90. 程小白:《公安事权划分:全面深化公安改革的“扭结”》,载《江西警察学院学报》,2015(3)。
91. 程啸:《机动车损害赔偿责任主体研究》,载《法学研究》,2006(4)。
92. 戴纲:《对处置“新化西河群体性事件”的思考》,载《中国人民公安大学学报》,2000(5)。
93. 丁玮、彭铁文、甘尚钊:《机动车道路交通违法记分行为的法律性质分析》,载《法治论坛》,2017(2)。
94. 樊崇义:《看守所:处在十字路口的改革观察》,载《中国法律评论》,2017(3)。
95. 封丽霞:《中央与地方立法权限的划分标准:“重要程度”还是“影响范围”?》,载《法制与社会发展》,2008(5)。
96. 冯建、李朝霞:《关于机动车交通事故责任纠纷案件的调查报告》,载《山东审判》,2013(6)。
97. 冯洁语:《人工智能技术与责任法的变迁——以自动驾驶技术为考察》,载《比较法研究》,2018(2)。
98. 冯珏:《自动驾驶汽车致损的民事侵权责任》,载《中国法学》,2018(6)。
99. 冯洋:《论地方立法权的范围——地方分权理论与比较分析的双重视角》,载《行政法学研究》,2017(2)。
100. 高波:《完善机动车驾驶证记分制度探究》,载《道路交通管理》,2017(1)。
101. 高秦伟:《反思行政法学的教义立场与方法论学说——阅读〈德国公法史(1800—1914):国家法学说和行政学〉之后》,载《政法论坛》,2008(2)。
102. 高秦伟:《行政法学教学的现状与课题》,载《行政法学研究》,2008(4)。

103. 高文英:《警察法学语境下的警察权研究》,载《净月学刊》,2017(3)。
104. 高一飞、陈琳:《我国看守所的中立化改革》,载《中国刑事法杂志》,2012(9)。
105. 高中孝、郑再欣:《论广州公安数字警务与警务规范化建设》,载《广东公安科技》,2003(1)。
106. 龚鹏飞:《非现场执法中违法责任主体若干问题的探讨——兼议累积记分制度》,载《公安学刊》,2008(1)。
107. 龚鹏飞:《论与非现场执法相关法律规定的缺陷及其完善》,载《公安研究》,2008(4)。
108. 郭道晖:《论国家立法权》,载《中外法学》,1994(4)。
109. 韩冬:《公安机关事权划分与警种设置初探》,载《江西警察学院学报》,2016(5)。
110. 何勤华:《中国近代行政法学的诞生与成长》,载《政治与法律》,2004(2)。
111. 何圣东、杨大鹏:《数字政府建设的内涵及路径——基于浙江"最多跑一次"的经验分析》,载《浙江学刊》,2018(5)。
112. 洪巨平:《关于公安事权划分的思考》,载《浙江公安高等专科学校学报》,2003(8)。
113. 侯郭垒:《自动驾驶汽车风险的立法规制研究》,载《法学论坛》,2018(5)。
114. 胡建淼:《法律规范之间抵触标准研究》,载《中国法学》,2016(3)。
115. 胡敏洁:《自动化行政的法律控制》,载《行政法学研究》,2019(2)。
116. 胡元聪、李明康:《自动驾驶汽车对〈道路交通安全法〉的挑战及应对》,载《上海交通大学学报(哲学社会科学版)》,2019(1)。
117. 黄艾禾:《1980:取消反革命罪的第一声》,载《中国新闻周刊》,2012(30)。
118. 黄璜:《数字政府:政策、特征与概念》,载《治理研究》,2020(3)。
119. 黄琪:《析"电子警察"的运用与行政处罚原则的遵守——从两例交通违法处罚案件说起》,载《云南大学学报(法学版)》,2006(3)。
120. 加里·W.科德尼尔:《美国的警察行政》,王志亮译,载《河南警察学院学报》,2017(6)。
121. 贾学武、李强:《关于非现场执法问题的思考》,载《道路交通与安全》,2005(2)。
122. 江平:《民法上的视为、推定与举证责任》,载《政法论坛》,1987(4)。
123. 江溯:《自动驾驶汽车对法律的挑战》,载《中国法律评论》,2018(2)。
124. 蒋连舟、李新钰:《试论警察盘查权与人权保障》,载《河北法学》,2006(4)。
125. 蒋敏娟、黄璜:《数字政府:概念界说、价值蕴含与治理框架——基于西方国家的文献与经验》,载《当代世界与社会主义》,2020(3)。
126. 蒋敏娟:《地方数字政府建设模式比较——以广东、浙江、贵州三省为例》,载《行政管理改革》,2021(6)。
127. 蒋勇:《警察权"强"、"弱"之辩:结构失衡与有效治理》,载《法制与社会发展》,2017(3)。
128. 金伯中:《公安现代化之路的浙江实践与展望》,载《公安学刊》,2021(1)。
129. 金伯中:《进一步明晰公安机关中央事权和地方事权》,载《人民公安》,2013(5)。
130. 金太军:《当代中国中央政府与地方政府关系现状及对策》,载《中国行政管理》,

1999(7)。
131. 康大民:《中国警察——公安的百年回顾》,载《辽宁警专学报》,2001(4)。
132. 柯良栋、李文胜:《香港警方怎样管理和使用枪支》,载《人民公安》,2001(1)。
133. 孔凡义、段桃秀:《深圳"禁摩限电"风暴》,载《决策》,2016(5)。
134. 孔祥稳:《面向人工智能风险的行政规制革新——以自动驾驶汽车的行政规制为中心而展开》,载《行政法学研究》,2020(4)。
135. 李国华:《美国法上的警察权规制及其启示——以〈权利法案〉为中心》,载《净月学刊》,2017(2)。
136. 李海月、廖伟嫔:《现代美国警察服务职能的发展》,载《江西公安专科学校学报》,2006(3)。
137. 李建和:《我国警察权力配置的现状、问题与原因》,载《中国人民公安大学学报(社会科学版)》,2007(5)。
138. 李磊:《论中国自动驾驶汽车监管制度的建立》,载《北京理工大学学报(社会科学版)》,2018(2)。
139. 李林:《关于立法权限划分的理论与实践》,载《法学研究》,1998(5)。
140. 李蕊:《交通事故责任与交通事故法律责任——争议与解决途径》,载《中国人民公安大学学报》,2005(5)。
141. 李润森:《开拓进取科技强警——全国公安工作信息化工程(金盾工程)概述》,载《公安研究》,2002(4)。
142. 李烁:《自动驾驶汽车立法问题研究》,载《行政法学研究》,2019(2)。
143. 李文德:《数字化时代背景下数据驱动侦查模式的构建》,载《大数据侦查》,2019(6)。
144. 李昕:《非现场执法系统在公路超限超载治理中的应用》,载《中华建设》,2017(2)。
145. 李秀清:《〈大清违警律〉移植外国法评析》,载《犯罪研究》,2002(3)。
146. 李亚虹:《对转型时期中央与地方立法关系的思考》,载《中国法学》,1996(1)。
147. 李弋强、陈伟:《浅议交通管理非现场执法中的"记分"问题》,载《江苏警官学院学报》,2014(3)。
148. 李芝兰:《当代中国的中央和地方关系:趋势、过程及其对政策执行的影响》,刘承礼译,载《国外理论动态》,2013(4)。
149. 梁华仁、周荣生:《论反革命类罪名的修改》,载《政法论坛》,1990(4)。
150. 梁晶蕊、卢建军:《论法治社会中的警察权》,载《甘肃政法学院学报》,2003(2)。
151. 梁雨晴、李芝兰:《依法治国与改革:如何并行不悖?——以〈行政许可法〉对地方政府审批创新的影响》,载《公共行政评论》,2017(4)。
152. 林为众:《当前机动车驾驶人记分制度问题与对策探讨》,载《福建警察学院学报》,2008(4)。
153. 刘东亮:《技术性正当程序:人工智能时代程序法和算法的双重变奏》,载《比较法研究》,2020(5)。
154. 刘国乾:《法治政府建设:一种内部行政法的制度实践探索》,载《治理研究》,2021

(3)。
155. 刘晗:《大数据背景下智慧社区警务建设的探索与思考——以泸州市的实践为例》,载《公安学刊》,2019(4)。
156. 刘吉光、程锋:《公安交通非现场执法模式研究》,载《道路交通与安全》,2004(2)。
157. 刘剑文、侯卓:《事权划分法治化的中国路径》,载《中国社会科学》,2017(2)。
158. 刘江、陈小波:《浅谈留置》,载《公安大学学报》,1999(1)。
159. 刘静:《安宁的代价》,载《人民公安》,1999(15)。
160. 刘茂林:《警察权的现代功能与宪法构造难题》,载《法学评论》,2017(1)。
161. 刘淑春:《数字政府战略意蕴、技术构架与路径设计——基于浙江改革的实践与探索》,载《中国行政管理》,2018(9)。
162. 刘威华、衡晓帆:《配不配枪? 用不用枪?》,载《人民公安》,1999(15)。
163. 龙宗智:《推定的界限及适用》,载《法学研究》,2008(1)。
164. 卢建平:《法国违警罪制度对我国劳动教养改革的借鉴意义》,载《清华法学》,2013(3)。
165. 卢建平:《警察相关词源考证》,载《法治研究》,2016(6)。
166. 陆晓伟:《交通事故责任认定的司法救济》,载《人民司法》,2001(3)。
167. 逯峰:《广东"数字政府"的实践与探索》,载《行政管理改革》,2018(11)。
168. 路风:《单位:一种特殊的社会组织形式》,载《中国社会科学》,1989(1)。
169. 罗锋:《关于人民警察使用警械立法的几个问题》,载《公安法制建设》,1992(9)。
170. 马亮:《数字政府建设:文献述评与研究展望》,载《党政研究》,2021(3)。
171. 马岭:《军事权与警察权之区别》,载《云南大学学报》,2011(5)。
172. 马颜昕:《自动化行政的分级与法律控制变革》,载《行政法学研究》,2019(1)。
173. 马颜昕:《自动化行政方式下的行政处罚:挑战与回应》,载《政治与法律》,2020(4)。
174. 茅铭晨:《从自定走向法定——我国〈行政处罚法〉修改背景下的非现场执法程序立法研究》,载《政治与法律》,2020(6)。
175. 孟鸿志:《论部门行政法的规范和调整对象》,载《中国法学》,2001(5)。
176. 孟欣:《谈高速公路交通非现场执法的完善》,载《公安学刊》,2009(4)。
177. 敏娟、黄璜:《数字政府:概念界说、价值蕴含与治理框架——基于西方国家的文献与经验》,载《当代世界与社会主义》,2020(3)。
178. 潘小娟:《中央与地方关系的若干思考》,载《政治学研究》,1997(3)。
179. 彭贵才:《论我国警察权行使的法律规制》,载《当代法学》,2009(4)。
180. 皮纯协、余凌云:《亟待建立的专家论证制度 ——保证行政立法质量的重要措施》,载《中国法学》,1995(6)。
181. 皮宗泰、洪其亚:《违法行为能否推定——对一起公安行政赔偿案件的分析》,载《行政法学研究》,1998(3)。
182. 乔智:《信息时代的"智慧警务"》,载《网络安全技术与应用》,2011(1)。
183. 邱新:《城市"禁摩"的法律思考——从政府规制分析的角度》,载《公法研究》,2009(1)。

184. 曲怡琳:《给我一支枪吧》,载《警苑》,2001(9)。
185. 上海公安学院智慧公安研究课题组:《"智慧公安"建设的理论思考》,载《上海公安高等专科学校学报》,2018(2)。
186. 邵志骅、许卉莹、崔林山:《公安交通管理非现场执法监管模式研究与实现》,载《中国公共安全》,2015(4)。
187. 沈岚:《中国近代治安处罚法规的演变——以违警罚法的去刑法化为视角》,载《政法论坛》,2011(4)。
188. 师维:《我国实定法上的警察含义——兼议我国〈人民警察法〉的修改》,载《河南公安高等专科学校学报》,2008(3)。
189. 石启飞:《浅议公安机关中央事权与地方事权划分、警种、部门设置》,载《政法学刊》,2015(6)。
190. 司晓、曹建峰:《论人工智能的民事责任:以自动驾驶汽车和智能机器人为切入点》,载《法律科学》,2017(5)。
191. 宋华琳、邵蓉:《部门行政法研究初探》,载《浙江省政法管理干部学院学报》,2000(2)。
192. 宋华琳:《部门行政法与行政法总论的改革——以药品领域为例证》,载《当代法学》,2010(2)
193. 宋华琳:《论技术标准的法律性质——从行政法规范体系角度的定位》,载《行政法学研究》,2008(3)。
194. 苏力:《当代中国的中央与地方分权——重读毛泽东〈论十大关系〉第五节》,载《中国社会科学》,2004(2)。
195. 孙波:《地方立法"不抵触"原则探析——兼论日本"法律先占"理论》,载《政治与法律》,2013(6)。
196. 孙波:《论地方性事务——我国中央与地方关系法治化的新进展》,载《法制与社会发展》,2008(5)。
197. 孙波:《论地方专属立法权》,载《当代法学》,2008(2)。
198. 孙峰、魏淑艳:《政府治理现代化视域下专项治理的悖论与消解——以深圳市"禁摩限电"为例》,载《东南学术》,2018(3)。
199. 孙萍:《美国警察执法规范与监督制约探索》,载《公安研究》,2010(12)。
200. 万毅:《论盘查》,载《法学研究》,2006(2)。
201. 万长松:《现行公安体制存在的几个问题》,载《公安大学学报》,1999(2)。
202. 王基锋:《公安管理体制改革的若干探讨》,载《公安研究》,2009(1)。
203. 王丽娜:《浅析道路交通事故责任认定行为的性质》,载《北京人民警察学院学报》,2007(4)。
204. 王利明、丁晓东:《论〈个人信息保护法〉的亮点、特色与适用》,载《法学家》,2021(6)。
205. 王梅:《上海机动车拍牌制度的过去、现在与未来》,载《城市公共事业》,2013(5)。
206. 王浦劬:《中央与地方事权划分的国别经验及其启示——基于六个国家经验的分

析》,载《政治学研究》,2016(5)。
207. 王石、金斌、石京:《交警非现场执法效果分析》,载《交通信息与安全》,2014(3)。
208. 王天华:《裁量标准基本理论问题刍议》,载《浙江学刊》,2006(6)。
209. 王先明、张海荣:《论清末警察与直隶、京师等地的社会文化变迁》,载《河北师范大学学报(哲学社会科学版)》,2005(1)。
210. 王银梅:《论警察权的法理属性与设置改革》,载《政治与法律》,2007(2)。
211. 王莹:《法律如何可能?——自动驾驶技术风险场景之法律透视》,载《法制与社会发展》,2019(6)。
212. 王泽河:《论警察权力》,载《中国人民公安大学学报》,1989(2)。
213. 王兆鹏:《警察盘查之权限》,载《刑事法杂志》,2001(1)。
214. 王正斌:《〈立法法〉对设区的市一级地方立法制度的重大修改》,载《中国法律评论》,2015(2)。
215. 王正鑫:《机器何以裁量:行政处罚裁量自动化及其风险控制》,载《行政法学研究》,2022(2)。
216. 翁岳暄、[德]多尼米克·希伦布兰德:《汽车智能化的道路:智能汽车、自动驾驶汽车安全监管研究》,载《科技与法律》,2014(4)。
217. 武堃:《交通管理中公安部门非现场执法问题研究》,载《江苏警官学院学报》,2006(3)。
218. 武增:《2015年〈立法法〉修改背景和主要内容解读》,载《中国法律评论》,2015(3)。
219. 向立力:《地方立法发展的权限困境与出路试探》,载《政治与法律》,2015(1)。
220. 肖振涛:《我国智慧警务建设的实践与思考——以"大智移云"技术为背景》,载《中国刑警学院学报》,2018(6)。
221. 谢旭人:《关于中央与地方事权划分若干问题的思考》,载《财政研究》,1995(1)。
222. 熊一新:《关于全面深化公安改革若干问题的思考》,载《中国人民公安大学学报(社会科学版)》,2015(6)。
223. 徐发科:《对人民警察使用警械的法律思考》,载《公安法制建设》,1992(5)。
224. 徐玉峰:《谈提高交巡警街面盘查实效》,载《浙江公安高等专科学校学报》,2003(6)。
225. 许可:《数据安全法:定位、立场与制度构造》,载《经贸法律评论》,2019(3)。
226. 许韬:《建构我国警察权的若干思考》,载《公安学刊》,2003(6)。
227. 彦法、日晶:《既要统一立法 也要地方立法》,载《中国法学》,1994(2)。
228. 杨杭:《对完善交通管理非现场执法模式的思考》,载《公安学刊》,2005(6)。
229. 杨利敏:《我国〈立法法〉关于权限规定的缺陷分析》,载《法学》,2000(6)。
230. 杨屹泰:《公安部部长助理、〈人民警察法〉起草小组组长罗锋谈〈人民警察法〉的基本特点》,载《人民公安》,1995(6)。
231. 杨寅:《论中央与地方立法权的分配与协调——以上海口岸综合管理地方立法为例》,载《法学》,2009(2)。
232. 杨玉生:《警察权的法律解读——兼谈警察职权的法治意义》,载《湖北警官学院学报》,2013(10)。
233. 姚明伟:《结合地方立法实际对不抵触问题的思考》,载《人大研究》,2007(2)。
234. 姚水琼、齐胤植:《美国数字政府建设的实践研究与经验借鉴》,载《治理研究》,2019(6)。
235. 叶必丰、周佑勇:《公共利益本位论与行政担保》,载《中央政法干部管理学院学报》,1997(5)。
236. 叶必丰、周佑勇:《论行政担保》,载《政法论丛》,1997(4)。
237. 叶必丰:《论地方事务》,载《行政法学研究》,2018(1)。
238. 易有禄:《设区市立法权行使的实证分析——以立法权限的遵循为中心》,载《政治与法律》,2017(6)。
239. 尤小文:《直面公安体制改革四大问题》,载《人民公安》,2003(21)。
240. 于宪会:《论自动驾驶汽车保有人的无过错责任》,载《西南政法大学学报》,2023(1)。
241. 余凌云、陈钟华:《韩国行政强制上的诸问题——对中国草拟之中的行政强制法的借鉴意义》,载《环球法律评论》,2003(3)。
242. 余凌云、谢明睿:《交通违法"随手拍"举报应在合法合理中释放效能》,载《汽车与安全》,2020(11)。
243. 余凌云:《道路交通事故处理规范的标准化——以日本的实践为借鉴》,载《政治与法律》,2016(5)。
244. 余凌云:《道路交通事故责任认定研究》,载《法学研究》,2016(6)。
245. 余凌云:《对〈道路交通安全法〉第73条的评论与落实》,载《道路交通管理》,2004(6)。
246. 余凌云:《对行政许可法第八条的批判性思考——以九江市丽景湾项目纠纷案为素材》,载《清华法学》,2007(4)。
247. 余凌云:《法院如何发展行政法》,载《中国社会科学》,2008(1)。
248. 余凌云:《改进道路交通事故纠纷的解决机制》,载《清华法学》,2017(1)。
249. 余凌云:《行政法上合法预期之保护》,载《中国社会科学》,2003(3)。
250. 余凌云:《行政行为无效与可撤销二元结构质疑》,载《上海政法学院学报(法治论丛)》,2005(4)。
251. 余凌云:《行政诉讼法是行政法发展的一个"分水岭"吗?》,载《清华法学》,2009(1)。
252. 余凌云:《交警非现场执法的规范构建》,载《法学研究》,2021(3)。
253. 余凌云:《紧急状态下的警察预警与应急机制》,载《法学》,2004(8)。
254. 余凌云:《警察权划分对条块体制的影响》,载《中国法律评论》,2018(3)。
255. 余凌云:《论行政复议法的修改》,载《清华法学》,2013(4)。
256. 余凌云:《现代行政法上的指南、手册和裁量基准》,载《中国法学》,2012(4)。
257. 余凌云:《政府信赖保护、正当期望和合法预期》,载《厦门大学法律评论》,2007(12)。
258. 余湘青:《警察任务构造研究》,载《中国人民公安大学学报(社会科学版)》,

2012(1)。
259. 俞佳飞:《从机动车限行实践看效果和风险》,载《交通与运输》,2011(7)。
260. 郁建兴、高翔:《地方发展型政府的行为逻辑与制度基础》,载《中国社会科学》,2012(5)。
261. 云山城:《论〈人民警察使用警械和武器条例〉中的“警告”》,载《公安理论与实践》,1997(1)。
262. 翟云:《改革开放40年来中国电子政务发展的理论演化与实践探索——从业务上网到服务上网》,载《电子政务》,2018(12)。
263. 展鹏贺:《数字化行政方式的权力正当性检视》,载《中国法学》,2021(3)。
264. 张红:《监管沙盒及与我国行政法体系的兼容》,载《浙江学刊》,2018(1)。
265. 张津瑞:《美国警察权激进改革的经验与教训》,载《南风窗》,2016(14)。
266. 张静:《对交警部门“非现场执法”的法律思考》,载《法制与经济》,2009(7)。
267. 张凌寒:《算法自动化决策与行政正当程序制度的冲突与调和》,载《东方法学》,2020(6)。
268. 张龙:《自动驾驶型道路交通事故责任主体认定研究》,载《苏州大学学报(哲学社会科学版)》,2018(5)。
269. 张明:《新中国公安管理体制变迁研究综述》,载《湖北警官学院学报》,2015(3)。
270. 张千帆:《流浪乞讨与管制——从贫困救助看中央与地方权限的界定》,载《法学研究》,2003(4)。
271. 张升东、周志英、赵敬毅:《从枪案看公务用枪管理》,载《人民公安》,1998(6)。
272. 张韬略、蒋瑶瑶:《德国智能汽车立法及〈道路交通法〉修订之评介》,载《德国研究》,2017(3)。
273. 张文显:《法律责任论纲》,载《吉林大学社会科学学报》,1991(1)。
274. 张晓、鲍静:《数字政府即平台——英国政府数字化转型战略研究及其启示》,载《中国行政管理》,2018(3)。
275. 张永进:《中国司法警察制度建设三十年:发展、不足及完善》,载《河北公安警察职业学院学报》,2011(1)。
276. 张玉洁:《论无人驾驶汽车的行政法规制》,载《行政法学研究》,2018(1)。
277. 张悦昕:《电子政府概念的演进:从虚拟政府到智慧政府》,载《上海行政学院学报》,2016(6)。
278. 张兆端:《“警察”、“公安”与“治安”概念辨析》,载《政法学刊》,2001(4)。
279. 张震华:《关于中央与地方事权划分的几点思考》,载《海南人大》,2008(7)。
280. 章剑生:《作为担保行政行为合法性的内部行政法》,载《法学家》,2018(6)。
281. 章伟:《高速公路非现场执法取证的现状及发展方向探析》,载《公安学刊》,2008(6)。
282. 赵炜:《公安改革40年:历程、经验、趋势》,载《中国人民公安大学学报(社会科学版)》,2018(2)。
283. 赵炜:《公安改革的历史回顾与前景展望》,载《中国人民公安大学学报》,2005(6)。

284. 赵炜:《公安机关体制改革论纲》,载《中国人民公安大学学报(社会科学版)》,2014(6)。
285. 浙江警察学院课题组:《构建现代警务模式推进省域治理现代化——基于中外比较的浙江警务改革发展战略研究》,载《公安学刊》,2020(6)。
286. 郑春燕:《取决于行政任务的不确定法律概念定性——再问行政裁量概念的界定》,载《浙江大学学报》,2007(3)。
287. 郑毅:《中央与地方事权划分基础三题——内涵、理论与原则》,载《云南大学学报》,2011(4)。
288. 郑泽晖:《大数据时代"智慧公安"建设的实践与思考》,载《警学研究》,2019(1)。
289. 周黎安:《行政发包制》,载《社会》,2014(6)。
290. 周黎安:《再论行政发包制——对评论人的回应》,载《社会》,2014(6)。
291. 周尚君、郭晓雨:《制度竞争视角下的地方立法权扩容》,载《法学》,2015(11)。
292. 周雪光:《从"黄宗羲定律"到帝国的逻辑:中国国家治理逻辑的历史线索》,载《开放时代》,2014(4)。
293. 周雪光:《行政发包制与帝国逻辑——周黎安〈行政发包制〉读后感》,载《社会》,2014(6)。
294. 周雪光:《威权体制与有效治理——当代中国国家治理的制度逻辑》,载《开放时代》,2011(10)。
295. 周雪光:《运动型治理机制——中国国家治理的制度逻辑思考》,载《开放时代》,2012(9)。
296. 周雅颂:《数字政府建设:现状、困境与对策——以"云上贵州"政务数据平台为例》,载《云南行政学院学报》,2019(2)。
297. 周佑勇:《裁量基准的主动性问题研究》,载《中国法学》,2007(6)。
298. 朱景文:《关于完善我国立法机制的思考》,载《社会科学战线》,2013(10)。
299. 朱芒:《日本〈行政程序法〉中的裁量基准制度——作为程序正当性保障装置的内在构成》,载应松年、马怀德主编:《当代行政法的源流——王名扬教授九十华诞贺寿文集》,北京,中国法制出版社,2006。
300. 朱琦、王文娟、范晓明:《大数据时代下智慧警务建设的思考与探索——以浙江"智慧警务"建设为视角》,载《北京警察学院学报》,2018(6)。
301. 朱旭东、于子建:《新中国警察制度现代化进程述评》,载《中国人民公安大学学报(社会科学版)》,2011(4)。
302. 左卫民、马静华:《交通事故纠纷解决的行政机制研究》,载《四川大学学报(哲学社会科学版)》,2005(4)。
303. Kenneth J. Matulia:《美国警察人员使用枪械之法律规定及案例介绍》,江庆兴译,载《新知译粹》,1986(6)。
304. Rolando V. del Carmen:《执行逮捕时警械的使用——Tennessee V. Garner 判例》,梁世兴译,载《新知译粹》,14(2)。
305. 蔡震荣:《论比例原则与基本人权之保障》,载《警政学报》,1990(17)。

306. 蔡宗珍：《公法上之比例原则初论——以德国法的发展为中心》，载《政大法学评论》，1999(62)。
307. 陈春林：《使用警械职权的界限》，载《警学丛刊》，1989(1)。
308. 陈春生：《行政法学上之风险决定与行政规则》，载《台湾本土法学杂志》，1999(5)。
309. 陈孟樵：《〈警械使用条例〉法制史之研究》，载《警学丛刊》，2000(6)。
310. 陈仟万：《各国警察人员使用枪支之探讨》，载《警学丛刊》，1985(4)。
311. 黄慧娟：《论行政强制之基础理论》，载《中央警察大学学报》，1997(31)。
312. 黄少游：《行政法各论研究方法》，载刁荣华主编：《现代行政法基本论》，汉林出版社，1985。
313. 江庆兴：《对保障执勤警察人员安全之建议》，载《警学丛刊》，16(4)。
314. 江庆兴：《英国警察人员服勤不带枪》，载《警光》，459。
315. 李震山：《论行政管束与人身自由之保障》，载《"中央"警察大学警政学报》，1984(26)。
316. 李震山：《论警察盘查权与人身自由之保障》，载《警察法学创刊号》，内政部警察法学研究中心暨内政部警政署出版，2003。
317. 李震山：《西德警察法之比例原则与裁量原则》，载《警政学报》，1986(9)。
318. 梁添盛：《论警察使用武器行为之法律性质及要件》，载《警学丛刊》，20(3)。
319. 刘嘉发：《警察使用警械问题之探讨》，载《警光》，498。
320. 刘宗德：《日本行政调查制度之研究》，载《政大法学评论》，1994(52)。
321. 罗秉成：《"中央"与"地方"权限划分之探讨——兼论"宪法"第十章之修废问题》，载《新竹律师会刊》，1997(1)。
322. 吕阿福：《警察使用枪械之正当性研究》，载《法律论丛》，1993(2)。
323. 吴耀宗：《使用警械之理论基础》，载《警学丛刊》，18(3)。
324. 英国警察首长协会：《英格兰及威尔斯警察人员使用枪械后之处理程序》，江庆兴译，载《新知译粹》，10(6)。
325. 胡怀宇小组：清华大学法学院 2018 年学生暑期社会实践《赴上海、深圳两地儿童安全座椅立法问题调研报告》。
326. 邹哲、朱海明：《天津市机动车"限购、限行"政策交通影响评估》，收入 2016 年中国城市交通规划年会论文集。
327. 何洪涛：《清末警察制度研究(1894—1911)——以警察立法为视角》，西南政法大学博士学位论文，2011。
328. 孟庆超：《中国警制近代化研究——以法文化为视角》，中国政法大学博士学位论文，2004。
329. 孙波：《我国中央与地方立法分权研究》，吉林大学博士学位论文，2008。
330. 王志强：《论裁量基准的司法审查》，东吴大学法学院法律系硕士论文，2005。
331. 文华：《我国警察权力的法律规制研究》，武汉大学法学院博士学位论文，2010。
332. 张强：《法治视野下的警察权》，吉林大学法学院博士学位论文，2005。
333. 郑春燕：《运作于事实和规范之间的行政裁量》，浙江大学法学院博士学位论文,2006。

三

334. Alex Carroll, *Constitutional & Administrative Law*, London: Financial Times Professional Limited, 1998.

335. C. P. Brutton & Sir Henry Studdy, *A Police Constable's Guide: To His Daily Work*, London: Sir Isaac Pitman & Sons Ltd. , 1961.

336. Carol A. Archbold, *Policing: A Text/Reader*, California: SAGE Publications, 2012.

337. Carol Harlow & Richard Rawlings, *Law and Administration*, London: Butterworths, 1997.

338. Charles R. Swanson, Leonard Territo & Robert W. Taylor, *Police Administration: Structures, Processes and Behavior*, N. J. : Prentice Hall, 1998.

339. D. J. Galligan, *Discretionary Powers: A legal Study of Official Discretion*, Oxford: Clarendon Press, 1986.

340. David Feldman, *Civil Liberties and Human Rights in England and Wales*, Oxford: Oxford University Press, 2002.

341. David L. Carter, *The Police and the Community*, N. J. : Prentice Hall, 1999.

342. Ernst Freund, *The Police Power: Public Policy and Constitutional Rights*, Chicago: Callaghan, 1904.

343. FitzGerald, M. , *Searches in London: Interim evaluation of year one of a programme of action*. London: MPS, 1999.

344. Fraser Sampson, *General Police Duties*, London: Blackstone Press Limited, 2001.

345. Gwynne Peirson, *Police Operations*, Chicago: Nelson Hall, 1976.

346. H. W. R. Wade & C. F. Forsyth, *Administrative Law*, Oxford: Oxford University Press, 2004.

347. Jack English & Richard Card, *Butterworths Police Law*, London: Butterworths, 1999.

348. K. C. Davis, *Discretionary Justice: A Preliminary Inquiry*, Westport: Greenwood Press, 1980.

349. Kenneth J. Peak, *Policing America: Methods, Issues, Challenges, Upper Saddle River*, N. J. : Prentice Hall, 1999.

350. L. H. Leigh, *Police Powers in England and Wales*, London: Butterworths, 1985.

351. Mahendra P. Singh, *German Administrative Law: in Common Law Perspective*, Berlin: Springer, 1985.

352. Markus Dirk Dubber, *Police Power: Patriarchy and the Foundations of American*

Government, New York: Columbia University Press, 2005.

353. Michael Zander, *The Police and Criminial Evidence Act* 1984, London: Sweet & Maxwell, 1990.

354. P. A. J. Waddington, *Arming an Unarmed Police: Policy and Practice in the Metropoliton*, London: Mollie Weatheritt, 1991.

355. Peter L. Strauss, *An Introduction to Administrative Justice in the United States*, Durham, N. C. : Carolina Academic Press, 1989.

356. Roy Ingleton, *Arming the British Police: The Great Debate*, London: Frank Cass, 1996.

357. Ric Simmons, *Smart Surveillance: How to Interpret the Fourth Amendment in the Twenty-First Century*, New York: Cambridge University Press, 2019.

358. Sabine Michalowski & Lorna Woods, *German Constitutional Law*, Brookfield, Vt.: Ashgate/Dartmouth, 1999.

四

359. Bryant Walker Smith, "*How Governments Can Promote Automated Driving*" (2017) 47 *New Mexico Law Review* 99-138.

360. Bryant Walker Smith, "*Automated Vehicles Are Probably Legal in the United States*"(2014)1 *Texas A&M Law Review* 411-452.

361. C. E. Modonald, JR. , "*Expert Testimony in Automobile Accident Case*" (1968) 20 *South Carolina Law Review* 271-281.

362. Christopher S Milligan, "*Facial Recognition Technology, Video Surveillance, and Privacy*" (1999) 9 *Southern California Interdisciplinary Law Journal* 295-334.

363. Daniel H. Foote, "*Resolution of Traffic Accident Disputes and Judicial Activism in Japan*" (1995) 25 *Law in Japan* 19-39.

364. Daniel Richman, "*The Process of Terry-Lawmaking*" (1998) 72 *ST. John's Law Review* 1043-1052.

365. Danielle Keats Citron, "*Technological Due Process*" (2007) 85 *Washington University Law Review* 1249-1314.

366. David C. Vladeck, "*Machines without Principals: Liability Rules and Artificial Intelligence*" (2014) 89 *Washington Law Review* 117-150.

367. David L. Bergren, "*Accident Reconstruction by Expert Testimony*" (1965) 10 *South Dakota Law Review* 161-172.

368. Dorothy J. Glancy, "*Privacy in Autonomous Vehicles*" (2012) 52 *Santa Clara Law Review* 1171-1240.

369. E. Martin Estrada, "*Criminalizing Silence: Hiibel and the Continuing Expansion*

of the Terry Doctrine" (2005) 49 *Saint Louis University Law Journal* 279-318.

370. Edward R. Parker, "*Automobile Accident Analysis by Expert Witnesses*" (1958) 44 *Virginia Law Review* 789-802.
371. Edward Troup, "*Police Administration, Local and National*" (1928) 1 *Police Journal* 5-18.
372. Elizabeth E. Joh, "*Artificial Intelligence and Policing: First Questions*" (2018) 41 *Seattle University Law Review* 1139-1144.
373. Emmanuel Salami, "*Autonomous Transport Vehicles Versus The Principles Of Data Protection Law: Is Compatibility Really An Impossibility?*" (2020) 10 *International Data Privacy Law* 330-345.
374. Eric H. Monkkonen, "*History of Urban Police*" (1992) 15 *Crime & Justice* 547-580.
375. Geraldine F. Macelwane, "*The Traffic Court: The Most Important in Our System*" (1957) 43 *American Bar Association Journal* 322-382.
376. Gillian E. Metzger and Kevin M. Stack, "*Internal Administrative Law*" (2017) 115 *Michigan Law Review* 1239-1308.
377. Hanna Rzeczycka and Mitja Kovac, "*Autonomous Self-Driving Vehicles—The Advent of a New Legal Era?*" (2019) 10 *King's Student Law Review* 30-50.
378. Harold F. McNiece & John V. Thornton, "*Automobile Accident Prevention and Compensation*"(1952)27 *New York University Law Review* 585-613.
379. Illya D. Lichtenberg, Alisa Smith & Michael Copeland, "*Terry and Beyond: Testing the Underlying Assumption of Reasonable Suspicion*" (2001) 17 *Touro Law Review* 439-466.
380. James J. Fyfe, "*Terry: a[n Ex-] Cop's View*" (1998) 72 *St. John's Law Review* 1231-1248.
381. Jennifer Mulhern Granholm, "*Video Surveillance on Public Streets: The Constitutionality of Invisible Citizen Searches*" (1987) 64 *University of Detroit Law Review* 687-716.
382. Kate Crawford & Jason Schultz, "*Big Data and Due Process: Toward a Framework to Redress Predictive Privacy Harms*" (2014) 55 *Boston College Law Review* 93-128.
383. Kenneth S. Abraham and Robert L. Rabin, "*Automated Vehicles and Manufacturer Responsibility for Accidents: A New Legal Regime for a New Era*" (2019) 105 *Virginia Law Review* 127-172.
384. Kimberly A. Lincoln, "*Stop and Frisk: Search and Seizure on Less Than Probable Cause*" (1989) 32 *Howard Law Journal* 229-238.
385. L. Dee Mallonee, "*Police Power: Proper and Improper Meanings*" (1916) 50 *American Law Review* 17-26.

386. Lucas Barnard, "*Diversity in Automation: How Are Different Legal Regimes Looking to Regulate Users of Automated Vehicles?*" (2021) 17 *South Carolina Journal of International Law and Business* 71-106.

387. Lyria Bennett Moses and Janet Chan, "*Using Big Data for Legal and Law Enforcement Decisions: Testing the New Tools*" (2014) 37 *University of New South Wales Law Journal* 643-678.

388. Mark A. Geistfeld, "*A Roadmap for Autonomous Vehicles: State Tort Liability, Automobile Insurance, and Federal Safety Regulation*" (2017) 105 *California Law Review* 1611-1694.

389. Orin S Kerr, "*An Equilibrium-Adjustment Theory of the Fourth Amendment*" (2011) 125 *Harvard Law Review* 476-543.

390. P. Dunleavy, H. Margetts and S. Bastow, et al. , "*New Public Management Is Dead: Long Live Digital-Era Governance*" (2016) 3 *Journal of Public Administration Research and Theory* 743-752.

391. P. E. Nygh, "*The Police Power of the States in the United States and Australia*" (1967) 2 *Federal Law Review* 183-214.

392. Paul A Herbig & James E Golden, "*Differences in Forecasting Behaviour between Industrial Product Firms and Consumer Product Firms*" (1994) 9 *Journal of Business & Industrial Marketing* 60-69.

393. Paul Quinton& Nick Bland, "*Modernising the Tactic: Improving the Use of Stop and Search*", in A Publication of the Policing and Reducing Crime Unit Home Office Research, Development and Statistics Directorate 4th Floor Clive House Petty France London SW1H 9HD, November 1999.

394. RA Crabb, "*Use of Truvelo Electronic Vehicle Speed Timing Device*" (1980) 53 *Police Journal* 275-277.

395. Rachel Karen Laser, "*Unreasonable suspicion: Relying on Refusals to Support Terry Stops*" (1995) 62 *The University of Chicago Law Review* 1161-1186.

396. Ralph Waldo Bassett, Jr, "*Expert Witnesses-Traffic Accident Analyst*" (1968) 71 *West Virginia Law Review* 45-51.

397. Roman Dremliuga & Mohd Hazmi bin Mohd Rusli, "*The Development of the Legal Framework for Autonomous Shipping: Lessons Learned from a Regulation for a Driverless Car*" (2020) 13 *Journal of Politics and Law* 295-301.

398. Russell L. Weaver, "*An APA Provision on Nonlegislative Rules?*" (2004) 56 *Administrative Law Review* 1179-1194.

399. Russell L. Weaver, "*Investigation and Discretion: The Terry Revolution at Forty (Almost)*" (2005) 109 *Penn State Law Review* 1205-1222.

400. Santiago Legarre, "*The Historical Background of the Police Power*" (2007) 9 *University of Pennsylvania Journal of Constitutional Law* 745-796.

401. Shakila Bu-Pasha, "*Legal Aspects, Public Interest, And Legitimate Interest In Processing Personal Data To Operate Autonomous Buses In The Regular Transportation System*"(2022) 5 *Security and Privacy* e247.
402. Stephen R. Miller, "*Community Rights and Municipal Police Power*" (2015) 55 *Santa Clara Law Review* 675-728.
403. Stephen Rushin, "*The Judicial Response to Mass Police Surveillance*" (2011) 2 *University of Illinois Journal of Law, Technology & Policy* 281-328.
404. Thomas Reed Powel, "*Administrative Exercise of the Police Power*" (1910-1911) 24 *Harvard Law Review* 268-289.
405. Thomas Reed Powell, "*The Police Power in American Constitutional Law*" (1919) 1 *Journal of Comparative Legislation and International Law* 160-174.
406. Thos J. Pitts, "*The Nature and Implications of the Police Power*" (1938) 6 *Kansas City Law Review* 128-149.
407. Victor Li, "*The Dangers of Digital things: Self-driving Cars Steer Proposed Laws on Robotics and Automation*" (2018) 104 *American Bar Association Journal* 23.
408. W Kip Viscusi & Michael J Moore, "*Product Liability, Research and Development, and Innovation*" (1993) 101 *Journal of Political Economy* 161-184.
409. W. A. Purrington, "*The Police Power and the Police Force*" (1902) 174 *The North American Review* 505-517.
410. Walter Wheeler Cook, "*What is the Police Power*" (1907) 7 *Columbia Law Review* 322-336.
411. Wei Du, Jie Yang, Brent Powis, et al. ,"*Epidemiological Profile of Hospitalised Injuriesamong Electric Bicycle Riders Admitted to a Rural Hospital in Suzhou: A Cross-sectional Study*" (2014) 20 *Injury Prevention* 128-133.
412. William J. Kohler & Alex Colbert-Taylor, "*Current Law and Potential Legal Issues Pertaining to Automated, Autonomous and Connected Vehicles*" (2014) 31 *Santa Clara High Technology Law Journal* 99-138.
413. William J. Stuntz, "*Terry's Impossibility*" (1988) 72 *St. John's Law Review* 1213-1230.